《出土文獻》編輯委員會（以姓氏筆畫爲序，帶*者爲執行編委）：

李守奎*　　李均明*　　李學勤*　　沈建華*　　馬　楠*

陳穎飛　　黄德寬*　　彭　林　　程　薇*　　賈連翔

趙平安*　　趙桂芳　　廖名春　　劉國忠*

編輯室主任：馬　楠

出土文獻

選堂題

教育部人文社會科學重點研究基地
清華大學出土文獻與中國古代文明研究中心
清華大學出土文獻研究與保護中心 編
李學勤 主編

第十四輯

中西書局

圖書在版編目(CIP)數據

出土文獻.第十四輯/教育部人文社會科學重點研究基地,清華大學出土文獻與中國古代文明研究中心,清華大學出土文獻研究與保護中心編;李學勤主編.――上海:中西書局,2019.4
ISBN 978-7-5475-1565-5

Ⅰ.①出… Ⅱ.①教…②清…③清…④李… Ⅲ.①出土文物－文獻－研究－中國 Ⅳ.①K877.04

中國版本圖書館CIP數據核字(2019)第041836號

出土文獻（第十四輯）

教育部人文社會科學重點研究基地
清華大學出土文獻與中國古代文明研究中心
清華大學出土文獻研究與保護中心 編
李學勤 主編

| 責任編輯 | 孫夏夏 宋專專 |
| 裝幀設計 | 梁業禮 |

出版發行	上海世紀出版集團 中西書局 (www.zxpress.com.cn)
地　　址	上海市陝西北路457號(200040)
印　　刷	上海肖華印務有限公司
開　　本	787×1092毫米　1/16
印　　張	27.25
字　　數	502 000
版　　次	2019年4月第1版　2019年4月第1次印刷
書　　號	ISBN 978-7-5475-1565-5/K・294
定　　價	118.00元

本書如有質量問題,請與承印廠聯繫。T:021-56475919

太保玉戈　　　　　　　　　太保玉戈銘文

鄂侯馭方鼎銘文

目　錄

試論殷墟甲骨卜辭與樂舞有關的"益"字 …………………… 何景成（ 1 ）

花東卜辭中的"敚"、"心敚"、"鬼心"及相關問題 …………… 杜　鋒（10）

英國國家圖書館所藏甲骨新發現舉隅（十二例） …………… 馬　尚（26）

《殷契卜辭》重片整理 ………………………………………… 展　翔（45）

太保玉戈的出土時地及銘文釋讀 ……………………………… 陳鵬宇（54）

新出霸國銅器與宜國地望研究 ………………………… 馬　超　鄔芙都（64）

沈子它簋銘文與西周宗法 ……………………………………… 楊　坤（74）

鄂侯馭方鼎銘新識 ……………………………………………… 鞠煥文（90）

兩周時期吳國與諸國的婚姻關係 ……………………………… 劉　麗（99）

說字小記（八則） ……………………………………………… 趙平安（112）

《清華五‧封許之命》簡 6 "匿"字考 ………………………… 蘇建洲（119）

上博《性情論》研究及與郭店本的對比 ……………………… 梁　静（130）

《凡物流形》考釋三則 ………………………………………… 黄冠雲（145）

讀《清華大學藏戰國竹簡（捌）》札記 ……………………… 胡敕瑞（156）

《清華大學藏戰國竹簡（捌）》釋文訂補 …………………… 單育辰（166）

試論成湯形象的歷史演變 ……………………………………… 荆鈴鈴（174）

燕國兵器銘文合證一則 ………………………………………… 張振謙（184）

飛諾藝術品工作室所藏"向壽戈"銘文補釋 ………………… 郭理遠（190）

戰國襄成環權銘文校釋 ………………………………………… 王　偉（204）

古璽印文字考釋二例	白於藍 周　悦 (207)
《丹篆寄心聲》録陶鈢室藏印補釋	孫合肥 (217)
二十世紀出土戰國官璽釋文校補	王保成 (227)
讀戰國竹書散札(三則)	楊鵬樺 (235)

里耶秦簡綴合札記(四則)	何有祖 (243)
《里耶秦簡(貳)》札記	李美娟 (250)
里耶秦簡綴合五則	楊先雲 (265)
嶽麓秦簡所見懲治官員受賄令文試析	周海鋒 (272)
嶽麓秦簡《數》的抄寫年代考辨	翁明鵬 (290)
關於老官山醫簡灰法的一點意見	李家浩 (297)
説張家山漢簡《二年律令》幾枚簡的拼綴與釋讀問題	周　波 (300)
長沙走馬樓西漢簡中的"將田"小考	陳松長 劉國慶 (314)
肩水金關漢簡所見數術内容拾補	王　强 (319)
四川渠縣城壩遺址 J9 漢代户口簡考釋	
——兼論課役身分"老"的形成與演變	凌文超 (332)
五一廣場簡牘所見名物考釋(一)	羅小華 (344)
秦漢"禁錮"問題補論	王博凱 (351)
秦漢簡所見牲畜資料補説三例	高一致 (364)
漢碑文字校讀八則	孫　濤 張再興 (373)
《東漢永壽三年畫像石題記》釋文補正	伊　强 (385)
漢代官用私印小議	
——以職官姓名印和"名印"私印爲中心	杜　曉 (391)
新見漢印零釋(六則)	李鵬輝 (407)
揚州新出畫像鏡補釋與相關題材銅鏡研究	于　淼 秦宗林 (414)

| 《魏晉十六國河西鎮墓文、墓券整理研究》介評 | 魏軍剛 (422) |

試論殷墟甲骨卜辭與樂舞有關的"益"字*

何景成

殷墟卜辭有不少關於樂舞的記載，涉及商代樂舞的名稱、參加樂舞的人員、樂舞的形式等。這些樂舞卜辭出現"益商"、"益祁"、"益韶"的詞語，其中"益"的含義頗令人費解。根據相關卜辭有"奏商"、"舞商"的説法，"商"、"祁"、"韶"應表示某種樂舞。卜辭與樂舞連用的"益"可讀爲"佾"，在卜辭中用作動詞，指排列、編排樂舞。

樂舞是商代禮儀文化的一個重要內容，《禮記・郊特牲》云：

> 殷人尚聲，臭味未成，滌蕩其聲。樂三閱，然後出迎牲。聲音之號，所以詔告於天地之間也。周人尚臭，灌用鬯臭，鬱合鬯，臭陰達於淵泉。灌以圭璋，用玉氣也。既灌然後迎牲，致陰氣也。蕭合黍稷，臭陽達於牆屋，故既奠然後焫蕭合羶薌。凡祭祀慎諸此。魂氣歸于天，形魄歸于地，故祭，求諸陰陽之義也。殷人先求諸陽，周人先求諸陰。

這一論述強調了殷人與周人在祭祀禮儀中的差異。殷代人的祭祀，崇尚聲樂，沒有殺牲、煮牲之前，就奏樂降神。聲音的呼號，就是殷人在天地間用以尋覓、召喚鬼神的手段。周代人的祭祀，崇尚香氣，開始向神獻酒用的是鬱金香草配合黍米釀製的香酒。[1]"周人尚臭"的説法，已經得到出土西周銅器銘文的證實，如獄簋、衛簋等器銘

---

* 本文爲教育部、國家語委甲骨文研究與應用專項科研項目"甲骨文字考釋集成"（YWZ‑J002）的階段性成果。

〔1〕參看王文錦：《禮記譯解》第357頁，中華書局2001年。

文記載"其日夙夕用厥馨香敦祀于厥百神",用黍稷馨香之氣敦祀諸神。[1] 關於"殷人尚聲"的資料,則有待進一步發掘。殷墟卜辭中尚存不少有關樂舞的記載,然而由於文辭簡奧,文意不夠明晰,影響了人們對這類資料的深入理解。本文擬討論的與樂舞有關的"益"字,即屬於此類問題。

殷墟甲骨卜辭中與樂舞有關的"益"字,多見"益祁"、"益韶"、[2]"益商"的說法:[3]

(1) 己巳卜,貞:今日益祁[4],不雨。
　　己巳卜,貞:翌庚午奏益祁。之日……　　　　　　　(《合集》[5]18801)

(2) 丁酉……今日益祁……允……　　　　　　　　　　　(《合集》26788)

(3) ……出……益祁……　　　　　　　　　　　　　　　(《合集》26789)

(4) ……卜,出……奏益祁。之日允奏。　　　　　　　　　(《合集》26790)

(5) 丙戌卜,爭貞:翌丁亥王其益韶,易[日],不雨。　　　(《合集》5393)

(6) 丙戌卜,賓貞:[翌]丁亥王[其]益韶。　　　　　　　　(《合集》15805)

(7) 貞:翌丁卯奏益韶。
　　丁卯不其奏益韶,之日允不。　　　　　　　　　　　(《合集》18803)

(8) 甲子卜,出貞:翌丁卯奏益韶。
　　丙寅卜,出貞:翌丁卯奏益韶。　　　　　　　　　　　(《合集》26763)

(9) 丙寅卜,貞:翌丁卯奏益韶。
　　貞:翌丁卯不其奏,之日允不奏。　　　　　　　　　(《合集》26765)

(10) 丙寅卜,出貞:翌丁卯奏益韶。
　　　貞:勿不奏。　　　　　　　　　　　　　　　　　　(《合集》26766)

---

[1] 參看吳振武:《試釋西周獻簋銘文中的"馨"字》,《文物》2006年第11期;吳振武:《范解楚簡"蒿(祭)之"與李解獻簋"爇夆馨香"》,《2007中國簡帛學國際論壇論文集》第95頁,臺灣大學中國文學系2011年;李學勤:《伯獻青銅器與西周典祀》,陳昭容主編:《古文字與古代史》第一輯,"中研院"歷史語言研究所2007年;吳鎮烽:《獻器銘文考釋》,《考古與文物》2006年第6期;裘錫圭:《獻簋銘補釋》,《安徽大學學報(哲學社會科學版)》2008年第4期;朱鳳瀚:《衛簋與伯獻諸器》,《南開學報(哲學社會科學版)》2008年第6期。

[2] "韶"原篆作,此從裘錫圭釋爲"韶"。參看裘錫圭:《甲骨文中的幾種樂器名稱——釋"庸""豐""韶"(附:釋"万")》,原載《中華文史論叢》1980年第2輯;收入《裘錫圭學術文集·甲骨文卷》第36—50頁,復旦大學出版社2012年。

[3] 有關卜辭,參考姚萱:《殷墟花園莊東地甲骨卜辭的初步研究》第176—185頁,綫裝書局2006年。

[4] "祁"字原篆作"",張亞初釋爲"祁",參看張亞初:《甲骨金文零釋》,《古文字研究》第六輯,中華書局1981年。

[5] 郭沫若主編:《甲骨文合集》,中華書局1978—1982年。以下簡稱"《合集》"。

(11) 丙寅卜，出貞：翌丁卯鰥益韶。之日……　　　　　　　（《合集》26767）

(12) 戊寅卜，出貞：今日鰥益韶。　　　　　　　　　　　　（《合集》26768）

(13) 丁巳卜，子益妏，若，侃。用。

　　 庚申卜：子益商，日不雨。孚。

　　 其雨。不孚。

　　 庚申卜：叀今庚益商，若，侃。用。　　　　　　　　　（《花東》[1]87）

(14) 庚申卜：子益商。侃。　　　　　　　　　　　　　　　（《花東》247）

上引(13)(14)兩條卜辭屬於"花東子卜辭"，其中的"益"字，整理者釋爲"皿"，解釋說："祭名。在此爲動詞。"[2]姚萱指出，所謂"皿"字應該改釋爲"益"，並對花東子卜辭中這類"益"的形體作了很好的分析。[3]其說可從。姚萱還指出，《花東》53卜辭被釋爲"㿝"的兩個字，它們跟"舞"連用，很可能也當釋爲"益"字異體。該條卜辭相關釋文作：

(15) 戊卜：子其益嬰[4][舞]，晢……

　　 戊卜：子其益嬰舞，晢二牛妣庚。

上引甲骨卜辭中"益"的含義，正如姚萱所言："由於舊有卜辭中'益韶'、'鰥益韶'一類'益'字還没有確解，《花東》同樣用法的'益商'、'益妏'的'益'究竟是什麽意思也還有待進一步研究。"[5]

討論"益商"、"益韶"之"益"的含義，應該先明確"商"、"韶"這類詞語在卜辭中的含義。關於這個問題，學界已經進行了深入的討論，有了比較一致的認識。

殷墟卜辭中，"商"、"祁"、"韶"，又與"奏"、"學"或"舞"字組成"奏商"、"學商"、"舞商"、"奏祁"、"奏韶"等用法。

(16) 丙辰卜：延奏商，若。用。　　　　　　　　　　　　　（《花東》86）

(17) 甲寅卜：乙卯子其學商，丁侃。用。子殿。

　　 甲寅卜：丁侃于子學商。用。

---

[1] 中國社會科學院考古研究所：《殷墟花園莊東地甲骨》，雲南人民出版社1991年。以下簡稱"《花東》"。
[2] 中國社會科學院考古研究所：《殷墟花園莊東地甲骨》第1660頁。
[3] 姚萱：《殷墟花園莊東地甲骨卜辭的初步研究》第176—185頁。
[4] 此字原篆作 ，與馮勝君釋爲"嬰"的 當爲同一字。參看馮勝君：《試説東周文字中部分"嬰"及從"嬰"之字的聲符——兼釋甲骨文中的"瘦"和"頸"》，復旦大學出土文獻與古文字研究中心編：《出土文獻與傳世典籍的詮釋：紀念譚樸森先生逝世兩週年國際學術研討會論文集》，上海古籍出版社2010年。
[5] 姚萱：《殷墟花園莊東地甲骨卜辭的初步研究》第182頁。

丙辰卜：延奏商。用。　　　　　　　　　　　　　　　（《花東》150）

(18) 甲寅卜：乙卯子其學商，丁侃。子占曰：其有圛艱。用。子殿。

　　　　　　　　　　　　　　　　　　　　　　　　　（《花東》336）

(19) 甲寅卜：乙卯子其學商，丁侃。用。

　　　甲寅卜：乙卯子其學商，丁侃。子占曰：有咎。用。子殿。

　　　　　　　　　　　　　　　　　　　　　　　　　（《花東》487）

(20) 己卯卜：子用我🌣，若，弜純叔用，侃。舞商。

　　　純叔🌣。不用。　　　　　　　　　　　　　　　（《花東》130）

(21) 叀妙奏，有大雨。吉。

　　　叀商奏，有正，有大雨。　　　　　　　　　　　（《合集》30032）

(22) 叀美奏。

　　　叀祁奏。

　　　叀商奏。　　　　　　　　　　　　　　　　　　（《合集》33128）

(23) 〔貞〕：其奏商。　　　　　　　　　　　　　　　（《屯南》4338）

(24) ……癸亥其奏韶，子强其〔奏〕……　　　　　　（《合集》14125）

(25) 乙亥……貞：今……奏韶。　　　　　　　　　　（《合集》11978）

關於"商"與"奏商"，《花東》的編撰者認爲：

> 對於"奏商"一詞，學者有兩種理解：一、祭祀時奏某種管樂。[1] 二、祭祀時奏名商的歌曲。[2] 由於在本書130(H3：431＋433)有"永舞商"一語，説明將商釋作樂器不妥。第二種理解可備一説。我們認爲可作第三種解釋，即將"奏"釋爲祭名，"商"爲被祭的對象，"奏商"就是對商族的祖先進行奏祭。[3]

姚萱認爲根據"舞商"，可以推斷"商"當爲某種樂舞的名稱。《花東》整理者所引的前兩種説法，釋"商"爲"管樂"或"名商的舞曲"究竟哪種説法更合於事實難以斷言，但都跟音樂、舞蹈密切相關，可以認爲都有一定的合理性。[4]

關於"學商"的"商"，姚萱認爲也當指某種樂舞，類似的例子如"學夬"：

---

[1] 原注：姚孝遂、肖丁：《小屯南地甲骨考釋》第15頁，中華書局1985年。
[2] 宋鎮豪：《夏商周社會生活史》第332頁，中國社會科學出版社1994年。
[3] 中國社會科學院考古研究所：《殷墟花園莊東地甲骨》第1594頁。
[4] 姚萱：《殷墟花園莊東地甲骨卜辭的初步研究》第176—185頁。

(26) 丁亥：子其學嬺妖。用。　　　　　　　　　　　　　(《花東》280)

(27) 庚戌卜：子于辛亥妖。　　　　　　　　　　　　　　(《花東》380)

所謂的"妖"字，原篆分別作 ▨(《花東》280)、▨(《花東》380)。宋鎮豪解釋説："嬺，女巫兼教官；妖，舞名，字象雙人款擺而舞。"[1]姚萱認同這一説法，説該字形顯然正像兩人牽手、前一人揚手的舞蹈之形。同時指出，《屯南》662："丁酉卜：今旦万其學。吉。○于來丁迺學。"万人從事的工作多與樂舞有關，這裏所學的對象也應該是某種樂舞。[2]

上述分析説明，"奏商"、"學商"之"商"是指某種樂舞。辭(22)與"商奏"並列選貞的"祁奏"，也很有可能是指獻奏某種樂舞。甲骨卜辭作爲武器名稱的"戚"，又有"奏戚"的説法：

(28) 叀兹戈用。

　　 叀兹戚用。　　　　　　　　　　　　　　　　　　(《屯南》2194)

(29) 乙弜奲戚，其雨。

　　 于丁亥奏戚，不雨。

　　 丁弜奏戚，其雨。　　　　　　　　　　　　　　　　(《合集》31036)

(30) ……[雨]。

　　 叀戚奏。　　　　　　　　　　　　　　　　　　　　(《合集》31027)

(31) 叀戚庸用。　　　　　　　　　　　　　　　　　　　(《屯南》1501)

林澐分析説：

其中第(28)條中之戚，與戈對貞，看來是指一種武器名稱而言。(29)(30)兩條於戚均言"奏"，且與卜雨有關。第(31)條戚、庸並舉，而它辭亦稱奏庸(如南明684、甲641)。裘錫圭認爲卜辭中的庸是指一種樂器。故戚有可能又指一種樂舞。《吕氏春秋·仲夏紀》："命樂師修鞀鞞鼓，均琴瑟管簫，執干戚戈羽……命有司爲民祈祀山川百原，大雩帝，用盛樂。"《淮南子·時則訓》也有相似的記載，都是把戚和其他舞蹈道具及各種樂器並舉，而用於祀神、求雨。可推測商代已有執干戚之樂舞而名"戚"。[3]

---

[1] 宋鎮豪：《從甲骨文考述商代的學校教育》，王宇信、宋鎮豪、孟憲武主編：《2004年安陽殷商文明國際學術研討會論文集》第224頁，社會科學文獻出版社2004年。
[2] 姚萱：《殷墟花園莊東地甲骨卜辭的初步研究》第176—185頁。
[3] 林澐：《說戚、我》，《古文字研究》第十七輯，第201頁，中華書局1989年。

"奏戚"之"戚"是指一種樂舞,"奏商"之"商"也是指一種樂舞。可見,"奏"可用來表示獻奏樂舞。卜辭常見"奏庸",裘錫圭指出"庸"是一種樂器。同時卜辭又有"庸舞"的說法(《合集》12839),裘先生說"庸舞疑是一邊奏大鐘一邊跳舞的意思"。[1] 如此,"奏庸"可以理解爲是獻奏庸舞。辭(22)"叀祁奏"、"叀美奏"與"叀商奏"選貞。《合集》31022 作:"万叀美奏,有正。○叀庸奏,有正。"亦以"美奏"和"庸奏"對貞。可見"祁"、"美"均指一種樂舞。裘錫圭認爲卜辭裏的"韶",大多數應解釋爲樂器名稱。韶樂的得名可能與韶有關。[2] 辭(24)(25)"奏韶"亦可理解爲獻奏韶舞。

　　卜辭所反映的商代樂舞,可用樂具,如庸、韶來表示,也可以用舞具來表示,如"奏戚"、"舞戉"(見下文),還可以用族屬或地名表示,如下文提及的"嬰舞"。"奏商"、"奏祁"、"奏韶"之"商"、"祁"、"韶",均表示一種樂舞。樂、舞是相輔相成的,樂具、舞具和舞蹈都是樂舞的組成部分。《禮記·樂記》云:"故鐘鼓管磬,羽籥干戚,樂之器也;屈伸俯仰,綴兆舒疾,樂之文也。"即謂鐘鼓管磬等樂具和雉尾、笛形的六孔籥、盾版、巨斧等舞具,是樂的用器;屈伸、仰俯、舞蹈的隊列、舒緩急速的動作,是樂的表現形式。[3] 奏庸、奏韶是以樂具代表樂舞,奏戚是以舞具代表樂舞。

　　"益商"、"益祁"和"益韶"等辭中的"商"、"祁"、"韶"的含義,顯然和"奏商"、"奏祁"、"奏韶"之"商"、"祁"、"韶"一樣,也表示一種樂舞。辭(15)貞卜"子其益嬰舞",其中"嬰舞"可能是指嬰族或嬰地的樂舞名稱。辭(13)"益妫"與"益嬰舞"的說法類似。"益嬰舞"與"益商"等辭一樣,都是表示"益"某種樂舞。

　　討論完與"商"、"祁"、"韶"的含義後,我們接着分析"益商"、"益祁"和"益韶"等辭中"益"的含義。

　　與上舉辭(15)"子其益嬰舞"類似的說法,還有辭(5)的"王其益韶"、辭(13)(14)的"子益商",表示"王"或"子"要"益"某種樂舞。在《花東》有關樂舞的卜辭中,有"子其助舞戉"的說法:

　　　　(32)丁丑卜,在柚京:子其助舞戉,若,不用。
　　　　　　子弜助舞戉,于之若。用。多万有災,引祁。

　　　　　　　　　　　　　　　　　　　　　　　　(《花東》206)

---

[1] 裘錫圭:《甲骨文中的幾種樂器名稱——釋"庸""豐""韶"(附:釋"万")》,原載《中華文史論叢》1980年第2輯;收入《裘錫圭學術文集·甲骨卷》第36—50頁。

[2] 裘錫圭:《甲骨文中的幾種樂器名稱——釋"庸""豐""韶"(附:釋"万")》,原載《中華文史論叢》1980年第2輯;收入《裘錫圭學術文集·甲骨卷》第36—50頁。

[3] 參看王文錦:《禮記譯解》第533頁。

所謂的"助",原篆作 🔆,根據清華簡的資料,此字當釋爲"助"。[1] 關於"舞戉",《花東》整理者指出:

> "舞鉞"一詞首見。過去在《屯南》2842 第 1 辭見"舞叀戚"。鉞與戚外形均似大斧,主要區別在於戚兩側有鋸齒狀的扉棱,鉞無扉棱。兩者的功能亦相似。商周時期的舞蹈,有文舞、武舞。持戚鉞舞蹈是武舞,即"干舞"。當時,舉行祭祀,常用樂舞。《屯南》2842 整版八條卜辭均屬祭祀的內容。疑此版"子舞戉"亦與祭祀有關。宋鎮豪認爲,在商代,"上自商王,下至文武元臣,包括一般官員,在重大祭典或宴饗等場合均曾成爲過'歌之詠之,手之舞之足之蹈之'的角色。"[2]其説是可信的。[3]

辭(32)是卜問"子"是否協助舞鉞。宋鎮豪指出,在商代,"万"是主要從事舞樂工作的一種人。但商代的舞者,並不限爲"万"人。爲舞者,有"王其舞",[4]有"多冒舞",[5]有"呼戉舞",[6]有"呼多老舞",[7]商王和臣吏都參與了樂舞。[8]辭(32)説明,商代貴族家族的族長也參與協助樂舞。

"子其益嬰舞"等辭中的"益",其語法地位與"助"類似,亦當是動詞。我們認爲,"益"可讀爲"佾"。"益"古音屬影母錫部,以"益"爲聲符的"溢"、"鎰"與"佾"古音同屬喻母質部。[9]《論語·八佾》:"八佾舞於庭。"馬融注:"佾,列也。"劉寶楠正義:"'佾列'者,佾,从人从肙,肙當是排列之象。《春秋繁露·三代改制篇》:'主天法商制佾溢員,主天法夏佾溢方,主天法質佾溢橢,主天法文佾溢衡。'《漢書·禮樂志·郊祀歌》亦作'溢',則'溢'、'佾'通也。"[10]《漢書·禮樂志》:"千童羅舞成八溢。"顏師古注:"溢與佾同。佾,列也。"[11]"溢"和"佾"在典籍上通用的例子,説明"益"可讀爲"佾"。

---

[1] 楊安:《"助"、"叀"考辨》,《中國文字》新三十七期,第 155—170 頁,[臺北] 藝文印書館 2012 年。
[2] 原注: 宋鎮豪:《夏商周社會生活史》第 335 頁。
[3] 中國社會科學院考古研究所:《殷墟花園莊東地甲骨》第 1641—1642 頁。
[4] 原注:《合集》11006 正。
[5] 原注:《合集》14116。
[6] 原注:《合集》28180。
[7] 原注:《合集》16013。按: 所謂的"老",應從裘錫圭釋爲"瞽"。參看裘錫圭:《關於殷墟卜辭的"瞽"》,原載王宇信、宋鎮豪、孟憲武主編:《2004 年安陽殷商文明國際學術研討會論文集》,社會科學文獻出版社 2004 年;收入《裘錫圭學術文集·甲骨卷》第 510—515 頁。
[8] 宋鎮豪:《中國風俗通史·夏商卷》第 319—320 頁,上海文藝出版社 2001 年。
[9] 陳復華、何九盈:《古韻通曉》第 242 頁,中國社會科學出版社 1987 年。
[10] 劉寶楠:《論語正義》第 78 頁,中華書局 1990 年。
[11] 班固撰,顏師古注:《漢書》第 1058 頁,中華書局 1962 年。

《説文·新附》:"佾,舞行列也。"典籍中"佾"主要表示樂舞的行列。除上引《論語》和《漢書·禮樂志》的相關注釋外,《公羊傳》隱公五年"天子八佾",何休注:"佾者,列也。"《禮記·祭統》"八佾以舞大夏",鄭玄注:"佾,猶列也。"上引卜辭中"益商"、"益祁"、"益韶"和"益嬰舞"等辭,"益"後所跟着的都是樂舞名稱。我們認爲"益"讀爲"佾",這裏"佾"是用作動詞,指排列、羅列樂舞。古漢語名動相因,因此表示樂舞行列的"佾",可以表示排列樂舞。《廣雅疏證》:"賓、陳、佾、布、併、羅,列也。"前引《漢書·禮樂志》有"千童羅舞成八溢"的説法,將卜辭中的"益"讀爲"佾",其用法與"羅舞"類似,指排列、羅列樂舞。

樂舞往往需要多人參加,排成舞列。如著名的"萬舞",其舞者有"八佾"、"六佾"等不同的行列。《左傳》隱公五年對此有明確記載:"九月,考仲子之宫,將萬焉。公問羽數於衆仲,對曰:'天子用八,諸侯用六,大夫四,士二。'"不同階層舉行萬舞所用人數是有等次差異的。卜辭表明,商代的樂舞亦有多人參加,如"多冒舞"(《合集》14116)、"呼多瞽舞"(《合集》16013)等,"多万……入爻(學)"(《英藏》1999)等。[1] 隊列是樂舞的重要内容,《荀子·樂論》云:"執其干戚,習其俯仰屈伸,而容貌得莊焉;行其綴兆,要其節奏,而行列得正焉,進退得齊焉。"《禮記·仲尼燕居》云:"爾以爲必行綴兆,興羽籥,作鐘鼓,然後謂之樂乎?"《禮記·樂記》云:"屈伸俯仰,綴兆舒疾,樂之文也。""綴兆"即指樂舞中的行列位置。《禮記·樂記》又云:"故其治民勞者,其舞行綴遠;其治民逸者,其舞行綴短。"《史記·樂書》作:"故其治民勞者,其舞行級遠;其治民佚者,其舞行級短。"《正義》謂"級"本作"綴",指舞位行列。[2] 卜辭中的"子益商"或"王其益韶"等辭,是占問家族族長或商王是否排列商、韶等樂舞。

前引卜辭還有"龕益祁"、"龕益韶"的説法,對於其中"龕"的含義,學界尚無較爲一致的看法。陳邦懷認爲此字從"八"得聲,讀爲"頒",當"頒賜"講。[3]《甲骨文字詁林》按語提出"龕"的用法主要有兩種:一爲祭名,如《合集》18804"辛未卜,貞:今日龕庸",《合集》23717"己巳卜,大貞:翌辛未龕益韶",皆爲祭名。另一較爲常見的用法可能相當於"漁",如《合集》6"庚寅卜,貞:翌辛卯王龕爻,不雨",此即用爲"漁"。[4] 楊澤生贊同將"龕"視作祭名的意見,認爲該字從"八"得聲,應是"霽"字,表示霽禮這一

---

[1] 裘錫圭認爲"入爻"之"爻"疑當讀爲"學",万所學的應即舞樂技藝。參看裘錫圭:《甲骨文中的幾種樂器名稱——釋"庸""豐""韶"(附:釋"万")》,原載《中華文史論叢》1980年第2輯;收入《裘錫圭學術文集·甲骨卷》第36—50頁。

[2] 司馬遷撰,裴駰集解,司馬貞索隱,張守節正義:《史記(修訂本)》第1417—1418頁,中華書局2013年。

[3] 陳邦懷:《甲骨文"龕"字試釋》,《中華文史論叢》1980年第2輯。

[4] 于省吾主編:《甲骨文字詁林》第1749—1752頁,中華書局1996年。

祭名。〔1〕我們認爲,《甲骨文字詁林》第二種用法所提到《合集》6卜辭中"王龠爻"之"爻",當如前引《英藏》1999"多万……入爻"之"爻"一樣,也讀爲"學",指學習舞樂技藝。"龠爻(學)"之"龠"的用法,與"龠益韶"的用法應該是一致的。從辭例來看,"龠益祁"、"龠益韶"、"龠學"當指爲"益祁"、"益韶"、"學"等行爲舉行"龠",若祭名的說法可信,"龠益祁""龠益韶"是說爲"益祁""益韶"這類編排樂舞之事舉行"龠"祭。

通過以上的分析,我們認爲殷墟卜辭中與樂舞有關的"益商"、"益韶"、"益祁"等辭,"商"、"韶"、"祁"等都是表示某種樂舞,其中"益"字,可讀爲"佾",指排列、羅列樂舞。

(何景成 吉林大學古籍研究所;出土文獻與
中國古代文明研究協同創新中心 教授)

〔1〕楊澤生:《甲骨文"龠"字新釋》,《中國文字學報》第一輯,商務印書館2006年。

花東卜辭中的"敄"、"心敄"、"鬼心"及相關問題*

杜 鋒

1991年10月,中國社會科學院考古研究所安陽工作隊在殷墟花園莊東地發掘了一個長方形的甲骨坑,編號爲91花東H3,總共出土了有字甲骨689片,後彙編爲《殷墟花園莊東地甲骨》。〔1〕原整理者認爲花東甲骨卜辭是屬於武丁時期的非王卜辭,其占卜主體爲"子"。〔2〕陳劍先生進一步推定"整個花東子卜辭存在的時間,恐在武丁晚期,最多可推斷其上限及於武丁中期",確認"花東子卜辭中的'丁'即當時的商王武丁"。〔3〕作爲花東子組卜辭的主人(族長)"子",亦即占卜主體,是當時活着的時王"丁"(武丁)的親子。〔4〕

---

* 本文爲國家社科基金重大項目"簡帛醫書綜合研究"(12&ZD115)、中央高校基本科研業務費團隊項目"文字學"(SWU1709128)、中央高校基本科研業務費專項資金資助"以出土文獻爲中心之醫學經典的形成發展研究"(SWU1809717)的階段性成果。

〔1〕中國社會科學院考古研究所:《殷墟花園莊東地甲骨》,雲南人民出版社2003年。中國社會科學院考古研究所:《殷墟花園莊東地甲骨(修訂本)》,雲南人民出版社2016年。

〔2〕劉一曼、曹定雲:《論殷墟花園莊東地甲骨卜辭的"子"》,王宇信、宋鎮豪主編:《紀念殷墟甲骨文發現一百周年國際學術研討會論文集》第446頁,社會科學文獻出版社2003年;劉一曼、曹定雲:《再論殷墟花東H3卜辭中占卜主體"子"》,《考古學研究(六)》第300—307頁,科學出版社2006年;曹定雲:《三論殷墟花東H3卜辭中占卜主體"子"》,《殷都學刊》2009年第1期,第7—14頁。另如,李學勤:《花園莊東地卜辭的"子"》,《河南省博物院落成暨河南省博物館建館70周年紀念論文集》第123—125頁,中州古籍出版社1998年;楊陞南:《殷墟花東H3卜辭"子"的主人是武丁太子孝己》,王宇信、宋鎮豪、孟憲武主編:《2004年安陽殷商文明國際學術研討會論文集》第204—210頁,社會科學文獻出版社2004年;韓江蘇:《殷墟花東H3卜辭主人"子"研究》第290—294頁,綫裝書局2007年。

〔3〕陳劍:《説花園莊東地甲骨卜辭的"丁"——附:釋"速"》,《甲骨金文考釋論集》第92頁,綫裝書局2007年。

〔4〕黃天樹:《簡論"花東子類"卜辭的時代》《花園莊東地甲骨中所見的若干新資料》,《黃天樹古文字論集》第149—156、447—453頁,學苑出版社2006年;姚萱:《殷墟花園莊東地甲骨卜辭的初步研究》第24—55頁,綫裝書局2006年。

一、花東卜辭中的"㱃"、"心㱃"、"鬼心"

考殷墟王卜辭中的卜疾之辭幾乎皆見於武丁時期（多見於賓組，少量出現在師組、出組或歷組），武丁之後基本未見與疾病相關的卜辭。[1] 花東子組非王卜辭的時代大致在武丁中晚期，與同時期王卜辭相類的是，其中亦多見卜疾之辭，如占卜花東卜辭的主人"子"之疾者，即見疾首（《花東》304.1、304.2、446.5、446.6）、"口疾"（《花東》149.8、220.2、247.3、247.6）、疾齒（《花東》395＋548、163.1、163.2）、疾目（《花東》446.12、446.13、446.14）、"耳鳴"（《花東》39.21、53.25、53.26、275.5、450.1、501.1）、"疾肩"（《花東》38.1、38.2、38.3）、疾腹（《花東》241.9、240.7、187.3）、疾心〔《花東》181.19，包括《花東》102.3 中的"心㱃（畏）"、《花東》88.14 中的"鬼（畏）心"、《花東》156 中的"[心]㱃（畏）"[2]以及《花東》114.1、114.2 中的"㱃（畏）"〕等。[3]

花東卜辭的占卜主體"子"罹患多種疾病，其中"心㱃"應與《花東》181.19 中的"心疾"同屬心臟異常之類的病症，主要見於如下卜辭：

(1) 乙卜，鼎（貞）：二卜又（有）求（咎），隹（唯）見（現），今又（有）心㱃，亡囚（憂）。一　　　　　　　　　　　　　　　　　　　　　《花東》102.3

考《左傳》襄公十年載晉悼公因見《桑林》樂舞中的"旄夏（大旌）"而驚懼生疾，於是"卜，桑林見"，晉臣荀偃、士匄"欲奔請禱焉"，杜預注："祟見於卜兆。奔走還宋禱謝。"此處"見"讀爲"現"，是指由卜兆顯現出晉悼公之病因是鬼神"桑林"作祟。[4] 另

---

[1] 李宗焜：《從甲骨文看商代的疾病與醫療》，《"中研院"歷史語言研究所集刊》第 72 本第 2 分，第 343 頁，"中研院"歷史語言研究所 2001 年。
[2] 《花東》156 中的"㱃"讀爲"畏"，據相關辭例可知或爲"心㱃"之省，詳後文。故此辭"㱃"前擬補"心"字，並以方括號標注。
[3] 黃天樹：《簡論"花東子類"卜辭的時代》《花園莊東地甲骨中所見的若干新資料》，《黃天樹古文字論集》第 149—151、451—452 頁，學苑出版社 2006 年；喻遂生：《〈殷墟花園莊東地甲骨〉中的"疾"字》，《蘭州學刊》2009 年第 10 期，第 160 頁；李宗焜：《花東卜辭的病與死》，李建民主編：《從醫療看中國史》第 17—31 頁，中華書局 2012 年。
[4] 《左傳》中"桑林"總有三義："宋社名；又樂舞名；又鬼神名。"董珊先生認爲：" '桑林' 既是樂舞名，又是宋國的社稷所在，即古書常見的商湯禱旱之地名，爲祟者應該是桑林中之樹神，《淮南子·説林》'桑林生臂手'高誘注'桑林，神名'，所以晉臣才説要'奔走還宋禱謝'。程少軒先生認爲，九店楚簡《告武夷》中見有"武夷"之父"喪綸"，可讀爲古書中習見的"桑林"。馬王堆帛畫《太一祝圖》亦載有左右一對神靈"武夷子"、"桑林"，東漢以後的解注類文獻中亦見與"武夷王（君）"相配的"倉林君"、"蒼林君"，即上述神靈"桑林"。見楊伯峻、徐提編：《春秋左傳詞典》第 547 頁，中華書局 1985 年。董珊：《楚簡中從"大"聲之字的讀法》，《古代文明》第八卷，第 301 頁，文物出版社 2010 年；收入《簡帛文獻考釋論叢》第 161 頁，上海古籍出版社 2014 年。程少軒：《説九店楚簡〈告武夷〉的"桑林"》，《古文字研究》第三十二輯，第 440—442 頁，中華書局 2018 年。

外,楚國卜筮祭禱簡如《望山》簡 1.49、1.50 中的"有見敔(祟)"、《包山》簡 222 中的"有榮(祟)見新(親)王父殤"、《包山》簡 223 中的"有榮(祟)見"、《包山》簡 249 中的"有榮(祟)見於絶無後者與漸(斬)木立(位)"、《新蔡》簡乙一:6 中的"[有]祱(祟)見於昭王、文君、文夫人、子西君"等,皆係一種表達求祟結果的特殊句式"有祟見於某某"。〔1〕李學勤先生認爲上述楚簡實爲戰國時期的竹簡卜辭,其與商周甲骨卜辭是一脈相承的,"在細節上雖有出入,卻屬於同一卜法傳統"。〔2〕與竹簡卜辭相關的是,殷墟王卜辭中亦見"有咎,艱,有見"(《合集》7189 正)、"王占曰:有咎,有見,艱,其唯丙不[吉]囗"(《合集》584 反甲)、"癸酉[卜,囗貞:]旬無[憂]。[王占曰:]有咎囗[有]見。五日[戊]寅夕[向己]卯囗"(《合集》16941)、"丙申卜,中貞:卜有咎,惠丁之(?)夸見"(《英藏》2186+《合集》26097=《合補》7935,蔡哲茂《甲骨綴合集》第 128 組)等。前引《左傳》、楚國竹簡卜辭和甲骨卜辭中的"見"與(1)辭中的"隹(唯)見"之"見"皆應讀爲"現",意爲卜兆顯現。〔3〕可知,(1)辭中的"二卜又(有)求(咎),隹(唯)見(現)",即指在第二次占卜中,卜兆顯現出有不好的事情(卜辭中稱"咎",〔4〕楚簡中稱"祟",二者義近)。

(1)辭中的"今又(有)心敔"之"敔",亦見於如下花東卜辭:

(2) 钾(禦)敔。　　　　　　　　　　　　　　　　　　　　　《花東》156

(3a) 丙卜:子其敔于歲钾(禦)史(事)。一　　　　　　　　《花東》114.1

(3b) 丙卜:子弜敔于歲钾(禦)史(事)。一　　　　　　　　《花東》114.2

(2)辭位於腹甲背面的左甲橋處,原整理者認爲此辭爲記事刻辭,"钾"爲方國名或人名,"敔"或爲複合族氏名或地名。〔5〕其實,(2)辭並非記事刻辭,而是卜問占卜主體"子"禦除"敔"之事,〔6〕王卜辭中習見爲疾病災殃舉行禦祭之辭,花東非王卜辭中亦見禦除疾病之辭,如"戊寅卜:子钾(禦)又(有)[口]疾于匕(妣)庚,習牝"(《花東》

---

〔1〕楚國卜筮祭禱簡中的此類句式"或省略動詞'見',或者省略介詞'於',在'有祟見',或'有祟於'後面也加作祟的鬼物名稱爲介詞賓語",見董珊:《楚簡中从"大"聲之字的讀法》,《古代文明》第八卷,第 301 頁;收入《簡帛文獻考釋論叢》第 161 頁。
〔2〕李學勤:《竹簡卜辭與商周甲骨》,《鄭州大學學報(哲學社會科學版)》1989 年第 2 期,第 83 頁。
〔3〕沈培:《殷卜辭中跟卜兆有關的"見"和"告"》,《古文字研究》第二十七輯,第 67 頁,中華書局 2008 年。董珊:《楚簡中从"大"聲之字的讀法》,《古代文明》第八卷,第 301 頁;收入《簡帛文獻考釋論叢》第 161 頁。
〔4〕此從裘錫圭先生釋,沈培先生仍從郭沫若先生釋爲"祟",見裘錫圭:《釋"求"》,《裘錫圭學術文集·甲骨文卷》第 284 頁,復旦大學出版社 2012 年;沈培:《殷卜辭中跟卜兆有關的"見"和"告"》,《古文字研究》第二十七輯,第 66 頁。
〔5〕劉一曼、曹定雲:《論殷墟花園莊東地 H3 的記事刻辭》,王宇信、宋鎮豪、孟憲武主編:《2004 年安陽殷商文明國際學術研討會論文集》第 46 頁。
〔6〕姚萱:《殷墟花園莊東地甲骨卜辭的初步研究》第 198 頁。

220.2)、"子匋(腹)疾,弜钔(禦)☒"(《花東》240.7)等。前舉花東卜辭的占卜主體"子"體弱並患有多種疾病,亦包括(1)辭中的"心敄",以及(2)(3)辭中的"敄"。其中,(2)辭中的"敄"或爲(1)辭中的"心敄"之省,皆指心臟異常之疾。(2)辭中的"敄"爲名詞,作祭祀動詞"钔(禦)"的賓語;(1)辭中的"敄"爲動詞,與"心"構成主謂短語,充當"又(有)"的賓語;(3)辭中的"敄"則用作動詞謂語,指罹患心臟異常之疾,此屬於甲骨文中所見的"名動相因"現象。〔1〕

(3a)(3b)辭爲一對正反對貞的卜辭,其中"歲"爲地名,"子敄于歲"與"钔(禦)史(事)"或當分讀。〔2〕沈培先生重考"司禮儀的'其'字規則",認爲在正反對貞卜辭中,先卜問之事代表了占卜主體的先設,其所使用的"其"字"本身有一種'很可能'的含義,也就暗含着'也有一點兒不可能'的意思"。〔3〕(3a)辭中所用的"其"字,表明"子"在占卜之時並不希望心疾發作,此既表明了"子"本身患有心疾的客觀事實(如上舉《花東》181.19、102.3、156、88.14等與心疾相關的辭例),符合"子"在占卜的時候傾向於心疾很可能發作的先設;同時也表示"子"心存"也有一點兒可能"心疾將會好轉的心理情態。(3b)中的否定詞"弜"一般用於占卜主體能够控制的動作行爲的否定句中,但也有例外的情況。〔4〕既知(3)辭中的"敄"可釋爲罹患心臟異常之疾,而卜辭中用於否定與疾病有關的無法控制的動作行爲,一般用否定詞"不"、"弗"、"亡"等,〔5〕如"貞:王弗疾目"(《合集》456)、"庚申卜,爭貞:婦好不延有疾"(《合集》13931)、"甲子卜,殼貞:疾役不延"(《合集》13658)〔6〕、"[貞]:子[商]亡[疾]。六月"(《合集》13721)、"乙巳卜,殼貞:有疾身,不其瘳"(《合集》376正)、"貞:婦弗其肩興有疾"(《合

---

〔1〕 黄天樹:《殷墟甲骨文中所見的"名動相因"現象》,《黄天樹甲骨金文論集》第281—293頁,學苑出版社2014年。
〔2〕 朱歧祥先生認爲(3a)(3b)二辭正反對貞,"子敄于歲"與"钔(禦)史(事)""爲二分句,應該分讀"。此辭中的"歲"與一般花東卜辭中所習見的用爲祭祀動詞的"歲"字不同,"可能是用爲地名的特殊寫法"。見朱歧祥:《〈殷墟花園莊東地甲骨釋文〉正補》,《朱歧祥學術文存》第282頁,[臺北]藝文印書館2012年。
〔3〕 沈培:《殷墟卜辭正反對貞的語用學考察》,丁邦新、余靄芹主編:《漢語史研究——紀念李方桂先生百年冥誕論文集》第225頁,"中研院"語言學研究所2005年。
〔4〕 裘錫圭:《說"弜"》,《裘錫圭學術文集·甲骨文卷》第15—19頁;張玉金:《甲骨文虛詞詞典》第35—46頁,中華書局1994年。
〔5〕 裘錫圭:《說"弜"》,《裘錫圭學術文集·甲骨文卷》第15—19頁;張玉金:《甲骨文虛詞詞典》第48—65、80—89頁。
〔6〕 陳漢平先生認爲《合集》13658中的"役"字是指"人身肢體之某一部位",但其釋爲"殿(臀)"則恐難成立。見陳漢平:《古文字釋叢》,文化部文物局古文獻研究室編:《出土文獻研究》第22頁,文物出版社1985年;劉釗:《釋甲骨文中的"役"》,《出土文獻與古文字研究》第六輯,第47—48頁,上海古籍出版社2015年;陳劍:《據〈清華簡(伍)〉的"古文虞"字說毛公鼎和殷墟甲骨文的有關諸字》,《古文字與古代史》第五輯,第261—286頁,"中研院"歷史語言研究所2017年。

集》709)等。但(3b)中否定"敄"所用的否定詞卻爲"弜",又表明"敄"應是"子"所能够控制的,此與以上所總結的卜辭中否定詞的一般用法矛盾。當然,此類矛盾的解釋亦可籠統地歸因於"弜"的特殊用例,或者"敄"應别有他義。沈培先生指出,卜辭中用於否定占卜主體無法控制的動作行爲時,亦見用否定詞"勿"的特例,此强調占卜主體的主觀意願是傾向於好的方面。[1] 同理,(3b)辭中的"敄"既釋爲罹患心臟異常之疾,此爲占卜主體"子"無法控制的客觀行爲,其用否定詞"弜"來加以否定,實際上也是强調了"子"在主觀意願上希望心疾將會好轉。

花東卜辭中亦見"鬼心",辭例如下:

(4) 乙丑卜,才(在)㯱(柚京)[2]:[子]又(有)鬼心,其衛戍。[3]

《花東》88.14

此辭中占卜主體"子"之"鬼心",亦即"心鬼(畏)",[4] 當與(1)辭中的"心敄"、(2)辭中的"[心]敄"以及(3)辭中的"敄"所指相類。[5] 原整理者認爲"敄"義"與疾病、凶禍有關。似讀爲憒。憒,亂也"。[6] 彭邦炯先生認爲(1)辭中的"敄""當釋作'瘝'。《説文》:'瘝,病也。'心瘝即心病"。[7] 趙林先生認爲(3)辭中的"敄"字"象持棍擊鬼",是一種保庇護佑族人的驅鬼儀式。[8] 朱歧祥先生認爲(1)辭中的"心敄"之"敄"用作動詞,有災禍意。[9] 沈培先生認爲上述諸卜辭中的"敄"、"鬼"皆當讀爲

---

[1] 沈培:《殷墟卜辭正反對貞的語用學考察》,丁邦新、余藹芹主編:《漢語史研究——紀念李方桂先生百年冥誕論文集》第216—218頁;裘錫圭:《説"弜"》,《裘錫圭學術文集·甲骨文卷》第18頁;張玉金:《甲骨文虚詞詞典》第45—46頁。
[2] 關於"柚京"合文的考釋,見王子楊:《甲骨文字形類組差異現象研究》第296—307頁,中西書局2013年。
[3] (4)辭中的"其衛戍"之"衛"原整理者釋作"方遘",今從周忠兵先生的《文史》未刊稿新釋。此承王子楊先生告知,謹致謝忱!
[4] 李宗焜先生總結花東卜辭中的卜疾之辭,認爲"見於花東卜辭的疾患部位,或在'疾'之前,或在'疾'之後,與王卜辭只見於'疾'之後的文例不同,這是一個特殊現象"。見李宗焜:《花東卜辭的病與死》,李建民主編:《從醫療看中國史》第31頁。今按,(4)辭中的"鬼(畏)心"或本作"心鬼(畏)",其語序與(1)辭中的"心敄(畏)"一致。
[5] 姚萱:《殷墟花園莊東地甲骨卜辭的初步研究》第256頁。朱歧祥先生認爲(4)辭中的"[子]又(有)鬼心"與(1)辭中的"今又(有)心敄"相同,"敄,用爲動詞,有災禍意。'鬼心',或即心神不寧"。見朱歧祥:《〈殷墟花園莊東地甲骨釋文〉正補》,《朱歧祥學術文存》第277頁。今按,(1)辭中的"敄"與(4)辭中的"鬼"皆讀爲"畏","心敄"、"鬼心"指心臟搏動異常之疾。
[6] 中國社會科學院考古研究所:《殷墟花園莊東地甲骨》第1599頁,雲南人民出版社2003年。
[7] 彭邦炯:《甲骨文醫學資料釋文考辨與研究》第208頁,人民衛生出版社2008年。
[8] 趙林:《説商代的鬼》,宋鎮豪主編:《甲骨文與殷商史》新四輯,第90頁,上海古籍出版社2014年。
[9] 朱歧祥:《〈殷墟花園莊東地甲骨釋文〉正補》,《朱歧祥學術文存》第277頁。

"畏"。〔1〕古音"鬼"屬見母微部,"畏"屬影母微部,二者聲母屬喉牙音,例可互轉;韻部亦相同,古音相近。《莊子·天地》"門無鬼與赤張滿稽觀於武王之師"陸德明釋文:"無鬼,司馬本作無畏。"金文中習見的"畏忌"在陳貯簋(《集成》4190)中作"愳忌","愳"從鬼聲,在此器中讀爲"畏"。此皆"鬼"、"畏"相通之證。

考"畏"字商代甲骨文作"" (《合集》17442)、西周金文作"" (大盂鼎,《集成》2837),〔2〕其後字形見有變體。孟蓬生先生考證"畏"字形體的演變序列如下:〔3〕

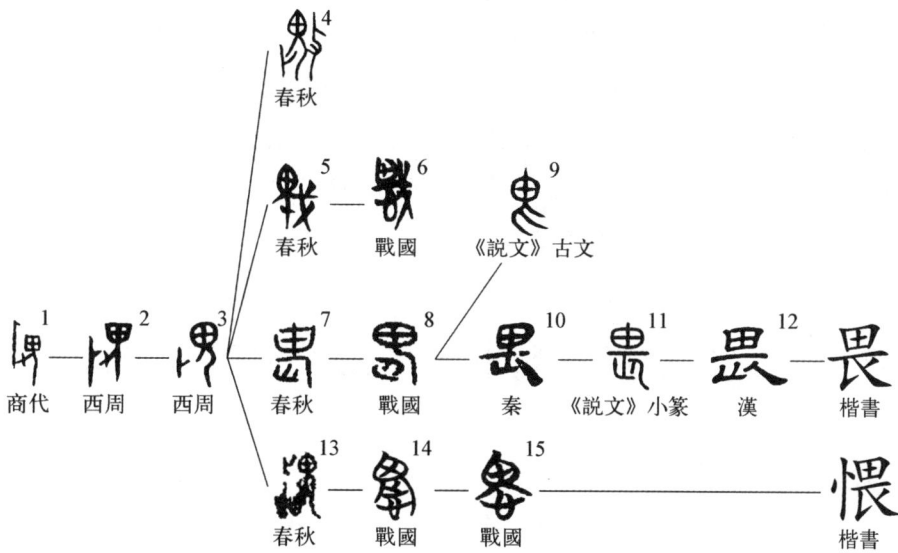

可知,甲骨、金文中"畏"字象鬼持杖形,此或爲"畏"之表意初文,"畏"實從母字"鬼"分化而來。〔4〕又(1)至(3)辭中的"敜"爲花東卜辭新見字"",從鬼從攴,〔5〕

---

〔1〕 沈培:《殷卜辭中跟卜兆有關的"見"和"告"》,《古文字研究》第二十七輯,第67頁。
〔2〕 甲骨、金文中"畏"字所從的杖形進一步下移,在楚文字""(郭店《五行》簡36)中訛變爲"止"形,《說文》"畏"字的古文""是其訛體。見張富海:《漢人所謂古文之研究》第129頁,綫裝書局2007年。季旭昇:《說文新證》第745—746頁,福建人民出版社2010年;張學城:《〈說文〉古文研究》第182頁,上海古籍出版社2017年。
〔3〕 孟蓬生先生所述"畏"字形體的演變序列,其中字形標示的數字含義如下:1.《甲骨文編》頁382(中華書局1965年);2、3、4.《金文編》頁654(中華書局1985年);5.《侯馬盟書》頁325(文物出版社1976年);6.《楚文字編》頁681(華東師範大學出版社2003年);7.《甲金篆隸大字典》頁636(四川辭書出版社1991年);8.《戰國文字編》頁623(福建人民出版社2002年);9、11.《說文解字》頁189(中華書局1963年);10.《睡虎地秦簡文字編》頁244(文物出版社1994年);12.《隸辨》頁506(中國書店1982年);13.《殷周金文集成》(中華書局1984—1996年)第1冊頁303;14、15.《楚系簡帛文字編》頁802(湖北教育出版社1995年)。見李學勤主編:《字源》第808頁,天津古籍出版社2012年。
〔4〕 沈兼士:《"鬼"字原始意義之試探》,《沈兼士學術論文集》第199—201頁,中華書局1986年。
〔5〕 "攴"本從手持"棍棒一類的東西",後其所從的棍棒形變形聲化爲"卜"。見裘錫圭:《文字學概要(修訂本)》第127頁,商務印書館2013年。

其从攴的字體構形可類比春秋晚期的"🗡"（王孫遺鼠鐘）"🗡"（王孫誥鐘）〔1〕等字；又上引"🗡"（侯馬盟書）从鬼从戈，攴旁與戈旁屬義近形旁通用，亦與"🗡"字構形相類。上述"🗡"、"🗡"从鬼聲，"鬼"、"畏"相通，其在文例中皆讀爲"畏"，則(1)至(3)辭中的"🗡"亦可从鬼得聲，此處"敓"以及與之意義相關的(4)辭中的"鬼"，皆可讀爲"畏"。上引沈培先生之說可從。

前舉諸卜辭中的"心敓（畏）"、"[心]敓（畏）"、"敓（畏）"、"鬼（畏）心[心鬼（畏）]"，實與賓三類王卜辭《合集》12、7182以及《合集》13＋18384＋《山博》632（蔡哲茂《甲骨綴合集》第350組）中的"心㥯（蕩）"相類，皆指心臟異常之疾。〔2〕王瑜楨亦認爲《花東》181.19中的"心疾"、(1)辭中的"心敓"皆指實體心臟的疾病，並總結先秦兩漢傳世和出土文獻中所載"'心疾'大多是指心臟方面的疾病，而非神經、精神方面的疾病"。〔3〕此說與本文所論大致相合。

二、賓三類卜辭中的"心㥯"

甲骨文中的"心㥯"，見於如下賓組三類王卜辭：

(5) 貞：王心㥯（蕩），亡來[艱]自[方]。一月。二。　　《合集》12
(6) 貞：王心㥯（蕩），亡來艱自方。三。
　　《合集》13＋18384＋《山博》632（蔡哲茂《甲骨綴合集》第350組）
(7) 壬午卜，[古?]貞：王心[㥯（蕩）?]，亡艱[才（在）?]入（内）囗。
　　　　　　　　　　　　　　　　　　　　《合集》7182

(5)(6)辭爲同卜一事的同文卜辭的第二、三卜，皆指由於王的心臟不適而貞卜是否會發生艱險不好的事情。(7)辭殘損較甚，裘錫圭先生對比相關辭例，認爲此辭中

---

〔1〕董蓮池編著：《新金文編》第1335頁，作家出版社2011年。
〔2〕黃天樹：《殷墟甲骨文"有聲字"的構造》，《黃天樹古文字論集》第277頁，學苑出版社2006年；李宗焜：《花東卜辭的病與死》，李建民主編：《從醫療看中國史》第23頁；彭邦烱：《甲骨文醫學資料釋文考辨與研究》第209頁。
〔3〕王瑜楨：《釋〈清華三·赤鵠之集湯之屋〉有關疾病的"慈疾"》，"第二屆古文字學青年論壇"論文，"中研院"歷史語言研究所2016年。楚文字中有"🗡"、"🗡"等字，讀爲"畏"，其所从的心旁，表示的究竟是實體的心臟還是抽象的心理活動，尚待進一步探討。見滕壬生編著：《楚系簡帛文字編》第802頁，湖北教育出版社1995年。

的"心"後殘字很可能是"愳(蕩)"字,"艱"後殘字亦很可能爲"才(在)"字,[1]但亦不排除爲"自"字的可能。黃天樹先生指出,甲骨文中的"入(內)"是與"卜(外)"相對而言的方位詞,(7)辭"是卜問:商王心跳,在國內該不會有憂患吧",(5)(6)辭"是卜問:商王心跳,該不會有從鄰近的方國來的災難吧?指的是有周邊的少數民族要來侵犯商王朝"。[2]其説可從。《左傳》莊公四年載楚武王伐隨而"心蕩",鄧曼則以天道"盈而蕩"以及先君"發大命而蕩王心"來説明其病因。杜預注:"蕩,動散也。"楊伯峻注:"蕩,動搖也。心蕩猶言心跳、怔忡。"《左傳·僖公四年》:"齊侯與蔡姬乘舟於囿,蕩公。"杜預注:"蕩,搖也。"《周易·繫辭上》:"剛柔相摩,八卦相盪。"陸德明釋文:"衆家作'蕩',……桓云'動也'。"亦即《禮記·樂記》"陰陽相摩,天地相蕩",陸德明釋文:"蕩,本或作盪。"鄭玄注:"蕩猶動也。"又《逸周書·周月》:"陽氣虧,草木萌蕩。"朱右曾云:"蕩,動也。"亦即《禮記·月令》"陰陽爭,諸生蕩",鄭玄注:"蕩謂物動萌芽也。"可知,古書中"蕩"可訓爲"動"。

(5)(6)辭中"心愳"之"愳"從心庚聲,古音屬見母陽部;"心蕩"之"蕩"從艸湯聲,"湯"從水易聲,古音屬定母陽部,二者韻部相同。見母所屬的牙音和定母所屬的舌頭音在諧聲系統中亦可相諧,如"臽"古音屬溪母,而從臽得聲的字,如"啗"、"窞"、"萏"則爲定母,"諂"爲透母;"羔"爲見母,而從羔得聲的字,如"窯"則爲喻母四等,與定母相近;"敫"爲喻母四等,與定母相近,而從敫得聲的字,如"徼"則爲見母。文獻中從庚聲之字與從易聲之字常可通假,[3]如《説文·口部》"唐"從口庚聲,其古文"啺"從口易聲。"陽"與"唐"相通,如《左傳》昭公十二年:"齊高偃帥師納北燕伯于陽。""陽",《左氏傳》作"唐",《公羊傳》《穀梁傳》作"陽"。杜預注:"陽即唐。""湯"與"唐"相通,如古書中的"成湯"之湯在甲骨、金文中寫作"唐"。"蕩"與"唐"相通,如《左傳》成公十五年:"蕩澤爲司馬。"楊伯峻注:"其人(引者按:此指蕩澤)名山,《宋世家》作'唐山','唐'、'蕩'音近通假。"同理,前舉"心愳"之"愳"亦可讀爲"蕩"。裘錫圭先生認爲此"愳"字是《左傳》莊公四年中"心蕩"之"蕩"的專字,亦可釋作《説文·心部》中訓爲"放"的"惕"或"憭",而"惕"即"放蕩"、"心蕩"之"蕩"的本字。[4]又馬王堆帛書《陰陽十一脈灸經甲本》行 11/45 見有"[聞]木音則僇〈惕〉然驚,心腸(惕),欲獨閉戶牖而處"之"心腸(惕)",與之內容相同的《陰陽十一脈灸經乙本》行 5—6 脱"心腸(惕)"二

---

[1] 裘錫圭:《殷墟甲骨文考釋四篇·釋"愳"》,《裘錫圭學術文集·甲骨文卷》第 437—438 頁。
[2] 黃天樹:《説殷墟甲骨文中的方位詞》《殷墟甲骨文"有聲字"的構造》,《黃天樹古文字論集》第 209—212、277 頁。
[3] 張儒、劉毓慶:《漢字通用聲素研究》第 458 頁,山西古籍出版社 2002 年。
[4] 裘錫圭:《殷墟甲骨文考釋四篇·釋"愳"》,《裘錫圭學術文集·甲骨文卷》第 437—438 頁。

字,張家山醫簡《脈書》簡24則作"心惕然";而明代趙府居敬堂本《靈樞·經脈》作"心欲動",日本仁和寺原鈔古卷子本《太素·經脈連環》亦作"心欲動"。郭靄春、錢超塵等據改爲"心動欲",且"欲"字屬下讀。[1] 裘錫圭先生主編的《長沙馬王堆漢墓簡帛集成》認爲上舉帛書"'心腸'當從簡本(引者按:此指《脈書》)讀爲'心惕',亦作'心蕩',與'心動'同義,亦見於殷墟甲骨文[引者按:此指上引(5)(6)辭],作'心慮','慮'當即'惕'字異體"。[2] 此説可從。又古音"動"屬定母東部,"蕩"屬定母陽部,聲紐相同,韻部東陽旁轉,二者音義皆近,實爲同源的關係。[3] 總之,(5)(6)辭中"心慮(蕩)"之"慮(蕩)"當訓爲"動","心慮(蕩)"猶言"心動"。

據《左傳》莊公四年載鄧曼認爲楚武王"心蕩"乃因"王禄盡矣。盈而蕩,天之道也。先君其知之矣,故臨武事,將發大命而蕩王心焉",楚國先君警告"王禄盡矣",而使楚武王"心蕩";(5)(6)辭則是鬼神警告會發生艱險之事,而使商王"心慮(蕩)"。時人認爲此二者中"心慮(蕩)"的病因皆爲"鬼神示警"。[4] 綜上,(5)(6)辭中的"心慮(蕩)"與《左傳》莊公四年中的"心蕩"之病症甚爲接近,皆指心臟的異常搏動。[5]《史記·倉公傳》載倉公論治"齊王中子諸嬰兒小子病","病得之心憂",並云"重陽者,逿心主"。裴駰《史記集解》引徐廣云"逿者,盪也。謂病盪心者,猶刺其心"。丹波元堅《扁鵲倉公傳彙考》引海保元備云"按據徐廣注,徐所見本蓋無'主'字",並認爲此處"逿心"即是前舉《左傳》莊公四年中的"蕩王心"之"蕩心",亦即《脈經》卷六《心手少陰經病證》所謂"心病,煩悶,少氣,大熱,熱上盪心"之"盪心"。[6] 上舉裴駰引徐廣、丹波元堅引海保元備皆疑《史記·倉公傳》中的"逿心主"之"主"爲衍文,恐難信從。《素問·靈蘭秘典論》:"心者,君主之官,神明出焉。""心"爲君主之官,黃龍祥先生認爲

---

[1] 郭靄春等校勘云:"原作'心欲動',據《素問》脈解篇改,'欲'字連下讀,與《脈經》《千金》《圖經》相合。"見河北醫學院:《靈樞經校釋》上册第227、229頁,人民衛生出版社1982年;亦見錢超塵、李雲校正:《黃帝内經太素新校正》第117頁,學苑出版社2006年。

[2] 裘錫圭:《馬王堆醫書釋讀瑣議》,《裘錫圭學術文集·簡牘帛書卷》第184頁,復旦大學出版社2012年;裘錫圭主編:《長沙馬王堆漢墓簡帛集成(伍)》第198頁,中華書局2014年。

[3] 王力:《同源字典》第357頁,商務印書館1982年。

[4] 裘錫圭:《殷墟甲骨文考釋四篇·釋慮》,《裘錫圭學術文集·甲骨文卷》第438頁;李宗焜:《從甲骨文看商代的疾病與醫療》,《"中研院"歷史語言研究所集刊》第72本第2分,第375頁。

[5] 杜正勝先生認爲《左傳》莊公四年所載楚武王"心蕩"之"心"不是指實體的心臟,而是指"精神狀態"。其説可商。本文認爲"心蕩"當指心臟搏動異常,此"心"當指實體心臟。但王瑜楨考辨清華簡三《赤鳩之集湯之屋》中的"惢疾"則爲心理精神疾病的專名,此"惢"爲"心疾"之"疾"的專字。見杜正勝:《從眉壽到長生——醫療文化與中國古代生命觀》第87頁,[臺北]三民書局2006年;王瑜楨:《釋〈清華三·赤鳩之集湯之屋〉有關疾病的"惢疾"》,"第二屆古文字學青年論壇"論文,"中研院"歷史語言研究所2016年。

[6] [日]丹波元簡著,丹波元胤補,丹波元堅附案:《扁鵲倉公傳彙考》,日本嘉永二年存誠藥室刻本。

《史記·倉公傳》中的"心主","此指心臟,係'心爲君主'之略稱"。[1]考"心主"多見於《黄帝内經》《難經》等早期醫經,老官山醫簡中亦見"心主之脈:繫掌中,上出辟(臂)中,出紂(肘)中,走亦(腋),□□,入匈(胸),循裹,上加大(太)陰,上循□嚨,下繫心",[2]此即《靈樞·邪客》中的"心主之脈"。[3]又《難經·二十五難》:"手少陰與心主別脈也。心主與三焦爲表裏,俱有名而無形。"前一"心主",與上引老官山醫簡、《靈樞·邪客》中的"心主之脈",皆指《靈樞·經脈》中的"心主手厥陰心包絡之脈";後一"心主"當指"心包",其與"三焦"皆有名無形。學者認爲老官山醫簡中的内容與扁鵲之學有關,如《脈書·上經》即見五處"敝昔曰",此"敝昔"可讀爲傳世文獻中的"扁鵲"。[4]據《史記·倉公傳》可知,倉公之學或有上承自扁鵲者;《難經》亦與扁鵲之學相關。[5]老官山醫簡簡94見有"俞不盈,心主不實,不可石也","心主"與"俞"相對爲文,應類屬於老官山醫簡中數見的"脈"、"俞"對文之例,頗疑此簡與上引《難經·二十五難》中的前一"心主",皆指手厥陰心包之脈,此或屬於扁鵲之學的概念範疇。

總之,以上"邊""盪"同"蕩",訓爲"動",亦與"動"爲同源關係;"心蕩"、"邊心主"、"盪心"與上引諸卜辭中的"心敓(畏)"、"[心]敓(畏)"、"敓(畏)"、"鬼(畏)心[心鬼(畏)]"、"心慮(蕩)"意義相關,皆指心臟異常之疾。

三、卜辭中的心悸及相關問題

考《説文·心部》:"悸,心動也,從心季聲。"又《説文·疒部》:"痵,氣不定也,從疒季聲。"《玉篇·疒部》:"痵,氣不定也,心動也,亦作悸。""悸"、"痵"音義皆同。王筠《説文解字句讀》認爲"痵"、"悸"同,"或痵專屬疾,悸爲通語乎"。余雲岫《古代疾病名候疏義》認爲:"痵爲病態,悸爲變態,其候一也。今通用悸。"上述《左傳》莊公四年中的"心蕩"即

---

[1] 黄龍祥:《中國針灸學術史大綱(增修版)》第471頁,[臺北]知音出版社2002年。
[2] 因老官山醫簡尚未公布,本文所引老官山醫簡釋文皆轉引自他處。下同。黄龍祥:《老官山出土西漢針灸木人考》,《中華醫史雜志》2017年第3期,第133頁;邱科、曾芳、孫睿睿等:《成都老官山漢墓經穴髹漆人像手三陰經循行考證》,《中華中醫藥雜志》2018年第4期,第1482頁。
[3] 黄龍祥:《老官山出土西漢針灸木人考》,《中華醫史雜志》2017年第3期,第132—133頁。
[4] 梁繁榮、王毅、李繼明:《揭秘敝昔遺書與漆人:老官山漢墓醫學文物文獻初識》第30頁,四川科學技術出版社2016年;柳長華、顧漫、周琦等:《四川成都天回漢墓醫簡的命名與學術源流考》,《文物》2017年第12期,第63—65頁。
[5] 李伯聰:《扁鵲和扁鵲學派研究》第215—226頁,陝西科學技術出版社1990年。

"心悸"之謂。〔1〕《素問·氣交變大論》:"民病身熱煩心,躁悸。"王冰注:"悸,心跳動也。"《漢書·田延年傳》:"(霍)光因舉手自撫心曰:'使我至今病悸。'"王先謙《漢書補注》引宋祁曰:"韋昭曰:'心中喘息曰悸。'"所謂"心中喘息"乃因"氣不定(此即'瘞')",從而導致心臟搏動異常,即"心動(此即'悸')"。《素問·平人氣象論》:"胃之大絡,名曰虛裏,貫膈絡肺,出於左乳下,其動應衣,脈宗氣也。……乳之下其動應衣,宗氣洩也。"郭靄春《黃帝內經素問校注》引田晉蕃曰:"蓋動而微則應手,動而甚則應衣,微則爲平,甚則爲病。""虛裏"爲宗氣所聚,位於"左乳之下"心尖搏動處;"宗氣洩"即"氣不定(此即'瘞')",從而導致左乳下的心尖處搏動異常,即"心動(此即'悸')"。

病理性的致"悸"之因有多種,如《素問·舉痛論》:"驚則心無所倚,神無所歸,慮無所定,故氣亂矣。"此爲七情之"驚"致"悸"。《素問·痹論》:"脈痹不已,復感於邪,內舍於心。……心痹者,脈不通,煩則心下鼓,暴上氣而喘,嗌干善噫,厥氣上則恐。"此爲外邪致"悸"。《靈樞·本神》:"心怵惕思慮則傷神,神傷則恐懼流淫而不止,……神傷則恐懼自失。"此爲七情之"思"致"悸"。《靈樞·經脈》:"心主手厥陰心包之脈,……是動則病,……甚則胸脅支滿,心中澹澹大動。"此爲手厥陰心包經病理性異常而致"悸"。《傷寒論》中亦見"心悸"、"心下悸"、"臍下悸"、"心動悸"、"悸而驚"、"煩而悸"等語,成無己《傷寒明理論》云:"傷寒悸者,何以明之?悸者,心忪是也。築築踢踢然動,怔怔忪忪,不能自安是矣。"上述古典醫經、經方所論皆涉及心悸的病因病機及病理表徵等相關問題。

與心悸有關的,另見"怔忡"一證,宋代嚴用和《濟生方·驚悸怔忡健忘門》分心悸從"驚悸"、"怔忡"論治,認爲前者是"心虛膽怯所致";後者乃因"心血不足"。〔2〕後世醫家亦分心悸爲"驚悸"和"怔忡"兩類,前者常由外因(驚恐、惱怒等)引發,多見實證;後者常由內因(心血虛、心陽不足等)所致,多見虛證,但二者在臨床上常可相互轉化。〔3〕

上引《左傳》莊公四年載楚武王"心蕩",楊伯峻認爲此"猶言心跳、怔忡",余雲岫認爲此爲心悸。宋代理學家吕祖謙《東萊先生左氏博議》卷五則指出,《左傳》莊公四年載楚武王五十一年伐隨,其晚年"死期將至,血氣既蕩,心安得不隨之而蕩乎";並主張心志爲"氣之帥","心由氣而蕩,……而蕩心者,氣也"。〔4〕吕氏論"心蕩"是由心所主之氣"蕩"所致,氣"蕩"即氣動不定,此與前舉《說文·疒部》訓爲"氣不定"的"瘞"義相合;"心蕩"即心動異常,亦與《說文·心部》訓爲"心動"的"悸"義相合,"悸"與"瘞"

─────────
〔1〕余雲岫編著,張葦航等點校:《古代疾病名候疏義》第134、196頁,學苑出版社2012年。
〔2〕嚴用和著,浙江省中醫研究所文獻組、湖州中醫院整理:《重訂嚴氏濟生方》第115—117頁,人民衛生出版社1980年。
〔3〕張伯臾主編:《中醫內科學》第103—107頁,上海科技出版社1985年。
〔4〕吕祖謙:《東萊先生左氏博議》第46—47頁,中華書局1985年。

同。吕氏以"心氣論"來解釋楚武王"心蕩"一事,此蓋源於戰國時期"氣一元論"的古典氣論思想,大約在公元前 4 世紀,早期醫學病因觀由外因性的天帝神祇、祖先、鬼神、天象等因素逐漸轉化爲内因性的情志、氣化等因素。[1]

上舉"韋昭曰'心中喘息曰悸'",《説文·心部》訓"息"爲"喘",《説文·口部》訓"喘"爲"疾息",段玉裁注:"喘爲息之疾者,析言之。此云息者喘也,渾言之,人之氣急曰喘,舒曰息。"《素問·平人氣象論》:"人一呼脈再動,一吸脈亦再動,呼吸定息,脈五動,閏以太息,命曰平人。"《脈經》卷四"診損至脈"云:"呼吸定息,脈五動。一呼一吸爲一息。"同書卷五"扁鵲脈法第三"云:"人一息脈二至謂平脈,體形無苦。"老官山醫簡 40 見有"故曰,脈再至曰平",簡 683 亦見"人一息脈二勤(動)曰平"。"喘"、"息"皆就呼吸而言,"息"是指健康之人一呼一吸,其與"喘"有程度之别。考"喘息"亦見於《淮南子·精神》:"今夫繇者,揭钁臿,負籠土,鹽汗交流,喘息薄喉。"高誘訓"薄"爲"迫也,氣衝喉也",此"衝喉"之"氣"即指"喘息",義爲急促的呼吸。《素問·陰陽應象大論》云:"視喘息,聽音聲,而知所苦。"王冰注:"視喘息,謂候呼吸之長短也。"郭靄春校注引姚止庵曰:"喘息……蓋氣喘則身必動,輕者呼多吸少而已,重則瞪目掀鼻,竦脅抬肩。"前舉韋昭訓"悸(同'瘁')"爲"心中喘息",實是將上引《説文·心部》中訓爲"心動"(指心悸的病理表徵,即心臟搏動異常)的"悸"與《説文·疒部》中訓爲"氣不定"(指心悸的病機特點,即呼吸急促,氣亂不定)的"瘁"二義糅合在一起來訓釋,主要是以"氣一元論"的内因説來解釋"悸(同'瘁')"之病因。《素問·靈蘭秘典論》"心者,君主之官也"王冰注:"任治於物,故爲君主之官。"前舉吕氏以理學家言,認爲心統攝萬物,心主一身之氣,"氣出於心",氣動不定亦可導致心臟的搏動異常,此即"心悸"。

"心悸"一般分爲"驚悸"和"怔忡",其中"怔忡"之證在清代沈金鰲《雜病源流犀燭》卷六"怔忡源流"中稱爲"心血不足病","人所主者心,心所主者血,心血消亡,神氣失守,則心中空虚,怏怏動揺,不得安寧,無時不作,名曰怔忡。或由陽氣内虚,或由陰血内耗,或由水飲停於心下,……或急急富貴,戚戚貧賤,或事故煩冗,用心太勞,……

---

[1] 關於古典氣論思想的相關研究,見[日]小野澤精一、[日]福永光司、[日]山井涌編,李慶譯:《氣的思想:中國自然觀與人的觀念的發展》,上海人民出版社 2007 年;李存山:《氣論與仁學》,中州古籍出版社 2009 年;楊儒賓:《中國古代思想中的氣論及身體觀》,[臺北]巨流圖書股份有限公司 1993 年;羅維前:《痛的溯源——論痛、厥與經脈中氣循環理論的形成》,李學勤、謝桂華主編:《簡帛研究》第 276 頁,廣西師範大學 2001 年;杜正勝:《從眉壽到長生:醫療文化與中國古代生命觀》第 95—154 頁,[臺北]三民書局股份有限公司 2005 年;李建民:《先秦兩漢病因觀及其變遷——以新出土文物爲中心》,李建民主編:《從醫療史看中國史》第 49—80 頁;李建民:《從中醫看中國文化》第 55—86 頁,商務印書館 2016 年;陳德興:《〈黄帝内經〉氣論的思想内涵》,《哲學與文化》2001 年第 1 期,第 65—95 頁;李宗焜:《從甲骨文看商代的疾病與醫療》,"中研院"歷史語言研究所集刊》第 72 本第 2 分,第 373—375 頁。

或由汗吐下後,正氣屢弱,或由榮衛俱涸,……或由虚弱怔忡,……或思慮多而怔忡,……或心虚怔忡而兼自汗,或由痰爲火動,……或由憂愁悲苦,致心虚而動,……或由氣鬱不宣而致心動。或陰火上衝,怔忡不已,……或腹中作聲,……或由所求不遂,或過縱自悔,……以上皆怔忡所致之由也"。[1] 上引魯莊公四年(公元前690年)即楚武王五十一年,此時楚武王已近暮年,血氣漸衰;[2]或已見心虚(指心血、心氣、心陽不足)之證,其"心蕩"很有可能是由内因引起的,加之外因誘發,且内因以裏虚證爲主。《左傳》莊公四年亦載鄧曼預言"王薨於行",後來楚武王"遂行",果然"卒於樠木之下",可見楚武王之死已見先兆,鄧氏或從其内在血氣虚衰的病理表徵中已然預知,只是假借"天道"、"先君大命"之説來予以解釋而已。故知,從上文分辨心悸爲"驚悸"和"怔忡"二證來看,楚武王"心蕩"之病症相當於今之臨床上所見之"怔忡"的可能性較大,但也不排除其外受"驚悸"誘發或病情遷延轉化爲"怔忡"的可能性。[3]

(4)至(7)辭皆因占卜主體的心臟搏動異常而貞卜是否會發生不好之事,其中,賓三類王卜辭(5)至(6)辭的命辭爲商王因心臟搏動異常["心㦫(蕩)"],而卜問是否會發生從方國來的艱險不好之事(指鄰近方國侵犯商王朝);(7)辭亦因王的心臟搏動異常〔"心[㦫(蕩)?]"〕而貞卜是否在國内會發生憂患之事。(4)辭則屬花東子組非王卜辭,其命辭爲花東卜辭的主人"子"亦因心臟搏動異常〔"鬼(畏)心[心鬼(畏)]"〕,而卜問是否會發生不好之事("其衛戍")。

前述(4)辭中的"鬼心"之"鬼"讀爲"畏"。考《説文·由部》"畏"訓爲"惡";《廣雅·釋詁》"畏"可訓爲"敬"、"懼"、"惡"、"難"、"皐"、"恐";《玉篇·由部》"畏"可訓爲"驚"、"忌"、"懼"、"難"、"惡"。《孟子·盡心下》"王(武王)曰'無畏,寧爾也,非敵百姓也'"之"無畏",趙岐注:"無驚畏。"焦循正義引《廣雅·釋詁》"畏"訓"懼"、"恐"之例,並引《周易·震·象傳》"震驚百里,驚遠而懼邇也",認爲"驚即恐懼也,故以無畏爲無驚也"。[4] (1)辭中的"心敱"之"敱"、(2)辭中的"[心]敱"之"敱"、(3)辭中的"敱",以

---

[1] 沈金鰲:《雜病源流犀燭》第139頁,上海科學技術出版社1962年。
[2] 《靈樞·天年》:"黄帝曰:其氣之盛衰,以至其死,可得聞乎? 岐伯曰:人生十歲,五臟始定,血氣已通,其氣在下,故好走;二十歲,血氣始盛,肌肉方長,故好趨;三十歲,五臟大定,肌肉堅固,血脈盛滿,故好步;四十歲,五臟六腑十二經脈,皆大盛以平定,腠理始疏,榮華頹落,髮頗斑白,平盛不摇,故好坐;五十歲,肝氣始衰,肝葉始薄,膽汁始減,目始不明;六十歲,心氣始衰,苦憂悲,血氣懈惰,故好臥;七十歲,脾氣虚,皮膚枯;八十歲,肺氣衰,魄離,故言善誤;九十歲,腎氣焦,四臟經脈空虚;百歲,五臟皆虚,神氣皆去,形骸獨居而終矣。"見河北醫學院:《靈樞經校釋》下册第126頁,人民衛生出版社1982年。
[3] 現代蒙醫學亦見"心蕩症",是"以陣發性心悸爲突出表現的赫依性爲主的心臟病。《智慧之源》將其稱爲'心慌'"。見包銀象、青格樂:《心蕩症患者37例蒙藥治療效果觀察》,《世界最新醫學信息文摘》2016年第23期,第182、186頁。
[4] 焦循:《孟子正義》第964頁,中華書局1987年。

及(4)辭中的"鬼心"之"鬼",皆當讀爲"畏"。從構形本意來看,甲骨文"敓"從攴從鬼,鬼亦聲;"畏"爲"鬼"之分化字,象鬼持杖形,顯示出令人驚懼之象。總之,此處"畏"可訓爲"驚"、"懼"。宋代嚴用和《濟生方・驚悸怔忡健忘門》總結驚悸爲"心虛膽怯之所致","或因事有所大驚,或聞虛響,或見異相,登高陟險,驚忤心神,氣與涎鬱,遂使驚悸"。[1] 驚悸之證的病因應是"心虛膽怯",或外受驚懼,此雖爲宋代嚴用和所總結,但古今特定疾病的"證"和"因"具有相對的穩定性,在一定意義上亦適用於上古疾病類型的考釋。那麼,上引諸卜辭中的"心敓(畏)"、"[心]敓(畏)"、敓(畏)"、"鬼(畏)心[心鬼(畏)]"是指心臟因遭受外界的驚懼刺激而發生搏動異常,但同時應兼有裏虛證。

今從上舉陳劍先生所論"整個花東子卜辭存在的時間,恐在武丁晚期,最多可推斷其上限及於武丁中期",可推測花東子組卜辭的主人"子",作爲時王"丁"(武丁)之親子的年齡應不會太小。前舉占卜主體"子"所患疾病計有多種,如疾首、"口疾"、疾齒、疾目、"耳鳴"、"疾肩"、疾腹、疾心〔包括"心敓(畏)"、"[心]敓(畏)"、"敓(畏)"、"鬼(畏)心[心鬼(畏)]"〕等。另外,"子"患病亦見遷延不愈的情形,如"子不征(延),瘥(瘳)"(《花東》44.1)、"其征(延)疾"(《花東》117)、"庚卜:子心疾,亡征(延)"(《花東》181.19)、"甲卜:子疾首,亡征(延)"(《花東》304.1 與《花東》304.2、446.5、446.6 同卜一事)等,其中"延"當訓爲"延纏",[2] 此指"子"所患的疾病延纏不愈,久病未愈則耗傷氣血而致裏虛證。

而且,"子"經常患病的情形甚至已引起時王"武丁"及"婦母"的關注和憂慮,如"己卜:丁夂(終)欇(虞)于子疾"(《花東》69.6、69.7)、"辛卜:帚(婦)女(母)曰子:丁曰:子其又(有)疾。允其又(有)"(《花東》331.1)等。《花東》69.6、69.7 中的"欇"讀爲訓作"憂虞"之"虞",[3] 卜辭大意爲"武丁是否始終憂慮子的疾病"。《花東》331.1 卜辭大意爲"婦母告訴子說,武丁說'子大概有疾病',真的有嗎"。[4] 由上推知,"子"的身體狀態欠佳,身患多種疾病且有時遷延不愈,以致其父武丁和婦母常憂慮"子"的疾病;加之前述花東卜辭的時代在武丁晚期,最早可及於武丁中期,那

---

[1] 嚴用和著,浙江省中醫研究所文獻組、湖州中醫院整理:《重訂嚴氏濟生方》第 115 頁。
[2] 于省吾主編:《甲骨文字詁林》第 2230—2235 頁,中華書局 1996 年;黃天樹:《花園莊東地甲骨中所見的若干新資料》,《黃天樹古文字論集》第 451—452 頁;李宗焜:《花東卜辭的病與死》,李建民主編:《從醫療看中國史》第 25 頁。
[3] 姚萱:《殷墟花園莊東地甲骨卜辭的初步研究》第 213—224 頁。
[4] 黃天樹:《簡論"花東子類"卜辭的時代》,《黃天樹古文字論集》第 149 頁;陳劍:《說花園莊東地甲骨卜辭的"丁"——附:釋"速"》,《甲骨金文考釋論集》第 89 頁。

麼,作爲花東卜辭的主人(族長)"子",即武丁的親子,其年齡或已步入中年。[1] 此時"子"之血氣漸有衰減之勢,加之多病和久病而致傷營耗血、陰損及陽。綜合而言,"子"所患之疾應屬裹虛證,内見心虛再兼外受驚懼,則很有可能形成"怔忡"之證。故知,(1)至(4)辭中"子"所患"心敓(畏)"、"[心]敓(畏)"、敓(畏)、"鬼(畏)心[心鬼(畏)]"等疾病,或與《左傳》莊公四年楚武王"心蕩"之證相類,很有可能相當於今之臨牀上所見的"怔忡"之證,但也不排除其外受"驚悸"(外受驚懼)誘發或病情遷延轉化爲"怔忡"的可能性。

上引賓三類王卜辭(5)(6)辭中亦見商王"心慶(蕩)"之症,此期卜辭指賓組晚期和出組早期卜辭中署賓組貞人名的賓組賓出類卜辭,黄天樹先生推定其時代"主要存在於祖庚之世。它的上限應上及武丁時期,其下限或有可能延伸至祖甲之初"。[2] (5)(6)辭中的占卜主體"王"難以確定是指武丁、祖庚還是祖甲,其"心慶(蕩)"之病因是鬼神示警,並預示有可能會發生來自方國的艱險不好之事。雖就目前的材料而言,尚無法推知商王"心慶(蕩)"之疾是相當於今之臨牀上的"驚悸"還是"怔忡",但可肯定其當屬於"心悸"病證的範疇。

四、餘　　論

花東卜辭中另見與"心"有關的辭例,如下:

(8) 丙卜:丁乎(呼)多臣复(復),囟非心、于不若,隹(唯)吉,乎(呼)行。

《花東》401.12

此辭中"非……隹(唯)"的對舉格式,亦見於如下卜辭:"甲午卜:歲且(祖)□叀(惠)祝。/甲午卜:叀(惠)子祝。曰:非孽(孽)隹(唯)疠(疾)"(《花東》372.6、372.7)、[3]"丙寅夕卜:子又(有)言才(在)宗,隹(唯)侃。/丙寅夕卜:非侃。"(《花東》234.1、234.2)"鼎(貞):非孽(孽)隹(唯)疾"(《合集》13845)、"庚辰,貞:日又(有)戠(異),非囚(憂)隹(唯)若"(《合集》33698)等,其中否定副詞"非"與"唯"對舉搭配,

---

[1] 黄天樹:《簡論"花東子類"卜辭的時代》,《黄天樹古文字論集》第151頁。
[2] 黄天樹:《殷墟王卜辭的分類與斷代》第100頁,科學出版社2007年。
[3] 關於此辭的釋讀,見姚萱:《殷墟花園莊東地甲骨卜辭的初步研究》第45—46頁;黄天樹:《〈殷墟花園莊東地甲骨〉中所見虛詞的搭配和對舉》,《黄天樹古文字論集》第408頁。

黃天樹先生認爲其"表示通過占卜來決斷疑惑",相當於"不是……而是……"。[1] 此説可從。此辭中的"囟",亦見於王卜辭"乙巳卜,旅貞:今夕王囟言"(《合集》26731),當與沈培先生所考周原甲骨文中的"囟"同,是語氣副詞,義爲"應、當",其與《詩經》《尚書》中的虛詞"式"表示的是同一個詞。[2] 此辭中的"心"之義相當於"不若",與"吉"對言,亦如"壬辰卜:子心不吉,侃"(《花東》416.7),"心"與"不吉"義同,與之對言的"侃"則訓爲喜樂、歡喜。[3] 可知,此辭中的"心"應當表示的是不吉、不好之義,花東卜辭"丁卜:子令,囟心"(《花東》409.18)、"甲卜:子又(有)心,蚊匕(妣)庚"(《花東》446.3)中的"心"亦與之義同。

古文字字形加"口"與不加"口"往往無別,頗疑卜辭中的"峀"爲上述表示不吉、不好之義的"心"之繁體,如王卜辭"辛酉子卜,貞:丁峀我"(《合集》21580)、"貞:王虫(有)峀,不之。○貞:王虫(有)峀,允之"(《合集》17311 正)、"丙午卜,韋貞:峀□犬由"(《合集》2606 正),以及非王子組卜辭"癸子(巳)子卜:于禜月又(有)峀"(《合集》21661)等。[4] 陳劍先生認爲此處"峀"與"父乙豸王"(《合集》2222、2223)、"丁不豸我"(《合集》21727)等辭例中"豸"的性質相近,而"豸"疑可讀爲訓作"責"的"誅"。[5] 那麼,(8)辭及上引《花東》409.18、416.7、446.3 中的"心"亦與疑讀爲"誅"的"豸"義近,而非從其構形本義"心臟"作解。

附記:本文幸蒙各位老師和匿名審稿專家的指正,獲益良多,謹此致謝!

(杜鋒　西南大學漢語言文獻研究所　講師)

---

[1] 黃天樹:《〈殷墟花園莊東地甲骨〉中所見虛詞的搭配和對舉》,《黃天樹古文字論集》第 408 頁。
[2] 沈培:《周原甲骨文裏的"囟"和楚墓竹簡裏的"囟"或"思"》,中國文字學會、河北大學漢字研究中心編:《漢字研究》第一輯,第 345—365 頁,學苑出版社 2005 年。
[3] 裘錫圭:《釋"衍""侃"》,《裘錫圭學術文集·甲骨文卷》第 378—386 頁。
[4] 《合集》21661 中的"禜"字當從周忠兵先生分析爲从"示"从倒"禾"从"又","此字從字形看爲雙手持禾倒置於示上,從構形上説與甲骨中常見的从'示'从'又'从倒'隹'的字同……它們可能是一字異體,其造字本義應該是表示向祖先進獻祭品"。見周忠兵:《讀契札記三則》,張光明、徐義華主編:《甲骨學暨高青陳莊西周城址重大發現國際學術研討會論文集》第 326—327 頁,齊魯書社 2014 年。裘錫圭:《甲骨文字考釋(八篇)》,《裘錫圭學術文集·甲骨文卷》第 87 頁。
[5] 陳劍:《釋峀》,《出土文獻與古文字研究》第三輯,第 35—38 頁,復旦大學出版社 2010 年。

英國國家圖書館所藏甲骨新發現舉隅（十二例）

馬 尚

英國國家圖書館（The British Library，亦譯作大英圖書館、不列顛圖書館）所藏甲骨是著名的"庫方藏品"（庫壽齡、方法斂藏品）的一部分，共 490 片。

這批甲骨由山東濰縣商人李茹賓在 1909—1911 年間販與傳教士方法斂和庫壽齡，庫壽齡於 1911 年將其轉與英國國家博物館，1973 年英國國家圖書館自英國國家博物館分出，《庫方》[1]1506—1988 號歸英國國家圖書館收藏。這批甲骨共 490 片，自相綴合後共 477 片。

這批甲骨經過兩次著錄，一是方法斂摹、白瑞華校《庫方二氏藏甲骨卜辭》（以方法斂《甲骨卜辭》爲底稿輯錄），[2]爲摹本；二是李學勤、齊文心、艾蘭先生的《英國所藏甲骨集》，[3]比較全面地公布了這批甲骨的拓影，部分甲骨還附有摹本和顯微照片。《庫方》第一次將這批甲骨全面公之於世，刊布之功甚偉，但由於書中所錄爲摹本，且摹寫質量不高，影響了學者對這批甲骨價值的發掘。《英藏》公布的材料更爲全面、準確，是目前最常用的資料，但是，《英藏》拓本上白斑、邊緣不清等情況時有出現，許多甲骨的骨面剝離部分失拓，這些情況不利於對這批甲骨的整理研究。

---

[1] 文中釋文一般采用嚴式隸定，但爲求行文方便，一些常用字如"貞"、"巳"等均不再括注；"□"表示缺一字，"■"表示存該字殘畫，"……"表示缺兩字及兩字以上或缺字字數不詳，"[　]"表示釋文依辭例擬補；異體字和假借字加"（）"隨文注明，右上角加標"＊"號的字，表示暫用通行説法。

[2] 方法斂摹，白瑞華校：《庫方二氏藏甲骨卜辭》，上海商務印書館 1935 年；又收入嚴一萍編：《方法斂摹甲骨卜辭三種》，[臺北] 藝文印書館 1966 年；又收入《甲骨文研究資料彙編》第十八冊，北京圖書館出版社 2000 年。

[3] 李學勤、齊文心、艾蘭：《英國所藏甲骨集（上編）》，中華書局 1985 年；李學勤、齊文心、艾蘭：《英國所藏甲骨集（下編）》，中華書局 1992 年。

英國國家圖書館的官方網站近年公布了該館 490 片甲骨正反面高清照片，[1]甲骨各部分均可顯微放大。通過照片，可以比較清楚地觀察到實物形態，在一定程度上堪比目驗實物，而且更爲方便快捷。結合《庫方》摹本、《英藏》拓本和官網新近公布的照片，我們對這批甲骨進行了再次整理，有不少新發現。這裏我們打算列舉 2 例新見字形，擷取 10 例釋讀校正簡要討論。

一、新見字形

整理這批甲骨的過程中，我們發現了兩個新字新形，我們認爲它們分別是"▓"字和"尿"字異體。

（一）"▓"字

《庫方》1924（《英藏》1793）是一版刻有師小字類甲骨文的卜甲。釋文爲：

辛酉……委 ▓ ……王若。　一

"委"[2]下一字 ▓（見表 1），《英藏》《校釋》《全編》僅以"□"表示，《摹釋》未釋。拓片上該字比較模糊，但摹本和照片上該字字形均很清晰：中間形似"卣"，兩邊有水點。

本版的"▓"字，《文編》《字編》《新編》均未著録，是一個新見字。"委"在甲骨文中爲人名、族名或地名，作人名時是商王的臣屬。由於辭例殘損，"▓"在此表示的含義尚不明確。

表 1

《庫方》摹本	《英藏》拓本	官網照片

從字形來看，"▓"字與應爲"盧"字所從部首。甲骨文中有"卣"字，常作國族名

---

[1] http://www.bl.uk/manuscripts/BriefDisplay.aspx?size=50.
[2] 黄盛璋：《中山國銘刻在古文字、語言上若干研究》，《古文字研究》第七輯，第 76—77 頁，中華書局 1982 年；施謝捷：《吳越文字彙編》第 127 頁，江蘇教育出版社 1998 年；趙誠：《甲骨文簡明詞典：卜辭分類讀本》第 71 頁，中華書局 2009 年。

（以 A 表示，見表 2），〔1〕如 ◊〔2〕（《合集》14128）。有表示酒器"卣"的"盧"字（以 B 表示），〔3〕从卣（卣形或帶水點）从皿（皿形往往省略圈足〔4〕），如 ◊（《合集》16246）。還有另一種所謂的"盧"字（或隸定爲昷＊，〔5〕以 C 表示），〔6〕有兩種異體：从皿从"倒巳形"，如 ◊（《輯佚》264）；或从皿从卣，〔7〕如 ◊（《合集》2661）。其中"倒巳形"、卣形或帶水點。此字用法爲：① 形容雨勢，往往作"盧雨"；〔8〕② 祭祀動詞。〔9〕

如表 2 所見，B、C 二字上部均有从卣加水點（即本版" ◊ "字）的寫法，但是卣旁加水點而不从皿的字形，還是首次發現。該字究竟爲何字，仍有待考釋。

表 2

	用　　例	字　　　　形		
A	國族名	◊（《合集》14128）	◊（《合集》3583）	◊（《合集》11721）
B	表示酒器	◊（《合集》23227）	◊（《合集》16246） ◊（《合集》25979）	◊（《合集》30815）
C	① 形容雨勢 ② 祭祀動詞	◊（《合集》12661） ◊（《合集》14520）		◊（《輯佚》264）

---

〔1〕《字編》歸入 2311 號"卣"字。見李宗焜：《甲骨文字編》第 688 頁，中華書局 2012 年。辭例見《類纂》697 頁"卣"條（《合集》11721 至 28076）。

〔2〕本段甲骨文字形摹本除" ◊ "字外均取自《字編》。

〔3〕《字編》歸入 2312 號"卣"字，見李宗焜《甲骨文字編》第 688 頁。辭例見《類纂》697 頁"卣"條。

〔4〕裘錫圭先生指出，"甲骨文 ◊ 字多省作 ◊，情況跟'畐'省作'酉'相類。"見裘錫圭：《說"囟"》，《裘錫圭學術文集·甲骨文卷》第 377 頁，復旦大學出版社 2012 年。

〔5〕劉釗主編：《新甲骨文編（增訂本）》第 313 頁，福建人民出版社 2014 年。

〔6〕《字編》歸入 2313 號"盧"字，見李宗焜：《甲骨文字編》第 688—689 頁。

〔7〕C 字第二種異體所从是否爲"卣"（即 A 字），存在一定爭議，吳麗婉女士認爲 ◊ 是 ◊ 的變形，其形體上旁並非"卣"字。她指出，"大多數'卣'字刻寫順序爲 ◊+╱=◊，而 ◊ 則是一筆寫成"（見吳麗婉：《〈甲骨文字編〉校補》第 151 頁，首都師範大學博士學位論文，2017 年）。我們觀察到，"卣"形一筆寫出的例子爲數不少，如《新編》第 422 頁"卣"字第一列字形。C 字的第二種異體 ◊ 的上部與 ◊（卣）相似度較高，從字形而言，我們有理由認爲 C 字所从仍是卣形。關於"卣"字，我們擬另文探討。

〔8〕唐蘭先生讀爲"脩"，于省吾先生讀爲"調"，見于省吾主編：《甲骨文字詁林》第 1845、2648、2649 頁，中華書局 1996 年。"盧"用來形容雨勢的辭例較多，見《類纂》1025—1026 頁，多爲"盧雨"。在此補充一例較爲特別的例子："（1）貞：取岳＊，虫（侑）雨。（2）貞：盧。（3）……雨不盧。"（《合集》1080）[辭（3）據漢達文庫摹本 http://www.chant.org/Bone/ShowBone.aspx? bname = H01080% E5% 8F% 8D&r = 3]C 字兩種異體均有"盧雨"的用例。

〔9〕"盧"作祭祀動詞的辭例有："貞：盧岳＊"（《合集》14479＋14494）、"壬戌卜，古貞：盧彤祀虫（侑）□向。五月"（《合集》15460）、"貞：弓（勿）盧虫（侑）于河"（《合集》14520）。C 字兩種異體均有作爲祭祀動詞的用例。

值得注意的是,本版甲骨下方殘斷的兆干與背面燒灼痕迹相對應,其上有兆序"一"。由於"一"的刻寫位置距"▨"字極近,極易將兆序"一"誤認爲皿形的器口(弧形簡化爲直綫),以至於將"▨"字誤認爲"盧"字異體。周金文中也確實有這種器口簡化爲直綫的盧字:▨(三年師兑簋蓋,《集成》4318-1)、[1]▨(伯晨鼎,《集成》2816)、▨(虢叔旅鐘,《集成》240-1)。戰國文字中,清華簡《保訓》簡10中的"直(由)"字器口形亦作一横,作▨。但商代甲骨文中皿形的器口以弧形爲多,罕有簡化爲直綫者,且本版上的"▨"字下部的横畫實爲兆序而非筆畫,因而該字並非"盧"字異體,仍以爲未識字"▨"爲確。

(二)"尿"字異體

《庫方》1557(《合集》40873、《英藏》1900)是一版牛肩胛骨,蔡哲茂先生將其與《英藏》1901綴合[2](又見《合補》6837)。骨條中間三列爲僞刻,其餘刻辭爲子組字體的真辭。釋文爲:

(1)丁卯子卜,弔歸。　一
(2)丁卯子卜。　一
(3)[丁]卯子卜,東臣尿歸。　三
(4)丁卯子貞:我人歸。　一
(5)丁[卯]子卜……■……■

第(3)條"東臣"下一字(見表3),各家釋文各異,《校釋》釋爲"勿",《摹釋》《英藏》均未釋,這裏姑且用△表示。△字《庫方》摹本、《英藏》拓片不够清楚,《英藏》摹本人形下肢部分不够準確,官網照片則很清晰。

表3

《庫方》摹本	《英藏》拓本	《英藏》摹本	官網照片
▨	▨	▨	▨

細察照片,該字從上向下第一個撇畫表示人首與上肢,第二個撇畫與表示下肢的

---

[1]三年師兑簋器銘(《集成》4318-2、4319)則作器口彎曲的▨、▨形。
[2]蔡哲茂:《甲骨綴合集》第101頁第71組,[臺北]樂學書局1999年。

豎畫相接,位置靠下,較短,可能表示男子生殖器形。《英藏》所摹不確。從字形上看,△字可能爲"尿"字初文。甲骨文中 字(《合集》137),唐蘭先生釋爲"尿",從人前加水點,"象人遺尿形"。[1]但之前著錄過的"尿"字字形中,水點與人身體均保持了一段距離,△字的第二個撇畫突出了男子生殖器形狀,與常見"尿"字不同,更形象地表示出人遺溺之形。類似字形也見於《英藏》1128(《庫方》724,見表4),只是拓片不夠清晰,既有研究均未指出。

表 4

	《庫方》摹本	《英藏》拓本	照　片
《英藏》1128			

此外,《字編》152號" "字所從部首與△字省去水點後的字形一致,有可能是通過突出男子生殖器之形來表意。與此相類,甲骨文中"㺇"字也以一斜筆表示生殖器形,如 (《合集》22137)。

除本版外,子組卜辭中與"歸"相關的辭例還有很多,如:

　　□子子卜:朕才(在)自臣歸。　　　　　　　　　　　　(《合集》21740)
　　庚戌子卜,貞:豕歸。　　　　　　　　　　　　　　　(《合集》21636)

"朕才(在)自臣"當爲子派遣到自地的臣屬,[2]"豕"和本版的"弔"曾向商王納貢(《合集》9275反、《合集》24134);"我人"在卜辭中是被呼令的對象(《合集》6945),應爲占卜主體的臣屬,本版的"我人"應爲子的臣屬。黃天樹先生據本版卜辭推斷:"(東臣尿)

---

[1] 見胡厚宣引唐蘭說,胡厚宣:《殷人疾病考》,《甲骨學商史論叢初集》第428頁,齊魯大學國學研究所專刊之一,1944年石印本。《新編》《字編》均從此說。該字爲後世"溺"、"弱"、"尿"、"屎"、"㑥"、"仞"等字的共同來源,參見廖名春:《楚文字考釋三則》,《吉林大學古籍整理研究所建所十五周年紀念文集》第87—97頁,吉林大學出版社1998年;劉釗:《金文字詞考釋(三則)》,《古文字考釋叢稿》第132—139頁,嶽麓書社2005年;譚生力:《說"尿"》,《中國文字研究》第二十輯,第31—34頁,上海書店出版社2014年;李守奎、肖攀:《清華簡〈繫年〉文字考釋與構形研究》第133—150頁,中西書局2015年。

[2] 裘錫圭先生指出,卜辭稱呼那些被商王派駐在商都以外某地的職官的時候,常常在職官名前加上"在某(地名)"的定語。參見裘錫圭:《卜辭中所見的"田""牧""衛"等職官的研究》,《裘錫圭學術文集·古代歷史、思想、民俗卷》第155頁,復旦大學出版社2012年;又參黃天樹:《殷墟卜辭"在"字結構補說》,《黃天樹古文字論集》第394—400頁,學苑出版社2006年。

其身分地位與'弔'、'受'是一樣的,絕非奴隸。"[1]本版的"東臣"也應爲子的臣屬。

在賓類卜辭中,"尿"有作爲人名的辭例:

尿不其值。 (《合集》7251)

尿弗其刀(肩)興有疾。 (《合集》13887)

卜辭中常見"小臣"＋私名,如"小臣牆"(《合集》36481)、"小臣中"(《合集》5574)、"小臣从"(《合集》5579)等。"東臣尿"的結構也應仿此:"東臣"爲其職官,"尿"爲其私名。

二、釋讀校正

前文已提及,《庫方》摹本不够準確,甚至有摹錯的情況;《英藏》拓本常有白色斑迹,且甲骨邊緣部分拓印不清。《合集釋文》依據《庫方》摹本,《摹釋》《校釋》《全編》依據《英藏》拓本,這些釋文工具書的準確性、完整性受到材料的制約。《英藏》釋文水平比較高,且編者有目驗原片的機會,但一些甲骨的釋文仍然有待商榷。高清照片公布以後,我們依據摹本、拓本、照片校釋這批甲骨,修正了前人的一些誤讀、誤釋,補充了一些辭例。我們擇出十條釋讀,以就教於方家。

(一) 庫方 1722(合集 41467、英藏 2458)

＋合 33615

＋英 2398

《英藏》2458 是一版牛肩胛骨的骨扇部分,其上卜辭爲歷一類字體(見表5),蔡哲茂先生依據同文卜辭[2]將其與《拼》213 組相綴合。其完整釋文爲:

(1) ……貞:其又(侑)匚于上甲……

(2) ……貞:其又(侑)匚于上甲……□四,燎■……

(3) 癸卯貞:其又(侑)匚于[上甲]……六羊,燎六豕,[卯]□羌……

---

[1] 黄天樹:《子組卜辭研究》,《中國文字》新廿六期,第 32 頁,[臺北]藝文印書館 2000 年;又收録於《黃天樹古文字論集》第 87 頁。

[2] 合 34052(京人 2274)＋英藏 2404(合 41458、庫 1648)＋上博 2426.647＋謝文 41＋合 34326(京 4350、謝文 57)＋綴三 132,由周忠兵、蔡哲茂、李愛輝等先生前後加綴,詳參李愛輝:《甲骨拼合第 408—411 則》,先秦史研究室網站,2018 年 1 月 19 日,http://www.xianqin.org/blog/archives/9735.html。

表 5 [1]

《庫方》摹本	綴合圖版
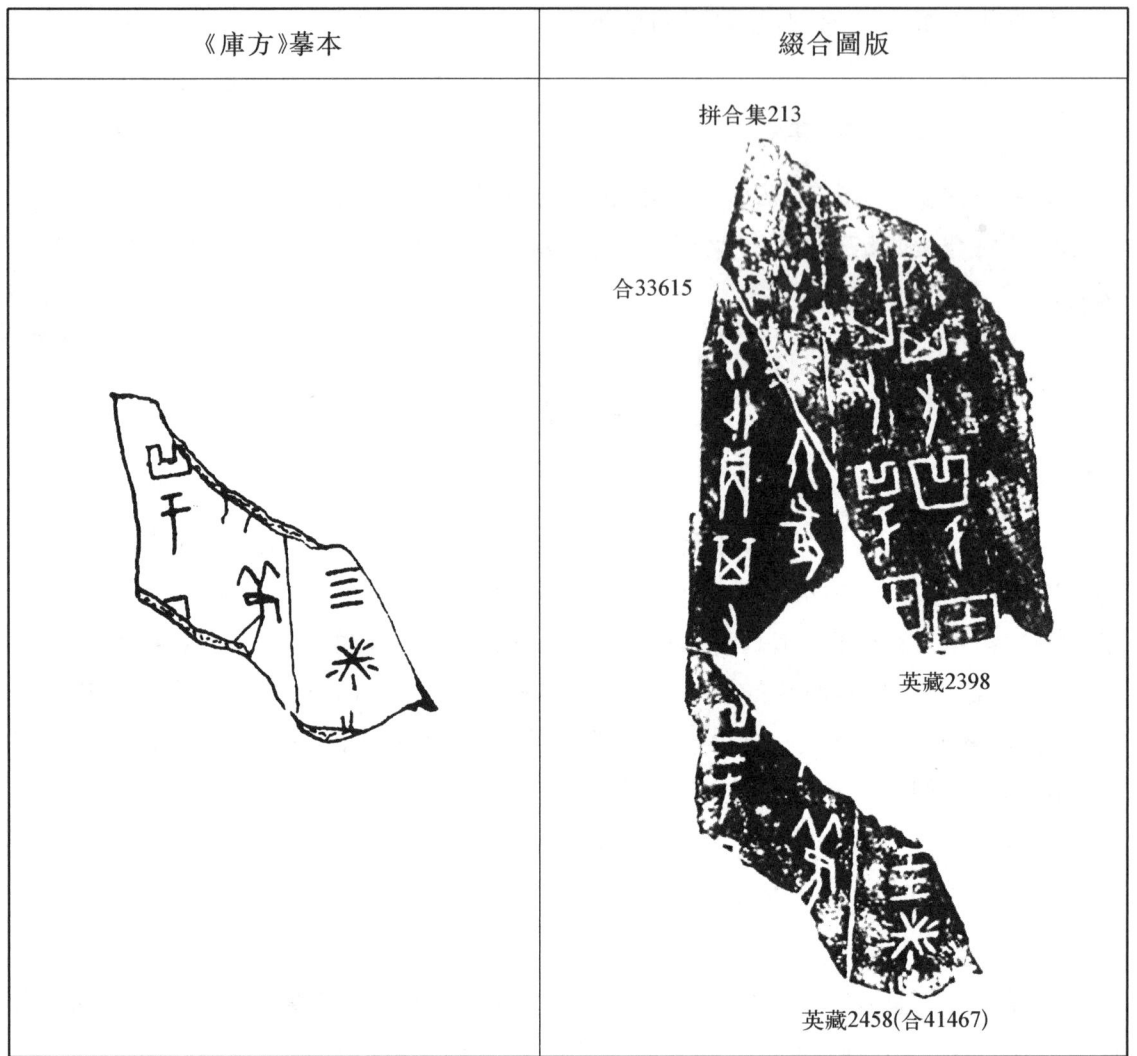	

　　"燎"上一字(見表6),《英藏》拓本拓爲二"工"上下叠加之形,《摹釋》《校釋》《全編》均釋爲"壬"。"壬"字被《類纂》《詁林》收録,編爲2907號,《詁林》對其字義未有確釋;[2]《字編》將該字收於3652號。[3] 蔡哲茂先生在其綴合文章中將該字釋爲"壬",文章所附摹本也將該字摹爲兩"工"叠加之形。[4] 甲骨文中二"工"上下叠加的

---

[1] 綴合圖版見蔡哲茂:《〈英國所藏甲骨集〉新綴一則》,先秦史研究室網站,2010年9月14日,http://www.xianqin.org/blog/archives/2065.html。本文圖片下方標注縮放比例。

[2] 于省吾主編:《甲骨文字詁林》第2918頁。

[3] 李宗焜:《甲骨文字編》第1149頁。

[4] 蔡哲茂:《〈英國所藏甲骨集〉新綴一則》,先秦史研究室網站,2010年9月14日,http://www.xianqin.org/blog/archives/2065.html。

表 6

《庫方》摹本	《英藏》拓本	官網照片

字形,已有著録書中均僅有此一例。

但是,《庫方》摹本及官網照片上,該字都僅可見四横,中間並無豎筆。該字應該爲"四"字,表示祭牲數。《英藏》編者目驗過原片,將該字釋爲"四",可惜並未引起注意,研究者還是受到了《英藏》拓片的誤導。結合摹本和照片來看,該條釋文實應爲"……貞:其又(侑)匚于上甲……□四,燎□……"。各種甲骨工具書亦可加以訂正。

該辭中,數詞置於祭牲名詞之後。沈培先生曾舉出類似的辭例:[1]

貞:……年于王亥,犬一、羊一、豕一,燎三小宰,卯八羌。

(《合集》378 正)

(二) 庫方 1742(a)＝合集 41478 上＝英藏 2409

本版是一版牛肩胛骨的骨邊部分,其上卜辭爲歷二類字體(見表 7)。其釋文爲:

(1) 其一用父丁。

(2) □申卜……甲子……自……

表 7

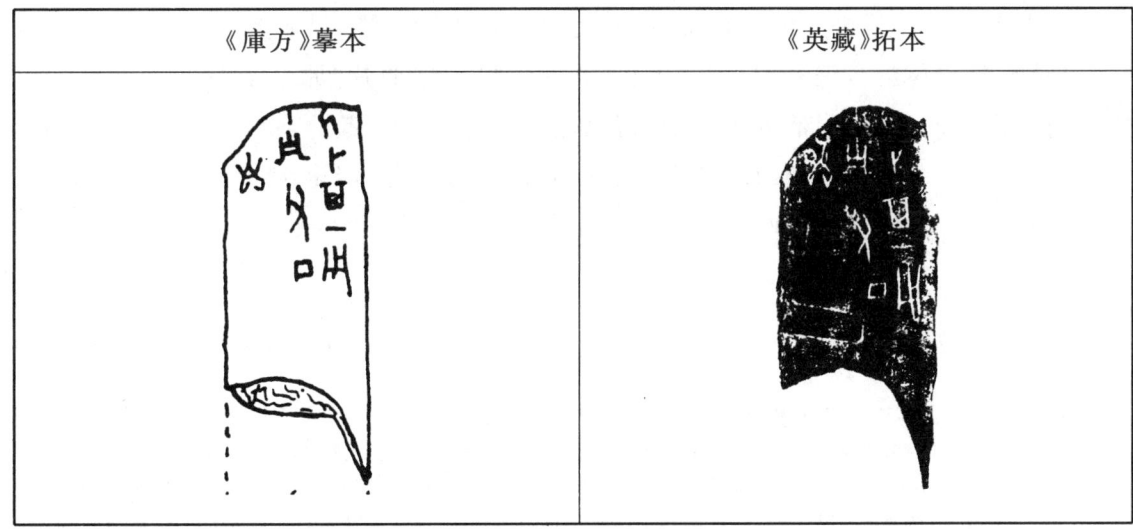

《庫方》摹本	《英藏》拓本

[1] 沈培:《殷墟甲骨卜辭語序研究》第 200 頁,[臺北] 文津出版社 1992 年。

"其一用父丁"中的"一"字爲《摹釋》《校釋》《全編》所遺漏,該字在摹本、拓片、照片上均清晰可見。《英藏》注意到該字,將該字釋爲兆序;〔1〕細察圖版,實無卜兆與其對應,此處"一"字並非兆序。《校訂》釋"一"不誤,卻仍將本版兩條卜辭連讀爲一條:"……申卜其一用……子父丁……自……",有待商榷。卜辭中"自"一般有下文相屬,若本版卜辭連爲一條,下文應在"自"字之下爲宜,但"自"字下方無字。據照片,本版左方爲斷邊,"自"下之辭當在本版左方,因甲骨破碎而殘斷。因而,本版卜辭當分爲兩條,"其一用父丁"自爲一條。甲骨卜辭中占卜祭祀時,在祖先名前省略"于"、"自"等介詞的情況時有出現,如《英藏》2267(《合集》40982)"弜(勿)用父甲",《合集》22247"三牢用匕(妣)庚",《合集》6647"甲戌卜,賓貞:今先牛,翼(翌)乙亥用且(祖)乙"將"用"與"父丁"連讀,符合辭例。

此處"一"用作範圍副詞,表示總括。"一"的這種用法在周金文、典籍中均爲常見,如《尚書·金縢》:"乃卜三龜,一習吉。"這種用法亦可以上溯到商代,陳劍、黃天樹先生均已論及,〔2〕可信的語料數量有限,之前一共找到8條,〔3〕如:

丁酉卜,自上甲,汎(皆)用尸*。
其一用尸*牛十又五。　　　　　　　　　　　　　　　　　　(《合集》32374)
辛亥卜,犬以羌一用于大甲。　　　　　　　　　　　　　　　(《合集》32030)
丙午卜爭貞:七白馬一殟(殣),隹(惟)丁取。二月。　　　　(《合集》10067)

本版的"其一用父丁"補充了"一"作爲範圍副詞用的另一條辭例。

(三) 庫方1603＝合集40559＝英藏2033

本版是一版牛肩胛骨的骨首部分,其上卜辭爲出類字體(見表8)。

《英藏》《校釋》《全編》於"言"字下釋出一"曰"字,察照片,原骨上"言"字下無"曰"字而有一圓形凹洞,凹洞部分拓片呈白色斑迹,誤導了研究者。

左一列第一字《庫方》摹爲"止",《合集釋文》釋爲"之",《全編》釋爲"屮"。案,照片其字作 ,當爲"又(有)"。

---

〔1〕《英藏》該條卜辭釋文爲"其用父丁。一",見李學勤、齊文心、艾蘭:《英國所藏甲骨集》下編上册第134頁。

〔2〕陳劍:《甲骨文舊釋"㫳"和"蠱"的兩個字及金文"觀"字新釋》,《甲骨金文考釋論集》第203—204頁,綫裝書局2007年;黃天樹:《甲骨文中的範圍副詞》,《黃天樹甲骨金文論集》第301—302頁。

〔3〕陳劍先生列舉出《合集》32374、《合集》32030、《合集》32033,見陳劍:《甲骨文舊釋"㫳"和"蠱"的兩個字及金文"觀"字新釋》,《甲骨金文考釋論集》第203—204頁;黃天樹先生補充《合集》30888、《合集》32021、《契合集》361(《合集》32215＋《合集》34124＋《國博》133)、《合集》22645、《合集》10067,見黃天樹:《甲骨文中的範圍副詞》,《黃天樹甲骨金文論集》第301—302頁。

表8

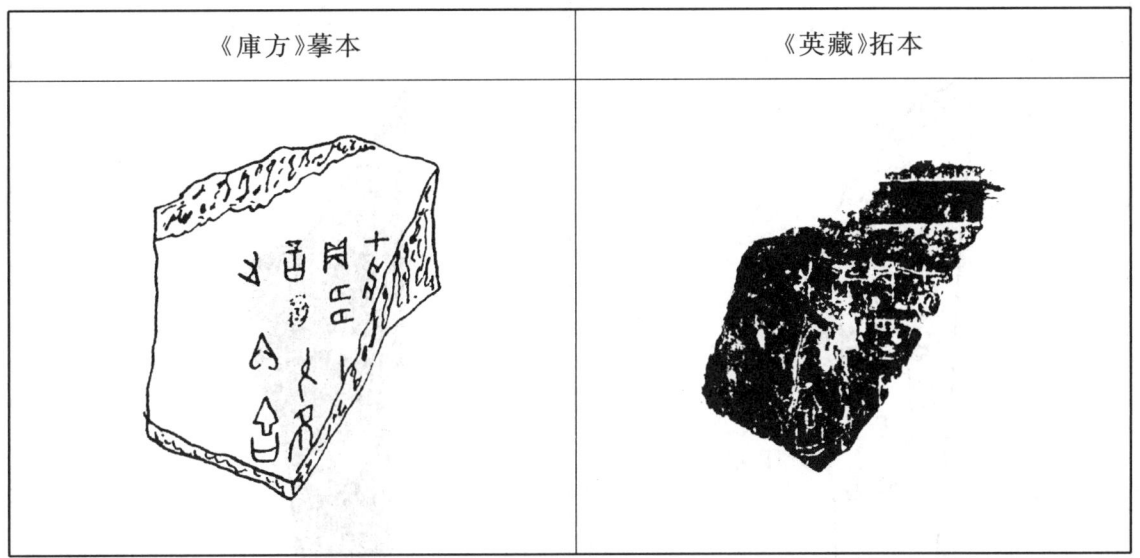

《庫方》摹本	《英藏》拓本

左一列第二字《摹釋》釋爲"得",《合集釋文》釋爲"角",《英藏》《校釋》《全編》釋爲"貝"。察字形作 ,當爲"心"字的倒書。甲骨文"角"字尖端呈彎曲的獸角狀,角身有相連屬的花紋,與此字字形不符;《摹釋》釋爲"得"字,是被拓片上的白色斑迹誤導,誤以爲有手形;《英藏》《校釋》《全編》釋爲"貝"字,甲骨文心、貝之分于省吾先生已明白指出,"甲骨文心字作 ,正象人心臟的輪廓形。……有時倒作 、 。……又甲骨文貝字作 ,心、貝二字截然不同"。[1] 此字是"心"非"貝"。

因而,本版釋文爲:

甲申[卜],囗貞:多君[弗]言。允隹(惟)又(有)心。吉。

(四) 庫方 1644＝合集 41540＝英藏 2428

本版是一版牛肩胛骨的對邊條部分,刻辭字體爲歷二類(見表9)。

本版釋文爲:

(1) [乙亥貞:又(侑) 伐自上甲汎(皆)至]父丁于乙[酉]。

(2) [乙亥貞:來甲申]酒莘(禱)禾于夒。

(3) 丙[子]貞:又(有)夢丁人于河,其[用]。

(4) 不雨。

(5) …… ……

---

[1] 于省吾:《甲骨文字釋林》第 361—362 頁,中華書局 1979 年。

表9

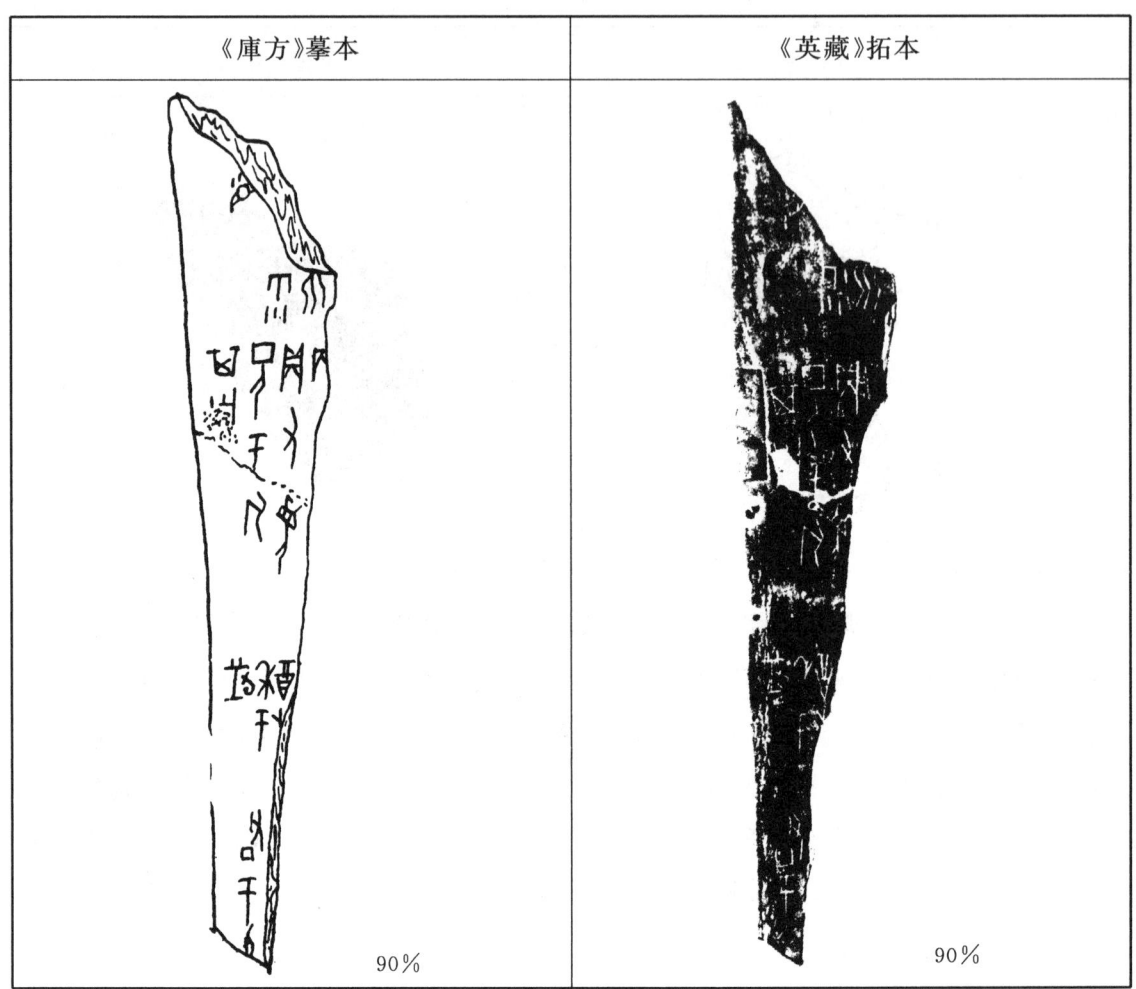

本版胛骨下方有"乙"之殘字,拓片未拓上,摹本亦摹寫失真,是以諸家未釋,補上"乙"字之後,發現該版卜辭與下列卜辭形成同文卜辭:

乙亥貞:又(侑)伐自上甲汎(皆)至父丁于乙酉。

乙亥貞:來甲申酒禾羍(禱)于兮,燎。

丙子:又(有)夢丁人于河,其用。

戊寅貞:叀王黍。

戊寅貞:王弜(勿)黍令。

丁卯貞:羍(禱)禾于兮,其酉(酒)。

弜(勿)酉(酒)。(《合集》32212+33334[1])

----

[1] 由周忠兵先生綴合,見周忠兵:《歷組卜辭新綴三十例》,《古文字研究》第二十六輯,第126頁,中華書局2006年。

乙亥貞：又（侑）𢦏伐自上甲汎（皆）至父丁于乙酉。

［乙］亥貞：來［甲］申酒……禾……駕。

戊寅貞：［王］弜（勿）［黍］令。

戊寅貞：叀王黍。（《合集》32211＋33224〔1〕）

我們據以上兩版同文卜辭，擬補本版"［乙亥貞：來甲申］酒桒（禱）禾于駕"、"丙［子］貞：又（有）夢丁人于河，其［用］"兩條卜辭。

本版"丁人"二字方法斂誤摹爲"兄"字，《摹釋》釋爲"丁妣"，《合集釋文》釋爲"祝"，《校釋》釋爲"兄"，《全編》釋爲"丁人"，以《全編》所釋爲確。

本版"夢"字由於右旁殘斷，《摹釋》《校釋》《全編》均釋爲"𠱾"，《合集釋文》釋爲"眉"，但參考《合集》32212＋33334可知該字爲"夢"。《字編》誤入693號"𠱾"字。

本版"▨"字諸家釋文失收，該字殘留部分爲横目形上加點，未詳其字。

（五）庫方1799＝合集40133＝英藏849

本版爲一版龜腹甲的右後甲部分，字體爲典賓類（見表10）。

該版反面左下"敔"字，《庫方》摹寫失真，《英藏》遺漏，該字爲諸家釋文所遺漏。

《合集釋文》《摹釋》將"𠬝"字歸入上一辭。"𠬝"是賓組貞人，也是武丁時期記事刻辭中常見的史官，該字刻在甲橋處，當屬記事刻辭，不應與上文連讀。

表 10

《庫方》摹本

90%

―――――――――

〔1〕由林宏明先生綴合，見林宏明：《甲骨新綴第122—123例》，先秦史研究室網站，2010年9月23日，http://www.xianqin.org/blog/archives/2078.html。

續　表

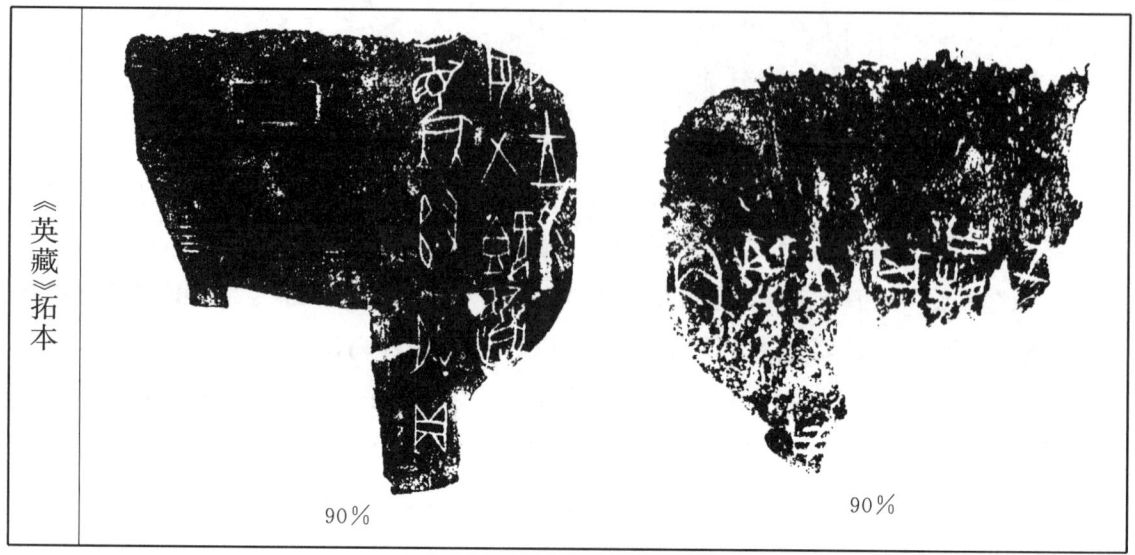

《英藏》拓本	
90%	90%

我們結合摹本、拓本、照片，作出較爲完整的釋文：

正：

(1) □□卜,貞：王弜（勿）獸×,既□麋歸。九月。　二

(2) 貞：□

(3) 四

反：

叙（記事刻辭）

王固曰：鼓（艱）……其□

王[固]曰：鼓（艱）……其……

（六）庫方1980＝英藏2196

本版屬龜背甲,刻有出類卜辭（見表11）。

表 11

《庫方》摹本	《英藏》拓本

該版"今"字中作指示符號的橫畫與盾紋重叠,拓本不清,衆家未釋,摹本、照片清楚。本版較爲準確的釋文爲:

(1) 丙□卜,□貞:[今]日[不]……
(2) 貞:今日不……

(七)庫方 1942＝英藏 705

本版爲一版刻有典賓類刻辭的牛肩胛骨(見表 12)。

表 12

《庫方》摹本	《英藏》拓本

上方斷邊有"十月"之殘畫,拓本不清,摹本、照片可察,諸家失釋。

較爲完整的釋文爲:

(1) ……十月。
(2) ……步,雨。十月。

(八)庫方 1511＝合集 39680＝英藏 126

本版爲一版刻有典賓類刻辭的牛肩胛骨骨扇部分(見表 13)。

"辛卯"一辭之右尚有兩字,這兩個字方法斂摹本未摹,《釋文》《校釋》《全編》未釋,《摹釋》釋爲"十石",並將其與"辛卯卜永貞今三月沚＊戜至"一條連讀,從辭例上難以讀通。筆者認爲,此二字當爲"壬辰"之缺刻,"壬"字缺刻橫畫,"辰"字僅刻起始的橫折和斜畫。

缺刻"壬辰"的原因,我們有兩種推測:其一,"辛卯"一辭右方距離骨邊較近,若刻辭過多會顯得局促,推測刻手在刻完"辛卯"一辭後,原準備依照刻寫習慣("典賓類左右胛骨卜辭辭序相逆"〔1〕)向右繼續刻"壬辰"一辭,但後來考慮到空間布局或其他問

---

〔1〕即"數條卜辭如果自左至右排列者爲左胛骨,自右至左排列者則爲右胛骨"。見劉影:《殷墟胛骨文例》第 23—24 頁,首都師範大學出版社 2016 年。

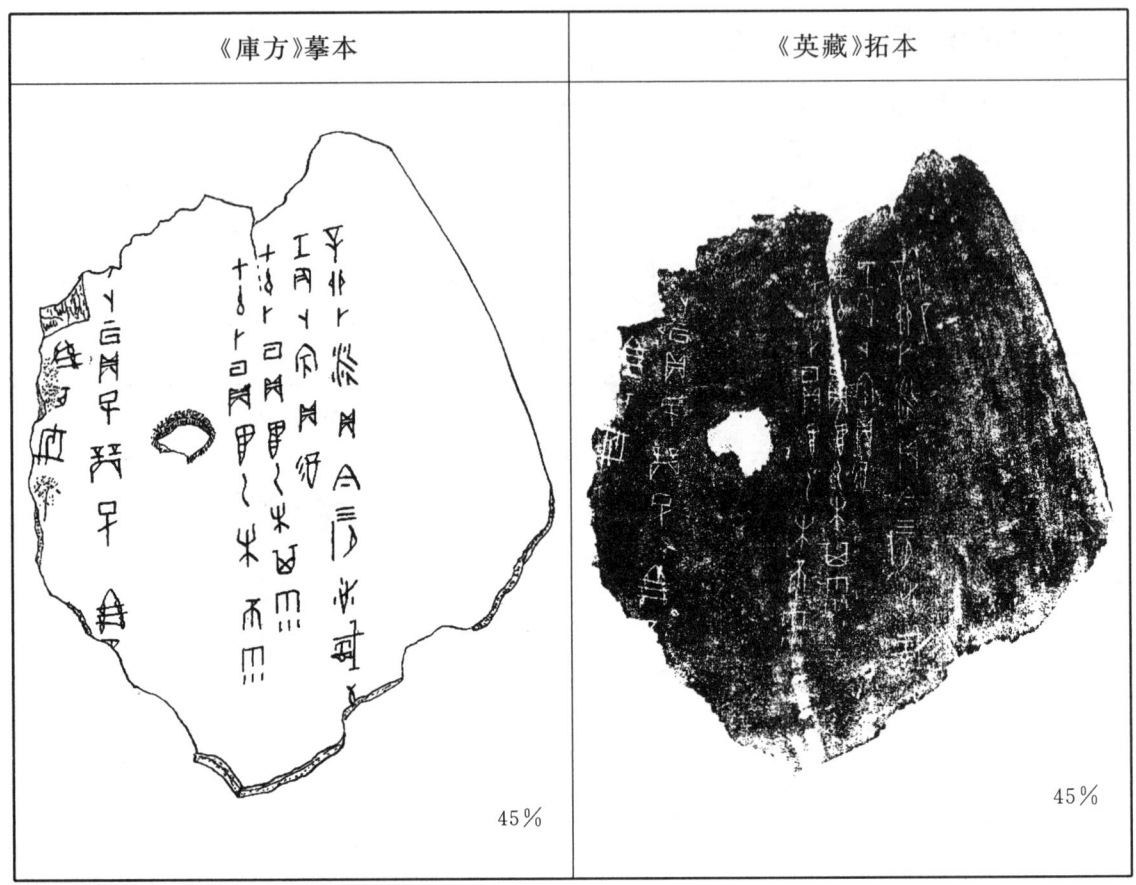

表 13

| 《庫方》摹本 | 《英藏》拓本 |

題轉移了刻寫位置,改向左刻。其二,或可認爲刻手本想在"辛卯"一辭兩側先左後右刻下"壬辰"日的兩條對貞或選貞卜辭,但刻到半途,發現第二條卜辭並不用刻,就此罷手,於是胛骨上留下左方一條"壬辰"卜辭及右方兩字的缺刻。這符合典賓類骨扇相間刻辭的文例,[1]類似於《合集》6566+《箕文》28+《笏一》35。[2]

《摹釋》誤將"辛卯"一辭中"十三月"釋爲"三月"。《釋文》《校釋》《全編》不誤。

左二列"卜"字上一字殘畫作斜筆狀,可推斷爲"申"字。左二列"淫"字[3]下一

---

[1] 劉影:《殷墟胛骨文例》第102—106頁。
[2] 由郭沫若、林宏明先生先後加綴,見林宏明《甲骨新綴第721—726例》,先秦史研究室網站,2016年12月29日,http://www.xianqin.org/blog/archives/7687.html。
[3] "淫",學者或釋"絲"、"絶"、"孫",此從季旭昇、宋華强、張新俊先生之説,釋爲"淫"(見張新俊:《釋殷墟甲骨文中的"淫"及相關之字》,《中國文字研究》第二十輯,第1—10頁,上海書店出版社2014年)。

字,依據殘畫,可推斷爲"不"字。此二字諸家釋文失收,補全後形成一組對貞卜辭:"□申卜,亘貞:子商子淫,不[殟(殙)]","……淫,其殟(殙)"。[1]

總之,本版釋文爲:

(1) 辛卯卜,永貞:今十三月沚＊戜至。

(2) 壬辰(缺刻)

(3) 壬辰卜,殸貞:酒。

(4) 甲午卜,亘貞:翼(翌)乙未其雨。

(5) 甲午卜,亘貞:翼(翌)乙未不雨。

(6) □申卜,亘貞:子商子淫,不[殟(殙)]。

(7) ……淫,其殟(殙)。

(九) 庫方 1949＝合集 40876＝英藏 1907

本版是一版刻有子組卜辭的龜甲(見表 14)。

表 14

《庫方》摹本	《英藏》拓本

本版甲骨《英藏》拓本比較模糊,《庫方》摹本誤將"丙"字下方摹出"卜"字殘畫(且與同版"卜"字兆枝朝向並不一致),照片則很清晰。

本版卜辭《英藏》釋爲:

□辰子卜酒小宰一豕司……

丙[子]……　一

其餘諸家釋文除未補出第二條"子"字之外,與《英藏》均同。

細察照片,"豕"上"一"形實爲"至"字殘畫;"丙"字下方實非筆畫。子組卜辭中有

---

[1] "殟"字,張政烺先生認爲是"薀"或"殟"的本字;陳劍先生認爲,該字大多數情況下讀爲"殙"或"昏",表示"突然的、非正常的死亡",只有在接賓語的少數情況下才讀爲"薀"(見陳劍:《殷墟卜辭的分類分期對甲骨文字考釋的重要性》,《甲骨金文考釋論集》第 427—436 頁)。此字我們從陳劍先生之説讀爲"殙"。

"戊辰卜,巡貞:酒小宰至豕司癸"(《綴續》408+《乙》5731[1]),與本版可相參證。

本版釋文應爲:

　　　　□辰子卜:□酒小宰至豕司丙。　一

(十) 庫方1516=合集39720=英藏1186

本版爲一版刻有典賓類卜辭的牛肩胛骨(見表15)。

表15

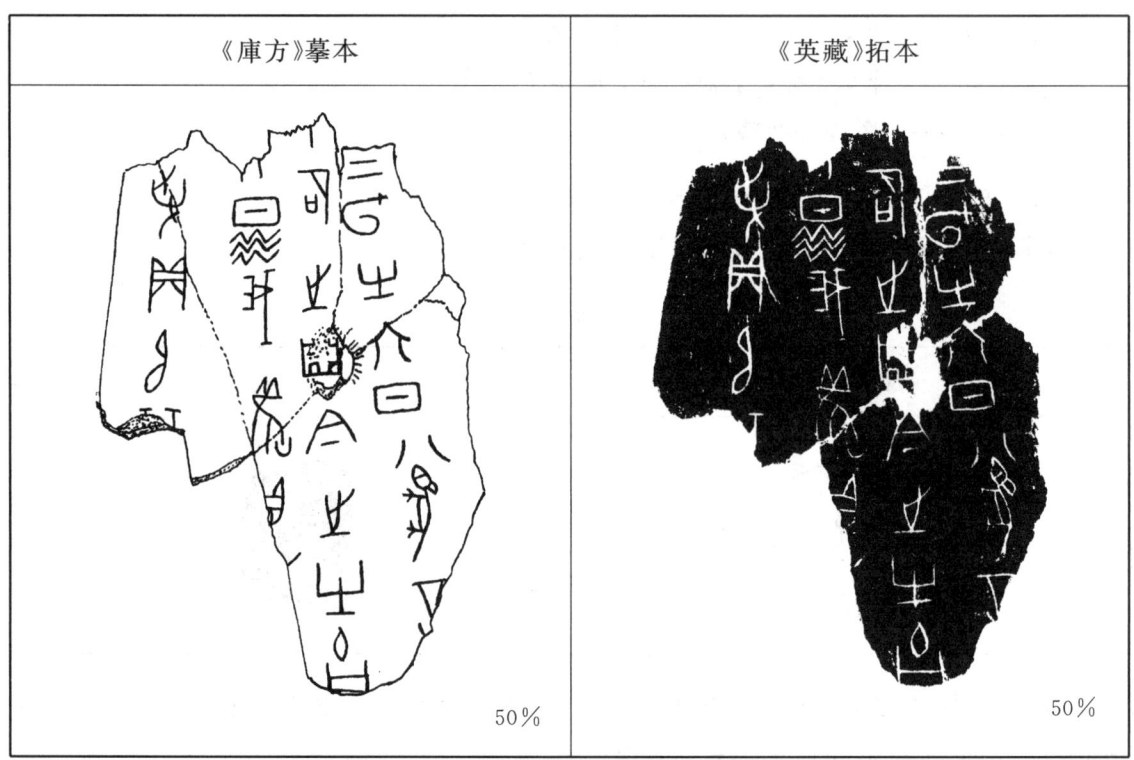

| 《庫方》摹本 | 《英藏》拓本 |

本版的同文卜辭有:《醉古集》231(合2763正+合3524+合4249)、《合集》3524、《合集》3523,本文據以儘量補全殘辭,釋文較《英藏》釋文及各種釋文工具書爲更詳:

　　(1)[丙子卜],爭貞:自其[有囚(憂)]。

　　(2)……[敱(艱)彪]昔我舊臣……■石之,齒。今之,出(有)由……[齒]。三旬出(又)六日𢀖,辛[亥㚔方允]……

---

[1] 由蔣玉斌師綴合,見蔣玉斌:《〈甲骨文合集〉綴合拾遺(第五十七組)》,先秦史研究室網站,2010年7月6日,http://www.xianqin.org/blog/archives/1970.html。

" "字和"尿"字異體的發現,充實了甲骨文字系統,爲相關文字的考釋提供了字形依據。釋文校正糾正了已有的錯誤認識,如第(一)條糾正了對"壬"字字形的錯誤認識;提供了上古漢語研究的辭例,如第(二)條提供了甲骨文中比較少見的範圍副詞"一"的辭例。

總之,筆者依據摹本、拓本和照片整理英國國家圖書館所藏甲骨,有較爲豐富的新發現:發現了新字或新字形,豐富了甲骨文字系統;提供了更爲準確、完整的辭例,糾正了已有錯誤認識,爲文字學、漢語史、先秦史等研究提供了寶貴的材料。

引書簡稱(按音序排列):
著錄書:
《國博》—《中國國家博物館館藏文物研究叢書·甲骨文卷》
《合集》—《甲骨文合集》
《集成》—《殷周金文集成(修訂增補本)》
《輯佚》—《殷墟甲骨輯佚》
《庫方》—《庫方二氏藏甲骨卜辭》
《拼》—《甲骨拼合集》
《清華簡》——《清華大學藏戰國竹簡》
《乙》—《殷虛文字乙編》
《英藏》—《英國所藏甲骨集》
《綴續》—《甲骨綴合續集》
工具書:
《詁林》—《甲骨文字詁林》
《合集釋文》—《甲骨文合集釋文》
《校訂》—《殷墟甲骨刻辭摹釋總集校訂》
《校釋》—《甲骨文校釋總集》
《類纂》—《殷墟甲骨刻辭類纂》
《摹釋》—《殷墟甲骨刻辭摹釋總集》
《全編》—《殷墟甲骨文摹釋全編》
《文編》—《甲骨文編》
《新編》—《新甲骨文編(增訂本)》
《字編》—《甲骨文字編》

附記：本文曾在首屆文獻語言學青年論壇上宣讀，感謝與會學者提出的寶貴意見。

本文從立意到行文蒙蔣玉斌老師悉心指導，成文後蒙李宗焜老師提出寶貴意見。此外，同門張鑫裕、王雪晴也提出多處修改意見。在此謹致謝忱！

（馬尚　北京大學中文系　博士研究生）

《殷契卜辭》重片整理

展　翔

　　《殷契卜辭》（以下簡稱"《燕》"）爲容庚、瞿潤緡編著，1933年在北平哈佛燕京學社出版，之後於1971年在臺北再版，改名爲《燕京大學所藏甲骨卜辭》。[1]之後《容庚學術著作全集》也收入該書，列於全集之首，可見其學術價值及地位。《燕》中拓本雖大多數已收入《合集》《合補》[2]中，但仍有二百餘版在很長的一段時間裏未見重出。加之幾次翻印，現在流傳較爲廣泛的《燕》的本子整體刊印質量不高，有很多片甲骨模糊不清。這批甲骨著錄亟待整理，以便學界研究使用。

　　通過《燕》書的序言，我們了解到，《燕》中所收的874片甲骨是容老從爲燕京大學購買的1200片中擇選後攥輯的。[3]《北京大學珍藏甲骨文字》（以下簡稱"《北珍》"）一書於2008年出版，收錄了北京大學所藏甲骨共2929片，《燕》中著錄盡收於此。《北珍》的整理者編輯了"北京大學所藏甲骨文字著錄重見表"（以下簡稱"重見表"）附於書尾，方便讀者查閱、對照，但該表失收內容較多，因此在《北珍》刊布後，有多位學者爲其做過增補工作。因此有必要先梳理一下這些與《北珍》校重有關的文章。

　　首先，有章秀霞在"中國社會科學院先秦史研究室"網站上公布了其對《北珍》的校重70例，[4]其後又補遺6例，[5]共76例，絕大多數爲《北珍》與《合集》之重片。

---

[1] 劉一曼、韓江蘇：《甲骨文書籍提要（增訂本）》第12頁，上海古籍出版社2017年。
[2] 《合補》收《燕》（《合補》一書中將《燕》簡稱爲"《契》"）中所著錄甲骨36片，但《北珍》一書未在"北京大學所藏甲骨文字著錄重見表"中的"殷契卜辭"一欄標出，亦未列出《合補》與《北珍》的對照欄。
[3] 容庚、瞿潤緡：《殷契卜辭》第9頁，中華書局2012年。
[4] 章秀霞：《〈北京大學珍藏甲骨文字〉著錄片校重70例》，中國社會科學院先秦史研究室網站，2009年5月24日。
[5] 章秀霞：《〈北京大學珍藏甲骨文字〉著錄重片補遺（6例）》，中國社會科學院先秦史研究室網站，2009年5月27日。

之後，郜麗梅亦在此網站上公布了校重 29 例，[1]之後又增補 7 例，[2]共 36 例，而這其中則以《北珍》與《合補》之重片占絕大多數。其後門藝在其文章《黃組新綴第 112—113 組（附校重 2 組）》中，公布了北珍重片兩組。[3] 2015 年，又有兩位學者對《北珍》著錄進行了整理。首先是劉影在其文章《〈北大珍藏甲骨文字〉的再整理》中，校出重片 25 組，並且最先注意到"重見表"中"殷契卜辭"一欄信息經常有缺失的情況，認爲"凡此衆多，茲不贅舉"。[4] 另外，黃麗麗在其碩士論文《〈北京大學珍藏甲骨文字〉著錄與釋文研究》中，不僅對《北珍》釋文進行了校訂，而且在附錄中梳理了書中所有甲骨的組類、清晰度以及完整度，並吸取了部分散見校重成果。[5] 張芃在碩士論文《〈國博〉〈上博〉〈旅博〉〈合集（摹本）〉資料整理》的"附錄五：《北京大學珍藏甲骨文字》來源整理"中，充分搜彙、整理了散見的《北珍》校重資料，加之自己的校重意見，形成了較爲全面、實用的對照表。[6] 在這期間，還有許多學者對《北珍》進行了綴合、辨僞工作，並且形成了整理性的文章，但與校重關係不大，此處不贅述。

然而，如劉影在其文章中所言，《北珍》的"重見表"在有關《燕》一書的對照資料上的缺失是不容忽視的。通過整理前人的相關文章，發現已有 33 組《燕》與《北珍》的重片被校出（在文後附表中均已注明校重者）。因此，筆者以《〈甲骨文合集〉材料來源表（下編）》[7]和《〈甲骨文合集補編〉選收著錄書（文）表》[8]爲參考底本，綜合前輩學者的校重成果，再校出《燕》與《北珍》的重片 213 組，並發現《北珍》自重 1 組，共計 214 組。筆者雖數次閱讀《燕》與《北珍》兩書，但仍有 3 片《燕》著錄的甲骨未能找出彩照，它們是：燕 693、燕 816、燕 871。期待有其他專家學者能進行補足。

在校重過程中，筆者通過觀察拓本和彩照，在校訂釋文和考釋文字上也有一些收獲。比如合 3458、合 3459 中有下揭卜辭：

（1a）貞：🈳尹咎王。

（1b）貞：🈳尹弗咎王。　　　　　　　（合 3458 正＝丙 104，[典賓]）

---

[1] 郜麗梅：《〈北京大學珍藏甲骨文字〉著錄片校重 29 例》，中國社會科學院先秦史研究室網站，2010 年 3 月 9 日。
[2] 郜麗梅：《〈北京大學珍藏甲骨文字〉著錄重片補遺（7 例）》，中國社會科學院先秦史研究室網站，2010 年 11 月 5 日。
[3] 門藝：《黃組新綴第 112—113 組（附校重 2 組）》，中國社會科學院先秦史研究室網站，2011 年 8 月 31 日。
[4] 劉影：《〈北大珍藏甲骨文字〉的再整理》，《中國文字學報》第六輯，第 26—31 頁。
[5] 黃麗麗：《〈北京大學珍藏甲骨文字〉著錄與釋文研究》，浙江師範大學碩士學位論文，2015 年。
[6] 張芃：《〈國博〉〈上博〉〈旅博〉〈合集（摹本）〉資料整理》，首都師範大學碩士學位論文，2016 年。
[7] 胡厚宣主編：《〈甲骨文合集〉材料來源表（下編）》第 105—112 頁，中國社會科學出版社 1999 年。
[8] 彭邦炯、謝濟、馬季凡編：《甲骨文合集補編》第七册，第 2351—2352 頁，語文出版社 1999 年。

(2) 貞：勿告于🗙尹。八月。　　　　　　　　　　（合 3459 正，[典賓]）

其中合 3459 正選自燕 377 正，其彩照可以參考北珍 233 正。"🗙尹"一詞，《〈甲骨文合集〉釋文》《甲骨文校釋總集》《殷墟卜辭綜類》《殷墟甲骨刻辭摹釋總集》均釋爲"亦尹"；[1]"漢達文庫"網站釋文標作 * 號，未加考釋；《殷墟甲骨文摹釋全編》釋爲"黄尹"，但未加詳細説明。

"🗙尹"應即"黄尹"，"🗙"爲"黄"的缺刻。"黄"字缺刻較爲少見，但缺刻兩橫畫的字却非罕有。在一些新出著録書中，我們能看到以下缺刻兩橫畫的例子：

著　録　編　號	字　　　形	缺　刻　内　容
輯佚 603		"雨"缺刻兩橫畫
輯佚 779		"子"缺刻兩橫畫
輯佚 992		"貞"缺刻兩橫畫及其他
笏二 611		"丁"缺刻兩橫畫
旅藏 633 臼		"五"缺刻兩橫畫
旅藏 1644		"貞"缺刻兩橫畫及其他
符藏 103		"祖"缺刻兩橫畫
符藏 166		"今"缺刻兩橫畫
殷遺 605		"田"缺刻兩橫畫

---

[1] 胡厚宣主編：《〈甲骨文合集〉釋文》第 208 頁，中國社會科學出版社 1999 年；曹錦炎、沈建華編著：《甲骨文校釋總集》卷二第 460 頁，上海辭書出版社 2006 年；島邦男：《殷墟卜辭綜類》第 32 頁，[東京]汲古書院 1977 年；姚孝遂、肖丁編著：《殷墟甲骨刻辭摹釋總集》上册第 96 頁，中華書局 1998 年。

綜合以上例子，可以説，缺刻兩横畫是一種比較常見的缺刻情况。

"亦"的寫法與"📷"也有較大不同。查《新甲骨文編（增訂本）》和《甲骨文字編》，[1]發現"亦"字所從之"大"内兩筆，絕大部分均爲兩斜筆，作"📷"形刻畫。而"📷"所從之"大"内兩筆明顯是兩竪筆。所以，從字形上看，也應是省刻了上下兩横畫的"黄"字，而非"亦"字。

瞿潤緡在《殷契卜辭》第377片釋文中亦提到："此'📷'字乃'黄'之缺刻兩横筆者，非亦字也。"[2]此片即合3459。由此可見，該片最早的整理者也認爲此爲"黄"字缺刻。

燕825有一字，原拓模糊不清，經過校重之後，發現該片與北珍891爲重片，參考後者的彩照和拓片，可以清楚地看到，這是一個從行從正的字。此字新見，《新甲骨文編（增訂本）》《甲骨文字編》等工具書均未收録。該字字形爲"📷"，可隸定作"衏"。在甲骨文中，從"行"與從"彳"每無别，如"徙"，既可寫作"📷"，又可寫作"📷"；"衛"可寫作"📷"，又可寫作"📷"等。因此，此字應可以寫作"征"。

但從辭例上看，甲骨文中多以"正"爲"征"，不見用"衏"者。《説文解字》中有"延"字，云："延，正行也。从廴，正聲。📷，延或从彳。"而"延"所從之"正"，在甲骨文中，也有"正行"之義。從字形上分析，"衏"應讀爲"延"，即"走正路"的意思。但辭殘，字亦初見，無法從語義和辭例上進行驗證，只能有待新的綴合成果及新材料的公布。

附：《殷契卜辭》重片著録表

1. 燕5＝北珍204＝合17184（章秀霞、張芃校出）
2. 燕40＝北珍2268
3. 燕79＝北珍798
4. 燕94＝北珍850
5. 燕105＝北珍1391
6. 燕123＝北珍2111
7. 燕138＝北珍1548
8. 燕151＝北珍1772
9. 燕152正背＝北珍1150正反
10. 燕157＝北珍1913
11. 燕158＝北珍1906
12. 燕159＝北珍1917
13. 燕160＝北珍1923
14. 燕161＝北珍1864
15. 燕162＝北珍1861

---

[1] 劉釗主編：《新甲骨文編（增訂本）》第603頁，福建人民出版社2014年；李宗焜編著：《甲骨文字編》上册第70頁，中華書局2012年。

[2] 容庚、瞿潤緡：《殷契卜辭》第209頁。

16. 燕 163 正背＝北珍 1859 正反
17. 燕 164＝北珍 1863
18. 燕 166＝北珍 1869
19. 燕 167＝北珍 1866
20. 燕 168 正背＝北珍 1872 正反
21. 燕 169＝北珍 1858
22. 燕 170＝北珍 1663
23. 燕 171＝北珍 2091
24. 燕 172＝北珍 1636
25. 燕 175＝北珍 1633
26. 燕 177＝北珍 1696
27. 燕 188＝北珍 1210
28. 燕 191＝北珍 2467
29. 燕 194＝北珍 1739
30. 燕 200＝北珍 1971
31. 燕 210 正背＝北珍 164 正反
32. 燕 211＝北珍 1741
33. 燕 214＝北珍 181（劉影校出）
34. 燕 218＝北珍 2776
35. 燕 219＝北珍 2423
36. 燕 220＝北珍 2803
37. 燕 222＝北珍 2118
38. 燕 223＝北珍 2342
39. 燕 226＝北珍 2032
40. 燕 227＝北珍 2293
41. 燕 230＝北珍 2461
42. 燕 231＝北珍 2460
43. 燕 298＝北珍 179
44. 燕 299＝北珍 380
45. 燕 303＝北珍 589
46. 燕 304＝北珍 383
47. 燕 305＝北珍 581

48. 燕 306＝北珍 579
49. 燕 307＝北珍 600
50. 燕 313＝北珍 369
51. 燕 314＝北珍 367
52. 燕 315＝北珍 554＝合補 11812（郜麗梅、張芃校出）
53. 燕 316＝北珍 550＝合補 11850（郜麗梅校出）
54. 燕 318＝北珍 368＝合補 7496（郜麗、張芃梅校出）
55. 燕 319＝北珍 428
56. 燕 320＝北珍 1707
57. 燕 325＝北珍 398
58. 燕 326＝北珍 1851＝合補 7111（張芃校出）
59. 燕 327＝北珍 404
60. 燕 328＝北珍 363
61. 燕 330＝北珍 2829＝合補 7209（張芃校出）
62. 燕 331＝北珍 1180＝合補 8043（張芃校出）
63. 燕 333＝北珍 544
64. 燕 335＝北珍 432
65. 燕 336＝北珍 524
66. 燕 338＝北珍 618＝合補 12123（郜麗梅、張芃校出）
67. 燕 339＝北珍 402＝合補 7771（郜麗、張芃梅校出）
68. 燕 340＝北珍 632
69. 燕 345＝北珍 2518
70. 燕 348＝北珍 695
71. 燕 350＝北珍 727

72. 燕 351＝北珍 725
73. 燕 353＝北珍 689
74. 燕 354＝北珍 2514
75. 燕 357＝北珍 2516
76. 燕 358＝北珍 752
77. 燕 359＝北珍 755
78. 燕 362＝北珍 326
79. 燕 369＝北珍 253
80. 燕 374＞北珍 515（燕 374 比北珍 515 上方多出一條界劃綫）
81. 燕 375＝北珍 514
82. 燕 376＝北珍 237
83. 燕 379＝北珍 231
84. 燕 382＝北珍 2631
85. 燕 385＝北珍 705
86. 燕 389＝北珍 93（劉影校出）
87. 燕 390＝北珍 2871
88. 燕 396＝北珍 48（劉影、張芃校出）
89. 燕 400＝北珍 2323
90. 燕 401＝北遺 17
91. 燕 406＝北珍 1192
92. 燕 407＝北珍 2834
93. 燕 415＝北珍 2404
94. 燕 422＝北珍 90（劉影校出）
95. 燕 423＝北珍 92（劉影校出）
96. 燕 430＝北珍 1403
97. 燕 431＝北珍 1408
98. 燕 433＝北珍 1418＝合補 12578（郜麗梅、張芃校出）
99. 燕 437＝北珍 1411＝合補 12626（郜麗梅、張芃校出）
100. 燕 438＝北珍 1020
101. 燕 441＝北珍 1007
102. 燕 443＝北珍 1027＝合補 8195（郜麗梅、張芃校出）
103. 燕 444＝北珍 1024＜合補 4933（郜麗梅、張芃校出）
104. 燕 446＝北珍 1030
105. 燕 449＝北珍 1022
106. 燕 452＝北珍 395
107. 燕 455＝北珍 1232
108. 燕 457＝北珍 967
109. 燕 460＝北珍 1046
110. 燕 463＝北珍 1258
111. 燕 466＝北珍 1290
112. 燕 473＝北珍 1434＝合補 13003（郜麗梅、張芃校出）
113. 燕 475＝北珍 1284＝合補 12358（郜麗梅、張芃校出）
114. 燕 476＝北珍 1182＝合補 7342（張芃校出）
115. 燕 477＝北珍 1404＝合補 13043（郜麗梅、張芃校出）
116. 燕 478＝北珍 1786＝合補 3069（張芃校出）
117. 燕 479＝北珍 1242＝合補 8816（張芃校出）
118. 燕 481＝北珍 1187＝合補 10196（郜麗梅、張芃校出）
119. 燕 487＝合補 8664＝北珍 2832＝北遺 18（合補 8664＝北珍 2832 由郜麗梅、張芃校出）
120. 燕 511＝北珍 1522
121. 燕 520＝北珍 1457

122. 燕 521＝北珍 1502
123. 燕 524＝北珍 1449
124. 燕 526＝北珍 1566＝合補 3822（郜麗梅校出）
125. 燕 530＝北珍 1549
126. 燕 531＝北珍 1545
127. 燕 533＝北珍 1562
128. 燕 534＝北珍 1565
129. 燕 536＝北珍 2775
130. 燕 547＝北珍 1546
131. 燕 548＝北珍 1513＝合補 7449（郜麗梅、張芃校出）
132. 燕 552＝北珍 1526
133. 燕 555＝北珍 2472＝合補 3107
134. 燕 556＝北珍 1796
135. 燕 559 正背＝北珍 1984 正反
136. 燕 560＝北珍 1988
137. 燕 564 正背＝北珍 1985 正反
138. 燕 565＝北珍 1933
139. 燕 566＝北珍 1938
140. 燕 567＝北珍 1919
141. 燕 568 正背＝北珍 1912 正反
142. 燕 570＝北珍 1925
143. 燕 571＝北珍 1928
144. 燕 572＝北珍 1948
145. 燕 574＝北珍 1911
146. 燕 575＝北珍 1946
147. 燕 576 正背＝北珍 1912 正反
148. 燕 577＝北珍 1934
149. 燕 578＝北珍 1871
150. 燕 599＝北珍 353
151. 燕 603＝北珍 1245
152. 燕 612＝北珍 915
153. 燕 620＝北珍 2453
154. 燕 633＝北珍 2376
155. 燕 636＝北珍 2112
156. 燕 657＝北珍 942
157. 燕 658＝北珍 2040
158. 燕 667＝北珍 1045
159. 燕 668＝北遺 29
160. 燕 680＝北珍 1184
161. 燕 687＝北珍 2545
162. 燕 689＝北珍 2228
163. 燕 696＝北珍 702
164. 燕 699＝北遺 34
165. 燕 700＝北遺 35
166. 燕 702＝北珍 1732
167. 燕 703＝北珍 1742
168. 燕 707＝北珍 36
169. 燕 714＝北珍 2613
170. 燕 715＝北珍 1706＝合補 5700（郜麗梅、張芃校出）
171. 燕 729＝北珍 2353
172. 燕 734＝北珍 145（劉影校出）
173. 燕 736＝北珍 1694＝合補 6888（郜麗梅、張芃校出）
174. 燕 737＝北珍 2107＝合補 839（郜麗梅、張芃校出）
175. 燕 738＝北珍 2064＝合補 675（郜麗梅、張芃校出）
176. 燕 739＝北珍 1237
177. 燕 741＝北珍 1704
178. 燕 746＝北珍 2182
179. 燕 747＝北珍 2034

180. 燕752＝北珍1291
181. 燕754＝北珍2664
182. 燕755＝北珍1660
183. 燕756＝北珍1678
184. 燕759＝北珍1213
185. 燕761＝北珍2639
186. 燕763＝北珍1055
187. 燕766＝北遺41
188. 燕768正背＝北珍2653正反
189. 燕771＞北珍1805（北珍1805缺拓左上角）
190. 燕772＝北珍415
191. 燕777＝北珍2026
192. 燕781＝北珍2398
193. 燕782＝北珍1753
194. 燕783＝北珍2466
195. 燕791正＝北珍2120
196. 燕797＝北珍756
197. 燕800＝北珍2116
198. 燕803＝北珍1677
199. 燕804＝北珍1811
200. 燕805＝北珍2253
201. 燕806＝北珍2381
202. 燕809＝北珍2872
203. 燕811＝北珍1093
204. 燕813＝北珍2244
205. 燕814＝北珍2133
206. 燕815＝北遺46
207. 燕817＝北珍2326
208. 燕819＝北珍2708
209. 燕820＝北珍266
210. 燕823正背＝北珍2446正反

211. 燕824＝北珍2422
212. 燕825＝北珍891
213. 燕826＝北珍2256
214. 燕828＝北珍2337
215. 燕829＝北珍1147（北珍拓本方向錯誤）
216. 燕831＝北珍2278
217. 燕833＝北珍2501
218. 燕834＝北珍2421
219. 燕835＝北珍1579
220. 燕837＝北珍2360
221. 燕839＝北珍1082
222. 燕840＝北珍2238
223. 燕841＝北珍2787
224. 燕842＝北珍2464
225. 燕843＝北珍1092
226. 燕844＝北遺47
227. 燕845＝北珍2436
228. 燕846＝北珍2786
229. 燕847＝北珍2607
230. 燕848＝北遺48
231. 燕849＝北遺49
232. 燕851＝北遺50
233. 燕852＝北珍952
234. 燕853＝北珍927
235. 燕854＝北珍926（燕拓本方向錯誤）
236. 燕855＝北珍855
237. 燕857＝北遺51
238. 燕858＝北珍2237
239. 燕860＝北珍2792
240. 燕865＝北遺52
241. 燕866＝北珍2747

242. 燕867＝北珍1684
243. 燕869＝北珍2087
244. 燕870＝北珍2862
245. 燕872＝北珍1817
246. 燕874＝北珍2785

(展翔　首都師範大學甲骨文研究中心出土文獻與
　　中國古代文明研究協同創新中心　博士研究生)

太保玉戈的出土
時地及銘文釋讀

陳鵬宇

太保玉戈是西周早期刻銘的玉器。該器原藏端方,現藏美國華盛頓弗利爾美術館(參圖1,弗利爾美術館供圖並授權,下同)。銘文二十九字,記述了召公巡省南國並經營漢水流域的史實,可與傳世文獻相印證。陳夢家、龐懷靖、李學勤等諸位先生皆有專文考釋(詳下文)。可是,關於太保玉戈的出土時地,流行的説法並不準確;對於銘文的理解也仍有可商榷之處。以下我們詳細分析,以就正於方家。

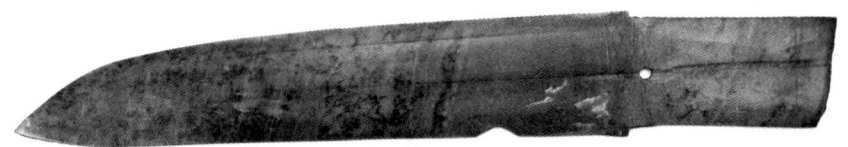

圖1 太保玉戈

一、太保玉戈的出土時間辨僞

關於太保玉戈的出土時間,聞廣先生依據勞弗爾(Berthold Laufer)《古玉圖録》中的標注以及弗利爾所藏玉戈木盒上的題識,認爲是在光緒二十九年(1903)。[1]而龐懷靖先生則主張是光緒二十八年(1902),其文章中説:

  此玉戈係清光緒二十八年,武宗仁曾祖武敬亭先生向逃避八國聯軍侵

---

[1]聞廣:《記召公太保二玉戈——古玉續談(二)》,《故宫文物月刊》2000年第4期。

略而暫住西安的慈禧太后請得國庫專款,在岐城西南八里之劉家原創修召公祠時,於掘土中偶然得之。[1]

龐先生的説法歷來爲學界所采信。但其中畢竟有可疑之處,最明顯者,武敬亭是何身分？爲何能向慈禧太后請得專款？

今按,《清實録·德宗實録》"光緒二十五年九月"條:

> 護理陝西巡撫端方奏:"岐山縣紳耆請在召亭村建周臣召公奭專祠,並以召虎附祀,以光祀典。"下部議。[2]

時爲1899年,庚子之變前一年,兩宮尚未西逃。再查得《續修陝西通志稿》(以下簡稱"《通志稿》")"召公祠"條云:

> 召公祠在召亭村。光緒二十五年九月十五日,陝西護撫端方、前陝甘總督陶模、陝西學政葉爾愷、據邑主事段維等稟請於邑之召亭村建周名臣召奭專祠,並其孫召虎附祀,列入祀典,由地方官春秋致祭,以重名禋。疏奏,奉旨允准。知縣崔駪遠稟報落成,又援案請頒給匾額,建祠款項嗣令由地方富紳捐籌,懇免造册報銷。[3]

此條内容與《清實録》的記載相印證,當時是由以端方爲首的地方官員出面,稟請建召公祠,並列入祀典。建祠款項是由當地富紳捐籌,並非是朝廷撥下的專款。

在建祠過程中,武敬亭起了什麽作用呢？《通志稿》"武文炳"條記載:

> 武文炳,字敬亭,岐山人。……嘗稟請于岐山甘棠下建召公祠。巡撫岑春煊奏頒内帑敕修。[4]

可知武敬亭名文炳。該條記載出面稟請的官員是岑春煊。按,光緒二十五年(1899)岑春煊尚在甘肅布政使任上,庚子之變後護駕有功才升授陝西巡撫。當時是端方在陝西主政。[5]該條記載有誤。條中所謂"頒内帑敕修"便是龐先生文中"請得專款"一説的由來。此處與上引"召公祠"條不合,可能是由於《通志稿》書成衆手所致。這種説法雖不足采信,但可證當時已經有了這種傳言。條中又説武敬亭是興建

---

[1] 龐懷靖:《跋太保玉戈——兼論召公奭的有關問題》,《考古與文物》1986年第1期。
[2]《清實録》第57册第451卷第958頁,中華書局1987年。
[3] 宋伯魯等纂修:《續修陝西通志稿》第125卷第29頁,陝西省通志館1934年鉛印本。
[4] 宋伯魯等纂修:《續修陝西通志稿》第90卷第11—12頁。
[5]《清史稿·列傳二百五十六》:"(端方)除陝西按察使,晉布政使,護巡撫。兩宮西幸,迎駕設行在。"見趙爾巽等撰:《清史稿》第12786頁,中華書局1977年。

召公祠的發起人。綜合考慮，很可能武敬亭曾慫恿、運動當地士紳向當時的護理巡撫端方申請修建召公祠，端方又與地方官員聯名上奏，朝廷方才允准。所謂"武敬亭向慈禧太后請得專款"之説與史實相去甚遠。

端方題本請修召公祠是在光緒二十五年九月（1899年10月），那麽朝廷允准是什麽時候呢？《清實録》等史料没有相關記載。查《岐山縣志》"召公祠"條：

> 召公祠在縣西南劉家原，清光緒二十六年敕建。[1]

可知朝廷下旨興建已經是次年（1900）了。至於召公祠建成的時間，上引《通志稿》"召公祠"條說是在落成之後當地知縣才請求御賜匾額。慈禧御賜之"甘棠遺愛"匾現存岐山縣周公廟内，上有陽文方印"光緒癸卯御賜"。[2] 是爲光緒二十九年（1903）。那麽召公祠的修建，是在光緒二十六年（1900）至二十九年（1903）間。

時值庚子事變之後，國運維艱，知縣稟報落成後只求御賜匾額，而懇請免撥專款，建祠費用由當地富紳承擔。這也是爲國難作出的表態。根據武敬亭好友江西府學高河所作的《召公廟碑記》，武敬亭曾寄信説：

> 得賢太守傅暨衆擎之力，加以升任中丞岑撥五千金，今太守孫又籌款以蔵其事。[3]

可知當時籌款的情形。"升任中丞岑"即新授陝西巡撫的岑春煊。祠廟建成後，御匾高懸，其中委曲卻不爲時人所知，於是又有了"岑春煊請得内帑敕修"的傳言。

在召公祠的修建期間，端方得到了太保玉戈。弗利爾美術館檔案中存有1917年游小溪致傅蘭雅請求收購太保玉戈的信，其中提到出土時"端氏篆巡撫，得而寶藏"。[4] 按，端方曾兩度護理陝西巡撫，一在光緒二十五年九月至二十六年閏八月間（1899年10月至1900年9月），一在光緒二十七年正月至三月間（1901年3月至5月）。召公祠的興建始於光緒二十六年（1900）。[5] 那麽端方得到太保玉戈應該在光

---

[1] 田惟均重修，白岫雲等編撰：《岐山縣志》第3卷第4頁，西安酉山書局1935年鉛印本。

[2] 劉宏斌：《召公與劉家原召公祠》，中國人民政治協商會議岐山縣第五届委員會學習與文史資料委員會編：《岐山文史資料》第九輯"周原專輯"，第155—159頁，國營五二三廠印行，2000年。

[3] 田惟均重修，白岫雲等編撰：《岐山縣志》第9卷第13頁。

[4] 這封信爲聞廣先生所公布，見聞廣：《記召公太保二玉戈——古玉續談（二）》，《故宫文物月刊》2000年第4期。

[5] 《清實録·德宗實録》"光緒二十五年九月"條："以陝西按察使端方暫行護理陝西巡撫"；"光緒二十六年閏八月"條："以……甘肅布政使岑春煊爲陝西巡撫"；"光緒二十七年正月"條："調陝西巡撫岑春煊爲山西巡撫，以河南布政使端方護理陝西巡撫"；"光緒二十七年三月"條："以護理陝西巡撫端方爲湖北巡撫"。見《清實録》第57册第450卷第937頁，第58册第470卷172頁、第479卷319頁、第481頁第352頁。端方當月離陝見《鄂撫行程》，《申報》1901年5月31日第2版。

緒二十六至二十七年間(1900—1901)。

按照傳統說法，太保玉戈於召公祠出土後即爲端方所有，似乎太保玉戈也是在這個時候出土的。然而，端方得到玉戈的時間與玉戈的出土時間並不是一回事。根據我們的考察，太保玉戈出於召公祠的說法是不可信的。以下我們對太保玉戈的出土地點進行詳細分析。

二、太保玉戈的出土地點考證

一般認爲的太保玉戈出土地點，即召公祠的所在地，是在陝西岐山西南的劉家原上，地名召亭村。文獻記載，此處是召公的采邑。南宋王應麟《詩地理考》引《括地志》云："邵亭故城在岐州岐山縣西南十里，故召公邑。"[1] 村中據說還有《詩經·召南·甘棠》篇所題詠的那棵甘棠樹。召公祠就是圍繞着這棵甘棠樹修建的。

太保玉戈是修建召公祠時"掘土時偶得"的說法出自武敬亭本人的記述。太保玉戈出土後，武敬亭曾製成拓本數份，在當地流傳。時任扶風縣令的趙圻年得到了拓本，請來好友吳庚、楊調元研究。吳庚作了長文，記述了玉戈的來歷，並對銘文作了詳盡的考釋。楊調元的釋文僅有數字不同，便將不同意見記在了吳氏長文後面。吳庚的文章收入了他的文集《空山人遺稿》，後來又被《陝西金石志》收錄。[2] 而在1915年的《國學》第3期上，吳氏的長文和楊氏的意見，卻被統統作爲楊調元的遺稿發表了出來。[3] 太保玉戈爲武敬亭建召公祠時掘土所得的說法逐漸爲世人所知。

然而，在召伯甘棠樹附近掘土偶得太保之器，實在太過湊巧。朱熹《詩集傳》："召伯循行南國以布文王之政，或舍甘棠之下。其後人思其德，故愛其樹而不忍傷也。"[4] 太保玉戈銘："王令太保省（按：該字晚清時人多釋作'相'）南國。"與召伯、南

---

[1] 王應麟著，王京州、江合友點校：《詩考 詩地理考》第191頁，中華書局2011年。該條收入李泰等著，賀次君輯校：《括地志輯校》第37頁，中華書局1980年。

[2] 趙圻年輯：《空山人遺稿》第4卷第9—12頁，民國七年(1918)刻本；武樹善：《陝西金石志》"補遺"上卷第5—9頁，見劉慶柱、段志洪主編：《金文文獻集成》第23冊第501—503頁，香港明石文化國際出版有限公司2004年。吳庚、楊調元撰文始末見《空山人遺稿》吳庚文後所附趙圻年之題識。

[3] 楊調元：《周玉刀釋文》，《國學》1915年第3期。按：與上注文獻核對可知，該文倒數第二段爲楊氏的意見，之前全錄吳庚的文章，而在吳文文末倒數第三行加入了"調元"二字。

[4] 朱熹注，趙長征點校：《詩集傳》第12頁，中華書局2011年。

國相關之器出土於甘棠樹下,簡直與朱子之説若合符契,不免讓人生疑。更何況,宋代以前的文獻中所記載的召伯甘棠,在河南陝縣(今河南三門峽市陝州區)或洛州壽安縣(今河南宜陽縣),本與召亭村無關。〔1〕

另外,結合考古發掘的資料,類似的大型玉戈一般出土於周代規格較高的墓葬中,且一墓一件,位於墓主的身體周圍,多置於墓主胸腹部上,是墓主的身分象徵。〔2〕如天馬—曲村遺址北趙晉侯墓地 M93 墓出土的大玉戈,通長 49 釐米,戈援末端飾有與太保玉戈近似的方格、菱形劃紋,出土時位於墓主的胸腹部,下壓玉環、玉璧。〔3〕

M93 是一代晉侯的墓地,類比之下,太保玉戈會不會也出於墓葬之中?實際上,歷來就有太保玉戈出於召公墓中的説法。上引游小溪致傅蘭雅的信中提到:

> 該玉刀(按:即太保玉戈)二十年前在陝西爲土人掘土於召公墓中所出。〔4〕

柯昌濟《金文分域編》引徐榕生説:

> 出所謂召公墓,他器甚多,皆不能名,又有金冠一枚。〔5〕

徐榕生即徐埴(1866—1948),陳介祺之婿,著名藏書家、歸朴堂主人徐坊之弟,喜書法、篆刻,〔6〕所言應該其來有自。

那麼,傳言中的"召公墓"會不會就在召公祠中呢?二十世紀三十年代張明揚的游記《到西北來》有《召伯甘棠》一篇,記述了他在 1935 年游覽召公祠的情況。對祠中勝迹,如甘棠樹、碑刻題跋、對聯、匾額等皆有詳細的描繪。當時還有一位住在祠中、恃接待游客爲活的老人引導,張氏便將前後院落都游覽了一遍。而文中並没有提到墓葬的痕迹。〔7〕若太保玉戈出土時有高等級的墓葬發現,原址上不應無蛛絲馬迹。

至此可以推斷,武敬亭在興建召公祠時"掘土偶得"太保玉戈的可能性並不存在。然而,武敬亭爲何會編造出這種説法?

---

〔1〕參王應麟著,王京州、江合友點校:《詩考 詩地理考》第 193 頁。
〔2〕參孫慶偉:《周代用玉制度研究》第 210 頁,上海古籍出版社 2008 年。
〔3〕北京大學考古學系、山西省考古研究所:《天馬—曲村遺址北趙晉侯墓地第五次發掘》,《文物》1995 年第 7 期。
〔4〕聞廣:《記召公太保二玉戈——古玉續談(二)》,《故宫文物月刊》2000 年第 4 期。
〔5〕柯昌濟:《金文分域編》第 12 卷第 12 頁,見劉慶柱、段志洪主編:《金文文獻集成》第 42 册第 399 頁。
〔6〕陳進:《人物小識·徐埴》,見王石經著,陳進整理:《西泉印存》第 164 頁,天津人民美術出版社 2014 年。
〔7〕張揚明:《到西北來》第 116—117 頁,商務印書館 1937 年。

其實,召公祠的修建是武家兩代人的心願。道光二十五年(1845),時任岐山知縣的安徽宣城舉人李文瀚到召亭村尋訪召公甘棠,並繪圖以記之,這就是著名的《召伯甘棠圖》。圖上有李氏題寫的《甘棠樹圖記》,記述了尋訪時的經歷。[1]李文瀚於道光二十六年(1846)離任。道光二十七年(1847),武敬亭的從伯父武澄(字子仙)見到了這幅圖,便請摹勒上石。李文瀚便將這幅圖贈予了武澄,武澄將石碑刻成後,置於周公廟召公殿內,是爲《召伯甘棠圖碑》(這塊碑現存岐山縣博物館)。[2]然而,題詠甘棠的圖碑不在樹下,卻在周公廟內,應是無奈之舉。甘棠原圖則珍藏於武氏家中,爲其從姪武敬亭所得。武敬亭曾遍請名士題跋。[3]高河的《召公廟碑記》裏説:

> 比庚子(1900)在長安從游武學博文炳,又示以甘棠圖,復唏嘘言曰:"近方謀修召廟及召亭,未審成否。"虞曰:"必成!"。[4]

可知修建召公祠廟是武敬亭心心念念的事。國難當頭,雖有朝廷敕令,召公祠能否順利完工還是未知數。太保玉戈從土中"偶得"無疑是建祠士紳的強心劑。當時主政陝西的又是有金石之好的端方,進獻玉戈自然能獲其支援。而武敬亭本人也是位金石收藏家,《陝西金石志》著録了武氏所收藏的父己彝等商周銅器。現藏故宫博物院的諫簋(《殷周金文集成》4285,引書以下簡稱"《集成》")、現藏國家博物館的孟辛父鬲(《集成》738),皆是由武敬亭而遞藏端方的。[5]很可能,太保玉戈從他處出土,爲武敬亭所得。武氏便假託出土於召公祠,獻於當道,以請其助力興建。

出土太保玉戈的墓葬究竟在何處?李學勤先生曾指出,"發現玉戈的墓葬很可能與召公有關,舊傳爲召公墓不是毫無根據的。"[6]傳世文獻並没有明確記載召公的葬地。唐代司馬貞的《史記索隱》推斷:"(召公)亦以元子就封,而次子留周室代爲召公"。[7]1986年,北京琉璃河西周墓地遺址發掘了M1193大墓。墓主應該是燕國始

---

[1] 田惟均重修,白岫雲等編撰:《岐山縣志》第9卷第11—12頁。
[2] 岐山縣志編纂委員會:《岐山縣志》第24卷第641頁,陝西人民出版社1992年。
[3] 諸人題跋見張揚明:《到西北來》第116—117頁。
[4] 田惟均重修,白岫雲等編撰:《岐山縣志》第9卷第12頁。
[5] 《陝西金石志》轉引自王步瀛的《韻花齋金文叢抄》。其著録的父己彝(即小子省壺,現藏上海博物館)、諫簋、孟辛父鬲見武樹善:《陝西金石志》"補遺"上卷第2—3、4、17頁,見宋伯魯等纂修:《續修陝西通志》第165卷。
[6] 李學勤:《太保玉戈與江漢的開發》,楚文化研究會編:《楚文化研究論集(第二集)》第5—10頁,湖北人民出版社1991年;收入《走出疑古時代》第135—141頁,遼寧大學出版社1994年。
[7] 司馬遷撰,裴駰集解,司馬貞索隱,張守節正義:《史記》第346頁,中華書局1997年縮印本。

封的第一代國君。不少學者認爲墓主爲召公之子,召公本人的葬地應該在周原豐鎬一代。〔1〕太保玉戈出於岐山也可以印證此説。

三、太保玉戈銘文釋讀

關於太保玉戈的銘文(參圖 2),曾著文考釋的有陳夢家、龐懷靖、石志廉、李學勤、徐錫高、李自智、蔡運章、王長豐、朱鳳瀚等先生。〔2〕綜合考慮,我們的釋文如下:

六月丙寅,王才(在)豐,令太保省南或(國),帥漢,徦寢(殷)南,令濮侯辟,用𪓑,走百人。

對於銘文中關鍵的地名,在徐錫高、李自智先生的摹本𣪠公布之後,各家意見漸趨統一,一般讀爲"濮"。〔3〕而對於銘文的內容,各家的理解有較大的出入。如龐懷靖先生認爲銘文記載了召公南巡時發布了周王將在厲地的宮殿殷見諸侯的命令,辟除警衛人員用捷足勇士一百人;李學勤先生認爲是召公封立厲侯,並賞賜僕御一百人;王長豐先生認爲是召公將漢(人名)封於厲爲君而用邾爲邑;蔡運章先生認爲是召公命令濮侯給周王朝徵用布帛和貨貝,疾速前來奏見納貢的諸侯有百人之多。

以上理解的問題在於,銘文內容跟玉戈本身並没有聯繫起來。查考商周時期的玉器銘文,不論是刻銘還是朱書,常常點明玉器的來源。如美國福格博物館所藏的俞玉戈銘文"曰夒王大乙,在林田俞䚒",最後一句是説這件玉戈是由"在林田俞"(人名)進獻的,"䚒"字是表進獻義的動詞。〔4〕又如 1975 年安陽小屯 18 號墓出土的玉戈朱

---
〔1〕 參周寶宏:《克罍、克盉銘文集釋》,《近出西周金文集釋》第 6 頁,天津古籍出版社 2005 年。
〔2〕 陳夢家:《西周銅器斷代(二)》,中國科學院考古研究所編輯:《考古學報》第十册第 98—99 頁,科學出版社 1955 年。龐懷靖:《跋太保玉戈——兼論召公奭的有關問題》,《考古與文物》1986 年第 1 期。李學勤:《太保玉戈與江漢的開發》,楚文化研究會編:《楚文化研究論集(第二集)》第 5—10 頁;收入《走出疑古時代》第 135—141 頁。徐錫高、李自智:《太保玉戈銘補釋》,《考古與文物》1993 年第 3 期。蔡運章:《論太保玉戈銘文及相關問題》,《甲骨金文與古史新探》第 119—125 頁,中國社會科學出版社 1996 年。王長豐:《試論商周時期的楚——兼釋〈太保玉戈〉所載之邾國初封》,《古籍研究》2004 年 2 期。朱鳳瀚:《釋"羌"》,《甲骨文與殷商史》新五輯,第 1—7 頁,上海古籍出版社 2015 年。下引諸説不再列出處。
〔3〕 對比我們從弗利爾美術館得到的圖片(圖 2),可知該摹本的字形是基本準確的。
〔4〕 廣瀬薰雄:《説俞玉戈銘文中的"才林田俞䚒"句》,《出土文獻與古文字研究》第六輯,第 443—459 頁,上海古籍出版社 2015 年。

書"□在🀥,執秉,🀥在入","執秉"表示玉戈的用途,"🀥在入"指玉戈爲🀥方國進獻的。[2] 再如河南虢國墓地出土的"小臣妥見"玉琮、"小臣䖒徣"玉瑗、"小臣䖒徣"玉戚,"見"和"徣"分別讀作"獻"和"匄",表示進奉、給予,銘文意爲小臣某進獻了這件玉器。[3] 實際上,除了僅標明物主或祭祀物件,商周玉器銘文或者朱書常帶一個表進獻義的動詞,而這個動詞往往省略賓語。

我們認爲,問題的關鍵在於對太保玉戈銘文中"🀥(黿)"字的理解。衆所周知,甲骨、金文中亦有表示進獻義的"黿"字。結合上引玉器銘文或朱書的例子,太保玉戈銘中的"黿"字可能就是那個表示進獻義的動詞,其後省略了賓語。"用黿"與"走百人"之間應當讀斷,"黿"表示進獻了這件玉戈。[4]

需要注意的是,甲骨金文中表示進獻義的"黿"字,與太保玉戈銘中之字在字形上不同,以下稍作辨析,兼論"黿"字的具體讀法。

甲骨文中象形的"黿"字,字形作▨(《甲骨文合集》19124,引書以下簡稱"《合集》"),[5] 上下筆畫象蜘黿的四對足。該字亦見於甲橋記事刻辭"我黿五十(《合集》9187)",表示進獻、貢納之類的意思。[6]

象形的"黿"字或添加聲符"束",作▨(《合集》36417)。[7] 添加聲符後,象形的意味淡化。上面的兩對足逐漸粘連在一起,就形成了太保玉戈銘文該字上半部分類似"貝"字的字形。

《鄴中片羽三集》收錄了一方朱書殘玉,銘文爲"黿于丁"。[8] 該銘"黿"字與太保玉戈全同。這方殘玉可能也是玉戈的孑遺。"黿于丁"其實是"黿(玉器)于丁"的省略。

圖2
太保玉戈銘文[1]

―――――――――
[1] 銘文圖片經裁剪及反色處理,美國華盛頓弗利爾美術館提供的原圖見本書書前彩色插頁,請讀者參看。
[2] 吳雪飛:《安陽小屯18號墓出土玉戈朱書考》,《殷都學刊》2016年第2期。
[3] 參姜濤、賈連敏:《虢國墓地出土商代小臣玉器銘文考釋及相關問題》,《文物》1998年第12期;謝明文:《試說商代小臣䖒玉器銘文中的徣》,《語言研究集刊》第八輯,上海辭書出版社2011年。
[4] 該字朱鳳瀚先生讀爲"獻",但是認爲"走百人"是獻的賓語。見朱鳳瀚:《釋🀥羌》,《甲骨文與殷商史》新五輯,第1—7頁。
[5] 郭沫若主編,胡厚宣總編輯:《甲骨文合集》,中華書局1978—1982年。
[6] 參方稚松:《殷墟甲骨文五種記事刻辭研究》第62—64頁,綫裝書局2009年。
[7] 參劉釗:《古文字構形學》第243頁,福建人民出版社2006年。
[8] 參吳鎮烽:《商周青銅器銘文暨圖像集成》第35卷編號19755,上海古籍出版社2012年。

金文中表示進獻義的"黽"字見於五年琱生尊銘文：

余□大章，報婦氏帛束、璜一。〔1〕

亦見於五年琱生簋(《集成》4292)銘文：

余□于君氏大章，報婦氏帛束、璜。

五年琱生尊銘文字形與太保玉戈接近。而在五年琱生簋銘文中，該字已經將蜘黽形的下半部分完全省略了。

由此我們可以排出"黽"字的演變序列：

□(《合集》19124)——□(《合集》36417)——□(太保玉戈)——□

(五年琱生簋)

至於該字的具體讀法，琱生二器銘文中的"黽"字與"報"字相對，表示進獻、酬報之義，董珊先生讀"黽"爲"酬"，今從之。〔2〕太保玉戈末句亦應讀爲"用酬(玉戈)，走百人"，意爲"用酬玉戈，僕從百人"。

全銘大意是：六月丙寅日，王在豐京，命令太保巡省南國，召公循漢水而下，會朝南國諸侯，並封立濮侯。濮侯酬報了這件玉戈，獻納時所用僕隸有一百人。

形制上，這件玉戈本是商代的玉器。濮人參與了周人滅商的戰争。《尚書·牧誓》"庸、蜀、羌、髳、微、盧、彭、濮人"，是爲牧野之戰協助周武王的"《牧誓》八國"。玉戈可能是濮人的戰利品。召公巡省時，濮侯借援立之機，又進獻給召公。召公命人刻銘以紀之，後來以之隨葬。

四、結　　語

綜上所述，太保玉戈應該是從周原附近的墓葬中出土，爲武敬亭所得。光緒二十六、二十七年間，武敬亭假託是修建召公祠時掘土所得，將太保玉戈進獻給了當時的

---

〔1〕參吴鎮烽：《商周青銅器銘文暨圖像集成》第35卷編號11816、11817。
〔2〕該字有"速"、"取"、"獻"等數種讀法，可參方稚松：《殷墟甲骨文五種記事刻辭研究》第64頁；又見金東雪：《琱生三器銘文集釋》第68—72頁，吉林大學碩士學位論文，2009年；方稚松：《甲骨文字考釋四則》，復旦大學出土文獻與古文字研究中心網站，2009年5月1日。董珊之說見方稚松網文後的評論。

護理陝西巡撫端方。太保玉戈銘文中的🖋字,可與甲骨、金文中表示進獻義、讀作"酬"的"䒼"字聯繫起來。與其他玉器銘文或者朱書類似,其後省略了表示玉戈的名詞。銘文大意是召公立濮侯爲君長,濮侯舉行盛大的儀式,酬獻了這件玉戈。召公刻銘以紀之,後來以之隨葬於周原一帶。

（陳鵬宇　故宫博物院器物部　副研究員）

新出霸國銅器與宜國地望研究*

馬　超　鄒芙都

一、宜國歷史的幾點爭議

宜作國名本不見於傳世典籍記載，直到二十世紀五十年代康王時器宜侯胡[1]簋的出土才爲世人所知。據介紹當時銅簋的出土情況是：

  一九五四年六月間，丹徒縣龍泉鄉下聶村農民聶長保的兒子在煙墩山南麓斜坡上翻山芋地"壟溝"時，無意間在地表下三分之一公尺的土裏掘出一隻鼎，他就小心地擴大挖的範圍，在三分之二公尺的深度，共掘得銅器十二件，計：鼎一，鬲一，簋二（其中一隻是有銘的矢簋），大盤一，小盤一，盉一對，犧觥一對，角狀器一對，聶長保把這些東西統統交給當地鄉區政府……[2]

文中提到的"有銘的矢簋"就是宜侯胡簋，銘文長達一百二十餘字，内容涉及虞國改封、宜國成立、周王册命諸侯授土授民，以及地圖使用等諸多西周史實。因此

---

* 本文是國家社科基金重大項目"商周金文字詞集注與釋譯"（13&ZD130），教育部人文社科青年基金項目"金文所見古國、古族姓氏資料整理與研究"（18YJC770022），重慶市博士後特别資助項目"西周金文婚姻史料分國族整理與研究"（XmT2018091）的階段性成果。

[1] 宜侯胡簋即舊稱的宜侯矢簋，"矢"字近年來經諸位學者的研究，知其應改釋爲"胡"，詳參後文。
[2] 江蘇省文物管理委員會：《江蘇丹徒縣煙墩山出土的古代青銅器》，《文物參考資料》1955年第5期。

簋銘資料公布以後學界便對其中的有關問題展開了廣泛的討論,直到今日依舊熱度不減。[1] 爲便於討論,現參照學界相關研究意見將簋銘釋寫如下(釋文從寬,儘量采用通行文字):

> 唯三(四)月,辰在丁未,王省珷王、成王伐商圖,誕省東國圖,王立(涖)于宜,入社,南向,王令虞侯胡曰:遷侯于宜,錫□鬯一卣,商瓚一□、彤弓一、彤矢百、旅弓十、旅矢千。錫土:厥川三百□,厥□百又廿,厥宅邑卅又五,厥□百又卌,錫在宜王人□十又七生(姓),錫奠(甸)七伯,厥廬□又五十夫,易宜庶人六百又□六夫,宜侯胡揚王休,作虞公父丁尊彝。

銘文的釋讀有幾點需要說明:

(1)"虞侯"之"虞"有學者釋爲"虘",從銘文拓片來看此字下部應是夨,當以釋"虞"爲是。[2] 國名"宜"舊或釋爲"俎",[3] 並不可信。之所以會有學者認爲俎、宜一字而誤釋銘文,是因爲金文中嬃字所從的偏旁存在"宜"形與"且(俎)"形[4]換用的現象,既作"▨"(蘇甫人盤,《商周青銅器銘文暨圖像集成》[5]14405),又作"▨"(嬃妊壺,《銘圖》12149)。但是陳劍先生已指出嬃字中的"宜"形與"且(俎)"形根本就不能看作"宜"字和"俎"字,而是"刵"字之省,刵是與宜、俎均不同的另一個字。[6] 既然宜(▨)、俎(▨、▨)並非同字,簋銘就只能釋爲"宜侯"。

(2)宜侯之名"大"舊多釋爲"夨",亦有釋"夭"、[7]"吳"[8]之說,均誤。陳劍先生指出應釋爲"胡",其字來源於甲骨文中的▨(《合集》16846),是"胡"之表意初文。

---

[1] 學界關於宜侯胡簋的相關討論可以參看張廣志:《宜侯夨簋與吳的關係研究的歷史回顧與再認識》,杜勇主編:《叩問三代文明:中國出土文獻與上古史國際學術研討會論文集》第128—137頁,中國社會科學出版社2014年;王文軒:《宜侯夨簋及其相關問題研究綜述》,蘇州博物館編:《蘇州文博論叢》總第7輯,第34—40頁,文物出版社2016年;王一凡:《宜侯夨簋學案綜理》,復旦大學出土文獻與古文字研究中心網站,2018年4月16日。

[2] 唐蘭:《宜侯夨簋考釋》,《考古學報》1956年第2期。

[3] 陳邦福:《夨簋考釋》,《文物參考資料》1955年第5期;唐蘭:《西周青銅器銘文分代史徵》第155頁,中華書局1986年;王暉:《從西周金文看西周宗廟"圖室"與早期軍事地圖及方國疆域圖》,《陝西師範大學學報(哲學社會科學版)》2012年第1期。

[4] "且"本當是象"俎"的俯視之形,舊或認爲是男性生殖器,不確。參陳劍:《甲骨金文舊釋"䵼"之字及相關諸字新釋》,《出土文獻與古文字研究》第二輯,第39、40頁,復旦大學出版社2008年。

[5] 吳鎮烽:《商周青銅器銘文暨圖像集成》,上海古籍出版社2012年。以下簡稱《銘圖》。

[6] 陳劍:《甲骨金文舊釋"䵼"之字及相關諸字新釋》,《出土文獻與古文字研究》第二輯,第37—47頁。

[7] 沈長雲:《談銅器銘文中的"夭王"及相關歷史問題》,《考古與文物》1989年第6期。

[8] 陳絜、馬金霞:《叔▨鼎的定名及西周歷史上的▨國》,朱鳳瀚、趙伯雄編:《仰止集:王玉哲先生紀念文集》第353—367頁,天津人民出版社2007年。

"胡"可以指人、牛、鳥獸之頷下垂肉，𠂤之造字本意就是"人之胡"、"人頷下之垂肉"，字形在後來的演變過程中省去上部的圓圈形指示符號，就演變爲了人傾頭形的"大"。[1] 將大解釋爲胡字的表意初文較有道理，先秦出土文獻中尚有不少從大之字的讀音均與魚部字接近，[2] 也可證明將此字釋爲"胡"是合理的，不能釋爲"矢"或"夨"。

（3）"珷王、成王伐商圖"、"東國圖"中的"圖"，陳夢家先生釋爲鄙，[3] 郭沫若先生則指出當即圖繪之圖，[4] 其後黃盛璋、[5] 李學勤、[6] 唐蘭[7] 等先生均有將"圖"看作地圖的意見，應是正確的。王暉先生又曾補充説明"珷王、成王伐商圖"分別是指周武王伐商和成王伐商的作戰地圖，而且應是作戰之前製作而成的，"東國圖"則是周初的東方疆域圖。[8]

幾個關鍵的疑難字釋疑以後，簋銘的内容還是很清楚的，即：康王省視武王、成王伐商的作戰地圖以及東方疆域地圖以後，命令虞侯胡遷國於宜，賞給虞侯一些物品，同時賜土授民。銘文涉及了兩個國名用字"虞"與"宜"，據簋銘知"宜"爲"虞"遷封而來，宜侯胡簋出土於江蘇省丹徒縣，這裏是後世吳國的勢力範圍。因此唐蘭先生認爲宜是吳國的始封之地，宜侯胡簋就是吳國最早的銅器，[9] 此説得到了不少學者的贊同。李學勤先生認爲吳、虞音近可通，虞就是吳，簋銘所載是虞（吳）遷封於宜。[10] 同時還有研究者指出宜、吳是並立的兩個國家，但是持此説的學者中對於宜的地望仍存有較多分歧，或以爲地在河南宜陽；[11] 或在誤釋"宜"爲"俎"的基礎上，認爲俎即柤，在

---

[1] 陳劍：《據〈清華簡（伍）〉的"古文虞"字説毛公鼎和殷墟甲骨文的有關諸字》，《古文字與古代史》第五輯，第281—286頁，"中研院"歷史語言研究所2016年。
[2] 相關論述可參陳劍：《據〈清華簡（伍）〉的"古文虞"字説毛公鼎和殷墟甲骨文的有關諸字》，《古文字與古代史》第五輯，第281—286頁；馬超：《2011至2016新刊出土金文整理與研究》第566—573頁，西南大學博士學位論文，2017年。
[3] 陳夢家：《宜侯夨簋和它的意義》，《文物參考資料》1955年第5期。
[4] 郭沫若：《夨簋銘考釋》，《考古學報》1956年第1期。
[5] 黃盛璋：《銅器銘文宜、虞、夨的地望及其與吳國的關係》，《考古學報》1983年第3期。
[6] 李學勤：《宜侯夨簋與吳國》，《文物》1985年第7期。
[7] 唐蘭：《西周青銅器銘文分代史徵》第154—155頁。
[8] 王暉：《從西周金文看西周宗廟"圖室"與早期軍事地圖及方國疆域圖》，《陝西師範大學學報（哲學社會科學版）》2012年第1期。
[9] 唐蘭：《宜侯夨簋考釋》，《考古學報》1956年第2期。
[10] 李學勤：《宜侯夨簋與吳國》，《文物》1985年第7期，第16頁；《宜侯夨簋的人與地》，《走出疑古時代（修訂本）》第260—263頁，遼寧大學出版社1997年；《當前青銅器研究的幾個問題——在北京大學"西周金文與青銅器"研討班上的講話》，《青銅器與金文》第一輯，第7—8頁，上海古籍出版社2017年。
[11] 黃盛璋：《銅器銘文宜、虞、夨的地望及其與吳國的關係》，《考古學報》1956年第1期。夏含夷先生贊同黃盛璋先生的意見，只是在具體表述上是認爲宜應在洛陽以南的宜水之上，參夏含夷：《海外夷堅志：古史異觀二集》第166頁注釋1，上海古籍出版社2016年。

江蘇邳縣；[1]或以爲地在安徽阜陽；[2]或認爲在簋的出土地江蘇丹徒。[3] 除此以外還有洛邑邊鄙附近，[4]陝西隴縣、寶雞、鳳翔一帶，[5]山東萊蕪[6]等諸種説法。

長期以來學界關於虞（宜）與吴的關係、宜的地望等問題一直聚訟紛紜。還有學者將簋銘中的"虞"與地處陝西寶雞附近的弜國[7]聯繫起來，使得宜國相關歷史問題更加複雜迷離。值得慶幸的是，近年公布的西周金文中出現了新的宜國史料，這就爲撥開宜國歷史的疑雲提供了契機。

二、近出宜國金文史料辨證

2007年開始發掘的山西翼城大河口西周霸國墓地出土有一件霸伯盤（M1017：41），《2010中國重要考古發現》最早刊布其銘文，[8]但是圖片尺幅較小，銘文模糊。2014年，李建生先生公布了銅盤銘文的清晰照片，[9]後著録於《商周青銅器銘文暨圖像集成續編》一書（編號0949），[10]最近《山西翼城大河口西周墓地1017號墓發掘》又公布了盤銘拓片以及器形等詳細資料，[11]經各家研究，其銘文爲：

唯正月既死霸丙午，戎大捷（翦？）于霸，伯搏戎，獲訊一［夫］，伯對揚，用作宜姬寶盤，孫子子其萬年永寶用。

盤銘記載了霸國與戎人之間的一次戰鬥，戎人來犯，霸伯御駕親征參與搏鬥，取得勝利，俘獲敵人一名，因此爲宜姬鑄作寶盤。有學者主張霸應爲媿姓之國，[12]應可

---

[1] 王暉：《西周春秋吴都遷徙考》，《歷史研究》2000年第5期。
[2] 胡進駐：《夨國、虞國與吴國史迹略考》，《華夏考古》2003年第3期。
[3] 王文軒：《宜侯夨簋及其相關問題研究綜述》，《蘇州文博論叢》總第7輯，第38頁。
[4] 陳邦福：《夨簋考釋》，《文物參考資料》1955年第5期。
[5] 張亞初：《兩周銘文所見某生考》，《考古與文物》1983年第5期；曹錦炎：《關於〈宜侯夨簋〉銘文的幾點看法》，《東南文化》1990年第5期。
[6] 陳絜、劉洋：《宜侯吴簋與宜地地望》，《中原文物》2018年第3期。
[7] 梁曉景、馬三鴻：《論弜、夨兩國的族屬與太伯奔吴》，《中原文物》1998年第3期；尹盛平：《西周史徵》第71頁，陝西師範大學出版社2004年。
[8] 謝堯亭等：《山西翼城大河口西周霸國墓地》，《2010中國重要考古發現》第71頁，文物出版社2011年。
[9] 李建生：《"倗"、"霸"國家性質辯證》，復旦大學出土文獻與古文字研究中心網站，2014年12月10日。
[10] 吴鎮烽：《商周青銅器銘文暨圖像集成續編》，上海古籍出版社2016年。以下簡稱"《銘續》"。
[11] 山西省考古研究所等：《山西翼城大河口西周墓地1017號墓發掘》，《考古學報》2018年第2期。
[12] 謝堯亭：《解讀霸國》，山西省考古研究所、山西博物院、首都博物館編：《呦呦鹿鳴——燕國公主眼裏的霸國》第9—15頁，科學出版社2014年。

信,此盤刻記軍功,明顯不是媵器,"宜姬"從文意上説只能是霸伯的配偶,而不會是他的女兒。宜姬之"宜"原作▨,此字最初未被正確釋出,陳夢兮女士以爲與"皿"形近,[1]李建生先生與《銘續》均釋爲"白",單育辰先生則釋爲"西",[2]《山西翼城大河口西周墓地1017號墓發掘》一文釋爲"宜"而括注問號,是對釋"宜"之説表示懷疑。各家釋讀意見不同,一方面是因爲最初公布的銘文不夠清晰;另一方面則主要是因爲此字的寫法稍有特别,略有變形。宜(▨)字本象俎上置肉之形,而此處的▨兩"肉"之形雖在,而外部的"俎"形卻差異較大,且右上角還加有飾筆。謝明文先生曾對此字進行過詳細考釋分析,指出外部作橢圓形的"宜"字已見於甲骨卜辭"▨",而於此類形體的右上加飾筆的現象同見於"皿"、"害"等字的古文字形體中,力證此字當改釋爲"宜"。[3]此外盤銘的"宜"字形體還可以和仲旬人盉(《銘續》0981)銘文中"刵"(▨)字左側偏旁合觀,二者近似,這也足以證明釋盤銘爲"宜姬"之説可信。

按照金文女姓稱名的規律,"宜姬"就應是來自宜國的姬姓女子嫁於霸伯爲妻者,謝明文先生已經敏鋭地指出霸伯盤"宜姬"之"宜"應與宜侯夨之"宜"爲同一國。於是乎得益於霸伯盤的問世和銘文的正確釋讀,在宜侯夨簋出土之後,時隔幾十年總算又發現了一則新的宜國史料。

新刊布的鄦國銅器中有一件仲旬人盉,也曾有部分學者將其與宜國聯繫起來,在這裏需要進行辨證説明。此器最早在陳昭容女士《兩周夷夏族群融合中的婚姻關係——以姬姓芮國與媿姓佣氏婚嫁往來爲例》中公布(同出尚有一件同銘的盤,資料尚未公布),[4]後又收録於《銘續》之中(編號0981),盉銘云:

仲旬人肇作刵(▨)姬寶盉,其用凬(夙)夜享于厥宗,用享孝于朕文祖考,用匄百福,其萬年永寶,子子孫其萬年用,凬(夙)夜享考(孝)于厥宗用。

銘文中的"刵姬",陳昭容女士讀爲"姪姬",並推測這位"姪姬"就是同墓所出朋[5]伯

---

[1] 陳夢兮:《新出銅器銘文研究》第121頁,安徽大學碩士學位論文,2013年。
[2] 李建生:《"佣"、"霸"國家性質辯證》,復旦大學出土文獻與古文字研究中心網站,2014年12月10日,第15樓評論。
[3] 謝明文:《霸伯盤銘文補釋》,《中國文字》新四十一期,第169—172頁,[臺北]藝文印書館2015年。
[4] 陳昭容:《兩周夷夏族群融合中的婚姻關係——以姬姓芮國與媿姓佣氏婚嫁往來爲例》,陝西省考古研究院、上海博物館編:《兩周封國論衡:陝西韓城出土芮國文物暨周代封國考古學研究國際學術研討會論文集》第95、96頁,上海古籍出版社2013年。
[5] "朋"陳先生原文以及不少學者常釋作"佣",實誤。此字就應釋爲"朋",參季旭昇:《説文新證》第306頁,[臺北]藝文印書館2014年。

作芮姬簋中的芮姬之姪,"姪"是在説明這位姬姓女子的身分,仲旬人是他的丈夫。[1] 石小力先生則認爲"劓姬"可能與霸伯盤中的"宜姬"有關。[2] 前文已引陳劍先生的觀點指出"劓"字與宜、俎均不同,在仲旬人盉中當以讀"姪"爲是,這裏的"劓姬"應與宜國無關。

三、霸國對外交往對宜國地望的啓示

　　霸伯盤表明霸國曾與宜國聯姻,這對於解決宜國地望問題有重要啓示,兩周時期的諸侯聯姻都有着重要的地緣政治考量,通婚的背後是兩國族利益關係的建立與鞏固。《國語·魯語》載:"夫爲四鄰之援,結諸侯之信,重之以婚姻,申之以盟誓,固國之艱急是爲。"[3]《列女傳》所載衛懿公在嫁女於許和齊之間選擇時,其女説:"古者諸侯之有女子也,所以苞苴玩弄,繫援於大國也。言今許小而遠,齊大而近,……今舍近而就遠,離大而附小,一旦有車馳之難,孰可慮社稷?"[4] 陳昭容女士曾據相關記載指出,春秋國際間婚嫁所考慮的主要因素:以婚姻作爲邦國外交結好的手段,婚姻結好之國需要"大而近",以備國有外患時,能伸出援手。[5] 可見嫁娶對象的遠近是政治聯姻的一項重要考慮因素,曾有學者全面考察過先秦時期的政治聯姻,發現就那些自身本就弱小的方國而言,由於國力有限,其相互間的聯姻大都是短距離的。[6]

　　這一小國間聯姻歷史事實的揭示十分重要,位於山西翼城的媿姓霸國娶入姬姓宜國之女,應有向統治集團姬周族和華夏靠近的企圖,且宜、霸又均非西周時期的強盛之國,甚至於"微不足道",名不見經傳。因之宜國的地望應與霸國臨近,至少也應在霸國對外交際圈以内才合於常理,所以只要全面梳理霸國史料中的對外交往信息,確定出霸國的交際範圍,便可爲宜國地望問題提供有關綫索。霸國文獻佚記,相關史

[1] 陳昭容:《兩周夷夏族群融合中的婚姻關係——以姬姓芮國與媿姓倗氏婚嫁往來爲例》,陝西省考古研究院、上海博物館編:《兩周封國論衡:陝西韓城出土芮國文物暨周代封國考古學研究國際學術研討會論文集》第96頁。
[2] 石小力:《〈商周青銅器銘文暨圖像集成續編〉釋文校訂》,鄒芙都主編:《商周青銅器與先秦史研究論叢》第150、151頁,科學出版社2017年。
[3] 徐元誥撰,王樹民、沈長雲點校:《國語集解(修訂本)》第148頁,中華書局2002年。
[4] 劉向撰,劉曉東校點:《列女傳》第26頁,遼寧教育出版社1988年。
[5] 陳昭容:《從青銅器銘文看漢淮地區諸國婚姻關係》,《"中研院"歷史語言研究所集刊》第75本第4分,第639頁,"中研院"歷史語言研究所2004年。
[6] 崔明德:《先秦政治婚姻簡表》,《煙臺大學學報(哲學社會科學版)》1998年第4期。

迹僅見於傳世和近年新公布的霸國銅器銘文中,據我們考察其對外交往的資料共有如下幾條:

（1）娶女於燕。霸國墓地 M1 出土有燕侯旨卣（《銘續》0874）,銘文云:"燕侯旨作姑妹寶尊彝。"據參與發掘工作的謝堯亭先生介紹,此墓出土的另外兩件爵、一件尊和觚上也發現有燕侯旨相關的銘文。燕侯旨是燕國第二任君主,"姑妹"是其小姑,很可能是召公奭的女兒。大量的燕國銅器埋葬在霸國君主的墓葬之中,這不是一般的助葬之器所能解釋的,更不可能是分賜、掠奪而來,而贈送的唯一途徑就是兩國聯姻。[1] 西周早期燕國的都城位置隨着北京房山琉璃河墓地的發掘,已經可以確定是在北京。[2]

（2）邢叔來賞。霸伯簋（M1017:8）云:"唯十又一月,丼（邢）叔來貯,廼蔑霸伯曆,事伐,用幐二百,丼二糧,虎皮一。霸伯拜稽首,對揚邢叔休……"同墓所出另有兩件銅簋（M1017:40、35）銘文與此基本相同。[3] 西周金文中的邢氏有多支,或位於河北邢臺附近的邢國,[4] 或居於陝西岐周、奠地,[5] 還有一支是位於宗周地區的邢叔氏。[6] 其中宗周邢叔氏世爲王室重臣,霸伯簋中的邢叔能夠對霸君宣令,並行嘉勉賞賜,地位應高於身爲諸侯的霸伯,這個邢叔當出自在王朝任職的宗周邢叔氏。

（3）周王賞賜。大河口 M1017 出土的霸伯盂（《銘圖》06229）載:"唯三月,王使伯考蔑尚曆,歸（饋）茅苞、旁（芳）鬯、臧（漿）,尚拜稽首。既稽首,延賓……"周與霸之間的聯繫還見於霸伯方簋（M1017:42）:"唯正月王祭蒸于氏,大奏,王賜霸伯貝十朋……"這次事件另見於霸伯盂（M1017:70）。[7] 這幾件銅器均是周王與霸國直接相往來的證據。

（4）搏鬥戎人。M1017 出土的霸伯盤（《銘續》0949）載:"唯正月既死霸丙午,戎大捷（翦?）于霸,伯搏戎……"此次戰爭還見於大河口 M2002 的三件格仲簋:"唯正月甲午,戎捷（翦?）于喪遼（原）,格仲率追,獲訊二夫、或（馘）二……"[8] 簋所記時間爲

---

[1] 謝堯亭:《解讀霸國》,山西省考古研究所、山西博物院、首都博物館編:《呦呦鹿鳴——燕國公主眼裏的霸國》第 15、16 頁。
[2] 李學勤:《北京、遼寧出土銅器與周初的燕》,《考古》1975 年第 5 期。
[3] 山西省考古研究所等:《山西翼城大河口西周墓地 1017 號墓發掘》,《考古學報》2018 年第 2 期。
[4] 張渭蓮、段宏振:《邢臺西周考古與西周邢國》,《文物》2012 年第 1 期。
[5] 陳絜:《周代農村基層聚落初探——以西周金文資料爲中心的考察》,朱鳳瀚主編:《新出金文與西周歷史》第 131 頁,上海古籍出版社 2011 年。
[6] 中國社會科學院考古研究所:《張家坡西周墓地》,中國大百科全書出版社 1999 年。
[7] 山西省考古研究所等:《山西翼城大河口西周墓地 1017 號墓發掘》,《考古學報》2018 年第 2 期。
[8] 山西省考古研究所等:《山西翼城大河口西周墓地 2002 號墓發掘》,《考古學報》2018 年第 2 期。

正月甲午,盤銘時間爲正月丙午,相距 12 天。看來這次與戎人戰鬥持續時間頗長,雙方有過數次短兵相接。格仲簋中的地名"喪遵(原)",李建生先生指出就在今天大河口向南 3 公里的桑古堆附近。[1]

(5) 倗國贈器。M1017 出土的兩件銅盆銘文云:"倗伯肇作旅盆,其萬年永用。"絳縣橫水的倗國墓地的倗,即是傳世文獻中的倗國。[2] 倗爲媿姓,與霸族出一源,且絳縣與翼城毗鄰,倗伯銅器出自霸伯之墓很可能是出於贈送,當然也不排除戰爭掠奪等原因。

(6) 芮伯送禮。見於著録的兩件霸簋(《銘圖》04609、04610)銘文云:"芮公舍霸馬兩、玉、金,用鑄簋。"據銘文知芮公曾向霸君贈送過馬、玉器和銅料,可見芮與霸之間關係友好。隨着 2005 年以來陝西韓城梁帶村芮國墓地的發掘,知芮國西周時期應在陝西韓城附近。

(7) 與某姞姓、姬姓國族聯姻。傳世有一件霸姞鼎(《銘圖》01603)和一件同銘的霸姞簋(《銘圖》04329),云:"霸姞作寶尊彝。"大河口 M2002 出土的气盤載:"唯八月戊申,霸姬以气訟于穆公……。"[3] "霸姞"應是某位姞姓女子嫁至霸國者,而"霸姬"則是姬姓女子嫁於霸國者,可惜銘文並沒有交代霸姞、霸姬所出的國族名。

有學者曾根據霸國之"霸"有寫作"格"字的現象,認爲金文中所見的格氏銅器也應與霸國相關,更進一步推測霸國即典籍之潞氏。[4] 這種意見除了字形上能將霸國與格氏、潞氏聯繫起來以外,尚無其他確鑿的證據表明格氏、潞氏與霸國相關,而先秦時期異國族同名的現象數見不鮮,故此説不可信據。

以上所述就是目前所能見到的所有霸國對外交往的資料,從這些記載中可知與霸國建立有往來關係的對象有燕、芮、倗、周王室、王室重臣邢叔和戎人。這些對象除了周王室與邢叔身分地位特殊以外,其他國族的地理位置均與霸國較近,且沒有一個是處於較偏遠的周人東土、南土的。這説明霸國的交際範圍重點在於周王室及其自身周邊地區,影響力遠遠觸及不到地處東方、南方邊陲的諸侯國。霸國交往對象除了地處西方的周王和邢叔氏以外,多在周之北土一帶,這應該還與其族源有關。前文已引有關學者的意見指出霸爲媿姓,是華夏化了的戎狄,而媿姓源於商代鬼方,王國維

---

[1] 李建生:《"佣"、"霸"國家性質辯證》,復旦大學出土文獻與古文字研究中心網站,2014 年 12 月 10 日。
[2] 李學勤:《絳縣橫北村大墓與倗國》,《文物中的古文明》第 272、273 頁,商務印書館 2008 年。
[3] 山西省考古研究所等:《山西翼城大河口西周墓地 2002 號墓發掘》,《考古學報》2018 年第 2 期。
[4] 黄錦前、張新俊:《說西周金文中的"霸"與"格"——兼論兩周時期霸國的地望》,《考古與文物》2015 年第 5 期。

先生謂其族西自汧隴,環中國而北,東及太行常山間,[1]王玉哲先生則進一步辨明了鬼方在殷周時期應位於今山西境內,[2]也即是説鬼方一族的活動區域本就與華夏北土國族接近,那麽其交往的對象多集中在這一區域也就是極爲自然的了。

黄盛璋先生將宜國定在宜陽時提出了幾條關鍵證據:首先,宜侯夨簋載康王賞賜宜侯"在宜王人十又七姓,賜奠七伯","王人"就是當地周貴族,周初淮河流域爲徐戎、淮夷等族所阻隔遠未達到長江流域,丹徒一帶不可能有周貴族;其次,王先省覽武王、成王伐商圖和東國圖,而後到宜行改封宜的典禮,省圖和遷封二事之間應有內在聯繫。宜必在東國,與伐商綫路有關。宜陽當長安、洛陽南道之衝,在周東都畿內,[3]這些意見洵爲卓識。至於黄先生在將"奠七伯"讀爲"鄭七伯"的基礎上,認爲宜應與鄭地臨近則未必準確。近來陳絜、劉洋與强晨先生均著文申論了宜應處於東國這一觀點,同時還説明了西周時期的"東國"所指大致在成周以東這一區域範圍之內,從而將毗鄰成周的宜陽排除在外,[4]幾位先生對東國區域的揭示十分可信,但認爲宜必在東國則又失之於絶對。康王省視武王、成王伐商地圖以及東國地圖之後遷封宜國,正如前賢所論,説明了宜的遷封應與"東國"以及兩次伐商有關,很可能是出於監管東國的政治目的。但這並不意味着宜必須在東國範圍之內,其處在東國毗鄰區域同樣能够達到强化管理的效果。

綜上所述,宜侯夨簋銘文的叙事綫索透露了宜應與"東國"(成周以東的區域)臨近或在其內,同時也與兩次伐商路綫相關,而通過新見金文中的霸、宜通婚以及霸國對外交往資料,又可進一步推論出宜地應距翼城不太遠。以這四個限制條件來考察以往關於宜國地望的諸多論點,有學者提出的宜在江蘇邳縣、安徽阜陽、江蘇丹徒、陝西寶鷄附近等説法,均有明顯的不合理之處;要麽距離翼城過遠超出了霸國的影響力和交際範圍,要麽就是無法與簋銘所交代的武王、成王伐商綫路或者東國建立起聯繫。陳絜、劉洋先生曾從"宜"、"義"通假出發,推測宜國應即卜辭中的"義"地,在山東萊蕪。[5]萊蕪雖處東國也與成王所征伐的商奄接近,然而此説卻無法將宜與武王伐商建立起關聯,也距霸國較遠,更何況萊蕪遠在王畿之外接近東夷,康王時期恐也不太可能有衆多"王人"存在。

---

[1] 王國維:《鬼方昆夷玁狁考》,《觀堂集林》第583頁,中華書局1959年。
[2] 王玉哲:《鬼方考》,《古史集林》第302—308頁,中華書局2002年。
[3] 黄盛璋:《銅器銘文宜、虞、夨的地望及其與吳國的關係》,《考古學報》1983年第3期。
[4] 陳絜、劉洋:《宜侯夨簋與宜地地望》,《中原文物》2018年第3期;强晨:《由西周"東國"看宜侯夨簋中宜地所在》,《中國國家博物館館刊》2018年第10期。
[5] 陳絜、劉洋:《宜侯夨簋與宜地地望》,《中原文物》2018年第3期。

諸説之中我們認爲只有黃盛璋先生提出的宜陽之説是最爲可靠的。首先,宜陽緊鄰西周"東國"的西界——成周,符合宜國遷封這一事件發生的歷史背景,即加強對東國的管控;其次,宜陽與霸國所在的山西翼城接近,符合小國聯姻多以短途爲主的歷史實際;最後,宜陽一帶距武王伐商觀兵振旅所在的孟津以及成王踐奄而營建的成周均不遠,處於周人兩次伐商的路綫之中或附近,宜陽與簋銘提到的武王伐商、成王伐商、東國這三種地圖均相關,完全符合銘文的叙事邏輯綫索。

四、餘　　論

最後還有一個問題必須説明,既然宜國在宜陽,那麼宜侯之器爲何出土自江蘇丹徒呢?這就需要對宜侯胡的出土情況進行認真的辨析。從本文開頭所引的出土介紹可知,這批銅器並非考古發掘所得,出土器物的層位關係、擺放位置、器物組合方式等均不詳。過去一直被認爲是一處墓葬,近來錢公麟、許潔先生指出煙墩山青銅器群出土有鐓、錞等東周時期的銅器,又有西周早期的宜侯胡簋,這批銅器群不僅時代跨度大,青銅器種類比較雜亂,没有一定的規律,不成體系。埋葬方式隨意,没有遞嬗關係,不合禮制,應屬於窖藏,宜侯胡簋屬於舶來品。[1]我們完全贊同兩位先生的分析,康王時期的宜侯胡簋屬於地在宜陽的宜國,但是後來由於種種原因流散至江蘇丹徒一帶,並和一批其他東周銅器一起被窖藏起來,這就合理地解釋了宜侯之器出自江蘇丹徒的原因。

過去由於宜國地望問題一直懸而未決,從而導致學界對宜(虞)、吴之間的關係糾葛不清。現在既然能夠知道宜在河南宜陽而不是江蘇丹徒,不屬於東周時期吴國的範圍,宜侯胡簋並不是吴國銅器,其與吴國始封或遷徙也就無關了。

(馬超　西南大學歷史文化學院　博士後;
郯芙都　西南大學歷史文化學院　教授)

---

[1]錢公麟、許潔:《從"宜侯夨簋"談起》,《中國文物報》2016年10月21日。

沈子它簋銘文與西周宗法*

楊　坤

沈子它簋蓋(《殷周青銅器銘文暨圖像集成》05384),[1]據傳二十世紀三十年代出自河南洛陽,現藏比利時布魯塞爾皇家美術歷史博物館。[2] 蓋上有銘文近150字,不少學者曾作過考證,[3]取得了很大的成績,但也留下不少爭論與尚待解决的問題。本文擬在前人研究的基礎上,對銘文再作解讀,並就其所反映的西周貴族宗族内部宗法制度的相關問題試作探索。

---

* 本文爲教育部、國家語委甲骨文等古文字研究與應用專項重點項目"北京大學藏秦、漢簡牘文字、文本綜合研究"(YWZ-J020)的階段性成果之一。

[1]吴鎮烽:《殷周青銅器銘文暨圖像集成》第05384號,上海古籍出版社2012年。本文引用銅器來源,如無特殊説明,均爲該書編號,以下不再注明。

[2]李學勤:《它簋新釋——關於西周商業的又一例證》,文物出版社編輯部編:《文物與考古論集——文物出版社成立三十週年紀念》第271—275頁,文物出版社1986年。

[3]郭沫若:《兩周金文辭大系圖録考釋》下册第46—49頁"沈子簋",上海書店出版社1999年。郭沫若:《沈子簋銘考釋》,《金文叢考》第329—335頁,人民出版社1954年。李平心:《甲骨文金石文札記·沈子簋銘試釋》,《華東師範大學學報》1958年第3期;又見《甲骨文獻集成》第11册第425—431頁,四川大學出版社2001年,本文引自後者。陳夢家:《西周銅器斷代》第113—115頁"它簋",中華書局2004年。唐蘭:《西周青銅器銘文分代史徵》第320—326頁"沈子也簋蓋",中華書局1986年。李學勤:《它簋新釋——關於西周商業的又一例證》,文物出版社編輯部編:《文物與考古論集——文物出版社成立三十週年紀念》第271—275頁。馬承源主編:《商周青銅器銘文選》卷三第56—58頁,文物出版社1988年。劉雨:《金文中的饗祭》,《故宫博物院院刊》1998年第4期,第78—82頁。單育辰:《再論沈子它簋》,《中國歷史文物》2007年第5期,第8—11頁。董珊:《它簋蓋銘文新釋——西周凡國銅器的重新發現》,《出土文獻與古文字研究》第六輯,第163—178頁,上海古籍出版社2015年。

一、銅器年代的推定

沈子它簋器身缺失，僅餘器蓋（圖1），關於其年代，學界有不同看法。[1] 我們認爲可從器蓋紋飾、銘文整體布局、字體風格以及銘文格式的時代特徵等幾個方面作綜合推定。

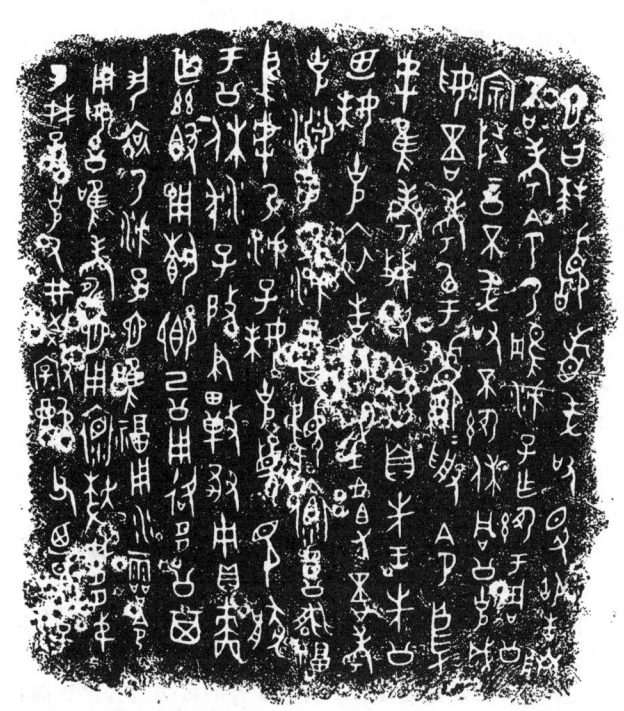

圖1　沈子它簋器形照片及銘文拓本

銅器器蓋上有圈足狀捉手，蓋面飾連珠紋鑲邊的斜方格乳釘紋。董珊曾梳理這類紋飾的銅簋，指出年代在西周早期至穆王時代，[2] 該器年代也當在這一時期之内。

該簋銘文字形大小不一，字體内部架構舒朗，字與字的間距不一致，行款豎成列但横不成行。這與昭王時期作册夨令簋（05352）、夨令方彝（13548）、小臣宅簋

---

[1] 容庚認爲在成王時期，陳夢家、馬承源認爲在康王時，郭沫若、唐蘭、劉啓益、彭裕商認爲是昭王，張懋鎔認爲是昭穆，唐蘭認爲是穆王。參黃鶴：《西周有銘銅器斷代綜覽》第533—534頁，吉林大學博士學位論文，2013年。

[2] 董珊：《它簋蓋銘文新釋——西周凡國銅器的重新發現》，《出土文獻與古文字研究》第六輯，第176—177頁。

（05225）、魯侯簋（04955）、中器（方鼎、甗、觶，02383、03364、10658）等銘文的特點接近。[1]而與穆王時期典型銘文特徵，即如彧鼎（02448、02489）、鮮簋（05188）、班簋（05401）、孟簋（05175）、庚嬴卣（13337）、虎簋蓋（05399）、彔簋（05115）等所揭示的，每個字大小相若、字體構架整飭、字與字的間距較爲一致、行款齊整，多數豎成列橫也成行的特點不同。[2]因此，從銘文的整體布局以及字體特徵來看，該篇銘文年代當晚不到穆王銘文風格的成熟期。

銘文起首作"它曰"，"它"爲器主名。這種以"器主曰"開首的格式目前所見主要是從西周中期前段，也就是穆王時期才開始出現，[3]如彧鼎（02489）的"彧曰"、[4]孟簋（05174—05176）的"孟曰"[5]以及伯宮父卣（13298）的"伯宮父曰"[6]等，往後逐漸多見，[7]迄今尚未發現早於穆王者。[8]故該銘文年代應與此相差不遠。

因此，綜合三方面的情况來看，沈子它簋的年代當以定在昭穆之際爲宜。

二、銅器銘文的釋讀

沈子它簋內容頗爲難懂，學界有不同的斷讀意見。按照我們的理解，先將銘文釋

---

[1] 昭王時期銘文布局與字體特徵可參王帥：《西周昭王銅器新探》，《殷都學刊》2008年第3期，第41—45頁。
[2] 穆王時期銘文布局與字體特徵可參張懋鎔：《新見金文與穆王銅器斷代》，《文博》2013年第2期，第19—26頁。
[3] 李學勤早已指出這是穆王時期流行的格式，見《它簋新釋——關於西周商業的又一例證》，文物出版社編輯部編：《文物與考古論集——文物出版社成立三十周年紀念》第272頁。
[4] 唐蘭：《西周青銅器銘文分代史徵》第407頁。
[5] 唐蘭：《西周青銅器銘文分代史徵》第355頁。
[6] 該器出土於長安普渡村，同出有長囟盉等。發掘者（何漢南）、李豐、盧連成等認爲銅器年代在穆王時期，朱鳳瀚認爲在穆恭時期。參陝西省文物管理委員會：《長安普渡村西周墓的發掘》，《考古學報》1957年第1期，第75—85頁；李豐：《黄河流域西周墓葬出土青銅禮器的分期與年代》，《考古學報》1988年第4期，第396頁；盧連成、胡智生、寶雞市博物館編：《寶雞㶒國墓地》第514頁，文物出版社1988年；朱鳳瀚：《中國青銅器綜論》第1284—1301頁，上海古籍出版社2009年。
[7] 西周中期及以後如"瘋曰"（05189）、"叔豐曰"（04896）、"禹曰"（02498）、"叔向父禹曰"（05273）、"克曰"（02513）、"譱曰"（02439）等。春秋時代還有，如"秦公曰"（05370）等。
[8] 西周早期有所謂由伯尊與由伯卣者，銘文分別作"[圖] 由伯曰 [圖] 御，作尊彝。曰：毋入於公……"（由伯尊，11795）、"[圖] 由伯曰 [圖] 作父丙寶尊彝"（由伯卣，13251），銘文以"某曰"開頭，記載了"由伯"的命令（"由伯"吩咐"[圖]"和"[圖]"做器），但"由伯"並非銅器所有者。同理，西周早期銘文還有以"王曰"開頭者，如太保罍（13831）銘文作"王曰：太保……"，記載的是王命，"王"也並非是器主。這兩種情况均與它簋"器主曰"不同。所以，嚴格來說，目前並未發現西周早期有以"器主曰"開頭的銘文。

寫如下：

> 它曰：拜稽首，敢旻昭告：朕
> 吾考令乃鵑沈子作䊷于周公
> 宗，陟二公，不敢不䊷。休凡公克成
> 綏吾考，以于顯顯受命。烏
> 呼！唯考❏又（有）念自先王、先公，
> 廼妹（昧）克衣（卒）告烈成功。戲！吾考
> 克淵克，乃沈子其顧懷多公能福。
> 烏呼！乃沈子妹（昧）克蔑（伐），見厭
> 于公休。沈子肇畢❏貯嗇，
> 作茲簋，用蠲饗己公，用格多公。其
> 孔哀乃沈子它唯福，用水（永）霝命，
> 用綏公唯壽。它用懷㛸我多弟
> 子、我孫，克有刑㽙，懿父廼是子。

下面對重點詞句作解析：

它曰：拜稽首，敢旻昭告

"它"是器主名，"旻"原銘作"❏"，董珊從陳劍釋，讀作"敏"。〔1〕"昭告"即"明告"，爲祭祀時常用語，一般用在禱詞開頭，其後接禱告的對象與內容。〔2〕此銘"它"所昭告的對象沒有明說，從下文推之，當不是其亡父，而是周公宗廟的列位祖先。

朕吾考令乃鵑沈子作䊷于周公宗，陟二公，不敢不䊷。

"朕吾考"，"朕"爲領格，意爲"我的"。"吾"，學者或讀作"胡"，認爲"吾考"即文獻之"胡考"。〔3〕按《爾雅·釋詁下》有"卬、吾、台、予、朕、身、甫、余、言，我也"，〔4〕"朕吾"當屬於同義連用。類似的例子在金文中還有，如臣諫簋（05288）"余朕皇辟"、四十

---

〔1〕陳劍：《甲骨金文舊釋"尤"之字及相關諸字新釋》，《甲骨金文考釋論集》第59—80頁，綫裝書局2007年；董珊：《它簋蓋銘文新釋——西周凡國銅器的重新發現》，《出土文獻與古文字研究》第六輯，第165頁。

〔2〕如《左傳》哀公二年"衛大子禱曰：曾孫蒯聵敢昭告皇祖文王……"、《論語·堯曰》"舜亦以命禹曰：……敢昭告於皇皇后帝……"。參《春秋左傳正義》卷五十七，《十三經注疏》第4684頁，中華書局2013年；《論語注疏》卷二十，《十三經注疏》第5508頁，中華書局2013年。本文引用《十三經注疏》，均爲此中華書局版，下面不再注明。

〔3〕如上引陳夢家、馬承源、董珊等均有類似説法。

〔4〕《爾雅注疏》卷二，《十三經注疏》第5597頁。

三年逑鼎(02505、02512)"用作余我一人"、叔夷鐘(15555)"女台恤余朕身"、少虡劍(18019—18023)"朕余名之"等,"余朕"、"余我"、"朕余"與"朕吾"的結構與意思一致。故此處"朕吾考"就是"朕考"或"吾考",不煩破讀。

"乃鵑沈子","乃"意爲"你的",此處是相對於"朕吾考"而言,"乃子"數見於金文。[1] "鵑",郭沫若讀爲《管子·侈靡》"鵑然若謞之静"之"鵑",舊注云"鵑然,和順貌"。[2] 李學勤認爲"鵑"或即是鷤字,可以讀爲亶,訓爲"誠",[3] 則"鵑子"當爲和順之子或誠信之子。"沈",學者曾看作國名,陳夢家指出"沈"在文法上應爲"子"的形容詞而非國邑封地之名。[4] 董珊讀"沈子"爲"冲子",認爲是面對祖先的自稱,即幼子、小子之意,[5] 這一説法已經得到新出清華簡的證實。[6] "乃鵑沈子"直譯即"你的和順(或誠信)的幼子",乃、鵑、沈三詞均是用來修飾中心語"子",可理解爲"乃子"、"鵑子"與"沈子"的複合。同理,上舉"朕吾考"也可看作是"朕考"與"吾考"的複合。該篇銘文同義(義近)連用或多詞修辭同一中心語的情況多見,這也是造成銘文歧解的原因之一,值得注意。

"䄃",原銘作"🅰",右邊所從主要有釋"夗"和"盈"兩種意見。[7] 從"作🅰于周公宗"的情況來看,"䄃"的内涵當與祭祀有關。

"周公宗"即周公宗廟,也就是放置周公神主以供祭祀的宗廟。《左傳》僖公十年有"神不歆非類,民不祀非族",[8] 沈子它能夠在周公宗廟舉行祭祀活動,則"它"及其亡父一定是周公宗族之人。

"陟二公",[9] "二公"當爲周公宗廟内兩位已逝的祖先。"陟"訓作升、登,與

---

[1] 乃子克鼎(02322)、乃子甗(03315)、乃子卣(13200)、彧鼎(02489)、彧簋(05379)等均有"乃子"。
[2] 郭沫若:《兩周金文辭大系圖録考釋》下册第47頁。
[3] 李學勤:《它簋新釋——關於西周商業的又一例證》,文物出版社編輯部編:《文物與考古論集——文物出版社成立三十週年紀念》第271—275頁。
[4] 陳夢家:《西周銅器斷代》第114頁"它簋"。
[5] 董珊:《釋西周金文"沈子"和〈逸周書·皇門〉的"沈人"》,《出土文獻》第二輯,第29—34頁,中西書局2011年。
[6] 蔣玉斌、周忠兵:《據清華簡釋讀西周金文一例——説"沈子"、"沈孫"》,《出土文獻》第二輯,第35—38頁,中西書局2011年。
[7] 劉釗:《釋甲骨文中从夗的幾個字》,《古文字考釋叢稿》第30—47頁,嶽麓書社2005年;李學勤:《它簋新釋——關於西周商業的又一例證》,文物出版社編輯部編:《文物與考古論集——文物出版社成立三十週年紀念》第271—275頁;趙平安:《關於夃的形義來源》,《新出簡帛與古文字古文獻研究》第97—105頁,商務印書館2009年。此外,董珊認爲右邊所從是"足跗"之"跗"的表意字,可讀爲"祔祭"之"祔",見《它簋蓋銘文新釋——西周凡國銅器的重新發現》《出土文獻與古文字研究》第六輯,第174頁。
[8] 《春秋左傳正義》卷十三,《十三經注疏》第3910頁。
[9] "二公"之二,董珊認爲該字形下一横比上横短,可改釋作"下"。按細審銘文拓本,似仍當以舊釋"二"爲妥。

"隮"可互訓。《爾雅·釋詁一》有"陟、隮、登,升也"。〔1〕《儀禮·士虞禮》記載祔祭時的禱詞作"辭曰:哀子某,來日某,隮祔爾于爾皇祖某甫,尚饗"。〔2〕祔,《説文》云"後死者合食於先祖",〔3〕這句話意思是孝子將亡父神主升祔于其皇祖神主旁。因皇祖神主在祖廟,實際上也就是將亡父神主升入祖廟,與祖先一起接受祭祀。《左傳》僖公三十三年傳有"凡君薨,卒哭而祔,祔而作主",杜注云:"以新死者之神,祔之于祖。""陟二公"的内涵當與"隮祔爾于爾皇祖某甫"一致,也即是將亡父神主升入有二公神主的祖廟(周公宗)中。劉雨早已指出沈子它銘文的内容與"祔祭"有關,〔4〕這是正確的意見。但這是否意味着"䋣"即表示祔祭,則仍有待進一步研究。

從銘文可以看到,沈子它"作䋣于周公宗,陟二公"是受其亡父生前的命令,因此"不敢不䋣"。那麽,亡父爲什麽要祔於周公宗?"周公宗"在哪裏?"二公"指的又是哪兩位祖先?這些問題均值得探索,下文我們將有論及。

休凡公克成綏吾考

"休"有美義,此處用來修飾、贊美"凡公"。

"凡"原銘作"![字]",舊釋"同"或"凡"。王子楊曾辨析甲骨金文"同"、"凡"之别,認爲兩豎筆左右不對稱者均當釋爲"凡"。〔5〕"凡"爲封邦名,是周公之後,《左傳》僖公二十四年有"凡、蔣、邢、茅、胙、祭,周公之胤也"。〔6〕"凡公"也見於小臣宅簋(05225),銘文作"凡公在豐,令宅事伯懋父"。從銅器器形、銘文内容以及字體風格來看,小臣宅簋年代在昭王時期,〔7〕與它簋年代相近,故"凡公"可能是同一人。"公"爲職官名或尊稱,西周時期生稱"公"者一般有較高的地位,〔8〕此"凡公"當爲

---

〔1〕《爾雅注疏》卷二,《十三經注疏》第5603頁。
〔2〕《儀禮注疏》卷四十三,《十三經注疏》第2546頁。
〔3〕許慎撰,徐鉉校定:《説文解字》卷一第2頁,中華書局2015年。
〔4〕劉雨:《金文中的饗祭》,《故宫博物院院刊》1998年第4期,第78—82頁。
〔5〕王子楊:《甲骨文舊釋"凡"之字絶大多數當釋爲"同"——兼談"凡"、"同"之别》,《出土文獻與古文字研究》第五輯,第6—30頁,上海古籍出版社2013年。
〔6〕《春秋左傳正義》卷十五,《十三經注疏》第3944頁。
〔7〕彭裕商:《西周青銅器年代綜合研究》第270—273頁,巴蜀書社2003年。
〔8〕西周時期貴族稱"公"的情況比較複雜,朱鳳瀚曾作過詳細梳理,可以參看。朱文提到,(生稱)"公"一般是歷代周王授予身爲王朝卿士的執政大臣之内服職官,以"氏"(采邑名)加"公"爲稱,亦非爵稱;只有部分可能與王室有近親關係的近畿地區的姬姓侯國國君被任命爲"某(國名)公",可能亦因兼有王朝卿士之責。此"凡公"稱"公",可能就是這種情況。參朱鳳瀚:《關於西周封國君主稱謂的幾點認識》,陝西省考古研究院、上海博物館編:《兩周封國論衡:陝西韓城出土芮國文物暨周代封國考古學研究國際學術研討會論文集》第285頁,上海古籍出版社2013年。

凡邦之主。沈子它作器之時（昭穆之際），凡公健在，此時距西周開國近八十年，[1]故其不會是凡邦始封君，而只能是始封君之子或孫，繼位而爲第二代或第三代凡邦之主。

"成綏吾考"，《詩·周南·樛木》有"福履綏之"、"福履成之"，毛傳曰："綏，安也；成，就也。"[2] "成綏吾考"即成就、安撫吾考。

以于顯顯受命

"顯顯"爲光明貌，《詩·大雅·假樂》有"假樂君子，顯顯令德"，鄭玄箋云："顯，光也……王有光光之善德。"[3] "受命"即接受任命。"顯顯受命"即光明的受命，説明"吾考"生前受到重任或擔任重要職事。[4]

"以于"，學者或解作"因而"、"用往"。按"以"表示行爲產生的原因，相當於"因爲"、"由於"，如《論語·衛靈公》有"君子不以言舉人，不以人廢言"。"于"當訓作"其"，清人吳昌瑩曾指出文獻中有"于（於）"、"其"互訓的例子，如《左傳》僖公十四年"無損於怨而厚於寇"，《國語·晉語三》作"君深其怨，能淺其寇乎"；《尚書·呂刑》有"苗民無辭于罰"，《書集傳》作"無所辭其罰"；《左傳》昭公七年"公室四分，民食於他"，《中論》作"民食其他"等。[5] 此處之"于"當指代"吾考"。"以于顯顯受命"即因爲其（吾考）曾受到重任。這是用來解釋亡父之所以能祔祭於周公宗的原因。

烏呼！唯考▨又（有）念自先王、先公，酒妹（昧）克衣（卒）告烈成功。

"▨"字不識，學者或以爲是"肇"。"有"原銘作"▨"，從李學勤釋，爲語詞。"念"，懷也，（常）思也。"唯考▨有念"即亡父曾懷思、感念。感念的對象爲先王、先公，因爲他們曾經創下顯赫的功業。

---

[1] 據夏商周斷代工程推算，武王在位4年，成王在位22年，康王在位25年，昭王在位19年（夏商周斷代工程專家組：《夏商周斷代工程1996—2000年階段成果報告·簡本》第88頁，世界圖書出版公司北京公司2000年）。但新出西周早期覞公盨（04954）銘文有"王令唐伯侯于晉，唯王二十又八祀"，講的是周王令唐伯（燮父）爲侯于晉的事情。"王二十又八祀"超過此前推算，故西周早期王年有調整的必要。現在看來，成王在位時間可能在30年左右，如此則武王至昭穆之際積年近80年。覞公盨考釋參朱鳳瀚：《覞公盨與唐伯侯于晉》，《考古》2007年第3期，第64—69頁。

[2] 《毛詩正義》卷一，《十三經注疏》第585頁。

[3] 《毛詩正義》卷十七，《十三經注疏》第1165頁。

[4] 吾考受命是受天子之命，還是凡公之命，則不得而知。畢伯克鼎（02273）有"受命畢公"，"畢公"指畢公高，其所受之命無疑是周天子之命。滕虎簋（04702）有"皇考公命仲"，"公命"修飾"仲"，可能説明"仲"生前受到過公的任命。是無論接受天子或是公侯任命，均可稱"受命"。

[5] 吳昌瑩：《經詞衍釋》第19、23頁，中華書局1956年。

"廼"即"乃",在此爲轉折連詞,可訓作"卻",〔1〕"妹(昧)"用作否定詞,〔2〕"衣"讀爲"卒"。〔3〕"烈"爲光明顯赫意,董珊認爲是"烈祖"之省,〔4〕此處可能是代指前所言"先王、先公"。整句話可以直譯爲:啊!我的父親曾感念先王、先公(的功業),卻未能最終向烈祖烈考們報告成功。話語中透漏出吾考曾有志紹繼先王先公功業,怎奈天不假年,壯志未酬的痛惜感,這與上下文的文意以及作爲禱詞整體的文氣是相符合的。

戲!吾考克淵克,乃沈子其顧懷多公能福。

"戲"爲句首感嘆詞,相當於"嗟"。〔5〕"淵克",學者指出當與文獻所見"溫克"、"剛克"、"柔克"等類似,用指人的品性。〔6〕"顧懷"與上文"朕吾"一樣,屬於同義連用。〔7〕"多公"即多位祖先。"能"爲語助,吳昌瑩曾舉例論之。〔8〕"福"爲福佑,"顧懷多公能福"即感念列位先公的福佑。

烏呼!乃沈子妹(昧)克蔑(伐),見厭于公休。

蔑,原銘作"▨",甲骨、金文常見,下所从爲"伐",唐蘭等學者早已指出此字當從"伐"得聲。〔9〕自矜曰伐,"昧克伐"即不能(敢)自矜之意。"見……于……"表被動;"厭"訓爲"足",滿足。"見厭于公休"即因公的賞賜而滿足。整句話可以翻譯爲:啊!沖子它不能自矜,滿足於公的賞賜。這是器主的自警之語。

---

〔1〕《尚書·康誥》有"有厥罪小,乃不可不殺",王引之云"乃,轉語詞也"。王引之撰,李花蕾點校:《經傳釋詞》第122頁,上海古籍出版社2014年。

〔2〕李宗焜:《論殷墟甲骨文中的否定詞"妹"》,《"中研院"歷史語言研究所集刊》第66本4分《傅斯年先生百年誕辰紀念論文集》第1129—1147頁,1995年。

〔3〕唐蘭:《用青銅器銘文來研究西周史——綜論寶雞市近年發現的一批青銅器的重要歷史價值》附錄《伯▨三器銘文的譯文和考釋》,《文物》1976年第6期,第39頁;李學勤:《多友鼎的"卒"字及其他》,《新出青銅器研究》第134—137頁,文物出版社1990年;裘錫圭:《殷墟卜辭中的"卒"和"禄"》,《中原文物》1990年第3期。

〔4〕董珊:《它簋蓋銘文新釋——西周凡國銅器的重新發現》,《出土文獻與古文字研究》第六輯,第170頁。

〔5〕單育辰:《再論沈子它簋》,《中國歷史文物》2007年第5期,第9頁。

〔6〕《左傳》文公十八年"齊、聖、廣、淵、明、允、篤、誠,天下之民謂之八愷",孔穎達疏云:"淵者,深也,知能周備,思慮深遠也。"(《春秋左傳正義》卷二十,《十三經注疏》第4042頁)。董珊認爲"吾考克淵克"即我父親的品性深淵周備。

〔7〕《楚辭·九歌·東君》有"長太息兮將上,心低徊兮顧懷",聞一多云:"顧懷爲古之恒語,顧,念也,懷亦念也。"參郭在貽:《訓詁學》第13頁,中華書局2011年。

〔8〕如《左傳》昭公元年"若能少此,吾何以得見"、《戰國策·燕策》"於是不能期年,千里之馬至者三"、《管子·乘馬》"故臣莫能不竭力,俱操其誠以來"等,參吳昌瑩:《經詞衍釋》第103頁。

〔9〕唐蘭:《蔑曆新詁》,《文物》1979年第5期,第36—42頁;李零:《西周金文中的"蔑曆"即古書中的"伐矜"》,《出土文獻》第八輯,第54—55頁,中西書局2016年;鞠煥文:《金文"蔑曆"新詁》,《古籍整理研究學刊》2017年第4期,第50—55頁。

沈子肇畢▢貯䲵，作茲簋，用齍饗己公，用格多公。

"▢"字不識。[1]"貯"原銘作"▢"，釋讀有"貯"、"賈"兩説。[2] 高明、董珊認爲貯字既有積藏之義，又有買賣之義，是一多義詞，[3]銘文"貯䲵"之"貯"應即"居積"義，"貯䲵"指積貯的穀物，"畢▢貯䲵"意思是全部賣掉積貯的穀物。[4] 西周時代有貴族用其父考留下來的委積之物作器紀念亡父的例子，如㫃鼎（02069）銘文作"文考遺寶積，弗敢喪，㫃用作父戊寶尊彝"。"積"即委積，芻米菜薪之意。[5] 銘文意思是文考遺留下寶貴的委積之物，作爲兒子的㫃不敢亡失，用來鑄作祭祀文考父戊的銅器。芻米菜薪自然不能直接作器，作爲鑄器之資本，可以想見其中需要經過交易。沈子它簋此句銘文可與㫃鼎文意合觀。"肇"可訓作"始"，朱鳳瀚指出金文中"肇作"一般是初嗣宗子之位不久，在器銘上説明初作，不僅表現了對首次鑄作宗廟禮器之重視，而且也是藉器銘將自己初主家祀之事記錄下來，以志紀念。沈子簋在"肇"、"作"間加了幾個字，是用誇大的語氣表示作器祭己公之虔誠，[6]這是很正確的意見。齍，設飪也，[7]饗，酒食也，祭其神也，[8]"齍饗"在此當屬於同義（義近）連用。"己公"，唐蘭認爲指吾考。"齍饗己公"即設祭品來祭祀招待吾考。"格"，來也，至也，[9]"多公"即多位祖先。

其㚔哀乃沈子它唯福，用水（永）靈命，用綏公唯壽。

"其㚔哀乃沈子它唯福"，學者多將"㚔哀"連讀，解作據愛、揚哀、慈愛、夙夜、據依

---

[1] 單育辰認爲可能是"付"的訛體，參單育辰：《再論沈子它簋》，《中國歷史文物》2007年第5期，第9頁。董珊認爲或可讀爲"鬻"，訓作"賣"，參董珊：《它簋蓋銘文新釋——西周凡國銅器的重新發現》，《出土文獻與古文字研究》第六輯，第172頁。

[2] 阮元、王國維、于省吾、郭沫若、唐蘭、高明等釋"貯"，李學勤釋作"賈"，彭裕商、裘錫圭等從之。參楊樹達：《積微居金文説》第27、36頁，中國科學院考古研究所編輯：《考古學專刊》甲種第一號，中國科學院1952年；唐蘭：《陝西省岐山縣董家村新出西周重要銅器銘辭的譯文和注釋》，《文物》1976年第5期；李學勤：《魯方彝與西周商賈》，《史學月刊》1985年第1期，第31—34頁；彭裕商：《西周金文中的"賈"》，《考古》2003年第2期。

[3] 高明：《從金文資料談西周商業》，《傳統文化與現代化》1999年第1期，第42—49頁；董珊：《它簋蓋銘文新釋——西周凡國銅器的重新發現》，《出土文獻與古文字研究》第六輯，第172頁。

[4] 董珊：《它簋蓋銘文新釋——西周凡國銅器的重新發現》，《出土文獻與古文字研究》第六輯，第172頁。

[5] 《左傳》僖公三十三年有"居則具一日之積"，杜預注云："積，芻米菜薪。"《春秋左傳正義》卷十七，《十三經注疏》第3978頁。

[6] 朱鳳瀚：《論周金文中"肇"字的字義》，《北京師範大學學報（人文社會科學版）》2000年第2期，第22頁。

[7] 許慎撰，徐鉉校定：《説文解字》卷三第58頁。

[8] 《左傳》莊公十七年"饗其成"杜預注。《儀禮·士虞禮》"祝饗"，鄭玄注："饗，告神饗也。"《禮記·郊特牲》"合聚萬物而索饗之也"，鄭玄注云："饗者，祭其神也。"

[9] 《詩經·小雅·楚茨》"神保是格"，毛傳曰"格，來"（《毛詩正義》卷十三，《十三經注疏》第1006頁）；《尚書·堯典》"格于上下"，孔穎達疏云"格，至也"（《尚書正義》卷二，《十三經注疏》第249頁）。

等。〔1〕按"廾"爲動詞,"哀"當連下讀,"哀乃沈子"與上文"乃䲵沈子"相類,哀、乃、沈均是用來修飾"子"的。乃子、沈子見上,"哀子"文獻常見,《儀禮·士虞禮》有"哀子某,來日某,隮祔爾于爾皇祖某甫",〔2〕《士喪禮》還有"哀子某爲其父某甫筮宅"、"哀子某來日某卜葬其父某甫"等,〔3〕多是孝子在祭祀祝禱時的自稱。"哀乃沈子"即"哀子"、"乃子"、"沈子"的複合,意爲"你悲哀而幼沖的兒子"。〔4〕陳夢家曾指出"它唯福"與"公唯壽"同文例。進一步說,"廾它唯福"當與"綏公唯壽"對應。"唯"是語中助詞,無義。"它"爲器主名,廾,《說文》曰"持也,象手有所廾據也",〔5〕王引之訓"持"爲守,爲保,謂持禄、持寵、持壽即保禄、保寵、保壽。〔6〕因此,"廾它唯福"可能即用來爲"它"保福之意。"公"指凡公,綏,安也。"綏公唯壽"就是用來爲凡公安壽,也即祝福凡公長壽。整句話可直譯爲:你悲哀幼沖的兒子它希望用(此器)以保(守)福,用來長久地得到好的命運,也用來祝福凡公長壽。

它用懷㚛我多弟子、我孫,克有刑效,懿父廼是子。

"懷㚛",懷,安撫也;〔7〕㚛,原銘作"![字]",不識。頗疑"㚛"也有安撫義,"懷㚛"可能屬於同義連用,與上文"朕吾"、"顧懷"等類似。"我多弟子、我孫"是指它的兄弟和子孫輩,也即是吾考的後代。"刑",法也,〔8〕"效",上所施下所效也,〔9〕"刑效"也屬同義連用。"克有刑效"主語當即上文"我多弟子、我孫"。"懿父"是對亡父的敬稱,"子",愛也,愛子孫曰子。〔10〕整句話的意思是:沖子它用來安撫我多弟子、我孫,(我多弟子、我孫)要是能夠效法先輩,我美好的父親便會愛護他們。

綜上,整篇銘文可以譯爲:

它說:拜稽首,敢明告(於宗廟的衆位祖先):我的亡父(生前)曾命令其誠順幼沖的兒子(在其死後)在周公宗廟舉行絅祭,(將其神主)升於二公之旁,(因此我)不敢不

---

〔1〕分別見前引郭沫若、唐蘭、馬承源、單育辰、董珊文章。
〔2〕《儀禮注疏》卷四十三,《十三經注疏》第2546頁。
〔3〕《儀禮注疏》卷三十七,《十三經注疏》第2475、2477頁。
〔4〕"哀乃沈子"與前引"乃䲵沈子"語序有所不同,這種情況可能是因避複而有意爲之。師䍙鼎(02495)銘文有"用乃孔德遜純,乃用心引正乃辟安德","乃"爲領格,訓作"你的"。後一句"乃用"據文意當作"用乃",可能是爲了避免與前句"用乃"重複而倒裝。因此,"哀乃沈子"可能即"乃哀沈子"。
〔5〕許慎撰,徐鉉校定:《說文解字》第57頁。
〔6〕王引之:《經義述聞·通說上》第1871—1872頁,上海古籍出版社2016年。
〔7〕《禮記·中庸》"懷諸侯則天下畏之",孔穎達疏云:"懷,安撫也。"(《禮記正義》卷五十二,《十三經注疏》第3537頁)
〔8〕《詩經·大雅·思齊》有"刑于寡妻",毛傳曰:"刑,法也。"(《毛詩正義》卷十六,《十三經注疏》第1111頁)
〔9〕許慎撰,徐鉉校定:《說文解字》卷三第64頁。
〔10〕《禮記·中庸》"子庶民也",鄭玄注云:"子,猶愛也。"(《禮記正義》卷五十二,《十三經注疏》第3536頁)

舉行綏祭。美好的凡公能夠成就安撫我的亡父,這是因爲亡父曾受到重任。啊！亡父曾感念先王、先公(的功業),卻未能最終向烈祖烈考們報告成功。嗟！我父親的品性深淵周備啊。沖子感念列位先公的福佑。啊！沖子它不能自矜,滿足於公的福佑與賞賜。(於是)沖子它用家族所藏全部積貯的穀物來鑄作了這個簋,用來設飪祭祀自己的父親,也用來招待其他的列位先公。希望能夠使你悲哀幼沖的兒子保有福佑,帶來長久的好運,也能用來祝福凡公長壽。它還用這件簋來安撫教育我的子弟和孫子,(我的子弟和孫子如果)能夠效法(先輩),我美善的亡父就會愛護保佑他們。

三、"周公宗"的性質與位置

　　學界對"周公宗"的性質、所在以及"二公"之所指有不同意見：唐蘭將"沈"看作國名,認爲"周公宗"指沈國的太廟(即太祖廟),"二公"是沈子它的祖和父;[1] 李學勤認爲"☒公"即"周公","周公宗"可能在成周,"二公"指的是第二、三代周公;[2] 劉雨認爲"二公"指曾祖、祖父二公(即下文的己公、同公)。[3] 按,"沈"非國名,"☒公"不是周公,"二公"亦非己公、同公,故該問題還有再作探討的必要。

　　從西周、春秋祭祀制度以及金文材料來看,周代高等級受封貴族在其封地內往往可以"祭其祖之所自出"者,亦即爲始封君之父立廟。如魯國名義上的始封君爲周公,故魯國有文王廟,《左傳》襄公十二年"秋,吳子壽夢卒,臨于周廟,禮也",杜預注云："周廟,文王廟也。周公出文王,故魯立其廟。"[4] 鄭國始封君鄭桓公爲周厲王子,《左傳》昭公十八年鄭國火災,"使祝史徙主祏于周廟",杜預注："周廟,厲王廟也。"[5] 禮書曾云"諸侯不敢祖天子,大夫不敢祖諸侯",實際看來西周和春秋時期並不存在這種制度。[6] 河南平頂山應國墓地出土兩周之際應公鼎(02105)銘文記應公作器祭祀"武帝日丁"。應國爲武王之後,"武帝日丁"即周武王。應公能作器祭祀武王,説明封地當有放置武王神主的宗廟,即武王廟。柞伯簋(05301)銘文有"柞(胙)伯用作周公

---

[1]　唐蘭：《西周青銅器銘文分代史徵》第323頁"沈子也簋蓋"。
[2]　李學勤：《它簋新釋——關於西周商業的又一例證》,文物出版社編輯部編：《文物與考古論集——文物出版社成立三十周紀念》第274頁。
[3]　劉雨：《金文中的饗祭》,《故宮博物院院刊》1998年第4期,第79—80頁。
[4]　《春秋左傳正義》卷三十一,《十三經注疏》第4236頁。
[5]　《春秋左傳正義》卷四十八,《十三經注疏》第4529頁。
[6]　陳絜：《應公鼎銘與周代宗法》,《南開學報(哲學社會科學版)》2008年第6期,第8—17頁。

寶尊彝", 邢侯簋(05274)有"(邢侯)作周公彝"。柞(胙)、邢始封君均是周公之子, 他們能作器祭祀周公, 説明封地内當有放置周公神主的宗廟, 也即是周公宗。由此可見, 周公諸子均可在各自封地内爲周公立廟(周公宗), 祭祀周公。當然, 周公宗廟的設立也並非毫無限制。一般而言, 始封君能爲其父立廟, 但此廟只能在始封君繼承人之家世代保有, 如果封君之族壯大分出小宗, 小宗不能再立始封君之父的宗廟。〔1〕

從該簋銘文來看, 沈子它、吾考與"凡公"關係密切, 而不見與其他周公宗族往來, 故其身分最有可能是凡公宗族成員。凡爲周公之後, 封地内無疑有周公宗廟。同時, 二人地位均低於"凡公", 没有證據表明"吾考"生前曾任"凡公", 故只能屬於凡公宗族之小宗, 則"周公宗"不會在沈子它的家中。因此, 銘文所言之"周公宗", 最大可能便是在凡邦封地内, 爲凡邦之祖廟, 位於大宗凡公的處所。

四、二公、多公之所指與銘文人物關係

凡邦祖廟爲"周公宗", 周公無疑是該宗廟内輩分與地位最高之祖先。上文已經言明, "陟二公"即祔於二公之意, "二公"輩分要高於"吾考"。因此"二公"所指之範圍便比較明確: 即凡邦祖廟内自周公以下輩分高於吾考的兩位祖先。具體所指, 則可結合吾考的活動年代來推定。

沈子它簋年代在昭穆之際, 此時吾考新亡, 其活動年代應在此之前。周昭王在位十九年, 時間並不算長。先秦時期貴族男子一般以行冠禮表示成年, 冠禮多在二十歲左右, 此後才能結婚生子, 參與宗族祭祀等事務, 故父子年齡相差當在二十歲以上。銘文中沈子它能够主持祭祀, 且有"多子弟", 説明"它"已成年, 則"吾考"不會太年輕, 年齡至少在四十歲以上。如此則"吾考"當生在康王時期, 主要活動年代爲康昭時期。康王在位不超過三十年, 依父子相差之年歲推之, "吾考"之父的主要活動年代當在成康時期, "吾考"之祖的活動年代當在文王、武王、成王時期。〔2〕"吾考"祖、父的活動年代, 正與周公及其子凡邦始封君的活動年代相合。在凡邦祖廟内, "吾考"祖輩神主只有周公一位, 父輩神主也只會有凡邦始封君一位。〔3〕因此, "二公"最有可能是周

---

〔1〕文王諸子, 如武王、周公、衛康叔等均能立文王廟, 魯國作爲周公長子所封之國, 可以世代保有文王廟, 但周公庶子如邢、胙等, 便不能再立文王之廟。

〔2〕周武王克商不久即去世, 在位時間過短, 因此吾考之祖的活動年代很有可能歷三王。

〔3〕周公兄弟輩爲文王諸子, 凡邦始封君兄弟輩爲周公諸子, 均各有封地, 由各自後人祭祀, 故不會出現在凡邦祖廟中。

公與凡邦始封君。

　　銘文還有"多公",此"公"當是沈子它對故去長輩的尊稱,恰如其稱亡父爲"己公"。沈子它能够祭享多公(用格多公),則多公也應在凡邦祖廟内。銘文既言二公,又言多公,二者内涵當有所不同。多公的範圍應該超過"二",也即所謂的多公,除了二公之外,還應包括其他祖先。唐蘭曾經假定"周公爲第一世,周公之子凡侯爲第二世,凡侯之子凡伯爲第三世,則沈子應是第四世了",[1]這是可信的意見。因此,凡邦祖廟中作爲沈子它長輩者即第一、二、三世族人,也就是沈子它的曾祖輩、祖輩和父輩。上文已經説過,在凡邦祖廟内,吾考的祖輩、父輩(也即第一、二世)均只有一人,因此"二公"之外的多公只能是第三世,也即是第一代凡公之諸子、"吾考"兄弟、沈子它的父輩。"吾考"既然能祔於宗廟,"吾考"已故之兄弟自然也能附於宗廟。因爲他們是"吾考"之同輩,所以不言"陟",體現與二公身分地位的差别。

　　綜上所述,銘文所見人物的關係爲:

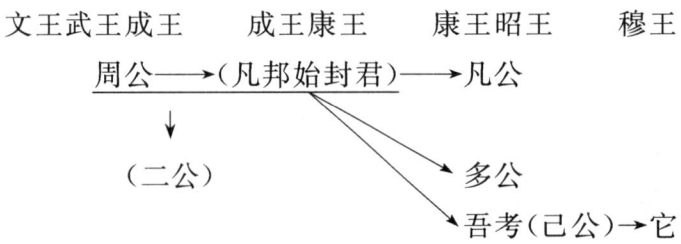

五、再論"庶子不祭"

　　沈子它作爲凡邦小宗,卻在大宗祖廟,也即是凡公之家祭祀其父,以往學界對這種情況注意不够,實際上金文中類似例子還有不少。如西周早期叔造尊(11736)有銘文作:

　　　　叔造作召公宗寶尊彝,父乙。

　　叔造爲作器者,末尾之"父乙"當爲受祭者,二者是父子關係。銘文較爲簡省,語序也有顛倒,完整意思應是"叔造作父乙寶尊彝,用享于召公宗"。"召公宗"在銘中是叔造祭祀父乙的地點,原本應是祭祀召公的宗廟。此"召公"當即召公奭。叔造既然能在召公宗祭祀其父,則其自身爲召公宗族成員無疑。從西周早期所見召氏宗族銘文來看,父乙與叔造似均非召氏宗族宗子,因此其只能是召氏小宗。叔造在召公宗祭

[1] 唐蘭:《西周青銅器銘文分代史徵》第325頁"沈子也簋蓋"。

祀其父，正是小宗在大宗宗廟祭祀的例子。

西周金文還有不少言及"用享（于）大宗"者，如吳鎮烽《銘圖》與《銘續》分別著録有周晉盂與盤（14793、0950），年代在西周中期，銘文相同，當是一套盥洗禮器，銘文作：

> 唯九月初吉辛亥，周晉棗（早）喪厥歔考辛仲，又曰：棗（早）喪厥歔考，不敢視厥身，鑄寶盤鋆，用享于大宗，用匄永福，子子孫孫永寶用。 囲 。

銘文內容並不難懂，大意即周晉自言父親早逝，於是鑄作了一套祭祀其父辛仲的禮器，希望以此求得福佑，子孫永寶。但該器的使用地點，也即是銘文所言"用享大宗"的内涵卻值得注意。

" 囲 "爲族氏名，周晉父考爲"辛仲"，辛是日名，仲爲排行稱謂，説明其並非長子。辛仲既不是長子，而且"早喪"，應只是" 囲 "族庶子，而非宗子。周晉作爲庶子之後，於宗族內只能是小宗。享，獻也，孝也，[1]其作器"用享大宗"之"大宗"，絶非是對自己所立宗廟的稱謂，而只能是大宗宗廟之意。[2]因此，小宗周晉所作的這套銅器，其使用地點也是在大宗宗廟。

我們知道，周代（大宗）宗子對宗族祭祀具有主導權，大宗祖廟内的宗族祭祀往往是由大宗主持，庶子、小宗並無此種權力，所謂"庶子不祭"即是指此。那麼，如何理解沈子它、叔造的此種行爲以及周晉銘文所言"用享于大宗"的内涵？

學者或據"庶子不祭"認爲西周金文凡言作器用享大宗/宗室者，均是器主向大宗獻器，是一種助祭行爲，[3]則可能不確。按傳世文獻並未見庶子、小宗獻自作祭器以助祭大宗的説法。且周代庶子、小宗雖不能主持宗族祭祀，但可以有自主的祭祀行爲，文獻稱之爲"私祭"或"自祭"。如《禮記·内則》云：

> 適子、庶子祇事宗子宗婦，……終事而後敢私祭。

鄭玄注云"祭其祖禰"，孔穎達疏云：

> 此一節論族人敬事宗子之禮。適子謂父及祖之適子，是小宗也。庶子

---

[1]《周易·萃卦·彖傳》有"王假有廟，致孝享也"，孔穎達疏云"享，獻也"（《周易正義》卷五，《十三經注疏》第119頁）；《爾雅·釋詁》有"享，孝也"（《爾雅注疏》卷二，《十三經注疏》第5605頁）。

[2] 戰國早期陳逆簠（05977、05988）有銘文"唯王正月初吉丁亥，少子陳逆曰：余陳（田）桓子之裔孫，……鑄兹寶簠，以享以孝于大宗皇祖、皇妣、皇考、皇母"。陳逆自稱"少子"，"少"與"長"對，少子應是小兒子（庶子）之義。陳逆作器在"大宗"祭祀祖妣、考母的事情。此"大宗"當非庶子陳逆自身所立之廟，而只能是齊國陳氏大宗宗廟。

[3] 高婧聰、張利軍：《周代"庶子不祭"新證》，《中國歷史文物》2009年第3期，第82—88頁。

謂適子之弟。宗子謂大宗子,宗婦謂大宗子之婦。言小宗及庶子等敬事大宗子及宗婦也。……終事而後敢私祭者,謂大宗終竟祭事,而後敢以私祭祖禰也。〔1〕

由孔疏可知這種"私祭"是在大宗(所主持的)祭祀之事完畢之後,庶子或小宗的"個人"行爲。《禮記·雜記上》有"大夫冕而祭於公,弁而祭於己。士弁而祭於公,冠而祭於己",孔穎達疏云:"祭於公,謂助君祭也。祭於己,自祭廟也。"〔2〕所謂的"祭於己",也就是在宗族宗廟内進行祭祀活動。祭祀者如大夫、士等,不一定是各宗族(大宗)宗子,也有庶子或小宗。《禮記·曾子問》有"曾子問曰:宗子爲士,庶子爲大夫,其祭也如之何？孔子曰:以上牲祭于宗子之家"〔3〕,是明言庶子或小宗也能在所屬宗族宗子之廟進行祭祀活動。如果將助祭看作是族人義務的話,那麽私祭則可算是族人的權利。私祭與助祭的區别,正是宗族庶子、小宗在宗廟祭祀方面權利與義務的反映。上引銘文均應看作是小宗在大宗宗廟私祭的行爲。

因此,所謂的"庶子不祭",其核心在於庶子、小宗不能主持全宗族的祭祀活動,但並不排斥部分庶子、小宗在大宗宗廟内的私祭行爲。

六、論"凡公克成綏吾考"的内涵

庶子、小宗可以在大宗宗廟進行私祭活動,但並非毫無限制。實際上在"宗子主祭"的前提下,這些行爲需要遵循一定的規範。如上引《禮記·内則》所言庶子、小宗之"私祭"便是在助祭大宗之後才能進行。從傳世文獻來看,這類規範最核心的一點當在於"祭必告于宗子",也即是説庶子、小宗如果要在宗子之廟進行祭祀活動,需事先徵得宗子的同意。〔4〕如此一來,族人私祭與宗子主祭不僅不衝突,反倒是宗子主導宗族祭祀的重要體現。小宗祭祀的此種規範,對我們深入理解銘文内涵也有重要幫助。

---

〔1〕《禮記正義》卷第二十七,《十三經注疏》第3171頁。
〔2〕《禮記正義》卷第四十一,《十三經注疏》第3372頁。
〔3〕《禮記正義》卷第十九,《十三經注疏》第3028頁。
〔4〕《禮記·曲禮下》有"支子不祭,祭必告于宗子",鄭玄注云:"不敢自專,謂宗子有故,支子當攝而祭者也,五宗皆然。"孔穎達疏云:"支子,庶子也。祖禰廟在嫡子之家,而庶子賤,不敢輒祭之也。若濫祭,亦是淫祀。"(《禮記正義》卷五,《十三經注疏》第2747頁)鄭注、孔疏所言側重其實有不同。鄭注是就主祭而言,認爲宗子因故不能主持宗族祭祀,則庶子代替宗子以行之。孔疏所言則不限於主祭,認爲庶子在嫡子之家舉行的祭祀行爲都應當事先告訴宗子,不然便是淫祀。孔疏所言無疑更爲全面。

沈子它簋銘文中大宗凡公對沈子它的祭祀活動有着舉足輕重的作用和影響。體會前半段銘文邏輯結構，"朕吾考令乃鵙沈子作䘏于周公宗"記叙沈子它舉行祭祀的原因，是遵照先父遺命，將其祔於祖廟。"以于顯顯受命"則是解釋先父之所以能够祔入祖廟，是因爲生前曾受到重任，立下顯赫功勞。二者之間的"休凡公克成綏吾考"的内涵值得注意。爲什麽祔祭之時還要讚美時任大宗凡公？凡公做了什麽能够成綏"吾考"？不僅如此，此後沈子它鑄作祭器，"用綏（凡）公壽"也是其目的之一。爲什麽在自作祭祀其父的銅器上還要明言爲他人祈福？如果從"祭必告于宗子"的角度來看，也就容易理解了。

沈子它簋銘文本質而言記載的是身爲小宗的沈子它在祖廟（周公宗）内舉行祭祀活動的事情。上文已經言明，周公宗並不在沈子它之家，而是在凡公處所。因此，沈子它能否在祖廟内舉行䘏祭，其考祔入祖廟之遺願能否實現，均需取得大宗凡公的同意。"成綏吾考"即成就安撫"吾考"，可能正是意味着凡公准許沈子它在祖廟内舉行䘏祭，將吾考祔於祖廟。此舉遂了"吾考"生前遺願，算是對其曾受重任、立下功業的獎勵，稱"成綏"是合適的。亦是因此，沈子它才會在銘文中極力讚美和討好凡公。如此理解，與銘文行文的整體邏輯無疑也是相符的。因此，"凡公克成綏吾考"的内涵，與"祭必告于宗子"當有密切關係。

宗法制度是先秦時期最爲重要的社會制度之一，對當時及後世均有着深遠的影響。商周時期宗法制度的内涵極爲豐富，傳世文獻與出土材料包含大量與之相關的内容，學者雖然多有論及，但仍有諸多方面值得深入探討。以上便是在重新理解沈子它簋文意的基礎上，對銘文中的人物關係、宗廟性質以及"庶子不祭"、"祭必告于宗子"的意義等所作的初步解讀。實際上該銘文還有很多問題值得進一步探索，如沈子它所在小宗的結構與形態、庶子和小宗在祖廟私祭的原因，以及由此反映的西周貴族宗族内部大宗與小宗關係的特點等等，我們將另文叙述，在此便不多説了。我們相信，在全面理解傳世文獻與出土材料的基礎上，二者的結合將爲宗法制度的研究打開一個新的局面。

（楊坤　北京大學歷史學系　博士研究生）

鄂侯馭方鼎銘新識*

鞠焕文

一、問題的提出

鄂侯馭方鼎，[1]西周厲王時器，[2]陳介祺、陳大年舊藏，器内鑄有銘文，殘存79字，涉及西周史、西周歷史地理、古代燕射之禮等，内容十分重要。銘文自公布之日起，便引起了學界的高度重視，學者對其銘文也作了不少釋讀，銘文内容已大體捋順。但在一些細節問題上，學界仍有分歧。結合新的材料，我們認爲銘文中的一些字的釋讀和斷讀問題有重新討論的必要。

爲方便論述，我們先將釋文録出，要討論之字先用英文字母順次標記：

> 王南征，伐角A，唯還自征，在坏（坏）。噩（鄂）侯馭方内（納）壺于王，乃祼之，馭方侰（侑）王，王休庶（宴），乃射，馭方卿（佮）王射，馭方休闌，王B，CD，王親（親）易（錫—賜）馭方……

就銘文本身而言，這幾個字都是常見之字，結構並不古怪，學者之爭論、存疑主要是銘文拓本不清造成的。

此銘曾先後著録於《愙齋集古録》《奇觚室吉金文述》《周金文存》《簠齋吉金録》

---

* 本文爲教育部人文社會科學研究青年基金項目"商周金文彩色圖片搜集、整理與研究"（16YJC770012）的階段性成果。

[1] 中國社會科學院考古研究所編：《殷周金文集成》第5册第2810號器，中華書局1985年。下文簡稱"《集成》"。

[2] 參袁俊傑：《兩周射禮研究》第188—189頁，科學出版社2013年。

《兩周金文辭大系圖錄》《三代吉金文存》《金文通釋》《金文總集》《集成》《商周青銅器銘文暨圖像集成》〔1〕等大型金文集錄類書籍，這些書所據以錄入之銘文拓本可能有不同的來源，但清晰度大體相當，僅在個别字上有細微差别，可作爲一類處理，此類拓本我們簡稱爲"拓Ⅰ"。

此銘實際還有與上揭各拓本有較大差别的拓本傳世，這就是《文物》1981年第9期和《商周青銅器銘文選》〔2〕上所采用的拓本，此類拓本我們簡稱爲"拓Ⅱ"。〔3〕

將拓Ⅰ、拓Ⅱ相對比，不難看出，它們在如下字形上存在差别：

表1

	A	B	C	D
拓Ⅰ		B1	C1	D1
拓Ⅱ		B2	C2	D2

二拓所呈現出來的不同，有些是因除銹造成的，如C字，C1僅在捺筆左下端有一白點，而C2則明顯有一斜筆貫穿於捺筆之上，且捺筆明顯長於C1。這些信息證明，拓Ⅱ晚出於拓Ⅰ，拓Ⅱ的銘文相較於拓Ⅰ又有剔刻。但也有拓印清晰度不同的區别，如最後一字，拓Ⅱ在"酉"字上隱約似有筆畫，拓Ⅰ則無。〔4〕

A字歷來被隸定爲"僑"，認爲是從人喬聲之字。但是否真的無疑？〔5〕值得思考。

---

〔1〕吴大澂：《愙齋集古録》第5册第8頁，1930年涵芬樓影印；劉心源：《奇觚室吉金文述》卷二第7—8頁，清光緒二十八年（1902）自寫刻本；鄒安：《周金文存》，劉慶柱、段志洪、馮時主編：《金文文獻集成》第23册第63頁，綫裝書局2005年，據1916年廣倉學宭石印本影印；陳介祺藏，鄧實輯：《簠齋吉金録》，劉慶柱、段志洪、馮時主編：《金文文獻集成》第16册第21頁，據1918年風雨樓影印本影印；郭沫若：《兩周金文辭大系圖録》，［日］文求堂書店1935年；羅振玉：《三代吉金文存》第435頁，中華書局1983年；此書初版刊行於1937年；［日］白川静：《金文通釋》，《白鶴美術館誌》第25輯第262頁，［日］白鶴美術館1969年；嚴一萍：《金文總集》第648頁，［臺北］藝文印書館1983年；吴鎮烽：《商周青銅器銘文暨圖像集成》第5卷第2464號器，上海古籍出版社2012年，以下簡稱《銘圖》。

〔2〕上海博物館商周青銅器銘文選編寫組：《商周青銅器銘文選》第250頁第406號器，文物出版社1986年。

〔3〕爲行文簡潔，下文所列觀點出自以上諸書者，直列作者姓名，而不再重複加注。

〔4〕A、B、D也當屬拓印問題，詳後文。

〔5〕四版《金文編》將之摹作" "，即認爲右邊從"人"，但將之放入附録二（第1237頁）作爲結構清晰的未識字處理。是爲有疑。

B字直到現在不可謂無疑。字形早期拓本作B1形（參表1），釋"宴"已基本成定論，但於字形結構各家的理解卻不盡相同。如柯昌濟將之隸定爲"宧"，認爲字形从宀、从日、从"卜"形；[1]郭沫若、白川静、馬承源前"宴"隸定作"厬"，後"宴"（B）隸定作"宴"，應是嚴格隸定，他們顯然認爲B字从"宀"，將字形中的▮認定是"宀"之右部下垂之筆。張桂光也認爲字形从"宀"，可從他所作的摹本中看出。[2] 最近，李家浩還明確指出此字的結構爲"从宀、旻聲"。[3] 由此看來，學者還未真正認清此字。

C字，從晚出的拓Ⅱ出來看，釋"咸"似無問題。

關於"馭方休闌王BCD"一句，諸家皆於"闌"下斷開，"王"屬下讀，形成"馭方休闌，王B"的斷句形式，無甚異辭。

但對於"休闌"一詞，學界形成了不同看法：

一、劉心源、柯昌濟解"闌"爲地名，顯然不確。

二、吳其昌認爲"闌，即閑，亦即嫻"，[4]認爲馭方射技很好，很嫻熟。

三、高田忠周則曰："休闌，猶言能嫻，所謂容姿閑雅也。……或謂此闌叚借爲儞，《説文》：'儞，武皃，从人閒聲。'馭方武而猛也，亦通。"[5]持兩可的態度。[6]

四、陳夢家則認爲："闌疑指射布，休于闌即止于闌，謂中侯。"[7]

五、劉雨則曰："'休，止息也。''闌，門遮也。''休闌'就是射矢於侯框的意思。"[8]陳、劉二位先生的觀點都是建立在釋B爲"揚"的基礎上所作出的判斷，但理解截然相反。

---

[1] 柯昌濟：《韡華閣集古録跋尾》，段志洪、馮時主編：《金文文獻集成》第25册第130頁，據1935年餘園叢刻鉛字本影印。

[2] 張桂光將之摹作▮形，參其主編：《商周金文摹釋總集》第2册第428頁，中華書局2010年；又《商周金文辭類纂》第1543頁，中華書局2014年。

[3] 李家浩：《小臣唐簋"闌"與鄂侯馭方鼎"休闌"》，《古文字研究》第三十一輯，第95頁，中華書局2016年。

[4] 吳其昌：《金文曆朔疏證》，劉慶柱、段志洪、馮時主編：《金文文獻集成》第38册第99頁，據1934年武漢大學叢書本影印。

[5] [日]高田忠周：《古籀篇》七十四第二二頁，轉引自周法高主編：《金文詁林》第6563—6564頁，香港中文大學1975年。

[6] 張世超、黄錫全從其後一種意見。參張世超：《金文形義通解》第3册第2766—2767頁，[日]中文出版社1996年；黄錫全：《新見小臣唐簋簡析》，《古文字研究》第三十輯，第126頁，中華書局2014年。

[7] 陳夢家：《西周銅器斷代》第219頁，中華書局2004年。

[8] 劉雨：《西周金文中的射禮》，《考古》1986年第12期，第1115頁。袁俊傑、張秀華等從之，張文見氏著：《西周金文六種禮制研究》第185頁，吉林大學博士學位論文，2010年。

六、馬承源認爲"休闌"是指射禮結束。[1]

七、陳邦懷認爲"闌"是"籣"的假借字,認爲即《説文》所謂"所以盛弩矢,人所負也"之物,"'馭方休闌'者,言馭方卿王射既畢事,釋其所負之籣也"。[2]

八、歐波則引舊注"謂飲酒者半罷半在爲之闌"證"馭方休闌""義爲鄂侯在射禮中暫停,謙讓周王"。[3]

九、李家浩結合新出小臣唐簋銘文認爲字當通假爲"忏",並據《玉篇》和《廣雅》訓之爲"善",認爲"休忏"跟"休善、休鮮"一樣,也應該是同義複詞,"'馭方卿王射,馭方休忏',意思是説:馭方與周王習射,馭方表現很好"。[4]

這些意見中,有一些是有明顯不足的。陳、劉二家將"馭方休闌"解爲"矢止于闌",是偷換了主語。其他幾種意見,雖未有語法上的問題,但與整篇銘文以王爲主要陳述對象的文氣不符,也不能使人欣然接受。[5]李家浩的意見雖在通假上沒有問題,但"忏"訓"善"的用例出現較晚,未達一間。

此外,"卿"字中間是否真的从"合"？D到底是"酉"還是"畣"？因爲拓本都不清楚,這些地方都不無疑問。

以上是我們對舊釋的梳理。從梳理情況來看,鄂侯馭方鼎銘在我們提到的幾點上或是學界存在爭論,或是需要袪疑的,需要對其重新認識。

二、新證據及相關問題新探

陳介祺不僅曾保有此件青銅器,他還藏有一紙此器的全形拓。這張全形拓將銘文的前四行字也都摹了出來,雖然是摹本,但因爲陳介祺是收藏者,這個摹本相當於是在目驗原器的情況下摹出來的,因此具有一定的參考價值。銘文局部放大圖見圖1。

此全形拓先後收錄在《吉金留影——青銅器全形摹拓捃存》[6]和《中國書法》

---

[1] 陳秉新意見與之相同,並申論道:"闌,《文選·謝靈運〈永初三年七月十六日之郡初發都一首〉》:'述職期闌暑,理棹變金素。'李善注:'闌,猶盡也。'馭方休闌,意即馭方射畢。"參看陳秉新、李立芳:《出土夷族史料輯考》第206頁,安徽大學出版社2005年。
[2] 陳邦懷:《嗣樸齋金文跋》第31頁下欄,香港中文大學中國文化研究所吳多泰中國語文研究中心1993年。
[3] 歐波:《金文所見淮夷資料整理與研究》第53頁,安徽大學博士學位論文,2015年。
[4] 李家浩:《小臣唐簋"闌"與鄂侯馭方鼎"休闌"》,《古文字研究》第三十一輯,第95—96頁。
[5] 李家浩對諸意見也有梳理和檢討,請參看其《小臣唐簋"闌"與鄂侯馭方鼎"休闌"》一文。
[6] 西泠印社編著:《吉金留影——青銅器全形摹拓捃存》,上海書畫出版社2014年。

圖 1

2015年第3期。銘文摹錄得十分精湛,令人嘆服。

從此紙摹本來看,"卿"字中間確實作"合",B字作"庋"形,而C及D二字皆摹如拓Ⅰ狀。同時,"庋"上之"王"字下是有重文符號的。這是收藏者對銘文的意見,事實到底如何,我們需要更加堅實的材料。

鄂侯馭方鼎於2014年12月在西泠印社拍賣,在稍後出版的《西泠通訊》(下文簡稱《通訊》")第20期及《中國首屆青銅禮器專場》(下文簡稱"《專場》")上我們見到了銘文的高清彩色照片,見圖2:[1]

圖 2

---

[1]《通訊》和《專場》採用的照片當是同一張,著錄於書籍時"王宴"一列皆處於書脊裝訂處,總體上後者的呈現效果更好一些,故在此我們採用後者中的圖錄。另,本圖是分别掃描銘文左右兩半拼接而成的,故中間有接痕,讀者們請注意。

我們將相關之字的彩色照片截取出來，以作討論：

表 2

A	卿	B	C	D
A照	卿照	B照	C照	D照

學界釋爲"僑"的 A 字照片作 A照形（參表 2），可以很清楚地看出，字的右側所從實爲"水"。"水"字左上水滴與中間 S 形筆畫之間爲一斑點，而不是筆畫，所以它不是"人"字；左下又有一點，只不過這一點至今未被剔出，爲銹所掩，所以拓印時未能很好地拓出，但從顏色上還是可以看出它與周邊銅地是不同的；右側兩點爲兩銹斑所掩基本不能辨識，但右上水滴還是存有痕迹可循的。根據能明確辨識出來的筆畫我們可以肯定，此字當是"㴑"字，而非"僑"。作爲地名，金文中只見有"㴑"字，如 ▨（桐㴑，伯戏父簋，《銘圖》5276）、▨（㴑水，宗邑瓦書，《銘續》[1]19920），而無"僑"字。是爲釋"㴑"之旁證。

"卿"字照片作卿照形（參表 2），可以看出字口中的銹沒有很好地剔除，導致拓本筆畫模糊，但銹色與周邊銅地顏色不同，恰好描繪出了字的筆畫，通過照片可以較爲清晰地看出此字恰如陳介祺所摹，作 ▨ 形，說明學者的隸釋是正確的。

B 字照片作 B照形（參表 2），所從之"广"和"日"旁清晰可見。而右下偏旁的字口也被銹所填滿，導致拓本不能完全拓出，但通過照片我們能很好地看出它是個"女"字，同樣字口裏銹的顏色跟銅地不同，便於我們辨識。陳介祺先生的摹本（▨）是比較客觀真實的。此字釋"宴"毫無問題，但在結構上它是個從"广"之字，現在可以明確了。

C 字照片作 C照形（參表 2），可以很清楚地看出此字是"咸"而非"同"，字形後來經過了重新剔銹，但字口裏的銹並未完全剔净，如表示鉞柲頂端的筆畫（▨）及柲的底端的筆畫（▨）字口裏仍都填有不同顏色的銹，如果不是通過彩色照片，這些信息我們是無法從拓本中獲取的。陳介祺摹本是按照未剔銹時的狀態摹的，所以摹錄失真。

D 字兩拓本所拓基本一樣，可以明確看出它有"酉"字旁，但其上有無筆畫有爭議，學者根據"酉"旁跟上一字的空間較大的現象，推斷"酉"旁上還有筆畫，從而釋之爲"酋"。這距離確釋稍嫌不足。現在我們來看此字的彩色照片（D照，參表 2），"酉"上

---

[1] 吳鎮烽：《商周青銅器銘文暨圖像集成續編》，上海古籍出版社 2016 年，簡稱"《銘續》"。

的"今"旁爲銹所掩,所以拓本不能呈現出來。但可以看出字口的銹色是與銅地的顏色不一樣的,這個"今"旁是實實在在存在的。此字當釋"僉"。陳介祺摹本是按照未剔銹時的狀態摹的,所以摹錄也失真了。

最後談談"虔"上"王"下是否有重文符號的問題。這個"王"字右下角有個符號作 ,可以看出曾經過剔銹,但剔銹並不徹底,導致拓本不能很好地呈現,現在參照照片來看,這個重文符號是存在的。實際上這個重文符號在拓Ⅱ上已有較好的體現,但此點爲學者們所忽視,從而有了上舉對"休闌"的各種解釋。既然"王"有重文符號,那麼這一段的斷句應爲"馭方休闌王,王宴,咸僉(飲)"。

關於"馭方休闌王"一句的語法關係及相關之字詞訓讀問題,我曾認爲"馭方"爲主語,"休闌"爲謂語,"王"爲直接賓語。"休",可訓稱美、贊美。如漢蔡邕《郭有道碑文序》:"群公休之,遂辟司徒掾。"晉袁宏《後漢紀·孝章帝紀》:"衛尉陰興忠貞愛國,先帝休之。""闌"則可讀爲"簡"。"簡",訓大,訓多。如《詩·邶風·簡兮》:"簡兮簡兮,方將萬舞。"毛傳:"簡,大也。"又《詩·周頌·執敬》:"降幅簡簡。"毛傳:"簡簡,大也。"在鄂侯馭方鼎銘中,此"簡"由於處在謂語位置,詞性發生了臨時活用,形容詞活用爲動詞,這裏指"誇大、誇贊"之意。"休闌"即稱美、誇贊,爲同義詞連用。"馭方休闌王",即馭方稱美誇贊王。

但是,將"闌"讀爲"簡",訓大、多,又不太容易讀通小臣唐簋(《銘續》30385)"王使小臣唐射,克,小臣闌"一句。且正如李家浩所言,"綜觀西周有關射禮的銅器銘文,作器者都是因爲在射禮中表現不俗而受到賞賜作器的"。[1] 這很有啓發性。鄂侯馭方鼎銘也不能例外。所以以上解釋恐怕是有問題的。

李家浩將"闌"讀爲"忏",訓"善",已有學者指出其"只載於古代字書,古文獻中未見具體用例"[2]之弊,所以這種意見也有未安之處。

綜合金文用例和傳世典籍記載,我們認爲"闌"似可讀爲"賢"。

上古音,"闌"爲來母元部字,"賢"爲匣母真部字。來母與匣母關係密切,"闌"所從得聲之"柬"爲見母字,而同從"臤"得聲的"堅"也是見母字。真、元二部則可旁轉,例子很多,毋庸贅舉。"闌"讀爲"賢"音理可通。二字在傳世典籍中也有間接相通之例,《孟子·盡心下》:"既入其苙。"趙岐注:"苙,蘭也。"郝懿行《爾雅義疏》云:"蘭即檻矣。"《楚辭·離騷》:"擥木根以結茝兮。"洪興祖《考異》:"《文選》擥作擊。"從"闌"、"臤"得聲之字皆可與从"監"得聲之字通。所以,"闌"讀爲"賢"當無問題。

---

[1] 李家浩:《小臣唐簋"闌"與鄂侯馭方鼎"休闌"》,《古文字研究》第三十一輯,第95頁。
[2] 王凱博:《出土文獻資料疑義探研》第86頁,吉林大學博士學位論文,2018年。

"賢"有多義,段玉裁《説文解字注》曰:"賢,本多財之稱,引申之,凡多皆曰賢。"此義典籍多有用例,如《戰國策·趙策四》:"老臣竊以爲媪之愛燕后,賢於長安君。"此類用法在古書有關射禮和投壺禮的記載中屢次出現,陳劍《柞伯簋銘補釋》一文有很好的歸納,[1]我們略引幾例以便討論:

(1)《儀禮·鄉射禮》:"釋獲者東面於中西,坐,先數右獲。……司射復位,釋獲者遂進取賢獲,執以升,自西階,盡階,不升堂。告於賓。若右勝,則曰:'右賢於左。'若左勝,則曰:'左賢於右。'以純數告……"

(2)《禮記·投壺》:"(司射)遂以奇算告曰:'某賢於某若干純。'"

(3)《大戴禮記·投壺》:"有勝則司射以其算告曰:'某黨賢於某黨,賢若干純。'"

"賢"的這種用法,在金文中也有出現,見於柞伯簋(《銘圖》5301):

(4)惟八月辰在庚申,王大射在周。王命南宮率王多士,師酓父率小臣。王遲赤金十鈑。王曰:"小子、小臣,敬有賢[2]獲則取。"柞伯十稱弓無廢矢。王則畀柞伯赤金十鈑,誕錫祝見。

在射禮和投壺禮中,"賢"往往表示數量上的"多",又進一步引申爲"勝"。在語法關係上,它或是用在名詞"獲"前作定語,或是後跟介詞"於"以引出比較的對象,或是跟一個數量短語作補充説明。

鄂侯馭方鼎"馭方休闌王"一句當同於"賢"字後加介詞"於"的用例,只不過"闌(賢)"後之介詞省略掉了。古書中這樣的現象常見,如《淮南子·説山》:"無以歲賢昔,日愈昨也。"《史記·衛將軍列傳》:"所斬捕功已多大將軍。"若將語句補全,鄂侯馭方鼎銘當爲"馭方休闌于王",大意爲馭方比王(射得)又好又多。小臣唐簋之"賢"則可直接訓爲"勝",銘文大意爲王派小臣唐行射,能够勝任,小臣勝,因此作了寶簋。語義十分順暢。

三、小　　結

通過以上討論,我們認爲鄂侯馭方鼎銘釋文當作:

---

[1] 陳劍:《柞伯簋銘補釋》,《傳統文化與現代化》1999年第1期;收入氏著:《甲骨金文考釋論集》,綫裝書局2007年。

[2] "賢"字爲陳劍所釋,參陳劍:《柞伯簋銘補釋》,《傳統文化與現代化》1999年第1期;收入氏著:《甲骨金文考釋論集》。

王南征,伐角潏,唯還自征,在坯(坏),噩(鄂)侯馭方内(納)壺于王,乃祼之,馭方劳(侑)王,王休叚(宴),乃射,馭方卿(俗)王射,馭方休闌王,王叚(宴),咸會(飲),王親(親)易(錫—賜)馭方……

其中,舊釋爲"僑"的字當釋爲"潏";舊釋爲"寫"之字當釋爲"叚",其結構爲从"广"、"旻"聲;舊釋爲"同"之字應爲"咸"字,其後之字爲"會","咸會"即"咸飲";銘文"闌"字下之"王"字下是有重文符號的,斷句方式當爲"馭方休闌王,王叚(宴)",其中"闌"當讀爲"賢",訓爲多、勝,"馭方休闌王"當爲"馭方休闌于王"之省,句子大意當爲馭方比王(射得)又好又多。

陳介祺先生對青銅器銘文的剔字工作極其認真,從剔字工具、剔字方法到剔字態度上都進行了很好的辯證及要求,在剔字態度上他要求道:

> 剔字須心氣靜定,目光明聚,心眼手穩時爲之。須看明字之邊際,勿以斑痕浸入字邊內銅之色變者爲斑而去之。遇堅處須從容試之。精神倦則勿剔,有人有事相擾則勿剔也。[1]

其對剔字的審慎態度可見一斑。所以我們看到,直到現在鄂侯馭方鼎銘某些字字口裏的銹還未完全剔淨。出於對銘文的保護,陳介祺及後來的收藏者未對字口不明或含堅硬之銹的字進行清剔。這在另一方面導致了銘文拓本的模糊性,對學者研究造成了困擾。不過,這種問題伴隨着彩色照相技術的發展而得以解決,因爲我們還可以借助顏色來區分字口和斑痕,從而能夠正確釋出銘文。陳介祺的藏器中還有類似的情況,可用照片來對照研究。

2016 年 9 月 21 日　初稿
2018 年 11 月 30 日　改定

附記:文章初稿曾在中國古文字研究會第 21 屆年會上宣讀過,會上吳振武先生對初稿中存在的問題提出了寶貴意見,使本文不致有大的錯誤。李春桃先生也多次就文中的相關問題與我溝通,使我受益匪淺。匿名審稿專家也對本文的修改提出了一些可貴建議。在此一併謝過!

(鞠焕文　東北師範大學文學院　講師)

---

[1] 陳介祺:《簠齋傳古別錄手稿》,民國九年(1920)興石居印。

兩周時期吳國與諸國的婚姻關係[1]

劉 麗

　　吳太伯及其弟仲雍,皆爲周太王之子,王季歷之兄。季歷有賢德,而有聖子昌,太王欲立季歷及昌。太伯、仲雍以天下讓,奔荆蠻之地,自號句吳,荆蠻之人以太伯有義,千餘之家歸順於他,立爲吳太伯。後武王克殷,求太伯、仲雍之后,得周章。周章已君吳,因而封之。封周章弟虞仲於周之北故夏虚,[2]爲虞仲,列爲諸侯。[3]

　　吳國雖爲太伯之後,位列世家第一,然直到春秋中葉,文獻中對其記載依舊很少,且在很長一段時間内,都被中原列國視爲蠻夷。[4]直到壽夢之時,吳國始大,始與中國通。然吳國勢力發展迅速,到春秋晚期時,西破楚,東滅越,北敗齊、魯,[5]黄池與諸侯會,欲霸中國以全周室。吳國是東周歷史上濃墨重彩的一筆,對政治局勢的變化發展産生過重要影響。研究吳國的政治外交對我們了解東周政治至關重要。政治聯姻作爲兩周時期各國之間最爲頻繁的邦交活動之一,是政治外交較爲直觀的表現形式。通過對政治聯姻的深入解析,不僅能够探究各國政治策略調整以及兩周時期政治形勢的變化發展,還能够發掘地緣性政治聯姻對於兩周政治局勢以及統一多民族國家形成所産生的作用和影響。然前賢學者對吳國聯姻情況鮮有專門研究。鑒於此,本文試圖對傳世、出土文獻中與吳國婚姻相關的材料進行全面梳理和探討,希望

---

[1] 本文所討論的吳國,主要指處於夷蠻之吳。
[2] 今山西解州平陸縣東北四十五里有虞城。
[3] 參見《史記》卷三十一《吳太伯世家》第1445—1448頁,中華書局1982年。
[4] 《左傳》成公七年:"七年春,吳伐郯,郯成。季文子曰:'中國不振旅,蠻夷入伐,而莫之或恤。無弔者也夫?'"左丘明傳,杜預注,孔穎達疏:《春秋左傳正義》,阮元校刻:《十三經注疏》第4132頁,中華書局2009年。
[5] 這裏只是大略提及了幾個大國,還有很多小國,特别是地處吳、楚之間的小國,在兩國爭霸中爲吳所滅。

能够加深對吳國歷史的了解，也能够讓我們對東周政治局勢變化發展及其所產生的作用和影響有更爲直觀的認識。

一、西周時期（含兩周之際）吳國與諸國的婚姻關係

傳世文獻中没有關於西周時期吳國政治聯姻的記載，金文則正好補充了傳世文獻所闕。上海博物館藏有一件蒿簋（《集成》04195）：

唯六月既生霸辛巳，王命蒿眔叔鯀父饋吴姬饔器，師黄賓蒿璋一、馬兩，吳姬賓帛束。蒿對揚天子休，用作尊簋季姜。

此器斂口鼓腹，一對獸首耳，下有方形垂珥，圈足連鑄三條獸面扁足，蓋上有圈狀捉手。蓋沿和器口沿飾竊曲紋，蓋上和器腹飾瓦紋，圈足飾斜角雷紋。從器物形制和紋飾看，是西周中期器。從銘文内容看，周王命蒿和叔鯀父饋吴姬饔器。陳夢家先生認爲師黄當是異姓的侯伯，吴姬是其妻室。[1]《商周青銅器銘文選》指出古吴、虞聲近通。虞有姬姓、嬀姓二國，古同姓不通婚。嬀姓之虞地望在今河南虞城縣。[2] 陳昭容先生認爲吴姬是周王的女兒嫁到吴國者，其丈夫是虞國的師黄。[3] 對於女子稱謂，除其夫家外，一般是夫國（氏）＋父姓。蒿爲作器者，銘文中稱呼吴姬，似乎表明其是嫁往吴國的姬姓女子。此吴極有可能是中國之虞。[4]

北京故宫博物院藏有一件伯頵父簋（《集成》04027）：

伯頵父作朕皇考偪伯、吴姬尊簋，其萬年子子孫孫永寶用。

此器斂口鼓腹，圈足沿有邊圈，獸首雙耳，下有垂珥。口下飾竊曲紋，腹飾瓦紋，圈足飾獸面和竊曲紋。從形制和紋飾看，應該爲西周晚期偏早器。從銘文看，此是伯頵父爲其父母偪伯、吴姬所作祭器，吴姬應該是嫁於偪氏的吴國姬姓女子。一般而言，子女爲父母作器，其對母親的稱謂是母親夫國（氏）＋父姓，較少有母親父國（氏）＋父姓的，這算是一個較爲特殊的例子。此吴也有可能是中國之虞。偪氏見於十三年癲壺，

---

[1] 陳夢家：《西周銅器斷代》第 778 頁，中華書局 2004 年。
[2] 上海博物館商周青銅器銘文選編寫組：《商周青銅器銘文選（三）》第 236 頁，文物出版社 1988 年。
[3] 陳昭容：《周代婦女在祭祀中的地位——青銅器銘文中的性别、身分與角色研究之一》，《清華學報》2003 年第 4 期。
[4] 晉獻公滅虞國。

䍩父爲瘌的右者。十三年瘌壺〔1〕(《集成》09723.1〔蓋〕《集成》09724.2〔器〕)1976年12月發現於陝西扶風縣法門鎮莊白村1號西周銅器窖藏：

> 唯十又三年九月初吉戊寅，王在成周司土淲宮，格太室，即位，䍩父右瘌。王呼作册尹册錫瘌畫袂、牙僰、赤舄。瘌拜稽首，對揚王休，瘌其萬年永寶。

器物頸細長，腹扁圓，獸首銜環雙耳，矮圈足沿下折，蓋有長子口插入器口內，捉手作圈狀。蓋沿飾重環紋，蓋頂飾團鳥紋，腹飾鱗帶紋，圈足飾環帶紋，均以雲雷紋填地。從形制、紋飾以及銘文中的曆法信息判斷，應該是懿王時器。莊白村1號銅器窖藏屬於微氏家族，從銘文看，這個家族世代爲史官。一般而言，西周金文中右者與受命者職務之間有一定的統屬關係，受命者往往爲右者的下級屬官。〔2〕微氏家族爲王朝史官，據此或可以推斷䍩氏的職務。

上海博物館還藏有一件獣叔簠(《集成》04552)：

> 獣叔作吴姬尊簠，其萬年子子孫孫永寶用。

此器直口折沿，腹部內折斜收，平底的四角設獸首足，腹壁兩側有一對獸首環耳，蓋缺失。口沿飾大小相間的重環紋，四壁飾環帶紋。從形制紋飾看，應爲西周晚期器。獣通胡，胡有二，一爲姬姓之胡，在河南漯河市東，爲鄭武公所滅，見於《韓非子·説難》；〔3〕一爲歸姓之胡，在安徽阜陽縣。《商周青銅器銘文選》認爲此器獣叔夫人稱吴姬，當與西周中期獣叔獣姬簠同爲安徽之胡。〔4〕所言是。

西安博物院藏有一件吴王姬鼎(《集成》02600)：

> 吴王姬作南宮史叔飤鼎，其萬年子子孫孫永寶用。

此器平沿方唇，深腹圜底，口沿上一對立耳，三條蹄形足。口下飾兩道弦紋，其間飾竊曲紋。從器形和紋飾看，爲西周晚期器。從銘文看，是吴王姬爲南宮史叔所作器物。關於"吴王姬"的認識有些爭議。一種意見認爲"吴王姬"應作吴王夫人講。"姬"不爲

---

〔1〕有兩件。器形紋飾以及銘文相同。
〔2〕陳漢平：《西周册命制度研究》第110頁，學林出版社1986年。
〔3〕《韓非子·説難》："昔者鄭武公欲伐胡，故先以其女妻胡君以娱其意。因問於羣臣：'吾欲用兵，誰可伐者？'大夫關其思對曰：'胡可伐。'武公怒而戮之，曰：'胡，兄弟之國也，子言伐之何也？'胡君聞之，以鄭爲親己，遂不備鄭，鄭人襲胡，取之。"韓非子著，陳奇猷校注：《韓非子新校注》第266頁，上海古籍出版社2010年。
〔4〕上海博物館商周青銅器銘文選編寫組：《商周青銅器銘文選(三)》第404頁。

姓而指女子稱謂的實例也見於傳世文獻中。〔1〕一種認爲"吴王姬"是吴國姬姓女子嫁到王室,屬於同姓相婚。南宫不一定是氏,如同東宫、西宫、北宫一樣,有時爲氏,有時候指代地點。這裏南宫史叔,史爲其氏稱,即在南宫的史叔,可能是吴王姬的兒子或其他親近之人。〔2〕第二種意見可從。吴王姬或是王室姬姓女子嫁到吴國,稱謂爲夫國(氏)+父國(氏)+父姓,也較爲常見。

二、春秋時期吴國與諸國的婚姻關係

春秋中期以後,傳世文獻中關於吴國的記載逐漸增加。據《左傳》襄公二十三年記載,吴國與晋國有過聯姻:"晋將嫁女於吴,齊侯使析歸父媵之。以藩載欒盈及其士,納諸曲沃。"〔3〕晋與吴同爲姬姓,同姓相婚雖然在春秋時期也有,但畢竟是少數。晋國打破"同姓不婚"的原則與吴國結姻,應該與其聯吴抗楚的政策有關。據《史記·晋世家》記載,楚國申公巫臣盜夏姬奔晋,爲楚滅族,巫臣請使吴,教吴乘車用兵,且令其子爲吴行人,共約伐楚。而此時吴國也積極與中原諸侯交好,意圖北上。兩國聯姻,各取所需。齊國媵女於晋,一同嫁往吴國,可見齊國與吴國也有姻親關係。

據《孟子·離婁上》記載,齊景公之時,曾嫁女於吴:

> 孟子曰:"天下有道,小德役大德,小賢役大賢;天下無道,小役大,弱役强,斯二者,天也。順天者存,逆天者亡。齊景公曰:'既不能令,又不受命,是絶物也。'涕出而女於吴。"〔4〕

趙岐注:"吴蠻夷也,時爲强國,故齊侯畏而恥之,泣涕而與爲婚。"〔5〕上文提到過魯襄公二十三年,齊人媵晋女嫁於吴的事情,與這裏孟子提到的"涕出而女於吴"似乎不是同一件事。因爲如果是作爲媵女,應該是先送到晋國,然後一起前往吴國,如同《左傳》襄公二十三年記載,"以藩載欒盈及其士,納諸曲沃"。且魯襄公二十三年,是齊莊公四年,雖然言"將嫁",但晚到三年之後即位的齊景公的可能性並不大。所以,這裏應該是齊國再次嫁女於吴。

---

〔1〕張志鵬:《由吴王姬鼎銘文看蘇南吴國稱王時間》,復旦大學出土文獻與古文字研究中心 2013 年。
〔2〕此觀點爲李學勤先生口頭告知。
〔3〕杜預注,孔穎達疏:《春秋左傳正義》,阮元校刻:《十三經注疏》第 4290 頁。
〔4〕趙岐注,孫奭疏:《孟子注疏》,阮元校刻:《十三經注疏》第 5913 頁。
〔5〕趙岐注,孫奭疏:《孟子注疏》,阮元校刻:《十三經注疏》第 5913 頁。

齊國慶封有罪，逃到吳國，吳國以女妻之。見《史記·吳太伯世家》："王餘祭三年，齊相慶封有罪，自齊來犇吳。吳予慶封朱方之縣，以爲奉邑，以女妻之，富於在齊。"[1]慶封，又稱慶季、慶氏、子家等，是齊臣慶克之子，慶舍之父。慶氏爲齊國公族。陳厚耀《春秋世族譜》稱齊桓公之子公子無虧生慶克。如此，則慶氏出自齊桓公。[2]

吳國有女嫁於徐國，見《左傳》昭公四年："徐子，吳出也，以爲貳焉，故執諸申。"杜注："言楚子以疑罪執諸侯。"[3]當是時，楚、吳爭霸，徐國作爲吳國的姻親，自然是被楚國視爲對立國，所以上文言"故執諸申"。楚國執徐子，明顯是向吳國挑釁。魯昭公十二年，楚國再次圍徐，見《左傳》昭公十二年："楚子狩於州來，次於潁尾，使蕩侯、潘子、司馬督、囂尹午、陵尹喜帥師圍徐，以懼吳。楚子次於乾溪，以爲之援。"[4]這次行動的目的《左傳》說得很清楚，"以懼吳"。可見，吳、徐的婚姻關係給徐國帶來了災難。

魯昭公夫人爲吳孟子，見於《左傳》哀公十二年：

夏五月，昭夫人孟子卒。昭公娶於吳，故不書姓。死不赴，故不稱夫人。不反哭，故不言葬小君。[5]

爲何稱吳孟子呢？《公羊傳》哀公十二年有言："夏五月甲辰，孟子卒。孟子者何？昭公之夫人也。其稱孟子何？諱娶同姓，蓋吳女也。"[6]"諱娶同姓"，所以稱"吳孟子"，而未如一般女性稱名規律，稱爲吳姬。顧棟高先生認爲"昭公畏吳而與爲婚"，[7]這是有一定道理的。當時吳國實力迅速提升，積極致力於北上，而魯國則實力下降，無法與齊國抗衡，魯國借聯姻而尋求強大的同盟是較爲正常的。馮麗珍、呂亞虎先生認爲晉平公嫁女於楚，這樣"吳、晉聯盟抗楚之勢必弱。爲此，吳須在中原諸國中重新尋找政治夥伴。魯在當時中原列國中雖非大國，但其影響頗大，與晉、齊等國均有較好的交往，這成爲吳人選擇的最佳目標。魯自桓公以來一直娶齊女爲夫人，齊衰之後，魯又與强吳聯姻，可能就是魯爲了尋求新的靠山，或者也可能是吳爲交通上國，主動嫁女與魯昭公"。[8]此說較爲有理。從《史記·魯周公世家》的記載可以看出，魯昭

---

[1]《史記》卷三十一《吳太伯世家》第1452頁。
[2] 陳光林主編，方朝輝編著：《春秋左傳人物譜》第585頁，齊魯書社2001年。
[3] 左丘明傳，杜預注，孔穎達疏：《春秋左傳正義》，阮元校刻：《十三經注疏》第4419頁。
[4] 左丘明傳，杜預注，孔穎達疏：《春秋左傳正義》，阮元校刻：《十三經注疏》第4481頁。
[5] 左丘明傳，杜預注，孔穎達疏：《春秋左傳正義》，阮元校刻：《十三經注疏》第4713頁。
[6] 公羊壽傳，何休解詁，徐彥疏：《春秋公羊傳注疏》，阮元校刻：《十三經注疏》第5109頁。
[7] 顧棟高：《春秋大事表》卷十六《春秋凶禮表》第1555頁，中華書局1993年。
[8] 馮麗珍、呂亞虎：《春秋時期諸侯同姓而婚現象考辨》，《山西檔案》2012年第3期。

公的一生都較爲凄凉。當是時,魯國三桓强大,内政外交基本爲三桓操持。昭公無論是在魯、晉,還是在齊、楚,均受欺侮,魯國雖深以爲耻,却又放任自流,且很多時候,三桓正是事情的始作俑者。昭公與吴國的婚姻雖然史書記載只有寥寥數筆,然而從"昭公年十九,仍有童心"可以猜測,昭公的婚姻定是三桓與吴國的一場政治合作。從當時吴國積極與中原列國結姻的情况看(其中不乏同姓國,如晉、蔡),吴、魯的婚姻很有可能是吴國主動爲之。

蔡昭侯時,蔡國與吴國有過聯姻。1955年安徽壽縣蔡侯墓出土器群[1]可以證明。現在可以確定壽縣蔡侯墓爲蔡昭候墓。此墓所出銅器年代不晚於昭候卒年,多數當作於昭候在位時(前518—前491年),即屬於春秋晚期中葉至稍晚的一段時間。[2]墓中器物多數爲蔡侯申所製作,包括蔡侯爲大孟姬所製尊、缶、盤等媵器。這裏摘録其中一件蔡侯申盤銘(《集成》10171):

> 元年正月初吉辛亥,蔡侯申虔恭大命,上下陟否,敃敬不惕,肇佐天子,用詐(作)大孟姬媵彝盤,禋享是台(以),祗盟嘗諦,佑受毋已,齋叚整肅,類文王母,穆穆亹亹,聰憲欣揚,威儀游游,靈頌托商,康諧穆好,敬配吴王,不違老壽,子孫蕃昌,永保用之,千歲無疆。

從蔡侯申盤銘文"敬配吴王"得知,此大孟姬將要適吴。昭侯元年時吴國的國君是吴王僚,因此,此大孟姬可能是嫁給了吴王僚。爲什麽蔡昭候爲大孟姬所作媵器會埋在蔡侯墓裏呢?李學勤先生認爲這也許是由於她在王僚死後就返回了母家。[3]黄彰健先生認爲蔡侯盤是蔡昭侯申元年爲嫁女予吴王僚而製器,而據《春秋經》,這一年四月,吴公子光殺吴王僚自立,於是婚約無法履行,此一陪嫁媵器遂留於蔡國。[4]媵器留在父國的例子並不少見,[5]所以可能性還是很大的。

此外墓中還有兩件吴王光鑒和十二件吴王光鐘,銘文不同,但均是吴王光爲其女兒叔姬寺籲所作媵器。這裏摘録其中一件吴王光鑒的銘文(《集成》10298):

> 唯王五月,既字迫期,吉日初庚,吴王光擇其吉金,玄鏐白鏐,以作叔姬

---

[1] 安徽省文物管理委員會、安徽省博物館:《壽縣蔡侯墓出土遺物》,科學出版社1956年。
[2] 朱鳳瀚:《中國青銅器綜論》第1752頁,上海古籍出版社2009年。
[3] 李學勤:《楚以北列國》,《東周與秦代文明》第114頁,上海人民出版社2007年。
[4] 黄彰健:《釋壽縣蔡侯墓銅器銘文"元年正月初吉辛亥"、"初吉孟庚",並訂正〈史記·十二諸侯年表〉所記蔡昭侯元年》,《武王伐紂年新考並論〈殷曆譜〉的修訂》第267—288頁,[臺北]"中研院"史語所1999年。
[5] 如湖北隨縣溳陽公社鯉魚嘴出土有曾子原彝簠(《集成》04573):"唯九月初吉庚申,曾子原魯爲孟姬鄫鑄媵簠。"從銘文看,是曾子原魯爲孟姬鄫所作的媵器,然器物留在了父國。

>寺叴宗彝薦鑒,用享用孝,眉壽無疆,往已叔姬,虔敬乃後,孫=(孫子)勿忘。

此系列器物出現在蔡侯墓裏,則叔姬應是嫁給了蔡侯。由是可知,吴、蔡兩國互通婚姻。蔡和吴均爲姬姓,這是違背禮制的"同姓相婚"。爲什麽吴、蔡會違背禮制互通婚姻呢? 推測可能與當時的政治形勢相關。蔡國從春秋中期以來,基本上淪爲了楚國的附屬國,到蔡昭侯時,昭侯朝楚,因未賄賂楚相子常而被扣楚三年,蔡昭侯"歸而之晉",請與晉國伐楚。而後蔡國又轉投吴國,與吴國聯合起來抗楚,並最終破郢。爲了依靠吴國,蔡昭候不僅使其子爲質於吴,甚至遷都於州來。對此《史記·管蔡世家》有記載:

>楚昭王伐蔡,蔡恐,告急於吴。吴爲蔡遠,約遷以自近,易以相救;昭侯私許,不與大夫計。吴人來救蔡,因遷蔡於州來。[1]

蔡國求援,吴國争霸。兩國聯姻,共同對抗楚國的目的是非常明顯的。蔡國當時雖然已不如往昔強大,但是較很多小國家還是有實力的,且蔡國處於吴、楚之間,吴若能與蔡國聯手,西進攻楚則有更大的勝算。事實也證明,蔡、吴聯盟攻楚確實取得了成效。

1979年5月河南固始縣侯古堆1號春秋墓出土有一件宋公欒簠(《集成》04589〔蓋〕,《集成》04590〔器〕):

>有殷天乙唐(湯)孫,宋公䜌(欒)作其妹句敔(敌)夫人季子滕簠。

《商周青銅器銘文選》認爲宋公䜌應該是宋景公欒,欒是䜌的假字。《左傳》昭公二十五年:"十一月,宋元公將爲公故如晉。夢大子欒即位於廟,已與平公服而相之。"欒,《史記·宋微子世家》作"頭曼",《漢書·古今人表》作"兜欒"。梁玉繩《史記志疑》謂:"兜、頭古通,欒與曼聲相近。或稱欒,或稱兜欒,呼之有單複耳。"[2]句敔即攻敔,就是吴國。古句、攻同聲。句敔夫人,是宋公欒的妹妹嫁於吴王爲夫人。宋公欒時吴王爲闔閭。宋、吴聯姻事,史籍未詳。[3]

李學勤先生指出,今固始縣境,從春秋中葉已爲楚令尹孫叔敖封地,其後一直屬楚。墓中器物,如青銅器中的有蓋方豆,漆器中的鎮墓獸、盤龍,都是典型的楚文化遺物,見於較晚的楚墓。因此,這座墓雖出了兩件有銘的宋國青銅器,還應列爲楚墓。侯古堆1號墓的器物接近於壽縣西門蔡墓而稍晚,估計爲戰國前期偏早。[4] 吴國夫

---

[1]《史記》卷三十五《管蔡世家》第1569頁。
[2] 上海博物館商周青銅器銘文選編寫組:《商周青銅器銘文選(四)》第506頁,文物出版社1990年。
[3] 上海博物館商周青銅器銘文選編寫組:《商周青銅器銘文選(四)》第507頁。
[4] 李學勤:《東周與秦代文明》第98頁,上海人民出版社2007年。

人的這兩件簠大約是劫掠來的。[1]假如宋景公之妹季子真是闔閭的夫人,[2]她的器物傳到固始一帶還有一種可能。闔閭十年,即公元前505年,闔閭正在楚國,被救楚的秦軍所敗,同時越國也侵伐吳國。闔閭之弟夫概潛回吳國,發動政變,自立爲吳王。闔閭得知後,率兵回國,夫概失敗,逃奔楚國,楚昭王把他封在堂谿。堂溪本來是房子國,因封夫概,稱爲吳房,漢代屬汝南郡,堂谿城在今河南遂平縣西北百里。宋景公簠在這次動亂中流到今河南南部,也是有可能的。[3]

歐潭生先生認爲固始侯古堆春秋1號墓爲吳王太子夫差夫人墓,是吳王夫差當太子時"屯兵守楚"期間的年輕夫人。固始侯古堆春秋1號墓是吳墓,而非楚墓。侯古堆大墓中至少糅合了吳、楚、宋三國的文化因素,表現出墓葬文化内涵的複雜性,這正是春秋晚期各諸侯國之間關係複雜性的表現。[4]

王恩田先生認爲此墓應是番子成周夫人之墓。勾吳夫人初嫁於吳,爲吳王僚或吳闔廬之夫人,或因夫死或因離異及其他原因又改嫁於番子成周。因此勾吳夫人係改嫁前的身分,四件有銘銅簠是宋景公嫁妹的媵器,應是宋器。具有吳文化風格的銅盉與一組原始青瓷器和印紋硬陶器係勾吳夫人改嫁前從吳國帶來,應是吳器。[5]

徐少華先生認爲宋景公之妹、勾吳夫人"季子",更可能是闔廬之子,夫差之兄——公子終累的夫人。終累作爲率師取番的主帥,其後可能長期駐守該地,季子作爲夫人隨同在番,後因病而死埋葬於此。其下葬年代當在春秋末年,即公元前480年左右,這是該墓隨葬器物的性質和特徵所決定的。[6]

張聞捷先生認爲侯古堆1號墓應該爲楚墓,其年代在戰國初年吳亡之後,墓中出土的九件銅鼎並非爲一套列鼎,而是由箍口鼎、獸鈕子母口鼎,三環鈕子母口鼎等多套鼎制組合而成,是東周時期十分普遍的禮制變革現象。墓主人的身分等級應在三鼎規格,且主要使用鼎、簠、缶的基本禮器組合,同時從銅器銘文、其他隨葬品和喪葬習俗的角度綜合考慮,墓主人應爲楚國番縣貴族而非吳王夫人季子。銅鐘、銅簠皆是

---

[1] 李學勤:《東周與秦代文明》第95頁。
[2] 趙世綱先生也認爲季子是闔閭的夫人。參見趙世綱:《固始侯古堆出土樂器研究》,河南省文物考古研究所編著:《固始侯古堆一號墓》,大象出版社2004年。
[3] 李學勤:《綴古集》第129頁,上海古籍出版社1998年。
[4] 歐潭生:《豫南考古新發現的重要意義——兼論吳太子夫差夫人墓》,《中原文物》1981年特刊;歐潭生:《固始侯古堆吳太子夫差夫人墓的吳文化因素》,《中原文物》1991年第4期。
[5] 王恩田:《河南固始"勾吳夫人墓"——兼論番國地理位置及吳伐楚路綫》,《中原文物》1985年第2期。
[6] 徐少華:《固始侯古堆1號墓的年代及其相關問題》,《楚文化研究論集》第七集,嶽麓書社2007年。

其本家自外掠奪之器。[1]

從上面幾位先生的分析來看,固始侯古堆 1 號墓有楚墓説、番墓説、吴墓説等幾説。對於墓的時代也有爭議,有春秋末年和戰國初年之説。這些對於墓主身分的判斷都至關重要。目前看來,固始侯古堆一號墓中器物年代不一,有春秋晚期器,也有戰國初期器物,墓的年代應該以年代最晚的器物爲準。墓中銅器風格與組合以及漆木器、鎮墓獸等均與楚國較爲相似,爲楚墓的可能性較大。不過,墓中有具有吴文化風格的一組原始青瓷器和印紋硬陶器也值得注意,其來源可能原因複雜,[2] 但因其在墓中不屬於核心器物,不能作爲墓葬族屬的主要判斷依據。明確了固始侯古堆 1 號墓的族屬與時代,即战国初期楚墓,則宋公欒簠可能爲掠奪之器或戰亂中流落至此,季子則依據器物銘文以及時代,最有可能是闔廬夫人。

吴王夫差滅越後,勾踐送女於吴王以求成,西施即在其列。這種特殊的婚姻形式,在春秋戰國時期較爲常見。既是戰敗國納女以求成,也是以女色迷惑敵心,喪其志,從而達到滅取的目的。事見《越絶書》:

> 越乃飾美女西施、鄭旦,使大夫種獻之於吴王,曰:"昔者,越王句踐竊有天之遺西施、鄭旦,越邦涝下貧窮,不敢當,使下臣種再拜獻之大王。"吴王大悦。申胥諫曰:"不可,王勿受。臣聞五色令人目不明,五音令人耳不聰。桀易湯而滅,紂易周文而亡。大王受之,後必有殃。……胥聞賢士,邦之寶也;美女,邦之咎也。夏亡於末喜,殷亡於妲己,周亡於褒姒。"吴王不聽,遂受其女,以申胥爲不忠而殺之。[3]

夫差二十三年,吴國最終爲越國所滅。

三、吴國婚姻特點分析及其對春秋政治形勢的影響

在分析吴國婚姻特點前需要特別强調一點,即在西周時期,因爲資料有限,大多數情況下我們不能準確判斷聯姻對象是中國之虞還是夷蠻之吴。據《史記·吴太伯

---

[1] 張聞捷:《固始侯古堆一號墓的年代與墓主》,《華夏考古》2015 年第 2 期。
[2] 固始地區處於吴、楚交戰之地,而且曾經爲吴佔領,不排除受吴文化影響的可能。或者是同墓中宋公欒簠等一起掠奪而來也有可能。原因不明。
[3] 張仲清:《越絶書校注》,國家圖書館出版社 2009 年。

世家》記載:"自太伯作吴,五世而武王克殷,封其後爲二:其一虞,在中國;其一吴,在夷蠻。十二世而晉滅中國之虞。中國之虞滅二世,而夷蠻之吴興。"〔1〕"余讀《春秋》古文,乃知中國之虞與荆蠻句吴兄弟也。"〔2〕兩者兄弟之國,均爲姬姓。且"虞"、"吴"二字多通用。如無明確信息,較難區分。從聯姻對象地理因素考慮,且據《史記·吴太伯世家》記載,壽夢之時,吴國始大,始與中國通,我們傾向於認爲西周時期大部分吴應該是指中國之虞。中國之虞爲晉獻公所滅,所以獻公之後的吴應該爲夷蠻之吴,這是没有問題的。

梳理文章第二部分的資料可知,吴國的聯姻對象有王室、繇氏、猷、晉、齊、徐、魯、蔡、宋、越等國。吴國的婚姻有兩個較爲顯著的特點:第一,不避諱同姓相婚。其婚姻對象有王室、晉國、蔡國、魯國,這些都是姬姓國。這可能與吴國長期處於夷蠻之地,與夷蠻雜居,受他們影響有關。〔3〕又或者如同李學勤先生所言,爲戰略所需:"吴國興起後,力圖與中原列國聯絡,一方面擴展本身勢力和影響,一方面也是對付楚國。吴蔡的一再通婚,與他們聯合伐楚,自然是分不開的。"〔4〕第二,戰略因素大於地緣因素。筆者曾經對兩周時期諸侯國聯姻的情況進行過分析,〔5〕大多數諸侯國的主要聯姻對象爲其周邊國家,即地緣因素影響較大。但是從目前可見的吴國聯姻材料,較少見其與周邊國家的聯姻。與徐國的聯姻,也與楚國的爭霸戰略有關。與越國聯姻則屬於戰敗國納女圖存。當然這可能是所見材料有限的緣故。目前看來,吴國聯姻原因大體可分爲兩類:一是聯合抗楚;一是北上爭霸。兩者戰略因素均十分明顯。

從時間分布來看,吴國的聯姻主要集中在春秋中晚期,這也是吴國從逐漸强大到鼎盛再到滅亡的一段時間。可見吴國的聯姻情況與其國力的强盛緊密相關,其聯姻對象、數量、範圍均在此段時間内達到頂峰。西周時期吴國的幾起聯姻,目前看來大多數應該是中國之虞。可以看出,其與王室以及王朝卿士等關係密切。這一方面與王室的籠絡政策有關,另一方面也體現了姬姓諸侯對王室的親附與尊崇。

從傳世文獻的記載來看,吴國對外擴展經歷了自西向北到向西向北並舉再到向東向北的變化過程,步步爲營,勢如破竹。在春秋中期偏晚之前,吴國還較弱小,後雖在申公巫臣的幫助下,吴國的勢力有所提升,然其與楚國的幾次戰争却都以失敗告

---

〔1〕《史記》卷三十一《吴太伯世家》第1448頁。
〔2〕《史記》卷三十一《吴太伯世家》第1475頁。
〔3〕其實晉國也有類似的情況。
〔4〕李學勤:《綴古集》第128頁。
〔5〕劉麗:《兩周時期諸侯國的婚姻關係》,清華大學博士學位論文,2014年。

終，西進行動受阻。[1]吳國開始轉變策略，積極與北邊的中原列國交好。延陵季子出使中原各國，就是一個標志。這段時期，吳國與北邊的晉國、齊國、魯國、宋國等都有婚姻關係。前文提及，吳與晉國的聯姻可能與兩國聯合抗楚有關。春秋之時，繼鄭莊小霸以及齊桓"九合諸侯，一匡天下"之後，晉、楚爭霸幾乎成了春秋中期以後的主題，當時的主要政治活動多圍繞兩國爭霸而展開，雙方各有勝負，都積極於發展自己的政治勢力集團和盟友。吳國無疑是晉國制衡楚國的有力盟友，這也是申公巫臣從晉國出使吳國，教吳國用兵乘車的原因，目的是共同伐楚。然隨着晉平公嫁女於楚，晉、楚之間關係稍緩，吳、晉之間聯盟抗楚之勢則變弱。爲此，吳在中原諸國中重新尋求新的政治夥伴，魯國成爲了吳國的新同盟。魯自桓公以來多娶齊女爲夫人，齊衰之後，魯與吳聯姻，可能是爲了尋求新的靠山，也可能是吳爲北上爭霸目的，主動嫁女於魯。與宋國的聯姻，也是其北上稱霸的重要戰略。宋國歷來是兵家所爭之地，且是吳國北上的重要通道。顧棟高《春秋大事表》曾言："顧春秋時宋最喜事，春秋之局變多自宋起。"[2]與宋國聯姻，對吳國的霸業意義重大。

隨着吳國勢力的逐漸強大，再加上伍子胥的鼓動，吳國與楚國的矛盾衝突變得不可調和，與蔡國的聯姻某種意義上是順勢而爲，是其攻楚策略的具體實施。蔡國原本是周王朝經營淮水流域的重要據點，對於周王室維持淮水流域統治發揮過重要作用。雖然從春秋中期開始，晉、楚狎主諸侯之盟，失去周王室有力支撐的蔡國已經無法維持其在淮水流域的地位，但是相較於淮水流域其他姬姓國家而言，其實力還是較強的。原本依附於楚國的蔡國，因蔡昭侯受辱而轉投吳國，積極與吳聯姻抗楚。吳國也順勢拉攏，聯絡蔡國共同對付楚國。事實證明，蔡、吳聯盟取得了很大的成效，吳人在蔡等國家的協助下，最終破郢，楚昭王倉皇而逃。當然，吳國爲西進攻楚而聯合的諸侯國數量遠不止本文所列的聯姻對象，但毫無疑問的是，這些聯姻國家都是勢力相對較強的國家。正因爲有這些強大的同盟，吳國在與楚的戰爭中才取得了巨大的勝利。

然而，由於吳國在攻楚過程中國内發生了動亂，也由於越國的興起，吳國的注意力逐漸轉向東邊越國。夫差最終爲父報仇滅了越國，越國納女圖存正在此時。吳國勢力急劇膨脹後，又開始積極向北武力擴展，大敗魯國、齊國，並在黄池之會上與晉定公爭長，試圖稱霸中國。至此，吳國勢力發展到了頂峰。然而，這也爲其覆滅埋下了隱患。越國趁着吳國連年征戰，國内空虛，一舉侵吳，吳國大敗，回天無力。夫差自

---

[1] 具體情況參見《史記》卷三十一《吳太伯世家》。
[2] 顧棟高：《春秋大事表》卷二十四《春秋宋執政表》第1843頁，中華書局1993年。

殺,吴國滅亡。

顧棟高《春秋大事表》曾有言:"顧春秋時宋最喜事,春秋之局變多自宋起。當齊桓之伯,宋嘗先諸侯以求盟。桓死而襄繼之,求諸侯於楚,卒至執於孟,傷於泓,楚遂橫行不可制,而春秋之局於是乎一變。繼恃其有禮於晉公子,逮公子反國,首先輔晉成伯業,鄭、衛、陳、蔡翕然從服,而春秋之局於是乎再變。最後華元欲合晉、楚,向戌以弭兵爲名,令晉、楚之從交相見,卒至宋、虢之盟,楚先晉,黄池之役,吴先晉,舉中原之勢凌夷而折入於吴、楚,悉向戌爲之禍首,而春秋之局於是乎三變。厥後南里之叛,晉已失伯,而吴、楚帥兵以助叛人,夫非宋自階之屬歟?叙其次第於南北勝復之故,有深感焉,亦春秋升降之一大機也。"[1]顧氏所論雖爲宋國,實乃以宋國爲切入點,縱論整個春秋之變局。從上面對吴國婚姻關係的分析可以看出,吴國的興起確實開啓了春秋局勢之變。吴國興起之前,晉、楚爭霸幾乎是春秋中期以後的主題,當時的主要政治活動多圍繞兩國爭霸而展開,吴國一開始也是積極與晉國合作,共同伐楚。但在吴國勢力急劇膨脹後,政治局勢開始發生了變化。中原大國諸如蔡、宋、齊、魯等國甚至包括晉國相繼捲入吴、楚的爭霸戰中。就諸侯國婚姻而言,此段時間,隨局勢發展變化由春秋中期的依附晉、楚逐漸轉爲依附吴、楚。[2]這打破了長期以來兩大集團爭霸的局面,在某種意義上宣告了晉、楚爭霸的結束。吴國不僅對南方局勢造成了極大影響,對北方中原諸國也造成了很大衝擊。吴國滅亡,從某種角度而言,開啓了戰國新局面。而吴、楚以及吴、越的戰争,在某種程度上也促成了南方地區的融合,爲日後大一統局面的形成奠定了基礎。

附録:吴國娶入、嫁出情况表:

表1　吴國娶入情况一覽表

序號	時間	出嫁者	出嫁國	出嫁者身分	娶入者	娶入者身分	娶入國	資料出處
1	西周中期	吴姬	王室		師黄	師氏	吴(虞)國	蒍簋
2	西周晚期	吴王姬	王室				吴國?虞國?	吴王姬鼎

---

[1] 顧棟高:《春秋大事表》第1843頁。
[2] 劉麗:《兩周時期諸侯國的婚姻關係》,清華大學博士學位論文,2014年。

續　表

序號	時　間	出嫁者	出嫁國	出嫁者身分	娶入者	娶入者身分	娶入國	資料出處
3	春秋中期偏晚	晉女	晉國	平公女	諸樊	國君	吳國	《左傳》襄公二十三年
4		齊女	齊國	平公女媵女				
5	春秋晚期	齊女	齊國	齊景公女	餘祭	國君	吳國	《孟子·離婁上》
6	春秋晚期	大孟姬	蔡國		僚	國君	吳國	蔡侯申盤
7	春秋晚期	季子	宋國		闔閭？	國君	吳國	宋公䜌簠
8	春秋晚期	西施	越國		夫差	國君	吳國	《越絕書》
9		鄭袖						

表2　吳國嫁出情況一覽表

序號	時　間	出嫁者	出嫁國	出嫁者身分	娶入者	娶入者身分	娶入國	資料出處
1	西周晚期偏早	吳姬	吳國？虞國？		㝬白	王朝世卿	㝬氏	伯頵父簋
2	西周晚期	吳姬	吳國？虞國？		㪘叔		㪘國	㪘叔簠
3	西周晚期	吳王姬	吳國？虞國？			王室		吳王姬鼎
4	春秋中期	吳女	吳國	餘祭女	慶封	貴族	齊國	《史記·吳太伯世家》
5	春秋晚期	吳女	吳國			國君	徐國	《左傳》昭公四年
6	春秋晚期	吳孟子	吳國		魯昭公	國君	魯國	《左傳》哀公十二年
7	春秋晚期	叔姬寺吁	吳國		蔡侯申	國君	蔡國	吳王光鑒

（劉麗　中國社會科學院中國歷史研究院古代史研究所　助理研究員）

説字小記(八則)*

趙平安

一、説"芻"

《説文》艸部:"䑞,刈艸也。象包束艸之形。"[1]《説文通訓定聲》:"象斷草包束以飼馬牛者也。"[2]解釋字形結構都據小篆爲説。此字甲骨文作🦴(合集121)、🦴(合集11407)之形,以第一種寫法爲主,第二種寫法爲副,正反不拘。西周金文作🦴(散氏盤,集成10176),接續甲骨文第一種寫法。到了戰國時期,芻字有🦴(望山1)、🦴(包山95)、🦴(公芻權,集成10380)、🦴(睡虎地秦簡24.25)等寫法,仍有正反不拘者,一般从兩屮,也有从三屮者。屮也有簡化爲"十"者,但最大的變化還是"又"旁,已經接近《説文》小篆的寫法了。羅振玉在《增訂殷虛書契考釋》中解釋芻字初形時説"从又持斷草",[3]是基本正確的。芻的初文象以手取草之形。草跟木作爲意符相通用,所以又从木作。結合芻的構形和用法看,芻的本義當爲取草料喂牲口。《周禮·地官·充人》:"芻之三月。"用的就是本義。割草的用法應該是它的引申義,在文獻中出現較晚。現在一般工具書都受《説文》影響,把刈草當作本義,這是不正確的。

---

* 本文爲國家社科基金重大招標項目"先秦兩漢訛字綜合整理與研究"(15ZDB095)和清華大學自主科研計劃課題"新出簡牘帛書與古文字疑難解讀"的階段性成果。
[1] 許慎撰,徐鉉校定,愚若注音:《注音版説文解字》第19頁,中華書局2015年。
[2] 朱駿聲:《説文通訓定聲》第365頁,武漢市古籍書店1983年。
[3] 羅振玉:《增訂殷虛書契考釋》第36頁,[臺北]藝文印書館1984年。

清華簡《晉文公入於晉》"以孤之舊（久）不旻（得）繇（由）弐（二）厽（三）夫=（大夫）以攸（修）晉邦之祀,命肥蒭羊牛,豢犬豕,具喬（黍）稷醴=（酒醴）以祀"（簡2—3）,[1]其中"蒭"作 ▨,用的也是本義。這個"蒭"的寫法顯然上承甲骨文和西周金文而來。和甲骨文、西周金文比起來,不僅"屮"所處的位置發生了變化,而且多了一個屮,从三屮。另外"又"的第二筆收筆向左斜曳,形成包圍結構。从"又"與甲骨文、西周金文相似;从三屮,"又"的第二筆收筆向左斜曳,形成包圍結構,與戰國文字相似。這些都是承上啟下的特徵。考慮到以往戰國竹簡中从三個屮的芻都隸作芻,而且蒭字出現較晚（在出土文獻中,以《漢印徵》" ▨ "爲首見）,是芻的俗字,因此 ▨ 字還是直接隸作"芻"爲好。

二、説"農"

清華簡《越公其事》第五章出現5個農字：

> 王思邦游民,厽（三）年,乃乍（作）五=政=（五政。五政）之初,王好蓐（農）工（功）。王親自躬（耕）,又（有）厶（私）舊（畦）。王親涉沟（溝）淳淴（洫）塗,日靖（靖）蓐（農）【三〇】事以勸怠（勉）蓐（農）夫。雩（越）庶民百眚（姓）乃爯（稱）矗慧（惊）悤（懼）曰："王亓（其）又（有）縈（勞）疾?"王聈（聞）之,乃以瀿（熟）飤（食）䀉（脂）䤃（醢）【三一】脩（脯）肫（羹）多從。亓（其）見蓐（農）夫老弱堇（勤）屘（屎）者,王必會（飲）飤（食）之。亓（其）見蓐（農）夫毛（稽）顛（頂）足見,庖（顔）色訓（順）必（比）而牂（將）【三二】劦（耕）者,王亦會（飲）飤（食）之。（簡30—33）[2]

"農"字分別作 ▨、▨、▨、▨、▨ 之形。整理報告把"蓐"括注爲"農"。類似的寫法見於甲骨文,作 ▨（甲274）、▨（乙282）之形,从艸或林,从辰,以蜃耨耕種,或説象手持蜃除草之形。《甲骨文字典》："蓐爲薅、農之初文。"[3]也有學者認爲辱、蓐、耨、耨、耨、鎒、薅都是同源字。[4]

---

[1] 清華大學出土文獻研究與保護中心編,李學勤主編：《清華大學藏戰國竹簡（柒）》第101頁,中西書局2017年。

[2] 清華大學出土文獻研究與保護中心編,李學勤主編：《清華大學藏戰國竹簡（柒）》第130頁。

[3] 徐中舒：《甲骨文字典》第60頁,四川人民出版社1989年。

[4] 陳定方：《男農辱蓐耨耨耨鎒薅諸字同源考》,《古籍整理研究學刊》1989年第4期。

三、説"冑"、"胄"

《説文》冃部："冑,兜鍪也,从冃,由聲。𩊄,《司馬法》冑从革。"〔1〕從甲骨文和西周金文來看,下象兜鍪之形,上从由聲。甲骨文冑作 (合集4078),也作 (合集36492),很早就在兜鍪下加"目"旁作 (虢簋,集成4167),表示是人所佩戴的東西。戰國早期的侯馬盟書(200∶26)繼承了虢簋的寫法。戰國時期也有把"目"換成"人"形作 (中山王方壺,集成9735)者,或者兜鍪省簡,加上"革"旁作 (曾侯乙竹簡)的。戰國文字 (天星觀楚簡)、《説文》小篆或體𩊄就是在這類字形的基礎上省簡而來的。西周晚期師同鼎"冑"字出現了一種特殊寫法,作 (師同鼎,集成2779,孚戎金冑卅)之形,把聲符"由"移到字的下面。這種寫法也見於清華簡《越公其事》,作 (簡3,身被甲冑)、 (簡20,羅甲繳冑)之形,所从冃形體略有訛變。從目前的資料看,上从冃下从由的寫法非常罕見,上限是西周晚期,下限在《越公其事》,但《越公其事》文本複雜,年代不易確定。

《説文》肉部："胄,胤也。从肉,由聲。"〔2〕段玉裁注："與甲冑字別。"〔3〕這種用法的胄先秦時代已經出現,但在古文字資料裏出現很晚。目前所見,最早用爲胤胄的"胄"見於中山王圓壺 [竹(蓄)胄亡(無)彊(疆)],〔4〕下面不从肉,而是从側面人形,和 是繁簡關係,實際上是用甲冑的"冑"表示胤胄的"胄"。从肉的"胄"見於嶽麓簡《占夢書》一八正貳,讀爲"抽"。不是本用,雖然从肉作,但不見得就是胤胄的"胄"。綜合上面兩種情況來看,胤胄的"胄"很可能先是借甲冑的"冑"來表示的,後來又利用冑从肉的異體分化出胤胄的"胄",一字分化出兩個字。

四、説"豈"

《説文》豈部："豈,還師振旅樂也。一曰:欲也,登也。从豆,微省聲。凡豈之屬

---

〔1〕許慎撰,徐鉉校定,愚若注音:《注音版説文解字》第154頁。
〔2〕許慎撰,徐鉉校定,愚若注音:《注音版説文解字》第82頁。
〔3〕段玉裁:《説文解字注》第171頁,上海古籍出版社1981年。
〔4〕林宏明:《戰國中山國文字研究》第322頁,臺灣古籍出版有限公司2003年。

皆从豈。"〔1〕"微省聲",段玉裁據徐鉉本"散"下注語改爲"散省聲"。〔2〕《説文》彳部:"㣲,隱行也。从彳,散聲。《春秋傳》曰:'白公其徒微之。'"〔3〕《説文》人部:"㑗,妙也。从人,从攴,豈省聲。臣鉉等案:豈字从散省,散不應从豈省。蓋傳寫之誤,疑從尚省。尚,物初生之題尚敢也。"〔4〕《説文》以豈从"微省聲";微从"散聲";而散从人、从攴,"豈省聲"。唐蘭評論説"如環無端,叫人莫知所從",〔5〕道出了大多數學者讀《説文》時的感覺。在早期古文字中,微只寫作"散"。散、微是古今字的關係。散从攴,从長髮的側面人形,或以爲會意字,或以爲形聲字。散字形古今變化不大。把散分析爲从攴岂聲應該是正確的。"岂"在郭店簡和上博簡中往往單用,與"微"、"美"通假,説明它可以獨立成字,應該有更早的淵源。綜合形音義來看,我們認爲它很可能是"耆"的本字。耆字戰國時期才出現,但先秦文獻已廣泛使用,應該出現得很早。字象老者側面之形,突出長髮和單瘦的形象。散在微部明母,耆在脂部群母,韻部和聲母都很近。豈字出現較晚,但在戰國文字中,不僅單用,而且已大量用爲偏旁。從古文字字形看,豈字从豆,上部構意不明。《説文》把豈和微聯繫到一起,是因爲到了戰國文字(包括小篆)階段,兩個字字形確實有相同的地方,而且兩個字音也很近,一時找不到更好的説法了。應該説豈从微省聲確實有點繞,但若説豈从岂省聲,確是完全可能的。

五、説《子犯子餘》中的"豐"字

《子犯子餘》:"公乃訋(召)子靶(犯)、子余(餘)曰:'二子事公子,句(苟)聿(盡)又(有)心女(如)是,天豐怘(謀)襧(禍)於公子?'"(簡6—7)〔6〕注二八:"豐,疑爲'豈'之誤。怘,讀爲'謀'。《書·大禹謨》'疑謀勿成',蔡沈《集傳》:'謀,圖爲也。'"〔7〕所謂"豐"字原作 ![字]。關於豊和豐字,林澐先生曾有專文討論。他認爲,豊和豐都从壴(鼓)作,豊从壴从玨,用兩種行禮之器來表示禮的意思。豐从壴,从兩個丰或兩個亡,

---

〔1〕許慎撰,徐鉉校定,愚若注音:《注音版説文解字》第97頁。
〔2〕段玉裁:《説文解字注》第207頁。
〔3〕許慎撰,徐鉉校定,愚若注音:《注音版説文解字》第37頁。
〔4〕許慎撰,徐鉉校定,愚若注音:《注音版説文解字》第162頁。
〔5〕唐蘭:《中國文字學》第108頁,上海古籍出版社1979年。
〔6〕清華大學出土文獻研究與保護中心編,李學勤主編:《清華大學藏戰國竹簡(柒)》第92頁。
〔7〕清華大學出土文獻研究與保護中心編,李學勤主編:《清華大學藏戰國竹簡(柒)》第96頁。

丰或亡都是聲符。豐是形容詞，表示鼓聲大的意思。豐和豐東周時期都出現了省簡的寫法，形符玨省作玉，聲符省作一個丰。从丰的豐和从玉的豐形體很近，極容易相混同。簡文此字上部不从玉，明顯从丰聲，當釋爲"豐"。豐从亡聲，可以讀爲"無"，當"不"講。《商君書·農戰》："民以此爲教，則粟焉得無少，而兵焉得無弱也。"古代棓、棒通用，鞛、琫通用，〔1〕表明不、豐兩聲字也可以通用。因此，豐也可以直接讀爲不。

六、説"侯"

《説文》矢部："，春饗所射矦也。从人，从厂，象張布，矢在其下。……，古文矦。"〔2〕侯字甲骨文一般作（合集6816）、（合集20014）之形，本从矢作，偶爾也作（合集3347），从交作。唐蘭以爲"與'交'混"。〔3〕古音侯在匣紐侯部，交在見紐宵部，古音很近，有學者以爲屬"變形音化"。〔4〕黄天樹教授也同意這一觀點。〔5〕西周金文中也有近似的寫法，如（匽侯旨作父辛鼎，西周早期，集成2269）、（亞異侯夨父戊簋，西周早期，集成3513），但數量較少。這類寫法又見於清華簡《子儀》。《子儀》："'君及不穀（穀）剸（專）心穆（戮）力以右（左）右者（諸）侯，則可（何）爲而不可？'乃張大矦（侯）于東奇之外。"（簡4）〔6〕兩個侯字分别作、之形。前者指諸侯，後者指射侯。我在整理此篇的時候，把它們直接釋爲"侯"。這種寫法應該是甲骨金文寫法的孑遺。在《子儀》篇裏、用法上可能已有所分化，即諸侯的侯和射侯的侯職能相互區別。

七、説"麇"

清華簡《晉文公入於晉》有麇字作（簡7）之形，整理報告隸作"麇"。文例爲"元

---

〔1〕張儒、劉毓慶：《漢字通用聲素研究》第3頁【不通丰】條，山西古籍出版社2002年。
〔2〕許慎撰，徐鉉校定，愚若注音：《注音版説文解字》第105頁。
〔3〕唐蘭：《甲骨文自然分類簡編》第113頁，山西教育出版社1999年。
〔4〕葉玉英：《古文字構形與上古音研究》第343頁，廈門大學出版社2009年。
〔5〕黄天樹：《殷墟甲骨文中的"變形聲化"》，《黄天樹甲骨金文論集》，學苑出版社2014年。
〔6〕清華大學出土文獻研究與保護中心編，李學勤主編：《清華大學藏戰國竹簡（柒）》第128頁。

年克蒝(原),五年啟東道,克曹、五麗(鹿)"。[1] 注一六:"魯僖公二十八年、晉文公五年春,晉師東伐曹而假道于衛,衛人弗許,晉師遂西還,由南河濟,地在河南淇縣南之棘津。正月戊申,取衛之五鹿。"[2] 五麗即五鹿。"麗"字也見於上博簡《孔子詩論》"《麗鳴》以樂司而會,以道交,見善而效,終乎不厭人"(簡 23),鹿字下部略有省簡。"麗鳴"即"鹿鳴",見諸《詩經·小雅·鹿鳴》:"呦呦鹿鳴,食野之苹。我有嘉賓,鼓瑟吹笙。""麗"也見於新蔡葛陵楚簡,文例爲"☐於成爵麗"(零 352),"爵麗"即"爵禄"。戰國竹簡中爵禄的"禄"多用"录"表示,這裏則用"麗"表示。"麗"是在"鹿"上加注"录"。

"鹿"和"录"都是常用字,古今音都相同,純粹從表音角度講,在"鹿"上加注"录"聲必要性不大。兩個字構形本義相差很遠,在表意上也很難說互助。

我們注意到,這兩個字在使用上關係很密切。商代甲骨文裏,麓往往寫作"录",或加林、艸,或加四木。西周金文中,录讀爲"鹿"。戰國時期,录、鹿兩聲字更多相通之例。"麗"這類字的結構形成,和"鹿"、"录"長期通用的大背景是分不開的,人們把兩個長期通用、關係密切的字很自然地聚合在一起了。它與牽合有異曲同工之妙。

八、説"竪"

《説文》立部:"竪,待也。从立,須聲。⿰立⿱髟刀,或从㑚聲。"[3] 因爲从"立",《説文解字繫傳》解釋爲:"立而待也。"[4] 從目前的資料看,這個字最早見於清華簡《越公其事》,作⿰立⿱髟刀之形,只是部件位置略有不同而已。《越公其事》64—65 簡共出現三個表示等待的竪字,如"及昏,乃命右(左)軍監(銜)梲(枚)溯(溯)江五里以須,亦命右軍監(銜)梲(枚)渝江五里以須,夜(夜)中,乃命右(左)軍、右軍涉江,鳴鼓,中水以竪"。[5] 前兩個寫作⿱髟刀、⿱髟刀,不从立,只有最後一個从立作。查包山簡、郭店簡、上博簡等戰國楚簡表示等待的"須"也都作"須",戰國晚期至秦代的秦系簡牘也是如此。傳世文獻中表示等待的"須"一般也只作"須",《説文句讀》:"經典率借須爲竪。"[6] 可以肯定,表示等待的"竪"原來借鬚髪的"須"(有時也借"需")表示,"立"旁是後來才加上去的。

---

[1] 清華大學出土文獻研究與保護中心編,李學勤主編:《清華大學藏戰國竹簡(柒)》第 101 頁。
[2] 清華大學出土文獻研究與保護中心編,李學勤主編:《清華大學藏戰國竹簡(柒)》第 103 頁。
[3] 許慎撰,徐鉉校定,愚若注音:《注音版説文解字》第 216 頁。
[4] 徐鍇:《説文解字繫傳》第 207 頁,中華書局 1987 年。
[5] 清華大學出土文獻研究與保護中心編,李學勤主編:《清華大學藏戰國竹簡(柒)》第 145 頁。
[6] 王筠:《説文句讀》第 1435 頁,上海古籍書店 1983 年。

從現有的資料看,小篆的"壟"可能是來源於戰國楚文字的。這也可以看作書同文吸收六國文字的一個例證。

(趙平安　清華大學出土文獻研究與保護中心；
出土文獻與中國古代文明研究協同創新中心　教授)

《清華五·封許之命》 簡6"匿"字考*

蘇建洲

《封許之命》簡5—6記載周王賞賜呂丁車馬器，其中對於馬具、馬飾有如下的記載："馬四匹、攸勒[1]、🅰🅱、羅纓、鉤、膺[2]、鑣、䉤[3]、匿。"對於"匿"字整理者括讀爲"柅"，並注釋指出：

> 《説文》"暱"字或作"昵"，此處"匿"疑讀爲"柅"。《易·姤卦》"繫于金柅"，《正義》："馬云：柅者，在車之下，所以止輪令不動者也。"柅附屬於車馬，故簡文列於車馬之下。[4]

白於藍、羅小華先生同意"匿"讀爲"柅"，羅小華並認爲"柅"可與"軔"相通假，秦陵二號銅車馬有2件銅軔。"柅"是馬車的附屬物。[5] 高佑仁先生也認爲簡文的"匿"應

---

* 本文爲"《清華七·越公其事》研究"的研究成果之一，獲得"國科會"的資助（計劃編號 MOST 107-2410-H-018-013-），特此致謝。
[1] "暮四郎"指出字形從四"力"，讀爲"勒"。見簡帛網簡帛論壇，"清華五《封許之命》初讀"第27樓，2015年4月14日。
[2] 相關考釋參見"松鼠"引吳振武先生的意見，簡帛網簡帛論壇，"清華五《封許之命》初讀"第23樓，2015年4月13日；石小力：《清華簡（伍）〈封許之命〉"鉤、膺"補説》，簡帛網，2015年4月12日。
[3] "鑣"、"䉤"的考釋參見陳劍：《〈清華簡（伍）〉與舊説互證兩則》，復旦大學出土文獻與古文字研究中心網站，2015年4月14日。羅小華則認爲"羅纓"是指"䉤纓"之"纓"是用"羅"製作的。"🅲絆"，連讀爲"纂䉤"，指"䉤"是用"纂"製作的。"纂䉤"和"羅纓"一起，才構成"䉤纓"。見氏著：《戰國簡册中的車馬器物及制度研究》第102頁，武漢大學出版社2017年。
[4] 清華大學出土文獻研究與保護中心編，李學勤主編：《清華大學藏戰國竹簡（伍）》第121頁注釋三五，中西書局2015年。
[5] 白於藍：《簡帛古書通假字大系》第606頁，福建人民出版社2017年；羅小華：《戰國簡册中的車馬器物及制度研究》第41—42頁。

是指車之器"柅",又可作"靭"。〔1〕網友"奈我何"則認爲"柅"即考古發現的"弓形器",〔2〕謝明文先生似也認同這個意見。〔3〕"子居"則認爲自"馬四匹"以下至"匨"皆當爲馬具,"匨"當讀如原字,或是指馬的眼罩。〔4〕

謹按:筆者認爲"匨"讀爲"柅"恐怕是有問題的。首先,"子居"指出依照簡文的叙述順序,"匨"應該屬於馬具,這是對的。如同《封許之命》"易(錫)女(汝)倉(蒼)珪、巨(秬)鬯一卣。敀(路)【5】車、瑽玩"的"瑽玩","子居"認爲自"路車"以下至"馬四匹"之前所列舉的諸物當皆爲"車具",因此"玩(衡)"不能是玉器、衣帶,而應當是車轅前橫木,即"車衡"。〔5〕謝明文先生贊同其説,並指出"在周代册命金文中,賞賜品的排列往往是同類相從,即A類的賞賜品往往排列在一塊,B類的賞賜品往往排列在一塊,A類中的某一物品不會出現在B類的組合中,B類中的某一物品亦不會出現在A類的組合中(車器、馬器兩類中有個别例外。因爲這兩類關係密切,一般統稱車馬器,故有的器物既可置於車器後亦可置於馬器後)。"〔6〕但如謝文所舉例,這種位置不固定的車馬器似乎多是"旂"。其次,"柅"是什麼器物,學界尚無定論。《信陽》2-018"樂人[之]器:一肆坐棧鐘,小大十又三,△1條、漆畫、金玦。一肆坐[棧磬],[少(小)]大十又九,△2條、漆畫、緄緤",2-021"一△3,戴角",以上字形分别作:

對於△1、△2,何琳儀、李家浩二先生釋爲"柅"。〔8〕劉洪濤、劉國勝、白於藍、范常喜等先生根據"迡"作 (《上博二·民之父母》簡8)、"尼"作 (《上博三·中

---

〔1〕高佑仁:《〈封許之命〉車馬類賞賜物新研——鑾鈴、蔥衡、鉤膺、柅》,《第二十九屆中國文字學國際學術研討會論文集》第354—358頁,桃園中央大學中文系2018年。
〔2〕簡帛網簡帛論壇,"清華五《封許之命》初讀"第42樓,2015年4月21日。
〔3〕謝明文:《〈封許之命〉"瑽玩"補釋》,"首屆古文字與出土文獻語言研究國際學術研討會"論文,廣州華南師範大學出土文獻語言研究中心2016年。此文對"柅"的解釋引用了"奈我何"的意見。
〔4〕子居:《清華簡〈封許之命〉解析》,清華大學出土文獻研究與保護中心網站,2015年7月16日。
〔5〕子居:《清華簡〈封許之命〉解析》,清華大學出土文獻研究與保護中心網站,2015年7月16日。
〔6〕謝明文:《〈封許之命〉"瑽玩"補釋》,"首屆古文字與出土文獻語言研究國際學術研討會"論文,廣州華南師範大學出土文獻語言研究中心2016年。
〔7〕字形取自《楚地出土戰國簡册合集(二)·葛陵楚墓竹簡 長臺關楚墓竹簡》圖版第83、84頁,文物出版社2013年。其中"△3"武漢大學簡帛網資料庫的字形作 ,可能是因爲軟件處理的關係,導致"匚"形右上出現短豎筆。
〔8〕何琳儀:《信陽楚簡選釋》,《文物研究》第八期,第175頁,黄山書社1993年;李家浩:《信陽楚簡"樂人之器"研究》,《簡帛研究》第三輯,第1—3頁,廣西教育出版社1998年。

弓》簡8)釋爲"桋"。〔1〕劉洪濤、劉國勝也將"△3"釋爲"桋"。〔2〕劉國勝又根據古書的記載對遣册"桋"所對應的墓葬文物進行推測,他指出:

> 《説文》:"桋,木也。實如梨。"桋用作器具名,見《易·姤》"系于金桋",王弼注:"桋者,制動之主。"孔穎達疏:"桋之爲物,衆説不同。王肅之徒皆爲織績之器,婦人所用。惟馬云:'桋者,在車之下所以止輪令不動者也。'王注云:'桋,制動之主。'蓋與馬同。"《玉篇·木部》:"桋,絡絲柎。"《廣韻·旨韻》同。《集韻·旨韻》:"桋,止車輪木。"又《脂韻》:"桋,絡杕。"桋,也通作檷。《集韻·旨韻》:"檷,絡絲柎,或从金。通作桋。"《説文》:"檷,絡絲檷,从木,爾聲,讀若桋。"段注:"檷,絡絲柎也。"朱駿聲《通訓定聲》:"檷,今絡絲架子是也。"上述有關桋、檷的字詞解釋不盡一致,不過從中我們可以總結出,稱作"桋"或"檷"的器物似當是有立柱的結構,置於地上比較穩固。……2-021號簡所記的戴角的"桋"似當指隨葬的"彩繪雙角器"。……其器形一般由足柎、柱身、頭部、鹿角幾部分構成,……結合文獻對桋、檷字的注解,我們認爲,這類器物稱作"桋"、"檷"蓋是針對帶足柎之立柱而言。……2-018號簡的"桋"就是指鐘、磬架的立柱。〔3〕

其後,程鵬萬先生指出△1、△2"匚"内填實的位置與"尼"不同。後者的位置在"匚"内的左上角或左下角,△1、△2的位置則在"匚"内的左邊中部,與秦漢文字"瓜"字字形一致,因此贊同釋爲"柧"的意見,"柧條"讀爲"虞筍"。〔4〕此説將"柧條"讀爲"虞筍",辭例上確實比較合理,且字形確實與秦漢文字"瓜"的寫法相近,如:▨(窊,《馬王堆·相馬經》18)、▨(狐〔狐〕,帛書《周易》解卦39上)、▨(苽,帛書《周易》睽卦75

---

〔1〕劉洪濤:《上博竹書〈民之父母〉研究》第15頁,北京大學碩士學位論文,2008年。陳偉主編,劉國勝撰寫:《楚地出土戰國簡册[十四種]·長臺關一號墓簡册》第383—384頁,經濟科學出版社2009年。白於藍:《釋"叏"》,復旦大學出土文獻與古文字研究中心網站,2010年4月5日;又載《古文字研究》第二十八輯,第517頁,中華書局2010年。范常喜:《從信陽遣策簡談"虎座鳥架鼓"鼓架的定名》,"中國簡牘學術研討會"論文,山東博物館等2017年。

〔2〕劉洪濤:《上博竹書〈民之父母〉研究》第15頁;陳偉主編,劉國勝撰寫:《楚地出土戰國簡册[十四種]·長臺關一號墓簡册》第383—384頁。

〔3〕劉國勝:《信陽遣册"桋"蠡測》,簡帛網,2010年10月22日;又載氏著:《楚喪葬簡牘集釋》第21頁注86、第28頁注125,科學出版社2011年。

〔4〕程鵬萬:《説信陽楚簡"樂人之器"中的"柧條"》,《中國文字研究》第二十二輯,第61—65頁,上海書店出版社2015年。此文蒙陳劍先生提示,謹致謝忱。程文原發表於"簡帛文獻與古代史學術研討會暨第二届出土文獻青年學者論壇",復旦大學出土文獻與古文字研究中心2013年。相關意見又可參氏著:《試論吳王光鐘銘文"條虞既叡(設)"的連讀》,《古文字研究》第二十九輯,第399頁,中華書局2012年。

下)、▆(柧,帛書《周易》睽卦76上)。但目前所看到的楚文字"瓜"都不作"匚"形,請比對▆(孤,《周易》簡33)、▆(孤,《吴命》簡4)、▆(孤,《新蔡》簡零9)、"▆"(柧,《有皇將起》簡1),〔1〕有研究者指出楚簡"瓜"與"匕"有形體相混的現象,〔2〕這種觀察有一定的道理。但是△1、△2的形體與"匕"不似,此所以仍有將此二字釋爲"柧"的意見。〔3〕希望將來能有新材料可以提供證據來解釋字形上的問題。不過,以程説的標準來看,"△3"並不具備釋爲"柧"的條件,其填實的位置在"匚"内的左上角,與楚文字的"尼"相同。而且"△3"的文例並非是懸挂鐘磬的架子,恐怕也不能讀爲"虡"。因此"△3"不能排除釋爲"柧"的可能。

侯乃峰先生在討論《周易·姤卦》"繫于金柅"時,認爲"柅"當是林澐先生所説的"弓形器",這種"弓形器"孫機先生指出就是文獻中的"弭"。侯先生認爲"柅"與"弭"聲音相近,因此"柅"就是"弓形器"。〔4〕謹按:《繫年》簡88—89"明歲,楚王子罷會晉文子燮及諸侯之夫=(大夫),盟於宋,曰:'爾天下之甲兵。'"整理者將"爾"讀爲"弭"。《國語·周語上》韋注:"弭,止也。"〔5〕張富海先生進一步指出:

> 從此簡文假借"爾"爲"弭"來看,我認爲"弭"的上古音應與"爾"同部。"爾"有歸脂部和歌部二説,從其中古音韻地位(《廣韻》在紙韻)和古文字材料中的相關諧聲通假現象來看,當以歸"歌"部爲是。因此,"弭"也應該歸入歌部。"弭"入歌部,既合乎其中古音韻地位,又與通假相合。《詩·小雅·采薇》:"四牡翼翼,象弭魚服。"鄭箋:"弭,弓反末彆者,以象骨爲之。""弭"爲弓之末,可能和"末"有同源詞關係。"末"的上古音屬月部,則"弭"與"末"歌月對轉。"弭"所從之"耳"的讀音與"弭"聲韻皆有區别,恐怕很難看作聲旁,應不能囿於《説文》的諧聲分析。李孝定説:"弭字从耳,殆亦會意兼聲之例,弓末斜出,正如人之有耳也。"我認爲"弭"似可看作會意字。……在戰國中期的楚簡中,"爾"字已經與其簡體"尔"有了功能分化:"尔"表示{爾},"爾"表示{彌}。{爾}與{彌}的中古聲母分别是日母和明母,讀音上有差異,這種

---

〔1〕更多例證參見拙著:《楚文字論集》第550—560頁,[臺北]萬卷樓圖書股份有限公司2011年。
〔2〕參見石小力:《東周金文與楚簡合證》第115頁,中山大學博士學位論文,2015年;又載氏著:《東周金文與楚簡合證》第108頁,上海古籍出版社2017年。
〔3〕范常喜:《從信陽遣策簡談"虎座鳥架鼓"鼓架的定名》,"中國簡牘學術研討會"論文,山東博物館等2017年;白於藍:《簡帛古書通假字大系》第355頁"柧"字條下未收讀爲"虡"的例證。
〔4〕侯乃峰:《〈周易·姤卦〉"金柅"考辨》,《周易研究》2010年第6期,第21—27頁。
〔5〕清華大學出土文獻研究與保護中心編,李學勤主編:《清華大學藏戰國竹簡(貳)》第175頁注釋七,中西書局2011年。

分工或許正是讀音差異的反映。[1]

依照張先生的意見，"弭"是會意字，與"耳"聲無關。[2] 所以"弭"、"彌"同爲明紐歌部字，都可以用"爾"來表示。《史記·孝文本紀》："春，上曰：朕獲執犧牲珪幣以事上帝宗廟，十四年于今，歷日縣長，以不敏不明而久撫臨天下，朕甚自愧。"王念孫《讀書雜志》卷三之一《史記·孝文本紀》"歷日縣長"條云："'縣'當爲'緜'，字之誤也。……《漢書》作'歷日彌長'，'彌'亦'緜'也，……'緜'與'彌'聲近而義同，故'緜'或作'彌'。"[3] 陳劍先生指出："所謂'緜與彌聲近而義同'之説甚是，故'緜'字有關用法頗可以'彌'字來相印證。'彌'之'緜延'義亦既可用於空間，也可用於時間。"[4] "緜"是明紐元部，既與"彌"聲近而義同，此亦可證明"彌"確實當歸爲明紐歌部。而"柅"是泥紐脂部，應該與表示{爾}的"尒"是一個系統，後者爲日母字。此外，與"尼"存在異文或通假關係的"邇"、"禰"、"檷"、"鑈"都是日母或泥母，[5] 與"弭/彌"爲明紐不同。因此"柅"與"弭"能否通假不無疑問。結合信陽楚簡"△3"指帶足柎之立柱來看，《周易》的"繫于金柅"可以理解爲"繫在金製或金飾的立柱上"，"金"爲青銅。古書有"金柱"的記載，如《淮南子·俶真》："逮至夏桀、殷紂，燔生人，辜諫者，爲炮烙，鑄金柱，剖賢人之心……"也可以理解爲以金（銅）裝飾的柱子，比如毛公鼎、番生簋的"金筩弻"或是毛公鼎的"金車"都是很好的例證。而且"繫于立柱"古書也有類似説法，如《漢書·景十三王傳》："去縛繫柱，燒刀灼潰兩目，生割兩股，銷鈆灌其口中。"又《儀禮·士喪禮》："夏葛屨，冬白屨，皆繶緇絢純，組綦繫於踵。""組綦繫於踵"與"繫于金柅"句型相近，"踵"是後腳跟，與"立柱"的形象也比較

---

[1] 張富海：《清華簡繫年通假柬釋》，李守奎主編：《清華簡〈繫年〉與古史新探》第450—452頁，中西書局2016年。附帶一提，新出《清華八·治邦之道》簡24"盜賊不爾（彌）"也是相同用字習慣的表現。
[2] 張家山漢簡《奏讞書》簡118"毛曰：'不能支疾痛，即誣講，以彼治（笞），罪也。'"，"彼"陳劍先生指出當讀爲"避"。陳偉先生根據前者的讀法，並引用《集韻·紙韻》"弭，止也。通作弭"、《禮記·郊特牲》"祭有祈焉，有報焉，有由辟焉"鄭玄注"辟讀爲弭，謂弭災兵、遠罪疾也"、《急就篇》卷一"高辟兵"顏師古注"辟兵，言能弭止兵戎也"，指出《秦律十八種·倉律》簡48"妾未使而衣食公，百姓有欲叚（假）者，叚（假）之，令就衣食焉，吏輒柀事之"的"柀"讀爲"辟"；張家山漢簡《奏讞書》中的"彼"讀爲"辟"或"弭"，"彼治"指"止笞"。參見陳劍：《關於〈奏讞書〉的"以彼治罪也"》，復旦大學出土文獻與古文字研究中心網站，2013年9月10日；陳偉："柀事"與"彼治"，簡帛網，2013年10月14日。謹按："避/辟"通作"彼/柀"，猶如"辟"通作"弭"，都在歌支部的範圍，也可證"弭"與"耳"聲無關。
[3] 王念孫：《讀書雜志》第82頁，江蘇古籍出版社2000年。
[4] 陳劍：《據出土文獻説"懸諸日月而不刊"及相關問題》，《嶺南學報》復刊第十輯，第78頁，上海古籍出版社2018年。
[5] 張儒、劉毓慶：《漢字通用聲素研究》第497頁，山西古籍出版社2002年；陳復華、何九盈：《古韻通曉》第191頁，中國社會科學出版社1987年。

相近。值得注意的是,《易·姤》:"初六,繫于金柅,貞吉。"王弼注:"柅者,制動之主。"王弼的注解並未牽涉到車馬器,根據本文的說法,"制動之主"完全可以理解爲"制動之柱"。總之,對"柅"的解釋是没有必要牽涉到弓形器的。

再來討論《封許之命》的"匪"讀爲"柅"的問題。整理者持這種讀法的原因有二:一是《説文》"暱"字或作"昵";二是馬融云"柅者,在車之下,所以止輪令不動者也",所以"柅"是車馬器,可列於車馬之下。羅小華先生據此將"柅"歸在"車構件"之下。[1]但是一方面如侯乃峰先生所説古代用在車輪下阻止車輪轉動的木塊稱爲"軔"。《説文》:"軔,礙車也。"《玉篇·車部》:"軔,礙車輪木。"《漢書·揚雄傳上》"既發軔于平盈兮",顔師古注引服虔曰:"軔,止車之木。"在古人這些關於"軔"字的注解中,從來没有提到"軔"還有别名稱爲"柅"的。[2]另一方面經由楚墓文物的記載也證實"柅"不是車馬器。因此將"匪"讀爲"柅"置於馬具之下顯有不妥。退一步説,即使"柅"真是"止車之木",也屬於車構件,没有過硬證據可將之置於馬具之下。當然最大的問題還是册命金文的賞賜物或是戰國遣册簡從未見有"車軔"一類的物品,此所以研究者認爲"柅"指弓形器。

其次,"匪"是泥紐職部三等開口,"柅"是泥紐脂部三等開口,[3]韻部有"職"、"脂"的不同。對於楚簡之脂二部相通的例證,孟蓬生先生曾有集中的舉例:

> "越公其事"就是"越君其次",不容作兩歧解釋。事,之部;次,脂部。楚簡之脂相通:郭店楚簡《窮達以時》:"夬寺虐拘囚束縛,釋桎梏而爲諸侯相,遇齊桓也。""夬寺虐"即"管夷吾"。上博簡《周易》"匪台所思"即"匪夷所思"、清華簡"思"作"帀"(《詩·周頌·敬之》:"敬之敬之,天維顯思。")。清華簡《周公之琴舞》"敬之敬之,天惟顯帀",皆其證也。《説文·肉部》:"肞(胾),食所遺也。从肉,仕聲。《易》曰:'噬乾肞。'胏,揚雄説肞从朿。"士聲、事聲古音相通。《説文·士部》:"士,事也。"《詩·鄭風·騫裳》:"子不我思,豈無他士。"毛傳:"士,事也。"朿聲、次聲古音相通。《易·夬》:"其行次且。"《釋文》:"次,本亦作趀。《説文》及鄭作趀。"《説文·走部》:"趀,蒼卒也。从走,朿聲。讀若資。"《儀禮·既夕禮》:"設牀第。"鄭注:"古文第爲茨。"《清華六·鄭文公問太伯》甲篇簡8:"桑茮。"乙篇簡7作"桑事"。然則事之於次,

---

[1] 羅小華:《戰國簡册中的車馬器物及制度研究》"目次"。
[2] 侯乃峰:《〈周易·姤卦〉"金柅"考辨》,《周易研究》2010年第6期。
[3] 陳復華、何九盈:《古韻通曉》第74、190、203頁。謹按:《老子》乙本卷前古佚書《十大經·觀》:"[黄帝]令力黑浸(潛)行伏匿,周流四國,以觀無恒〈極〉,善之法則,力黑(牧)視(示)象(像),見黑則黑,見白則白。""匿"與"國"、"極"、"則"協韻,也可證明"匿"是職部。參見鄔可晶:《馬王堆漢墓帛書〈十大經〉補釋二則》,《簡帛》第五輯,第430頁,上海古籍出版社2010年。

猶㝉之於肺也。〔1〕

但是楚簡中有脂、之相通的現象，並不能推廣到脂、職相通。〔2〕比對楚文字"尼"的用法更可以落實這樣的觀察。楚簡"尼"作 ▨（《上博三·中弓》簡8）、▨（《上博五·君子爲禮》簡4），"柅"作 ▨（《上博三·周易》簡40）。上博三《周易》簡2與今本《周易》"泥"對應之字作 ▨。對於"匸"旁，不少研究者認爲即《説文》"衺徯有所俠藏也，讀與傒同"的"匸"，"匸"實即藏匿之"匿"的表意初文。〔3〕但若依《説文》所標"匸"讀爲"傒"，與"匿"聲音差距較遠。更重要的是裘錫圭先生認爲《説文》對"匸"的解釋"稍涉虛玄，似有問題"，並指出"匸（區匿所从者），其形象室屋（象橫剖面，宀象縱剖面）、庭院或其他可以儲物、待（呆）人之處，'乚'是其省形"。中山王鼎銘"委"作 ▨ 字，裘先生指出是"委積"之"委"的本字，所从之"匸"也表示一個區域。西周金文"廷"作 ▨（何尊）、▨（孟鼎二），裘先生指出"廷"字所从的"乚"應該就是表示"廷（庭）"這個地方的。花東甲骨的"敡"與王盂的"歸"均表示用帚和水灑掃"室屋或庭院"。〔4〕所以"匸"與"藏匿"無關。此外，▨、▨ 等字幾乎都可以釋爲"尼"或从"尼"之字，沒有必要再通讀爲"匿"或从"匿"之字，比如《越公其事》簡35"羍＝（至于）鄩（邊）䚈（縣）尖＝（小大）遠泥（昵）"，末字整理者讀爲"邇"實無必要，讀爲"昵"更爲直接。《玉篇》："昵，近也。"惟《郭店·尊德義》簡17—18"因恒則古（固），察 ▨ 則無僻，不黨則無怨"需要加以討論。黃錫全先生認爲"▨"應釋爲"昵"，假爲匿，意爲藏匿、隱匿。〔5〕禤健聰先生主張讀爲"暱"，〔6〕石小

---

〔1〕孟蓬生：《〈清華七·越公其事〉字義拾瀋》，"第二屆古文字與出土文獻語言研究學術研討會"論文，西南大學漢語文獻研究所、四川外國語大學中文系2017年。

〔2〕此爲張富海先生向筆者指出，見2018年5月28日電子郵件內容。

〔3〕參濮茅左對《民之父母》"可（何）志（詩）是 ▨（昵）"的注釋，馬承源主編：《上海博物館藏戰國楚竹書（二）》第165頁，上海古籍出版社2002年；黃德寬：《戰國楚竹書（二）釋文補正》，簡帛研究網，2003年1月12日，又載《學術界》2003年第1期；宋華強：《郭店簡拾遺（二）》，簡帛研究網，2004年6月13日；黃錫全：《讀上博〈戰國楚竹書（三）〉札記六則》，簡帛研究網，2004年4月29日；禤健聰：《戰國楚系簡帛用字習慣研究》第227頁，科學出版社2017年。

〔4〕參見裘錫圭：《釋"敡"》，《古文字研究》第二十八輯，第26—28頁，中華書局2010年；收入《裘錫圭學術文集·甲骨文卷》第554—556頁，復旦大學出版社2012年。亦可參見蔣玉斌：《釋甲骨文"庭"字的兩種異體（提綱）》，"新出土文獻與古文字考釋青年學者學術研討會"論文，東北師範大學文學院2017年。

〔5〕黃錫全：《讀上博〈戰國楚竹書（三）〉札記六則》，簡帛研究網，2004年4月29日。

〔6〕禤健聰：《戰國楚系簡帛用字習慣研究》第227頁。

力先生主張讀爲"慝"。〔1〕不過,李天虹先生則認爲"辺"或可讀爲"泥",拘泥,固執義。"避"似可讀爲"辟",鄙陋義,與"泥"對應。〔2〕白於藍先生也以爲"辺似當讀作辺"。〔3〕陳劍先生所撰寫的釋文作"因恒則固,察昵則無僻,不黨則無怨"。〔4〕我們贊同讀爲"昵",訓爲親近,意思是説君王細察親昵之人則無邪僻之事發生。《包山》簡138反:"匿(暱)至於(從)父兄弟不可證(徵—證)。"可見{暱}本來即以"匿"記録,因此"辺"沒有讀爲"暱"的必然性,同理"匚"也並非一定讀爲"匿","匚"自然也不能是"匿"的表意初文。"匚"當另有來源,待考。

《説文》:"暱,日近也。从日,匿聲。《春秋傳》曰:'私降暱燕。'昵,暱或从尼。"這是很多研究者用以證明"匿"、"尼"相通的例證。但是"暱"、"昵"也可能只是義近關係。比如楊樹達云:"暱或體从尼作昵。尼訓近,所以从尼的昵字也有近的意思,這是很自然的現象了。"〔5〕言下之意是認爲"昵"與"暱"是同義字。目前先秦兩漢古文字尚未見"暱"與"昵",直到北魏嵩顯寺碑、高慶碑、辛祥墓志才有"昵"字。〔6〕林義光《文源》云:"匕、尼不同音,𠤎,人之反文,𠂉亦人字,象二人相昵形,實昵之本字。"〔7〕于省吾先生指出:"尼字的構形既然象人坐於另一人的背上,故《爾雅·釋詁》訓尼爲止爲定;人坐於另一人的背上,則上下二人相接近,故典籍多訓尼爲近。"〔8〕二説皆可信,因此從語源來説,當以寫作"昵"爲正體。頗疑《説文》的字頭當是"昵",讀爲"尼質切"。《廣韻》將"昵、暱"都標爲"尼質切",顯然是受到《説文》的影響。再比對《集韻》"嬺,昵力切"、《玉篇》"匿,蟲食,女力切"、《廣韻》"匿(蠹),蟲食病也,女力切",這些從"匿"聲之字都是職部。〔9〕因此《古韻通曉》203頁將"匿"、"暱"同歸在職部,可從。

────────

〔1〕石小力:《據清華簡考證侯馬盟書的"趙尼"——兼説侯馬盟書的時代》,《中山大學學報(社會科學版)》2018年第1期,第63頁。
〔2〕陳偉主編,李天虹、彭浩、劉祖信、龍永芳撰寫:《楚地出土戰國簡册[十四種]·郭店一號墓簡册》第217頁注43,經濟科學出版社2009年。
〔3〕白於藍:《簡帛古書通假字大系》第505頁。
〔4〕陳劍:《郭店簡〈尊德義〉和〈成之聞之〉的簡背數字與其簡序關係的考察》,《簡帛》第二輯,第217頁,上海古籍出版社2007年;又載氏著:《戰國竹書論集》第210頁,上海古籍出版社2013年。
〔5〕古文字詁林編纂委員會:《古文字詁林》第六册第434頁,上海教育出版社2003年。
〔6〕毛遠明:《漢魏六朝碑刻異體字典》上册第643頁,中華書局2014年。張富海先生也指出:"'暱'異體作'昵',不能證明'匿'可讀'柅',是因爲這組異體字出現時代不確定,可能較晚,不能用來説明上古的用字情況。"見2018年5月28日電子郵件。
〔7〕林義光:《文源》第180頁,中西書局2012年。
〔8〕于省吾:《釋尼》,《甲骨文字釋林》第303—305頁,中華書局1979年。
〔9〕"蟲食病也"的"匿(蠹)"應該與"蝕"(職部)關係密切。此外,《玉篇》《廣韻》又有釋爲"小蟲"的"蠹"。"蠹"與"蠹"應爲一字,如同《包山》簡210有"蝕"寫作"蝕"者。但《玉篇》《廣韻》又將"蠹"標爲"尼質切",恐有問題。

張富海先生提示筆者:"'暱'字的上古音無疑歸職部,中古本應讀職韻(女力切),《廣韻》讀質韻(尼質切),演變不規則,我懷疑是同義換讀的結果。《左傳》之'不義不暱',《説文》引作'不義不翻',兩字義同,而'翻'正是質部字,即'暱'讀尼質切乃是同義換讀爲'翻'。"[1]其説很有道理。《左傳》:"不義不暱。厚將崩。"楊伯峻注釋云:"'暱'依《説文》當作'翻',黏連之義。猶今言不義則不能團結其衆。説本沈欽韓《左傳補注》。"[2]楊寶忠先生則認爲"不義不暱"意思是"(共叔段)多行不義,百姓不親附","暱"如字訓爲"親近"即可,不用讀爲"翻"。[3]楊寶忠之説可從,"暱"是親近,"翻"是黏連,二者義近,不必强合爲一。綜合以上來看,筆者認爲"匿"未必能讀爲"柅",[4]而且"柅"不是車馬器,自然不能歸在《封許之命》馬具之後。

筆者認爲"匿"當讀爲"珥"。"珥"是日紐之部三等開口,與"匿"爲泥紐職部三等開口,[5]屬於準雙聲對轉,聲韻關係密切。《説文》:"㥾,憨也。从心,而聲。""㥾"、"匿"、"暱"同爲泥紐職部三等開口。[6]《廣雅·釋詁一》:"慴,憨也。"[7]《方言》卷二:"慴,愧也。……晉曰㥾,或曰慴。秦晉之閒,凡愧而見上謂之㥾,梁宋曰慴。"郭璞注:"勅慴,亦憨皃也。音匿。"[8]朱駿聲云:"按:(慴)以懨爲之,懨即匿字。"[9]王力

---

[1] 見2018年5月28日電子郵件。
[2] 楊伯峻:《春秋左傳注(修訂本)》第13頁,中華書局2011年。
[3] 楊寶忠:《釋"暱"》,《古代漢語詞語考證》第1—5頁,河北大學出版社1997年。
[4] 郭店《五行》簡39—40:"簡之爲言也猶練也,大而晏(罕)者也。匿之爲言也猶匿匿也,小而訪〈診(軫)〉者也。"周鳳五先生認爲"匿"可讀爲"柅"或"靭"。按:其説實不可信。見周鳳五:《簡帛〈五行〉引〈詩〉小議(大綱)》,《清華簡與〈詩經〉研究國際學術研討會論文集》第14頁,香港浸會大學2013年;又載氏著:《朋齋學術文集(戰國竹書卷)》第192—193頁,臺灣大學出版中心2016年。
[5] 《説文》:"匿,亡也。从匚,若聲。"但是"若"是鐸部字,與魚部的"奴"常見相通,《老子·道經》第十五章"豫兮若冬涉川"以下六句,"若"字郭店簡《老子》甲組皆作"奴",馬王堆帛書甲、乙本作"若";秦封泥"奴廬"讀"若廬",詳見劉樂賢:《談秦封泥中的"奴廬"》,《出土文獻與中國古代文明——李學勤先生八十壽誕紀念論文集》第462—463頁,中西書局2016年;鄔可晶:《"叒"、"若"補釋》,《古文字研究》第三十二輯,中華書局2018年。此外,《清華三·赤鵠之集湯之屋》簡9"是思(使)句(后)之身䗪(苛)蠚(蠚—螫)",馮勝君先生根據段玉裁《説文解字注》"蠚、螫蓋本一字,若聲、赦聲同部也"指出"蠚"讀爲"螫"(馮勝君:《讀清華三〈赤鵠之集湯之屋〉札記》,吉林大學古籍研究所:《吉林大學古籍研究所建所三十周年紀念論文集》第81頁,上海古籍出版社2014年)。其説可從。可見"若"與"匿"韻部不近,所以段注云:"此取雙聲爲形聲也。"不過,張富海先生提示筆者:"鐸部的'若'充當職部的'匿'的聲旁雖然有點勉強,但還是可以接受的,因職部並無其他n-聲母的字可用作聲旁。"(2018年5月28日電子郵件)"匿"字字形如何分析,還有待考證。
[6] 陳復華、何九盈:《古韻通曉》第203頁。
[7] 王念孫:《廣雅疏證》第23頁,江蘇古籍出版社2000年。
[8] 華學誠:《揚雄方言校釋匯證》上册第141頁,中華書局2006年。
[9] 朱駿聲:《説文通訓定聲》第188頁,中華書局1984年。

先生認爲"悪"、"懾"是同源詞。〔1〕"而"與"耳"又同爲日紐之部三等開口,可以相通。《睡虎地秦簡·效律》簡43:"器識耳不當籍者,大者貲官嗇夫一盾,小者除。"其中的"耳"字,整理者注云:"耳,疑讀爲佴,《廣雅·釋詁三》'次也'。識佴當即標記次第。"鄔文玲先生指出:"從文意來看,將'耳'解釋爲'次第',不確。最淺顯的理由就是官有物品的標識久刻並不僅限於編號次第。實際上這裏的'耳'字,或應是連詞,表示轉折,相當於'而'。如《漢書·賈誼傳》載賈誼《治安策》:'故化成俗定,則爲人臣者,主耳忘身,國耳忘家,公耳忘私,利不苟就,害不苟去,唯義所在。''器識耳(而)不當籍者'的意思是'給器物做標記而與簿籍不合'。"〔2〕因此"匿"與"珥"相通並無問題。此外"耳與乃"、"而與乃"、"而與能"、"愿與態"都有相通例證,〔3〕也可間接説明"匿"與"珥"相通。〔4〕同時楚簡{珥}的寫法也不固定,比如《信陽》2-018"金玐",劉國勝先生讀爲"金珥"。〔5〕因此,將《封許之命》之"匿"讀爲"珥"也不與書寫習慣衝突。

《曾侯》簡10"牙轅,組珥填",簡64"兩馬之轡,黃金之勒,銘鉳,紫組珥。▂"對於"組珥填",裘錫圭、李家浩先生指出:"填"與"珥"連文,疑當讀爲"瑱"。簡文的"珥瑱"與車器記在一起,當是車飾。64號簡有"紫組珥",與馬器記在一起,當是馬飾。此跟古書訓"珥"、"瑱"爲耳飾者異。〔6〕田河先生認爲"紫組珥"記在馬勒之後,與《説文》中"珥"的訓釋不合,當是"馬勒上面的裝飾"。〔7〕《續漢書·輿服上》:"駙馬,左右赤珥流蘇,飛鳥節,赤膺兼。"《鹽鐵論·散不足》:"今富者鞊耳銀鑷韉,黃金琅勒,罽繡弇汗,華韉明鮮。"王先謙云:"盧'鞊'作'韇'。案'韇'與'韃'同,《篇》《韻》並云:'鞮也。韇耳蓋以革爲之,著馬耳。'"〔8〕王利器認爲"鞊耳蓋以革飾於馬耳左右如流蘇狀者。其在貴族,以玉爲之故曰'珥',此則以革爲之,故徑稱'耳'耳"。〔9〕羅小華先生根據上面文獻認爲"紫組珥"應當是以"紫組"製作的"珥"。而"組珥填"當斷讀作"組珥、

---

〔1〕 王力:《同源字典》第257頁,中華書局1982年。
〔2〕 鄔文玲:《〈秦簡牘合集〉評介》,《中國史研究動態》2016年第1期,第90—92頁。
〔3〕 張儒、劉毓慶:《漢字通用聲素研究》第15—19頁。
〔4〕 曾侯與編鎛B組"㻪終無疆,諸家皆釋爲"珥終",或讀爲"弭終"、"彌終",或疑即金文習見之"靈終",或以爲即"彌終"屬於近義運用。參見王柏棋:《葉家山、文峰塔出土曾國銅器研究》第273頁,彰化師範大學碩士學位論文,2017年。謹按:這裏的"珥"恐怕與之部的"珥"是同形字,或是"弭"之誤刻。
〔5〕 劉國勝:《楚喪葬簡牘集釋》第22頁注87,科學出版社2011年。
〔6〕 裘錫圭、李家浩:《曾侯乙墓竹簡釋文與考釋》,湖北省博物館:《曾侯乙墓》第512頁注72,文物出版社1989年。
〔7〕 田河:《出土戰國遣冊所記名物分類匯釋》第125—126頁,吉林大學博士學位論文,2007年。
〔8〕 王先謙:《鹽鐵論校勘小識》,轉引自王利器校注:《鹽鐵論校注》第375頁,中華書局1992年。
〔9〕 王利器校注:《鹽鐵論校注》第375頁。

填","組珥"與"紫組珥"是同類物,也是指用紡織物製成的珥,裝飾在馬耳附近。[1]總之,根據文獻跟曾侯簡的記載,"珥"可作爲馬飾。《封許之命》"馬四匹、攸勒、✧✧、羅纓、鉤、膺、鑣、緐、匼",其中"羅纓、鉤、膺、緐"都是馬飾,因此將"匼"讀爲"珥"是符合同類相從的順序的,同時排在"攸勒"之後也與《曾侯》簡64排在"鸞勒"之後相同。

2018年11月修訂

附記:拙文曾於"第七屆出土文獻青年學者論壇會議"(中山大學主辦,2018年8月18—19日)上宣讀。承蒙鄔可晶、張富海、魏宜輝、陳劍諸位先生審閱指正,筆者十分感謝!

(蘇建洲 彰化師範大學國文系 教授)

---

[1] 羅小華:《戰國簡册中的車馬器物及制度研究》第106—107頁。

上博《性情論》研究及與郭店本的對比

梁　静

　　《性情論》是上博楚簡中最早公布的一批簡文,是一篇系統論述人的性情的"論文"。而早幾年發現的郭店楚簡中也有同篇(題名爲《性自命出》)可與之對比。[1] 對於我們認識先秦的"性"論思想有重要意義,通過兩本的對比有助於我們進一步瞭解先秦文獻的流傳情況。簡文自公布以來,就吸引了學界的關注,李學勤、廖名春、周鳳五、林素清、李零、劉釗、季旭昇、李天虹、劉昕嵐、馮勝君、李松儒等學者都進行了深入研究(詳見本文相關部分的引證),使得此篇簡文在内容方面的研究取得了很大的進展。然而竊以爲在具體的抄寫形式、章節分析和文獻對比方面,尚有探討的空間,故作此文。首先來看上博簡《性情論》的抄寫情況和文本分析。

一、《性情論》的抄寫情況和文本分析

　　濮茅左在這篇簡文的《説明》中提到,此篇"現存可按文意排列的竹簡四十枚,還有過於殘損難以辨别文字、序列的殘段總五枚。……根據完整簡可知,本篇竹書長約五十七釐米,這是上海博物館從香港收購回來的最長竹書"。[2] 又據最初的整理者李零介紹,這是保存最差的一種,除了現在我們看到的四十枚簡以外,加上他擬補和

---

[1] 此篇作者有子游、子思、世碩、公孫尼子、子夏、漆雕開、宓子賤等多種説法。據李天虹考辨,可能性最大的依次是子思、公孫尼子、世碩,參李天虹:《郭店竹簡〈性自命出〉研究》第六章《〈性自命出〉作者考辨》第 107—125 頁,湖北教育出版社 2003 年。
[2] 馬承源主編:《上海博物館藏戰國楚竹書(一)》第 218 頁,上海古籍出版社 2001 年。

綴合的，應該有四十三簡。[1] 從後來公布的竹簡照片可以看出，有些字符的墨迹幾乎都無法辨識了。在這種情況下，有些釋文只能參考整理者最初的意見。

在簡文書寫方面，濮茅左指出，此篇1號簡及40、41號簡的字體、字間距與其他簡不同，這三支簡所抄的字數明顯比其他簡多，他推測這種情況可能是由於抄寫者在竹書抄完之後進行核對時發現這三支簡所抄寫的內容有誤，而由另一個人重新抄寫所致。[2] 從公布的竹簡來看，本篇竹書的編號只有40號，除此以外，還有五枚竹簡的邊緣殘片，並没有第41號簡。第40號簡只有四個字，其後就是空白了。恐怕公布的簡號的順序與濮茅左最開始看到的並不完全一致。我們對照圖版，核對了每支竹簡的字符數（重文、合文算一個字符，基本完整的字符算作一個；只有些磨痕無法辨認的字符，也算一個；只殘留一點邊緣的字符不計數，因而與整理者的統計略有不同），如下：

簡號	1	2	3	4	5	6	7	8	9	10
簡長	55.4	49	52.3	51.3	54.7	57.2	37.2	54.5	57.2	57.2
字數	41	33	34	30	29	33	22	32	31	31
簡號	11	12	13	14	15	16	17	18	19	20
簡長	53.7	54.6	49.5	49.8	41.7	44.8	42.7	54.3	54.3	56
字數	28	30	27	29	22	28	24	31	33	33
簡號	21	22	23	24	25	26	27	28	29	30
簡長	50.5	52.2	52.2	57.2	50.4	56.8	54.2	57.1	55	55
字數	28	22	33	34	30	39	31	34	32	34
簡號	31	32	33	34	35	36	37	38	39	40
簡長	54.1	34.1	42.6	51.1	45	54.5	55.4	54	54	56.5
字數	34	21	29	30	26	33	38	47	47	4

此篇完簡有七支，分別爲簡1、6、9、10、20、24、28。[3] 從上表可見，其中除了簡1以外，其他簡的字數都不超過34，字間距較大。其餘殘簡中，簡26字數較多，由兩段拼

---

[1] 李零：《上博楚簡校讀記（之三）》，《上博楚簡三篇校讀記》第50頁，中國人民大學出版社2007年。
[2] 馬承源主編：《上海博物館藏戰國楚竹書（一）》第219頁。
[3] 馮勝君對此篇整理者介紹的完簡情況做過補正，參馮勝君：《郭店簡與上博簡對比研究》第18頁，綫裝書局2007年。

合而成,基本完整,下端稍殘,字數是 39,完簡字數約在 40 左右,與簡 1 相似。而第 38 和 39 號簡都有 47 個字符,兩簡都是簡首略有殘缺,簡尾完整,可推知完簡字數可能要到 50 左右,明顯多於其他竹簡。整理者所説的"40、41 號簡",應該是這兩枚。〔1〕

那麽簡 1 和簡 38、39 是否爲他人在校對時發現有誤,另外重新寫的呢? 李松儒研究過上博簡的字迹後指出,本篇簡 1、2、3 應爲同一個抄手所寫,而剩下的部分則是另一位抄手所寫。後一個抄手所寫的字迹更加纖細,一些字的寫法也不一樣。這一點從墨識符號上也能看出來,用於表示句讀的墨點,前三簡都寫成方方的墨塊,如簡 2 "義"字下的 ▨,而之後的簡都寫成細細短短的墨點,如簡 34 "仁"下的墨點 ▨。〔2〕

李松儒的看法很有可能是對的。簡 1 和簡 38、39 並非由一人所寫。簡 1 的字數雖然比大多數簡稍微多一點,但差距不是很明顯,還不足以證明是校對後二次書寫的。另兩支竹簡所寫字數雖遠遠多於其他竹簡,也不見得是二次書寫而成。因爲此篇所用竹簡是上博簡中最長的,完簡大約長 57 釐米,大多數竹簡的字間距其實比較大,書寫比較稀疏,字與字之間的距離常常可以容下兩三個字符。這種情況使得抄手抄寫時,在每簡容納的字數方面有比較大的操作空間。剛開始抄寫時可以寫得比較稀疏,抄寫到最後一部分内容時(即簡 38、39 所記的内容),可能由於急於寫完,縮小了字間距,導致每簡所容字數明顯多於其他竹簡。而在寫簡 40 時,由於是最後一支竹簡,要寫的只有 4 個字,所以有意識地擴大了字符之間的距離,使簡 40 的字間距與本篇大多數竹簡差不多。

在竹簡形制方面,馮勝君發現第 35 號簡末端爲半圓形,與本篇其他竹簡平齊的末端不同,可能誤用了爲其他簡文準備的竹簡。〔3〕

由於先前公布的郭店楚簡中已經有了另一版本(即《性自命出》)可以參考,本篇在簡文的編連上爭議不大。我們以李零《上博楚簡三篇校讀記》的釋文爲基礎,釋文用通行字,按照竹書墨節的標識,將其分爲六章。爲了便於疏通文意並與郭店本比較,我們在每一個以"凡"開頭的段落前標了序號,一共有 21 "凡"。

第一章

1. 凡人雖有生,心亡定〔4〕志,待物而後作,待悦而後行,待習而後定。

---

〔1〕 馮勝君也有相同的看法,參其《郭店簡與上博簡對比研究》第 19 頁。
〔2〕 李松儒:《戰國簡帛字迹研究——以上博簡爲中心》第 229—234 頁,上海古籍出版社 2015 年。
〔3〕 馮勝君:《郭店簡與上博簡對比研究》第 18 頁。
〔4〕 本篇讀爲"定"的字,這裏用的是"正",其他地方用的是"奠"。

喜怒哀悲之氣,性也。及其見於外,則物取之₁。[性]自命出,命自天降。道始於情,情生於性。始者近情,終者近義。知情者能出之,知義者能入₂[之。好惡者,性也;所]好惡[1],物也。善不善,性也;所善所不善,勢也。2.凡性爲主,物取之也。金石之有聲也,弗扣不鳴₃。[人之雖有性心,弗取不出。3.凡]心有志也,亡舉不可。人之不可獨行,猶口之不可獨言也。牛生而長,鴈生而伸,其性使然,人而學或使之也。4.凡物亡不異也者,剛之樹也,剛取之也;柔之約也,柔取之也。海之]内,其性一也,其用心各異,教使然也。5.凡性,或動之,或逆之,或交之,或屬之,或紃₄[之,或養之],或長之。6.凡動性者,物也;逆性者,悦也;交性者,故也;屬性者,宜(義)也;紃性者,勢也₅;養性者,習也;長性者,道也。7.凡見者之謂物,快於己者之謂悦,物之設者之謂勢,有爲也₆[者]之謂故。宜(義)也者,群善之蕝也。習也者,有以習其性也。道也₇者,群物之道也。8.凡道,心殘簡₃爲主。道四術也,唯人道爲可道也。其三術者,道之而已。詩書禮樂,其始出也,皆生於₈人。詩,有爲爲之也。書,有爲言之也。禮樂,有爲舉之也。聖人比其類而論會之,觀其先後而₉逆順之,體其宜(義)而節文之,理其情而出入之,然後復以教。教所以生德於中者也。禮₁₀[作於]情,或興之也。當事因方而制之,其先後之序則宜道也。又序爲之節,則文也₁₁。[致]容貌所以文,節也。君子美其情,貴其宜(義),善其節,好其容,樂其道,悦其教,是以敬焉。拜₁₂,[所以□□]□其❀敏也。幣帛,所以爲信與征也,其辭宜道也。笑,喜之淺澤也。樂,喜之₁₃[深澤也。9.凡]聲,其出於情也信,然後其入撥人之心也够。聞笑聲,則鮮如也斯喜。聞歌謠₁₄,[則陶如也斯]奮。聽琴瑟之聲,則悸如也斯嘆。觀《賚》《武》,則憯如也斯作。觀₁₅[《韶》《夏》,則勉如也斯斂]。永思而動心,喟如也。其居次也久,其反善復始也慎,其出入也順,始其德₁₆[也。鄭衛之樂,非其]聲而從之也。10.凡古樂墊心,益樂墊[指,皆教其]人者也,《賚》《武》樂取,《韶》《夏》樂情。11.凡₁₇[至樂]必悲,哭亦悲,皆至其情也。哀、樂,其性相近也,是故其心不遠。哭之動心也,浸焊,其₁₈[烈]戀戀如也,慼然以終。樂之動心也,濬深鬱陶,其烈流如也以悲,悠然以思。12.凡憂思而後悲₁₉,[凡]樂思而後忻,凡思之用心爲甚。嘆,思之方也。其聲變,則心從之矣。

---

[1] 馮勝君指出"惡"這個詞,楚系文字一般用"亞"表示,齊系文字用"惡"。馮勝君:《從出土文獻看抄手在先秦文獻傳布過程中所產生的影響》,《簡帛》第四輯,第411—424頁,上海古籍出版社2009年。上博和郭店的此篇簡文的"惡"都寫作"亞"。如果作者是齊魯之人的話,則說明這篇簡文較早傳入楚地,在抄寫時某些文字的寫法已經被"馴化"爲楚文字。

其心變,則其聲亦然₂₀。[凡吟,游哀也];噪,游樂也;啾,游聲也;嘔,游心也。〔1〕

這是簡文的第一章,也是最長的一章,包括 12"凡",順序與郭店本一致,只是最後少了"喜斯陶,陶斯奮"一段。這段從人的生命出發,論及心性在外界影響下的一系列變化,環環相扣,邏輯性比較強。

"凡人雖有生"的"生"字,大多數學者都讀爲"性"。我們認爲,此字或許應讀爲本字,詳見下文討論。

第 1"凡"是概述"性"與"志"、"物"、"悦"、"習"、"道"、"情"、"義"、"勢"之間的關係。"性"是指人内在的性情,是生來就有的,源自生命本身,來自於上天。"物"是指外物,與代表人自身的"我"相對。"悦"泛指讓人愉悦的事物,與"喜怒哀悲"、"好惡"都屬於人類的情緒即"情"。"習"是後天的教化。"義"包括兩種含義:一是"仁義"的"義",屬於道德範疇;二是"宜",應該、適當、合適的意思。簡文中的"義",正是用了這兩個字來表達。李松儒指出,此篇前三簡的書手把"義"字寫作繁體的"義",抄寫其他簡的書手則用"宜"字來表示"義"。〔2〕

"道"用現在的話講,可以説是自然和社會的規律。"道始於情,情生於性。始者近情,終者近義",簡文認爲,"道"開始於"情",而終止於"義",即"道"在"情"、"義"之間,是一個範疇,只有認知、瞭解"情"、"義",做事才能不違背"道"的原則。"性"來自於天,遇到"物"後,會産生喜怒哀悲等不同的情緒,因此要靠"習"來教化和穩定。人對外物有"好""惡"之別,而人本身的性情則有"善"和"不善"的區別,這是"勢"所造成的。〔3〕

第 2"凡"接着論述"性"與"物"之間的關係。"性"雖爲主,但要依靠"物"才能得以體現出來,就像金石與聲音的關係一樣。

第 3"凡"進一步論述人内心之志與行爲之間的關係,内心的意志要靠行爲來體現。

第 2、3"凡"是從人自身的角度來概述。在此基礎上,第 4"凡"把關注點轉移到"物"這個概念上來。就像萬物有别一樣,人與人也是不一樣的。産生這種區别的原因就是教化的不同,即"用心各異"。其後講的都是如何具體地去根據人本身性情的特點來施行教化,結構非常緊密。第 5—8"凡"講的是教化的幾種方法和所憑藉的物

---

〔1〕此處有一墨節符號。
〔2〕李松儒:《戰國簡帛字迹研究——以上博簡爲中心》第 229—234 頁。
〔3〕李零認爲,"勢"是由外物構成的環境和環境具有的態勢,可以屈撓其本性。見其文《郭店楚簡校讀記(之二)》,《上博楚簡三篇校讀記》第 124 頁。

件。第9—12"凡"則主要從聲音與情緒的角度講教化。

第5"凡"簡述了教化"性"的七種方法：動、逆、交、厲、絀、養、長。可統稱爲"教性七術"。

第6"凡"進一步講"教性七術"所需要憑藉的對象分別是：物、悦、故、義、勢、習、道。

第7"凡"再具體地解釋"物"、"悦"、"勢"、"故"、"義"、"習"、"道"的内涵。"故"是行爲的目的。值得注意的是，這裏的"勢"順序被提到了"故"之前，與前兩"凡"的論述順序不一致。而郭店本的順序則與上博本完全一致。鑒於此處用了"……者之謂……"和"……也者，……也"兩種句式分别闡述"物"、"悦"、"勢"、"故"和"義"、"習"、"道"的内涵，簡文作者可能認爲七者是兩個不同層面的概念，李零在《郭店楚簡校讀記》中就是這樣劃分的。[1] 然而這仍然不能解釋這樣一篇理論性非常強的論文所討論的概念前後（第5、6"凡"與第7"凡"）居然會出現順序不一致的情況。如果不是傳抄所致的話，就有可能是作者寫作時失察了。

第8"凡"先講"教性七術"中的"道"，分爲"四術"，再對"四術"中的"詩"、"書"、"禮樂"進行了進一步的論述。"詩，有爲爲之也。書，有爲言之也。禮樂，有爲舉之也。聖人比其類而論會之，觀其先後而逆順之，體其宜（義）而節文之，理其情而出入之，然後復以教。教所以生德於中者也。"先分述"詩"、"書"、"禮樂"，再將三者合在一起説，這些都是"聖人"教化百姓的手段，"教"的目的就是"生德於中"。最後（"禮作於情"之後）着重講"禮"對人"情"的作用，並在結尾由"喜"這一人情，引出"笑"之聲，進一步引申出下一段要講的"樂"。

至於"道"除了"詩"、"書"、"禮樂"以外，還包括哪一"術"？ 由於這段話的含義比較難解，學者的意見並不一致。李零認爲是指心術，因爲第一句説"凡道，心爲主"[2]。陳霖慶、季旭昇則認爲是指"人"。[3]

我們的看法與陳、季二位先生一致。"凡道，心爲主"説的可能不是道的某一術，而是指以道來教化人性時必須要注意的一個重要方面，就是人心。從下一句"道四術也，唯人道爲可道也"來看，道四術中的第一術指的應該是"人"。後文的"其三術者"正是與"人道"相對而言的。"詩"、"書"、"禮樂"，既然是"三道"，文中言"其始出也，皆生於人"，也是與"人"相對的。可見，"道四術"指的就是"人"和"詩"、

---

[1] 李零：《郭店楚簡校讀記（之二）》，《上博楚簡三篇校讀記》第152頁。
[2] 可參李零：《上博楚簡校讀記（之三）》，《上博楚簡三篇校讀記》第57頁。
[3] 季旭昇主編，陳霖慶、鄭玉姗、鄒濬智合撰：《〈上海博物館藏戰國楚竹書（一）〉讀本》第166—168頁，［臺北］萬卷樓圖書股份有限公司2004年。

"書"、"禮樂"。這四者是教化人性的四個方面。"唯人道爲可道也"是説"人"是教化的對象,第二個"道"是引導、指導的意思。"其三術者,道之而已"是説"詩"、"書"、"禮樂"是教化的方式。簡文本身就已經對"四術"這四個不同層面的概念,進行了劃分和解説。

第9"凡"在前文引出的"樂"的基礎上,講"聲"與人的情緒的關係。發自内心的真摯之聲,才能打動人。聲音不同,對人的影響也不同。這裏分别講了"笑聲"、"歌謡"、"琴瑟之聲",以及《賚》《武》《韶》《夏》四種樂曲對人的不同影響。

第10"凡"以《賚》《武》《韶》《夏》爲例,講不同的音樂對人的教化作用。裘錫圭在《郭店楚墓竹簡》的按語中指出,《賚》《武》都是見於《詩經·周頌》的詩篇,屬於歌頌武王滅商的《大武》歌詞,與樂舞配合,故可以"觀"。《大武》是歌頌武王取天下的,故言"樂取",而《韶》《夏》則曰"樂情"。[1] 廖名春指出,《韶》《夏》是舜、禹之樂,故稱"古樂",而《賚》《武》是武王之樂,則屬於後起、增益的"益樂"。[2]

第11"凡"講了兩種最基本的情緒,即哀、樂。簡文中的"樂"有兩重含義:一種與"哭"相對,指的是快樂的行爲即笑,"至樂必悲"是説快樂到極致,會引起悲傷;另一種與"哀"相對,指的快樂的心情。快樂和悲傷是兩種強烈的情緒,雖然相反,但在簡文作者看來,"其性相近也",都是人的真實性情的表現。"其心不遠"是説"哀"、"樂"都對人的心志有很大的影響。這與現代心理學的認識是一致的。

第12"凡"講"思"與"憂"、"樂"、"聲"和"心"的關係。先有憂愁的思緒,然後才會悲傷;先有快樂的思緒,然後才會歡樂。這是因爲"思"是要"用心"的,所以對人的心情有很大的影響。"嘆"是人們基於某種情緒而發出的聲音,心情不同,發出的聲音就不同。"吟"、"噪"之聲分别基於哀、樂兩種情緒而發。"啾"表達的是聲音中的情感,"嘔"表達的是内心的感觸。[3]

第二章

13. 凡人情爲可悦也。苟以其情,雖過不惡。不以₂₁[其]情,雖難不貴。未言而信,有美情者也。未教而民恒,性善者也。未賞₂₂[而民勸,貪福者也]。[未刑]而民畏,有心畏者也。賤而民貴之,有德者也。貧而民聚焉,有道者也。獨居而樂,有内動₂₃者也。惡之而不可非者,達於宜(義)者也。非

---

[1] 荆門博物館編:《郭店楚墓竹簡》第183頁,文物出版社1998年。
[2] 廖名春:《新出楚簡試論》第149頁,臺灣古籍出版有限公司2001年。
[3] "啾,游聲也;嘔,游心也"兩句的解釋參考陳霖慶譯文,參季旭昇主編,陳霖慶、鄭玉姍、鄒濬智合撰:《〈上海博物館藏戰國楚竹書(一)〉讀本》第184頁。

之而不可惡者,篤於仁者也。行之而不過,知道者₂₄[也]。不知己者不怨人,苟有其情,雖未之殘₂爲,斯人信之矣,未言殘₁[而信也]。聞道反上,上交者也。聞道反下,下交者也。聞道反己,修身者也。上交近事君,下交得衆近從政,修身近至仁。同方而₂₅交,以道者也。不同方而交,以故者也。[同悦]而交,以德者也。不同悦而交,以猷者也。門內之治,欲其逸也₂₆。[門]外之治,欲其制也。14. 凡身欲靜而毋羡,用心欲德而毋偽,慮欲淵而毋❏,退欲肅而毋輕₂₇,[進]欲隨而有禮,言欲直而毋流,居處欲逸易而毋縵。君子執志必有夫柱柱之心,出言必有夫柬柬₂₈[之信],賓客之禮必有夫齊齊之容,祭祀之禮必有夫臍臍之敬,居喪必有夫戀戀之哀。15. 凡悦人勿吝₂₉[也],身必從之,言及則明舉之而毋偽。16. 凡交毋烈,必使有末。17. 凡于道路毋思,毋獨言獨居,則習₃₀[父]兄之所樂,苟毋害少柱,入之可也。已則勿復言也。18. 凡憂患之事欲任,樂事欲後。〔1〕

第13"凡"的第24簡和25簡之間李零補入兩支殘簡。殘簡2李零命名爲"補C",謂由殘簡2(左半)和殘簡3(右半)拼合而成,並補足釋文,下接殘簡1。〔2〕馮勝君指出李零對殘簡2的補釋正確,但"補C"的右半並非殘簡3。〔3〕細審圖版,確實如此。我們曾懷疑右半是殘簡4,然而在將殘簡2與殘簡4拼合時卻發現並不吻合,兩簡書寫的密度不一致,亦或許是竹簡脫水收縮不一致所致,此處存疑。《上博楚簡三篇校讀記》還指出"矣"字下有表示分章的墨節符號,之後還有"未言"二字。今查原書,發現此簡圖版旁的釋文確有墨節符號,然而竹簡上的符號是墨點❏,之後也看不到"未言"二字。由於這篇竹書保存狀況比較差,不排除拍照前的竹簡留有更多的信息。故補文仍從李零的意見。但在分章方面,我們比較保守,原因有二:一,這處墨點前後的內容(即第13"凡")屬於同一個主題,即君子與教化、治理民衆之間的關係;二,上博簡的這部分內容在郭店本中屬於一個段落,即郭店本的第16"凡",再加上符號本身的寫法,我們認爲這個符號很有可能是表示句讀的墨點,而不是表示分章的墨節。那麼上博本第二章就應包括第13至18"凡"。

第13"凡"講的是君子在教化和治理百姓時,要遵守"情"這一重要原則。此處的"人"是與"民"相對的概念,指的是在上位的君子。〔4〕"情",劉昕嵐指出應理解

---
〔1〕下有一墨節符號。
〔2〕李零:《上博楚簡校讀記(之三)》,《上博楚簡三篇校讀記》第62頁。
〔3〕馮勝君:《郭店簡與上博簡對比研究》第198頁。
〔4〕楊伯峻已經指出,《論語》中的"人"和"民"如果相對而言,就有區別。"人"是士以上的人物。參楊伯峻:《論語譯注》第18頁,中華書局2009年。

爲"情實"。〔1〕之後的"未言而信"、"未教而民恒"、"未賞[而民勸]"、"[未刑]而民畏"、"賤而民貴之"、"貧而民聚焉"、"獨居而樂"、"惡之而不可非者"、"非之而不可惡者"、"行之而不過",説的都是某一類君子。季旭昇説這種"××××,××者也"的句式,都應解釋爲"××××,君子××者也","其意義在叙述君子修身立德,對人民的影響,這種影響往往是不言而教的"。〔2〕此説很有道理。李零所補的兩支殘簡"不知己者不怨人,苟有其情,雖未之残2爲,斯人信之矣,〔3〕未言残1[而信也]",與郭店本的位置和語句有别,值得注意,我們將在下一節討論。

第14—18"凡"講的是君子的各項行爲和心理活動的標準。有些詞句的含義不明,學者多有討論,具體可參《〈上海博物館藏戰國楚竹書(一)〉讀本》,此不具引。第14"凡"的内容爲郭店本第20"凡"的主要部分(缺少的是最後一句話"君子身以爲主心"和第一句話,這句話則與上博本的第18"凡"相對應,上博本比郭店多出一"凡"的原因,就在於此)。

第15、16、17"凡"分别對應郭店本的第17、18、19"凡",排列順序一致。

第三章

19. 凡教者求其$_{31}$心有僞也,弗得之矣。人之不能以僞也,可知也。不過十$_{32}$[舉,其心必在焉。察其見者,情焉失哉]?□,宜(義)之方也。宜(義),敬之方也。敬,物之節也。篤,仁之方也。仁,性之方也,性或生之$_{33}$。[忠、信者,情之方也],情出於性,愛類七,唯性愛爲近仁。智類五,唯宜(義)道爲近忠。惡類三,唯惡不仁爲$_{34}$[近義。爲道者四,唯人]道爲可道也。〔4〕

第三章即第19"凡",相當於郭店本的第13"凡"。大致内容是説教化民衆要儘量用他們樂於接受的方式進行。"僞"在這裏可理解爲故意、人爲等。〔5〕與郭店本的異文一是開頭的"教"字,郭店本作"學";二是郭店本在"凡學者"之後比上博本多"求其心爲難,從其所爲,近得之矣,不如以樂之速也。雖能其事,不能其心,不貴"幾句,含義比上博本更清晰和完整。李天虹認爲,上博本所缺的這30字不是由於缺簡造成

---

〔1〕 劉昕嵐:《郭店楚簡〈性自命出〉篇箋釋》,武漢大學中國文化研究院編:《郭店楚簡國際學術研討會論文集》第330—354頁,湖北人民出版社2000年。
〔2〕 季旭昇主編,陳霖慶、鄭玉姍、鄒濬智合撰:《〈上海博物館藏戰國楚竹書(一)〉讀本》第193頁。
〔3〕 下有一墨節符號。
〔4〕 下有一墨節符號。
〔5〕 季旭昇主編,陳霖慶、鄭玉姍、鄒濬智合撰:《〈上海博物館藏戰國楚竹書(一)〉讀本》第204頁;劉釗:《郭店楚簡校釋》第100頁,福建人民出版社2005年。

的,而更可能是由於這一段有兩處"求其心",抄寫者不小心訛脱而成。[1] 我們同意這一觀點。

第四章

20. 凡用心之忮者,思爲甚。用智之疾者,患爲甚。用情之至$_{35}$[者,哀]樂爲甚。用身之忮者,悦爲甚。用力之盡者,利爲甚。目之好色,耳之樂聲,郁陶之氣也,不$_{36}$[難]爲之死。有其爲人之伬伬如也,不有夫柬柬之心則采。有其爲人之柬柬如也,不有夫恒怡之志則縵。人之$_{37}$[巧]言利辭者,不有夫詘詘之心則流。人之縈然可與和安者,不有夫奮作之情則侮。有其爲人之快如也,弗牧不可。有其爲人之$_{38}$[蒙]如也,弗輔不足。[2]

第四章包括第20"凡",相當於郭店本的第14"凡"。大致內容爲思慮、憂患、哀樂、享樂("悦")、逐利,會讓人在心、智、情、身、力方面消耗過多。這是人的本性,就像眼睛喜歡看五顔六色,耳朵喜歡聽各種聲音一樣,最終也會因此而死。其後的簡文是說人應該具備"柬柬之心"、"恒怡之志"、"詘詘之心"、"奮作之情",否則就會有"采"、"縵"、"流"、"侮"(這裏應該是被侮辱)等缺點。爲人"快如"、"蒙如",也仍要"牧"和"輔"才足夠。

第五章

21. 凡人僞爲可惡也,僞斯吝矣,吝斯慮矣,慮斯莫與之結。[3]

第21"凡"相當於郭店本的第15"凡",被墨節劃分成了兩章,第五章爲它的前半部分。此章說的是人如果虛僞,就太可惡了。虛僞就會貪吝,貪吝就會算計,算計就没人願意與他交往了。[4]

第六章

慎,仁之方也,然而其過不惡。速,謀之方也,有過則咎。人不慎$_{39}$,[斯]有過,信矣$_{40}$。

第六章爲第21"凡"的後半部分。"仁"字,本釋爲"慮",白於藍指出此字下部從心,上部是"窮",應釋爲從"身"的"仁"字。[5] 今從白於藍改釋。謹慎是仁的準則,即

---

[1] 李天虹:《郭店竹簡〈性自命出〉研究》第220頁。
[2] 下有一墨節符號。
[3] 下有一墨節符號。
[4] 釋義參劉釗:《郭店楚簡校釋》第103頁。
[5] 白於藍:《〈上海博物館藏戰國楚竹書(一)〉釋注商榷》,簡帛研究網,2002年2月8日。

使太謹慎也不會有太大的問題。快速是謀略的準則,但如果一味求快就容易犯錯。人如果不謹慎,就會犯錯誤,果真是這樣的啊。

二、上博本與郭店本的對比

郭店和上博本的區別除了用字、繁簡外,最明顯的在篇章結構上面,具體表現在以下兩點。

第一,墨識符號的使用和篇章的劃分不同。郭店簡《性自命出》使用了兩種墨識符號,一是常見的墨點,書於相應之字的右下角,在簡文中全部用爲重文或合文符號;二是墨鉤,全篇有兩個,分別書於第 35 簡和 67 簡的中部,在前一個段落結束之後,其下留白,將簡文分爲上下兩部分。由於這種抄寫形式常用於分篇,在《性情論》發現以前,有些學者認爲《性自命出》應是兩篇獨立的文章;有些學者則認爲兩部分仍然是同一篇文獻,可以分爲上下篇。[1]

《性情論》共使用了四種墨識符號:一是表示句讀的墨點,前述李松儒的字迹研究已經指出,由於抄寫者不同,這一表示句讀的墨點書寫也有不同,前三簡用較粗的墨塊表示,其他簡則都用較細、短的墨點,水準書寫於斷讀之字的右下角;二是重文和合文符號,寫在相應之字的右下角,用兩個墨點來表示,即"═",如簡 2 的"情"字下的重文符號 ;三是表示分章的墨節,用一條橫貫竹簡的墨綫"▬"表示;[2]四是常見的用來表示篇章結束的墨鉤。四種墨識符號各司其職,沒有混用的情況。由於簡文書寫比較稀疏,字間距一般比較大。然而有些墨節比如簡 35 的墨節處,字間距明顯比別處更大,基本可以據此推斷出,這些墨節符號應爲書寫者所加,具有明確的分章目的。全篇以五個墨節爲記號,分爲六章,每章接連抄寫,不留空白,最後用墨鉤表示結束。《性情論》的出現充分證明對《性自命出》篇章劃分的意見中,後一種更加可靠。由於《性情論》墨節劃分並不均衡,有的章内容比較多,有的章内容比較少,學者大多根據文意,對兩本進行新的分章,他們的意見並不統一。李零以每一個以"凡"開頭的

---

[1] 闡述這種觀點的論文有陳偉:《文本復原是一項長期艱巨的工作》,《湖北大學學報(哲學社會科學版)》1999 年第 2 期;李學勤:《郭店簡與〈樂記〉》,北京大學哲學編:《中國哲學的詮釋與發展》第 23 頁,北京大學出版社 1999 年;周鳳五、林素清:《郭店竹簡編序復原研究》,《古文字與古文獻(試刊號)》,[臺灣]楚文化研究會印行,1999 年。反對的代表則有李零:《郭店楚簡校讀記》,《道家文化研究》第十七輯,生活・讀書・新知三聯書店 1999 年。具體情況可參考李天虹:《郭店竹簡〈性自命出〉研究》第 8—13 頁。
[2] 墨節的分章功能最早是李零提出來的,見《上博楚簡三篇校讀記》第 51 頁,文中將墨節稱爲"墨釘"。

段落爲一章,把郭店本分爲20章,上博本分爲21章。

第二,篇章次序不同。整理者濮茅左在簡文的介紹中指出,從《性情論》第一個墨節(簡21)開始,有數個段落與郭店簡《性自命出》的順序不同。李零進一步指出,上博本最長的第一章相當於郭店本的上篇(第1至12章),其他六章相當於郭店本的下篇。區別主要在郭店本的下篇和上博本相應的部分,"它是把郭店本的後半篇前後倒置,並把第二十'凡'和第十五'凡'一分爲二,作了一些章句上的調整",最終的排列順序是:第十六、二十、十七、十八、十九、二十、十三、十四、十五"凡"。[1]然而兩本在章節内部其實還有一些區別。

先來看與郭店本上篇對應的這一部分。前文已經說過,這部分包括的12"凡",兩本的順序基本一致,不同點在於某些小段落内部的順序方面。與相當於郭店本下篇的部分比較起來,這部分文本顯然更加穩定。第1"凡"概述"性"與"心"、"志"、"物"、"悦"、"習"、"情"、"義"、"道"、"勢"等概念之間的關係,從人本身所具有的天性出發,談到了外界對人性的影響,以及教化性情的方式。可以說,是全文開篇的總論。第2、3"凡"回到了問題的最初,從人自身的角度來概述本性與外"物"的關係。第4"凡"把關注點轉移到"物"上來,以"物"的不同爲例,說明人"性"不同的原因在於"教"。

第5—8"凡"進一步講"教"的七種方法,即我們所說的教性七術(第5"凡"),七術所憑藉的對象(第6"凡"),並具體解釋七種物件分別是什麼(第7"凡"),最後詳細說明"道四術"分別爲人、詩、書和禮樂,最終引出其下要談的"聲"和"樂"(第8"凡")。

第9—12"凡"主要講"聲"、"樂"與情緒的相互影響。第9"凡"接續上文引出的"聲"這個話題,更加具體地講不同的"聲"和"樂"對人的不同影響。第10"凡"分析前文所引的《賚》《武》和《韶》《夏》兩種音樂的不同。第11"凡"接上文末尾的"《韶》《夏》樂情",談人的"哀"、"樂"這兩種"至情",並引出第12"凡"要談的"思"。

可見,這一章雖然很長,但彼此之間的聯繫非常緊密,環環相扣,邏輯性較強。它的穩定性,很有可能與這一特點有關。然而即便如此,兩個版本仍然在文本的某些不起眼的"小角落",存在不容忽視的差異。

首先,本篇所討論的"性",簡文中基本都用"眚"這個字來表示,然而首句"凡人雖有性"的"性"字,上博本卻作"生"。雖然"生"字讀爲"性"沒有問題,大多數學者也是這麼讀的,但正如馮勝君指出的,郭店簡和上博簡的"生"與"眚"字用法截然有別,未見相混的例子,除此處外,其餘的"生"都沒有讀成"性"的。因此,此處的"生"應讀爲

---

[1] 李零:《上博楚簡校讀記(之三)》,《上博楚簡三篇校讀記》第51頁。引者按:這裏的序號是指郭店本的序號。

本字。馮勝君還指出"凡人雖有生"一段的含義與《朱子語類》中的"顔子之所學者,蓋人之有生,五常之性,渾然一心之中。未感物之時,寂然不動而已,而不能不感於物,於是喜怒哀樂七情出焉"驚人地一致。至於此篇是否與顔回有關,尚待進一步研究。[1] 我們同意馮文的觀點。在不同版本的對照中,注意力常集中在尋找其中的共同點。現在看來,不同版本往往在簡序、用字,甚至内涵方面,存在區别,這是不容忽視的。上博本首句的"生"字,恐怕不能被簡單直接地讀爲與郭店本相同的"性",兩本在首句甚至全文的内涵上,可能都存在區别。這種區别有可能是由於傳抄中的失誤造成的,也有可能是由於傳抄者對簡文内涵理解不同而造成的。

第二,在"好惡,性也"之後,郭店本作"所好所惡,物也",上博本則把兩個"所"字合爲一個,變成"所好惡,物也"。郭店本更整齊一些,上博本則與其後"所善所不善"的句式不甚一致。

第三,第8"凡"對"道四術"的論述中,郭店本首句作"凡道,心術爲主",上博本這裏的内容由簡7和殘簡3拼合而成,[2]不排除有别的缺文。除了李零以外,大多數學者都按照郭店簡的内容將其補爲"凡道,心術爲主"。從殘簡形制上判斷,我們認爲李零的補釋("凡道,心爲主")更合理。據整理者介紹,簡7長37.2釐米,殘簡3長14.5釐米,兩段相加爲51.7釐米,已經接近完簡57釐米的長度了。而此篇竹簡的編繩位於中部,從圖版可以清楚地看到,簡7的起首在第一道編痕前的殘字處。據馮勝君的觀察和測量,完簡的簡首到第一道編痕處應該是11.2釐米。[3] 除去第一道編痕前的殘字1釐米的話,加上編痕到簡首的10釐米,現在所拼合的[簡7+殘簡3]長度就超過了60釐米,而且從圖版來看,殘簡3的尾部平齊,很像是簡尾末端。從這兩方面來看,殘簡3末尾"心"字之下,都不可能再容得下"術"字了。而且其後的簡8簡首完整,自然也不可能殘缺"術"字。由此,郭店和上博本在這裏的内容是不一致的。郭店本爲"凡道,心術爲主",而上博本卻是"凡道,心爲主"。雖然只是一字之差,對於"道四術"的理解卻產生了很大的影響。

郭店本較上博本先出,"心術爲主"讓人自然而然就想到"心術"爲"道四術"之一,其他三術即"詩書禮樂",就成了現在看起來更像四樣事物的"詩"、"書"、"禮"、"樂",使得這段話頗讓人費解。即便"詩書禮樂"是"三術",那"道四術"中的"人道"又該如何解釋?故而關於"道四術"的具體内涵,學者討論很多。[4] 在上博簡出現後,由

---

[1] 馮勝君:《〈性情論〉首句"凡人雖有生"新解》,《簡帛》第二輯,第227—229頁,上海古籍出版社2007年。
[2] 李零:《上博楚簡校讀記(之三)》,《上博楚簡三篇校讀記》第56頁。
[3] 馮勝君:《郭店簡與上博簡對比研究》第18頁。
[4] 詳細情況可參考季旭昇主編,陳霖慶、鄭玉姍、鄒濬智合撰:《〈上海博物館藏戰國楚竹書(一)〉讀本》第165—168頁。

受到了郭店本先入爲主的影響,大多數學者仍然按照郭店本來補釋。從竹簡形制的角度來看,恐怕是不合適的,上博本此處的內容應爲"凡道,心爲主"。少了一個"術"字,就不會讓人一下子就把"心"與"道四術"之一聯繫起來,顯然跟郭店本比較起來,更不易引起誤解。

第四,在這部分的最後,郭店本比上博本多出一個段落,即"喜斯陶,陶斯奮,奮斯詠,詠斯猶,猶斯舞。舞,喜之終也。愠斯憂,憂斯慼,慼斯嘆,嘆斯辟,辟斯踊,踊,愠之終也"。此段與今《禮記·檀弓》中一段子游的話很像,因而有學者認爲此篇作者爲子游。[1] 馮勝君指出,《性情論》漏抄的可能不大,其所依據的底本可能就沒有這一段,《性自命出》中的這段可能是後人增益的,文意上與前後文的關係也不大。[2]

再來看與郭店本下篇對應的部分。與上篇比較起來,兩本下篇有數段順序不一致。我們在講解該段內容時已經詳細比對過。這裏主要講上博本第二章與郭店本的區別。兩本內容分別如下:

> 凡人情爲可悦也。苟以其情,雖過不惡。不以[其]情,雖難不貴。<u>未言而信,有美情者也</u>。未教而民恒,性善者也。未賞[而民勸,貪福者也]。[未刑]而民畏,有心畏者也。賤而民貴之,有德者也。貧而民聚焉,有道者也。獨居而樂,有內動者也。惡之而不可非者,達於宜(義)者也。非之而不可惡者,篤於仁者也。行之而不過,知道者[也]。不知己者不怨人,<u>苟有其情,雖未之殘2爲,斯人信之矣</u>,未言[而信也]。(上博《性情論》)

> 凡人情爲可悦也。苟以其情,雖過不惡。不以其情,雖難不貴。<u>苟有其情,雖未之爲,斯人信之矣。未言而信,有美情者也</u>。未教而民恒,性善者也。未賞而民勸,貪富者也。未刑而民畏,有心畏者也。賤而民貴之,有德者也。貧而民聚焉,有道者也。獨處而樂,有內動者也。惡之而不可非者,達於義者也。非之而不可惡者,篤於仁者也。行之而不過,知道者也。(郭店《性自命出》)

兩本的主要區別在於"苟有其情,雖未之殘2爲,斯人信之矣"這一句的位置上。馮勝君認爲此句在《性自命出》裏有承上啓下的作用,"苟有其情"承上文"苟以其情"云云,"雖未之爲,斯人信之矣"接下文"未言而信"。《性情論》中位置放在最後,與前文文意無關。《性自命出》要更合理一些。[3] 此說很有道理。《性情論》把這一句放在

---

[1] 李天虹:《郭店竹簡〈性自命出〉研究》第108—112頁。
[2] 馮勝君:《郭店簡與上博簡對比研究》第202頁。
[3] 馮勝君:《郭店簡與上博簡對比研究》第240頁。

最後,確實使得其後的"未言而信",甚至後面的幾個"未……而……"的句子顯得有點突兀。然而《性情論》在"行之而不過,知道者也"的後面還有"不知己者不怨人"(自己如果不瞭解道,也不要去怨別人),然後才接"苟有其情……"。可見這裏的區別應該不是上博本的書寫者抄錯行這麼簡單,現在的情況還不足以說明郭店本才是此篇原貌。

總的來看,兩本比較起來,郭店本更像一個經過整理後較完備和穩定的版本,而上博本似乎正處於整理的過程之中。原因如下:

第一,郭店本的抄寫更加整齊,字間距一致(約爲一個字大小),全篇只有兩種墨識符號,墨點表示重文或合文,墨鉤表示篇章結束,一個表示句讀的符號也沒有,這些顯示出書寫者的嚴謹。而上博本從字間距來看較爲靈活,有的非常稀疏,有的較爲緊密。表示句讀的墨點符號使用也較爲靈活。

第二,分章不同。上博本有墨節處的字間距要明顯大於同簡他處的字間距,而其他墨識符號處的字間距並不會大於同簡他處的字間距。這說明墨節應該是在書寫的同時畫上去的,或者書寫者非常清楚全篇分章,因而書寫時特意預留了比一般字間距更大的距離來表示分章,便於後來添加墨節符號。這種現象也意味着兩本的分章確實存在不同。上博本分爲長短不一的六章,而郭店本的兩章(或者稱爲上、下篇)篇幅大體相當,更加勻稱合理,更像是經過整理、合併後而形成的。

第三,從某些段落的異文來看(第 8"凡"的"心"與"心術","凡人情爲可悦"章中"苟有其情"的位置),不能證明郭店本比上博本更加接近原始的祖本,相反,郭店本更加整齊的句式,倒像是經過了更多的加工。而郭店本第 8"凡"的"心術",則很可能是由於該段落"術"字多見而誤衍所致。

(梁静　武漢大學國際教育學院副教授　簡帛研究中心兼職研究員)

《凡物流形》考釋三則

黄冠雲

上海博物館所收藏的戰國寫本《凡物流形》,是先秦學術思想的重要文獻。下面針對三個釋讀的問題,提出拙見,敬祈方家不吝指正。[1]

一、"上賽(塞)於天,下番(蟠)於囦(淵)"

《凡物流形》(簡28、15)云:"心斧=(之所)貴唯貼(一);尋(得)而解之,上賽(塞)於天,下番(蟠)於囦(淵)。"此處"賽"處稍有殘損,字迹不甚清楚。不過,只要比較一般工具書所收的"賽"字字形,可知此即"賽"字無疑。[2]

《凡物流形》

上博簡二《容成氏》簡29　郭店簡《語叢四》簡17

包山簡208

---

[1] 馬承源編:《上海博物館藏戰國楚竹書(七)》,上海古籍出版社2008年。顧史考(Scott Cook)的兩篇論文收集、整理各家的不同意見,作者本人的許多有意義的觀點,是我讀《凡物流形》的主要參考資料,見《上博簡〈凡物流形〉初探》,《臺灣大學哲學論評》2009年第38期;以及《上博七〈凡物流形〉下半篇試解》,復旦大學出土文獻與古文字研究中心編:《出土文獻與傳世典籍的詮釋:紀念譚樸森先生逝世兩週年國際學術研討會論文集》第333—359頁,上海古籍出版社2010年。此外亦可參考谷中信一:《〈凡物流形〉甲本譯注》,出土資料と漢字文化研究會編:《出土文獻と秦楚文化》第5號,第248—282頁,東京大學文學部東洋史學研究室2010年。下面除了特別需要,皆以《凡物流形》甲本作爲討論對象。

[2] 比如徐在國:《上博楚簡文字聲系》第634頁,安徽大學出版社2013年;李守奎:《楚文字編》第386—387頁,華東師範大學出版社2003年;黄德寬:《古文字譜系疏證》第274—275頁,商務印書館2007年。

在文意上,"上賽(塞)於天,下番(蟠)於囦(淵)",可與《荀子·王制》"聖王之用也,上察於天,下錯於地,塞滿天地之間,加施萬物之上"比較。此外,"塞於天地"、"塞乎天地"等表述,文獻習見。如果有人懷疑"賽(塞)"作爲動詞,後面是否可接"天"而不是"天地"的賓語,可以參考《漢書·叙傳》:"若乃夷抗行於首陽,惠降志於辱仕,顏耽樂於簞瓢,孔終篇於西狩,聲盈塞於天淵,真吾徒之師表也。"所謂"聲盈塞於天淵","天"、"淵"並舉,正與《凡物流形》相符,也跟下面即將討論的上博簡《彭祖》、《詩·旱麓》等文句一致。相似的表述又見於揚雄的《劇秦美新》:"逮至大新受命,上帝還資,后土顧懷,玄符靈契,黄瑞涌出,渾淳汸瀚,川流海瀞,雲動風偃,霧集雨散,誕彌八圻,上陳天庭,震聲日景,炎光飛響,盈塞天淵之間,必有不可辭讓云爾。"最後,《禮記·祭義》:"致禮樂之道,而天下塞焉,舉而錯之無難矣。"可見不僅"天地"、"天"可以充塞,就是"天下"也一樣可以充塞。

上博簡《彭祖》簡 4 云:"既只於天,或椎於囦(淵),夫子之悳(德)登矣,可(何)其宗(崇)。"關於"只"、"椎"的釋讀各家説法不一,過去已有學者做過綜述。〔1〕孟蓬生指出"只"、"旨"可通,於文獻有徵,不過與其將"只"讀作與"旨"諧聲的"詣"(孟説没有舉出與《彭祖》一語語境相符的文例),我認爲倒不如讀爲"稽",訓爲"計數",可以聯繫較多的證據。〔2〕《漢書·賈誼傳》"臣謹稽之天地,驗之往古"(又見《新書·數寧》),又《漢書·王莽傳》"則天稽古",説明"天"可以是"稽"的對象(《尚書·召誥》"面稽天若,今時既墜厥命,……曰其稽我古人之德,矧曰其有能稽謀自天",也可以結合考慮)。至於"椎"則可以從楊芬説讀"推",但我認爲應該訓"推算"而不是"進"。〔3〕《春秋繁露·竹林》"是故《春秋》推天施而順人理",《春秋繁露·陽尊陰卑》"是故推天地之精,運陰陽之類,以别順逆之理",《莊子·天道》"以虚静推於天地,通於萬物,此之謂天樂",都是相關證據。最重要的,《荀子·不苟》"天不言而人推高焉,地不言而人推厚焉",意思是天地雖然不説話,但人可以推測其高度和厚度。如果天、地可以作爲"推"的對象,"囦(淵)"當然也可以作同一動詞的賓語。如此一來,"既只(稽)於天,或椎(推)於囦(淵),夫子之悳(德)登矣,可(何)其宗(崇)","只(稽)"、"椎(推)"就有大略相當的詞義,也跟此句的上下文十分相符,下面再做申述。

根據程鵬萬的意見,《彭祖》簡 4 乃上博簡六《競公瘧》的一根脱簡,所謂"夫子"指

---

〔1〕季旭昇編:《〈上海博物館藏戰國楚竹書(三)〉讀本》第 265—266 頁,〔臺北〕萬卷樓圖書有限公司 2005 年;林志鵬:《宋鈃學派遺著考論》第 90—91 頁,〔臺北〕萬卷樓圖書有限公司 2009 年。

〔2〕孟蓬生:《〈彭祖〉字義疏證》,簡帛研究網,2005 年 6 月 21 日。

〔3〕參林志鵬:《宋鈃學派遺著考論》。

的是范會，是晏子推崇的對象，即"夫子之德登矣，何其崇"云云。[1] 在《競公瘧》通篇的敘述中，范會的事跡與景公形成對比。按照晏子的意思，理想的國君在面對災害時，不僅應該"自我反省"，還要"推量天意"。[2] 同樣的主旨也見於上博簡的《魯邦大旱》與《柬大王泊旱》。如果上述"既只（稽）於天，或椎（推）於囷（淵）"的釋讀能夠成立，"只（稽）"、"椎（推）"就可以比較貼切地表達出"推量天意"的意思。范會正因如此才得到後人極高的評價。

最後，可以簡單談談《中庸》："《詩》云'鳶飛戾天，魚躍于淵'，言其上下察也。君子之道，造端乎夫婦；及其至也，察乎天地。"過去王念孫、王引之曾根據《廣雅》《尚書大傳》"察，至也"的訓釋，指出《中庸》"上下察也"也應作如是解。同時，他們也認為此訓不僅適用於《管子·內業》《文子·道原》等文句的"察"字（詳下），也可以解釋《淮南子·原道》的"際"字。至於鄭玄轉述《中庸》一句所說的"聖人之德至於天、至於地"，王氏父子認為也反映鄭玄的理解相同。不過，鄭玄又說"察，猶著也……是其著明於天地也"，就相對不準確了。[3]

王氏父子的意見對於閱讀《中庸》和上列文獻都十分重要，但如果換一思路，"察"、"際"的含義可能是連貫的："際"之"接近"和"察"之"觀察"可以是同一個動作，"接近"正是為了要仔細"觀察"，兩個意思是相關的。劉殿爵曾經論及上列《管子·內業》《淮南子·原道》《荀子·王制》以及《中庸》等文句，提到"察"、"際"具有如此雙重的含義。[4] 我認為劉殿爵的意見可以說明，為何鄭玄一邊說"察，猶著也"，一邊又以"至"轉述"察"的意思。或許在鄭玄的認知中，"至"、"著"也是同一個意思的兩個層面，亦即聖人的德行因為遍佈天地之間而充分地展現出來。至於《中庸》原來引述的《詩·旱麓》"鳶飛戾天，魚躍于淵"，請注意"戾"的古音和"稽"是接近的，分別是來母質部與見母脂部，可以構擬 *C-rets 與 *khij'。[5] 如同劉殿爵已指出的，"稽"的性質

---

[1] 程鵬萬：《上博三〈彭祖〉第4簡的歸屬與拼合》，復旦大學出土文獻與古文字研究中心網站，2010年1月17日。

[2] 此處的敘述參考淺野裕一：《〈競公瘧〉的為政與祭祀咒術》，《上博楚簡與先秦思想》第157—189頁，[臺北] 萬卷樓圖書有限公司2009年。"自我反省"與"推量天意"都是淺野裕一的用語。

[3] 王引之：《經義述聞》卷十六，第26頁，江蘇古籍出版社2000年。

[4] D.C. Lau, "A Note on 'ke wu'", *Bulletin of the School of Oriental and African Studies*, University of London 30.2 (1967): 353–357；中文翻譯見《採掇英華：劉殿爵教授論著中譯集》，香港中文大學2004年。劉殿爵關於"稽"的看法，對我理解《彭祖》很有啟發，不過我的辦法是盡量將《彭祖》與《中庸》的討論分開，在各自的相關證據上作出最後可能但不一定一致的結論。

[5] 上古音構擬取自 Axel Schuessler, *Minimal Old Chinese and Later Han Chinese: A Companion to Grammata Serica Recensa* (Honolulu: University of Hawai'i Press, 2009)，根據的是白一平（William H. Baxter）早年的著作：*Handbook of Old Chinese Phonology* (Berlin: Mouton de Gruyter, 1992)。

也跟"察"、"際"相似,同樣具有"至"、"考核"兩個意思。這暗示鄭玄對於《中庸》的解釋,有基於《旱麓》本身的根據,並非偶然。

下面列出我閱讀所見的一些"上天下地"的文句,包括上述論及的所有例子:

1. 上博簡《彭祖》簡4:"既只(稽)於天,或(又)椎(推)於囦(淵),夫子之惪(德)登矣,可(何)其宗(崇)!"

2. 馬王堆帛書《十問》第56、57行:"坡(彼)生之多,尚(上)察於天,下播於地,能者必神,故能刑(形)解。"

3. 馬王堆帛書《十六經·成法》第120行下:"上捻(感)之天,下施之四海。"

4. 馬王堆帛書《十六經·成法》第122行下:"一之解,察於天地;一之理,施於四海。"

5.《荀子·王制》:"聖王之用也,上察於天,下錯於地,塞備天地之閒,加施萬物之上。"

6.《中庸》:"《詩》云'鳶飛戾天,魚躍于淵',言其上下察也。君子之道,造端乎夫婦;及其至也,察乎天地。"

7.《管子·內業》:"一言之解,上察於天,下極於地,蟠滿九州。"

8.《管子·心術下》:"是故聖人一言解之,上察於天,下察於地。"

9.《淮南子·原道》:"是故一之理,施四海;一之解,際天地。"

10.《文子·道原》:"故一之理,施於四海,一之嘏,察於天地。"

11.《莊子·刻意》:"精神四達並流,無所不極,上際於天,下蟠於地,化育萬物,不可爲象,其名爲同帝。"

12.《淮南子·道應》:"若神明,四通並流,無所不極,上際於天,下蟠於地,化育萬物而不可爲象,俯仰之間而撫四海之外;昭昭何足以名之。"

二、"日之旨(始)出,可(何)古(故)大而不䍐(炎)? 丌(其)人〈入〉审(中),絫(奚)古(故)少(小)[而]佳(附)暲(襜){皮支(褕)}"

這裏寫出簡10—11的兩個對仗的文句,除了改"人"作"入"是大多數學者都接受的意見,後面還有"而"的補字與"皮支(褕)"的刪字,需要詳細說明。

從大處着眼，兩個句子大致的意思是比較清楚的：清晨的太陽看似巨大，卻令人感覺涼爽；正午的太陽看似很小，卻令人酷熱難耐。相關的文獻可以提到《列子·湯問》與《論衡·說日》，不過二者時代都比較晚，對簡文理解的幫助有限。簡文具體應該如何解釋，還有待討論。

首先，從最後的"暲敠"說起，我認爲"暲"應讀"襜"。《詩·燕燕》云"瞻望弗及"，阜陽漢簡《詩經》簡 22"瞻"作"章"，聲音分別是章母談部、章母陽部，可以構擬爲 *tam、*taŋ。至於"敠"可讀"褕"，聲音分別是定母侯部與餘母侯部，其聲符"豆"、"俞"可以構擬爲 *dôh、*lo，也很接近。所謂"襜褕"是一種比較涼快的衣服。《釋名·釋衣服》："襦，屬也，衣裳上下相連屬也；荆州謂禪衣曰布襦，亦曰襜褕，言其襜襜弘裕也。"〔1〕《方言》卷四："襜褕，江淮南楚謂之襢裕，自關而西謂之襜褕，其短者謂之裋褕；以布而無緣，敝而紩之，謂之襤褸；自關而西謂之袼褸，其敝者謂之緻。"《說文解字》卷八上"褕"字下："一曰直裾謂之襜褕。"綜合幾段文字，"襜"在音義上跟"襌"、"襢"、"袡"等詞彙相關，而"褕"則與"襦"、"裋"、"襦"、"褟"同源，此不一一贅述。〔2〕看來這些不同的詞語各有其側重之處，指稱的可以是蔽膝、連身衣或輕薄的衣物，特徵是開敞、輕盈、通風、涼快，但不暴露，其共同點是適合大熱天穿着，彼此並不矛盾。就此處所謂蔽膝的含義，《爾雅·釋器》亦云："衣蔽前謂之襜。"《說文》"蔽"字下云："衣蔽前。"如同過去學者指出的，這個詞語和相關詞彙的核心意義可能是"蔽"（段玉裁）或"障蔽"（錢繹）。〔3〕這個核心意義也反映在《釋名·釋衣服》的另一則記載："韍，韠也；韠，蔽膝也，所以蔽膝前也，婦人蔽膝亦如之。……又曰跪襜，跪時襜襜然張也。"所謂"襜襜然張也"正是從反面說明"襜"所具有的"遮蔽"或"屏障"的意義。

至於緊接在"暲（襜）敠（褕）"之前的"佳"，此字的釋寫可以參考《凡物流形》上文的"佳（封）"字（甲本簡 4、乙本簡 4）。相較之下，它們主要的差異是簡 11 一字在上端多出兩筆橫畫，而且下端"丰"和"土"的部件聯繫在一起。如果按"丰"求聲，我認爲此字可讀"附"，"丰"、"附"的古音分別是旁母東部、並母侯部，可以構擬爲 *phon、*boh，十分接近。《周易》"井"卦九二的爻辭有"鮒"字，在上博簡《周易》的對應處（簡 44—46）即寫作"拝"。在詞義上，"附"有"着"義，可以作爲穿着衣物的動詞，比如《左傳》襄

---

〔1〕王先謙認爲"亦曰襜褕"云云屬下一則，不過這並不改變此處所述的幾種衣物都有一定關係的事實，就如同緊接在上的"襌衣，言無裹也"也是相關的；見劉熙撰，畢沅疏證，王先謙補：《釋名疏證補》第 170—171 頁，中華書局 2008 年。
〔2〕參考王力：《同源字典》第 195 頁，商務印書館 1982 年。
〔3〕段玉裁：《說文解字注》第 56 頁，上海古籍出版社 1988 年；錢繹說見華學誠：《揚雄方言校釋匯證》第 269 頁注 1，中華書局 2006 年。

公三十一年:"衣服附在吾身,我知而慎之。"相對緊接在後的"襜褕",可謂十分合適。

甲本簡11"佳"

甲本簡10"而"　甲本簡4"佳"　乙本簡4"佳"

討論至此,簡10—11的幾個疑難字詞可謂一一有了着落:"暳敆"與"襜褕"在聲音上如此密合,絶非偶然,在詞義上又跟正午的酷熱天氣有關,與兩個句子的語境相符。至於前面的"佳(附)"也有很直接的聯繫。但是最終出現的句子卻語不成句:"日之始出,何故大而不炎?其入中,奚故小附襜褕?"這個情形應該如何解釋呢?

顧史考(Scott Cook)討論簡10—11的兩個文句時,有一個很有意思的看法:他指出簡11"佳"字上端的兩筆橫畫,酷似"而"字起手的兩個筆畫,因此推測書寫者原先有意寫"而",但在寫了兩個筆畫之後,轉而改寫"佳"字,以致最後我們看到的字形與《凡物流形》上文的"佳(封)"字有相當的出入。[1] 順着顧史考的思路,我認爲簡文可以校訂作"其入中,奚故小而附襜"。如同我們在上面討論看到的,"襜"或"襜褕"指的都是同一種涼快的衣服,在意義上没有差異。結合前面"日之始出,何故大而不炎",兩個句子的意思是太陽剛出來的時候,爲什麼看上去很大,卻完全不熱;太陽在正午的時候,爲什麼看上去很小,卻熱到要穿涼快的衣服? 對仗十分工整。更重要的,"烾(炎)"(章母談部,可構擬*lam)與"暳(襜)"(章母陽部,*tham)叶韻,與"敆(褕)"(定母侯部,*dôh)則毫不相干。雖説《凡物流形》並非通篇用韻,但從開首簡1到簡10—11,乃至下面的簡12a+13b、14,用韻還是相當一致且明顯的。按照我復原的文本,簡10—11就不會與上半篇其他的文句顯得格格不入。

簡10—11最終以我們現在在竹簡上看到的面貌出現,可能有很多原因。一種可能是"襜褕"相較於"襜"是寫手更熟悉的一種形式;另一種可能是"褕"字原本屬於注釋或者另一個具有輔佐性質的文本。無論如何,在書寫的過程中,寫手多寫了"褕"字,省去了"而",所以兩個句子還維持相同的字數。事實上,《凡物流形》通篇有不少筆誤。簡10—11就有"入"誤作"人"的例子,而簡26"先"誤作"之"、簡21"四"誤作"女"、簡20"冬"誤作"禾"、簡29衍"粜",而簡2與簡16都有"尻"誤作"屖"的情形,可謂不勝枚舉。除此之外,本篇篇末簡30有"之力古之力乃下上"意義不甚明確的一連串字,性質接近習字。這提示我們,簡10—11的兩個句子,乃至此篇的其他內容,都

---

[1] 顧史考關於簡10—11的釋讀還有其他獨到的意見,此不一一介紹,讀者可以自行參考。

需要經過嚴格校訂才能釋讀無礙。如果稍作調整就可以復原在形式上更爲工整、互相押韻,並且在意義上沒有任何損失的兩個句子,如此的可能我認爲是值得考慮的。

三、關於上、下篇的一個聯繫

讀《凡物流形》,學者一般按照内容作出上、下兩個部分的區分。以重新排序過的甲本爲準,簡 1—11、12a+13b、14 是上篇,其内容由一連串的問句所組成;簡 14、26、18、28、15、24、25、21、13a+12b、22—23、17、19—20、29—30 是下篇,反覆闡述的是"𩁹(一)"的概念。過去已有研究指出,上、下篇至少有一個直接的聯繫:上篇問"卉(草)木系(奚)寻(得)而生?含(禽)獸系(奚)寻(得)而鳴?"(簡 12a+13b),下篇則在討論"一"時説"卉(草)木寻(得)之曰(以)生,含(禽)獸寻(得)之曰(以)鳴(鳴)"(簡 21、13a+12b)。顯然下篇的"一"就是上篇問句的答覆。我在最後一則札記中打算指出另一個《凡物流形》上、下篇的聯繫,説明《凡物流形》如何一方面力主"一"的概念,一方面又試圖貶低卜筮與其他占測未來的手段。同樣的情形也見於《莊子·庚桑楚》的一段文字,可與《凡物流形》互證。

我們可以從《凡物流形》下篇的一段文字開始(簡 15、24、25):

聪(聞)之曰:至(致)情而智(知),戠(察)智(知)而神,戠(察)神而同,[戠(察)同]而僉(歛),戠(察)僉(歛)而困,戠(察)困而復(復)。氏(是)古(故)陳爲新,人死還(復)爲人,水還(復)於天。凸(凡)百勿(物)不死女(如)月。出惻(則)或(又)内(入),冬(終)則或(又)訋(始),至則或(又)反。戠(察)此言,记(起)於𩁹(一)耑(端)。

根據這段文字開首部分的内容,可以看出它的論述環環相扣,所建立的系列可概括如下:情—知—神—同—僉—困,最後説"察困而復",又回到系列的起點,如同下文引爲譬喻的月之盈缺也是一個周而復始的循環過程。這裏唯一需要説明的關鍵詞是"僉",我認爲應讀"歛",可以銜接緊接在前的"同"和緊接在後的"困"。所謂"同"指的是我和萬物渾然化爲一體後所得到的對事物的認識,我們可以聯繫下文即將要討論的《莊子·庚桑楚》"與物委蛇,而同其波",或者像"玄德"、"玄覽"、"玄同"這類習見《老子》與其他道家文獻的詞彙。至於"困"則是一個負面的詞語,其指稱的困頓、衰敗導向的是《凡物流形》同一段落關於死亡的討論。

"僉(歛)"夾在"同"、"困"之間,如果能夠表達出某種轉折,就可以具體反映由

"同"至"困"的過渡。"僉"有"聚斂"的意思,同時也因爲事物被匯集一處而具有"約儉"的含義。這裏説的雙重含義又見於《新書·道術》"廣較自斂謂之儉,反儉爲侈"一語,"聚斂"和"約儉"可謂同一枚硬幣的兩面。《老子》六十七章的河上公注有如下關於"儉"的定義:"賦斂若取之於己也。"意思是君王與老百姓是一個共同體,君王替百姓省錢,自己也隨之富裕;如果剥削百姓、聚斂財富,最終也將造成自己的損失。上述大略是《老子》六十七章的主旨,所以作爲"三寶"之一的"儉"就有原文"儉故能廣"的説明。請注意"廣"和《凡物流形》"同"的對應。"聚斂"或"約儉",取決於你所處的位置。作爲"同"、"困"的過渡,"僉(斂)"可以同時反映這兩層意思。

總的來看,所謂"察同而斂",意思是我可以通過"同"的認識,聚"斂"所有事物的能量,但是如此的聚"斂"也是一種"約儉",最後導致"困"、死亡等較爲負面的處境。

關於這裏所説的"僉(斂)"的雙重含義,我們還可以參考《韓非子·解老》討論《老子》六十七章的一段文字:

> 周公曰:"冬日之閉凍也不固,則春夏之長草木也不茂。"天地不能常侈常費,而況於人乎? 故萬物必有盛衰,萬事必有弛張,國家必有文武,官治必有賞罰。是以智士儉用其財則家富,聖人愛寶其神則精盛,人君重戰其卒則民衆,民衆則國廣。是以舉之曰:"儉,故能廣。"

我因爲"約儉"而得以"聚斂",就如同我越"愛寶其神"就越"精盛";越珍惜我的老百姓,投靠我的人數就越多,我的國力也因此得以壯大。在這些討論中,匱乏的可能是始終存在的。所以《解老》下文才有如下關於事物循環的描述:"故萬物必有盛衰,萬事必有弛張"。請注意這句話和《凡物流形》的對應:"是故陳爲新,人死復爲人,水復於天。凡百物不死如月。出則又入,終則或又始,至則又反。"對《凡物流形》而言,這個循環是被所謂的"一"或"一端"所支配的。掌握這個道理,萬變不離其宗,這是《凡物流形》下篇反復説明的要旨。

在此基礎上,如果我們再看《凡物流形》的上篇,我們就可以對下面一段討論"神明"的文字有一些不同的認識。這段文字首先提出一個問題:"鬼(鬼)生於人,奚(奚)古(故)神累(明)?"鬼神也是由人變來的,爲何它們卻具有超乎常人的能耐呢? 在一系列的提問之後,這段文字以緊鄰的三個問句結束:"天之累(明)奚(奚)导(得)? 鬼(鬼)之神奚(奚)飤(食)? 先王之智(智)奚(奚)備?"請注意"明"和"神"的並舉,正好就是此段文字開首的"神明",説明整段文字是前後呼應的。至於"先王之智奚備"一句,當然可能只是一個關於先王的泛問。不過,緊接在另外兩個問句之後,我認爲它有一個與鬼神相關的更具體的意思,亦即爲何先王的智識如此完備,以致他們知曉神明的本質，並且能以最適當的方式侍奉鬼神？

這裏根據顧史考（Scott Cook）所整理的各家意見，擇善而從，寫出我對整段文字（簡4—8）的理解：

> 虐（吾）既長而或（又）老，箮（孰）爲卒（薦）奉？槐（鬼）生於人，柰（奚）古（故）神禜（明）？骨＝（骨肉）之既栊（靡），丌（其）智（智）愈暲（彰），丌（其）夬（訣）柰（奚）堂（適），箮（孰）智（知）丌（其）疆（彊）？槐（鬼）生於人，虐（吾）柰（奚）古（故）事之？骨＝（骨肉）之既栊（靡），身豊（體）不見，虐（吾）柰（奚）自飤（食）之？丌（其）峚（來）亡（無）尼（度），虐（吾）柰（奚）昔（待）之窒（窟）？祭員〈異〉（祀）柰（奚）逐，虐（吾）女（如）之可（何）思（使）歟（飽）？川（順）天之道，虐（吾）柰（奚）㠯（以）爲頁（首）？虐（吾）欲尋（得）百眚（姓）之和，虐（吾）柰（奚）事之歎（重）？天之禜（明）柰（奚）尋（得）？槐（鬼）之神柰（奚）飤（食）？先王之智（智）柰（奚）備？

上述兩段文字分屬《凡物流形》的下篇和上篇，我認爲它們展現的關係十分清楚。上篇問鬼神爲何具有超乎常人的能耐，下篇指出生死只是一個循環（"人死復爲人"），鬼神也是由人變來的。請注意在上篇占有一個中心位置且意指"神明"的"神"，在下篇只是一個循環過程中的一個階段而已（"察知而神，察神而同"云云）。這並不否定鬼神的確有超乎常人之處的事實，不過這些討論現在都需要建立在一個位階更高、意義更大的原則之下，此即"一"。

如果我的觀點不誤，就《凡物流形》而言，我們可以説這篇文獻的上下兩個部分是一個有機的整體，不但不應該分開理解；相反地，下篇就是上篇所作的衆多提問的答覆。就此處所涉及的內容而言，我們可以判斷《凡物流形》一方面力主"一"的重要性，一方面將關於鬼神的信仰下放至一個相對次要的位置。這一點可以結合《莊子·庚桑楚》的一段文字再作申述。

《莊子·庚桑楚》開首有一則冗長的故事，叙述的是南榮趎分別與庚桑楚、老子兩人的對話，內容十分豐富。衆多細節此處我無法展開討論，此處只能專注在其下半部分老子的論述。這段文字説：

> 衛生之經，能抱一乎？能勿失乎？能無卜筮而知凶吉乎？能止乎？能已乎？能舍諸人而求諸己乎？能翛然乎？能侗然乎？能兒子乎？兒子終日嗥而嗌不嗄，和之至也；終日握而手不掜，共其德也；終日視而目不瞚，偏不在外也。行不知所之，居不知所爲，與物委蛇，而同其波。是衛生之經已。

所謂"衛生之經"的議題最初是由南榮趎所提出的：南榮趎自認不才，不敢聞見"大道"，只願學習比較基礎、比較實際的"衛生之經"。對此老子提出一連串針對"衛生之經"的疑問。"能抱一乎？能勿失乎"質疑的是如此雕蟲小技是否能夠達到老子關於"抱一"的理想。至於"能無卜筮而知凶吉乎"，顯然在強調"一"的同時，試圖貶低卜筮或其他占測未來的做法。與其無窮無盡地向外尋求這些技術手段，倒不如化繁爲簡，反求諸己，此即老子下面提問的"能舍諸人而求諸己乎"。在我看來，老子論述的策略，首先是破除南榮趎所嚮往的一般世俗對"衛生之經"的理解，再對"衛生之經"作出新的定義。這就是下面説的"能翛然乎？能侗然乎？能兒子乎"的内容。最後這個部分與《老子》五十五章的内容多有重叠之處，指涉的不外乎就是返璞歸真的道理，跟上文所強調的"一"和反求諸己的旨趣都是一致的。老子最後説"是衛生之經已"，句末語氣詞"已"呼應的是南榮趎最初提出的請求，"趎願聞衛生之經而已矣"。意思是這才是我認可，且結合"大道"的"衛生之經"，與你所説的"衛生之經"在層次上是不同的。

許多研究《凡物流形》的學者已指出，《莊子·庚桑楚》這一段文字無論在内容還是形式上，都跟《凡物流形》（簡18、28）所謂"能募（寡）言虐（乎）？能貼（一）虐（乎）？夫此之胃（謂）省（削）城（成）"的論述相似。其他可以比較的文例，除了《老子》十章、馬王堆帛書《十六經》，我特別要提到《管子·心術下》和《管子·内業》的兩段文字，可以分列如下：

  能專乎？能一乎？能毋卜筮而知凶吉乎？能止乎？能已乎？能毋問於人而自得之於己乎？

  能搏乎？能一乎？能無卜筮而知吉凶乎？能止乎？能已乎？能勿求諸人而得之己乎？

兩段文字和上引《莊子·庚桑楚》幾乎完全相同，我要強調它們也都以"一"與"卜筮"並舉，可與上文的論點一併考慮。

如果上述關於《凡物流形》上、下兩部分的觀點可以成立，我們可以聯繫郭店簡《太一生水》。衆所周知，《太一生水》可以分作兩個主要的段落（也有學者主張三個段落，不過對我的觀點没有影響）。幾個段落之間究竟有何關係，是一個見仁見智的問題。不過，即使假設它們完全無關，甚至形式特徵都完全不同（當然事實絶非如此），但我們都很容易"一加一等於二"，將兩段文字聯繫起來。换句話説，簡9—14 説"青（請）昏（問）丌（其）名"，希望知道"道"的正式或實際的稱謂，而簡1—8 開宗明義就説"大（太）一生水"，我們可以得到以下的結論：太一就是道的名稱，《太一生水》的目的正是將"道"命名爲"太一"。此説如不誤,我們在《太一生水》所看到的情形,恰好就跟上述《凡物流形》上下篇的關係,完全平行。《凡物流形》上篇提出各種問題,目的就如同《太一生水》簡9—14的"請問其名"。《凡物流形》下篇反復説"一",也跟《太一生水》簡1—8説天地萬物生自太一的情形相符。

  以《凡物流形》與《太一生水》比對,可以得到很多很有意思的結果,但是這裏只能點到爲止,詳細的情形有待另文專論。

(黄冠雲 香港城市大學中文及歷史學系 助理教授)

讀《清華大學藏戰國竹簡（捌）》札記

胡敕瑞

一

《治邦之道》簡 15：

  鰥（懷）慭（懇）聖君，上有怸（過）不加之於下=（下，下）有怸（過）不敢以憮（誣）上，達（失）之所才（在），譬（皆）智（知）而賙（更）之⋯⋯

整理者於"鰥"後括注"懷"，[1]似可商榷。"鰥"古音爲見紐、文部，"懷"古音爲匣紐、微部，聲、韻尚有差距，且典籍中罕見兩字通假之例。見紐、文部的"鰥"，古籍中倒是多與見紐、真部的"矜"相通。例如：

  《尚書·堯典》："有鰥在下，曰虞舜。"《史記·五帝本紀》引作："有矜在民間，曰虞舜。"

  《詩經·大雅·烝民》："維仲山甫，柔亦不茹，剛亦不吐；不侮矜寡，不畏强禦。"《新序·雜事第四》引作："詩曰：柔亦不茹，剛亦不吐，不侮鰥寡，不畏

---

* 本文爲 2018 年度教育部人文社會科學重點研究基地重大項目"基於上古漢語語義知識庫的歷史語法與詞彙研究"（18JJD740002）的階段性成果。許典琳同學對拙文的修改提了很好的意見，謹此感謝！

[1] 清華大學出土文獻研究與保護中心編，李學勤主編：《清華大學藏戰國竹簡（捌）》下册第 137 頁，中西書局 2018 年。

強禦。"

《禮記·禮運》:"矜寡孤獨廢疾者,皆有所養。"《群書治要》卷七引作:"鰥寡孤獨廢疾者,皆有所養。"

《禮記·王制》:"老而無妻者謂之矜。"陸德明音義:"矜,本又作鰥,同。"

段玉裁在《說文解字》"鰥"字下注云:"鰥寡字蓋古祇作矜。矜,即憐之假借。"清華簡就有"罒(鰥)"用作矜憐的例子,如《殷高宗問於三壽》簡18:

> 衣備(服)耑(端)而好訐(信),丂(孝)忎(慈)而袞(哀)罒(鰥),㣌(恤)遠而愳(謀)新(親),惪(喜)神而䐜(憂)人,寺(是)名曰惎(仁)。

整理者注:"罒,讀'鰥',朱駿聲《說文通訓定聲》:'鰥,段借爲矜,實爲憐。'"[1]與此相同,《治邦之道》簡15中的"鰥"亦當讀爲"矜","鰥愍"即"矜惻"。傳世典籍中亦見"矜惻"。例如:

> 《文選·奏彈曹景宗》:"早朝永嘆,載懷矜惻。"
>
> 《魏書·張彝傳》:"靈太后以其累朝大臣,特垂矜惻。"
>
> 《梁書·江子一傳》:"詔曰:故戎昭將軍、通直散騎侍郎、南津校尉江子一,前尚書右丞江子四,東宮直殿主帥子五,禍故有聞,良以矜惻,死事加等,抑惟舊章。"

"矜惻"義爲哀憐惻隱。《治邦之道》簡15中的"鰥(矜)愍(惻)聖君",是一個偏正結構的名詞短語,義爲哀憐惻隱的聖明君主。

二

《治邦之道》簡17:

> 既餌(聞)亓(其)訂(辭),女(焉)少(小)䑛(穀)亓(其)事,以程(程)亓(其)攻(功)。女(如)可,以差(佐)身相冢(家)。

整理者注:"䑛,即'穀',官俸,此處謂給予官職。《論語·憲問》'邦有道,穀',《集解》引孔安國注:'穀,祿也。'小穀其事,指試探性地給予一個官職,以考察其能力。《墨

---

[1] 清華大學出土文獻研究與保護中心編,李學勤主編:《清華大學藏戰國竹簡(伍)》第151頁、第157頁注釋六〇,中西書局2015年。

子·貴義》:'世之君子,使之爲一彘之宰,不能則辭之。'"〔1〕

石小力先生不同意整理者的注釋,他認爲:

> "縠"字在文中應爲任用、承擔一類的意思,疑當讀爲"由",楚簡"縠"和"由"音近可通。〔2〕郭店《五行》簡28:"聖智,禮樂之所縠(由)生也。"簡31:"仁義,禮所縠(由)生也,四行之所和也。"由,任用。《左傳》襄公三十年:"武不才,任君之大事,以晉國之多虞,不能由吾子,使吾子辱在泥塗久矣,武之罪也。"杜預注:"由,用也。"〔3〕

石先生的意見可備一説。然而我們注意到,从殸得聲的"縠(縠)"(見紐、屋部)與从設得聲的"觳"(見紐、屋部)讀音相似。〔4〕《儀禮·特牲饋食禮》:"主婦俎觳折。"鄭玄注:"古文'觳'皆作'縠'。"根據鄭玄此注,可知古文"觳"可作"縠"。簡文"女(焉)少(小)縠(觳)亓(其)事"中的"觳"很可能用同"觳"。

《説文·角部》:"觳,盛觵卮也。一曰射具。从角,設聲。讀若斛。""觳"本是一種盛酒器,許慎注明"觳"可"讀若斛"。

"斛"有校量、度量義。揚雄《太玄·梡》:"日月相斛,星辰不相觸。"范望注:"斛,量也。日月之行,更相量度,或合或親,故曰相斛也。"

"觳"亦有校量、比量義。《史記·李斯列傳》:"是時二世在甘泉,方作觳抵、優俳之觀。"〔5〕裴駰《集解》引應劭曰:"戰國之時稍增講武之禮,以爲戲樂,用相夸示,而秦更名曰角抵。角者,角材也。抵者,相抵觸也。駰案:觳抵即角抵。"

"角"見紐、屋部,"觳"見紐、屋部,兩字音近義通。《韓非子·用人》:"爭訟止,技長立,則彊弱不觳力,冰炭不合形,天下莫得相傷,治之至也。"陳奇猷《集釋》引于省吾説:"按觳應讀作角。……上言'爭訟止',下言'天下莫得相傷',皆彊弱不角力之謂也。"《孫子·虚實》:"角之而知有餘不足之處。"曹操注:"角,量也。"《漢書·東方朔傳》:"常從游戲北宫,馳逐平樂,觀雞鞠之會,角狗馬之足。"顏師古注:"角猶校也。"

---

〔1〕清華大學出土文獻研究與保護中心編,李學勤主編:《清華大學藏戰國竹簡(捌)》下册第137頁、第144頁注釋六七。

〔2〕參陳斯鵬:《楚系簡帛中的"由"》,《中山大學學報(社會科學版)》2010年第6期。此爲作者原注。

〔3〕石小力:《清華簡第八輯字詞補釋》,"紀念清華簡入藏暨清華大學出土文獻研究與保護中心成立十周年國際學術研討會"論文,清華大學2018年。此外還有其他説法,詳參蕭旭:《清華簡(八)〈治邦之道〉校補》,復旦大學出土文獻與古文字研究中心網站,2018年11月26日。

〔4〕"觳"是個多音字,表示較量,讀見紐屋部;表示量器,讀溪紐屋部。

〔5〕《新書·匈奴》:"上即饗胡人也,大觳抵也。"然而整理者不知"觳"用同"觳",以爲"觳抵"爲"觳抵"之訛。恐不妥。詳參閻振益、鍾夏:《新書校注》第147頁注八八,中華書局2000年。

"觳"、"斛"、"角"均是量器,〔1〕且音近義通,引申均有校量、比量之義。簡文"女(焉)少(小)榖(觳)亓(其)事"中的"榖"讀作"觳","少"讀作"稍"。簡文中的"榖(觳)亓(其)事"與"程(程)亓(其)攻(功)"形成對文,"榖(觳)"義猶"程(程)"。這段簡文意謂"已經聽聞他們的言辭,就稍微校量他們的事迹,用來程量他們的功績。如果才能適合的話,就用他們來佐助自身、襄助國家"。這段話的主旨與墨家的尚賢、儒家的舉能思想一致。《墨子·尚賢上》:"故當是時,以德就列,以官服事,以勞殿賞,量功而分禄。"《禮記·儒行》:"程功積事,推賢而進達之,不望其報。"孔穎達疏:"程功積事,推賢而進達之,舊至此絶句。皇氏以'達之'連下爲句。言儒者欲舉人之時,必程效其功,積累其事,知其事堪可,乃推而進達之,不妄舉人也。"

三

《治邦之道》簡 20—21:

上不息(憂),邦豕(家)厶(安),亓(其)正(政)事(使)臤(賢)、甬(用)能,則民允。……各堂(當)戈(一)官,則事靖(靖),民不援(緩)。

整理者注:"靖,《國語·晉語六》'則怨靖',韋注:'安也。'緩,《墨子·親士》'見賢而不急,則緩其君矣',王焕鑣校釋:'怠慢。'"〔2〕

整理者讀"援"如"緩",語句雖通,但與上下文意似不甚洽。簡文中的"援"疑讀如"諼"。《説文·言部》:"諼,詐也。"《廣雅·釋詁》:"諼,欺也。"《禮記·少儀》:"軍旅思險。"鄭玄注:"險,阻,出奇覆諼之處也。"陸德明音義:"諼,況煩反。諼,詐也;或云諼,諱。"《漢書·息夫躬傳》:"左曹光禄大夫宜陵侯躬,虚造詐諼之策,欲以詿誤朝廷。"

"諼"與"諠"音同義通,典籍中有"諼"、"諠"互爲異文的用例,例如:

《詩經·衛風·淇奥》:"有匪君子,終不可諼兮!"

《禮記·大學》引作:"有斐君子,終不可諠兮!"

"諼"之通"諠",亦猶忘憂之草或从諼作"藼",或从宣作"萱",或假借作"諼"。《詩經·

---

〔1〕《管子·七法》:"尺寸也,繩墨也,規矩也,衡石也,斗斛也,角量也,謂之法。"尹知章注:"角亦器量之名。"

〔2〕清華大學出土文獻研究與保護中心編,李學勤主編:《清華大學藏戰國竹簡(捌)》下册第 137—138 頁、第 145 頁注釋八三。

《衛風·伯兮》:"焉得諼草,言樹之背。"陸德明音義:"諼,本又作萱。……或作藼。"

"諠"有詐僞、欺詐義。《詩經·小雅·沔水》:"民之訛言,寧莫之懲。"王先謙引韓說:"訛言,諠言也。"又引鄭箋:"訛,僞也,言時不令,小人好詐僞爲交易之言,使見怨咎,安然無禁止。"〔1〕"諠"、"諼"音同義通,兩字均有詐僞、欺詐義。

簡文中的"援"讀作"諼",與上下文意相合。簡文前頭說"上不惡(憂),邦豪(家)女(安),亓(其)正(政)事(使)臤(賢)、甬(用)能,則民允",後頭說"各堂(當)弋(一)官,則事靜(靖),民不援(諼)"。其中"民不援(諼)"與"則民允"正好相對。整理者注:"允,《爾雅·釋詁》:'信也。'邢昺疏:'謂誠實不欺也。'""則民允"謂百姓誠實,"民不援(諼)"謂百姓無欺。前後用詞雖正反不同,但意思協調一致。

《禮記·中庸》:"在上位不陵下,在下位不援上,正己而不求於人,則無怨。"鄭玄注:"援,謂牽持之也。"鄭玄釋"援"爲攀援。不過這裏的"援"或許也可讀作"諼",義謂諂詐。"在上位不陵下,在下位不援上"謂在上者對下屬不傲慢欺凌,在下者對上級不諂諛欺詐。這兩句的意思與《晏子春秋·內篇問上》中的"上無驕行,下無諂德"相似。

四

《八氣五味五祀五行之屬》簡5—6:

> 帝爲五祀,旬(玄)冥銜(率)水以飤(食)於行,祝螎(融)銜(率)火以飤(食)於竈(竈),句余亡(芒)銜(率)木以飤(食)於户,司兵之子銜(率)金以飤(食)於門,句(后)土銜(率)土以飤(食)於室中。

整理者在"説明"中表明這一段話"是五祀、五神與五行的相配",〔2〕但是整理者没有引用傳世典籍的如下内容:

> 《吕覽·孟冬紀》:"大割,祠于公社及門閭,饗先祖五祀,勞農夫以休息之。"高誘注:"五祀:木正句芒,其祀户;火正祝融,其祀竈;土正后土,其祀中霤,后土爲社;金正蓐收,其祀門;水正玄冥,其祀井。故曰五祀。"

> 《左傳》昭公二十九年:"社稷五祀,是尊是奉。木正曰句芒,火正曰祝融,金正曰蓐收,水正曰玄冥,土正曰后土。"孔穎達《疏》引賈逵云:"句芒祀

---

〔1〕王先謙:《詩三家義集疏(下)》第638頁,中華書局1987年。
〔2〕清華大學出土文獻研究與保護中心編,李學勤主編:《清華大學藏戰國竹簡(捌)》下冊第157頁"説明"。

於户,祝融祀於竈,蓐收祀於門,玄冥祀於井,后土祀於中霤。"[1]

《八氣五味五祀五行之屬》中的"衛"整理者括注爲"率",其實不妨直接隸定爲"衛"。《說文·行部》:"衛,將衛也。从行、率聲。"[2] 段注:"衛,導也,循也。今之率字,率行而衛廢矣。率者,捕鳥畢也。將帥字古衹作將衛,帥行而衛又廢矣。帥者,佩巾也。"[3] 簡文中的"衛"正是用其本字本義,與傳世典籍中的"正"義同,如:

《左傳》昭公二十九年:"木正曰句芒。"杜預注:"正,官長也。"

"正"與"衛"均指將帥、官長。簡文中的"玄冥衛水"謂玄冥爲水之將帥,義猶"水正(曰)玄冥";"祝融衛火"謂祝融爲火之將帥,義猶"火正(曰)祝融";"句余芒衛木"謂句芒爲木之將帥,義猶"木正(曰)句芒";"司兵之子衛金"謂蓐收爲金之將帥,[4] 義猶"金正(曰)蓐收";"后土衛土"謂后土爲土之將帥,義猶"土正(曰)后土"。下面把清華簡與傳世文獻所記的五祀、五神、五行作一對比:

	五　祀	五　神	五　行
《八氣五味五祀五行之屬》	1.行、2.竈、3.户、4.門、5.室中	1.玄冥、2.祝融、3.句余芒、4.司兵之子、5.后土	1.水、2.火、3.木、4.金、5.土
《吕覽·孟冬紀》高誘注	1.井、2.竈、3.户、4.門、5.中霤	1.玄冥、2.祝融、3.句芒、4.蓐收、5.后土	1.水、2.火、3.木、4.金、5.土
《左傳》昭公二十九年孔疏	1.井、2.竈、3.户、4.門、5.中霤	1.玄冥、2.祝融、3.句芒、4.蓐收、5.后土	1.水、2.火、3.木、4.金、5.土

清華簡中的"五神"、"五行"與傳世文獻所記基本相同。"五祀"中的"竈"、"户"、"門"也相同,"中霤"與"室中"異名同實。[5] 唯一不同的是,清華簡"五祀"中的"行"在傳世文獻中記作"井"。

關於"五祀",漢代就存在不同的説法。一説以爲"五祀"即"户、竈、中霤、門、行",

---

[1] 賈逵談到的五行之官與五祀的關係,大概見於其所著的《春秋左氏解詁》。《後漢書·賈逵傳》:"(賈逵)尤明《左氏傳》《國語》,爲之解詁五十一篇。"李賢注:"《左氏》三十篇,《國語》二十一篇也。"今《春秋左氏解詁》《國語解詁》皆亡佚不存。

[2] "將衛"原本作"將衛",此據段注改。

[3] 段玉裁:《説文解字注》第78頁,上海古籍出版社1981年。

[4] 整理者注:"司兵之子疑爲蓐收之别名。"參清華大學出土文獻研究與保護中心編,李學勤主編:《清華大學藏戰國竹簡(捌)》第159頁注釋一六。

[5] 《公羊傳》哀公六年:"於是使力士舉巨囊,而至於中霤。"徐彦《疏》引庾蔚曰:"複穴皆開其上取明,故雨霤之,是以因名中室爲中霤也。"《楚辭·劉向〈九嘆·愍命〉》:"制讒賊於中霤兮,選吕管於榛薄。"王逸注:"中霤,室中央也。"

例如：

> 《禮記·曲禮下》："天子祭天地，祭四方，祭山川，祭五祀，歲遍。"鄭玄注："五祀：户、竈、中霤、門、行也。"

一説以爲"五祀"即"門、户、井、竈、中霤"，例如：

> 《論衡·祭意》："五祀，報門、户、井、竈、室中霤之功。門、户人所出入，井、竈人所飲食，中霤人所託處，五者功鈞，故俱祀之。"
>
> 《白虎通·五祀》："五祀者，何謂也？謂門、户、井、竈、中霤也。所以祭何？人之所處、出入，所飲食，故爲神而祭之。"
>
> 《漢書·郊祀志》："大夫祭門、户、井、竈、中霤五祀。"〔1〕
>
> 《漢紀·孝武皇帝紀》："大夫祭其門、户、井、竈、中霤，是謂五祀。"

兩種説法的不同也僅僅在於"井"與"行"的不同。從上引諸例可以看到，東漢不少學者以爲"井"屬"五祀"。西漢已有類似的看法，見於《淮南子·時則》：

> 孟冬之月，招摇指亥，昏危中，旦七星中。其位北方，其日壬癸，盛德在水，其蟲介，其音羽，律中應鐘，其數六，其味鹹，其臭腐，其祀井……
>
> 仲冬之月，招摇指子，昏壁中，旦軫中。其位北方，其日壬癸，其蟲介，其音羽，律中黄鐘，其數六，其味鹹，其臭腐，其祀井……
>
> 季冬之月，招摇指丑，昏婁中，旦氐中。其位北方，其日壬癸，其蟲介，其音羽，律中大吕，其數六，其味鹹，其臭腐，其祀井……

相似的内容又見於時代更早的《禮記·月令》：

> 孟冬之月，日在尾，昏危中，旦七星中。其日壬癸。其帝顓頊，其神玄冥。其蟲介。其音羽，律中應鐘。其數六。其味鹹，其臭朽。其祀行……
>
> 仲冬之月，日在斗，昏東壁中，旦軫中。其日壬癸。其帝顓頊，其神玄冥。其蟲介。其音羽，律中黄鍾。其數六。其味鹹，其臭朽。其祀行……
>
> 季冬之月，日在婺女，昏婁中，旦氐中。其日壬癸。其帝顓頊，其神玄冥。其蟲介。其音羽，律中大吕。其數六。其味鹹，其臭朽。其祀行……

相同的内容還見於《吕覽》"孟冬紀"、"仲冬紀"、"季冬紀"：

> 孟冬之月，日在尾，昏危中，旦七星中。其日壬癸。其帝顓頊，其神玄

---

〔1〕《後漢書·祭祀志下》："國家亦有五祀之祭，有司掌之。"李賢注："五祀，門、户、井、竈、中霤也。"

冥。其蟲介。其音羽,律中應鐘。其數六。其味鹹,其臭朽。其祀行……

仲冬之月,日在斗,昏東壁中,旦軫中。其日壬癸。其帝顓頊,其神玄冥。其蟲介。其音羽,律中黃鐘。其數六。其味鹹,其臭朽。其祀行……

季冬之月,日在婺女,昏婁中,旦氐中。其日壬癸。其帝顓頊,其神玄冥。其蟲介。其音羽,律中大呂。其數六。其味鹹,其臭朽。其祀行……

東漢高誘注:"行,門內地也,冬守在內,故祀之。行或作井,水給人,冬水王,故祀之也。"〔1〕西漢的《淮南子》"五祀"之一作"井",東漢高誘所見《呂覽》也有作"井"者,而前此的《禮記》則作"行"。

清華簡"以飤於行"中的"飤"本義謂供食,"飤"與"祀"古音都是邪紐、之部,音同義通。簡文中的"飤"整理者括注爲"食",其實這裏的"飤"讀如"祀"亦通。清華簡中的"玄冥衛水,以飤於行"、"祝融衛火,以飤於竈"、"句余芒衛木,以飤於户"、"司兵之子衛金,以飤於門"、"后土衛土,以飤於室中",分別與高誘注中的"水正玄冥,其祀井(行)"、"火正祝融,其祀竈"、"木正句芒,其祀户"、"金正蓐收,其祀門"、"土正后土,其祀中霤"相應。

根據清華簡作"以飤(祀)於行",可以推斷《禮記》作"其祀行"是對的,《呂覽》原本亦當作"其祀行"。《淮南子》作"其祀井",應是"其祀行"之誤。"井"、"行"形似易誤,"井"當是"行"字形誤。

雲夢睡虎地秦簡《日書(乙)》中的"祠五祀日"記載了祭祀"五祀"的時日,包括"祠室中日"、"祠户日"、"祠門日"、"祠行日"、"祠竈日"。〔2〕其中"五祀"包括"室中、户、門、行、竈",亦是作"行",而不作"井"。

"五祀"之"行"誤作"井"大概始於漢代。漢魏以後相承祀"井"而不再祀"行",風俗亦隨之一變。

五

《虞夏殷周之治》簡1—2:

---

〔1〕《淮南子·時則》高誘注:"井水給人,故祀也。井或作行。行,門內地,冬守在內,故祀也。"與此處注文大致相同。

〔2〕"竈"是整理者根據上下文意補出的。詳參陳偉主編,彭浩、劉樂賢等撰著:《秦簡牘合集·釋文注釋修訂本(貳)》第489頁,武漢大學出版社2016年。出土文獻中還見有關祭祀"行"的其他記載,在此不一一列舉。

殷人弋(代)之以晶(三),教民以又(有)禩=(威威)之,百(首)備(服)乍(作)早(旱),祭器六臣(簋),乍(作)樂《䋼(韶)》、《焦〈蒦(濩)〉》,昏(海)內又(有)不至者。

其中"教民又(有)禩=(威威)之"中的"禩="簡文作 ,"禩"下有兩小短橫。〔1〕這兩小短橫既可能是重文符號,也可能是合文符號。整理者括注爲"威威",是把兩小短橫視爲重文符號。簡文該字形的右旁,是"畏"的常見形體。"畏"之與"威",猶"受"之與"授",皆是同源分化字。整理者把該字讀作"威",從字詞關係上來看,是毫無問題的。然而問題是,這裏的兩小短橫,也有可能是合文符號。

清華簡中的"鬼"字,或如《攝命》篇中的"鬼"作 ,或如《邦家之政》篇中的"䰠"從"示"作 。清華簡中的"畏"字,或如《皇門》篇中的"畏"作 ,或如《程寤》篇中的"禩"從"示"作 。因此《虞夏殷周之治》中的 ,既可以視爲"鬼禩"二字的合文(即"示"旁只屬於"畏"),也可視爲"䰠畏"二字的合文(即"示"旁只屬於"鬼")。後一種情況,可以認爲,右邊的"示"旁是"䰠"字的下部構件("示"),因爲避讓"畏"字的下部構件("止"),而從下部挪移到了左邊。這種偏旁避讓的方式,在其他合文中亦可見到,譬如《戰國文字編》收有"祭豆"合文,字形作 ,其中"祭"字的"肉"旁亦從上部挪移到了下部。〔2〕當然,《虞夏殷周之治》中的 ,還有可能是"䰠禩"二字的合文(即"示"旁爲二字所共享)。然而,無論采取哪種形式,此處均有可能表示"鬼畏"合文。

不過,清華簡中的"鬼"、"畏"二字亦常相互借用,例如清華八《攝命》簡9—10:"䍿=(翼翼)鬼(畏)少(小)心,龏(恭)民長=(長長)。"其中的"鬼"即借作"畏"。《心是謂中》簡6:"亓(其)母(毋)蜀(獨)忻(祈)保冢(家)叟(没)身於畏(鬼)與天。"其中的"畏"則借作"鬼"。如此一來,《虞夏殷周之治》簡中的 ,即便視爲"禩禩"重文,亦可讀作"鬼畏"。也就是說,前一"禩"字讀作"鬼",後一"禩"字才讀作"畏"。

總之,《虞夏殷周之治》簡2中的 ,無論是視爲"鬼畏"合文,還是視爲"禩禩"重文,其所在的句子都可讀作"教民以又(右)禩=(鬼,畏)之"。其中"又"讀作"右","右鬼"謂崇尚鬼神。古代典籍亦有殷人崇尚鬼神的記載,例如:

《禮記·表記》:"殷人尊神,率民以事神,先鬼而後禮,先罰而後賞,尊而不親。"

---

〔1〕清華大學出土文獻研究與保護中心編,李學勤主編:《清華大學藏戰國竹簡(捌)》上册第105頁、下册第162頁。
〔2〕湯餘惠主編:《戰國文字編(修訂本)》第1010頁,福建人民出版社2015年。

《史記·高祖本紀》:"夏之政忠。忠之敝,小人以野,故殷人承之以敬。敬之敝,小人以鬼,故周人承之以文。"

《越絕書》卷三:"湯行仁義,敬鬼神,天下皆一心歸之。"

《尚書詳解》卷十六:"説者謂商人之俗尚鬼,盤庚懼己德之不足以感民,遂借鬼神之説以驚動其心,俾知所畏。"

簡文"教民以又(右)禔＝(鬼,畏)之"句意謂:教導百姓崇尚鬼神,(用鬼神來)使他們感到畏懼。[1]

2018 年 11 月草稿
2019 年 1 月改定

(胡敕瑞　北京大學中文系;中國語言學研究中心　教授)

---

[1]《淮南子·道應》:"酒肉以通之,竽瑟以娛之,鬼神以畏之。"這種作使動用法的"畏之",也見於清華簡其他篇目。例如《清華大學藏戰國竹簡(伍)·命訓》簡 12:"懽(勸)之以賞,桌(畏)之以罰。"

《清華大學藏戰國竹簡(捌)》釋文訂補*

單育辰

新近出版的《清華大學藏戰國竹簡(捌)》收入八篇文獻,[1]整理者已經做了非常好的整理工作,大大方便了學者的攻讀,不過初讀之下,覺得有一些地方可提供芻蕘之見,今把研讀《邦家之政》《邦家處位》《治邦之道》《心是謂中》《天下之道》五篇時產生的十餘處想法羅列於下,以待大方之家批評焉。

一、《邦家之政》簡6:弟子不敢遠人,不納謀夫。

整理者云:"敢,讀爲'轉'。《管子·法法》'引而使之,民不敢轉其力',尹知章注:'猶避也。'遠人,關係疏遠的人。《左傳》定公元年:'周鞏簡公棄其子弟而好用遠人。'"

按,"敢"字又見本篇簡10"弟子敢遠人而争窺於謀夫"。"弟子不敢遠人"、"弟子敢遠人"的"敢"似以讀爲"專"好,專擅、專嚮也。

二、《邦家之政》簡9+10:其民志憂,其君子薄於教【9】而行A,弟子敢(專)遠人而争窺於謀夫。

整理者把A隸定爲"愲",並云:"愲,讀爲'詐'。從'且'與從'乍'的字可通假,如《詩·谷風》'既阻我德',《太平御覽》卷八三五引《韓詩》'阻'即作'詐'。"

A從字形上看從"言"從"目"從"又"從"心",應隸定爲"愲",不從"且",與"詐"無

---

* 本文受到國家社科基金一般項目"近出楚簡與傳世文獻對讀研究"(16BYY148)的資助。
[1] 清華大學出土文獻研究與保護中心編,李學勤主編:《清華大學藏戰國竹簡(捌)》,中西書局2018年。

關。君子這樣的身分也不能行詐。A 應從"相"聲,讀爲"爽"。"相"心紐陽部,"爽"生紐陽部,二字音近可通。爽,差忒也。

 A

三、《邦家之政》簡 12:丘聞之曰:斳(新)則折,耆(故)則尃(傅)。始起得曲,直者皆曲;始起得直,曲者皆直。

整理者云:"折,讀爲'制'。《國語·晉語一》'以制百物',韋注:'裁也。'尃,讀爲'傅',依也。《漢書·匡衡傳》'傅經以對',顏注:'傅,讀曰附。附,依也。'"

按,"新則折,故則尃","折"直接依字讀即可,是折斷的意思。"尃"讀爲"傅"或"附"是可以的,有粘附之義。此句是説新的容易折斷,故舊的容易粘附。正因如此,才引出後文:剛開始曲,則直者皆曲;剛開始直,則曲者皆直。

四、《邦家處位》簡 10:惡□□□□□用 B 歔而改,又救於前用。

整理者把 B 隸定爲"邋",並説:"簡文殘,約缺六字。邋,'躐'字異體。《禮記·學記》'幼者聽而弗問,學不躐等也',孔疏:'躐,踰越也。'"

B 作下形,"用邋"的"邋"還是釋爲"遍"好,此字的右上偏旁已經出現多次,在出土文獻中最早見於郭店《六德》簡 40 " "、簡 41 " "、簡 43 " ",《性自命出》簡 54 " ",陳偉認爲前三字(除"攴"、"彳"之形)即"編"之原形。[1] 在清華簡中出現在清華六《子儀》簡 8 " "、簡 9 " ",我們曾釋爲"褊"讀"編",並認爲它們應該來源於甲骨文中的" "(《合集》26801)。[2] 清華七《越公其事》簡 59 又出現" "、" "二字,何家興先生釋爲"徧"。[3] 它們和"鼠"的字形並不一樣,楚簡中的"鼠"目前只出現在"轣"字的偏旁中,可參九店 M56 簡 31 " "、上博五《鮑叔牙與隰朋之諫》簡 4 " "、上博六《用曰》簡 14 " "、上博九《史蒥問於夫子》簡 7 " "(此字"辵"以外的部分,爲"車"與"鼠"兩形糅合之形)。[4] 最主要的區別是"鼠"從兩個三豎(或有在三豎

---

[1] 陳偉:《郭店楚簡〈六德〉諸篇零釋》,《武漢大學學報(哲學社會科學版)》1999 年第 5 期,第 29—33 頁;單育辰:《郭店〈尊德義〉〈成之聞之〉〈六德〉三篇整理與研究》第 315—316 頁,科學出版社 2015 年。

[2] 參單育辰:《清華六〈子儀〉釋文商榷》,《出土文獻研究》第十六輯,第 30—36 頁,中西書局 2017 年。

[3] 何家興:《〈越公其事〉"徧"字補説》,清華大學出土文獻研究與保護中心網站,2017 年 5 月 7 日;後以《清華簡〈越公其事〉"徧"字補説》爲題發表於《中國簡帛學刊》第二輯,第 43—45 頁,齊魯書社 2018 年。

[4] 參單育辰:《〈上海博物館藏戰國楚竹書(九)〉雜識》,《簡帛》第十一輯,第 49—52 頁,上海古籍出版社 2015 年。

上再加一横作飾筆者），而"編"（或"徧"、"褊"）从兩個"册"。當然不排除由於"遍"和"邁"字形相似,在尚未公布的簡帛裏存在相混的可能,但它們仍是兩個獨立的字形,從字形與辭例上無法捏合爲一。

 B

五、《治邦之道》簡 1：古（固）C1 爲溺（弱），以不慮于志。

整理者把 C 釋爲"疐",並云："古,讀爲'固'。《荀子·修身》'體倨固而心執詐',楊注:'固,鄙固。'疐,《説文》:'礙不行也。'"

按,"溺",整理者徑隸爲"弱",不確。C1 彩圖不算特别清晰,但可參清華八《字形表》第 190 頁所録之形(C2),從字形上看更象是"訊",又可參本篇簡 25"訊"(C3)字,但下部訛爲"土"形。"疐"在楚簡中作 C4(上博五《鬼神之明》簡 5)、C5(上博三《周易》簡 4,此从心)之形,从兩"止",與 C1 相差較遠。"訊"字在本簡中的意義不詳。

六、《治邦之道》簡 1：凡彼削邦疠（約）君,以及滅由 D1 丘。

整理者把 D1 釋爲"虚",並説："由,《考工記·梓人》'而由其虡鳴',鄭注引鄭司農云:'若也。'滅由虚丘,指國家被夷滅而成廢墟。"

按,"疠"字爲楊蒙生先生所釋,察其提供的紅外綫圖版作""形,可證其所釋正確。〔1〕D1 作下形,很明顯不是"虚"字,而是"虘"字,可參本篇簡 24"虘（甲）"(D2)字。乍看起來,D2"幸"旁最上方交叉,而 D1"幸"旁最上方不交叉,字形上似乎還是有差別。但"虘"字在楚簡中亦有如 D1 形者,如上博二《容成氏》簡 51"帶虘（甲）"之"虘"兩見,一作 D3,同於 D1,一作 D4,同於 D2。"虘"楚簡中一般都用爲"兵甲"之"甲",此簡"虘"的意義待考。

---

〔1〕 楊蒙生：《讀清華簡第八輯〈治邦之道〉叢札》,"紀念清華簡入藏暨清華大學出土文獻研究與保護中心成立十周年國際學術研討會"論文,清華大學 2018 年。

七、《治邦之道》簡 11＋12：唯彼廢民之不墾（循）【11】教者，其得而服之，上亦蔑有咎焉。

整理者云："不循教，《禮記·王制》鄭注：'謂敖狠不孝弟者。'"

"循"作"墾"形（E1），彩圖不是特別清晰，但可參看清華八《字形表》第 174 頁所錄之形（E2）。按，清華六《管仲》簡 6"堅實不枉，執節椓繩，可設於承"，其中"椓"字作 E3 形，過去有多種說法，現在看其右亦應是"豚"之省，讀爲"循"，"海天游蹤"先生已釋"椓"爲"循"，〔1〕由此可證其說正確。後面的"其得而服之"應該是得而服此惠政的意思。

八、《治邦之道》簡 17：焉小縠其事，以程其功。如可，以佐身相家。

此簡最早在《文物》2018 年第 9 期發表時，劉國忠先生把"縠"讀爲"穀"，並說："'穀'，原指官俸，這裏指給予官職。'小穀其事'，指試探性地給予一個官職，以考察其能力。"〔2〕後來在正時發表時又加了一些書證："《論語·憲問》'邦有道，穀'，《集解》引孔安國注：'穀，祿也。'……《墨子·貴義》：'世之君子，使之爲一彘之宰，不能則辭之。'"

按，"穀"字没有"給予官職"之義。與"縠"相近的一個詞也見於清華三《芮良夫毖》簡 24＋25："非穀哲人，吾靡所援詣。"我們以前針對於《芮良夫毖》該處釋讀說過："'穀'作'▨'形，整理者釋爲乳義，不通。'穀'應讀爲'由'，如郭店《五行》簡 28、簡 31 讀爲'由'之'▨'、'▨'即從'穀'。參本篇簡 3'由求聖人，以陳尔謀猷'。"〔3〕所以，《治邦之道》的"縠"也以讀爲"由"好，這裏是"用"的意思。〔4〕

九、《治邦之道》簡 22＋23：夫邦之溺張【22】，▨落有常，譬之若日月之徐，弋（代）陰弋（代）陽。〔5〕

〔1〕 參看"bulang"：《清華六〈管仲〉初讀》，簡帛網簡帛論壇，2016 年 4 月 17 日，"海天游蹤"第 53 樓的發言。
〔2〕 劉國忠：《清華簡〈治邦之道〉初探》，《文物》2018 年第 9 期，第 41—45 頁。
〔3〕 單育辰：《清華三〈詩〉、〈書〉類文獻合考》，《清華簡研究》第二輯，第 227—230 頁，中西書局 2015 年。
〔4〕 參"ee"：《清華八〈治邦之道〉初讀》，簡帛網簡帛論壇，2018 年 10 月 10 日，"ee"第 0 樓的發言。後見石小力先生也有相同意見，參石小力：《清華簡第八輯字詞補釋》，"紀念清華簡入藏暨清華大學出土文獻研究與保護中心成立十周年國際學術研討會"論文，清華大學 2018 年。
〔5〕 "代"字從"哇那"讀，參"ee"：《清華八〈天下之道〉初讀》，簡帛網簡帛論壇，2018 年 11 月 17 日，"哇那"第 47 樓的發言。

"溺",整理者徑隸爲"弱","弱張",整理者無注。整理者云:"徐,讀爲'叙'。《周禮·鄉師》'凡邦事,令作秩叙',鄭注:'猶次也。'"

按,"溺",楚簡常用爲"弱",但此處"溺"應讀爲"約",與"張"文義相反。"約",影紐藥部;"溺",泥紐藥部,二字古音很近。《淮南子·原道》:"約而能張,幽而能明,弱而能强,柔而能剛。"又,"徐"不如讀爲"除","譬之若日月之徐"可參《詩·唐風·蟋蟀》"日月其除"。

十、《治邦之道》簡24+25:彼上之所感,邦有癘疫,水旱不時,兵甲驟起,盗賊不爾,仁聖不出,讒人在側弗知,邦獄衆多,婦子贅假,【24】市多僞,五種貴。

在《文物》2018年第9期發表的介紹性文章及正式刊布的清華八中,整理者皆把此簡中的"爾"破讀爲"彌",但都無注,不明白整理者把"彌"理解爲什麽意思。

按,從文意看,"爾"應是盗賊不止之義。"彌"本有止、安之義,但清華二《繫年》簡89"爾天下之甲兵",整理者破讀爲"弭",則此處亦應統一破讀爲"弭"較好。"弭",息也,止也,"爾"與"耳"音近可通,可參《古字通假會典》"弭"與"彌"條、"爾"與"耳"條。〔1〕

十一、《治邦之道》簡25:吾軹失此?毋乃吾敷均,是其不均?侯吾作事,是其不時乎?

整理者把"此"屬下讀,並云:"軹,讀爲'曷',《説文》:'何也。'"

按,從圖版上看,"此"後有句讀符號,應把"此"歸上讀。"軹"整理者讀爲"曷",從古音上看,讀爲"焉"於古音更接近。〔2〕

十二、《治邦之道》簡26+27:故萬民濂病,其粟米六擾敗F,則價賈其臣僕,贅位其子弟,以量其師尹之謹(徵),〔3〕而【26】上弗知乎?此物也,每一之發也,足以敗於邦。

整理者把F隸定爲"渫",云:"渫,讀爲'竭'。"又把"賈"釋爲"賈"。

按,F作 形,與F相關字形可參看上博二《容成氏》簡24+25"决九河之滐(竭)"

---

〔1〕參看高亨、董治安:《古字通假會典》第398、549頁,齊魯書社1989年。
〔2〕參"ee":《清華八〈天下之道〉初讀》,簡帛網簡帛論壇,2018年11月17日"ee"第22樓的發言;後陳民鎮也提到了"軹"應讀爲"焉",詳見其文《清華簡(捌)讀札》,清華大學出土文獻研究與保護中心網站,2018年11月17日。
〔3〕"徵"指租税、徭役,參石小力:《清華簡第八輯字詞補釋》,"紀念清華簡入藏暨清華大學出土文獻研究與保護中心成立十周年國際學術研討會"論文,清華大學2018年。

之"溁"作▨、上博三《中弓》簡20b"溁(渴)其情"之"溁"作▨、清華五《殷高宗問於三壽》簡17"傑(渴)淫"之"傑"作▨[繁形又見本篇簡12"飢溁(渴)"之"溁"作▨]、清華八《八氣五味五祀五行之屬》簡2"木氣溁(渴)"之"溁"作▨。從以上字形來看，F應以隸定爲"溁"好。又，所謂的"賈"作▨形，整理者釋爲"賈"肯定不確，參本篇簡16"價"及"賈"的寫法作▨、▨形，與之不同。其所從的"厶"其實是"网"形之省，此字應是"買"字，讀爲"賣"。又，簡27"也"字寫法作▨、▨，可參曾侯乙鐘銘的"也"字。〔1〕

十三、《心是謂中》簡1：心，中。處身之中以君之，目、耳、口、G1四者爲叟(相)。

整理者把G1隸定爲"繨"，並說："從糸，適省聲，疑讀爲'肢'。'適'爲端母錫部字，'肢'爲章母支部字，支、錫爲陰入對轉；端母、章母準雙聲。四者，指目、耳、口、四肢。《孟子·盡心下》：'口之於味也，目之於色也，耳之於聲也，鼻之於臭也，四肢之於安佚也，性也。'古人通常將四相與四肢並稱，郭店簡《五行》第四五簡：'耳目鼻口手足六者。'此篇以心爲君，目、耳、口、四肢若相。相，佐助。《國語·晉語一》'以相心目'，韋注：'相，助也。'"

按，G1又見於簡2，作下形。從字形看，G1字不從"帝"，非"適"字甚明，而是已經被很多學者承認的可讀爲"晉"、"從"之字。〔2〕G1應讀爲腳義的"足"。如與G1基本同形之字在郭店《緇衣》簡16及上博一《紂衣》簡9裏用爲"從容"的"從"，"從"清紐東部，"足"精紐屋部，二字古音甚近。下文說"心欲甬(用)之，G2故與(舉)之"(簡2)，把G2釋爲"足"文意也甚暢。整理者已引郭店《五行》簡45"耳目鼻口手足六者，心之役也"，也正是"足"與"耳"、"目"、"口"對舉。又，所謂的"叟"實不從"木"從"且"，應是"叟"的訛形，簡3之"相"作"叟"則不誤。

又，《邦家處位》簡1"君速臣，臣H迋〈逆〉君"H作下形，與G字形基本一致，整理者隸定爲"蓮"，認爲："蓮，從止從帝省，疑爲'適'字異體，《說文》：'之也。'《左傳》昭公十五年'民知所適，事無不濟'，杜注：'歸也。'"這也是不對的，H大概讀爲"漸"，有

---

〔1〕參孫啓燦：《曾文字編》第242—243頁，吉林大學碩士學位論文，2016年。

〔2〕參單育辰：《楚地戰國簡帛與傳世文獻對讀之研究》第121—124頁，中華書局2014年；又參單育辰：《溫縣盟書"㦰亟視之"解》，"新出土文獻與古文字考釋青年學者學術研討會"論文，東北師範大學2017年。又，賈連翔先生已經把G1與"晉"、"從"諸字聯繫起來，但認爲G1是"適"的訛字，參賈連翔：《〈心是謂中〉中的"身命"及相關問題研究》，"紀念清華簡入藏暨清華大學出土文獻研究與保護中心成立十周年國際學術研討會"論文，清華大學2018年。

逐漸的意思，前面的"速"是急速的意思，與此"漸"意正好對文。

十四、《心是謂中》簡1：心所爲美惡，返（復）何若倞（影）？心所出小大，因名若響。

整理者云："復，《論語·雍也》'如有復我者'，皇侃疏：'又也。'若，猶'以'也。《禮記·經解》引《易》曰：'差若毫釐，謬以千里。'倞，讀爲'諒'，謂誠信。《說文》：'諒，信也。'《禮記·樂記》：'君子曰：禮樂不可斯須去身，致樂以治心，則易直子諒之心油然生矣。易直子諒之心生則樂，樂則安，安則久，久則天，天則神。'又《緇衣》：'故君子寡言而行，以成其信，則民不得大其美而小其惡。'"

按，今從陳偉先生讀"倞"爲"影"。〔1〕"復"，整理者認爲是"又"的意思，陳民鎮先生則認爲是"回復"的意思。〔2〕按，不如把"復"理解爲"報"，《左傳》定公四年"我必復楚國"，杜注："復，報也。"《漢書·匈奴傳下》"以復天子厚恩"，顔注："復亦報。""何若"是比起來怎麼樣的意思，如《老子》："善之與惡，相去何若？"《孟子·盡心上》："不恥不若人，何若人有？"在本簡中隱含之義就是怎麼能比不上。這句是言心所做的美惡，其報應比影子還快。

十五、《天下之道》簡1：今之守者，高其城，深其洍而利其樝（阻）隓（障），菅（蓄）〔3〕其食，是非守之道。

整理者云："洍，疑'洼'字異體，《說文》：'深池也。'利，便利。《漢書·百官公卿表》：'垂作共工，利器用。'樝隓，疑爲渠譫之類守城器備。樝，'查'字古文，從木，盧聲，精母魚部字，可讀爲群母魚部之'渠'字，精、群通轉之例如蛆螻、楮耆。隓，從阝，《說文》所謂'虁'省聲，見母談部字，與章母談部之'譫'可通轉。渠譫，見於《墨子·備城門》'城上之備：渠譫、藉車……'。又作'渠幨'。《淮南子·汜論》'晚世之兵，隆衝以攻，渠幨以守'，高注：'幨，櫶，所以禦矢也。'"

按，"洍"，以讀爲"壑"好，"亞"影紐魚部，"壑"曉紐鐸部，二字音近。《詩·大雅·韓奕》"實墉實壑"，毛傳："言高其城，深其壑也。"《釋文》："壑，城池也。"正可與本簡

---

〔1〕陳偉：《〈心是謂中〉"心君"章初步研讀》，簡帛網，2018年11月17日。
〔2〕陳民鎮：《清華簡（捌）讀札》，清華大學出土文獻研究與保護中心網站，2018年11月17日。
〔3〕"菅"，王寧先生認爲是如馬王堆帛書《周易》"小菅"的"菅"（第84行）的省寫，釋爲"蓄"，今從之，參"ee"：《清華八〈天下之道〉初讀》，簡帛網簡帛論壇，2018年11月17日，王寧第4樓的發言。

"高其城，深其澀（壑）"對比。又，"樐鷸"似應讀爲"阻障"，末一字所從有可能是"障"而非"鼜"。

十六、《天下之道》簡3：今之攻者，多其車兵，至其橦階，以發其一日之怒，是非攻之道也。

整理者云："至，讀爲'臻'，《玉篇》：'聚也。'"

按，"至其橦階"之"至"應讀爲"致"，是招致的意思。[1]

(單育辰　吉林大學古籍研究所；出土文獻與
中國古代文明研究協同創新中心　副教授)

---

[1] 參"ee"：《清華八〈天下之道〉初讀》，簡帛網簡帛論壇，2018年11月17日"ee"第0樓的發言；後見陳民鎮《清華簡（捌）讀札》中也提到了"至"應讀爲"致"。

試論成湯形象的歷史演變

荆鈴鈴

成湯興師征伐有夏、放逐夏桀，既奠定了殷商數百年的基業，也使其成爲三代歷史述作中的關鍵人物。成湯的重要地位及其相關歷史記載的縹緲難辨決定了其形象在此後漫長的歷史中被不斷塑造和豐富的命運。

關於成湯歷史地位和形象的研究由來已久，前輩學者、時賢如崔述[1]、杜正勝[2]、王仲孚[3]、王健文[4]、艾蘭[5]、韓江蘇、江林昌[6]、蔡哲茂[7]、王卉[8]等都對成湯在傳世文獻和甲骨文中的相關材料進行了鉤沉、辨析和有益的探索，但是其間可供探討的問題仍有不少。近年來不斷公布的戰國竹簡文獻爲我們探討相關問題提供了可資參考的資料。本文欲在前人研究的基礎上，結合出土文獻，對文獻中成湯形象的歷史演變進行分析，以就教於方家。

一、甲骨文中成湯的地位

甲骨文中成湯的歷史地位主要是通過殷人對他的祭祀來體現的。從現有的甲骨

---

[1] 崔述：《崔東壁遺書》第138—139頁，上海古籍出版社2013年。
[2] 杜正勝：《論先秦時代的成湯傳説》，《大陸雜志》1973第2期，第44—59頁。後删改作《戰國成湯仁義聖王傳説的形成》，《古代社會與國家》第892—897頁，[臺北]允晨文化實業股份有限公司1992年。
[3] 王仲孚：《殷先公先王與成湯傳説試釋》，《歷史學報》1981年第9期。
[4] 王健文：《戰國諸子的古聖王傳説及其思想史意義》，臺灣大學出版委員會1987年。
[5] 艾蘭：《世襲與禪讓——古代中國的王朝更替傳説（新譯本）》第71—87頁，商務印書館2015年。
[6] 韓江蘇、江林昌：《〈殷本紀〉訂補與商史人物徵》第96—118頁，中國社會科學出版社2010年。
[7] 蔡哲茂：《論殷卜辭中的"囗"字爲成湯之"成"——兼論"囗""囗"爲咸字説》，《"中研院"歷史語言研究所集刊》第七十七本第一分，第1—32頁。
[8] 王卉：《先秦文獻殷周史料研究》第169—189、240—259、347—257頁，人民出版社2017年。

文材料來看,成湯在殷人心目中具有重要的地位,這最集中地表現在他在殷人祀譜中的重要位置,具體表現在以下幾個方面:

1. 成湯被殷人頻繁祭祀,且祭品豐厚

成湯作爲商王朝的開國之君,在尊崇祖先神的殷代,對其的祭祀尤爲隆重。這主要體現在對其祭祀的頻次和祭品的豐厚程度上。據晁福林先生統計,卜辭中祭祀成湯的達800餘條,[1]如此多的數量不能不説明殷人對這位祖先的尊崇。根據筆者的考察,祭祀成湯的卜辭數量不僅多,而且祭品也十分豐厚。我們試舉幾例以見其祭品之盛:

  侑于成三十伐 《合集》891 正
  其又㞢大乙羌五十人 《合集》26908

上引卜辭中的"成"、"大乙"都是成湯的別稱,"三十伐"、"五十人",如此豐厚的祭品足以體現成湯在殷人祀譜中的重要位置。

2. 成湯經常與上甲、大甲等殷先公、先王合祭,並且在祀譜中居有重要地位

在殷人的祭祀中,成湯也常與先公、先王一起被合祭,是殷人祭祀譜系中的重要成員。如《合集》300:

  貞:御自唐、大甲、大丁、祖乙百羌百牢

卜辭中的"唐"即是成湯,在如此衆多的先王中居於祭祀之首,且被以豐厚的祭品(百羌百牢)所祭祀,商人對成湯之推崇,由此可見。

3. 成湯在祭祀中被賦予多種稱謂

常玉芝先生在研究商末祭祀制度時曾指出,殷人對近世直系祖先不但舉行多種特殊的祭祀,而且賦予他們多種稱呼。[2]成湯有多種名稱在文獻中多有體現。《太平御覽》卷八三《皇王部》引《古本竹書紀年》"湯有七名而九征"。[3]具體到甲骨文中,則有"唐"、"成"、"大乙"、"高祖乙"等稱謂。由此看來,成湯雖然不是晚商諸王的"近世直系祖先",但依然被賦予了多種稱謂,足見在商人心目中,成湯與"近世直系祖先"一樣親近與重要。

4. 成湯被稱爲"高祖乙"

據常玉芝先生研究,商末祭祀中有對近世祖先加稱"祖"的現象,以此來反映時王

---

[1] 晁福林:《論殷代神權》,《中國社會科學》1990年第1期。
[2] 常玉芝:《商代周祭制度》第424—445頁,綫裝書局2009年。
[3] 關於"七名"多有討論,參看方詩銘、王修齡:《古本竹書紀年輯證》第21頁,上海古籍出版2005年。

對這些先王的格外尊崇與親近,因爲商代末期(從武乙到帝辛四代)已經廢除了兄終弟及制,而實行傳子制,王位只在直系相傳。[1] 而成湯在卜辭中又被稱爲高祖乙,也應該是商王遠紹直系先祖、強調其王位繼承"合法性"的反映,由此也可見其在殷人心目中的重要地位。

綜上所述,甲骨文中所保留的材料反映出商湯在商王祭祀譜系中的重要地位,其建立商王朝的功績既是後世子孫引以爲豪的事件,也是其王位合法性的根源所在,所以殷人不吝惜對於這位高祖的祭祀、追念,希望以此來鞏固和常葆統治。

二、被政治化了的"哲王"形象——西周時期的成湯形象分析

周武王踵湯之迹,興師克殷,奠定了小邦周的共主地位,但是武王還沒有時間從事戰後的穩定工作就棄世了,周內部矛盾不斷,外部的殷遺民勢力又不可小覷,新生的周王朝仍處在危急之中。以周公、召公爲首的周初輔政大臣首要面對的問題就是迅速安定局面。除了對殷遺勢力進行軍事上的征伐外,周人還借用了在西土流傳已久的文王受命的"天命"觀念,[2] 來解釋周王朝建立的合法性。

在周初的文誥中,周人一方面追溯"受命"的歷史淵源,另一方面又對殷遺民解釋"天命"轉移的歷史必然性。這樣一來,殷代的歷史在周人的叙述話語體系裏就包含了兩個基本點:第一,成湯受命代夏;第二,在周人的觀念裏,殷代先王被劃分爲兩個截然對立的陣營,即"殷先哲王"與"商紂王"。周人所構造的這兩個基本點並不符合歷史的真實情况,[3] 而是爲解釋周王朝合法性的政治目的服務的。因此,這一時期成湯的"哲王"形象完全是出於周人的政治目的而塑造的,是被政治化了的"哲王"形象。

我們可以從《尚書》中的文誥來更具體地認識這種被政治化了的"哲王"形象。我們先來通過文獻看周人對"成湯受命"的構建。周初文獻關於"成湯受命"的記載分別

---

[1] 常玉芝:《商代周祭制度》第 445 頁。
[2] 晁福林:《文王受命:〈上博簡論〉的若干啓示》,《天命與彝倫:先秦社會思想探研》第 91—99 頁,北京師範大學出版社 2012 年。
[3] 商紂王以前的殷代先王也並非全如周人所説那樣"經德秉哲",如《史記·殷本紀》記載"帝太甲既立三年,不明,暴虐,不遵湯法";"帝武乙無道,爲偶人,謂之天神。與之博,令人爲行。天神不勝,乃僇辱之。爲革囊,盛血,卬而射之,命曰'射天'。武乙獵於河渭之間,暴雷,武乙震死"。參司馬遷:《史記·殷本紀》第 99、104 頁,中華書局 1959 年。

見於《多士》《君奭》《多方》《立政》等篇：

> 我聞曰：上帝引逸，有夏不適逸；則惟帝降格，嚮于時夏。弗克庸帝，大淫泆有辭。惟時天罔念聞，厥惟廢元命，降致罰；**乃命爾先祖成湯革夏，俊民甸四方。**
>
> （《多士》）

> 公曰："君奭！我聞在昔**成湯既受命，時則有若伊尹，格于皇天。**"
>
> （《君奭》）

> 惟帝降格于夏，有夏誕厥逸，不肯慼言于民，乃大淫昏，不克終日勸于帝之迪，乃爾攸聞。厥圖帝之命，不克開于民之麗，乃大降罰，崇亂有夏。因甲于內亂，不克靈承于旅。罔丕惟進之恭，洪舒于民。亦惟有夏之民叨懫日欽，劓割夏邑。**天惟時求民主，乃大降顯休命于成湯，刑殄有夏。**惟天不畀純，乃惟以爾多方之義民不克永于多享。惟夏之恭多士大不克明保享于民，乃胥惟虐于民，至于百爲，大不克開。**乃惟成湯克以爾多方簡，代夏作民主。慎厥麗，乃勸。厥民刑，用勸。**
>
> （《多方》）

> 桀德惟乃弗，作往任是惟暴德，罔後。亦越成湯陟，丕釐上帝之耿命，乃用三有宅，克即宅，曰三有俊，克即俊。**嚴惟丕式，克用三宅三俊，其在商邑，用協于厥邑；其在四方，用丕式見德。**
>
> （《立政》）

周人對"成湯受命"的認識主要有以下兩個方面：第一，從客觀方面來説，成湯受命是因爲夏桀暴虐，從而失去了天命。第二，從主觀方面來説，成湯能慎行、明罰、施德政、重用賢才，從而得到了上帝的選擇而"受命"。當然，周人對"成湯受命"的認識與其對"文王受命"的敘述是相同的，也正是藉此構建，使周人獲得了追溯政權合法性的歷史依據。

另外，周初文獻也經常出現"殷先哲王"與"商紂王"對立，如《酒誥》《無逸》等篇：

> 王曰："封，我聞惟曰：'**在昔殷先哲王迪畏天顯小民，經德秉哲。自成湯咸至於帝乙，成王畏。相惟御事，厥棐有恭，不敢自暇自逸**，矧曰其敢崇飲？越在外服，侯甸男衛邦伯，越在內服，百僚庶尹惟亞惟服宗工越百姓里居，罔敢湎于酒。不惟不敢，亦不暇，惟助成王德顯，越尹人祇辟。'"
>
> 我聞亦惟曰："**在今後嗣王酗身，厥命罔顯，于民祇保越怨，不易。誕惟厥縱，淫泆於非彝，用燕喪威儀，民罔不盡傷心。**惟荒腆于酒，不惟自息乃逸，厥心疾很，不克畏死。辜在商邑，越殷國滅，無罹。弗惟德馨香祀登聞于天；誕惟民怨，庶群自酒，腥聞在上。故天降喪于殷，罔愛于殷，惟逸。天非虐，惟民自速辜。"
>
> （《酒誥》）

我聞曰：**昔在殷王中宗**,嚴恭寅畏,天命自度。治民祗懼,不敢荒寧。肆中宗之享國,七十有五年。**其在高宗**,時舊勞於外,爰暨小人。作其即位,乃或亮陰,三年弗言。其惟弗言,言乃雍。不敢荒甯,嘉靖殷邦。至於小大,無時或怨。肆高宗之享國五十有九年。**其在祖甲**,不義惟王,舊爲小人。作其即位,爰知小人之依,能保惠于庶民,弗敢侮鰥寡。肆祖甲之享國,三十有三年。**自時厥後立王**,生則逸。生則逸,弗知稼穡之艱難,弗聞小人之勞,惟耽樂之從。自時厥後,亦罔或克壽。或十年,或七八年,或五六年,或四三年。

（《無逸》）

　　《酒誥》中,商王從成湯到帝乙都敬天保民,不敢淫逸,所以能夠常葆社稷；後嗣王放縱無道,民怨國亂,所以爲有周所取代。《無逸》中,周公陳述了祖乙、武丁、祖甲等殷先王不敢耽於安樂、心懷小人所以能夠享國多年的記錄。總的來說,殷先哲王都存在洞悉民隱、勤勞民事的共同特點。[1]從中我們不難看出,周人爲了達到説解自身政權合法性的目的,不顧歷史事實而別有用意地構造了"殷先哲王"與"商紂王"的對立。

　　綜上所述,我們可以知道,西周時期,成湯"哲王"形象的確定,乃是出於周人利用"天命觀"解釋周王朝合法性的政治目的而有意塑造的,並非真實的成湯形象。因此我們稱其"哲王"形象是被政治化了的。

三、"聖王與陰謀家"——戰國諸子對成湯形象的塑造

　　戰國以降,政治、社會結構發生了很大的變化,面對政治上的四分五裂,各家各派都提出了自己的思想主張,形成了"百家爭鳴"的思想繁榮的局面。諸子在構建自己思想學説時都無一例外地選取了夏、商、西周的重要人物的事迹作爲自己立論的依據,而成湯作爲商王朝的建立者,自然就成爲諸子論述的重要對象。因此在不同學派的思想中,成湯就被塑造成了不同的形象。就筆者看來,戰國諸子對成湯形象的塑造主要有"聖王"和"陰謀家"兩種。試論述如下。

（一）"聖王"與"非君"——成湯"聖王"形象的兩個維度

　　根據李振宏先生的研究,戰國時期存在兩種社會思潮（即帶有趨勢性的思想觀

---

[1] 杜正勝：《略論殷遺民的遭遇與地位》,《"中研院"歷史語言研究所集刊》第五十三本第四分,第664頁。

念),即聖王思潮與非君思潮。[1] 成湯"聖王"形象的塑造就受到這兩種思潮的影響,試分別論述如下。

1. "尚賢"、"罪己"、"施行仁政"的形象

在聖王思潮的影響下,成湯被塑造成了"尚賢"、"罪己"、"施行仁政"的聖明之君。這種"聖王"形象的塑造應當是受到西周初年"天命"觀念的影響。這種形象的塑造,主要體現在儒、墨兩家。

(1)"尚賢"是聖王統治的一個重要標誌,因此,在諸子的論述中,成湯成爲了一個"立賢無方"[2]的聖君,對他"舉賢"的行爲的描述則往往與"伊尹"相關。爲了凸顯成湯"尚賢"的故事,伊尹被冠以"小臣"、"庖厨"、"賤人"的身分,如:

湯舉伊尹於**庖厨**之中,授之政,其謀得。　　　　(《墨子·尚賢上》)

伊摯,有莘氏女之**私臣**,親爲**庖人**。湯得之,舉以爲己相,與接天下之政,治天下之民。　　　　(《墨子·尚賢中》)

昔伊尹爲莘氏女**師僕**,使爲**庖人**。湯得而舉之,立爲三公,使接天下之政,治天下之民。　　　　(《墨子·尚賢下》)

昔者湯將往見伊尹,令彭氏之子御,彭氏之子半道而問曰:"君將何之?"湯曰:"將往見伊尹。"彭氏之子曰:"伊尹,天下之**賤人**也。君若欲見之,亦令召問焉,彼受賜矣。"湯曰:"非女所知也。今有藥於此,食之則耳加聰,目加明,則吾必説而強食之。今夫伊尹之於我國也,譬之良醫善藥也。而子不欲我見伊尹,是子不欲吾善也。"因下彭氏之子,不使御。彼苟然,然後可也。

(《墨子·貴義》)

小臣有疾,三月不出。湯反復見小臣,歸必夜,方惟聞之乃箴:"君,天王,是有臺僕,今小臣有疾,如使詔,少間於疾,朝而訊之,不猷受君賜?今君往不以時,歸必夜,適逢道路之祟,民人聞之,其謂吾君何?"[3]

(清華簡《湯處於湯丘》)

這些記載固然如學者所説,是"士人地位變遷的縮影",[4]而實際上更是"聖王思潮"影響下的産物。

---

[1] 李振宏:《中國古代社會思潮研究應引起重視》,《史學月刊》2018年第1期。
[2] "立賢無方"出自《孟子·離婁下》,方,類也。意思是選拔賢臣不問出身。
[3] 簡文用寬式隸定,見清華大學出土文獻研究與保護中心編,李學勤主編:《清華大學藏戰國竹簡(伍)》第135頁,中西書局2015年。該段與上引《墨子·貴義》文本相關,學者曾有論述,參看沈建華:《清華簡〈唐(湯)處於唐丘〉與〈墨子·貴義〉文本》,《中國史研究》2016年第1期。
[4] 杜正勝:《戰國成湯仁義聖王傳説的形成》,《古代社會與國家》第900頁。

（2）在關於成湯"聖王"事迹的衆多論述中，"成湯罪己"是一個被普遍討論的話題。這一話題，較早見於《論語·堯曰》，其謂：

予小子履[1]，敢用玄牡，敢昭告于皇皇后帝：有罪不敢赦。帝臣不蔽，簡在帝心。朕躬有罪，無以萬方；萬方有罪，罪在朕躬。

其後，"成湯罪己"的故事因被演繹而逐漸豐富起來。將"罪己"的行爲與大旱災聯繫起來，更加突出了成湯的聖王形象。如：

湯曰："惟予小子履，敢用玄牡，告於上天后曰：'今天**大旱**，即當朕身履，未知得罪於上下，有善不敢蔽，有罪不敢赦，簡在帝心，**萬方有罪，即當朕身；朕身有罪，無及萬方**。'"即此言湯貴爲天子，富有天下，然且不憚以身爲犧牲，以祠説於上帝鬼神，即此湯兼也。　　　　　　（《墨子·兼愛下》）

昔者湯克夏而正天下，**天大旱**，五年不收，**湯乃以身禱於桑林**，曰："余一人有罪，無及萬夫。萬夫有罪，在余一人。無以一人之不敏，使上帝鬼神傷民之命。"**於是翦其髮，䥣其手**，以身爲犧牲，用祈福於上帝，民乃甚説，雨乃大至。則湯達乎鬼神之化，人事之傳也。　（《吕氏春秋·季秋紀·順民》）

從上引文獻來看，"成湯罪己"的故事逐漸豐富起來，其對成湯"聖王形象"的塑造也更爲深刻和具體。

（3）施行仁政、愛民、獲得民心也是成湯聖王形象的重要方面。關於成湯施行仁政獲得民心的記載主要有以下幾條：

以力假仁者霸，霸必有大國。以德行仁者王，王不待大：湯以七十里，文王以百里。　　　　　　　　　　　　　　　　　　（《孟子·公孫丑上》）

古者湯封於亳，絶長繼短，方地百里，**與其百姓兼相愛，交相利，移則分**，率其百姓以上尊天事鬼，是以天鬼富之，**諸侯與之，百姓親之，賢士歸之**，未殁其世而王天下，政諸侯。　　　　　　　　　　　　（《墨子·非命上》）

綜上所述，戰國諸子對成湯聖王形象的刻畫，主要體現在成湯"尚賢"、"罪己"及"施行仁政"三個方面，並以此三方面爲基礎，不斷演繹豐富，最終也更加凸顯了成湯明君聖主的形象。

2. 以"民心所向"來對抗"君臣之義"——"非君思潮"對成湯形象塑造的影響

所謂"非君思潮"，是由當時流行的禪讓説、湯武革命論、君位可易論、擇賢立君

---

[1] "履"，朱熹以爲"蓋湯名"，詳朱熹：《四書章句集注》第194頁，中華書局2012年。

論、立君爲民論等諸種學説匯流而成,其特徵在於對絶對君主專制的否定。[1] 這種思潮對成湯形象的塑造産生了很大的影響。

成湯以臣的身分征伐其君,在絶對君主專制的體制中是備受詬病的。爲了完成聖王體系的建構,儒、墨兩家都在此基礎上發揮出天命理論之外的一個新的價值判斷標準——以"民心所向"來對抗"君臣之義"。例如,墨子發明了"誅"的概念來解釋湯伐桀。《墨子·非攻下》云:

> 天乃命湯於鑣宫:"**用受夏之大命,夏德大亂,予既卒其命於天矣,往而誅之,必使汝堪之。**"湯焉敢奉率其衆,是以鄉有夏之境,帝乃使陰暴毁有夏之城。少少有神來告曰:"**夏德大亂,往攻之,予必使汝大堪之。予既受命於天,天命融隆火于夏之城間西北之隅。**"**湯奉桀衆以克有,屬諸侯于薄,薦章天命,通于四方,而天下諸侯莫敢不賓服**。則此湯之所以誅桀也。

孟子則從仁義爲本發展出"獨夫"的概念,認爲桀爲背棄民衆的殘賊之人,湯放桀是正義的、值得肯定的。《孟子·梁惠王下》云:

> 齊宣王問曰:"湯放桀,武王伐紂,有諸?"孟子對曰:"於傳有之。"曰:"臣弑其君,可乎?"曰:"**賊仁者謂之賊,賊義者謂之殘;殘賊之人謂之一夫。聞誅一夫紂矣,未聞弑君也。**"

總之,無論是墨子的"誅"還是孟子的"獨夫",都是以"民心所向"來對抗絶對君主專制下的"君臣之義",從而完善了成湯"聖王形象"的塑造。

因此,戰國諸子(主要是儒、墨兩家)對成湯形象的塑造,實際上受到了"聖王思潮"與"非君思潮"的雙重影響。由此,我們在考察成湯"聖王形象"時,也應該從這兩個維度進行考察。

(二)"謀夏"與"間夏"——成湯"陰謀家"形象的塑造

與"聖王思潮"和"非君思潮"影響下的"聖王形象"不同,在道家、法家、兵家的叙述中,成湯表現出濃厚的權謀色彩,被塑造成爲一位"陰謀家"。從現有的史料來看,關於成湯"謀夏"與"間夏"的記載呈現出逐漸豐富的趨勢。試將相關文獻移録於下,以見其趨勢。

> 乃與小臣惎謀夏邦,未成,小臣有疾,三月不出。[2]
>
> (《清華簡·湯處於湯之丘》)

---

[1] 李振宏:《中國古代社會思潮研究應引起重視》,《史學月刊》2018年第1期。
[2] 清華大學出土文獻研究與保護中心編,李學勤主編:《清華大學藏戰國竹簡(伍)》第135頁。

湯將伐桀,因卞隨而謀,卞隨曰:"非吾事也。"湯曰:"孰可?"曰:"吾不知也。"**湯又因瞀光而謀**,瞀光曰:"非吾事也。"湯曰:"孰可?"曰:"吾不知也。"湯曰:"伊尹何如?"曰:"强力忍垢,吾不知其他也。"**湯遂與伊尹謀伐桀,克之**,以讓卞隨。
(《莊子·讓王》)

昔殷之興也,伊摯在夏;周之興也,吕牙在殷。故惟明君賢將,**能以上智爲間者,必成大功**。此兵之要,三軍之所恃而動也。
(《孫子兵法·用間》)

湯乃惕懼,憂天下之不寧,**欲令伊尹往視曠夏,恐其不信,湯由親自射伊尹**。伊尹奔夏三年,反報於亳,曰:"桀迷惑於末嬉,好彼琬琰,不恤其衆。衆志不堪,上下相疾,民心積怨,皆曰:'上天弗恤,夏命其卒。'"湯謂伊尹曰:"若告我曠夏盡如詩。"湯與伊尹盟,以示必滅夏。伊尹又復往視曠夏,聽於末嬉。末嬉言曰:"今昔天子夢西方有日,東方有日,兩日相與鬬,西方日勝,東方日不勝。"伊尹以告湯。商涸旱,湯猶發師,以信伊尹之盟。故令師從東方出於國西以進。未接刃而桀走,逐之至大沙。身體離散,爲天下戮。不可正諫,雖後悔之,將可奈何?
(《吕氏春秋·慎大》)

惟尹自夏徂亳,𦎫至在湯。湯曰:"格!汝其有吉志?"尹曰:"后,我來,越今旬日。余閔其有夏衆□吉好,其有后厥志其爽,寵二玉,弗虞其有衆。民噂曰:'余及汝皆亡!'惟滋虐德,暴動無典。夏有祥,在西在東,見章于天,其有民率曰:'惟我速禍。'咸曰:'胡今東祥不章?今其如台?'"**湯曰:"汝告我夏隱率若時?"**尹曰:"若時。"〔1〕
(《清華簡·尹至》)

昔者桀之時,女樂三萬人,端噪晨,樂聞於三衢,是無不服文繡衣裳者。**伊尹以薄之游女工文繡纂組,一純得粟百鐘于桀之國**。夫桀之國者,天子之國也,桀無天下憂,飾婦女鐘鼓之樂,故伊尹得其粟而奪之流。此之謂來天下之財。
(《管子·輕重甲》)

從上引文獻可以清晰地看出與"聖王形象"截然不同的"陰謀家"形象。這些文獻或詳或略地記載了"湯陰謀滅夏"的故事,應該是不同學派根據各自不同的政治主張,而對成湯形象進行了不同的塑造。在這些塑造中,商湯的形象也日益豐滿起來。

---

〔1〕清華大學出土文獻研究與保護中心編,李學勤主編:《清華大學藏戰國竹簡(壹)》第128頁,中西書局2010年。

餘　　論

　　從甲骨文中僅存在於殷人祀譜、缺乏具體事迹的記載,到西周時期"先聖哲王"形象的塑造,再到戰國諸子"聖王"與"陰謀家"截然相反的形象的塑造,可以看出成湯的形象經歷了由"實"到"虛",由"單薄"到"豐富"的過程。在這一過程中,我們可以清晰地看出"政治因素"對成湯形象塑造的影響。無論是西周時期被"天命觀"政治化了的"先聖哲王"形象,還是戰國諸子出於不同"政治主張"而進行的"聖王"與"陰謀家"形象的塑造,無不體現出"政治因素"的影響。

(荆鈴鈴　清華大學歷史系;出土文獻與
中國古代文明研究協同創新中心　博士研究生)

燕國兵器銘文合證一則

張振謙

八年五大夫弩機、六年右御工尹戈、十年郾王詈戈是三件重要的燕國兵器，一是因爲其銘文皆爲燕國較爲少見的紀年格式銘文，二是因爲其銘文內容有着密切的聯繫。下面試作論述，敬請方家批評指正。

八年五大夫弩機是重要的燕國有銘弩機之一，目前最爲權威的釋文見《集成》11931，釋文爲："八年，右禓（遇）攻（工）君（尹）五大夫青，丌（其）攻（工）涅。"《銘圖》18582從之。其銘文拓本、摹本（《集成》11931）如下：

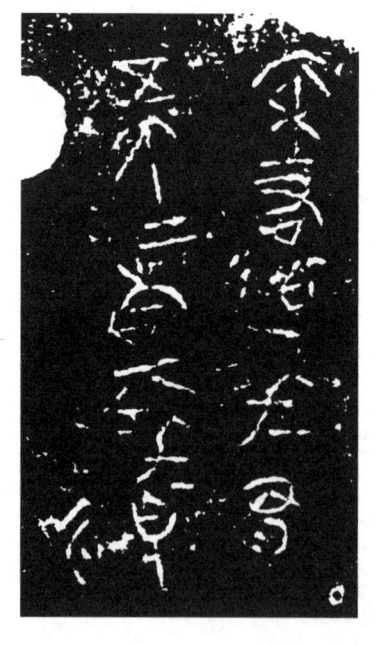 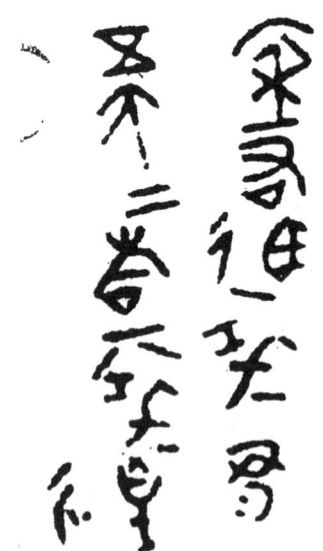

---

* 本文是國家社科基金重大項目"先秦兩漢訛字綜合整理與研究"（15ZDB095）、國家社科基金一般項目"燕系文字材料的整理與研究（13BYY105）"的階段性成果。

銘文中所謂的"禡"字,拓本、摹本分別寫作:

對比摹本字形知,拓本所謂的"馬"旁左上部的點畫,應爲泐痕,並非文字筆畫。從字形寫法來看,此字釋"禡"是不可信的,因爲燕系文字"馬"的下部皆寫作兩橫,而不是一橫,字形習見不贅舉;從辭例內容上看,"右禡(遇)攻(工)君(尹)"於文獻無徵,難以通讀,所以此字釋"禡"不可信。

《銅兵》1.8 收錄六年右御工尹戈,原書釋文爲:"六年右御攻(工)君(尹),□左□丌(其)節(厰)中。"其釋文也有問題。照片如下:

此戈銘文也是刻款。將其銘文與八年五大夫弩機進行比較,可以發現這兩方銘文的文字形體、辭例格式、書體風格都非常相近。其中的一些文字如"年"、"丌"寫法基本一致,所以可以判定二者是同時代的。我們認爲,二者銘文文字多有相同之處,前者的"右禡(遇)攻(工)君(尹)"應釋爲"右御攻(工)君(尹)",後者的"左□"應釋爲"大=(大夫)青"。並且還可以進一步推知,二者是同一燕王時期的兵器,其"大=(大夫)青"是指同一人。也就是說,六年右御工尹戈的製造年代只比八年五大夫弩機早兩年。

六年右御工尹戈的"御"字及八年五大夫弩機與之對應的字形分別寫作:

後者頗爲殘泐。雖然字形寫法看上去差別很大,但是如果考慮到它們的時代是如此之相近,那麼二者應該是相同官職,即都爲"右御工尹",這樣可以肯定後者也應該是"御"字,只不過其字形寫法不太規範且有些殘泐罷了。我們不妨通過電腦畫圖軟件進行字形還原,擦掉泐痕,補齊筆畫,那麼其拓本、摹本字形可變爲:

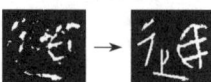 

很明顯,其即爲燕系文字"御"。燕系文字"御"寫作:

 集成 11236B 郾王職戈　　 集成 11059 作御司馬戈

 集成 11339A 十三年戈　　 銅兵 1.8 六年右御工尹戈

可證此字爲"御"。

八年五大夫弩機的"大夫"合文及六年右御工尹戈中所謂的"左"字分別寫作:

對比字形可知,二者應爲同一個字。即後者的上部當爲"大"字,而不是"ナ"旁;下部當爲合文符號,而並非爲"工"旁。所以,後者釋爲"左"字是錯誤的,當釋爲"大夫"合文。燕系文字"大夫"皆寫作"大"加合文符號,字形如:

 銘圖 03326 淳于大夫瓶　　 古研 15.97 武平鐘

 集成 11061B 車大夫長畫戈　　 集成 11339A 十三年戈

可證二者爲同一个字。

八年五大夫弩機的"青"字及六年右御工尹戈中與之對應的字分別寫作:

後者顯然是前者的譌字。《說文》:"青,東方色也。木生火,从生、丹。丹青之信言象然。𠕁,古文青。"燕系文字"青"的"丹"、"生"二旁形體雜糅,字形寫作:

集成 11350.2 郾王詈戈　璽彙 1335

陶録 4.17.1　陶彙 4.24

與《說文》古文形體尤近。

從字形寫法看，六年右御工尹戈的"青"字爲一訛字。對比上述燕系文字"青"可知，此"青"字的左上部訛變爲類似"仏"旁的形體，右下部訛變爲省簡一橫的"司"形，與上述燕系文字"青"判然有別。

將二兵器銘文文字進行剪切排列，釋文按照上述考證整理，羅列如下：

八年五大夫弩機：八年，右御攻（工）君（尹），五大=（大夫）青，丌（其）攻（工）涅。

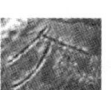

六年右御工尹戈：六年，右御攻（工）君（尹），□大=（大夫）青，丌（其）節（既）中。

可見，二者的銘文内容、文字形體、辭例格式、書體風格都是非常相似的。需要説明的是，除了"青"字外，六年右御工尹戈銘文的其他文字也多有訛變，如"六"字訛變爲"大"，"右"字"又"旁中間橫筆缺失等。

學界一般將八年五大夫弩機的"五"字作爲地名置於"大夫"之前，故器名稱作"五大夫弩機"。這好像是無可非議的，因爲燕系銘文中確實有"名詞＋大夫"格式的，如：

銘圖 03326 淳于大夫甗：章（郭）大夫丌（其）家〔1〕鉈（匜）也。
集成 11061B 車大夫長畫戈：車大夫長（張）畫。

"章（郭）"、"車"作爲地名或其他名詞，冠以"大夫"之前，這是銘文的第一種釋讀可能。

---

〔1〕 馮勝君：《戰國燕系古文字資料綜述》第 10 頁，吉林大學碩士學位論文，1997 年。

但是,在系統梳理、研究燕系銘文之後,我們認爲還有一種可能的讀法,即:"八年,右御攻(工)君(尹)五,大夫青,丌(其)攻(工)涅。"這種"×尹(官名)+人名"的辭例格式也見於燕系銘文,如:

  銅兵 1.1 十年郾王晉戈:右御攻(工)君(尹)臣,丌(其)攻(工)中。

  集成 11917 上距末:都弨(韜)君(尹)遵(傳),亓(其)少。

"臣"、"遵"作爲人名,綴於"右御攻君"(或"弨君")之後,是銘文的第二種可能的讀法。這種"官名+人名"的辭例格式在燕系銘文中是很常見的,如"將軍張"、"大夫乘"、"大夫青"等。

再看十年郾王晉戈的"臣"與八年五大夫弩機的"五"字,其前面的官職名稱相同,皆爲"右御攻君",又二字古音分別爲見紐魚部、疑紐魚部,故音近可通。在傳世文獻中,"瘖"與"假"可通,"瑕"與"固"可通,〔1〕所以"臣"與"五"相通。在出土文獻中,"臣"、"五"亦聲近。《新金文編》收錄"盬"字95例,除了主要形體寫作"臣"外,魯、薛等國還可寫作从"五"聲的異體,〔2〕字形如:

  集成 4539.1 奢虎臣 集成 4546.2 薛子仲安臣

  集成 4574 鑄公臣蓋

此字或釋爲从"害",中間的偏旁即爲聲符"五"。因此,"臣"、"五"聲近可通,二者皆爲右御工尹的名字,可能爲同一人。

如果十年郾王晉戈銘文中的"右御攻君臣",就是八年五大夫弩機銘文中的"右御攻君五",則這兩件兵器與六年右御工尹戈皆爲郾王晉(燕武成王)時期的兵器,它們分別是郾王晉在位六年、八年、十年時所鑄造的兵器,其鑄器的絕對年代分別爲公元前 267、265、263 年。

其中,六年右御工尹戈"右御攻君"之後還有文字,字形殘泐不清,八年五大夫弩機、十年郾王晉戈銘文中與之位置對應的文字分別是"五"、"臣"。考慮到其時代相近,三者的右御工尹或許是同一人,那麼六年右御工尹戈的殘字也可能是"五"或"臣",由此,六年右御工尹戈的釋文或可爲:六年,右御攻(工)君(尹)五/臣,大夫青,丌(其)卲(厥)中。

還有一點需要注意,《銅兵》1.8 六年右御工尹戈銘文中的"卲(厥)"字由陳劍、施謝捷先生釋,可從。《銅兵》1.1 十年郾王晉戈銘文爲:十年,郾(燕)王晉忑(鑄)行議

---

〔1〕高亨纂著,董治安整理:《古字通假會典》第 855、864 頁,齊魯書社 1989 年。
〔2〕董蓮池:《新金文編》第 598—605 頁,作家出版社 2011 年。

（儀）鏺（鐅），右御攻（工）君（尹）臣，丌（其）攻（工）中。除了"右御攻（工）君（尹）五（臣）"可能相同外，兩銘文的最後部分"丌（其）䣅（廐）中"、"丌（其）攻（工）中"也有相同之處。就是説，它們的銘文中都有名"中"的工匠。

"䣅（廐）"字還見於兩件燕國銘文銘文弩機，分别爲《銅兵》5.4、5.5，其銘文爲"右大䣅（廐）"、"左大䣅（廐）"，由施謝捷先生釋讀。字形分别作：

 銅兵5.4　　銅兵5.5

"廐"，今寫作"厩"，馬舍。《說文》："廐，馬舍也。从广殷聲。《周禮》曰：'馬有二百十四匹爲廐。廐有僕夫。'"《周禮·校人》："六繫爲廐，廐一僕夫，計馬二百十六匹也。"弩機銘文的"大廐"，從字面意思看，意爲大的馬舍。

"丌䣅中"，讀爲"其廐中"，"其"指代"右御工尹"。"其廐中"意爲右御工尹的下屬廐工名字叫"中"，即"丌䣅中"爲"丌䣅工中"之省。所以，不僅兩兵器銘文中"臣"、"五"爲同一人，"中"也爲同一人。當然，"廐"、"工"古音相近，不能排除"其廐中"讀爲"其工中"的可能，但是我們還是傾向"廐"爲"廐工"之省的說法。由此可知，燕系銘文中的工匠不僅有"陶工"，還有"廐工"。

總之，《銅兵》1.1十年郾王詈戈、《銅兵》1.8六年右御工尹戈與《集成》11931八年五大夫弩機在銘文字體、内容、格式，以及人名等方面有着相同或相似之處，它們可能都是郾王詈時期的兵器。

引書簡稱：

《集成》—《殷周金文集成（修訂增補本）》

《銘圖》—《商周青銅器銘文暨圖像集成》

《銅兵》—《有銘青銅兵器圖錄》

《古研》—《古文字研究》

《璽彙》—《古璽彙編》

《陶錄》—《陶文圖錄》

《陶彙》—《古陶文彙編》

（張振謙　河北大學文學院；河北大學傳世字書與出土文字研究中心　教授）

飛諾藝術品工作室所藏"向壽戈"銘文補釋

郭理遠

2012年12月出版的《飛諾藏金》著錄有一件河南漯河飛諾藝術品工作室收藏的戰國楚兵器"向壽戈"〔1〕(戈銘照片及摹本見本文末附圖),書後所附虞同、宛鵬飛二先生《向壽戈與王之一年戈考》一文(以下簡稱"虞文"),對戈銘作了考釋。〔2〕 在這之前,此戈相關資料已見披露。2009年5月黄錦前先生在其學位論文《楚系銅器銘文研究》(以下簡稱"黄文")中據網絡所見照片收録的"郿戈"〔3〕,2012年9月出版的吴鎮烽先生《商周青銅器銘文暨圖像集成》(以下簡稱"《銘圖》")中收録的"某收藏家"所藏的"徐莫敖昭嗇戈"〔4〕,此二者即是這件"向壽戈"。2015年3月,張晗先生的學位論文《楚銅器銘文整理與研究》(以下簡稱"張文")據《飛諾藏金》收録此戈。〔5〕 以上各家所録戈銘釋文互有異同。這件"向壽戈"的銘文内容頗爲重要,其銘文格式反映的史料價值虞文已指出,若干新見的古文字字形也很值得重視,各家釋文的不同之處主要集中於此。我們最近研讀此戈銘文時,對釋讀有争議的幾個字略有新解,今作小文補釋,祈請方家指正。

下面先將虞文所作釋文列出:

> 向壽,郐莫嚚邵之□、司馬邾□、政(?)統所告。

---

* 本文寫作得到出土文獻與中國古代文明研究協同創新中心博士創新資助項目"楚系文字研究"(CTWX2016BS005)的資助。

〔1〕 宛鵬飛編著:《飛諾藏金》第42—45頁,中州古籍出版社2012年。
〔2〕 宛鵬飛編著:《飛諾藏金》第130—133頁。《飛諾藏金》正文中的釋文和説明與此文基本相同,下文討論時即以虞文爲準。
〔3〕 黄錦前:《楚系銅器銘文研究》第10頁,安徽大學博士學位論文,2009年。
〔4〕 吴鎮烽編著:《商周青銅器銘文暨圖像集成》第32卷第395頁(17310號),上海古籍出版社2012年。
〔5〕 張晗:《楚銅器銘文整理與研究》第100頁,華東師範大學博士學位論文,2015年。

虞文指出"從銘文用字及格式來看，這是一件楚國兵器"，"向壽"是襄城公戈（《銘圖》17140，也稱"向壽戈"）銘文中紀年銘辭"向壽之歲"的簡稱，[1]這是很正確的。楚國銅器銘文和簡帛文字資料中，常見以事紀年的內容，學者們多已指出"人名＋之歲"這種紀年格式中的人名是指其他國家的使者，其所記的年份是他們聘問於楚之歲。[2]據董珊先生研究，襄城公戈（董文原稱"向壽戈"）銘中的人名"向壽"，見於《史記》《戰國策》，"活動於秦武王世及秦昭王前期"，《史記·甘茂列傳》所記"向壽如楚"之事可與戈銘中的"向壽之歲"互證。他又結合襄城屬楚的年代和戈銘中襄城公的名字"競（景）朣（翠）"的有關年代，考訂"向壽之歲"爲公元前306年，[3]可供參考。此戈銘所記年份當與襄城公戈銘所記爲同一年。[4]

"郐"字之釋，虞文、《銘圖》、張文皆同。黃文釋爲"郎"，不確。虞文並指出"郐"應讀爲"徐"，"徐莫囂"是楚國徐縣的莫囂。

徐縣莫囂和司馬之名，虞文缺釋。在《飛諾藏金》第45頁所附摹本中，這兩個字形分別作 ❋、❋。雖然其下部有一筆之差，但各家皆以二者爲一字，[5]應可信。黃文將其釋爲"嗇（嗇）"，《銘圖》釋爲"嗇"，張文摹錄原形未釋（第二形誤脫）。[6]按此二形中"口"上的部分雖與"嗇"的個別字形相合，[7]但將"口"形及其下的一横考慮在內，《銘圖》釋之爲"嗇"就不合適了。黃文雖將"口"形釋出，但忽略了"口"形下的一筆，所釋亦不確。我們認爲此二形與一些"嘉"字中"壴"形的寫法相同，其字當與"嘉"有關。

下面先對"嘉"字字形的問題稍作討論。

最近孫剛先生對"嘉"字的古文字形體作了仔細的梳理和研究，[8]他把兩周文字

---

[1]《飛諾藏金》第42頁説明中還提到一件有相同紀年的"向壽之歲鼎"，此器暫未見著錄。

[2]參看湯餘惠：《楚器銘文八考》，《考古與文物》叢刊第二號《古文字論集（一）》第60—61頁，《考古與文物》編輯部1983年。湯餘惠：《戰國銘文選》第20—21頁，吉林大學出版社1993年。劉彬徽：《楚系青銅器研究》第361—362頁，湖北教育出版社1995年。李家浩：《楚大府鎬銘文新釋》，《語言學論叢》1999年第22輯；收入《著名中青年語言學家自選集·李家浩卷》第117—124頁，安徽教育出版社2002年。

[3]董珊：《向壽戈考》，《考古》2006年第3期。

[4]虞文定此器年代爲戰國中晚期之際，《銘圖》定爲戰國晚期，張文定爲戰國中期。

[5]虞文之外諸家的意見可以從其釋文等情況看出。虞文缺釋此二字，在其文第130頁所附摹本中，第二字"口"形之下的一横未摹出，雖然其所摹字形略有差誤，但由此可知虞文也是將二者看作同一個字的。

[6]參看張晗：《楚銅器銘文字形全編》附錄第908頁，二字同列在52號。

[7]楚文字"嗇"字多作從來、從田之形（參滕壬生編著：《楚系簡帛文字編（增訂本）》第524頁，湖北人民出版社2008年；李學勤主編，沈建華、賈連翔編：《清華大學藏戰國竹簡文字編（壹—叁）》第150頁，中西書局2014年），從來、從日的寫法見於上博簡《用曰》（參饒宗頤主編：《上博藏戰國楚竹書字匯》第297頁，安徽大學出版社2012年），應是由從田的寫法省去一筆而來。

[8]孫剛：《說"喜（鼓）"——兼談"嘉"、"垂"的形體流變》，復旦大學出土文獻與古文字研究中心編：《戰國文字研究的回顧與展望》第291—312頁，中西書局2017年。以下簡稱"孫文"。

中"嘉"字的形體分爲三大類(每類又有進一步的細分),並將其中"壴"形寫法較爲特殊的兩類與殷墟甲骨文和殷末(或周初)青銅器"嬬卣"[1]的字形相聯繫。現將這些字形擇要列舉如下(據其文第 300 頁字形演變表將甲骨文和嬬卣的字形補入相應類別,排序略有調整)[2]:

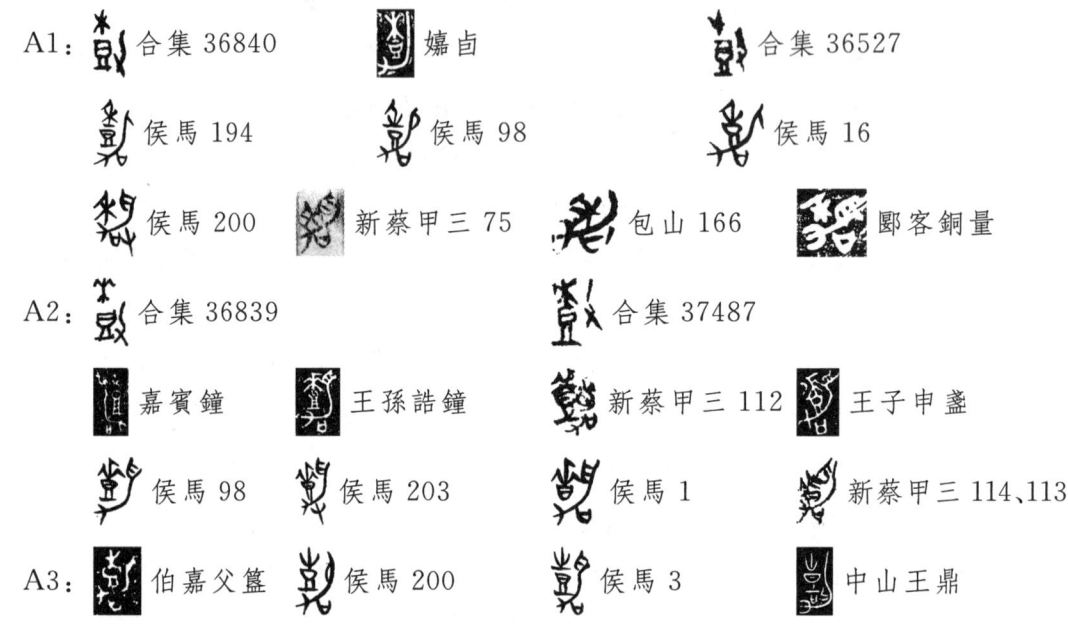

孫文認爲"嘉"所從的"壴"形,與"喜"、"彭"、"鼓"等字所從的"壴"同爲"鼓"的象形初文。A3 類(孫文"嘉Ⅰ"類)寫法中的"壴"形與一般的"壴(鼓)"形相同,A2 類(孫文"嘉Ⅱ"類)寫法中的"壴"形象一種上有垂狀羽飾的鼓形,A1 類(孫文"嘉Ⅲ"類)寫法中的"禾"形由"木"形豎筆頂部變爲彎筆而來,而"木"形是 A2 甲骨文寫法中"來"形的簡寫。[3]

---

[1] 孫文原稱"嘉母卣"。按此器銘原作 ▨ ,"嘉母"最早爲清人所釋,現多釋爲"嬬"。與嬬卣(《集成》4763,下落不明)同銘的殷末周初青銅器還有嬬卣蓋(《集成》4762,現藏故宫博物院)和一件器形不明的嬬器(《集成》10480,下落不明)。另有一件私人藏器嬬觥(《銘圖》13602),其銘文字形與"嬬器"完全相同,銘文周圍的欄綫亦與之相合,二者當爲一器。這三件器銘文風格一致,字形類同,當係同人所作。

[2] 孫文第 295 頁注 4 還提到了一些"壴"形上部從"虍"的較爲特殊的"嘉"字。他認爲"嘉"字所從的"壴"是鼓字初文,根據戰國文字"壴(鼓)"的上部有變形音化作"午"者,"午"、"虍(虎)"音近可通,進而論定這些"嘉"字"壴"形上部作"虍"也屬於變形音化。我們在下文中認爲"嘉"字所從的"壴"與"壴(鼓)"實不同,孫文此說當不可信。我們懷疑這種"嘉"字"壴"形上的"虍"可能是由 A2 類第二行"嘉"字"壴"形上部的那種寫法變來的,這種情況可與"補白"先生所論"虍"形譌爲" ▨ "形的情況合觀,參看"補白":《石經古文"殷"字來源續探》,復旦大學出土文獻與古文字研究中心網站,2014 年 10 月 15 日。

[3] 本句中的"禾"、"木"、"來",孫文皆用原形表示。我們爲了行文簡便,直接用在形體上與原字形對應的現代漢字表示。

關於上引甲骨文字形，有些問題需要先交代一下。甲骨文中的"嘉"字是陳漢平、陳秉新二先生釋出的，[1]已經得到了一些學者的贊同。[2]二位先生考釋的主要依據是甲骨文諸形左上較爲特殊的"來"形、"木"形，與金文和侯馬盟書的"嘉"字的寫法相合。但他們據以聯繫甲骨文字形的、"壴"形上部作"木"形的"嘉"，都或多或少有些問題。陳漢平先生所舉之例是本文上舉 A2 類字形中嘉賓鐘之字，此字"壴"形上部四版《金文編》摹作"禾"形，[3]細審拓本可知實爲"來"形。陳秉新先生所舉之例是嬶卣的"嬶"字，[4]他將此字所從的"嘉"與所釋甲骨文相聯繫是可信的，但此字用作人名，從辭例上不能肯定確爲从"嘉"之字。二位先生在這方面所據的例證都似嫌不夠有力。另外，與辭例確定的"嘉"字聯繫起來的、左上作"來"形的甲骨文字形也是有問題的。這種字形孫文舉出兩例，[5]見上文所列 A2 類字形。其中第二例原拓作 ，左上部分下垂的一筆顯係泐痕，《甲骨文字編》將其左上摹作"木"形是正確的。[6]第一例原拓作 ，孫文所用左上作"來"形的摹本取自《甲骨文字編》，[7]之前不少學者也都是這麼看的。[8]但是甲骨文"來"字中豎兩旁的折筆都很明顯，其向下筆畫的長度有的甚至比中豎下端分叉筆畫的長度更長，[9]並且此版甲骨所屬的黃類卜辭的"來"字或"來"旁都在其豎筆的上端加一短橫（其豎筆或曲頭），似無例外。[10]此例"嘉"字的寫法與這兩點都不符合，其左上其實也是"木"形。[11]殷墟甲骨文中並沒有確定的左上作"來"形的"嘉"字。

---

[1] 于省吾主編：《甲骨文字詁林》第三册第 2783—2784 頁，中華書局 1996 年。又陳漢平《屠龍絕緒》（黑龍江教育出版社 1989 年）第 61 頁《釋嘉》較《甲骨文字詁林》所引陳漢平先生文爲詳，下引其說即據《屠龍絕緒》。

[2] 黄德寬主編：《古文字譜系疏證》第 2243 頁，商務印書館 2007 年；劉釗主編：《新甲骨文編（增訂本）》第 299 頁，福建人民出版社 2014 年。季旭昇《説文新證》（[臺北]藝文印書館 2014 年，第 401 頁）雖采用陳秉新之釋，但所舉字形爲《合集》10678 的"鼓"字（詳下文 192 頁注 6），而將甲骨文"嘉"的字形列於"尌"字下（第 399 頁）。

[3] 容庚：《金文編》第 329 頁，中華書局 1985 年。

[4] 陳秉新先生認爲此字是甲骨文"妢"字的繁體。

[5] 陳秉新先生未舉此類字形，陳漢平先生舉了三例，但未注明來源，不排除其中有誤摹之例。

[6] 李宗焜：《甲骨文字編》第 1086 頁，中華書局 2012 年。

[7] 李宗焜：《甲骨文字編》第 1086 頁。

[8] 比較有代表性的如《甲骨文字詁林》第 2783 頁 2804 號字頭的字形，以及姚孝遂主編《殷墟甲骨刻辭類纂》（中華書局 1989 年）第 1074 頁的摹本。

[9] 參看李宗焜：《甲骨文字編》第 528—530 頁。

[10] 參看李宗焜：《甲骨文字編》第 528—530 頁"來"字、第 532 頁"叔"、"麥"、"淒"字。

[11] 門藝《黄組疑似綴合三組》一文懷疑 A2 第一行這兩個字所在的龜甲可綴合（載先秦史研究室網站，2009 年 11 月 19 日，http://www.xianqin.org/blog/archives/1793.html）。如果此綴合可信，這兩個字寫法相同就是很自然的事情了。

據上文所論,舊有對甲骨文"嘉"字的考釋在字形上的證據都不够堅强,這些字在甲骨文中又是用爲地名,缺少辭例的支持,這或許是有些學者不采納此説的原因。[1] 但從文字學上看,由於"力"旁的限制,並根據後世確定的"嘉"字字形上推,這一考釋並不是完全没有道理的。A1類寫法中的"禾"形當由"木"形變來,這一點孫文已經指出。包含"來"形(或"來"形之省)的"嘉"字的寫法也應是由"木"形變來的,"木"形演變爲"來"形是古文字中很常見的現象。A1第一行最後一例字形左上的"屮"形,[2] 顯然是"木"形之省,其中豎如果與下部的"豆"形相接,就很容易演變爲 A3 形的"嘉"。[3] 陳偉武先生曾公布一件流入香港的西周晚期青銅器曾太保嬅簋,其人名"嬅"字作 ,[4] 他指出此字與陳秉新先生所舉卣文爲一字。[5] 此字適可證明"嘉"字所從的"壴"確由"查"變來,這種字形演變現象與"尌"字相同。[6] 綜上所論,將上引甲骨文諸字釋爲"嘉"當可信從。

雖然有些"嘉"字所從的"壴"形在西周以後確實與"壴(鼓)"同形,但是在西周早

---

[1] 如前引《甲骨文字詁林》《甲骨文字編》即將其隸定作"勐",多數研究者在引用相關的卜辭時亦如此隸定,並不括注爲"嘉"。

[2] 此字《新甲骨文編》初版從舊説釋爲"鼓"(劉釗等編纂《新甲骨文編》第 292 頁,福建人民出版社 2009 年。《甲骨文字編》第 1101 頁同),《新甲骨文編(增訂本)》改釋爲"嘉"(第 299 頁)。其右旁有些殘,是"攴"還是"力"似難斷定,但左旁明顯與"壴(鼓)"不類,整字應與 (《合集》37517)同形,《新甲骨文編(增訂本)》的改釋是有道理的。

[3] 參看趙平安:《釋清華簡〈命訓〉中的"耕"字》,《深圳大學學報(人文社會科學版)》2015 年第 3 期;收入《新出簡帛與古文字古文獻研究續集》第 81—82 頁,商務印書館 2018 年。

[4] 下注引陳偉武先生文中所用字形彩圖作 ,"壴"形的圈形中似尚有一橫(彩圖與摹本分别爲器和蓋的銘文)。

[5] 陳偉武:《兩件新見曾國銅器銘文考述》,《中山大學學報(社會科學版)》2009 年第 5 期;收入《愈愚齋磨牙集——古文字與漢語史研究叢稿》第 48—53 頁,中西書局 2014 年。吴鎮烽編著《商周青銅器銘文暨圖像集成續編》第 2 卷第 75 頁(上海古籍出版社 2016 年)收録此器,將其時代定爲春秋早期。1976 年隨縣萬店周家崗(今隨州市曾都區)一處墓葬出土兩件銘文被刮削的曾太保簋(隨州市博物館:《湖北隨縣發現商周青銅器》,《考古》1984 年第 6 期),其中一件的器底銘文尚可勉强辨識(《集成》4054),但器主之名無法看清,舊皆缺釋。陳偉武先生根據"器形、紋飾、銘文内容、銘文行款和殘存的痕迹",懷疑這兩件簋與流入香港之器是"同墓所出,也是同人所作同銘之器"(第 51 頁)。陳文認爲這幾件器爲同人所作同銘之器,當可信。《集成》4054 之器人名作 ,尚能依稀辨認出壴、力、女等形,《金文通鑒》2018 年版已將此字改釋爲"嬅"。周家崗墓所出的帶有銘文的銅器還有器主爲"庶季之伯歸夷"的兩件鼎、一件盤以及器主爲"伯 "的兩件銘文被刮削過的鬲,一般認爲此墓墓主就是"庶季之伯歸夷"。《曾國青銅器》一書指出:"周家崗墓葬隨葬品的年代明顯有早晚之别,鬲、簋年代在西周晚期或兩周之際,而其他屬於歸夷所作之器較晚。……其年代應在春秋早期偏晚階段。"(湖北省文物考古研究所編:《曾國青銅器》第 291 頁,文物出版社 2007 年)時代早於墓主所作之器的曾太保簋和伯 鬲銘文經刮削,顯然是器物易主的原因,而流入香港的這件簋銘文完好,似不太可能同出於此墓。

[6] 參看裘錫圭:《釋"尌"》,《裘錫圭學術文集·甲骨文卷》第 504—509 頁,復旦大學出版社 2012 年。裘先生推測"尌"字所從與"壴(鼓)"形相混可能在西周中晚期開始出現,這與從"壴(鼓)"形的"嘉"字出現在西周晚期以後的青銅器上也是相符的。

期以前文字中二者區別明顯，[1]孫文將其等同恐不確。"壴（鼓）"象鼓形，在甲骨文中，其上部的豎筆絕大多數與下部的鼓的主體部分相接。[2]而"嘉"字左上皆作"木"形，與"壴（鼓）"形上部不同，其豎筆多不與下部相接；[3]其左下爲"豆"形，與"壴（鼓）"形亦明顯不類。並且上部作"來"形的"壴"形只見於"嘉"字，而"壴（鼓）"、"喜"、"彭"、"鼓"等字所從的"壴（鼓）"從不這樣寫。[4]由此可知，"嘉"字所從的"壴"形本作"查"，實與"壴（鼓）"無關。[5]

　　同釋甲骨文之字爲"嘉"的兩位陳先生，都認爲此字是會意字，但具體分析並不一致。陳漢平先生認爲其左旁象豆中盛有食物，从力表示以食物饋贈或嘉勉；陳秉新先生認爲其左旁爲壴（鼓），字形表示"以力加於壴（鼓）"，"疑爲加字初文"。陳秉新先生將其字形與壴（鼓）聯繫，不可從。陳漢平先生將其左下看作"豆"形是可取的，[6]但對字形的說解似較勉強。《説文》分析"嘉"爲"从壴、加聲"，從較早的古文字字形來看，"壴"本作"查"，从木、豆，"加"本作"力"。趙平安先生認爲："嘉應是稼的本字。……應分析爲从手持力从禾（或木）豆聲（侯部定母）。後世豆聲往往省略。"[7]按"豆"與"嘉"韻部稍隔，恐非聲旁。季旭昇先生懷疑"'力'與聲符有關，'力'和'嘉'、'加'聲似乎有相當程度的關係"。[8]陳劍先生也懷疑"力"應是"嘉"的聲符，當讀"加"音，可能屬於早期古文字的"一形多用"現象。[9]我們認爲季先生和陳先生的看法更有道理，據此，"嘉"字應分析爲从壴、力（加）聲。裘錫圭先生曾指出古文字中形

---

[1] 本文初稿並未注意到這一點，此蒙陳劍先生賜告。
[2] 參看李宗焜《甲骨文字編》第1096—1108頁。
[3] 《甲骨文字編》第1086頁所錄字形較全（共有8例，包括誤摹爲从"來"之字），但亦有數例可補，除了前文191頁注4提到的兩例外，《安陽散見殷虛甲骨》中也有一例 （參看吳麗婉：《甲骨拼合第47—50則》，先秦史研究室網站，2016年12月9日，http://www.xianqin.org/blog/archives/7604.html）。在這11例字形中，只有《合集》37487一例的"木"與"豆"形相接。
[4] 《金文形義通解》已注意到這一點，認爲"此必有因，尚待考求"（張世超等：《金文形義通解》第1162頁，[京都]中文出版社1996年）。
[5] 《殷墟甲骨刻辭類纂》字頭有从壴从力之字（第1074頁第2803號，《甲骨文字詁林》第2782頁），其收錄的兩例字形都是有問題的。第一例原形作 （《合集》9092），白於藍《殷墟甲骨刻辭摹釋總集校訂》（福建人民出版社2004年）第84頁已指出其釋文之誤；第二例原形作 （《合集》10678），實爲與 （《合集》15988）同形的"鼓"字（季旭昇《説文新證》第401頁即誤以此字爲"嘉"，[臺北]藝文印書館2014年）。
[6] 李宗焜《甲骨文字編》雖未取"嘉"之釋，但將此字歸"皀"部，列於"毁"字之後，顯然也是以其左下爲"豆"形的。
[7] 趙平安：《釋清華簡〈命訓〉中的"耕"字》，《深圳大學學報（人文社會科學版）》2015年第3期；收入《新出簡帛與古文字古文獻研究續集》第81—82頁。
[8] 季旭昇：《説文新證》第401—402頁。
[9] 據"古文字形體源流"課程筆記，2013年4月25日。

聲字的一條規律：

> 在古文字裏，形聲字一般由一個意符（形）和一個音符（聲）組成。凡是形旁包含兩個以上意符，可以當作會意字來看的形聲字，其聲旁絶大多數是追加的。也就是説，這種形聲字的形旁通常是形聲字的初文。……如果不算那些在一般形聲字上追加形旁而成的多形形聲字，……這條規律幾乎可以説是毫無例外的。〔1〕

如果把"嘉"分析爲从壴、力（加）聲可信的話，則其形旁"壴"即"包含兩個以上意符，可以當作會意字來看"，根據這條規律似可推測"壴"即"嘉"的初文，其音應與"嘉"同，但其字形表示什麽含義，仍待研究。

戈銘這個字以往未見，其形與 A2 第二行"嘉"字所从同，下部爲"豆"形，上部爲"來"形，只不過戈銘"來"頭上部的小短横穿透了豎畫。"來"形上部的小短横分别有或穿透、或不穿透豎畫的寫法的例子在楚文字中是很常見的。〔2〕戈銘第一例"豆"形下部少一横，大概是因爲靠近刃部，下面没有位置了，所以就將這一横省去（也可能是漏刻），上舉"嘉"字字形中的"豆"也有不同程度的省簡。此字可隸定作"登"，或由上文所推測的"嘉"字初文"壴"演變而來。但此字在銘文中用作人名，暫無從驗證其音義是否確與"嘉"同。

在虞文的釋文中，莫敖名字前還有一個"之"字，張文同。"某之某"格式的人名在楚文字裏出現過很多，"之"前面的部分是以先王之謚爲族稱，"卲之某"即楚昭王之族、名爲某的人，董珊先生對此曾作過很好的總結。〔3〕黄文、《銘圖》在"卲"後括注"昭"，可從。但本銘的"之"字與"所"和其上一字之間的距離要比它與"卲"和"登"之間的距離更近。虞文也承認這一點，他説"其中的'之'字原被漏刻，後補在'所'字右上角"。而"在傳世或出土文獻中所見的以謚法爲族稱的楚王族人名，更常見的形式是族稱與名字之間不加'之'字"，〔4〕這個補刻的"之"字應該從黄文、《銘圖》的釋法，根據其補刻位置放在"所"字前。"之所造"之語也見於宋公差戈銘文（《集成》11281、11289）。

戈銘中司馬的姓氏字从共、从邑，虞文釋作"邦"，黄文、張文直接釋作"巷"，《銘

---

〔1〕 裘錫圭：《釋殷墟甲骨文裏的"遠""𢕒"（邇）及有關諸字》，《裘錫圭學術文集·甲骨文卷》第 170 頁。
〔2〕 參看《楚系簡帛文字編（增訂本）》第 525 頁"埜"字、第 538—539 頁"李"字、第 912—913 頁"憖"字、第 1146 頁"釐"字等。
〔3〕 董珊：《出土文獻所見"以謚爲族"的楚王族》，《出土文獻與古文字研究》第二輯，第 110—130 頁，復旦大學出版社 2008 年。
〔4〕 董珊：《出土文獻所見"以謚爲族"的楚王族》，《出土文獻與古文字研究》第二輯，第 123 頁。

圖》隸定爲"巷",括注"巷"。與此字同形的姓氏用字還見於《古璽彙編》1882號楚璽以及三晉兵器八年相邦建信君鈹(《集成》11677—11681、11706)、十二年相邦建信君鈹(《銘圖》18040),有不少學者釋之爲"巷"。〔1〕釋此字爲"巷"應是據其字形與《説文》"巷"字的篆文"䢽"相同,但從先秦、秦漢時代的相關字形來看,《説文》的篆文字形其實是有問題的。

《説文·𨛜部》:",里中道。从𨛜、从共,皆在邑中所共也。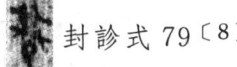,篆文从𨛜省。"先秦、秦漢文字資料中確釋的"巷"字及其異體的字形,大致可分別與《説文》這兩種字形對應,相關字形如下:

B1: 包山 142　　　上博簡緇衣 1〔2〕

B2: 魯邦大旱 3　　周易 32〔3〕

B3: 包山 144　　　郭店簡緇衣 1〔4〕

B4: 秦封泥"永巷"　秦封泥"永巷丞印"〔5〕

B5: 睡簡日書 83 背〔6〕　東漢魯峻碑〔7〕

B6: 法律答問 186　封診式 79〔8〕

---

〔1〕楚璽的釋文參看故宫博物院編:《古璽彙編》第191頁,文物出版社1981年。學者們似無異議。《殷周金文集成釋文》將三晉兵器之字釋爲"郉",見中國社會科學院考古研究所編:《殷周金文集成釋文》第649—651、663頁,香港中文大學中國文化研究所2001年。陳斯鵬等《新見金文字編》(福建人民出版社2012年)第198頁、蘇輝《秦三晉紀年兵器研究》(上海古籍出版社2013年)第79頁同。而近年另外一些關於金文或晉系文字的研究著作多釋爲"巷",如董蓮池《新金文編》(作家出版社2011年)第847頁;《銘圖》第33册第412—419頁;劉剛:《晉系文字的範圍及内部差異研究》第92頁,復旦大學博士學位論文,2013年;湯志彪編著:《三晉文字編》第995頁,作家出版社2013年。

〔2〕滕壬生編著:《楚系簡帛文字編(增訂本)》第639頁。

〔3〕饒宗頤主編:《上博藏戰國楚竹書字匯》第746頁。

〔4〕滕壬生編著:《楚系簡帛文字編(增訂本)》第639頁。

〔5〕王輝主編:《秦文字編》第1025頁,中華書局2015年。《漢代文字編》(徐正考、肖攀編著:《漢代文字編》第940頁,作家出版社2016年)和下文要引到的白於藍先生《釋包山楚簡中的"巷"字》文以之爲漢代封泥,從封泥印文的格式及字體看恐不確。

〔6〕孟良:《新編〈睡虎地秦簡牘〉文字編》第119頁,安徽大學碩士學位論文,2017年。

〔7〕漢語大字典字形組編:《秦漢魏晉篆隸字形表》第439頁,四川辭書出版社1985年。

〔8〕孟良:《新編〈睡虎地秦簡牘〉文字編》第119頁,安徽大學碩士學位論文,2017年。

嶽麓貳 0884.2　　　　嶽麓貳 0884.1 [1]

秦"左巷"陶文 [2]　　馬王堆帛書

漢印"楚永巷印"　　阜陽漢簡 [3]

1997年，在部分出土於西安相家巷的秦封泥公布之後，[4]徐在國、白於藍、趙平安等先生幾乎同時據其中的"永巷"印文釋出了包山簡中的"巷"字，[5]後來陸續公布的簡本《緇衣》和《周易》中與傳世文獻"巷"字對應之字進一步證實了這一考證。徐在國、白於藍二先生還指出包山簡及秦封泥字形中的"甪"單獨成字，見於西周金文中的單字和偏旁。[6]白文並指出包山簡"衖"字應分析爲从行、甪聲，秦封泥之字在其基礎上加注"廾"聲，"衖"字是在秦封泥之字的基礎上變來的。這些意見基本可從。後來，李學勤先生將秦封泥之字分析爲从行、恭聲；[7]何琳儀、徐在國二先生將秦封泥之字分析爲从行、𠔁聲，將西周金文"甪"字分析爲从巾、共省聲，以之爲"𠔁"字省文。[8]他們把秦封泥之字所从的"䒤"看成獨立的字是可取的，[9]但將其析分爲"巾"、"共"恐不可從。"甪"作爲單字及偏旁均見於西周金文，還是將其視爲獨立之字爲妥，"䒤"字當是在其上加"廾"而來。从行、䒤聲的秦封泥之字，與"衖"、"衖"是聲旁

---

[1] 陳松長等編：《嶽麓書院藏秦簡（壹—叁）文字編》第268頁，上海辭書出版社2017年。
[2] 高明、葛英會編著：《古陶文字徵》第87頁，中華書局1991年。
[3] 漢語大字典字形組編：《秦漢魏晉篆隸字形表》第439頁。
[4] 周曉陸、路東之、龐睿：《秦代封泥的重大發現——夢齋藏秦封泥的初步研究》，《考古與文物》1997年第1期；倪志俊：《西安北郊新出土封泥選拓》，《書法報》1997年4月9日。
[5] 徐在國：《隸定"古文"疏證》附錄一《釋"巷"》，吉林大學博士學位論文，1997年；徐在國：《隸定"古文"疏證》第308—311頁，安徽大學出版社2002年。白於藍：《釋包山楚簡中的"巷"字》，《殷都學刊》1997年第3期；收入《拾遺錄——出土文獻研究》第89—92頁，科學出版社2017年。趙平安：《釋包山楚簡中的"衖"和"遄"》，《考古》1998年第5期；收入《新出簡帛與古文字古文獻研究》第339—342頁，商務印書館2009年。
[6] 徐在國：《隸定"古文"疏證》第308—311頁，安徽大學出版社2002年。白於藍：《釋包山楚簡中的"巷"字》，《拾遺錄——出土文獻研究》第89—92頁；趙平安：《釋包山楚簡中的"衖"和"遄"》，《考古》1998年第5期；收入《新出簡帛與古文字古文獻研究》第339—342頁。下文引用時分別簡稱爲"徐文"、"白文"。
[7] 李學勤：《秦封泥與齊陶文中的"巷"字》，周天游主編：《陝西歷史博物館館刊》第八輯，三秦出版社2001年；收入《中國古代文明研究》第190—192頁，華東師範大學出版社2005年。
[8] 何琳儀、徐在國：《釋"甪"及其相關字》，《中國文字》新廿七輯，第103—111頁，[臺北]藝文印書館2001年。
[9] 此字見於《銘圖》05386號西周曖簋銘文（此器及下注引張富海先生文皆承謝明文先生提示），作爲偏旁見於下文所引《繫年》簡之字。

不同的異體字。[1]

從辵、吊聲之字與"衖"字之間的異體關係,學者們一般以"行"、"辵"意符通用作解釋。不過我們認爲從字形演變的邏輯關係來看,這兩種字形之間還應有一個中間環節,即上舉 B2 的字形。行、辵、止都與道路有關,這種本來從"行",後在整個字形上加"止",再省爲從"辵"的字形演變過程,與金文"道"字的演變過程相同。[2]

上舉的 B1—B5 字形與《説文》"䚫"字對應。白文據包山簡字形指出"巷字在古代可能並非像《説文》所言是一個會意字,而是一個從行'带(吊)'聲的形聲字",季旭昇先生指出"從古文字的觀點來看,'䚫'當釋'卯(象二人相向形)',與'巷道'無關,疑所從'䚫'形爲'行'形的訛變"[3]。二位先生的説法可從。B1 中上博簡《緇衣》的寫法所從的"行"已經非常接近"二人相向"的"卯"形,而"卯"形演變爲"䚫"形正可與"卿"演變爲"鄉"類比。不過從"䚫"的"鄉"字見於秦漢文字,其所從"卯"形演變爲"䚫"形當是"變形意化"的結果。從"䚫"的"巷"字則不見於先秦、秦漢文字,《説文》"䚫"形的寫法,可能是以從"卯"形的"巷"字的訛變形體爲據,再受到意義與之有關的"鄉"字寫法的影響而來的。[4]

秦文字中的"巷"字,除了從行的寫法外,還有 B6 這種與後世隸楷文字相同的寫法。這種寫法對應於《説文》"巷"的篆文,只是《説文》篆文從"邑",而這些寫法從"卩"。六國文字中也有一些與"巷"有關的從邑之字。曾侯乙簡 167 的姓氏字 ▨,徐文認爲即《廣韻》《萬姓統譜》中來源於《詩經》"巷伯"的巷姓。此字又見於上博簡《采風曲目》簡 1,作 ▨,學者多以之爲"巷"字異體,其用法與音律有關。[5] 戰國陶文中有 ▨ 字,[6] 可能是地名或姓氏字。清華簡《繫年》中有用爲地名"絳"的 ▨ 字,[7]

---

[1] 用作這幾個字的聲旁之字在西周金文中也有相同的用法,如㝬簋"有芖于先王"、乖伯簋"有吊于大命"、柞伯鼎"有共于周邦",這些字均應從張富海先生説讀爲"庸"(張富海:《讀新出西周金文偶識》,《古文字研究》第二十七輯,第 235—236 頁,中華書局 2008 年)。

[2] "道"字字形參看《新金文編》第 193—194 頁。

[3] 季旭昇:《説文新證》第 530 頁。

[4] 在許慎所處的東漢時代,通用的"巷"字字形有從"共"聲的"巷"、"衖"兩種。《説文》把"巷"稱爲"篆文",段玉裁《説文解字注》指出"䚫爲小篆,則知䚫爲古文、籀文也。先古、籀後篆者,亦上部之例"。《説文》古文多爲戰國時代的齊魯文字,可能許慎當時見到的"古文"中確有類似上博簡《緇衣》那種近似從"卯"的寫法(也可能從共聲),《説文》據之改爲(或誤認爲)從"䚫"。

[5] 其辭例爲"宮巷:《桑之末》",董珊先生認爲"宮巷"可讀爲"宮弘","似指宮音之弘大者,即低音區的宮音"(董珊:《讀〈上博藏戰國楚竹書(四)〉雜記》,簡帛研究網,2005 年 2 月 20 日;收入《簡帛文獻考釋論叢》第 60—69 頁,上海古籍出版社 2014 年)。

[6] 王恩田:《陶文圖録》7.14.6,齊魯書社 2006 年。

[7] 李學勤主編,沈建華、賈連翔編:《清華大學藏戰國竹簡文字編(壹—叁)》第 182 頁。

从茻聲,與上舉諸字當是一字異體。季旭昇先生認爲《采風曲目》之字以及戰國文字中一些从共、从邑的"邾"字與《説文》"巷"是同一字,秦漢文字中从"卩"的"巷"是由這些字演變而來的。[1] 季先生的説法似不可信。這些"邾"字(或从廾)的基本聲符與"銜"字同,其讀音可能確實與"巷"字接近,但没有確切的證據表明它們用爲"巷"。從用法上看,這些从邑之字與上舉 B 類字的界限是很明顯的。上文已經説過,《説文》从"㔾"的"巷"字寫法是由从"卯"的訛變之形來的,那麽與 B6 這些明確用爲"巷"的秦漢文字寫法有異的篆文"巷",很可能也是訛變之形。

《説文》篆文"巷"既然是有問題的,那麽戈銘中的這個字就不能據之釋爲"巷",而應從虞文釋"邾"。上文説過,上下結構的姓氏字"邾"還見於楚璽和三晉兵器銘文。另外,在新蔡簡和楚璽中還有左右結構的姓氏字"邾"。[2]《萬姓統譜》載邾姓,認爲其以亭爲氏,古文字中的姓氏"邾"不知是否即此氏。[3]

戈銘司馬之名"邾壴"下一字,虞文隸定爲"政",並括注問號存疑;黄文直接釋"政";《銘圖》隸定爲"於",括注問號存疑(《金文通鑒》改釋爲"許");張文僅摹原形。[4] 從字形上看,這幾種釋法的左旁與原字形均不合,但虞文、黄文認爲此字右旁从"攵"則可從。我們認爲其左旁當是"工"的特殊寫法,此字應釋爲"攻"。在戰國中期以前的楚系文字中,有不少字所从的"工"旁比較特殊,下面舉出幾例"攻"字作爲參考:[5]

C1: ⿰攻 曾侯乙簡 145　　⿰攻 新蔡甲三 294、零 334

C2: ⿰攻 天星觀簡　　⿰攻 包山 116

C3: ⿰攻 新蔡零 552　　⿰攻 天星觀簡

這種"工"形當是金文" "形的勾廓寫法。[6] C1 形見於戰國簡帛中時代稍早的曾

---

[1] 季旭昇:《説文新證》第 530 頁。
[2] 滕壬生編著:《楚系簡帛文字編(增訂本)》第 627 頁;李守奎:《楚文字編》第 401 頁,華東師範大學出版社 2003 年。
[3] 或有可能與國名、地名"共"或共伯和有關。
[4] 在其文所附《楚銅器銘文字形全編》中列在附録(第 908 頁)。張文又在第 259 頁比較楚銅器銘文與簡帛文字偏旁和第 294 頁列舉楚銘文中的特殊字形時將其釋爲"政"。
[5] 滕壬生編著:《楚系簡帛文字編(增訂本)》第 311—312 頁。"工"旁有類似寫法的字還可參看此書第 30 頁"杠"字、第 113 頁"右"字、第 461 頁"左"字、第 462 頁"差"字、第 674 頁"杠"字、第 938 頁"江"字等。
[6] 金文字形參看《新金文編》第 533 頁。

侯乙簡和新蔡簡，相對較古。在時代稍晚的包山簡、天星觀簡中，這類字形的中部多寫得與"人"形相同。[1] 而本銘的寫法是將其中部的左筆與下部的橫筆連起來了，並且跟 C3 一樣在"工"的上部加了飾筆。[2] 近年公布的一件戰國中晚期之際的羕陵攻尹戈的"攻"字作"![]"，[3] 其左旁同於上舉 C2 形，右旁與本銘之字相同。

"攻"下一字，黃文、虞文釋作"統"，陳劍先生亦有此釋，[4]《銘圖》釋作"緔"，是忠於字形的嚴格隸定，張文摹錄原形未釋。按戰國文字的"亢"字和"亢"旁多作"夲"形，[5] 本銘之字右旁的上部雖然與之同從"大"，但下部明顯有別，釋"統"不可從。我們認爲此字右旁下部是"車"的簡率寫法，其上部橫筆省去，且豎筆並未穿透車輪形。相同或類似的寫法見於下面這些楚文字所從：![]（望山簡 2—2）、![]（包山簡 137）、![]（包山簡 158）。[6] 而從大、從車之字，很容易使人想到車乘的專字"軎"。郭店簡《尊德義》簡 36 的"勝"字作 ![]，[7] 其上部"乘"旁正省作"大"形。《古璽彙編》3554 號齊璽"公軎（乘）胥"的"軎"字作 ![]，[8] 與戈銘之字的右旁基本相同。因此，戈銘此字當分析爲從糸、軎聲，與遣策類楚簡中從糸、基本聲符爲"乘"之字一樣，應視爲"縢"字異體。[9]

根據戰國題銘的一般格式，"攻縢"的"縢"當是人名，對"攻"最直接的解釋是姓氏。[10] 照此理解，此人之名在司馬之後，其職也應是司馬。包山簡中多見同一個官職後接數個人名的情況，與司馬有關的如"貸金"類簡文中的"蓋陽司馬寅、黃辛、宋瘵"（簡 109）、"鄸陽司馬寅、景劻"（簡 118）等，[11]"所詎"類簡文中的"邯陽少司馬敔

---

[1] 這類寫法在新蔡簡中已經出現。據《楚系簡帛文字編（增訂本）》收錄的字形，天星觀簡"攻"字皆作 C2、C3 形。包山簡"攻"字"工"旁的寫法則以作兩橫一豎形占絕大多數（參看《包山楚墓文字全編》第 134—135 頁）。

[2] 將彩圖放大來看，可以發現其弧筆在下部轉爲右行的時候有明顯的轉折。

[3] 吳良寶：《新見羕陵攻尹戈及相關問題研究》，《吉林大學社會科學學報》2015 年第 1 期。

[4] 陳劍：《試說戰國文字中寫法特殊的亢和從亢諸字》，《出土文獻與古文字研究》第三輯，第 182 頁，復旦大學出版社 2010 年。

[5] 陳劍：《試說戰國文字中寫法特殊的亢和從亢諸字》，《出土文獻與古文字研究》第三輯，第 152—154 頁。

[6] 望山簡字形參看湖北省文物研究所編：《江陵望山沙冢楚墓》，文物出版社 1996 年，圖版八九-2；包山簡字形參看《包山楚墓文字全編》第 500 頁。

[7] 滕壬生編著：《楚系簡帛文字編（增訂本）》第 1154 頁。

[8] 吳振武：《古璽姓氏考（複姓十五篇）》，《出土文獻研究》第三輯，第 76—77 頁，中華書局 1998 年。

[9] 滕壬生編著：《楚系簡帛文字編（增訂本）》第 1096 頁。

[10]《萬姓統譜·東韻》："攻，見《姓苑》。漢有攻生單。"不知與此姓是否有關。楚文字中"攻"常用爲"工"，《萬姓統譜·東韻》又有工姓，載有漢人工里彈。記此待考。

[11] 陳偉等著：《楚地出土戰國簡冊[十四種]》第 48 頁，經濟科學出版社 2009 年。

觀、鹽虢"(簡 173)等,[1]可與戈銘類比。[2] 還有一種解釋,"攻"是職官名稱。楚國與鑄造有關的帶"攻"字的職官有大攻尹、攻尹、攻佐、少攻佐等(見《集成》12110—12113 鄂君啓節、10373 燕客銅量,《銘圖》18815 大市量以及前文所引業陵攻尹戈),戈銘的"攻"或爲其中某種職官的簡稱,也有可能是"攻尹"或"攻佐"漏刻了"攻"下一字(戈銘本身就有漏刻"之"的例子,所不同者"攻"下之字並未補刻)。我們更傾向於第一種解釋。

綜上,根據我們的理解,此戈銘釋文可重新寫定如下:

向壽,郐(徐)莫嚻(敖)卲(昭)螜、司馬剢螜、攻纏(滕)之所告(造)。

2018 年 4 月初稿
2018 年 11 月改定

附記:拙文蒙陳劍、董珊、郭永秉、鄔可晶、謝明文諸位先生審閱賜正,得以避免不少疏誤,作者十分感謝。

校按:陳偉武先生《讀金零札》也已指出戈銘"之"字相當補於"所"字前,並認爲"之所造"之語與其他楚兵器"之造+自名"格式的銘文可對照(《古文字研究》第三十一輯,第 125 頁,中華書局 2016 年),拙文寫作時未加徵引,是不應有的疏失。

(郭理遠　復旦大學出土文獻與古文字研究中心;
出土文獻與中國古代文明研究協同創新中心　博士研究生)

---

[1] 陳偉等著:《楚地出土戰國簡册[十四種]》第 79 頁。
[2] 夕陽坡楚簡記有"士尹昭王之走與悼哲王之悁"(釋文據董珊:《出土文獻所見"以諡爲族"的楚王族》第 119—120 頁),也是一個官名後接兩個人名的例子。

附圖

《飛諾藏金》第 44 頁照片、第 45 頁摹本

戰國襄成環權銘文校釋*

王 偉

《商周青銅器銘文暨圖像集成》18846號著録一件戰國晚期的環權，表面鏨刻銘文2字（圖1），原定名爲"衣成環權"，[1]釋文爲"衣成"。此權後改稱"黽成環權（澠城環權）"，刻銘改釋爲"黽（澠）成（城）"。[2]

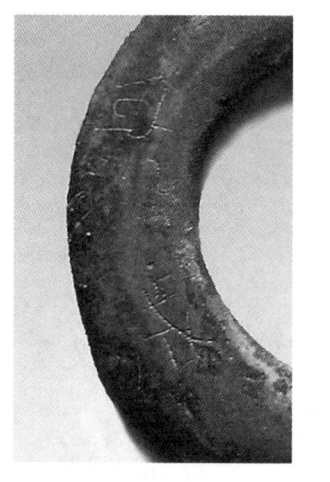
圖 1

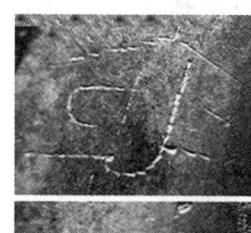

圖 2

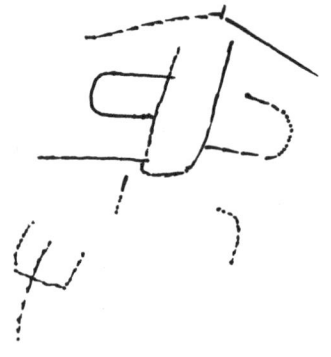
圖 3

原釋文中第二字釋"成"没有問題。銘文照片（圖1）的首字與局部放大圖（圖2）所示不完全相同，即局部放大圖將首字下部的一些殘畫裁掉了。我們據銘文全景照片所做摹本如圖3。

據銘文和摹本觀察，無論是釋爲"衣"還是"黽（澠）"，均與銘文所見字形的差距較

---

* 本文是國家社科基金基金項目"秦印集成暨新秦印文字編（官印篇）"（16BYY120）和國家社科基金重大項目"商周金文字詞集注與釋譯"（13&ZD130）的中期成果。

[1] 吴鎮烽：《商周青銅器銘文暨圖像集成》第34卷第313頁，上海古籍出版社2012年。
[2] 吴鎮烽："《商周金文資料通鑒》檢索系統"（版本1.2）第18846號。

大,似不可信據。因爲秦簡中"衣"作 ![衣]、![衣]、![衣]、![衣]、![衣] 等形,〔1〕而據《商周青銅器銘文暨圖像集成》的銘文全景照片以及首字放大圖版,可知放大圖版中的 ![字] 形並不是該字的全形,其下部還殘存部分筆畫。將我們所做摹本所示的字形與"衣"字對照,二者字形上明顯有較大差距,可見刻銘首字並非"衣"字。

同樣,"黽"字金文作 ![黽]、![黽] 形,《説文》古文作 ![黽] 形,小篆作 ![黽] 形。〔2〕"黽"字的古文字字形雖與摹本所示 ![字] 形的上部筆畫有幾分相似,但 ![字] 字下部殘存的筆畫似乎並没有被注意到,可見 ![字] 與"黽"字結構上有一定差異,故 ![字] 字也不應該是"黽"字。

再從銘文含義方面來説,無論是早前的釋文"衣成",還是後來改釋的"黽(澠)成(城)",其含義均難以索解;況且見於先秦典籍的"黽"或"澠池"似亦未見被稱爲"黽(澠)成(城)"的例子。

今按,秦文字中"襄"字常見,如下①所示睡虎地秦簡中的"襄"字,〔3〕②③④所示《秦印文字彙編》所錄璽印封泥文字中的"襄"字,〔4〕⑤所示《新出封泥彙編》0981號"襄成丞印"之"襄"字,〔5〕⑥所示《古陶文明博物館藏封泥集》第24册7號"襄成丞印"之"襄"字,〔6〕⑦⑧所示《酒餘亭陶泥合刊》344、345號"襄成丞印"之"襄"字,〔7〕⑨所示《盛世璽印錄》024號"襄安夫人"之"襄"字等。〔8〕

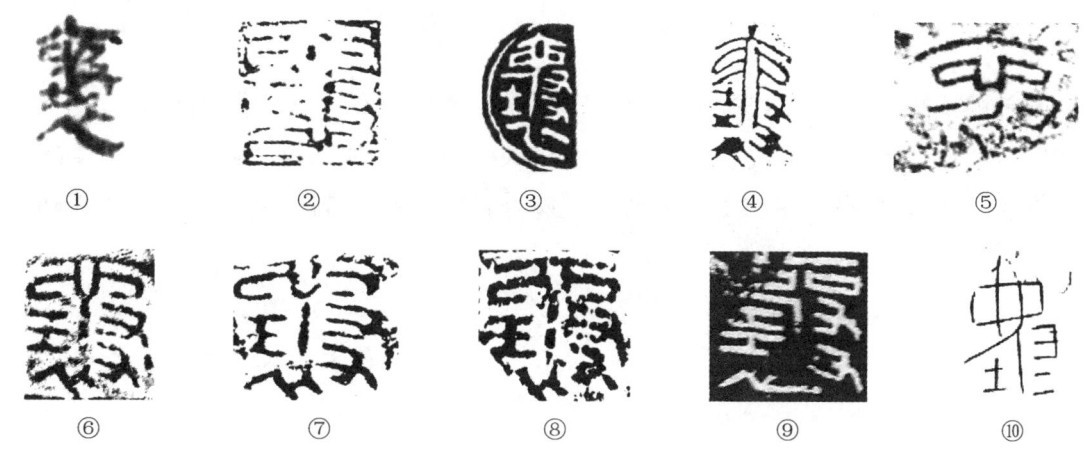

①　　②　　③　　④　　⑤

⑥　　⑦　　⑧　　⑨　　⑩

---

〔1〕方勇:《秦簡牘文字編》第203頁,福建人民出版社2012年。
〔2〕參李學勤:《字源》第1173頁,天津古籍出版社、遼寧人民出版社2012年。
〔3〕陳偉主編:《秦簡牘合集(壹)·睡虎地秦墓簡牘》下册第932頁,武漢大學出版社2014年。
〔4〕許雄志編:《秦印文字彙編》第163頁,河南美術出版社2001年。
〔5〕楊廣泰編:《新出封泥彙編》第41頁,西泠印社出版社2010年。
〔6〕路東之編:《古陶文明博物館藏封泥集》(原拓本,4函40册),文雅堂2011年。
〔7〕周曉陸編著:《酒餘亭陶泥合刊》第43—44頁,[日]藝文書院2012年。
〔8〕吴硯君編著:《盛世璽印錄》,第14頁,[日]藝文書院2013年。

參照上舉秦文字中"襄"字的寫法,我們認爲該環權刻銘首字上部的筆畫與"襄"字幾乎全同,雖然該字下部筆畫難以全部看清,但摹本所示殘畫與"襄"字下部的筆畫極爲相似,故此字極有可能是"襄"字。

另外,珍秦齋藏戰國戈刻銘的"襄"字如⑩所示,[1]其字形雖然潦草,但是有助於理解環權銘首字下部看不清楚的筆畫。

綜上,我們認爲環權刻銘"襄成"應該就是見於文獻的"襄城"。據《漢書·地理志》,潁川郡有"襄城"縣,治今河南許昌市襄城縣。[2] 出土秦文字中"襄成"屢見,如下舉多枚"襄成丞印"秦封泥(圖4—5)[3]和秦兵器刻銘(圖6)等。[4]

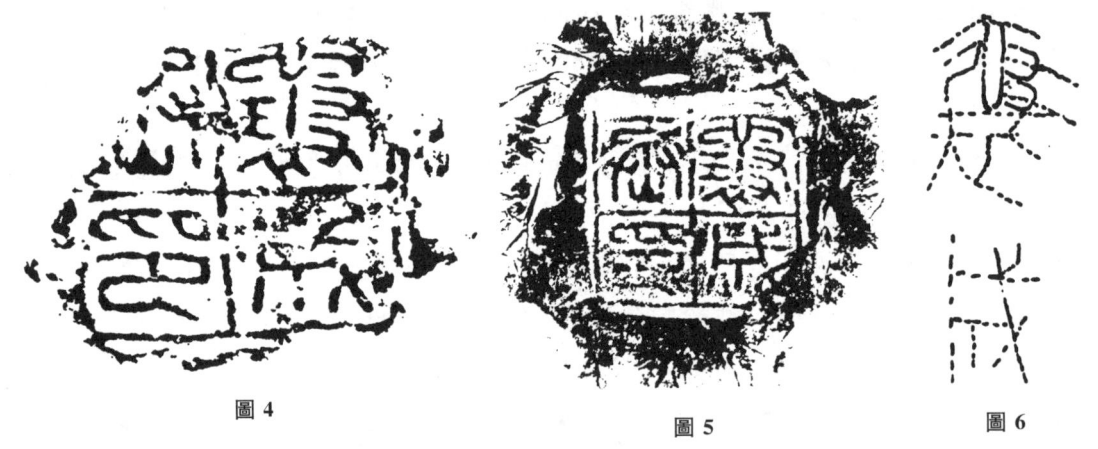

圖4　　　　　　　　　　圖5　　　　　　圖6

關於襄成環權的時代和國別,《商周青銅器銘文暨圖像集成》僅標注時代爲"戰國晚期",未明確國別。今將權銘與上舉秦文字中有關的"襄"字和"襄成"的資料對比,二者在文字結構和書法風格方面與秦文字較爲接近,故我們推測"襄成環權"應是秦文字資料。

(王偉　陝西師範大學文學院　副教授)

---

[1] 蕭春源:《珍秦齋藏金·秦銅器篇》第134—138頁,澳門基金會2006年。
[2] 周振鶴編著:《〈漢書·地理志〉匯釋》第100頁,安徽教育出版社2006年。
[3] 周曉陸編著:《酒餘亭陶泥合刊》第43頁;路東之編:《古陶文明博物館藏封泥集》第24册7號。另外,"襄成"封泥也見於周曉陸、路東之編著:《秦封泥集》第303頁,三秦出版社2000年;路東之編著:《問陶之旅——古陶文明博物館藏品掇英》第173頁,紫禁城出版社2008年。
[4] 董珊:《論陽城之戰與秦上郡戈的斷代》,北京大學中國考古學研究中心、北京大學震旦古代文明研究中心編:《古代文明》第3卷,第350—351頁,文物出版社2004年。

古璽印文字考釋二例

白於藍　周　悦

一

羅福頤先生主編的《古璽彙編》中有一人名用字作如下之形：

A. 𢦏（0930）

同書中還見有一人名用字作如下三形：

B. 𢦏（1718）　𢦏（2313）　𢦏（3031）

羅福頤先生認爲以上四形是一字，將之隸定爲"戒"，認爲該字从戈从力。[1] 朱德熙先生亦認爲以上四形是一字，但將之隸定爲"𢦏"，認爲該字是一個从力弋聲的形聲字。[2]

按，羅、朱兩位先生均將以上四形視爲一字，可信。但就字形分析而言，李家浩先生指出"在古文字中，'戈'這個形體，無論是作爲偏旁還是作爲獨體字，往往用來代表'弋'"，[3] 而古文字中"弋"旁則從未見有用爲"戈"旁的例子，上引第一例明顯从"弋"，可見以上兩種字形分析當以朱德熙先生的看法爲是，該字當分析爲从力弋聲，

---

* 本文爲 2016 年度教育部人文社科重點研究基地重大項目 "先秦古文字材料四種綜合整理及數據庫建設"（16JJD740009）的中期成果。

[1] 羅福頤：《古璽文編》第 296 頁，文物出版社 1981 年。
[2] 朱德熙：《關於鄂羌鐘銘文的斷句問題》，《朱德熙古文字論集》第 168 頁，中華書局 1995 年。
[3] 李家浩：《戰國𨝋布考》，《古文字研究》第三輯，第 160 頁，中華書局 1980 年。

隸定爲"犾"。〔1〕

"犾"字字書未見,循音義推考,當釋爲"飭"。《說文》:"飭,致堅也。从人从力食聲。讀若敕。"按,《說文》對"飭"字的字形分析有誤,宋代學者戴侗在《六書故》中即已指出"飭、飾皆从飤爲聲"。清代學者桂馥、王筠、朱駿聲和苗夔等亦認爲"飭"字當分析爲从力飤聲。〔2〕從意符上看,"犾"與"飭"均从"力"表義;從聲符上看,上古音"弋"爲餘母職部字,"飤"爲透母之部字,兩字聲母同爲舌音,韻部陰入對轉,古音極近,故"犾"可看作是"飭"字異構。

傳世文獻中从"弋"聲之字與从"飤"聲之字有相通例證:

《說文》:"飾,㕢也。从巾从人食聲。讀若式。"按,《說文》對"飾"字的字形分析亦不確,"飾"當如上引戴侗所說是一個从巾飤聲的形聲字。《說文》云"飾""讀若式",而"式"則又是一個从工弋聲的形聲字。這是从"弋"聲之字與从"飤"聲之字音近可通的直接例證。段玉裁《說文解字注》"飾"字下云:"飾、拭古今字,許有飾無拭。凡說解中拭字皆淺人改飾爲之。"若段說不誤,亦可補正。

出土文獻中亦有相關例證:

曾侯乙墓竹簡簡 42:"二載虞(櫨),黃金之犾,紫綳。"〔3〕簡 77:"丌(其)革彎黃金之鈌才□□。"整理者裘錫圭、李家浩先生注釋云:"'犾'、77 號簡作'鈌',並从'弋'聲,據文意當讀爲'飾'。'弋'、'飾'古音相近可通。詛楚文'飾'字作飾(《石刻篆文編》7·27),从'巾''飤'聲,而'飤'又从'弋'聲。"〔4〕上博簡《容成氏》簡 38 亦有"□北达(去)其邦,□爲㕣〈同(傾)〉宮,篁(築)爲璿室,犾爲㐾(瑶)臺(臺),立爲玉閏(門)"語,〔5〕整理者李零先生亦從裘錫圭、李家浩先生的看法讀"犾"爲"飾"。〔6〕按,就字形而言,"犾"、"鈌"似即表"玉飾"、"金飾"之"飾"之專字。"飭"字之作"犾",與"飾"字

---

〔1〕需要說明的是,朱德熙先生將該字與駧羌鐘之"㐅"字相聯繫,認爲二者爲一字,並將駧羌鐘之"㐅"讀爲代。關於這一點,筆者曾撰文指出"㐅"字左旁所從之"丿"旁其實並非"力"字,故不能將"㐅"與"犾"視爲一字。至於"㐅"字,筆者認爲當釋爲"乂",參白於藍:《釋駧羌鐘銘文中的"乂"字》,《古文字研究》第二十九輯,第 425 頁,中華書局 2012 年。

〔2〕參丁福保:《說文解字詁林》第 13442—13443 頁,中華書局 1988 年。

〔3〕"虞(櫨)"字從白於藍釋讀,參白於藍:《曾侯乙墓竹簡中的"鹵"和"櫨"》,《中國文字》新廿九期,第 193 頁,[臺北]藝文印書館 2003 年。

〔4〕"犾(飾)"字從裘錫圭、李家浩釋讀,參湖北省博物館編:《曾侯乙墓》附錄一《曾侯乙墓竹簡釋文與考釋》第 492 頁,文物出版社 1989 年。

〔5〕"㕣〈同(傾)〉"字從白於藍釋讀,參白於藍:《戰國秦漢簡帛古書通假字彙纂》第 760 頁,福建人民出版社 2012 年。

〔6〕馬承源主編:《上海博物館藏戰國楚竹書(二)》第 279 頁,上海古籍出版社 2002 年。

之作"弐"、"鈬"如出一轍。

九店簡《叢辰》簡36:"利以冠,敫(探)車馬,折(製)衣綈(裳)、表紆。"整理者李家浩先生指出:"《汗簡》卷下之一糸部引王存乂《切韻》'織'字作紸,從'糸'從'式'聲。'式'亦從'弋'聲。頗疑楚簡'紆'即'紸'字。"李先生同時認爲"表紆"似當讀爲"服飾"。〔1〕按,《說文》:"巾,佩巾也。從冂,丨象糸也。""巾"、"糸"字義相關,漢字中從"巾"之字常有從"糸"之異體。《詩·周南·樛木》:"葛藟幪之。"陸德明釋文:"幪,本又作縈。"《集韻·微韻》云:"微,通作徵。"《周禮·考工記·輈人》:"弧旌枉矢。"鄭玄注:"弧以張縿之幅。"陸德明釋文:"幓,本又作縿。"孫詒讓正義:"幓,即縿之俗。"《周禮·地官·鼓人》:"鼓兵舞帗舞者。"孫詒讓正義:"帗,字又作紱。"《公羊傳》莊公三十一年:"旗獲而過我也。"何休注:"旗,軍幟名。"陸德明釋文:"幟,本又作織。"《釋名·釋言語》:"識,幟也。"畢沅疏證:"幟,古通用織。"《廣雅·釋器》:"無追,冠也。"王念孫疏證:"《白虎通義》云:'冠者,帣也。'帣,通作縴。《說文》:'冠,縴也。'"均其例。戰國楚簡帛文字中"素"作"㯷"(天星觀遣策),也作"㯷"(楚帛書)。亦可參。據此,"紆"似亦可理解爲表絲綫飾件之"飾"之專字。

上博簡《競建內之》簡9—10:"公身爲亡(無)道,遣(擁)芋(華)俑(孟)子以馳於倪(郳)者(都),迥(驅)逐畋緎,亡(無)罕(期)氐(度)。"〔2〕劉國勝先生讀"緎"爲"弋"。〔3〕可信。按,就字形而言,"緎"與上九店簡《叢辰》之"紆"可視爲一字,亦爲"飾"字異構。

清華簡《耆夜》簡5:"輕(輈)乘既弐,人備(服)余不貄(胄)。"整理者讀"弐"爲"飭",訓爲"整治"。〔4〕按,簡文當是假"弐(飾)"爲"飭"。

綜上所述,"飾"可以從"弋"聲作。從文字學角度來看,"飾"字之作"弐",當屬聲符替換。

二

羅福頤先生主編的《古璽彙編》中有一姓氏用字,就其形體而言,可分作二型,每

---

〔1〕湖北省文物考古研究所、北京大學中文系編:《九店楚簡》第99頁,中華書局2000年。
〔2〕上博簡《競建內之》與《鮑叔牙與隰朋之諫》當合爲一篇,篇名當定爲《鮑叔牙與隰朋之諫》,參陳劍:《談談〈上博(五)〉的竹簡分篇、拼合與編聯問題》,簡帛網,2006年2月19日。
〔3〕從劉國勝釋讀,參劉國勝:《上博(五)零札(六則)》,簡帛網,2006年3月31日。
〔4〕清華大學出土文獻研究與保護中心編,李學勤主編:《清華大學藏戰國竹簡(壹)》第153頁,中西書局2010年。

型下又可以分爲二式：

A型	Ⅰ式	ᚍ(2125) ᚍ(2922) ᚍ(2931) ᚍ(2938) ᚍ(2941)				
	Ⅱ式	ᚍ(2942)				
B型	Ⅰ式	ᚍ(2923) ᚍ(2925) ᚍ(2930) ᚍ(2939) ᚍ(2940) ᚍ(2943)				
	Ⅱ式	ᚍ(2924) ᚍ(2926) ᚍ(2932)				

在上引諸例中，A型左右兩旁均連爲一體，B型則非。A型Ⅰ式右旁上部所從折筆角度較小，A型Ⅱ式右旁上部所從折筆角度較大，B型Ⅰ式和Ⅱ式的區別亦同。

從該字在古璽印中出現的數量來看，應該是一個常用字。羅福頤先生將之釋爲"臤"，[1] 吳振武先生通過比勘西周金文和古璽印中"臤"字的各類寫法，指出釋"臤"不確，認爲該字右旁從"弓"，似應釋爲"弜"。[2]

按，清華簡五《厚父》篇有"監"字作如下之形：

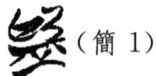（簡1）

該字上部所從與上引B型Ⅰ式諸例頗爲近似。《説文》："𥃢（監），臨下也。從臥，𥁕省聲。𥃤（𥃤），古文監從言。"依照《説文》，"監"字上部從"臥"，則上引古璽印諸字似可釋爲"臥"。但是，這一釋法很可能亦不確。關於這一點，要從"監"字上部所從説起。

"監"字最早見於甲骨文，標準寫法如下：

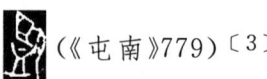（《屯南》779）[3]

---

[1] 羅福頤：《古璽文編》第70頁。
[2] 吳振武：《〈古璽文編〉校訂》第42頁，人民美術出版社2011年。
[3] 甲骨文中另見一殘字作" "（《屯南》2581），劉釗師主編《新甲骨文編》（福建人民出版社2014年，第496頁）亦釋爲"監"，就殘存字形來看，應當是可信的。《小屯南地甲骨》簡稱《屯南》。後文中所引《甲骨文合集》簡稱《合集》，《殷周金文集成》簡稱《集成》，《新收殷周青銅器銘文暨器影彙編》簡稱《新收》，《商周青銅器銘文暨圖像集成》簡稱《銘圖》，不另出注。

據其字形，"監"字並非如《説文》所云是一個"从臥衉省聲"的形聲字，而是一個从人俯視器皿之形的會意字。[1] 金文中"監"字十分常見，標準寫法與甲骨文一脈相承，作如下諸形：

（《集成》11.6207 監且丁觶）　　（《集成》03.883 雁監瓿）

（《集成》05.2827 頌鼎）　　（《集成》08.4188 仲再父簋）

值得注意的是，甲骨文和金文中標準寫法的"監"字均从一俯視人形（爲行文方便，下文以"△"號代替該形），這類形體所从之"人"旁均體形彎曲前傾，所从之"目"旁均爲豎目之形，更像是"臣"字。但是，"人"旁與豎目之形總是連爲一體，豎目之形顯然又不可當作"臣"旁來看待。

《説文》中與"監"字上部所从相同者還有"臨"字。《説文》："臨，監臨也。从臥品聲。"認爲"臨"字亦从"臥"表義，但就古文字的實際情況來看，"臨"字亦从"△"表義。甲骨文有一字作如下四形：

（《屯南》2080）　　（《合集》4299）

（《合集》3748）　　（《合集》36418）

此四形，過去或釋爲"順"，或釋爲"臨"，或釋爲"汝"，或因割裂偏旁而誤釋，謝明文先生在總結以往諸家説法的基礎上，指出上引諸形當並釋爲"臨"，認爲該字字形表示一站立人形向下視水川，強調的是"向下視"，應該就是"臨"字的造字本義。[2]

金文中"臨"字很常見，標準寫法作：

（《銘圖》02378 師衛鼎）　　（《銘圖》05142 師衛簋）

（《集成》05.2837 大盂鼎）　　（《集成》06.3648 堇臨作父乙簋蓋）

---

[1] 甲骨文中另見字作" "（《合集》27740）、" "（《合集》27742）和" "（《合集》30792）等形，過去均亦釋爲"監"。按，該字與"監"似非一字。該字从見从皿，可隸定作"覞"，與" "（監）字形有別（金文中"監"字十分常見，亦未見有作从"見"者）。兩字用法亦不相同，該字共出現五例，其中四例出現在"覞凡"（《合集》27740、27742）這樣的辭例中，另一例出現在"于覞焚"（《合集》30792）的辭例中，用作地名，而"監"字則出現在"乎監"（《屯南》779、2581）這樣的辭例中。

[2] 謝明文：《説"臨"》，《出土文獻與古文字研究》第六輯，第101—108頁，上海古籍出版社2015年。

謝明文先生指出甲骨文之"臨"與金文中的"臨"字相比,後者只是多了"品"形而已,甲骨文中的"臨"應該就是金文"臨"的初文,"品"則是追加的聲符。[1] 這些看法應當是可信的。

《說文》認爲"監"、"臨"二字均從"臥"表義,但甲骨文和金文標準寫法之"監"與"臨"所從之"△"均爲一俯視人形。筆者認爲,"△"是不能當作"臥"字來看待的,理由如下:

首先,從字形上看,小篆"臥"字作"卧",目前出土材料中的"臥"字最早見於睡虎地秦簡,作"𦣞人"(《封診式》簡 73)、"𦣞人"(《日書甲種》簡 25 背壹)等形,所從"人"、"臣"二旁均分開書寫,未連爲一體。《說文》:"臥,休也。从人臣,取其伏也。"認爲"臥"字是一個"从人臣"的會意字,段注云"'臣'下曰'象屈服之形',故以人臣會意"。"臥"字蓋是會"臣伏"之意。[2] 前引"監"與"臨"所從之"△",其體形彎曲前傾之"人"旁與豎目之形總是連爲一體,與"臥"字不同。而且,前面講過該豎目之形是不能當作"臣"旁來看待的。可見就字形而言,兩者絕非一字。

其次,從字義上看,"監"、"臨"二字古均有"視"義,而且十分常見。[3] 這一點與甲骨文和金文中此二字均從"△"表義是相吻合的,因爲"△"本象俯視人形。《說文》:"臥,休也。"段注本將"休也"改爲"伏也",云:"臥,伏也。伏大徐作休,誤。臥與寢異。寢於牀,《論語》'寢不尸'是也;臥於几,《孟子》'隱几而臥'是也。臥於几,故曰伏。"除此之外,"臥"字古代還有"息"、"眠"等義,[4] 但並無"視"義。同樣,"監"、"臨"二字古代亦無"休"、"伏"、"息"、"眠"諸義。可見就字義而言,"臥"與"監"、"臨"字義不合,實不適合用作"監"與"臨"二字的表義偏旁。

總之,《說文》的看法是有問題的,"△"不應是"臥"字。《說文》將"監"與"臨"二字歸入"臥"部之下,並不合理。

"監"、"臨"二字所從之"△"與"視"、"望"二字亦不相同。甲骨文和金文中的"視"字均作人直立平視之形,上從橫目,作"𥄎"(《合集》6741)、"𥄎"(《集成》11.5868 史見父甲尊)等形;"望"字雖上從豎目,但人身體作挺拔直立之形,作"𦣢"(《合集》547)、"𦣢"(《集成》10.5417.1 小子𢍰卣)等形。三者區別十分明顯,可見"△"亦不能當成

---

[1] 謝明文:《說"臨"》,《出土文獻與古文字研究》第六輯,第 101—108 頁。
[2] 《管子·四稱》:"外内均和,諸侯臣伏,國家安寧,不用兵革。"《後漢書·烏桓傳》:"烏桓自爲冒頓所破,衆遂孤弱,常臣伏匈奴。"
[3] 參宗福邦、陳世鐃、蕭海波主編《故訓匯纂》(商務印書館 2003 年)第 1537—1538 頁"監"字條、第 1879 頁"臨"字條。
[4] 參宗福邦、陳世鐃、蕭海波主編《故訓匯纂》第 1877 頁"臥"字條。

"視"、"望"二字來看待。

前引金文之"監"字,過去學者多數認爲其字形象人俯視器皿之水照視其面之形,即"鑑"之本字。[1] 筆者認爲,"監"字古有"察"義,亦有"視"義,[2] 其所從之"△"旁則爲一俯視人形,身體彎曲前傾而突出其目,因此"△"旁很可能正是會俯身察視之義,就是"監察"、"監視"之"監"字初文。如此解釋,亦可使下面兩個文字現象得到比較合理的解釋:

第一,《説文》"監"字下引古文作"𧨆(䚘)",云"古文監從言",段注云"會意",但未作進一步解釋,其他注家亦不得其解。從字形上看,該字應是一個從"言"表義的形聲字,"言"旁上部所從應當是聲符。字書中見有"䚘"字。《玉篇·言部》:"䚘,視也。臨下見也。"《集韻·䣀韻》:"監、䚘,臨也。古作䚘。"《集韻·銜韻》:"監、䚘、䚘,居銜切。《説文》:'臨下也。'古從言,或作䚘。"可見"𧨆(䚘)"與"䚘"就是一字。與"𧨆(䚘)"比較,"䚘"僅是將所從之聲符由"監"字初文換作"監(鑑)"字而已。

第二,前引謝明文先生文指出,甲骨文之"臨"字形表示一站立人形向下視水川,是一個會意字,金文之"臨"追加了"品"聲。其字形分析可信,但"一站立人形向下視"到底是何字? 謝文未作進一步解釋。在西周晚期的金文中,"臨"字或省去所從之水川之形作"𣍦"(《新收》698 伯庸父鼎),爲詛楚文之"𦣲"、包山簡"𦣳"(簡 185)、《説文》小篆"𦣼"等所本。省去水川之形後,"品"旁上部僅存"△"旁,此字變得構形不明,難以分析。現既將其上部所從釋爲"監",則這種寫法的"臨"字即可分析爲從監品聲。同樣,甲骨文之"臨"字則可分析爲從監從水川會意。《説文》:"監,臨下也。"《爾雅·釋詁》:"監、臨,視也。"《説文》:"臨,監臨也。"徐鍇《繫傳》:"臨,與監同意。"段注:"臨,監也。各本作'監臨也',乃複字未刪而又倒之。今正。"《國語·晉語五》:"臨長晉國者。"韋昭注:"臨,監也。"《廣韻·侵韻》:"臨,監也。"可見,"監"與"臨"同義,故"臨"可從"監"表義,而且甲骨文、金文以及後代"臨"字都由此在文字學上找到了其構形依據。

前引古璽印諸字,其來源很可能就是甲骨文和金文中之"△"。吳振武先生指出古璽印諸字右旁從"弓",這是很敏鋭的看法。但在戰國文字中,"人"旁亦時有寫成類似"弓"字者,如:

---

[1] 參周法高主編《金文詁林》(香港中文大學 1974 年)第 5187—5195 頁引林義光、郭沫若、陳夢家、高鴻縉、田倩君和張日昇等人的説法。
[2] 參宗福邦、陳世鐃、蕭海波主編《故訓匯纂》第 1537—1538 頁"監"字條、第 1879 頁"臨"字條。

（佀，上博簡六《競公瘧》簡 11） （俈，上博簡七《吳命》簡 5）

（俾，上博簡八《顏淵問於孔子》簡 10） （仢，清華簡二《繫年》簡 103）

（仡，清華簡三《周公之琴舞》簡 12） （倚，《古璽彙編》3349）

（佢，清華簡一《祭公之顧命》簡 11） （僑，《古璽彙編》2626）

（并，《古璽彙編》1925）

這就解釋了爲何上引古璽印諸字右旁所從與"弓"字類似的問題。此外，在前引古璽印諸字中，A型字左右兩旁總是連爲一體，與 B 型字比較，應該是相對原始的寫法，這一點應該與"監"字原本就是體形彎曲前傾之"人"旁與豎目之形總是連爲一體有關。當然，前引古璽印諸字在寫法上看是人身體部分與豎目之形相連，而非甲骨文和金文標準寫法之人首部分與豎目之形相連，這可能與方塊漢字的書寫協調性有關。就字形而言，獨寫的" "、" "等形並不協調，除非將"人"旁上移，否則難以寫成方塊之形。至於前引古璽印中B型字何以會寫成左右兩旁分離的問題，事實上"監"、"臨"二字上部所從在西周晚期金文中很多已經變成分開書寫之形，如" "（《集成》08.4335 頌簋）、" "（《集成》15.9731.1 頌壺）、" "（《集成》15.9622 鄧孟壺蓋）、" "（《集成》05.2841 毛公鼎）、" "（《集成》07.3760 叔臨父簋）等，因此也是不足爲奇的。左右兩旁分離並且所從彎曲前傾之"人"旁上移之後，的確變得與"臥"字形同，這應當就是《説文》何以會將"監"、"臨"二字誤歸"臥"部的原因。

《説文》："瞰，視也。"段玉裁注："亦當爲臨視也。"朱駿聲《説文通訓定聲》："經傳多以監爲之。"《集韻·銜韻》："瞰，《説文》'視也'，通作監。"《説文》："覽，觀也。"《戰國策·齊策一》："不可不日聽也而數覽。"高誘注："覽，視也。"《漢書·韋玄成傳》："曾不斯覽。"顏師古注："覽，視也。"《漢書·揚雄傳上》："又覽纍之昌辭。"顏師古注："覽，省視也。"《廣雅·釋詁一》："閾、瞰，視也。"《廣韻·閾韻》："閾，亦視也。"《玉篇·門部》："閾，視也，望也，臨也。"《漢書·揚雄傳上》："東瞰目盡。"顏師古注："瞰，視也。"《慧琳音義》卷八十一"周瞰"注引《蒼頡篇》："瞰，猶視也。"《集韻·闞韻》："瞰、矙、瞯，視也。或從闞、從嚴。"《孟子·滕文公下》："陽貨矙孔子之亡也。"

趙岐注:"瞯,視也。"《孟子·離婁下》:"王使人瞯夫子。"趙岐注:"瞯,視也。""監"、"䦦"音近可通,[1]現在看來,"監"、"瞰"、"覽"、"䦦"、"瞰"、"瞯"和"矔"等字應當都是同源關係,其來源就是甲骨文和金文中那些俯視人形。

前引古璽印文字中的字均用爲姓氏字,古有"監"姓。《史記·田敬仲完世家》:"田常成子與監止俱爲左右相,相簡公。"司馬貞索隱:"監,姓也。名止。"[2]《廣韻·鑑韻》"監"字下云:"亦姓。《風俗通》云衛康叔爲連屬之監,其後氏焉。"《正字通·皿部》"監"字下云:"又姓。《風俗通》衛康叔爲連屬之監,後因氏。漢監居翁,宋進士監長世。"

古璽印中又有一人名用字作:

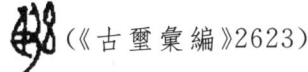(《古璽彙編》2623)　　　　　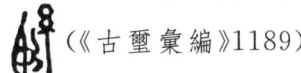(《古璽彙編》1189)

按,該字可釋爲"襤",《集韻·談韻》:"襤、縑,衣名。《説文》:'襦謂之襤。'或从糸。"古文字中形聲字的聲符常可繁化或簡化,《説文》:"覽,觀也。从見監,監亦聲。"故該字似亦可釋爲"纜"。《玉篇·糸部》:"纜,維舟也。"《廣韻·䦦韻》:"纜,維舟也。"《集韻·䦦韻》:"纜,維舟緪。"

古璽印中還有一人名用字作" "(《古璽彙編》1030)、" "(《古璽彙編》1605)、" "(《古璽彙編》2904),還有一姓氏用字作" "(《古璽彙編》2944)、" "(《古璽彙編》2945),古文字中形聲字的聲符常可互換,故此二字可隸定作"瘱"、"䪥",待考。

最後需要説明的是,上引古璽印諸字,從字體特點和璽印風格上看均爲晉系文字,而清華簡《厚父》篇中的文字正具有晉系文字的特點,趙平安先生曾對之進行過系統研究,指出"由於《厚父》中有明確的晉系文字元素,那些非楚系、既見於晉系又見於其他系的文字很可能也應當視爲晉系文字,是受晉系文字影響所致","《厚父》保有明顯的晉系文字元素,説明它的底本原來可能是晉系文字寫本"。[3] 由此來看,清華簡《厚父》中之所以會保留有" "這種寫法的"監"字應該並非偶然,這就從字形來源上解釋了爲何其上部所從與前引古璽印諸字和諸旁正好同形的問題。通過對前引古璽印中的"監"字的考釋,可爲趙平安先生的看法添一佐證。

---

[1] 高亨、董治安:《古字通假會典》第252頁,齊魯書社1989年。

[2] "監止"亦見於《史記·齊太公世家》,《左傳》哀公六年、《左傳》哀公十四年作"䦦止"。"監"、"䦦"音近可通,未知孰是。

[3] 趙平安:《談談戰國文字中值得注意的一些現象——以清華簡〈厚父〉爲例》,《出土文獻與古文字研究》第六輯,第303頁,上海古籍出版社2015年。

追記：

　　關於甲骨文和金文中"監"、"臨"二字所從之"△"旁，筆者最初的想法是該旁或許是"臨"字初文。"臨"字除了單純的"視"之義外，更強調"以高視下"之義。《論語·爲政》："臨之以莊則民敬。"皇侃疏："臨，謂以高視下也。"《大戴禮記·曾子本孝》："臨不指。"王聘珍解詁："臨，以高視下也。"就字形而言，"△"似乎正可體現"以高視下"之意，將其釋爲"臨"看上去亦不失爲一種合理的解釋。後來考慮到"監"字《說文》古文作"𥄙"（䚇），而《集韻·銜韻》明言"監"、"䚇"與"瞰"三者爲一字，"瞰"字上部所從正是"監"字，故而才將"△"旁改釋爲"監"。《說文》："監，臨下也。"《說文》："臨，監臨也。"徐鍇《繫傳》："臨，與監同意。"可見就字義來講，"監"、"臨"同義，將"△"釋爲"監"字初文也是能夠講通的。

　　上古音"臥"爲疑母歌部字，"監"爲見母談部字。兩字聲母同爲喉音，韻亦不遠。因此，似乎不能排除"臥"字即"監"字初文之假借字的可能。在這種情況下，我們似乎可以這樣理解，即"監"、"臨"二字所從俯視人形之"△"原本是"監察"、"監視"之"監"字初文，正文所引甲骨文和金文中那些"監"字實是"鑑"字初文。但在實際的用字中，總是借"鑑"爲"監"，因此又另造了從"金"之"鑑"字來表"鑑"之本義，而"△"形則又在後來假借給"臥"字來使用了。當然，古無"臥"姓，所以上引古璽印諸字應仍以用爲"監"爲是。

　　近讀劉洪濤先生《讀〈清華大學藏戰國竹簡〉第五册散札》（《出土文獻》第十二輯，中西書局 2018 年，第 135—141 頁），方知其亦已留意到清華簡《厚父》1 號簡"監"字的特殊寫法，並據此將曾侯乙墓竹簡"𦥑"、"𦥑"釋爲"瑶"，將三晉文字"𦥑"、"𩓣"和"𩓣"分別釋爲"監"、"瘟"和"蠱"。但劉洪濤先生行文簡約，並未對"△"字構形來源進行考證，而且其所提出的"曾侯乙墓竹簡和三晉文字从'監'之字既有可能是'監'的簡省分化字，也有可能是一個跟'監'音近的假借字"的觀點亦和筆者的觀點有很大不同。

　　　　　　　　（白於藍　華東師範大學中國文字研究與應用中心　教授；
　　　　　　　　　周悦　華東師範大學中國文字研究與應用中心　博士研究生）

《丹篆寄心聲》録匋鉨室藏印補釋

孫合肥

蕭春源、尾崎倉石編《丹篆寄心聲——澳日兩地書法篆刻聯展》於 2015 年 12 月由澳門書法篆刻協會出版,套裝兩册(會員作品集和古鉨印集)。收録由澳門書法篆刻協會主辦、濠江印社與日本蒼文篆會協辦的"丹篆寄心聲——澳日兩地書法篆刻聯展"展出的璽印、書畫作品。會員作品集收録了我國澳門和日本兩地的書法篆刻家書法、繪畫及篆刻作品 136 件。古鉨印集收録了澳門珍秦齋和日本匋鉨室藏戰國秦漢官私璽印,是兩地重要古璽印收藏家在兩千件藏品中甄選出的藏品精華,諸多藏品在國內爲首次面世。其中收録的匋鉨室藏印,包括 22 方戰國印、10 方秦印、33 方漢印和 10 方魏晉印,以往均未見著録,價值極高。今對其中幾方戰國古璽中的文字作一些補釋,以就教於方家。

一、東厝(薄)之鉨

第 4 號著録一方戰國楚璽。印文如下:

---

* 本文爲國家社科基金後期資助項目"戰國文字形體研究"(17FYY003)的階段性成果。

原釋文：東□之鈢。

璽文第二字[圖],缺釋。字形上部從"厂",沒有問題。下部所從"[圖]",形體下部拓本雖模糊,但從照片看其形體與"叀"接近,應是"專"。戰國楚系文字"專"作[圖](《郭店楚墓竹簡·五行》簡37)、[圖](《郭店楚墓竹簡·語叢一》簡82)、[圖](《郭店楚墓竹簡·語叢二》簡5)、[圖](《郭店楚墓竹簡·忠信之道》簡8)、[圖](《包山楚簡》簡176)、[圖](《郭店楚墓竹簡·尊德義》簡35)、[圖](《郭店楚墓竹簡·老子甲》簡12)、[圖](《上海博物館藏戰國楚竹書(一)·孔子詩論》簡3)、[圖](《上海博物館藏戰國楚竹書(三)·彭祖》簡2)、[圖](《上海博物館藏戰國楚竹書(五)·姑成家父》簡9)、[圖](《上海博物館藏戰國楚竹書(八)·顏淵問於孔子》簡7)、[圖](《清華大學藏戰國竹簡(貳)·繫年》簡2),楚璽文字"專"作[圖](《古璽彙編》0228)、[圖](《古璽彙編》0229)、[圖](《古璽彙編》3597)。璽文"[圖]"當爲"厡"。古文字中有"厡"字,見於西周中期臣諫簋(《殷周金文集成》04237)作"[圖]",銘文中讀"搏"[隹(唯)戎大出于軝,井(邢)侯厡(搏)戎,……],與璽文讀法不同。

古璽中有"專室":

專室之鈢(璽) 　　　　　《古璽彙編》0228
專室之鈢(璽) 　　　　　《古璽彙編》0229

"專室"讀"暴室"或"薄室"。《漢書》宣帝紀:"既壯,爲取暴室嗇夫許廣漢女,曾孫因依倚廣漢兄弟及祖母家史氏。"顏師古注:"應劭曰,暴室,宮人獄也。今曰薄室。"《後漢書》志第二十六《百官三》:"掖庭令一人,六百石。本注曰:宦者。掌後宮貴人采女事。左右丞、暴室丞各一人。本注曰:宦者。暴室丞主中婦人疾病者,就此室治;其皇后、貴人有罪,亦就此室。"

璽文"東厡"讀"東薄",爲宮人獄室機構。先秦時期的"東薄",典籍中未見。璽文應釋爲:東薄之鈢(璽)。此璽爲先秦職官研究提供了新的材料,說明戰國時期的楚不僅有"薄室",且有"東薄"之設。

二、阩陽向(廩)訒(半)

第9號著録一方戰國三晉璽。印文如下:

原釋文：□陽向韶。

璽文第一字 ![], 缺釋。此字右上部有殘損, 漫漶不清, 疑爲"阹"字。《珍秦齋古印展》著錄一方三晉魏璽(第4號)"阹陽坓(府)",[1]其中"阹陽"之"阹"作 ![]。![]字拓本不清, 從印文照片上看亦是"阹"字。兩璽"阹陽"應指一地。

璽文末一字作 ![], 原釋文"韶", 將字形右部隸定作"刀"是正確的, 但字形左部不是"音"。此字當隸定作"剖", 爲戰國文字"剖"字異體。"剖"字在戰國文字中的相關形體如下：

A1 ![] (《新蔡葛陵楚墓竹簡》甲三 292)

A2 ![] (《包山楚簡》116)

B1 ![] / ![] (《殷周金文集成》10373)

B2 ![] / ![] (《九店楚簡》56-7)

B3 ![] (《古璽彙編》2226)　　![] (《古璽彙編》3327)

B4 ![] (《古璽彙編》0324)

C1 ![] / ![] (《包山楚簡》146)

C2 ![] / ![] (《殷周金文集成》10378)

C3 ![] (《信陽楚墓竹簡》2-16)　　![] (《信陽楚墓竹簡》2-10)

---

[1] 湯志彪:《三晉文字編》第 1955 頁, 作家出版社 2013 年。

D （《殷周金文集成》1807） （《殷周金文集成》2302）

、、 （《殷周金文集成》2480）

E （《殷周金文集成》2241） （《殷周金文集成》2397）

以上形體中D形讀爲"胖",E形讀爲"笄",A、B、C皆讀爲"半",學者們多有討論。何琳儀、[1]黃錫全、[2]白於藍、[3]李學勤、[4]魏宜輝、[5]徐在國、[6]李家浩、[7]周波、[8]董珊[9]先生等對"剞"字的釋讀有過論述。

關於A形,學者們論述如下:

何琳儀:从肉从刀,會以刀剥肉之意。剥之初文。楚簡"剮",讀"剥"。《廣韻》:"剥,削也。"引申爲不足。[10]

白於藍:此字當釋爲"胖",即"胖"字之原始會意初文,在該簡文中用爲"半"。[11]

徐在國:新蔡楚簡"剮"字,又見於包山楚簡116號,學者多讀爲"半"。此字與九店楚簡"剞"字相當。九店楚簡中的這個字又見於長沙銅量、《古璽彙編》0324、2226、3327。李學勤先生釋爲"辨",讀爲"半",認爲"半"爲二分之一,是量制單位。[12]

---

[1] 何琳儀:《古璽雜識續》,《古文字研究》第十九輯,第475頁,中華書局1992年;《戰國古文字典:戰國文字聲系》第396頁,中華書局1998年。

[2] 黃錫全:《試説楚國黃金貨幣稱量單位"半鎰"》,《古文字研究》第二十二輯,第181—188頁,中華書局2000年;同題論文又發表於《江漢考古》2001年第1期,第56—62頁;《楚國衡制單位"間鎰"》,《中國錢幣》2001年第2期,第33頁。

[3] 白於藍:《包山楚簡補釋》,《中國文字》新廿七輯,第161頁,[臺北]藝文印書館2002年。

[4] 李學勤:《楚簡所見黃金貨幣及其計量》附録,中國錢幣學會編:《中國錢幣論文集》第四輯,第63—64頁,中國金融出版社2002年。

[5] 魏宜輝:《楚系簡帛文字形體訛變研究》第28頁,南京大學博士學位論文,2003年。

[6] 徐在國:《新蔡葛陵楚簡札記(二)》,簡帛研究網,2003年12月17日;《談楚文字中從"胖"的幾個字》,羅運環主編:《楚簡楚文化與先秦歷史文化國際學術研討會論文集》第484—487頁,湖北教育出版社2013年。

[7] 李家浩:《戰國官印考釋三篇》,《出土文獻研究》第六輯,第21頁,上海古籍出版社2004年。

[8] 周波:《戰國時代各系文字間的用字差異現象研究》第37—38頁,復旦大學博士學位論文,2008年。

[9] 董珊:《楚簡簿記與楚國量制研究》,《考古學報》2010年第2期,第171—206+265—266頁。

[10] 何琳儀:《戰國古文字典:戰國文字聲系》第396頁。

[11] 白於藍:《包山楚簡補釋》,《中國文字》新廿七期,第161頁。

[12] 徐在國:《新蔡葛陵楚簡札記(二)》,簡帛研究網,2003年12月17日。

周波：楚文字有"刅"字（寫作 ⿱、⿱），見包山簡 116"金三益刅鎰"、簡 146"金一益刅鎰"，長沙出土銅砝碼"刅鎰"（《殷周金文集成》10378），荆州出土銅砝碼"刅兩"（《江漢考古》2007 年第 4 期圖三、封三，1）。根據實測重量比較，"刅鎰"正好是半鎰，"刅兩"正好是半兩。"刅"字也許當讀爲"半"。[1]

關於 B、C 形，學者們論述如下：

丁佛言："釋"龍"。[2]

何琳儀："廁"原篆作"⿱"。其所從"⿱"，與長沙新出銅量"⿱"（《江漢考古》1987 年第 2 期封三）應是一字，乃"龍"之異文，讀"䉳"。[3]

李學勤：細看"剤"字，可分解爲"月（肉）"、"辛"、"刀"三部分。以往大家都以爲字的左側類於"龍"字，把"辛"和"肉"放在一起考慮，以致不能識讀。實際這個字是以"刅"爲聲，而"刅"是"辨"的省簡。《説文》："辨，判也，从刀辡聲。"古音與"半"相通，因此"剤"即讀爲"半"。"半"爲二分之一，九店簡"笒"讀作"參"，是三分之一，都是量制單位。[4]

魏宜輝：讀作"庚"。[5]

李家浩："斞"當是"俞"的異體，"廁"當是"斞"的異體，而"剤"當是"斞"或"廁"的省體。至於量名的"俞"讀爲什麽字，待考。[6]

李天虹：用作量名的"廁"或"剤"，即"俞"，可能讀作"逾"，同"籔"。……但是文獻之"籔"容十六斗，與長沙銅量"廁"的容量相差很遠。所以量名"俞"究竟讀作什麽字，還有待研究。[7]

董珊：我傾向於李學勤先生釋字爲"半"的意見。……表意字"刅"字曾經有過加上"辛"變爲"剤"，從而以"刅"爲聲符的形聲化過程，但是"刅"聲的"剤"最終被加"半"的注音方式給淘汰了。我們可以設想曾有過一個從刅、半聲的中間環節，加了"半"聲的"刅"字又進而分化爲"胖"、"判"兩個字，各承擔"刅"字義中的名詞部分和動詞部分。最終這個中間環節與原始表意字"刅"二形也被"胖"、"判"所淘汰。[8]

---

[1] 周波：《戰國時代各系文字間的用字差異現象研究》第 33 頁，復旦大學博士學位論文，2008 年。
[2] 丁佛言：《説文古籀補補》第 50 頁，中華書局 1988 年。
[3] 何琳儀：《古璽雜識續》，《古文字研究》第十九輯，第 475 頁。
[4] 李學勤：《楚簡所見黄金貨幣及其計量》附録，《中國錢幣論文集》第四輯，第 63—64 頁。
[5] 魏宜輝：《楚系簡帛文字形體訛變研究》第 28 頁，南京大學博士學位論文，2003 年。
[6] 李家浩：《戰國官印考釋三篇》，《出土文獻研究》第六輯，第 21 頁。
[7] 李天虹：《戰國文字"斞"、"剤"續議》，《出土文獻研究》第七輯，第 36 頁，上海古籍出版社 2005 年。
[8] 董珊：《楚簡簿記與楚國量制研究》，《考古學報》2010 年第 2 期，第 179—180 頁。

徐在國:"刔"左上所從是"辛","刔"字是個雙聲符的字,"辛(上古音屬溪母元部字)"、"刉(胖)(上古音屬幫母元部字)"均爲聲符,故可讀爲"半"。〔1〕

關於D、E形,徐在國師指出:"C形與B形爲同一字,B、D、E形皆爲雙聲符字。B形中'辛'、'刉'(胖)均爲聲符;D形贅加聲符'叕',讀爲'胖';E形中'✕'(樊)、'刉'(胖)均爲聲符,讀爲'笲'。"〔2〕

此外,此字還見於清華簡《算表》,作 ▨(簡1)、▨(簡14)、▨(簡21),從肉從刃,或增"辛"聲。簡文中讀"半"。〔3〕

▨形爲B形的訛變之體,形體由肉、辛、刃(與"刀"替換)三部分組成,當爲"刔"字異體,字形中"辛"、"刉"(胖)均爲聲符。其左下部 ▨,爲"肉"。左上部 ▨,爲"辛"的訛變之形。董蓮池先生曾指出:"▨,徐兆仁先生釋爲'戣'(撲)字,可從。西周晚期'戣'寫作 ▨、▨,从 ▨(从 ▨ 與否無別),而 ▨ 旁是由'辛'旁逐漸演變而成的一種變體,這可以找到很多例證。如'宰'字甲骨文寫作 ▨,西周作 ▨(頌鼎),春秋或作 ▨(魯原父簋)。'業'字古文作 ▨,篆文作 ▨,'對'字甲骨文作 ▨,西周金文作 ▨(同簋),或作 ▨(多友鼎)、▨(卯簋)、▨(史獸鼎)。'鑿'字甲骨文作 ▨,戰國作 ▨,小篆作 ▨,這些後來从 ▨、▨ 者其初都是'辛'旁。▨ 既从'辛',又从'戈',又是西周早期形體,因此把 ▨ 和到了西周晚期出現的 ▨、▨ 聯繫起來很合理。"〔4〕此處"辛"之訛變與"辛"之訛變同。

《古璽彙編》3327、2226、0324號的"稟刔"和1857年山東膠縣靈山衛發現的齊國量器子禾子釜銘文中的"稟刔"讀爲"稟半"。〔5〕璽文"亩韧",也當讀爲"稟半"。《周禮·地官·廩人》:"廩人掌九穀之數,以待國之匪頒、賙賜、稍食。"此璽爲三晉官璽,印文四字爲"阩陽亩(廩)韧(半)",爲阩陽之廩人所用鈐印量器之璽。

---

〔1〕徐在國:《談楚文字中从"胖"的幾個字》,羅運環主編:《楚簡楚文化與先秦歷史文化國際學術研討會論文集》第486頁。

〔2〕徐在國:《談楚文字中从"胖"的幾個字》,羅運環主編:《楚簡楚文化與先秦歷史文化國際學術研討會論文集》第484—487頁。

〔3〕清華大學出土文獻研究與保護中心編,李學勤主編:《清華大學藏戰國竹簡(肆)》第142頁,中西書局2014年。

〔4〕董蓮池:《金文編校補》第336頁,東北師範大學出版社1995年。

〔5〕李學勤:《楚簡所見黃金貨幣及其計量》附錄,中國錢幣學會編:《中國錢幣論文集》第四輯,第61—64頁。

三、序余（餘）子

第 11 號著錄一方戰國楚璽。印文如下：

原釋文：余子宮。

璽文末一字作▢，見於古璽文字如 ▢（《古璽彙編》0097）、▢（《古璽彙編》0099）、▢（《古璽彙編》2718）等。學界或釋"宮"、[1]或釋"邑"、[2]或釋"序"、[3]或釋"宛"。[4]字形亦見於楚簡文字，作▢（《上海博物館藏戰國楚竹書（五）·姑成家父》簡1）。璽文▢字與上列楚文字形同，應爲同一字。

楚文字"宮"字作▢（《曾侯乙墓竹簡》簡143）、▢（《上海博物館藏戰國楚竹書（五）·三德》簡8）、▢（《清華大學藏戰國竹簡（一）·楚居》簡10），"宛"字作▢（《上海博物館藏戰國楚竹書（一）·緇衣》簡12）、▢（《上海博物館藏戰國楚竹書（一）·緇衣》簡6）、▢（《上海博物館藏戰國楚竹書（五）·鮑叔牙與隰朋之諫》簡5），與璽文字形不類。戰國文字"㝌"作▢（《中國錢幣大辭典·先秦編》簡298），"豫"作▢（《包山

---

[1] 葉其峰：《戰國官璽的國別及有關問題》，《故宮博物院院刊》1981年第3期，第86頁；李學勤：《楚國夫人璽與戰國時的江陵》，《江漢論壇》1982年第7期，第70頁；高明：《古陶文彙編》第63頁，中華書局1990年。

[2] 黄盛璋：《戰國"江陵"璽與江陵之興起因沿考》，《江漢考古》1986年第1期，第34頁；湖北省荆沙鐵路考古隊：《包山楚簡》，文物出版社1991年；曹錦炎：《古璽通論》第104頁，上海書畫出版社1996年；何琳儀：《戰國古文字典：戰國文字聲系》第1371頁；羅運環：《宮字考辨》，《古文字研究》第二十四輯，第346頁，中華書局2002年。

[3] 李家浩：《先秦文字中的"縣"》，《著名中年語言學家自選集·李家浩卷》第26頁，安徽教育出版社2002年；湖北省文物考古研究所、北京大學中文系編：《九店楚簡》第114—115頁，中華書局1998年。

[4] 趙平安：《戰國文字中的"宛"及其相關問題研究（附補記）》，簡帛網，2006年4月10日。

楚墓竹簡》簡7），或作▆（《古陶文彙編》5·123），所從"予"與璽文下部所從相類。上博簡▆或認爲釋"序"是正確的。[1] 簡文謂"姑（苦）成豪（家）父事刺（厲）公，爲士序，行正（政）訊（迅）弼（强），以見亞（惡）於刺（厲）"。《廣雅·釋宫》："序，官也。"以下古璽中的"序"皆爲官名：

序右承（丞）	《古璽彙編》2718
下鄩（蔡）序夫=（大夫）	《古璽彙編》0097
上場行序夫=（大夫）鉩	《古璽彙編》0099
上廄序夫=（大夫）之鉩	《古璽彙編》0100
江陵行序夫=（大夫）鉩	《古璽彙編》0101
左序櫨（蘇）斡	《古璽彙編》0254
左序	《古璽彙編》0255—0257
右序	《古璽彙編》0258

關於"序右承（丞）"中的"序"，李家浩先生説："戰國文字中'序'的寫法，多與此印'序'字相似，舊或釋爲'宫'，似不可信。"[2]

璽文三字應釋"序余（餘）子"。此印應係一方官印。"余子"文獻作"餘子"。餘子是卿大夫的子弟，因是貴族，可做官，這種官亦稱餘子。[3]《周禮·地官·司徒》："凡國之大事致民，大故致餘子。"鄭注："餘子，卿大夫之子，當守於王宫者也。"《吕覽·離俗》："齊、晉相與戰，平阿之餘子亡戟得矛，……"高誘注："餘子，官氏也。"《左傳》宣公二年："晉於是有公族、餘子、公行。"杜預注："皆官名。"孔穎達疏："則知餘子之官，亦治餘子之政。"

古璽中有"餘子"官名印：

邯余（餘）子嗇夫	《古璽彙編》0109、0110
余（餘）子嗇夫	《古璽彙編》0111

此璽也有可能是姓名私璽。序，姓氏，見《路史》。"余（餘）子"，人名。古璽有姓名私璽"王余（餘）子"（《古璽彙編》0594）、[4] "鄭余（餘）子"（《古璽彙編》1627）。[5]

---

[1] 徐在國：《上博楚簡文字聲系（一—八）》第2937頁，安徽大學出版社2013年。
[2] 李家浩：《先秦文字中的"縣"》，《著名中年語言學家自選集·李家浩卷》第26頁。
[3] 葉其峰：《戰國官璽的國別及有關問題》，《故宫博物院院刊》1981年第3期，第89頁。
[4] 吴振武：《〈古璽文編〉校訂》第493頁，人民美術出版社2011年。
[5] 吴振武：《〈古璽文編〉校訂》第499頁。

璽文或讀"余(餘)子序"。余,姓氏,見《通志·氏族略·以名爲氏》。古璽有"余濼"(《古璽彙編》1286)、"余幻"(《古璽彙編》1287)、"余緤"(《古璽彙編》1288)等。此璽我們傾向於將其視爲官璽,如此釋讀也印證了李家浩先生釋讀"序右丞(丞)"的意見是正確可信的。

四、軛(範)瘖信鉨

第15號著録一方戰國璽。印文如下:

原釋文:□□信鉨。

璽文首字作 ,缺釋。《古璽彙編》2284—2288號有字作 、 、 、 、 ,吳振武先生釋"範(範—范)"。[1]《古璽彙編》3517號有字作 ,李守奎先生釋"軛(範)"。[2]清華簡《良臣》有"範"字: 、 (簡5), (簡7)。[3]字形又見古璽,作 (《古璽彙編》1399)、 (《古璽彙編》1825)、 (《古璽彙編》3191),爲人名用字。璽文" "與清華簡文字形同,應釋爲"範",其在此璽中的用法與清華簡《良臣》7號簡同,爲姓氏。但璽文此字筆畫不算流暢。

需要注意的是,《古璽彙編》2283號" "字與此形頗近,亦見《古璽彙編》3646號作" ",但與" "不是一字。吳振武先生釋"萉"。[4]

璽文第二字作 ,隸定作"瘖",不識。

---

[1] 吳振武:《〈古璽文編〉校訂》第362頁。
[2] 李守奎:《楚文字編》第817頁,華東師範大學出版社2003年。
[3] 清華大學出土文獻研究與保護中心編,李學勤主編:《清華大學藏戰國竹簡(叁)》第157頁,中西書局2012年。
[4] 吳振武:《〈古璽文編〉校訂》第362頁。

第三字"信",戰國璽印或作 ▇(《古璽彙編》5508)、▇(《古璽彙編》1690)、▇(《古璽彙編》4504)、▇(《古璽彙編》1664)、▇(《古璽彙編》0323)、▇(《古璽彙編》3701)、▇(《古璽彙編》0650)、▇(《古璽彙編》3736)、▇(《古璽彙編》1954),从言人聲;或作 ▇(《古璽彙編》1562)、▇(《古璽彙編》1149)、▇(《古璽彙編》3087)、▇(《古璽彙編》0282),从心人聲;或作 ▇(《古璽彙編》5287)、▇(《古璽彙編》5427),从言身聲。此印"人"旁寫法與以上不同。

璽文應釋爲"靶(範)瘠信鈢"。此璽筆畫綫條生硬,從字形上看,應係一方僞印。

附記:小文承蒙徐在國師、李守奎先生、趙平安先生、宋華强先生審看並提出寶貴意見,謹此致謝!

(孫合肥　煙臺大學人文學院　副教授)

二十世紀出土戰國官璽釋文校補

王保成

周曉陸教授主編的《二十世紀出土璽印集成》[1]一書（以下簡稱"《集成》"），内容美富，蔚爲大觀，但書中所録戰國官璽釋文有些欠妥，本文在學界前賢研究的基礎上，對其釋文進行補正，不當之處，祈請方家批評指正。

圖1　曲堤渠

圖1，《集成》著録於第46頁，編號爲二-GY-0001，釋文爲"乚堤渠"，由《中國歷史博物館館刊》1979年第1期刊出。璽文首字也見於《古璽彙編》2317號，李零先生在《戰國鳥書箴銘帶鉤考釋》一文中正確釋出"乚"爲"曲"，[2]故本璽應釋爲"乚（曲）堤㴩（渠）"。曲堤，或爲"曲隄"。在山東濟陽縣東北三十里，有曲隄鎮，相傳爲孔子在齊聞《韶》處。曲堤渠當爲戰國時曲堤地方掌管河渠的水官所用之印。

圖2　城父罌衣

---

* 本文爲國家社科基金一般項目"漢字發展史視域下三國吴簡文字研究"（17BYY128）的階段性成果。
[1] 周曉陸：《二十世紀出土璽印集成》，中華書局2010年。
[2] 李零：《戰國鳥書箴銘帶鉤考釋》，《古文字研究》第八輯，第59頁，中華書局1983年。

圖 2,《集成》著録於第 18 頁,編號爲二－SY－0088,釋文爲"城父靳宋"。此璽出土於江蘇省徐州市,發表於《考古》1993 年第 1 期。《集成》認爲此璽屬於楚系私璽。

璽文首二字,《集成》釋爲"城父",可從。璽文第三字當隸爲"叝",右邊似從"犬",實爲"攴",後訛爲"爻",與《古璽彙編》0309 號中的"襄"字相近,故知此字也應釋爲"襄"。璽文最後一字當釋爲"衣",故本璽應釋讀爲"城父襄衣"。"城父"當是地名,地望可能是城父縣故城,即今安徽亳州市東南城父寨。[1]《後漢書集解》指出:"《郡縣表》謂建安末建譙郡,城父屬之。惠棟曰:'城父名在春秋前,故昭九年云:楚公子棄疾遷許于夷,實城父。'""襄"讀爲"纕","襄(纕)衣"可能與《古璽彙編》0141 號"襄(纕)官之璽"的"襄(纕)"相類,"當與衣帶的製作和管理有關"。[2] 故此璽當爲楚地的一方官璽。

圖 3　閎市枺鍴

圖 3,《集成》著録於第 48 頁,編號爲二－GY－0021,釋文爲"□庚□鍴"。此璽出土於河北省易縣,發表於 1996 年河北省文物考古研究所編撰的《燕下都》。我們認爲璽文首字可隸釋爲"閎",應是地名,其中所從的"亥"與《古璽彙編》5398 號中的"亥"相似。次字是個典型的燕系風格的"市"字,詳參裘錫圭先生的文章。[3] 璽文第三字當是"枺"字,《説文·林部》:"葩之總名也。林之爲言微也,微織爲功。象形。"《説文·麻部》:"與枺同。人所治,在屋下。從广,從枺。"因此,璽文第三字當讀爲"麻"。這是一方燕系官璽,此物當爲燕之閎市負責管理治麻和麻紡品的市管所用之印。

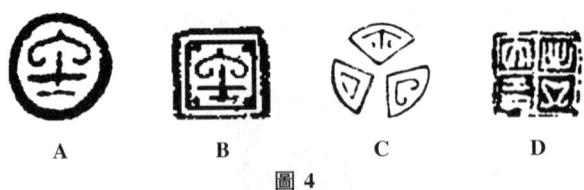

圖 4

---

[1] 周振鶴:《漢書地理志匯釋》第 189 頁,安徽教育出版社 2006 年;錢林書:《續漢書郡國志匯釋》第 80—81 頁,安徽教育出版社 2007 年。
[2] 湯餘惠:《略論戰國文字形體研究中的幾個問題》,《古文字研究》第十五輯,第 57 頁,中華書局 1986 年。
[3] 裘錫圭:《戰國文字中的"市"》,《古文字論集》第 454—468 頁,中華書局 1992 年。

圖4所録四枚古璽,印文皆關涉"入"字。其中A印,《集成》著録於第33頁,編號爲二-SY-0217,釋文爲"士"。此璽出土於湖南省開陽縣,發表於2004年陳松長編著的《湖南古代璽印》。此璽形制與《古璽彙編》5436號同,《古璽文編》收於附録108號。我們對比C印"厶(私)入璽"(《蘇州博物館藏璽印》第57頁)和D印"出入大吉"(《集成》第29頁二-SY-0278),知A和B(《考古與文物》1982年第3期)兩枚印文應釋爲"入士"。尤仁德先生認爲B印璽文邊欄作🔲形,與商代青銅器以"亞"形爲邊框的銘文相似,"亞"是一種武人的官爵徽號。[1] 故A璽當爲官璽。

圖5　又工和廩

圖5,《集成》著録於第46頁,編號爲二-GY-0007,釋文爲"左和田"。此璽係河南省汲縣山彪鎮戰國墓葬一號墓出土,發表於1959年郭寶鈞所著的《山彪鎮與琉璃閣》。其後多家著録,印文則釋爲:"□工和世"、"左工和田"、"右工和田"、"又(右)工和□"等,相關内容詳參施謝捷先生的博士論文。[2]《集成》將本璽隸釋爲"左和田",並認爲屬於晉系。本璽釋讀的關鍵在最末一字,我們放大璽印觀察,發現此字分爲上下兩部分,可隸定爲"㐭",字形與《古璽彙編》0324、0327號等諸多璽印中的"廩"字相似,因而此璽當釋爲"又(右)工和廩"。根據印文的風格,該璽屬於三晉璽印,可信。

圖6　昜都喬鉨

圖6,《集成》著録於第50頁,編號爲二-GY-0041,釋文爲"昜都季鉨"。此璽出土於江蘇省盱眙縣,《集成》認爲屬於楚系。這是一方楚系官璽,璽文第三字應隸定爲"喬",此字上部從"禾"下部從"靣",與《古璽彙編》0324、2226、3327號等諸多璽中的"廩"字相似,乃知此字爲"廩"字異體,故此璽應釋讀爲"昜都喬(廩)鉨",此物當爲楚昜都之地掌管倉廩的官員所用之印。

---

[1] 尤仁德:《春秋戰國八璽考釋》,《考古與文物》1982年第3期,第97—99頁。
[2] 施謝捷:《古璽彙考》第124頁,安徽大學博士學位論文,2006年。

圖 7　安易水鈢

圖 7,《集成》著録於第 46 頁,編號爲二-GY-0006,釋文爲"安易水鈢",由《中國歷史博物館館刊》1979 年第 1 期刊出。《集成》認爲此鈢爲東周燕系銅鈢。此鈢首見於《館藏戰國七鈢考》,石志廉先生對此鈢文進行了考釋,認爲此鈢是魏印。[1] 陳光田先生認爲此鈢爲齊鈢。[2] 但我們認爲是楚系官鈢。

對比"鈢"字寫法,與此鈢所從"金"近似的,可參看《古鈢彙編》0160、0168、0180、0184、0185、0203、0212、0252、0270、0348 號,與所從"尔"近似的,可參看《古鈢彙編》0002、0008、0065、0100、0128、0131、0210、0142、0165、0166 號,與此印整體風格一致的,可參看《古鈢彙編》0127、0128、0129、0131、0132、0136、0138、0144、0146、0164、0166、0168、0169、0184、5560 號,等等,這些皆是典型的楚系官鈢。

此外,《括地志》云:"安陽故城,在新息西南八十里。廣陵、楚城,俱在息縣界。"《讀史方輿紀要》卷五十《河南五》載:"安陽城在縣東,與光州息縣接界。信陽北出之道也。"杜預注云:"安陽,本春秋時江國。"《水經注》曰:"淮水又東迳安陽縣故城南,江國也,嬴姓矣。今其地有江亭,春秋文公四年,楚人滅江。"

因此,我們有理由相信此鈢爲楚系官印。

圖 8　鄡都吴

圖 8,《集成》著録於第 47 頁,編號爲二-GY-0012,釋文爲"陽都□"。此鈢出土於湖南省長沙市,《集成》認爲此鈢屬於燕系,正確,但鈢文第一字應釋作"鄡",讀爲"易"。[3] 鈢文末字,釋作"吴",讀作"虞"。[4]

---

[1] 石志廉:《館藏戰國七鈢考》,《中國歷史博物館館刊》1979 年第 1 期,第 88 頁。
[2] 陳光田:《戰國鈢印分域研究》第 49 頁,嶽麓書社 2009 年。
[3] 何琳儀:《戰國文字通論(訂補)》第 109 頁,江蘇教育出版社 2003 年。
[4] 吴振武:《戰國鈢印中的"虞"和"衡鹿"》,《江漢考古》1991 年第 3 期,第 85—87 頁。

圖 9　大虗之鉨

圖 9，《集成》著録於第 49 頁，編號爲二－GY－0030，釋文爲"大盔之鉨"。此鉨出土於安徽省合肥市，《集成》認爲此鉨屬於楚系，可從。此印文，何琳儀先生釋爲"大虗之鉨"，讀爲"太虚之鉨"，爲楚國掌管天文曆法方面的機構用印。[1]

圖 10　咢宫大夫鉨

圖 10，《集成》著録於第 49 頁，編號爲二－GY－0031，釋文爲"鄂邑大夫鉨"。此鉨出土於湖南省常德市，發表於《湖南考古 2002（下）》，《集成》認爲此鉨屬於楚系，可從。但鉨文當釋爲"咢宫大夫鉨"。

在《戰國文字中的"宛"及其相關問題研究》一文的中，趙平安先生把"宫"讀爲"館"。[2] 李家浩先生在《戰國文字中的"宫"字》一文中，放棄釋"宫"爲"序"[3] 之說，主張趙先生之説，讀爲"館"。[4] 是文論説充允，結論可信。

因此，"咢宫大夫鉨"，當讀爲"鄂館大夫鉨"。

圖 11　新東易下上大夫鉨

圖 11，《集成》著録於第 49 頁，編號爲二－GY－0032，釋文爲"新東陽邑大夫鉨"。此鉨出土於安徽省阜陽市，發表於《文物》1988 年第 6 期。《集成》認爲此鉨屬於楚系，可從。鉨文當釋爲"新東易下上大夫鉨"。其中"上"字的釋讀，是徐在國師在審閱本

---

[1] 何琳儀：《楚官鉨雜識》，《古籍研究》2002 年第 4 期，第 165—168 頁。
[2] 趙平安：《戰國文字中的"宛"及其相關問題研究》，《新出簡帛與古文字古文獻研究》第 147 頁注釋 7，商務印書館 2009 年。
[3] 李家浩：《包山楚簡的"枳"》，《著名中年語言學家自選集·李家浩卷》第 289 頁，安徽教育出版社 2002 年。
[4] 李家浩：《戰國文字中的"宫"字》，《出土文獻與古文字研究》第六輯，第 256 頁，上海古籍出版社 2015 年。

文時指出的。

"新東昜下",爲地名;"上大夫",爲職官。《吕氏春秋·慎小》:"吴起治西河,欲諭其信於民,夜日置表於南門之外,令於邑中曰:'明日有人能僨南門之外表者,仕長大夫。'"《七國考》引《韓非子》:"吴起下令大夫曰,明日且攻亭,有能先登者,仕之國大夫,賜之上田宅。"又引《尹文子》:"魏王賜獻玉者千金,長食上大夫之禄。"

本璽印文布局很有特色。其中,"新"之"亲"的首筆,與"鈢"之"金"的末筆,皆借邊框成字,節省了印面空間,以協調其他印文的布局。

圖 12　枀审市王勹

圖12,《集成》著録於第68頁,編號爲二-SP-0115,釋文爲"某含甬王卩"。此璽出土於河北省易縣,發表於高明的《古陶文彙編》。陶文應釋爲"枀(無)审市王勹"。其中,"枀"與"[字形]"形近,當釋爲"無";〔1〕"审市"二字,燕系古璽文字常見;末字,"勹"象人之側面俯伏之形,即"伏"之初文,〔2〕何琳儀先生在《古璽雜識續》中讀作"符"。〔3〕

圖 13　陽城塚

圖13,《集成》著録於第74頁,編號爲二-SP-0145,釋文爲"陽城攺"。此璽出土於河南省登封市,發表於高明的《古陶文彙編》。陶文應釋爲"陽城塚","塚"的參考字形有:[字形](趞簋)、[字形](多有鼎)、[字形](《古陶文字徵》6.25)等。

─────────

〔1〕黄德寬等:《古漢字發展論》第391頁,中華書局2014年。
〔2〕于省吾:《甲骨文字釋林》第374頁,中華書局1979年。
〔3〕何琳儀:《古璽雜識續》,《古文字研究》第十九輯,第470頁,中華書局1992年。

圖 14　余茉都鍴

圖 14，《集成》著錄於第 139 頁，編號爲二-GP-0008，釋文爲"余莁都鍴"。此璽出土於河北省易縣，發表於高明的《古陶文彙編》。印文應釋爲"余茉（無）都鍴"，[1] 印文末字，吳振武先生釋爲"鍴（瑞）"。[2] 鍴、勹鍴，讀爲瑞、符瑞，功用相當於"璽"。[3]

圖 15　十一年以坴

圖 15，《集成》著錄於第 141 頁，編號爲二-GP-0024，另有一方同文璽，《集成》著錄於第 142 頁，編號爲二-GP-0032，釋文皆爲"十一年以羞"。此兩方同文璽皆出土於河南省鄭州市，發表於高明的《古陶文彙編》。根據《古璽彙編》0264 號，並參見《古漢字發展論》第 321 頁，此印文應釋爲"十一年以坴（來）"。

圖 16　於王既正

圖 16，《集成》著錄於第 155 頁，編號爲二-GP-0144，釋文爲"左王既正"。此璽

---

[1] 楊澤生：《燕國文字中的"無"字》，《中國文字》新廿二期，第 185 頁，[臺北]藝文印書館 1996 年；董珊：《釋燕系文字中的"無"字》，吉林大學古文字研究室編：《于省吾教授百年誕辰紀念文集》第 208 頁，吉林大學出版社 1996 年。

[2] 吳振武：《釋雙劍誃舊藏燕"外司聖鍴"璽》，吉林大學古文字研究室編：《于省吾教授百年誕辰紀念文集》第 162 頁。

[3] 何琳儀：《古璽雜識續》，《古文字研究》第十九輯，第 470 頁。

爲一枚烙印,出土於湖北江陵戰國楚墓,發表於《文物》1966年第5期。其中"於",楚文字常見,如:☐(長沙銅量)、☐(包山216)、☐(帛書乙一)等。[1] 湯餘惠先生將璽文釋爲"於王既正",讀爲"越王既征"。[2]

(王保成　池州學院文學與傳媒學院　副教授)

---

[1] 黃德寬主編:《古文字譜系疏證》第1248頁,商務印書館2007年。
[2] 湯餘惠:《"於王既正"烙印文字考——兼談望山二號楚墓年代》,《文物研究》1991年第7期,第354頁。

讀戰國竹書散札(三則)*

楊鵬樺

一

上博五《三德》簡 17：

> 敬天之䢼（敬），嬰地之𧦝（矩），丕道必𦘭（著）。〔1〕

"嬰"，整理者李零先生括讀"興"，論者多從之。"嬰地之𧦝（矩）"，湯淺邦弘先生譯作"發揮地的法則"，曹峰先生譯作"昌明地的規矩"，李炳蔚先生認爲與上一句互文，"指遵守天地的常規、尺度"。〔2〕

案，"地之𧦝（矩）"很好理解，根據對文，也可以推知"嬰"的含義應與"敬"同類或相關。若按"興"去講，譯作"發揮"或"昌明"，都比較費解；李炳蔚先生所謂"遵守"雖

---

* 本文爲出土文獻與中國古代文明研究協同創新中心博士創新資助項目（CTWX2017BS028）、中山大學人文學科博士生高水平學術成果培育項目（cxjh201931）的階段性成果。

〔1〕圖版及整理者釋文、注釋見馬承源主編：《上海博物館藏戰國楚竹書（五）》第143、300頁，上海古籍出版社 2005 年。"䢼"，陳劍先生認爲與該篇簡10"毋改䢼"之"䢼"爲一字之繁簡，疑訓"禁"，詳其文《〈三德〉竹簡編聯的一處補正》，簡帛網，2006 年 4 月 1 日，收入其著《戰國竹書論集》，上海古籍出版社 2013 年；"矩"之讀從陳劍《〈三德〉竹簡編聯的一處補正》，又范玉珠《上海博物館藏戰國楚竹書〈三德〉研究》，東北師範大學碩士學位論文，2007 年（轉引自李炳蔚：《上博簡〈三德〉綜合研究》，曲阜師範大學碩士學位論文，2015 年，第 35 頁）；"著"之讀從顧史考：《上博竹書〈三德〉篇逐章淺釋》，《屈萬里先生百歲誕辰國際學術研討會論文集》，臺灣大學中國文學系等 2006 年（轉引自李炳蔚：《上博簡〈三德〉綜合研究》第 35 頁）。

〔2〕湯淺邦弘：《中國出土文獻研究——上博楚簡與銀雀山漢簡》第15頁，[新北]花木蘭文化出版社 2012 年；曹峰：《近年出土黃老思想文獻研究》第272頁，中國社會科學出版社 2015 年；李炳蔚：《上博簡〈三德〉綜合研究》第 35 頁。又，石小力先生也傾向於理解爲"遵守"（2018 年 6 月 20 日私人通訊）。

可講通文意,但仍未説明"罌"爲何可表此義。

筆者認爲"罌"當讀"繩"。雖然本篇"罌"用作"興"的情況常見,如簡14"罌(興)而起之"、簡19"廢人勿罌(興)"等,但其用法並不固定。按王凱博先生的意見,簡2"[皇]天將罌之"之"罌"與"憎"對舉,應讀"嬹",喜悦之義;簡14"將罌毋殺"可與張家山漢簡《田律》"毋殺其繩(孕)重者"對讀,"罌"應讀"孕";簡6"罌罌民事"之"罌"以讀"繩"爲佳。〔1〕其他楚文字材料的"興"也有明確用作"繩"者,如楚帛書"三極廢,四興(繩)毁"、上博六《天子建洲》乙本"立以縣(懸),行以興(繩)"等。〔2〕"繩"在此應訓爲取法。"繩"爲取直工具,引申指法度,作動詞則指以某物爲法度。《禮記·樂記》"廣其節奏,省其文采,以繩德厚",鄭玄注:"繩,猶度也。"孔穎達疏:"繩,度也,謂準度以道德仁厚也。"〔3〕《史記·樂書》同一句,裴駰《集解》引王肅曰:"繩,法也。法其德厚也。"〔4〕可作爲類比的是,"準"爲測平工具,引申指標準、準則,後用作動詞效法(即"以之爲準"),如左思《詠史詩八首》之一"著論準過秦,作賦擬子虚",李周翰注:"準擬此以爲法則也。"〔5〕

綜上,簡文"罌(繩)地之矩"即以"地之矩"爲繩準,也即遵循地之規矩法度。〔6〕

二

上博六《用曰》簡3:

│亓(其)又(有)成德,閟(閉)言自闟(關)。許亓(其)又(有)宙(中)墨,良人真安。〔7〕

---

〔1〕王凱博:《出土文獻資料疑義探研》第165—167、53—55、429頁,吉林大學博士學位論文,2018年。(説明:此版本承王先生惠賜,較爲完整;而"中國知網"上的版本則多有精簡,讀"嬹"和"孕"的觀點見該版第8頁和第6頁,請讀者留意。)

〔2〕以上二例"繩"之讀從單育辰《〈上海博物館藏戰國楚竹書(六)〉研究二題》,《寧夏大學學報(人文社會科學版)》2010年第4期。後一例又見其文《佔畢隨録之二》,簡帛網,2007年7月28日。

〔3〕鄭玄注,孔穎達疏:《禮記正義》第1288、1289頁,北京大學出版社2000年。

〔4〕司馬遷:《史記》第四册第1208頁,中華書局1959年。

〔5〕蕭統編,李善等注:《六臣注文選》第387頁,中華書局1987年。

〔6〕另一種思路是將"繩"訓作"戒慎",如《詩·大雅·下武》"繩其祖武"之"繩",毛傳訓"戒",《後漢書·郊祀志下》注引作"慎"。如此則"繩地之矩"可與"敬天之敵"嚴格對舉。只是此訓仍存爭議(詳參王引之:《經義述聞》第639—640頁,世界書局1975年;高本漢著,董同龢譯:《高本漢詩經注釋》第19頁,中西書局2012年),謹志此備參。

〔7〕圖版及整理者釋文、注釋見馬承源主編:《上海博物館藏戰國楚竹書(六)》第107、288—289頁,上海古籍出版社2007年。"真"字從陳劍先生釋,詳其文《讀〈上博(六)〉短札五則》,簡帛網,2007年1月20日。

"諄亓(其)又(有)宙(中)墨",整理者張光裕先生釋"諄"作"誇",疑"中墨"指"中繩墨"。[1] 其後諸家有"重其有中謀"、"祝其有中墨"、"重其有中默"、"誇(?)其有中繹"、"重其有忠謀"、"誇其有中謀"、"訛其有中墨"、"伉其有中墨/繹"、"亢其有中謀"和"抗其有中墨"等釋。[2]

案,對以上諸說,可以先通過兩點進行大致判斷。首先,較早先意見多據舊說將"諄"之聲符"夲"認作"夸"或"主",但後來陳劍先生推定"夲"上古音屬喉牙音陽部,並釋爲"亢",[3] 得到廣泛認同(下文徑以"訛"代"諄"),然則"重"、"祝"、"誇"等釋都難以成立。[4] 其次,楚簡別處的"墨"字似未見用作"謀"者,後者慣用"思"或"晷"記錄,則此處"墨"讀"謀"的可能性不大,宜在"墨"、"默"、"繹"等中進行考慮。[5] 在此基礎上,以下對"訛其有中墨"進行句式比較及結構分析。

本篇與"訛其有中墨"相同的句式有簡3"丨其有成德"、簡6"戔其有倫紀"、簡14"▨其有絕圖,而難其有惠民"、簡16"柬其有恒形,繩其有威容,綏其有寧□"和簡18"穀(叡)其有中成"。[6] 從中可明確兩點:

第一,"其有"之後應爲名詞性結構,如"成德"、"倫紀"、"恒形"、"威容"等,"中墨"亦當如是。[7] 曹峰先生認爲"'成德'前面有動詞'有',因此'成德'作名詞解",[8]

---

[1] 馬承源主編:《上海博物館藏戰國楚竹書(六)》第289頁。
[2] 諸說分別見陳偉:《〈用曰〉校讀》,簡帛網,2007年7月15日;李銳:《讀〈用曰〉札記(二)》,簡帛網,2007年7月20日;晏昌貴:《〈用曰〉零札》,簡帛網,2007年7月22日,又《上博藏戰國楚竹書〈用曰〉篇的編聯與注解》,《楚文化研究論集》第八集,大象出版社2009年;侯乃峰:《上博六賸義贅言》,簡帛網,2007年10月30日;陳偉武:《上博簡考釋掇瑣》,《古文字研究》第二十七輯,中華書局2008年;張金良:《釋夲》,復旦大學出土文獻與古文字研究中心網站,2009年2月3日;陳劍:《試說戰國文字中寫法特殊的"亢"和从"亢"諸字》,《出土文獻與古文字研究》第三輯,復旦大學出版社2010年;范常喜:《〈上博六·用曰〉札記三則》,復旦大學出土文獻與古文字研究中心網站,2013年6月24日;楊澤生:《上博簡〈用曰〉中的"及"和郭店簡〈緇衣〉中的"出言有及,黎民所慎"》,《簡帛語言文字研究》第五輯,巴蜀書社2010年;顧史考:《楚簡"乀(及)"字文例試解》,《古文字研究》第二十九輯,第627—628頁,中華書局2012年;王寧:《上博六〈用曰〉簡三再釋》,復旦大學出土文獻與古文字研究中心網站,2016年12月7日。案,同一作者前後說法不同者,以後說爲準,又以上意見中多有隸定或讀法相同但訓釋不同者,後文評述時再視需要展開。
[3] 陳劍:《試說戰國文字中寫法特殊的"亢"和从"亢"諸字》,《出土文獻與古文字研究》第三輯。
[4] "誇"雖在音讀上能與喉牙音陽部聯繫上,但從陳劍先生所舉的戰國文字別處"夲"及从"夲"之字較明確的用法看,此字讀"誇"的可能性也不大。
[5] 郭店簡《窮達以時》簡7以"甏"表"牧",可爲"墨"字釋讀提供另一種可能,但"牧"置於此處難以講通,故本文不予考慮。
[6] 簡8"自其有保貨,寧有保德",前半部分雖也是"×其有××",但整體是假設選擇關係,與此不同,故不納入。
[7] 李銳先生《〈用曰〉新編(稿)》(簡帛網,2007年7月13日)在簡16"寧"下擬補"聲"字,在文意和押韻上都很合適,"寧聲"也是名詞性結構。
[8] 曹峰:《上博六〈用曰〉篇札記》,簡帛網,2007年7月12日。

陳偉武先生指出"'㽙墨'應是名詞性結構",〔1〕均可信。進而可推知,"中墨"應爲並列或偏正結構。持"中墨"、"中默"或"中繩"説的學者中,張光裕、侯乃峰先生理解爲"中繩墨",楊澤生先生解爲"遭受罪罰",是將其視作動賓結構;晏昌貴先生説"中默"可能是中心静默,是視作主謂結構;范常喜先生解爲"正中的繩墨",王寧先生解爲"標定物體中正的墨綫",是視作偏正結構。由前文討論,可知范、王二先生的釋讀思路最爲可信。然而,"正中的繩墨"及"標定物體中正的墨綫",意義仍不夠顯豁。

結合前文"丨其有成德"的"成德"及簡 18"敖其有中成"的"中成",筆者認爲"中"應指"心中"。〔2〕曹峰先生即指出"成德""可能意爲内在的品德,'中墨'的意義恐與之相應,也與内在有關"。〔3〕"墨"則應從張、侯、范、王等先生訓作繩墨,引申爲規矩。范先生已舉《孫子》張預注"墨,繩墨也"等例,可參看。"中墨"即心中的繩墨(内在的準則),古書相類表達有"中情"、"中誠"等。〔4〕《楚辭·九章·懷沙》"章畫志墨兮,前圖未改",王逸注:"章,明也。志,念也。……言工明於所畫,念其繩墨。"〔5〕"志墨"及"念其繩墨",實際上就是説心存繩墨、準則。〔6〕又《管子·宙合》有"懷繩與准鈎",《淮南子·本經》則有"抱表懷繩"。以上均可與簡文"有中墨"並觀。

第二,"其有"之前當爲形容詞,較確定的如"難"、"柬(簡)"、"敖(叙)"等,〔7〕"亢"亦當如是。聯繫"抗"、"伉"等的學者中,范常喜先生認爲"亢"即"抗言"之專字,王寧先生説"抗"即"舉動、行動之意",均視作名詞;楊澤生先生認爲"伉"是"當"的意思,視作動詞;顧史考先生訓"亢"爲"極",應即視作形容詞。由前文討論,可知顧先生的釋讀思路更爲可從。

但"亢"究爲何義,還應與"中墨"結合起來理解。本篇"亢其有中墨"等的句式可

---

〔1〕 陳偉武:《上博簡考釋掇瑣》,《古文字研究》第二十七輯,第 421 頁。
〔2〕 前引晏昌貴先生"中默"之説也是將"中"解爲"心中",只是整體理解與本文不同。
〔3〕 曹峰:《上博六〈用曰〉篇札記》,簡帛網,2007 年 7 月 12 日。
〔4〕 羅竹風主編:《漢語大詞典》第一卷第 607、613 頁,上海辭書出版社 2008 年。
〔5〕 洪興祖:《楚辭補注》第 142 頁,中華書局 1983 年。
〔6〕《楚辭》此之"墨",絶大多數注家理解爲繩墨,但于省吾先生解爲筆墨,湯炳正先生解爲文字(崔富章、李大明主編:《楚辭集校集釋》第 1581—1582 頁,湖北教育出版社 2003 年),然而"章畫志墨兮"前有"刓方以爲圜兮",後有"巧倕不斲兮",均以工匠規矩爲喻,《楚辭》其他章節也多見此類譬喻,故此"墨"仍以訓"繩墨"爲宜。
〔7〕 "難"所在的"難其有惠民",與前一句"▨其有絶圖"應有並列或轉折關係,"▨"可能表示"易"一類意思,也是形容詞。只是此處"▨"、"難"應是分别對"其有絶圖"、"其有惠民"的評價,與"▨其有中墨"等還稍有區别(詳下文),但因其句式一致,也有參考價值。"柬"讀"簡",楚簡多見,陳偉先生《讀〈上博六〉條記》(簡帛網,2007 年 7 月 9 日)和李鋭先生《〈用曰〉新編(稿)》在引述此句時直接作"簡",禤健聰先生認爲此字表"簡易"之{簡}(《戰國楚系簡帛用字習慣研究》第 162 頁,科學出版社 2017 年)。

歸納作"A（形容詞性成分）其有 B（名詞性成分）",也見於其他文獻。按其具體含義可大致分爲三類：第一類,"A"修飾"B",兩者意義多相關,如《論語·泰伯》"巍巍乎其有成功也,煥乎其有文章",又《荀子·儒效》"井井兮其有理也"和"分分兮其有終始也";第二類,"A"是對"其有 B"的評價,如《淮南子·人間》"宜矣其有此難也";第三類,"A"與"有 B"描述同一對象,如《楚辭·橘頌》"梗其有理兮"、《楚辭·招魂》"騫其有意些"。體會簡文並比較以上例句,簡14"▨其有絶圖,而難其有惠民"當歸入第二類,而包括"訮其有中墨"在内的其他幾句則當歸入第一類,"訮"應修飾"中墨",兩者很可能含義相關。〔1〕

如前所及,"中墨"之"墨"當指繩墨,而繩墨本爲取直之物。《禮記·經解》："繩墨誠陳,不可欺以曲直。"循此思路,"訮"也應有"直"義,可讀作"梗"。"亢"、"更"均喉牙音陽部字,且从二者得聲之字古書常可相通。〔2〕《爾雅·釋詁下》："梗,直也。"郭璞注："梗,正直也。"〔3〕清華六《管仲》簡6："鑒磶不枉,執節緣繩,可設於承;鑒磶以亢,吉凶陰陽,遠邇上下,可立於輔。"〔4〕"不枉"與"亢"對言,二者含義當近同。"黔之菜"先生據此認爲"亢"即"伉直"之"伉",又謂"梗"與"亢、伉、抗"音義並同,〔5〕總之是將"亢"讀作訓直之字,〔6〕可資參證。

綜上,"訮其有中墨"之"中墨"應指心中的繩墨,"訮"之意義與繩墨有關,應表示正直,可讀"梗",整句意謂正直而心懷繩墨（準則）。前引《管子·宙合》"懷繩與准鉤"之後是"多備規軸,減溜大成,是唯時德之節"。將"懷繩與准鉤"與"時德"聯繫起來,"時德"即善德;而簡文與"訮（梗）其有中墨"對應的是前文的"丨其有成德","成德"之"成"王凱博先生懷疑應訓"善"。〔7〕兩相比較,可互爲發明。

---

〔1〕即使是第三類,"A"與"B"也可能相關,如《楚辭·橘頌》"梗其有理兮",王注謂"梗然堅强",但王引之則認爲句"謂橘榦之直而有理也"（《經義述聞》第 621 頁）,朱季海也改訓"正直",謂"樹之曲直,自關木理,則訓直爲長"（《楚辭解故》第 156 頁,上海古籍出版社 2011 年）。

〔2〕詳參高亨纂著,董治安整理：《古字通假會典》,齊魯書社 1989 年,第 288—289 頁【亢與梗】、【伉與更】、【統與綆】、【秔與梗】諸條。

〔3〕郭璞注,邢昺疏：《爾雅注疏》第 45 頁,北京大學出版社 2000 年。

〔4〕圖版及基礎釋文見清華大學出土文獻研究與保護中心編,李學勤主編：《清華大學藏戰國竹簡（陸）》第 41、111 頁,中西書局 2016 年。

〔5〕黔之菜：《釋清華簡（陸）〈管仲〉篇之"堅緻"》,簡帛網,2016 年 4 月 16 日。又,上博八《桐頌》"夲其不貳兮"之"夲",也應讀作訓"直"之字,詳另文。

〔6〕不過"伉"等有無"直"義還可以討論,"黔之菜"先生所舉《史記》"伉直"等例,其中的"伉"可能指"剛强"而非"直","抗"與"亢"仿此。因此,讀作"梗"相對好些。無論如何,《管仲》之"夲"表"直"義是可以肯定的。

〔7〕2018 年 6 月 19 日私人通訊。蒙王先生惠指,東周金文及楚簡等有"成日"一詞,即指善日（程鵬萬：《釋東周金文中的"成日"》,《古籍整理研究學刊》2006 年第 3 期）。故訓之例可見《禮記·檀弓上》"是故竹不成用"、《禮記·王制》"錦文珠玉成器"鄭注等。

三

清華六《鄭文公問太伯》有一段太伯勸諫鄭文公的話（甲篇簡 11—12、乙篇簡10—11）：

君如由彼孔叔、佚之夷、師之佢鹿、堵之俞彌，是四人者，謗諫吾君於外，茲詹父入謫於中，君如是之不能茅，則譬若疾之亡醫。〔1〕

"茅"整理者讀"懋"，但未作解釋，單育辰先生則認爲："'茅'不如讀爲'務'更好，二字皆从'矛'得聲，'務'是'務行（臣下之諫言）'的意思。"〔2〕

案，單先生的説法可參，〔3〕不過"務行（臣下之諫言）"的解釋仍未達一間。這裏"君如是之不能務"，其實是一個以"之"作爲標志的賓語前置句，〔4〕意同"君如不能務是"。與之同類的有《論語·陽貨》"今也或是之亡也"，意同"今也或亡是也"；又《論語·公冶長》"吾斯之未能信"，義同"吾未能信斯"。皆以代詞"是"或"斯"作前置賓語，指代其前所講內容。在本篇中，"是"指代"由彼孔叔、佚之夷、師之佢鹿、堵之俞彌，是四人者，謗諫吾君於外，茲詹父入謫於中"。整段簡文大意謂：君王如果不能致力於由從孔叔等四位可以謗諫於外的人，並使詹父進諫於內，則正如有病而無醫一般。〔5〕

---

〔1〕 圖版及基礎釋文見清華大學出土文獻研究與保護中心編，李學勤主編：《清華大學藏戰國竹簡（陸）》第62、68、119、125頁。"謗"之讀，參"bulang"：《清華六〈鄭文公問太伯〉初讀》跟帖，簡帛網簡帛論壇，2016年4月17日；"入謫"，參王寧：《清華簡六〈鄭文公問太伯〉（甲本）釋文校讀》，復旦大學出土文獻與古文字研究中心網站，2016年5月30日；"茲"，"bulang"先生指出"可理解爲'致也'、'使也'"（《清華六〈鄭文公問太伯〉初讀》跟帖，2016年4月18日）；"ee"先生亦認爲此"茲"可用爲"使"（《清華六〈鄭文公問太伯〉初讀》跟帖，2017年6月13日）；石小力先生徑讀作"使"，詳其文《上古漢語"茲"用爲"使"説》，《語言科學》2017年第6期。

〔2〕 單育辰：《清華六〈鄭文公問太伯〉釋文商榷》，《語言研究集刊》第十八輯，第312頁，上海辭書出版社2017年。又見"ee"：《清華六〈鄭文公問太伯〉初讀》跟帖，2016年4月17日。石小力先生從之，見《上古漢語"茲"用爲"使"説》，《語言科學》2017年第6期，第660頁。

〔3〕 楚簡常以"炎"爲"務"，但"矛"、"孜"、"悉"也有用作"務"之例（白於藍：《簡帛古書通假字大系》第138、139、140頁，福建人民出版社2017年），諸字所从的"矛"應即"炎"之省。故此處從單先生讀。

〔4〕 關於此句式，可參王引之：《經義述聞》第237、461頁；楊樹達：《高等國文法》第600—601頁，商務印書館1930年；楊伯峻：《古漢語虛詞》第348—349頁，中華書局1981年；楊伯峻、何樂士：《古漢語語法及其發展》第795頁，語文出版社1992年；朱有明：《〈論語〉"之"字用法研究》，《新疆大學學報（哲學社會科學版）》1987年第2期，第102頁。

〔5〕 原文"由"字，整理者訓"用"，王寧先生引《爾雅》郭注"猶從也"爲説（《清華簡六〈鄭文公問太伯〉（甲本）釋文校讀》）。案，"用"義當自"從"義引申而來，簡文此處解作"從"似更好。另外，清華三《芮良夫毖》簡3"由求聖人"、清華六《子產》簡25"由善用聖"、清華七《晉文公入於晉》簡2"由二三大夫"、《禮記·緇衣》引《君陳》"不克由聖"和《詩·大雅·桑柔》"維此良人，弗求弗迪"中的"由/迪"，用法應與此"由"同。

與此相類的還有兩例：

一是清華六《子產》簡 23—24：

> 子產既由善用聖，辨修物俊之行，乃律三邦之令，以爲鄭令、野令。[1]

此句大意不難理解，但"薛後生"先生認爲，若按整理者意見，上下文似應斷讀爲"辨羞物、俊之行"。[2] 案，"辨修物俊"與"由善用聖"整齊對舉，其後"乃律"則當是下一句句首，整理者斷句應無誤。之所以薛先生會懷疑原斷句，蓋因"之行"二字在句中的作用未得到正面解釋。筆者認爲，這裏同樣應理解作以"之"作標志的賓語前置，"子產既由善用聖，辨修物俊之行"，即"子產既行由善用聖，辨修物俊"，"由善用聖，辨修物俊"爲四個動賓短語作賓語。句謂子產既已施行由善用聖、辨修物俊的措施。

二是上博七《凡物流形》甲本簡 20＋29、乙本簡 14＋22：

> 一言而禾（？）不窮，一言而有衆。一言而萬民之利，一言而爲天地旨。[3]

整理者曹錦炎先生訓"利"爲"喜愛"，以《禮記》"先財而後禮，則民利"爲例；[4] 蘇建洲舉《説苑》"一言而適，可以卻敵；一言而得，可以保國"，説"'一言'既可'卻敵'、'保國'，自然可以'有衆'、也是'萬民之利'"，[5] 是將"利"視作名詞。案，若如曹先生所言，把"利"視爲以"民"爲施事的動詞，將導致"之"不好解釋。因此"利"或是名詞，或是以"民"爲受事的動詞，相應地，"萬民之利"的結構可能是"定＋之＋中"，或"賓＋之＋動"。若是前者，則此句相當於"一言而爲萬民之利"（蘇先生就是這麼理解的），與下句結構同。但若用此義，要與下句"一言而爲天地旨"保持形式齊整，恐怕應作

---

[1] 圖版及基礎釋文見清華大學出土文獻研究與保護中心編，李學勤主編：《清華大學藏戰國竹簡（陸）》，第 96、138 頁。"辨修"之讀，參蔡一峰：《讀清華簡第六輯零札（五則）》，《古文字論壇》第二輯，中西書局 2016 年，第 259 頁。説又見"無痕"：《清華六〈管仲〉初讀》跟帖，簡帛網簡帛論壇，2016 年 4 月 18 日；"聿"之讀從劉偉浠《清華簡字詞零札二則》，吉林大學 2018 年研究生春季交流班論文，2018 年 5 月 8—11 日。

[2] "薛後生"：《清華六〈管仲〉初讀》跟帖，簡帛網簡帛論壇，2016 年 4 月 29 日。

[3] 圖版見馬承源主編：《上海博物館藏戰國楚竹書（七）》第 97、106、124、132 頁，上海古籍出版社 2008 年；編聯從復旦大學出土文獻與古文字研究中心研究生讀書會：《〈上博（七）·凡物流形〉重編釋文》，復旦大學出土文獻與古文字研究中心網站，2008 年 12 月 31 日；釋文參酌諸家意見而成，詳楊澤生：《〈上博七·凡物流形〉校讀述議》，《華學》第十一輯，中山大學出版社 2014 年。

[4] 馬承源主編：《上海博物館藏戰國楚竹書（七）》第 271 頁。

[5] 蘇建洲：《釋〈凡物流行〉"一言而力不窮"》，復旦大學出土文獻與古文字研究中心網站，2009 年 1 月 20 日；收入其著《楚文字論集》，[臺北]萬卷樓圖書股份有限公司 2011 年。引案，標題"行"當爲"形"之誤。

"一言而爲萬民利"。簡文無"爲"而有"之",故"萬民之利"當爲"賓+之+動"的結構。"一言而萬民之利"意同"一言而利萬民"。"利萬民"亦見《墨子·明鬼下》"治國家,利萬民"、《管子·明法解》"安主上,利萬民"等。之所以作"萬民之利",應是爲了用質部字"利"與下句"旨"(脂部字)協韻。《詩·大雅·江漢》:"無曰予小子,召公是似。肇敏戎公,用錫爾祉。"毛傳:"似,嗣。"〔1〕"召公是似"意同"似(嗣)召公",《詩》作"召公是似",蓋爲與前後文之"子"、"祉"協之部韻。又晉公䀇(集成10342)"於昭萬年,晉邦唯翰",〔2〕謝明文先生指出:"'晉邦唯翰'應即'翰晉邦',可能是爲了與上舉的'年'字合韻且湊成四字句,所以把'翰晉邦'說作'晉邦唯翰'。"〔3〕以上二例均可與"萬民之利"相參。

附記:小文承石小力、王凱博等先生以及匿名專家審閱是正,謹致謝忱。

(楊鵬樺　中山大學中文系;出土文獻與中國古代文明研究協同創新中心　博士研究生)

---

〔1〕毛亨傳,鄭玄箋,孔穎達疏:《毛詩正義》第1463頁。
〔2〕釋文從謝明文:《晉公䀇銘文補釋》,《商周文字論集》,上海古籍出版社2017年。
〔3〕謝明文:《晉公䀇銘文補釋》,《商周文字論集》第206—207頁。

里耶秦簡綴合札記(四則)

何有祖

里耶秦簡迄今已出版兩册,[1]是秦史研究的重要資料。但里耶秦簡仍有大量殘簡,影響對這批材料的使用。我們在進一步整理里耶秦簡過程中發現四組殘簡可以綴合,今提出來,敬請方家指教。

一

里耶秦簡8-2106號簡:[2]

☒☒【遷陵】☒☒☒Ⅰ
☒遷陵有以令除冗佐日備者爲Ⅱ
☒☒謁爲夬,以銜不當補有秩,當Ⅲ

該牘右側殘缺,右上殘存一列字,約有四字殘留,其中殘筆可辨有"遷陵",右下也當有字,但端口較爲整齊。《校釋》指出,8-2135與本簡有關,可參看。游逸飛、陳弘音先生指出,簡8-2106、8-2135涉及"銜"是否可補"有秩"。[3]鄒水傑先生對秦簡所見"有秩"作了細緻梳理,列舉材料的時候,按8-2106、8-2135的順序分别列舉。[4]由此可見,學者們雖然指出8-2106、8-2135二者存在關聯,但並没有留意到二者的

---

[1] 湖南省文物考古研究所:《里耶秦簡(壹)》,文物出版社2012年;湖南省文物考古研究所:《里耶秦簡(貳)》,文物出版社2017年。
[2] 陳偉主編,何有祖、魯家亮、凡國棟撰著:《里耶秦簡牘校釋》第一卷,第147—148頁,武漢大學出版社2012年。
[3] 游逸飛、陳弘音:《里耶秦簡博物館藏第九層簡牘釋文校釋》,簡帛網,2013年12月22日。
[4] 鄒水傑:《秦簡有秩新證》第49—50頁,《中國史研究》2007年第3期。

邏輯順序,乃至更深層次的關聯性。

8-2135號簡作:

☐☐☐……Ⅰ
☐　　有秩,衛不當☐☐Ⅱ
☐【衛】當補有秩不當☐Ⅲ

我們注意到8-2135"當補有秩不當",問及衛應不應當補有秩。8-2106"而以衛不當補有秩",確定地指出"衛"不應當補有秩。二者在語義上不僅僅有關聯,其實還存在前後相次的邏輯關係。但僅僅到此還不夠,對8-2135、8-2106的關係還需要從字迹、茬口兩方面進一步考慮。

通過比較8-2135、8-2106共有字的筆畫,如二者均有的"有"、"秩"、"當"、"不"字迹極爲接近,應是一人書寫。同時從茬口看,8-2135號簡左側並不是竪直的,在第二個"有"字左上開始凹進來,同時第二個"衛"靠近左側的邊,左部所從的"彳"筆畫有缺失。缺失的部分恰好在8-2106的右側第四個殘字的位置。8-2106的右側第四個殘字以下所在的側邊略向右凸出,也可與8-2135號簡左側凹進去的部位相拼合。

基於以上考慮,我們認爲8-2135、8-2106應能在側面拼合(詳見附圖)。8-2135+8-2106號簡釋文作:

☐☐☐……Ⅰ
☐　　有秩,衛不當☐☐Ⅱ
☐☐【遷陵】☐衛當補有秩不當?☐Ⅰ
☐遷陵有以令除冗佐日備者爲Ⅱ
☐☐謁爲夫,以衛不當補有秩,當Ⅲ

學者們對衛"補有秩"提出了一些看法,如游逸飛、陳弘音先生指出,簡8-2106、8-2135涉及"衛"是否可補"有秩"。鄒水傑先生指出:

> 材料17、18,雖然殘損嚴重,但還是可以看出,"冗佐"只要任職期滿("日備"),是可以除補爲有秩吏的。這個"遷陵有以令除冗佐日備者爲[有秩]"的規定或是"功令"的内容。衛這個佐,已經達到了冗佐的任職期限,只是由於某些原因,他不當補爲有秩吏。這個決定是完全由遷陵縣根據律令規定獨立作出的,屬於縣的自主權限。[1]

---

[1] 鄒水傑:《秦簡有秩新證》第54頁,《中國史研究》2007年第3期。

現在從綴合後的釋文來看,當是。

二

里耶壹有兩枚殘簡,其釋文作:

☒☒☒☒☒☒☒Ⅰ
☒年五月壬辰☒Ⅱ   8－2432
☒　　六月丁☒☒   8－2432 背
☒☒署☒☒☒Ⅰ
☒☒下八過貳☒Ⅱ   8－2438
☒☒☒☒☒☒☒   8－2438 背

這兩枚殘簡簡面凹凸不平形成的紋路,恰可上下貫通。從簡正面的簡文來看,上段(即 8－2432)右側殘缺,剩餘二列,僅最左側的筆畫相對完整,作"年五月壬辰",而下段(即 8－2438)殘存二列,第一列筆畫不是太清楚,"署"下第二字似是"遷陵"之"遷"。第二列"下八過貳",其中"貳"字應改釋作"索(索)"。"索",即秦索縣,在今湖南常德市東北。《漢書·地理志》屬武陵郡。里耶秦簡 16—52"索到臨沅六十里,臨沅到遷陵九百一十里",〔1〕記載了秦索縣至遷陵縣的里程。"下"上一字僅存殘筆,似是"水"。水下八,即水下八刻之省。類似的表述有:

獄東曹書一封,丞印,詣無陽。・九月己亥水下三刻,走佁以來。　5－22
三月己酉水下下九,佐赾以來。/扣半。Ⅲ   8－1510 背
☒☒☒☒水下一,隸妾【强】☒   8－1671

其中"水下一"、"水下下九",其後皆省略"刻"。李學勤先生根據初步發表的里耶簡牘資料指出:所記漏刻皆指白晝。即將一晝分爲十一刻,刻於漏壺箭上,視箭沉下幾刻。〔2〕

8－2432、8－2438 綴合後仍有缺失(詳見附圖),最左側作"年五月壬辰水下八,過索"。8－2432、8－2438 綴合的釋文:

☒☒☒☒☒☒☒署☒☒☒Ⅰ
☒年五月壬辰【水】下八過索(索)☒Ⅱ   8－2432＋8－2438

---

〔1〕湖南省文物考古研究所:《里耶發掘報告》第 198—199 頁,嶽麓書社 2006 年。
〔2〕李學勤:《初讀里耶秦簡》,《文物》2003 年第 1 期。

☐　　六月丁☐☐☐☐☐☐　　　　　　　　　　　　8-2432背＋8-2438背

三

里耶秦簡有二殘簡，釋文作：〔1〕

　　☐廷獄門守府☐　　　　　　　　　　　　　　　　9-1972
　　☐捕鼠廿☐　　　　　　　　　　　　　　　　　　9-1269

二片茬口吻合（詳見附圖），字體、簡體色澤相同，可綴合。9-1972上端簡首平齊，略有殘損，9-1269"捕鼠廿"以下仍有殘斷，今皆保留殘斷符號。9-1972＋9-1269釋文作：

　　☐廷獄門守府捕鼠廿☐

謝坤先生曾收集捕鼠卷如下：〔2〕

　　倉厨捕鼠十　嬰　　　　　　　　　　　　　　　9-1128
　　倉徒養捕鼠十　☐　　　　　　　　　　　　　　9-1134
　　庫門者捕鼠十☐　　　　　　　　　　　　　　　9-1062
　　尉守府捕鼠十　不害☐　　　　　　　　　　　　9-2276
　　令史南舍捕鼠十　　　　　　　　　　　　　　　9-1646
　　令史中捕鼠十☐　　　　　　　　　　　　　　　9-3302
　　丞主舍捕鼠十　就　☐　　　　　　　　　　　　9-1962
　　☐少內☐鼠☐　　　　　　　　　　　　　　　　9-2882〔3〕
　　☐鼠廿微　　　　　　　　　　　　　　　　　　9-625
　　☐☐捕鼠十☐得☐　　　　　　　　　　　　　　9-1181
　　☐捕鼠廿☐　　　　　　　　　　　　　　　　　9-1269
　　倉稟人捕鼠☐　　　　　　　　　　　　　　　　8-2467〔4〕

謝坤先生指出，這幾枚簡的內容皆與捕鼠有關，且木簡形制相近、字體書寫風格近似，

---

〔1〕湖南省文物考古研究所編著：《里耶秦簡（貳）》。
〔2〕謝坤：《〈里耶秦簡（貳）〉札記（一）》，簡帛網，2018年5月17日。
〔3〕"鼠"前之字未釋，謝坤先生指出是"捕"（參看謝坤：《〈里耶秦簡（貳）〉札記（一）》，簡帛網，2018年5月17日）。
〔4〕簡首"倉"字原未釋，謝坤先生據殘字補釋。簡9-1128、9-1134中有"倉厨"、"倉徒養"，似可佐證此意見（謝坤：《〈里耶秦簡（貳）〉札記（一）》，簡帛網，2018年5月17日）。

頗疑幾枚簡原可能屬於同一類，或可編聯。[1] 我們注意到這些鼠卷涉及倉（廚、徒養）、庫、尉、令史南舍、令史中、丞主舍、少內等處，反映的應是這些單位各自捕鼠的記錄，當由各單位分別書寫並上報給縣廷。從書寫筆迹來看，有較大差異。

四

里耶秦簡貳有三殘片：

・守☐   9-884
☐府爲縣上☐☐   9-817
☐☐器兵當會九月者札。   9-569

上揭三殘片寬度相同，字迹相同，簡面偏右有一條貫通的紋路，可綴合（詳見附圖）。9-884＋9-817＋9-569釋文作：

・守府爲縣上見器、兵當會九月者札。

簡首"・"，原釋文脱録，位置在整支簡頂端中部，其上應是完整的。9-817、9-569茬口處"見"字的中部筆畫略有缺失。

里耶秦簡有"上見兵"的記載，如里耶秦簡8-653＋9-1370號簡：

元年八月庚午朔朔日，遷陵守丞固敢言Ⅰ之：守府書曰：上真見兵會九月朔日守府。・今上應（應）Ⅱ書者一牒。敢言之。[2]

上揭簡文中，遷陵守丞固於秦二世元年八月所提及的"守府書"，要求"上真見兵會九月朔日守府"。《里耶秦簡（壹）》8-458號簡提及"遷陵庫真見兵"：

遷陵庫真見兵：甲三百卌九。甲冦廿一。鞮瞀卅九。冑廿八。弩二百五十一。臂九十七。弦千八百一。矢四萬九百九十[3]。戟（戟）二百五十一。[4]

---

[1] 謝坤：《〈里耶秦簡（貳）〉札記（一）》，簡帛網，2018年5月17日。
[2] 里耶秦簡牘校釋小組：《〈里耶秦簡（貳）〉綴合補（二）》，簡帛網，2018年5月15日。
[3] 九十，原釋文未釋，此從游逸飛、陳弘音：《里耶秦簡博物館藏第九層簡牘釋文校釋》，簡帛網，2013年12月22日。
[4] 釋文參看湖南省文物考古研究所：《里耶秦簡（壹）》；陳偉主編，何有祖、魯家亮、凡國棟撰著：《里耶秦簡牘校釋》第一卷；李均明：《里耶秦簡"真見兵"解》，《出土文獻研究》第十一輯，中西書局2012年；陳偉：《關於秦遷陵縣"庫"的初步考察》，《簡帛》第十二輯，上海古籍出版社2016年。

游逸飛、陳弘音二位先生曾對比 9-29 與 8-458,指出:

> 簡 8-458 爲"遷陵庫"的武器裝備物資紀録,本簡"弩二百五十一"、"臂九十七"、"弦千八百一"的紀録亦見於簡 8-458,惟"胄十八"與簡 8-458 的"胄廿八"少了十件胄,可知本簡亦爲"遷陵庫"的武器裝備物資紀録,而且紀録時間應相距不遠,否則物資數量不會大抵一致。〔1〕

由於 9-29 殘缺,不知年份。《里耶秦簡(貳)》綴合 9-29+9-1164,〔2〕其釋文作:

> ☐元年餘甲三百卌九,宛廿一,札五石,鞼瞀卅九,胄十八,弩二百五十一,臂九十七,幾(機)百一十七,弦千八百一,矢四萬九百九十Ⅰ
> ☐銅四兩,敝緯四斤二兩。 •凡四萬四千二百八十四物,同券齒。Ⅱ

可知其記録時間大致在秦二世元年的下一年。上揭統計數據在另一枚牘中也可以見到,該牘釋文作:

> 二年十月己巳朔朔日,洞庭叚(假)守冣爰書:遷陵庫兵已計,元年餘甲三百卌九,宛廿一,札五石,鞼【瞀】……五十一,臂九十七,幾(機)百一十七,弦千八百一,矢四萬九百九十八,戟(載)二百Ⅰ五十一,敦一,符一,緯二百六十三,注弦卅二,籣卅,銅四兩,敝緯四斤二兩。 •凡四萬四千……齒。Ⅱ　　　　　　　　　　　　　　9-1547+9-2041+9-2149〔3〕

這是秦二世二年十月一日洞庭假守冣的一份爰書,重申追述了秦二世元年底遷陵所呈庫兵記録。裏面提及"元年餘",與"二年十月"對應,可知類似的記録都應是下一年對上一年的遷陵庫武器裝備物資統計數據的追述。9-29+9-1164 也出現"元年餘",可知也是對秦二世元年底遷陵庫武器裝備物資統計紀録的追述,其時間也可能在秦二世二年。從這幾份檔案大致可以看出秦二世元年、二年所發生的、洞庭守府要求上真見兵而其屬縣根據守府書在年底上報當年見兵的實際情況。

9-884+9-817+9-569 的"上見器"守府似屬首次出現。不過,遷陵縣有不少關於"器"的"計",如:

> 金布計録:庫兵計,車計,工用計,工用器計,少内器計,【金】錢計。凡

---

〔1〕游逸飛、陳弘音:《里耶秦簡博物館藏第九層簡牘釋文校釋》,簡帛網,2013 年 12 月 22 日。
〔2〕湖南省文物考古研究所編著:《里耶秦簡(貳)》。
〔3〕9-1547 和 9-2041 由整理者綴合,凡國棟先生益以 9-2149(里耶秦簡牘校釋小組,何有祖執筆):《〈里耶秦簡(貳)〉綴合補(二)》,簡帛網,2018 年 5 月 15 日)。

六計。	8-493
金布廿九年庫工用器、兵、車、少内器計出入券。丁。	9-1115
☒工用計受其司空器計☒	9-122

涉及工用器、庫工用器、少内器、司空器等不同來源的"器"計。這些"器"計想來將爲"上見器"守府提供基本的統計數據。

簡文"·守府爲縣上見器、兵當會九月者札"當是洞庭郡守府下達給屬縣的書札，是洞庭郡催促屬縣提交庫存武器裝備記錄的文書。

附綴合圖

8-2135+ 8-2106	8-2432+ 8-2438	9-1972+ 9-1269	9-884+ 9-817+9-569

（何有祖　武漢大學歷史學院；簡帛研究中心　副教授）

《里耶秦簡(貳)》札記

李美娟

  《里耶秦簡(貳)》殘斷簡較多，有部分文字由於殘斷或筆迹模糊不清，整理者或未釋出或所釋可疑。筆者在閱讀的過程中，對部分字詞和簡牘綴合提出一些淺見，敬請方家指正。

一

  稻八斗　卅一年二月辛卯倉守武史感稟人堂出稟少内佐□　令史狅視平

感手　　　　　　　　　　　　　　　　　　　　　　　　9-16〔1〕

  按："佐"下一字圖版作 ▓ ，可能是"蒲"字。里耶秦簡中"蒲"字多作 ▓ 8-2429、▓ 8-1550，這個字與"蒲"字相似。〔2〕

  "蒲"是少内佐的名字。簡 8-1134 的"佐蒲"、8-1550 的"佐蒲"可以爲證。

二

  丞主下行鄉食米三升(正)　　　　　　　　　　　　　　　9-20

---

〔1〕湖南省文物考古研究所：《里耶秦簡(貳)》，文物出版社 2017 年。里耶簡第九層辭例、字形皆出此書，下文不贅引。

〔2〕湖南省文物考古研究所：《里耶秦簡(壹)》，文物出版社 2012 年。里耶簡第八層、第六層、第五層字形皆出此書，下文不贅引。

按：所釋"升"字作 ▨ 。9-20"斗"字作 ▨、▨、▨，與這個字寫法相同。里耶其他簡中的"升"字多作 ▨ 8-474、▨ 8-1905、▨ 8-925。"升"與"斗"字的區别在於"升"字上部象形部分中間多一畫。這個字上部中間没有一畫，應是"斗"字。

游逸飛、陳弘音先生曾討論 9-20 這條簡文説："據睡虎地《秦律十八種·傳食律》的規定，驛傳供應來人的每日食米量或半斗、或一斗。丞主下鄉僅食米三升，應爲一餐分量，可見丞主所下的鄉並不遠，應在當日來回的距離之内。"[1]這是據誤釋"三升"爲説。現在知道實際丞主下行鄉食米三斗，差不多是三天的食量，説明行鄉一次要花費數日。

三

甲子朔戊子洞庭□□□下縣各以道次傳别書洞庭尉Ⅰ吏執瀍屬官在縣界中□□下書焉洞庭尉下洞庭除_道_尉_下Ⅱ當用者鐔成以便近道次盡下新縣皆以郵行書到相報Ⅲ不報者追臨沅門淺上衍□□Ⅳ　　　9-26

按："下書焉"前一字圖版作 ▨ ，整理者未釋，很可能是"各"字。這個字雖然上部模糊不清，但下部的"口"旁清晰可見，"口"字上部似有一撇一捺的殘餘筆畫，這枚簡上也有一"各"字作 ▨ ，可參看。

"在縣界中"在里耶簡中常見，例如：

稗官在其縣界中[2]	5-6
縣界中當用者縣各别下書焉	8-228
邦尉都官軍在縣界中者各	8-649
都官軍吏在縣界中者各告之。新武陵别四道，以次傳。别書寫上洞庭尉。	8-657

簡 5—6 後面殘缺，《校釋》認爲"在其縣界中"與 8-657 的"都官軍吏在縣界中

---

[1] 游逸飛、陳弘音：《里耶秦簡博物館藏第九層簡牘釋文校釋》，簡帛網，2013 年 12 月 22 日。
[2] 里耶簡第八層、第六層、第五層辭例釋文皆出自《里耶秦簡牘校釋·第 1 卷》，下文不贅引。陳偉主編：《里耶秦簡牘校釋·第 1 卷》，武漢大學出版社 2012 年。以下簡稱《校釋》。

者"、8-649"邦尉都官軍在縣界中者"表述相似,〔1〕可從。8-657和8-649都是"中心詞＋後置定語＋者"的句子結構,"都官軍吏"、"邦尉都官"是中心詞,"在縣界中"爲後置定語。8-228的"縣界中當用者"應該也是相似的結構,只是後置定語"在縣界中"的"在"字殘缺,且又加了"當用"的限定。9-26"吏執瀍屬官在縣界中□"與上舉四枚簡簡文表述也應是相似的,中心詞是"吏執瀍屬官",後置定語依然是"在縣界中",那麽後面未釋字就很可能是"者"字。

"吏執瀍屬官在縣界中者各下書焉"與8-657"都官軍吏在縣界中者各告之"、8-228"縣界中當用者縣各別下書焉"表述相似。

四

廿八年尉
曹以事　　　　　　　　　　　　　　　　　　　　　　　　　　9-28

按:所釋"以"字圖版作▨,當是"已"字。《説文新證》:"'已經'之'已'與'巳'同字,唐以後以'口'形半缺,以與'巳'字區分。"〔2〕里耶簡中"已"字也寫作"巳":▨8-776、▨8-1120、▨8-214,可參看。"已事"辭例可參看8-214"卅三年十一月盡正月,吏户已事"、8-253"尉曹卅四年正月已事"、8-1777"群往來書已事倉曹"。

五

卅四年二月丙申朔己亥貳春鄉守平敢言之廷令平代鄉兹守貳春鄉今兹
下之廷而不盡□以倉粟=問之有不告平以其數即封倉以私印今兹餘使未 歸
遠逃而倉封以私印所用備盜賊糧盡在倉中節盜賊發吏不敢蜀(獨)發倉毋以
智粟=備不備有恐乏追者糧食節兹復環之官可缺(正)
不環謁遣令史與平雜診之謁報署户發敢言之〔3〕

---

〔1〕陳偉主編:《里耶秦簡牘校釋·第1卷》,第9頁。
〔2〕季旭昇:《説文新證》第979頁,〔臺北〕藝文印書館2014年。
〔3〕"雜診"二字由黄浩波改釋。黄浩波:《〈里耶秦簡(貳)〉讀札》,簡帛網,2018年5月15日。

《里耶秦簡(貳)》札記

二月甲辰日中時 ▢典 輈以來/壬發 ▢平 手(背)　　　　　　　　　　9-50

按：簡9-50正所釋"盡"字，圖版作▢，很可能是"屬"字。細審圖版，可以明顯看出此字左側有從上至下的一豎筆。本簡"盡"字作▢，里耶簡中其他"盡"字作▢ 8-110、▢ 8-757、▢ 8-883，"盡"字上部所從"聿"旁左側並沒有自上而下的豎筆，與此字有較大差距。里耶簡中"屬"字多作▢ 8-34、▢ 8-63、▢ 8-657。上部從"尾"旁。此字下部模糊不清，但與里耶簡中已知的"屬"字相比較，仍可辨別出上部的"尾"旁。"屬"有委託、交付的意思。《漢書·王莽傳上》"屬予以天下兆民"，顏師古注："屬，委付也。"《國語·越語下》"請委管籥屬國家"，韋昭注："屬，付也。"在里耶簡中也有幾處"屬"是交付、給予的意思。例如：

寬以船屬酉陽校長徐。　　　　　　　　　　　　　　　　　　8-472+8-1011

卅(丗)年十月辛卯朔乙未，貳春鄉守緯敢告司空主：主令鬼薪軫、小城旦乾人爲貳春鄉捕鳥及羽。羽皆已備，今已以甲午屬司空佐田，可定薄(簿)。敢告主。　　　　　　　　　　　　　　　　　　　　　　　8-1515

廿八年七月戊戌朔乙巳，啓陵鄉趙敢言之：令令啓陵捕獻鳥，得明(鳴)渠雌一。以鳥及書屬尉史文，令輸。　　　　　　　　　　　　　　8-1562

"以倉粟="前一字整理者未釋，圖版作▢，很可能是"平"字。這枚簡上的"平"作▢，可參考。平，人名。平就是"貳春鄉守平"。"不屬平以倉粟="大意爲不把倉粟米(的管理權)交給平。這個句子結構與上舉《漢書·王莽傳上》"屬予以天下兆民"的句子結構相同。

六

三月丁丑朔己丑遷陵丞□□倉上言如□▨[1]
三月己丑日中隸臣快行倉▨　　　　　　　　　　　　　　　　9-52

"遷陵丞"後一字圖版作▢，很可能是"昌"字。里耶簡中"昌"字多作▢ 8-62、▢ 8-1164、▢ 8-505。

---

[1] "倉"、"上"二字由里耶秦簡牘校釋小組釋出。里耶秦簡牘校釋小組：《〈里耶秦簡(貳)〉校讀(二)》，簡帛網，2018年5月23日。

遷陵丞昌還出現在簡 8-62 正和簡 9-64 中：

卅二年三月丁丑朔朔日，遷陵丞昌敢言之：令曰上Ⅰ葆繕牛車薄（簿），恒會四月朔日泰（太）守府。・問之遷陵毋Ⅱ當令者，敢言之。Ⅲ　　8-62 正

卅二年三月丁丑朔乙酉田守武史遬隸遷陵丞昌前☐　　9-64

由上舉兩簡簡文我們知道，卅二年三月的丁丑是朔日，簡 9-52 的年份應爲秦始皇三十二年。這也是符合李忠林所推算出的閏朔表的。[1] 昌是人名，在秦王政卅二年三月擔任遷陵丞的職位。

七

☐☐☐☐　　9-55

按：這枚簡簡文模糊不清，整理者未釋，但認爲有三個字，可從。第二字圖版作 ，很可能是"明"字。這個字右部所從"月"旁，較爲清晰；左部所從爲"目"旁，上部墨迹模糊，難以辨認。秦漢文字"明"字常從"目"作，如 里耶（貳）9-31 正、 睡虎地・語書 7，[2] 可參看。

八

☐☐布發　　9-57

洞庭泰守府金☐　　9-3354 正

按：兩簡形制、字形及書寫風格上較一致，且紋路、色澤、斷口較吻合，當可綴合。拼合後釋文作：洞庭泰守府金布發 9-3354 正＋9-57

"金布"是文書傳遞過程中的一個重要部門，里耶簡中很多文書都標明要金布開封。例如：

遷陵金布Ⅰ發洞庭。Ⅱ　　6-18

---

[1] 李忠林：《秦至漢初（前 246 至前 104）曆法研究——以出土曆簡爲中心》，《中國史研究》2012 年第 2 期。
[2] 陳偉主編：《秦簡牘合集（壹）》第 655 頁，武漢大學出版社 2014 年。

《里耶秦簡（貳）》札記

酉陽金布發。 8-1130
廷金布發 9-2375

我們所討論的這枚綴合簡綴合後是下端削尖的檢。里耶簡中很多"某官署發"格式的簡都采用這種形制，例如 9-1239、9-1219、9-1227 等。

九

☒☒☒月己丑朔☒
☒☒☒四戊己☒ 9-299
☒己己月
☒□朔朔 9-175

按：兩簡形制、字形及書寫風格上較一致，且紋路、色澤、斷口較吻合，當可綴合。拼合後釋文作：

☒☒☒月己丑朔己己月Ⅰ
☒☒☒四戊己□朔朔Ⅱ 9-299+9-175

所釋"戊"字圖版作 ，很可能是"月"字，里耶簡中"月"字多作 8-175背、 8-175背、 9-299，可參看。

綴合後簡文第二列"朔"前一字整理者未釋，圖版作 ，很可能是"己"字，里耶簡中"己"字作 9-299、 8-1452、 8-2151，可參看。如此，9-299+9-175 的釋文可作：

☒☒☒月己丑朔己己月Ⅰ
☒☒☒四月己己朔朔Ⅱ 9-299+9-175

十

五月庚□朔□午遷陵守丞敢告少內主聽書亟言署金布發／園手／五月甲申旦隸妾杕（正）

五月辛巳日中□□扁以來／囷發（背）　　　　　　　9－368〔1〕

　　按："庚"後一字整理者未釋，"庚□"是五月的朔日，里耶簡的年代大致是秦王政廿五年至秦二世二年。考察年代範圍再結合李忠林的閏朔表，可知在這期間五月庚日是朔日的年份只有秦始皇卅三年，五月朔日是庚午。簡8－1152簡文作"卅三年五月庚午朔庚□"，簡8－1255簡文作"卅三年五月庚午朔己丑，貳鄉守吾"，也證明了這一點。所以"庚"後一字很有可能是"午"字。里耶簡中的"午"字多作▆8－845、▆8－993、▆8－1561，這個字圖版作▆，雖然上部模糊不好辨認，但仍可看出下部橫畫和豎畫交叉，與"午"字極爲相似。

　　"朔"後一字整理者未釋，圖版作▆，很有可能是"壬"字。里耶簡中的"壬"字作▆8－2156、▆8－819、▆8－561，可參考。"壬午"是卅三年五月的第13天。

　　"扁"前二字，整理者未釋，圖版作▆，很可能是"隸妾"二字。里耶簡中"隸妾"多作▆8－760、▆8－762、▆8－763。"隸妾扁"，是名叫"扁"的隸妾，負責傳送文書。

十一

　　　　☑已室□即☐☐☐☐☑　　　　　　　　　　9－419

　　按："即"後圖版作▆，整理者認爲有四個字，恐非，很可能是五個字。第一個字作▆，可能是"環"字。里耶簡中"環"字多作▆8－2101、▆8－1583、▆8－2363，可參看。"環"在里耶簡中常見，多讀爲"還"。例如：

　　　　上真書謁環。〔2〕　　　　　　　　8－60＋8－656＋8－665＋8－748
　　　　卅年九月庚申，少内守增出錢六千七百廿，環（還）令佐朝、義、佐臷貲各

---

〔1〕"敢"、"中"二字由里耶秦簡牘校釋小組釋出。里耶秦簡牘校釋小組：《里耶秦簡（貳）校讀（二）》，簡帛網，2018年5月23日。

〔2〕《校釋》指出：環，讀爲"還"，返還。陳偉主編：《里耶秦簡牘校釋·第1卷》，第46頁。

一甲，史狂二甲　　　　　　　　　　　　　　　　　　8-1583+8-890
　　來賦不當環（還）☑　　　　　　　　　　　　　　　　8-2179

這裏的"環"也有可能讀爲"還"。

第三字圖版作 ▨，第四字圖版作 ▨，很可能是"丞公"二字。里耶簡中"丞"字多作 ▨ 8-78、▨ 8-71、▨ 8-2542，"公"字多作 ▨ 8-19、▨ 8-135、▨ 8-63，可參看。

釋文應作：

　　☑已室□即環□丞公□☑　　　　　　　　　　　　　　9-419

十二

　　☑□朔壬寅司空敬敢言之敬故縣遷陵左田遣甫今□爲
　　☑告遷陵□二月丁酉史殷養馬□及□馬二匹食敢言之
　　☑陽守丞□敢告遷陵丞主令史可以律令從事/陘手（正）
　　☑陵守丞膻之敢告□告倉少内右田□以律令從事以次傳□
　　☑五刻□□□
　　☑隸妾均以來　上半（背）　　　　　　　　　　　　9-470〔1〕

按："今"後一字圖版作 ▨，整理者未釋，很可能是"徙"字。里耶簡中"徙"字作 ▨ 8-863、▨ 8-677、▨ 8-657，可參看。

"徙"，有升調、調動的意思。在里耶簡中習見，例如：

　　佐州里煩故爲公田吏，徙屬。　　　　　　　　　　　8-63
　　南里小女子苗，卅五年徙爲陽里户人大女嬰隸。　　　8-1504+8-863
　　卅二年，啓陵鄉守夫當坐。上造，居梓潼武昌。今徙爲臨沅司空嗇夫。
　　　　　　　　　　　　　　　　　　　　　　　　　　8-1445

---

〔1〕"膻"字整理者未釋，"敢告□告"中間二字"告□"整理者漏釋，皆由馮西西補釋。馮西西：《〈里耶秦簡（貳）〉零札（一）》，簡帛網，2018年5月16日。"爲"字由里耶秦簡牘校釋小組釋出。里耶秦簡牘校釋小組：《里耶秦簡（貳）校讀（二）》，簡帛網，2018年5月23日。"敬"、"右"由楊先雲釋出。楊先雲：《讀〈里耶秦簡（貳）〉札記》，簡帛網，2018年5月17日。

簡 9-470 正的"今徙爲",應該和簡 8-1141＋8-1477 的"今徙爲臨沅司空嗇夫"類似,是"故遷陵左田遣甯"的"敬",現在遷任別的官職。

"及"前一字圖版作 ▨,整理者未釋,很有可能是"僕"字。里耶簡中"僕"字多作 ▨ 8-966、▨ 8-1358、▨ 8-137,可參看。

簡背"傳"後一字圖版作 ▨,整理者未釋,很有可能是"署"字。里耶簡中"署"字多作 ▨ 8-665、▨ 8-140、▨ 8-190,可參看。

十三

☒☐手（背）   9-488

按:"手"前一字整理者未釋,圖版作 ▨,很可能是"横"字。里耶簡中的"横"字多作 ▨ 8-1520 反、▨ 8-2481、▨ 8-1226,可參看。

横,人名。在里耶簡中 8-1520＋8-1434 中也出現過:

卅二年五月丙子朔庚子,庫武敢言之:疏書作徒日薄（簿）一牒。敢言之。横手。   8-1520＋8-1434

十四

☐月辛丑獄史男☐ 發弩繹☒

論完彙爲城旦不 當 ☐ㄴ課問☒

爲除＝繹☐ ☒（正）   9-490

按:"月"上一字圖版作 ▨,整理者未釋,很可能是"八"字。"□月辛丑"是時間詞,"□"應是月份。這個字雖然有些模糊,但仍可看出清晰的兩點,且兩點之間沒有墨迹,在數字一到十中,寫法與這個字最爲相似的應該是"八"。"八"一般寫作一撇一捺,但有些書手將撇畫、捺畫寫得極短,看起來像點畫,例如本簡簡背也有一"八"字,圖版作 ▨,筆畫極短,近似點畫。在其他里耶簡中也有類似的寫法,例如: ▨ 8-39、▨ 8-1572、▨ 8-487。

《里耶秦簡（貳）》札記

"不"後一字圖版作▨，整理者釋爲"當"，且存疑，這個字很可能是"賞"字。里耶簡中"當"作▨8－64、▨8－651、▨8－1001，"賞"字作▨8－1883。這個字下部從"貝"，因此很可能是"賞"字。

十五

　　•守☐　　　　　　　　　　　　　　　　　　　　　　9－884
　　☐府爲縣上☐☐　　　　　　　　　　　　　　　　　9－817
　　☐年器兵當會九月者札　　　　　　　　　　　　　　9－569

按：三簡形制、字形及書寫風格上較一致，且紋路、色澤、斷口較吻合，當可綴合。9－569第一字整理者以爲"年"字，但存疑，綴合後可知此字實應爲"見"字。拼合後釋文作：

　　•守府爲縣上見器兵當會九月者札☐　　9－884＋9－817＋9－569

"見"，秦簡中多讀爲"現"，"現有"之意。"上見"在里耶簡中常見。例如：

　　令曰：上見輼輬輻乘車及　　　　　　　　　　　　　8－175
　　守府書曰：上真見兵會九月朔日守府。　　　8－653＋9－1370
　　卅四年正月丁卯朔庚午，遷陵守丞眡平敢言之：令曰：上見乘車會二月朔日守府　　　　　　　　　　　　　　　　　　　　　　9－49背

將簡8－653＋9－1370與我們所討論的三枚綴合簡聯繫起來分析，守府很可能將各縣所上繳的記載現有器兵信息的薄捆扎起來，我們所討論的這枚綴合簡就是這些記簿的標題簡。

十六

　　☐若丞☐☐
　　☐急洞庭☐　　　　　　　　　　　　　　　　　　　9－851

按："丞"後一字整理者未釋，圖版作▨，很可能是"發"字。里耶簡中"發"字作▨

259

8-72、▉ 8-695、▉ 8-952。

這枚簡上部殘斷,所謂"若丞發",前面應該還有一"令"字。"令若丞發",即由縣令或縣丞來開封文書。辭例可參看:

| 遷陵令若丞發。 | 9-1010 |
| 酉陽令若丞發遷陵 | 9-1170 |

簡9-1010、簡9-1170內容與簡9-851相似,除此之外,簡9-832內容也與上舉兩枚簡相似。現將簡9-1010和簡9-832背釋文抄錄如下:

遷陵令若丞發	
故令人行洞庭	9-1010[1]
遷陵故令吏行令若丞自	
☐洞庭急、、、、(背)	9-832背

四枚簡雖然都或殘缺或有些字未釋出,但可以看出這四枚簡都是遷陵與其他地方往來的文書,且都要求縣令或縣丞拆封文書。那麽簡9-832背"洞庭"前一字圖版作▉,則很可能是"發"字。字形可參看:▉ 8-197、▉ 8-922、▉ 8-141。第一行與第二行連讀,"令若丞自發"就是由縣令或縣丞親自開封文書。

十七

| ☐陵☐／ | |
| ☐郵☐／ | 9-876 |

按:"郵"前一字圖版作▉,整理者未釋,很可能是"以"字。里耶簡中"以"字多作▉ 5-17、▉ 8-70、▉ 8-672背,這個字中間的筆畫模糊不清,但它的左側筆畫與"以"字左側的豎筆相合,右側筆畫與"以"字右側的捺筆相吻合。"郵"後一字圖版作▉,整理者未釋,很可能是"行"字。里耶簡中"行"字作▉ 5-35、▉ 8-12、▉ 8-555。"以郵行"在里耶簡中常見,例如:

| 貳春鄉以郵行。 | 8-1147 |

---

[1] "令"由楊先雲補釋。楊先雲:《讀〈里耶秦簡(貳)〉札記》,簡帛網,2018年5月17日。

遷陵洞庭以郵行。　　　　　　　　　　　　　　　　5-35
酉陽以郵行洞庭。　　　　　　　　　　　　　　　　5-34

十八

☐廷獄門守府☐　　　　　　　　　　　　　　　　9-1972
☐捕鼠廿☐　　　　　　　　　　　　　　　　　　9-1269

按：兩簡形制、字形及書寫風格上較一致，且紋路、色澤、斷口較吻合，當可綴合。拼合後釋文作：

☐廷獄門守府捕鼠廿☐　　　　　　　　　9-1972＋9-1269

謝坤在《〈里耶秦簡（貳）〉札記（一）》中集中列出了包括簡9-1269在内的一些與捕鼠有關的簡，並指出：

這幾枚簡的内容皆與捕鼠有關，且木簡形制相近、字體書寫風格近似，頗疑幾枚簡原可能屬於同一類，或可編聯……整理者曾指出里耶秦簡中有"捕鼠計"，或是指此類捕鼠簡。需要注意的是，前揭里耶8-1242自名"鼠券束"。比較而言，這裏的"鼠券束"或指這些捕鼠記錄原是捆束在一起的。同時，"鼠券"可能是這些捕鼠記錄的規範稱謂。〔1〕

這種看法可從。謝文未列的還有9-1621"☐少内門者捕鼠【十】☐"。〔2〕我們所討論的簡9-1972和9-1269，綴合後與這些捕鼠簡對比，形制相似、字體風格相近，這也是這兩枚簡可以綴合的有力證據。

十九

☐過手
☐☐食　　　　　　　　　　　　　　　　　　　　9-1347

---

〔1〕謝坤：《〈里耶秦簡（貳）〉札記（一）》，簡帛網，2018年5月17日。
〔2〕里耶秦簡牘校釋小組：《里耶秦簡（貳）校讀（一）》，簡帛網，2018年5月17日。

按：所謂"食"字圖版作▇，很有可能是"養"字。"養"字下部从"食"，上部从"羊"，《説文》："从食，羊聲。"在里耶簡中多作▇ 8－756、▇ 8－1861、▇ 8－1560。這個字雖然左部殘缺，但仍能看出"食"字上部還有筆畫，與"羊"相合。

二十

卅六年九月辛巳朔☐☐☐☐

死與計偕・問☐（正）

九月丁酉旦齏以來☐☐☐☐（背）　　　　　　　　　　　9－1439

☐☐丙申都鄉☐

☐☐毋應書☐（正）

☐/羹發　　☐（背）　　　　　　　　　　　　　　　　9－1434

按：兩簡形制、字形及書寫風格上較一致，且紋路、色澤、斷口較吻合，當可綴合。綴合後可復原"朔"字，拼合後釋文作：

卅六年九月辛巳朔丙申都鄉☐☐

死與計偕・問☐毋應書☐（正）

九月丁酉旦齏以來/羹發　☐（背）　　　　　　　9－1439＋9－1434

二十一

卅五年五月己丑朔☐☐

中以書定☐☐☐☐

☐☐☐名吏（事）☐　　　　　　　　　　　　　　　9－1601[1]

按："朔"後一字圖版作▇，很有可能是"己"字。里耶簡中"己"字多作▇ 8－

---

[1] "吏"，由里耶秦簡牘校釋小組釋出。里耶秦簡牘校釋小組：《里耶秦簡（貳）校讀（一）》，簡帛網，2018年5月17日。

138 反、▨ 8-307、▨ 8-537，可參看。

二十二

☐來☐爲☑   9-1693

按："爲"前一字圖版作▨，整理者未釋，很可能是"以"字。里耶簡中"以"字多作 ▨ 5-17、▨ 8-90、▨ 9-144，可參看。

二十三

☐☐☐辟析亭良☑
☐月丁☐水十一刻=下八覆城☐里士五☐以來 亭半☑（背） 9-1882

按："士五"下一字圖版作▨，整理者未釋，很可能是"西"字。里耶簡中"西"字多作 ▨ 8-1450、▨ 8-1452、▨ 8-34，可參看。西，在這裏是人名，里耶簡中僅此一例。

附記：何有祖老師告訴我他也綴合了 9-884＋9-817＋9-569、9-1972＋9-1269（未刊稿），不敢掠美，謹志於此。

附圖：綴合簡圖版

9－3354 正＋9－57	9－299＋9－175	9－884＋9－817＋9－569	9－1972＋9－1269	9－1439＋9－1434

（李美娟　武漢大學歷史學院簡帛研究中心　碩士研究生）

里耶秦簡綴合五則

楊先雲

里耶秦簡已正式公布《里耶秦簡（壹）》《里耶秦簡（貳）》兩册資料，[1]共計近七千餘枚簡牘。在此基礎上，學者們在殘簡綴合、文字釋讀、制度研究等方面陸續發表了大量的研究論著，碩果累累。現場考古工作者根據里耶一號井出土的堆積物進行了分層，現公布的里耶秦簡主要是里耶古井第五、六、八、九層所出土的簡牘，但由於當時丢棄簡牘的情況和時間不同，殘簡數量龐大，且考慮到現場考古環境、發掘方法及人爲分層的局限，整理者推斷里耶一號井廢棄延續時間在兩個月左右，[2]故而簡牘丢棄時間相隔不遠，存在不少原爲同一枚簡牘却殘斷分散在不同層位的情況。[3]我們在研讀《里耶秦簡（壹）》《里耶秦簡（貳）》的過程中也發現一些這種情況，嘗試對幾組殘簡進行綴合，現條列如下，不當之處，敬祈方家批評指正。

一

《里耶秦簡（壹）》中里耶 8－838 號簡釋文作：

錢二千六百八十八☑

---

[1] 湖南省文物考古研究所：《里耶秦簡（壹）》，文物出版社 2012 年；湖南省文物考古研究所：《里耶秦簡（貳）》，文物出版社 2017 年。

[2] 參湖南省文物考古研究所：《里耶發掘報告》第 44 頁，嶽麓書社 2006 年。

[3] 里耶秦簡甚至還存在隔層殘簡綴合情況，如里耶 6－19＋9－297，6－23＋9－2049＋9－2164 等，我們認爲導致隔層殘簡綴合的原因很有可能是當時簡牘已斷裂而先後丢棄於古井中造成的。6－15＋9－297 綴合意見參里耶秦簡牘校釋小組：《〈里耶秦簡（貳）〉綴合補（一）》，簡帛網，2018 年 5 月 15 日；6－23＋9－2049＋9－2164 綴合意見參湖南省文物考古研究所：《里耶秦簡（貳）》釋文第 123 頁。

卅四年後九月壬辰朔丁酉☐☐　　　　　　　　　　　　　8-838

里耶 8-838 號簡殘存内容屬校券文書,下段殘缺。在翻檢《里耶秦簡(貳)》時,發現有一枚殘簡内容似與之有關,釋文作:

　　　☑司空守痤受少内守就　瘳手　　　　　　　　　　　　9-68

兩簡形制、字形及書寫風格上一致,且紋路、茬口皆吻合,文意連貫,當可綴合(見圖1)。兩簡茬口處殘筆拼合可復原"司"字,圖版作 。關於里耶 8-838 號簡的刻齒,整理者説明:"左側刻齒爲'二千六百一十',以下殘斷。"[1]從圖版上看,里耶 8-838 號簡刻齒在右側,疑爲整理者筆誤。而里耶 9-68 號簡的刻齒,整理者説明:"右側刻齒爲'八十八'。"[2]從圖版上看,兩簡茬口處拼合正好爲第一個"十"刻齒,故而完簡刻齒應爲"二千六百八十八",與簡文"錢二千六百八十八"相合。兩支殘簡拼合後爲一份完整的校券文書,釋文作:

　　　錢二千六百八十八。
　　　卅四年後九月壬辰朔丁酉,司空守痤受少内守就。瘳手。

　　　　　　　　　　　　　　　　　　　　　　　　　　8-838＋9-68

圖 1　8-838＋9-68 拼合處

---

[1] 湖南省文物考古研究所:《里耶秦簡(壹)》釋文第 52 頁。
[2] 湖南省文物考古研究所:《里耶秦簡(貳)》釋文第 9 頁。

二

《里耶秦簡(壹)》中里耶 8-800 號簡亦是校券文書,其釋文作:

徑厹粟米一石二斗半斗　　卅一年二月辛卯倉守武史感禀人堂出☐
令史狂視平☐　　　　　　　　　　　　　　　　　　　　　　8-800

根據校券文書辭例,里耶 8-800 號簡"出"後應接"禀"或"貣/貸",檢索已公布的里耶秦簡,《里耶秦簡(貳)》有枚殘簡似與之相接,其釋文:

☐禀隸妾竪
☐　感手　　　　　　　　　　　　　　　　　　　　　　　　9-110

兩簡形制、字形及書寫風格上一致,且紋路、茬口皆吻合,文意連貫,當可綴合(見圖2)。另,里耶 9-110 號簡整理者所釋"竪"字作▨,里耶秦簡牘校釋小組改釋爲"堂",〔1〕此說可從。同簡的"堂"作▨,字形一致。簡文"隸妾堂"與"禀人堂"或非同一人。兩支殘簡拼合後釋文作:

徑厹粟米一石二斗半斗。　卅一年二月辛卯,倉守武、史感、禀人堂出禀隸妾堂。
令史狂視平。感手。　　　　　　　　　　　　　　　　8-800＋9-110

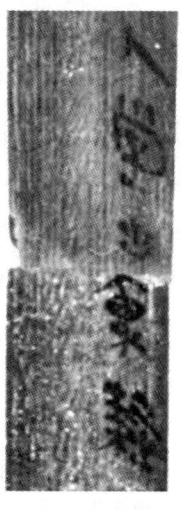

圖 2　8-800＋9-110 拼合處

---

〔1〕里耶秦簡牘校釋小組:《〈《里耶秦簡(貳)》簡牘綴合續表〉等文讀後記》,簡帛網,2018 年 5 月 15 日。

三

《里耶秦簡(壹)》中里耶 8-2002＋8-673 簡牘由凡國棟先生拼合而成，[1]其釋文作：

  卅五年七月戊子朔壬辰貳春☑
  書毋徒捕羽謁令官丞☑
  之/七月戊子朔丙[2]申遷陵守☑   8-2002 正＋8-673 正
  遣報之傳書/歊[3]手/☑
  七月乙未日失時東成小[4]上造寡[5]以來☑ 8-2002 背＋8-673 背

里耶 8-2002＋8-673 綴合可從，但兩簡拼合而成後，簡牘下端內容仍然缺失。我們在翻檢《里耶秦簡(貳)》時，發現一組整理者拼合的殘簡的內容似與 8-2002＋8-673 號簡有關，釋文作：

  ☑言之賦羽有
  ☑捕羽給賦敢言
  ☑建下倉司空丞   9-1897 正＋9-1848 正
  ☑丙申旦隸妾孫行
  ☑ 如意手   9-1897 背＋9-1848 背

里耶 9-1897、9-1848 兩簡形制、字形及書寫風格上一致，且紋路、色澤較吻合，整理者的綴合意見可從。而仔細觀察里耶 8-2002＋8-673 與里耶 9-1897＋9-1848，二者在形制、字迹、紋路等方面皆相近，內容也皆與"捕羽"相關，故我們懷疑里耶 8-2002＋8-673 與里耶 9-1897＋9-1848 當屬同簡。然里耶 8-673 與里耶 9-1897 茬口並不吻合，不能直接拼合，仍有殘缺。從兩簡圖版和簡文的內容觀察可知，里耶 8-673 與里耶 9-1897 僅簡文第一、二行尚缺失二三字，第三行可以直接拼合(見圖 3)。拼合後釋文作：

---

[1] 陳偉主編：《里耶秦簡牘校釋》第 199—200 頁，武漢大學出版社 2012 年。下文皆簡稱"《校釋》"。
[2] "丙"字，原釋文衍"子"，《校釋》據簡文刪。參陳偉主編：《里耶秦簡牘校釋》第 200 頁。
[3] "歊"字從《校釋》所釋，參陳偉主編：《里耶秦簡牘校釋》第 200 頁。
[4] "小"字從《校釋》所釋，參陳偉主編：《里耶秦簡牘校釋》第 200 頁。
[5] "寡"字從《校釋》所釋，參陳偉主編：《里耶秦簡牘校釋》第 200 頁。

卅五年七月戊子朔壬辰，貳春☐☐言之：賦羽有書，毋徒捕羽，謁令官巫☐捕羽給賦。敢言之。/七月戊子朔丙申，遷陵守建下倉、司空：亞 8-2002＋8-673＋9-1897＋9-1848 遣報之，傳書。/歜手。/丙申旦，隸妾孫行。

七月乙未日失時，東成小上造寡以來。如意手。

8-2002背＋8-673背＋9-1897背＋9-1848背

8-673正＋9-1897正拼合處　　8-673背＋9-1897背拼合處

圖3

四

《里耶秦簡（貳）》有枚簡涉及秦律處罰，其釋文作：

　　☐上有罪其當刑及當☐☐　　　　　　　　　　　　　9-2302

在翻檢《里耶秦簡（壹）》時，發現有枚殘簡內容似與之相連，其釋文作：

　　☐城旦舂耐以爲鬼薪白粲，其當耐☐　　　　　　　　8-805

里耶 9-2302 與 8-805 號簡在形制、字形及書寫風格上一致，且紋路、色澤、茬口皆吻合，文意連貫，當可綴合。茬口處殘簡拼合，可復原"城"字（見圖4）。里耶 9-2302＋8

-805簡文的處罰內容可與張家山漢簡《二年律令·具律》簡82"上造、上造妻以上,及内公孫、外公孫、内公耳玄孫有罪,其當刑及當爲城旦舂者,耐以爲鬼薪白粲"[1]對照。兩支殘簡拼合後釋文作:

☐上有罪其當刑及當城旦舂耐以爲鬼薪白粲,其當耐☐

9-2302+8-805

圖4 9-2302+8-805拼合處

五

《里耶秦簡(貳)》中9-2335號簡釋文作:

十三户上造寡一户公士四户從百四户元年入不更一户上造六☐

此簡是記録某地不同層級的户數以及增加户數的文書,與里耶8-1236+8-1791簡文性質相似,皆是統計不同層級的户數的記録:

今見一邑二里大夫七户大夫寡二户大夫子三户不更五户☐☐四户上造

---

[1]張家山二四七號漢墓竹簡整理小組編:《張家山漢墓竹簡[二四七號墓]》第145頁,文物出版社2001年。

十二户公士二户從廿六户

在翻檢《里耶秦簡（壹）》時，發現有枚殘簡似與里耶9－2335號簡內容有關，其釋文作：

☒户從十二☒　　　　　　　　　　　　　　　　　　　　　　8－2231

里耶8－2231簡文"從十二"後殘斷，據里耶8－1236＋8－1791簡文內容可推論，"從十二"後應接"户"，《校釋》注釋："從，疑指無爵者，待考。"〔1〕里耶9－2335、8－2231號簡在形制、字形及書寫風格上一致，如"户"字作 ▨（里耶9－2335）、▨（里耶8－2231），字迹相同，且紋路、茬口皆吻合，文意連貫，當可綴合（見圖5）。兩支殘簡拼合後其釋文作：

十三户，上造寡一户，公士四户，從百四户。元年入不更一户、上造六户，從十二☒　　　　　　　　　　　　　　　　　　　　9－2335＋8－2231

圖5　9－2335＋8－2231拼合處

（楊先雲　湖南省文物考古研究所　館員）

---

〔1〕陳偉主編：《里耶秦簡牘校釋》第297頁。

嶽麓秦簡所見懲治
官員受賄令文試析*

周海鋒

嶽麓書院藏秦簡中，有一則由數十枚簡構成的令文是針對治獄者及其親屬的受賄行爲而制定的，目的是爲了防止官吏以權謀私、受賕枉法。這些律令條文又可分成兩組，兩組條文內容雷同，字體有別，分屬不同卷册。嶽麓書院藏秦簡整理小組將其中一組收入第五卷，另一組收入第六卷，本文重點對前者加以探討，並順便論及後者。

收入第五卷者計有 25 枚（22 支），可見兩道編痕，編痕處無字，字體比較方正，内容圍繞一個中心而展開。我們根據相關信息將這 25 枚簡編連在一起，但此組條文依舊不完整。爲便於討論，現將條文移録於下：

  自今以來，治獄以所治之故，受人財及有賣買焉而故少及多其賈（價），雖毋（無）枉殹（也），以所受財及其貴賤賈（價），與【盜】(1605＋1617)【同】灋。叚（假）、貣賤〈錢〉金它物其所治、所治之親、所智（知），【雖毋（無）枉殹（也），以所】叚（假）貣賃費貴賤〈錢〉金它物其息之數，與盜同灋。叚（假）貣(1603－1＋1603－3)錢金它物其所治之室人，所治之室【人】父母、妻、子、同産，雖毋（無）枉殹（也），以所叚（假）貣賃費貣錢金它物其息之數，與盜(1597)【同】灋。吏治獄，其同居或以獄事故受人財及有賣買焉，故少及多其賈（價），以告治者，治者【弗言吏，受者、治】(1146)者以所受財及其貴賤賈（價），與盜同灋。叚（假）貣錢金它物〖其所治、所治之親、所智（知）〗，爲告治者，治〖者〗爲枉事，以所叚（假）貣賃費貣錢金它物(1167)其息之數，受者、

---

*本文爲國家社科基金青年項目"秦律令及其所見制度新研"（17CZS056）的階段性研究成果。

〖治者〗與盜同灋。不告治者㇄,受者獨坐,與盜同灋㇄。叚(假)貣錢金【它物其所治之室人、室人父】(1164)母、妻、子、同產,以告治者,治者雖弗爲枉事,以所叚(假)貣費貣錢金它物其息之數,受者、治者與盜同灋。不(1098)【告】治者㇄,受者獨坐,與盜同灋。告治者,治者即自言吏,毋無辠㇄。受者其及〈父〉毋〈母〉殹(也),以告子治?☐(1086)

（缺簡）

☐以所受財及其貴錢〈賤〉賈(價),與盜同(1750)灋。爲請治者,〖治者〗爲‧枉事,得,皆耐,其辠重于耐者,以重者論㇄,〖以〗盜律論受者。其告治者,治者弗爲枉事,治者(1695)毋無辠。治獄者親及所智(知)弗與同居,以獄事故受人財及有賣買焉【而故少及多其賈,弗爲請而謾】(1783)謂已爲請㇄,受者貲二甲。不告治者及弗謾,毋無辠。治獄以所治故受人酒☐(1793＋1801)

（缺簡）

以枉事及其同居或以獄事故受人酒肉食,以告治者,治者爲枉事,治者、受者皆與盜同灋。受人酒肉食,弗(1697)以枉事,以盜律論㇄。同居受人酒肉食,以告治者,治者弗爲枉事,治者貲二甲,受者以盜律論。不告治者,受(1711)者獨坐,與盜同灋。治獄者親及所智(知)弗與同居,以獄事故受人酒肉食,弗爲請而謾謂已爲請,以盜律(1710)【論】,不告治者,受者獨坐,與盜同灋。治獄者親及所智(知)弗與同居,以獄事故受人酒肉食,弗爲請而謾(1717)謂已爲請,以盜律論㇄,爲請治者,治者爲枉事,得,皆耐,其辠重于耐者,以重者論,以盜律論受者,其告(0833)治者,治者弗爲枉事,受者貲二甲；不告治者及弗謾,毋辠㇄。治獄受人財酒肉食,叚(假)貣人錢金它物及有賣(1732)買焉而故少及多其賈(價),以其故論獄不直,不直辠重,以不直律論之。不直辠輕,以臧(贓)論之。有獄論,有獄論(1723)親、所智(知)以獄事故,以財酒肉食遺及以錢金它物叚(假)貸治獄、治獄者親、所智(知)及有賣買焉而故少及多(1815)【其】賈(價),已受之而得,予者毋(無)辠。有獄者,有獄者親、所智(知)以財酒肉食遺治獄者,治獄者親、所智(知)㇄,弗受而告吏,以盜(1847)律論遺者,以臧(贓)賜告者,臧(贓)過四千錢者,購錢四千,勿予,臧(贓)入縣官。予人者,即能捕所予及它人或能捕之(1851)〔1〕

---

〔1〕陳松長主編：《嶽麓書院藏秦簡(伍)》第144—151頁,上海辭書出版社2017年。按：某些字詞的處理方式、句讀與整理小組意見不同。

（缺簡）

以上簡文之繫聯，缺字之補釋，[1]主要依據另一組字體迥異、內容相同的條文，兩組不能對讀之處，則依據文意將其置於相應位置。因爲可作爲編連重要參照的簡背劃痕、反印文等信息在此組簡中十分有限，故以上繫聯方案或與原簡册有一定出入，這是需要事先交代的。

僅從條文內容本身，不易分辨"受財枉事"組條文究竟是律還是令文。但是通過其他信息，可以證明這確是一則令文。因爲與之內容雷同、字體迥異的那組條文屬於"【廷内史】郡二千石官共令第甲"（嶽麓秦簡 2076 號），令篇名是單獨書寫在一枚簡上的，又"【廷内史】郡二千石官共令第甲"卷册中的令文與第五卷簡尾標注"廷甲"的條文內容雷同者不少，至少有十則以上，故據此可基本判定"受財枉事"組條文屬於"廷内史郡二千石官共令"。

條文冗長，但遠非全部，所缺失的簡牘不少。初讀之，或疑其反復囉嗦，然仔細研讀後發現，整則律令條文除了一處因爲大意而抄寫重複之外，實際上均有細微區别。這也是秦律細密謹嚴的表徵。下面將着眼於寫本形態、語詞蘊義、立法精神等方面，逐簡分析此則令文。

一、令條文本形態的復原及"他本"的重要校勘價值

有"他本"可資對勘，可以有效地校正文本的訛誤，並爲令文的繫聯提供有力的參照。不得不承認，有些脱、訛現象，若無"他本"作爲參照，是極難發現的。由於缺簡較多，反印文、背劃綫信息過少，律條較長且表述上繁複拖沓，若無可資對校之本，一些竹簡很難確認其在整則令文中的位置。

1. 訛、衍、脱

起首簡由 1605 與 1617 左右綴合而成，"自今以來"常作爲令文的起始標志，然據此四字並不能知曉令文的確切制定時間。起首三枚簡正好可與另一卷册的三枚簡對讀：

　　• 自今以來，治獄以所治之故•，受人財及有賣買焉而故少及多其賈（價），雖毋枉殹（也），以所受財及其（0177）貴賤[2]賈（價），與盜同灋╚。叚

―――――――――

[1] "【　】"内之字據文意或另一組内容相同字體有異的令文補釋，"□"内之字據殘存筆畫釋出。
[2] 彩色圖版有"貴賤"兩個字。

（假）˪、貪錢金它物其所治、所治之親、【所智（知）】，雖毋以枉毆（也），以所叚
（假）賃費貪錢金它物，其息之數(0181)與盜同灋˪。叚（假）˪、貪錢金它物其
所治之室人、所治之室人父、母、妻、子同產，雖毋（無）枉毆也，以所叚賃費貪
錢金它(2105)

兩組簡對讀後發現，0181 簡存在漏抄、誤抄現象：漏抄"所智"二字，誤衍"以"字。
1603－1＋1603－3 簡中部殘泐，因三枚簡的內容均是針對受賄而未枉法的情況，據前
後文意可補"雖毋枉毆以所"六字。

1086 簡"其及毋毆"，三個虛詞連用，且文意不通，其必有訛誤無疑。然僅靠文法
知識和本則令文內容，無法糾正其訛。通過與另外一則與之內容相同的令條可知，
"及毋"乃"父母"之訛：

母妻子同產，以告治者，治者雖弗爲**枉事，以所叚（假）賃費貪錢金它物
其息之數**，受者、治者**與盜同灋，不**(1098)**【告】治者˪，受者獨坐，與盜同灋。
告治者，治者即自言吏**〔1〕**，毋（無）辠˪。受者其及〈父〉毋〈母〉毆（也），以告
子治**▨(1086)

▨**【枉】事，以所叚（假）賃費貪錢金它物**(2067)**其**息之數，〚受者、治者〛
與盜同灋。不告治者˪，受者獨坐，與盜同灋。告治者，治〚者〛即自言吏，毋
罪。**(2119)**受者其父母毆（也），以告【子治 】▨(2110)

雖然以上所摘錄的條文均存在殘斷，但互相比勘之後，能校正常見的一些訛誤。加黑
部分爲內容相同者，標注下劃綫者乃"他本"脫文。【　】內之字，由於竹簡殘泐不能釋
讀，乃據"他本"補釋，〚　〛內爲脫文，〈　〉內爲正字。

"衍文"常出現於秦漢律簡。衍文字數以一二字居多，三五字者也可見，但衍文字
數達四五十字者十分罕見。現將抄寫於 1717 簡和 0833 簡的衍文摘錄於下：

以枉事，以盜律論˪。同居受人酒肉食，以告治者，治者弗爲枉事，治者
貲二甲，受者以盜律論。不告治者，受(1711)者獨坐，與盜同灋。治獄者親
及所智（知）弗與同居，以獄事故受人酒肉食，弗爲請而謾謂已爲請，以盜律
(1710)【論】。**不告治者，受者獨坐，與盜同灋。治獄者親及所智（知）弗與同
居，以獄事故受人酒肉食，弗爲請而謾(1717)謂已爲請，以盜律論˪。**爲請治
者，治者爲枉事，得，皆耐，其辠重于耐者，以重者論，以盜律論受者，其告

---

〔1〕自言吏：自己向官府報告。張家山漢簡《二年律令·盜律》："其叚（假）別在它所，有（又）物故毋道歸叚
（假）者，自言在所縣道官，縣道官以書告叚（假）在所縣道官收之。"

(0833)治者,治者弗爲枉事,受者貲二甲;不告治者及弗謾,毋(無)辠﹂。治獄受人財酒肉食,叚(假)貣人錢金它物及有賣(1732)

字體被筆者加黑者爲衍文,多達 45 字,内容與標下劃綫者完全一樣。衍文一般是由於抄寫者一時疏忽而多抄寫的文字。以上所引衍文的成因,與條文中反復出現相同的術語以及規範對象的區别甚微有關。"同居受人酒肉食"爲違法行爲,但又可區分爲"以告治者"、"不告治者"和"爲請治者",三種情況所面臨的處罰是有輕重之分的。"不告治者,受者獨坐,與盜同灋。治獄者親及所智(知)弗與同居,以獄事故受人酒肉食,弗爲請而謾謂已爲請"一段文字前後均有"以盜律論"四字,這或許是導致誤衍的最爲直接的原因。

2."内證法"與殘簡編連

收入嶽麓秦簡第五卷有關懲治治獄官吏徇私枉法的令條計有 25 枚,竹簡經綴合後完整或基本完整;而另一則可與之對讀的令文只有 17 枚簡,且含 3 枚殘斷簡(10 字以下)。很顯然,兩組令文所藴藏的信息量是不對等的。在進行竹簡文本復原時,當没有"他本"可對照時,只能根據文本的内部結構來開展復原工作。例如 1783 簡殘斷,可作爲其補釋參照的"他本"在此處也恰好殘斷:

☐以所受財及其貴錢〈賤〉賈(價),與盜同(1750)灋。爲請治者,〖治者〗爲·枉事,得,皆耐,其辠重于耐者,以重者論﹂,〖以〗盜律論受者,其告**治者,治者弗爲枉事,治者**(1695)**毋辠。治獄者親及所智(知)弗與同居,以獄事故受人財及有賣買焉【而故少及多其賈(價),弗爲請而謾】**(1783)謂已爲請﹂,受者貲二甲。不告治者及弗謾,毋辠。治獄以所治故受人酒☐(1793+1801)

1963:☐治者,治者弗爲枉事,治者毋罪,治獄者親及所智(知)弗與同居,以獄事故受人財及有賣買焉而故(1963)【少】及多其賈(價)☐(C10-3-7)[1]

字體加黑者是可以對讀的部分。1783 簡簡尾殘斷部分,可據 1963 與 C10-3-7 補釋"而故少及多其賈"七字,而後面加上着重號的"弗爲請而謾"五字是筆者根據本則令文的叙述邏輯補釋的。補釋之後發現其正好可與 1793+1801 簡繫聯,繫聯依據來自後文:

治獄者親及所智(知)弗與同居,以獄事故受人酒肉食,弗爲請而謾謂已

---

[1] 陳松長主編:《嶽麓書院藏秦簡(陸)》,待刊。

爲請，以盜律(1710)【論】。**不告治者，受者獨坐，與盜同灋。治獄者親及所智（知）弗與同居，以獄事故受人酒肉食，弗爲請而謾(1717)謂已爲請，以盜律論**ㄴ。爲請治者，治者爲枉事，得，皆耐，其辠重于耐者，以重者論，以盜律論受者。其告(0833)治者，治者弗爲枉事，受者貲二甲；不告治者及弗謾，毋辠ㄴ。(1732)

前文已經提及"不告治者……以盜律論"一段爲衍文，茲不予討論。以上令文是針對"治獄者親及所智（知）"，即非法接受涉案者或其親屬酒肉食而制定的，又可細分爲"弗爲請而謾謂已爲請"、"爲請治者，治者爲枉事"、"告治者，治者弗爲枉事"和"不告治者及弗謾"數種情況，分別面臨不同的處置方式。據此敘述順序，可推測"治獄者親及所智（知）弗與同居，以獄事故受人財及有賣買焉【而故少及多其賈（價）】"之後也應該接"弗爲請而謾謂已爲請"之類的内容。

需要補充的是 1793+1801 簡"以爲請"之後的內容爲"受者貲二甲"，中間似有脱文。因爲接受錢財數額和貿易過程中故意超出平價的部分多少不一，若一律以"貲二甲"論處，不僅有失公允，也與秦法一貫的細密性不符。據此並參照 1710 到 1732 簡的敘述程式，可知脱文部分爲"以盜律論。爲請治者，治者爲枉事，得，皆耐，其辠重于耐者，以重者論，以盜律論受者。其告治者，治者弗爲枉事"，加上兩處重文，正好 42 字，恰爲此組令文一枚簡所能容納的字數。當然這只是筆者根據自己的理解作出的判斷，由於沒有其他文本作爲依據，不可徑直將以上文字加入。

二、令條所見術語釋義

所研討的令條對官吏及其親屬的各類受贓枉法行爲作了十分細緻的規範，不僅爲探究秦官吏法提供了極好的材料，也爲重新解釋秦漢簡牘中常見的某些術語創造了契機。

整則條文圍繞"受財枉事"而展開，中間又可細分爲多個層次。依據受賄對象不同可劃分爲治獄者、治獄者親、治獄者所知、治獄者同居和治獄者弗與同居等。依據行賄對象可區分爲有獄者、有獄者親、有獄者所知、有獄者室人、有獄者室人之父母妻子同產等。依據行賄方式的不同，可分以錢財行賄、遺以酒肉食、假貸錢金它物、買賣故意貴賤其價等。而治獄者本人是否知曉行賄之事、是否檢舉非法、受賄後是否枉法，所給予的處罰也各不相同。此外，條文對於告劾、檢舉"受財枉事"行爲者皆給以獎賞。

條文涉及對象有同居、室人、同産、親、所知,這幾個稱謂之間有一定的聯繫,也有比較嚴格的區分,要完全讀懂條文内容,需要先對它們進行梳理。

1. 所智、室人

"所智"一詞見於 1603－1＋1603－3,"叚貸賤〈錢〉金它物其所治、所治之親、所智（知）","所智"乃"所治之所智"之省,"所智"應是與"親"並列的一種親屬稱謂。"叚貸錢金它物其所治",即把錢財、其他物品借給治涉獄者。狹義的"親"特指父親和母親,秦漢簡或稱爲"親父母":

> 《秦律十八種·軍爵律》:欲歸爵二級以免親父母爲隷臣妾者一人,及隷臣斬首爲公士,謁歸公士而免故妻隷妾一人者,許之,免以爲庶人。[1]

> 嶽麓秦簡《戍律》:䌛（徭）發,親父母、泰父母、妻、子死,遣歸葬。已葬,輒聶（攝）以平其䌛（徭）。[2]

> 《二年律令·賊律》:毆兄、姊及親父母之同産,耐爲隷臣妾。其奊詬詈之,贖黥。[3]

> 《二年律令·金布律》:有贖買其親者,以爲庶人,勿得奴婢。[4]

需要指出,秦漢文獻中的"親"常指父親、母親,後代以"親"代指所有親屬乃詞義擴大的結果。

"親"與"所智"常一起出現,故"親所智"被誤理解爲一詞。"親所智（知）"這一稱謂在睡虎地秦簡、張家山漢簡中均有出現:

> 《法律答問》:"將司人而亡,能自捕及**親所智**（知）爲捕,除毋（無）罪;已刑者處隱官。"[5]

> 《二年律令·亡律》:奴婢亡,自歸主,主**親所智**（知）,及主、主父母、子若同居求自得之,其當論畀主,或欲勿詣吏論者,皆許之。一六〇[6]

> 《二年律令·亡律》:☐☐頯畀主。其自出殹（也）,若自歸主、主**親所智**（知）,皆笞百。一五九[7]

---

[1] 睡虎地秦墓竹簡整理小組:《睡虎地秦墓竹簡》第55頁,文物出版社1990年。
[2] 陳松長主編:《嶽麓書院藏秦簡（肆）》第129頁,上海辭書出版社2015年。
[3] 張家山二四七號漢墓竹簡整理小組:《張家山漢墓竹簡[二四七號墓]》第14頁,文物出版社2001年。
[4] 張家山二四七號漢墓竹簡整理小組:《張家山漢墓竹簡[二四七號墓]》第68頁。
[5] 睡虎地秦墓竹簡整理小組:《睡虎地秦墓竹簡》第123頁。
[6] 張家山二四七號漢墓竹簡整理小組:《張家山漢墓竹簡[二四七號墓]》第30頁。
[7] 彭浩、陳偉、工藤元男主編:《二年律令與奏讞書》第155頁,上海古籍出版社2007年。

睡虎地秦簡和張家山漢簡整理者均將"親所知"解釋爲"親屬朋友"。[1] 徐世虹先生認爲"主親"指"主父母、子若同居","主親所知"可釋作"主人、親屬所知之人"。[2] 據嶽麓秦簡 1710 號簡文"治獄者親及所智（知）",1783 號簡"治獄者親及所智（知）弗與同居",可確定"親"與"所智（知）"所指不同,不宜視爲一物。"親"指父親、母親,前文已經論及。那麽"所知"究竟包括哪些人呢？

既然確定了"親"與"所知"爲兩個不同的概念,則秦漢簡中"親所知"均宜斷讀爲"親、所知",《二年律令》一六〇簡應重新句讀如下：

> 《二年律令·亡律》：奴婢亡,自歸主、主親、所智（知）,及主、主父母、子若同居求自得之,其當論畀主,或欲勿詣吏論者,皆許之。

以上律文主要講了兩層意思：一是奴婢逃亡之後自己回到主人、主人父母或所智（知）那裏；二是主、主父母、子或同居抓獲了逃亡的奴婢。比較易知"主、主親、所知"與"主、主父母、子若同居"是一一對應的,則"所智"當包括子與同居。

據《法律答問》,"'同居',獨户母之謂殹（也）",[3] 可知"同居"指位於同一户籍之下的兄弟姐妹,且必須是一母所出。然《法律答問》又曰"户爲同居",[4] 即同一户籍。高恒先生綜合兩則材料,認爲"同居"指同一户籍同母之人。[5] 彭年先生認爲"同居"包括"同籍"與"同財"兩項。秦漢時期,父母妻子屬於"同居",沒有分異的兄弟及兄弟之子亦包括在"同居"之列。[6] 可見,關於"同居",學界尚無統一意見。

關於"室人",至今同樣没有統一的看法。《法律答問》解釋爲"一室,盡當坐罪人之謂殹（也）",[7] 睡虎地秦墓竹簡整理小組引用《禮記·昏義》注："謂女姒女叔諸婦也。"[8] 陳玉璟先生認爲指"一家人"。[9] 蔡鏡浩先生認爲"室人"似指妻子、兒女。[10] 高恒先生認爲"室人"即房屋内的人；同一室的人,不一定是親屬,更非"諸婦也"。[11] 張

---

[1] 彭浩、陳偉、工藤元男主編：《二年律令與奏讞書》第 154 頁；睡虎地秦墓竹簡整理小組：《睡虎地秦墓竹簡》第 123 頁。
[2] 徐世虹：《"主親所知"釋小》,《出土文獻研究》第六輯,上海古籍出版社 2004 年。
[3] 睡虎地秦墓竹簡整理小組：《睡虎地秦墓竹簡》第 141 頁。
[4] 《秦簡牘合集》第 190 頁,武漢大學出版社 2016 年。
[5] 高恒：《秦簡中的私人奴婢問題》,《雲夢秦簡研究》,中華書局 1981 年。
[6] 彭年：《秦漢"同居"考辨》,《社會科學研究》1990 年第 6 期。
[7] 睡虎地秦墓竹簡整理小組：《睡虎地秦墓竹簡》第 141 頁。
[8] 睡虎地秦墓竹簡整理小組：《睡虎地秦墓竹簡》第 142 頁。
[9] 陳玉璟：《秦簡語詞札記》,《安徽師大學報（哲學社會科學版）》1985 年第 1 期。
[10] 蔡鏡浩：《〈睡虎地秦墓竹簡〉注釋補正（二）》,《文史》第 29 輯,中華書局 1988 年。
[11] 高恒：《讀秦漢簡牘札記》,《簡牘研究》第一輯,法律出版社 1993 年。

世超先生認爲"室人"指"同室而居"之人,亦即"同居"。[1] 冨谷至先生認爲"一室盡當坐罪之人"並不是確定緣坐範圍的必要條件,奴婢並不包括在内。[2]

據上引嶽麓秦簡令文可知,"所治之親"、"所智"和"所治之室人"三者是並列關係。前文已經確認"親"指"父母親","所智"包括子女與同居。據令文"叚(假)貸錢金它物其所治之室人、室人父母妻子同産"一段,可知"室人"一般擁有"父、母、妻、子、同産",則"室人"只能指代男性。然此涉案者之"室人"甘冒風險與治獄者進行不正當的借貸往來,以此來影響治獄者的行爲,可見"室人"與涉案者必然關係密切,不可能僅僅指在空間上同居一室之人。排除各種可能後,筆者認爲"室人"指異户的兄、弟、侄、孫。

又令文常將"同居"與"親及所智弗與同居"並列,此"同居"只能當同户解,不能作"獨户母"解。既然確定了嶽麓秦簡中的"同居"確指位於同一户籍之下者,那麽與之抄寫年代相近的《二年律令》中的"同居"内涵當相同。需要指出的是父母、子女、兄弟姐妹未必屬於"同居",現在看來只有"妻"是始終屬於"同居"的。父母、子女、兄弟、姐妹並非理所當然的"同居"者。

從令文"親所智弗與同居"推測出"親、所智"可以是"同居",也可能非"同居",而"妻子"是始終屬於"同居"行列的,故"所智"不包括妻。又奴婢雖然爲主人的私産,但常出現在户籍簿上,與一般的物什有别。奴婢也是必然的"同居"者,不當在"所智"範圍内。

《二年律令·亡律》:奴婢亡,自歸主、主親、所智(知),及主、主父母、子若同居求自得之,其當論畀主,或欲勿詣吏論者,皆許之。

秦漢律文中的"主"既可指男主,亦可指女主,如"主奴奸"的記載數見,"主"顯然指女主。故知"所智"包括子女(包括異户、出嫁者)和同居(位於同一户籍之下者,妻、奴除外)。

從"治獄者親及所智弗與同居"可知"所智"與治獄者可能是同居關係,也可能異户。秦漢簡中"親"、"所智"常並列,是兩個按照血緣關係劃分的概念,"所智"與"同居"無必然聯繫。"所智"指除父母以外的血親,包括子、孫、兄弟、侄等。"同居"指位於同一户籍之下者,妻和奴婢恒爲"同居"者,其他血親則未必是。

綜上可知,"所智"與"同居"劃分標準不同,前者以血緣,後者以户籍。所智未必

---

[1] 張世超:《秦簡中的"同居"與有關法律》,《東北師大學報(哲學社會科學版)》1989 年第 3 期。
[2] [日]冨谷至著,柴生芳等譯:《秦漢刑罰制度研究》第 154 頁,廣西師範大學出版社 2006 年。

同居,同居也未必是所智。"室人"是一個既考慮血親又考慮户籍關係的概念,指異户的兄、弟、侄、孫。"所智"包括子女(包括異户、出嫁者)和同居(位於同一户籍之下者,妻、奴除外)。同居指位於同一户籍之下者。

2. 假貸

"假貸錢金它物"、"假賃費貸錢金它物其息之數"在令文中反復出現,其所指需要加以辨析。

"假"在令文中並非一般意義上的借,而是一種有條件或需要支付一定酬金的租借;"貸"指放貸,以收取利息作爲盈利手段。"假"與"貸"雖均以牟利爲目的,但二者以勾識號斷開,表明它們有所區別。"假"即後文的"假賃","貸"即"費貸"。"假"與"貸"的區別在於:所"假"之物爲一般的物品,所"貸"者爲金錢。"費貸"實際上應理解爲"貸費",即貸款。"假"與"貸"的區別,還可從以下簡文看出:

• 新地吏及其舍人敢受新黔首錢財酒肉它物,及有賣買叚(假)賃貸於新黔首而故貴賦〈賤〉(0895)其賈(價),皆坐其所受及故爲貴賦〈賤〉之臧(贓)、叚(假)賃費貸息,與盜同灋。(1113)[1]

• 十三年六月辛丑以來,明告黔首:相貸資緡者,必券書吏ㄴ,其不券書而訟,乃勿聽,如廷律。前此(0630)令不券書訟者,爲治其緡,毋治其息,如内史律。(0609)[2]

從0895、1113簡可知,新地吏及其舍人不得接受新黔首的饋贈,買賣時不能隨意抬高或壓低價錢,借貸時不可隨意調整利率。"叚賃貸於新黔首"本身不違法,若"故貴賤其賈(價)",則要根據"叚賃費貸息",比照盜贓論處。

0630簡"相貸資緡"即"貸","相貸"以"資緡"爲目的。"緡"在傳世文獻中常見,《漢書·武帝紀》載"初算緡錢",[3]李斐注:"絲,以貫錢也。"簡文中的"緡"指本金,與"息"相對。"資"可與"滋"相通,"資緡"即滋長本金。貸款均以獲得利息爲目的,秦代民間借貸是十分普遍的行爲,但借貸行爲只有當着官吏之面立下券書,才具有合法性。只有立下券書,今後借貸雙方發生經濟糾紛對簿公堂時官府才會受理。據以上令文還可知,秦代官吏可以進行放貸行爲,只要不故意"貴賤其價",均是合法的。如此看來,秦對民間私自放貸的利率也有所規範。

---

[1] 陳松長主編:《嶽麓書院藏秦簡(伍)》第51—52頁。
[2] 陳松長主編:《嶽麓書院藏秦簡(肆)》第194—195頁。
[3] 《漢書》卷六《武帝紀》第178頁,中華書局1962年。鋒按:據嶽麓秦簡"緡"之用法,可知漢武帝"初算緡錢"之"緡"指資產,"算緡錢"即收取資產稅。

"其息之數"指租貸所得利息金額,被視爲贓款,比照"盜贓"論處。正常的民間租貸行爲是允許的,但作爲治獄的官吏,秦令禁止其與涉案者及涉案者親屬發生任何經濟行爲。秦令此舉在於防患於未然,以期阻止權錢交易,保證司法的公正。

3. 受者、治者、所治

"受者"指接受賄賂之人,"治者"指治獄的官吏,"所治"指獄案當事人。"受者"有可能即爲"治者",也可能是與"治者"關係密切之人。治獄者沒有接受賄賂,且對自己親屬的受賄行爲一無所知時,治獄者無罪,受賄者"與盜同灋"。治獄者若知曉涉案者或其親屬向自己的親屬行賄,即使沒有因此而徇私枉法,也會獲罪。據秦律,官民均有"告奸"義務,知情不報者會根據情節輕重給予相應懲罰。令文中出現的"有獄論"、"有獄者",均指犯案者,即"所治"。

治獄者本人受人錢財或在與涉案者及其親屬貿易過程中故意抬高或壓低價錢,即使沒有因此而出現不公正的審判,亦是違法行爲,其所受贓款、貿易超出平價部分均要比照盜贓論處。治獄者接受涉案者及其親屬所贈酒肉食,即使沒有因此枉法,亦"以盜律論"。由此可見,負責獄案的官吏,是不允許與涉案者及涉案者親屬發生經濟關係的。

治獄者接受賄賂及獲得其他不正當收入以後,因此而出現枉法行爲,如果情節很嚴重,將面臨更爲嚴厲的處罰:

> 治獄受人財酒肉食,叚(假)貣人錢金它物及有賣買焉而故少及多其賈(價),以其故論獄不直,不直皋重,以不直律論之。不直皋輕,以臧(贓)論之。

> 《二年律令・盜律》:受賕以枉法,及行賕者,皆坐其臧(贓)爲盜。罪重於盜者,以重者論之。[1]

關於"論獄不直",《法律答問》和《二年律令》均有解釋:

> 皋當重而端輕之,當輕而端重之,是謂"不直"。當論而端弗論,及傷其獄,端令不致,論出之,是謂"縱囚"。[2]

> 《二年律令・具律》:劾人不審,爲失;其輕罪也而故以重罪劾之,爲不直。[3]

---

[1] 張家山二四七號漢墓竹簡整理小組:《張家山漢墓竹簡[二四七號墓]》第16頁。
[2] 睡虎地秦墓竹簡整理小組:《睡虎地秦墓竹簡》第115頁。
[3] 張家山二四七號漢墓竹簡整理小組:《張家山漢墓竹簡[二四七號墓]》第24頁。

相比《二年律令》，《法律答問》對"不直"的解釋更爲全面。治獄的官吏不按律令從事，故意加重或減輕犯罪嫌疑人罪等，被稱作"不直"。應當論罪而故意不論罪，或掩蓋犯罪事實，使得犯人夠不上判罪標準，於是判他無罪，稱爲"縱囚"。"不直"常常與"縱囚"連用，但二者有別。里耶秦簡行政文書中引用的一則秦令中也有關於"不直"和"縱囚"的記錄：

> 汛（訊）敬：令曰：諸有吏治已決而更治 8－1832 者，其罪節（即）重若 8－1418 益輕，吏前治者皆當以縱、不直論。今敨等當贖 8－1133 耐，是即敬等縱弗論殹。何故不以縱論？ 8－1132（正）
> 贖 8－1132（背）〔1〕

通過《法律答問》和里耶秦簡，我們已經清楚"不直"的確切含義。官吏犯"不直"罪，究竟當如何處理，《史記·秦始皇本紀》載："（秦始皇）三十四年，適治獄吏不直者，築長城及南越地。"〔2〕同爲"不直"罪，輕重不同，不可能面臨相同的懲處。漢初抄寫的《二年律令》規定：

> 《二年律令·具律》：鞠（鞫）獄故縱、不直，及診、報、辟故弗窮審者，死罪，斬左止（趾）爲城旦，它各以其罪論之。〔3〕

漢初之制多承秦朝，秦律對官吏"不直"者之懲處當與上面近似。"適治獄吏不直者，築長城及南越地"，當針對罪行比較嚴重者。需要補充的是，以上規定是在秦始皇三十三年平定南越、擊退匈奴以後，由於王朝疆域空前廣闊，需要大量官吏進行管理，只好啓用那些政績有污點的墨吏。嶽麓秦簡律令條文中頻繁出現的"新地吏"，其中就包括不少因犯罪而謫往者。將治獄不直之吏發配到新地爲吏，既可以彌補新地吏員之不足，又可以充分利用人力資源，畢竟培養一名合格的官吏需要比較漫長的時間。

4. 以臧論

令文中多次出現的"以臧（贓）論"、"以盜律論"和"與盜同灋"，實際是一回事，指根據其贓值，比照盜竊財物罪論處。目前所見材料，以《二年律令》對"盜罪"的規範最爲完備：

> 《二年律令·盜律》：盜臧（贓）直（值）過六百六十錢，黥爲城旦舂。六百

---

〔1〕陳偉主編：《里耶秦簡牘校釋》第一卷，第 281 頁，武漢大學出版社 2012 年。按：句讀有改動。
〔2〕《史記》卷六《秦始皇本紀》第 323 頁。
〔3〕張家山二四七號漢墓竹簡整理小組：《張家山漢墓竹簡[二四七號墓]》第 22 頁。

六十到二百廿錢,完爲城旦舂。不盈二百廿到百一十錢,耐爲隸臣妾。不盈百一十錢到廿二錢,罰金四兩。不盈廿二錢到一錢,罰金一兩。〔1〕

漢初律條與秦律關係密切,以上規定對探究秦律對"盜罪"的規定有一定參考價值。例如《二年律令》根據贓值多少將盜罪分爲五等,與秦代的情形類似。尤其是錢數均是十一的倍數,襲用秦律的痕迹極爲明顯。《秦律十八種·金布律》載"錢十一當一布",此舉本是爲了錢布兑换的方便,但對秦漢整個刑罰體系的影響極爲深遠。

睡虎地秦簡、龍崗秦簡和嶽麓秦簡中均有關於"盜罪"的懲罰條款,但均不如《二年律令》中所見有體系。即便如此,筆者還是希望綜合三批材料所提供的信息,復原秦律中有關"盜罪"的處罰原則。

筆者多次在文章中提及秦律文本是流動多變的,不僅僅表現在條文增减或更替,就是對同一事項,不同時期的規範也可能不一樣。具體到"盜罪"的處罰規定也是如此。爲了更加直觀地呈現這種變動,現將有關材料摘引於下:

1. 士五(伍)甲盜,以得時直臧(贓),臧(贓)**直百一十**,吏弗直,獄鞫乃直臧(贓),臧(贓)直**過六百六十**,**黥甲爲城旦**,問甲及吏可(何)論?甲當**耐爲隸臣**,吏爲失刑罪。甲有罪,吏智(知)而端重若輕之,論可(何)殹(也)?爲不直。〔2〕

2. 司寇盜**百一十錢**,先自告,可(何)論?當**耐爲隸臣**,或曰貲二甲。〔3〕

3. 或盜采人桑葉,臧(贓)**不盈一錢**,可(何)論?**貲繇(徭)三旬**。(95頁)

4. **二百廿錢到百一十錢,耐爲隸臣妾**;□☒(40號)〔4〕

5. **貲二甲;不盈廿二錢到一錢,貲一盾**;不盈一錢,□☒(41號)〔5〕

6. 達等椒塚,不與猩、敽謀,【得】衣器告;猩、敽受分,臧(贓)**過六百六十錢**。得。猩當**黥城旦**,敽耐鬼薪。("猩、敽知盜分贓案")〔6〕

7. •諸物之有程而當入縣官者,其惡不如程而請吏入,其受請者及所請,皆坐惡不如程者,(1457)與盜同灋,臧(贓)**不盈百一十錢者**,皆**耐以爲司**

---

〔1〕張家山二四七號漢墓竹簡整理小組:《張家山漢墓竹簡[二四七號墓]》第16頁。
〔2〕睡虎地秦墓竹簡整理小組:《睡虎地秦墓竹簡》第102頁。
〔3〕睡虎地秦墓竹簡整理小組:《睡虎地秦墓竹簡》第95頁。
〔4〕陳偉主編:《秦簡牘合集(釋文注釋修訂本[三])》第36頁,武漢大學出版社2016年。
〔5〕陳偉主編:《秦簡牘合集(釋文注釋修訂本[三])》第37頁。
〔6〕朱漢民、陳松長主編:《嶽麓書院藏秦簡(叁)》第124頁,上海辭書出版社2013年。

寇。•十七 (1483)〔1〕

8. 工隸臣妾及工當隸臣妾者亡，以日六十錢計之。隸臣妾、官隸、收人(2002)及諸當隸臣妾者亡，以日六錢計之，及司寇冗作及當踐更者亡，皆以其當冗作及當踐(1981)更日，日六錢計之，皆與盜同灋。(1974)**不盈廿二錢者，貲一甲**。其自出殹(也)，減罪一等乚。亡日錢數過六百六十而能以錢數物告(0169)者，購金二兩，其不審，如告不審律。六百六十錢以下及不能審錢數而告以爲亡，購(0180)金一兩，其不審，完爲城旦舂到耐罪，貲二甲；貲罪，貲一甲。(2036)〔2〕

由於材料1、2、3均取自睡虎地秦簡《法律答問》，因此其抄寫年代當在秦統一之前。從材料1可知盜贓值百一十錢以上，耐爲隸臣妾；盜贓值六百六十錢以上，黥爲城旦舂。從材料2可知盜贓值百一十錢以上，本當耐爲隸臣妾，但考慮其有"自告"行爲，或有官吏認爲當罰二甲。根據秦律的量刑規則，當犯罪人有自首行爲時，會減罪一等。這從側面說明，盜贓不滿百一十錢者，貲二甲。

4、5兩則材料來自《龍崗秦簡》，一般認爲此批律條抄錄時代爲秦統一以後。任仲赫先生認爲以上兩簡可以遙綴，推測中間殘缺爲"不盈百一十錢到廿二錢"諸字，〔3〕筆者認爲可信。秦及漢初量刑的標準數額均爲十一錢的倍數，廿二、百一十、二百廿、六百六十是重要的節點。又從龍崗秦簡39號簡爲例，滿簡的容字數爲24字，40號簡補釋之後正好是24字。與40簡編連的前簡一定是以"不盈"結尾，且是針對"不盈六百六十錢到二百廿錢"以及"六百六十錢以上"之處罰。

6、7、8三則材料摘自嶽麓秦簡，其中6爲秦統一前的獄案卷宗摘錄，7、8爲秦統一後抄錄的律令條文。需要指出的是嶽麓秦簡中的令文有晚至秦二世時期者。據材料6，盜贓過六百六十錢者，黥爲城旦，上造爵以上者，耐爲鬼薪。從材料7可知，盜贓值不滿百一十錢者，耐爲司寇。《法律答問》和《龍崗秦簡》中對同等級別的盜罪均是罰貲二甲。這當是秦對盜罪刑等進行調整的結果。"貲二甲"以上尚有"贖耐"，可見秦法對盜罪的懲處力度在不斷加强。這從材料8也能看出，逃亡者以每日六錢計爲盜贓，不盈廿二錢者，貲一甲。比起《龍崗秦簡》中的"貲一盾"來，同樣重了一個等級。讓人疑惑的是，貲一甲與耐爲司寇之間，隔了貲二甲、贖耐兩個刑等。里耶秦簡中有

---

〔1〕陳松長主編：《嶽麓書院藏秦簡(陸)》，待刊。
〔2〕陳松長主編：《嶽麓書院藏秦簡(肆)》第44—45頁。按：2002號簡原本漏收，在後續整理過程中發現其當編連在1981簡之前。
〔3〕任仲赫：《秦漢律的罰金刑》，《湖南大學學報(社會科學版)》第22卷第3期，2008年5月。

官吏因某種原因被處以耐爲司寇之刑者：

　　廿四年六月甲午朔乙卯，洞庭守禮謂遷陵丞：Ⅰ丞言徒隸不田，奏曰：司空厭等當坐，皆有它罪，Ⅱ8-755 耐爲司寇。有書，書壬手。Ⅱ8-756[1]

爲便於比較，現將秦漢簡中對盜罪的相應處罰情況製表如下：

秦漢盜罪相應處罰一覽表

贓　　　值	睡虎地秦簡處罰	獄麓秦簡處罰	龍崗秦簡處罰	二年律令處罰
$x \geq 660$	黥爲城旦舂	黥爲城旦舂		黥爲城旦舂
$660 > x \geq 220$	完爲城旦舂	完爲城旦舂		完爲城旦舂
$220 > x \geq 110$	耐爲隸臣妾	耐爲隸臣妾	耐爲隸臣妾	耐爲隸臣妾
$110 > x \geq 22$	貲二甲	耐爲司寇	貲二甲	罰金四兩
$22 > x \geq 1$	貲一盾	貲一甲	貲一盾	罰金一兩
$x < 1$	貲徭三旬			

三、秦法處置受賄罪的原則問題

　　通過上文分析可知，秦代在處置官吏受賄枉法之罪時，總體上遵循以下原則："不直罪"輕，以盜罪論處；"不直罪"重，以不直論。但在具體處置時，情況遠比此複雜。"人是一切社會關係的總和"，官吏作爲社會中一員，與外界必然發生各種聯繫，與親屬之間的關聯尤其重要。秦法制定者在擬定律令條文時，既要防範官吏的親屬利用血親關係侵蝕公權力，阻礙司法的公正性；又要充分考慮官員的社會屬性，不能只讓他們感受到冰冷嚴酷的律條，而感受不到一絲暖人心房的脉脉溫情。"剛柔相濟"的原則，在秦代律令條文中表現得十分明顯。下面將着重談談這一點。

　　前文已經論述了官吏本人受賄的處罰情況，官吏親屬受賄情況更爲複雜些。親屬同居還是異户，處罰措施不同。又親屬在受賄後是否請托，請托後官吏又是否枉法，均會有不同的處置。

　　治獄官吏的同居因爲獄事的緣故，接受他人錢財或有不正當的收入，並將此事告

---

[1] 陳偉主編：《里耶秦簡牘校釋》第一卷，第217頁。

知治獄者,而治獄者沒有將此事上報官府,同居與治獄者均要根據具體的贓值,按照盜罪論處。"同居連坐"是秦法中一條比較重要的原則。《法律答問》引秦法曰:"盜及者(諸)它罪,同居所當坐。"[1]

治獄者同居受人酒肉食,並將此事告知治獄者,治獄者未因此而枉法,同居以盜律論,治獄者貲二甲。治獄者父母、兄弟、子侄未與同居者,接受人家酒肉食,並將此事告知治獄者,治獄者未因此而枉法,受賄者貲二甲,治獄者無罪。

同居者必共產,同居者受賄所得,計入家庭總財產中,故就此而言,治獄者同居受賄,與治獄者本人接受的區別不大。我們姑且稱治獄者親屬接受賄賂爲"間接受賄",其與治獄者本人直接受賄有別,故秦法對直接受賄與間接受賄分別處理。

親屬受人酒肉食並將此事告知治獄者,治獄者因此而枉法,同居親屬與弗與同居者所面臨的懲罰不同,治獄者接受非同居者的請托而枉法,所受到的懲罰更爲嚴厲:

以枉事及其同居或以獄事故受人酒肉食,以告治者,**治者爲枉事**,治者、受者皆與盜同灋。(1697)

治獄者親及所智(知)弗與同居,以獄事故受人酒肉食……爲請治者,治者爲枉事,得,皆耐,其罪重於耐者,以重者論,以盜律論受者。(1710 - 0833)

前文已經論及,盜罪按照贓值課刑,最高爲黥城旦舂,最低爲貲一甲。同居受人酒肉食,"以告治者,治者爲枉事,治者、受者皆與盜同法",若以"盜罪"論,最重黥爲城旦舂,最輕貲一甲。"治獄者親及所智(知)弗與同居"受人酒肉食而爲涉案者請托,治獄者因此而枉法,"不直"之罪在耐罪行以下者,受賄者、治獄者均要以耐罪論。"不直"之罪在耐罪行以上者,治獄者以"不直罪"論處,受賄者根據受賄數額以盜罪論處。

不難發現,同居者請托,治獄者枉法,治獄者之罪等根據受賄物所值而定;父母、所智(知)非同居者請托,治獄者爲枉法,治獄者之罪按照不直罪大小而定,即與涉案者罪等相關聯,而與受賄贓值無直接關係。

以上是治獄者因親屬請托而枉法的情況,下面再談談雖請托而未枉法的情況:

同居受人酒肉食,以告治者,治者弗爲枉事,治者貲二甲,受者以盜律論。(1711)

治獄者親及所智(知)弗與同居,以獄事故受人酒肉食……其告治者,治者弗爲枉事,受者貲二甲。(1710-1732)

---

[1] 睡虎地秦墓竹簡整理小組:《睡虎地秦墓竹簡》第98頁。

母妻子同產,以告治者,治者雖弗爲枉事,以所叚(假)賃費貣錢金它物其息之數,受者、治者與盜同灋。(1098)

1098簡之前有缺文,可推測大致內容是治獄者同居假貣錢金它物給涉案者的親屬,以從中謀利,並爲涉案者請托。治獄者即使沒有因此枉法,也要與受賄者一道按盜罪論處。同樣的情況下,如果同居受賄物品爲酒肉食,治獄者將貲二甲,受賄者同樣以盜罪論。父母、所智非同居者受人酒肉食而爲涉獄者請托,治獄者弗爲枉法,受賄者貲二甲,治獄者無罪。

從上可見,治獄者同居無論是受人酒肉食還是通過"假賃費貣"等獲得非法收入,只要向治獄者請托,即使治獄者未因此而枉法,受賄者均以盜罪論。

治獄者即使本人沒有受賄,也沒有枉法,只要知曉親屬受賄而未向官府報告,就會被治罪。只有一種情況例外,即親屬非同居者受人酒肉食而爲涉獄者請托,弗爲枉法,則治獄者無罪。令文中提及治獄官吏無罪的情況還有以下幾種:

不告治者,受者獨坐。告治者,治者即自言吏,無辠。(1098、1086)
不告治者及弗讓,毋辠。(1732)

治獄者在不知親屬受賄或知情而上報官府的情況下,可以免受處罰。

關於受人酒肉食,嶽麓秦簡在其他令文中也有規定:

• 里人令軍人得爵受賜者出錢酒肉飲食之,及予錢酒肉者,皆貲戍各一歲。(0634)[1]

• 材官、趣發、發弩、善士敢有相責入舍錢酉(酒)肉及予者,捕者盡如此令,士吏坐之,如鄉嗇夫。貲丞、令、(0525)令史、尉、尉史各一甲。丞相下,尉布,御史議,吏敢令後入官者出錢財酒肉,入時共分飲食及出者,皆【貲】二甲,責費。(0529)[2]

"軍人"當指里人服兵役者。里人獲得軍功爵,本是可喜可賀之事,秦法却嚴禁以酒肉錢財道賀,違者罰充爲戍卒一歲。舊吏讓新入職視事的同事出錢財酒肉或分享其食物,索取者和給予者均罰二甲,並賠償相應費用。可見,同樣是索取錢酒肉食,不同場合,不同目的,所面臨的懲罰是不一樣的。

整則令文大部分内容是針對受賄者以及治獄者的,只有後半部分對行賄者的處罰問題作了大致規範:

---

[1] 陳松長主編:《嶽麓書院藏秦簡(肆)》第220頁。
[2] 陳松長主編:《嶽麓書院藏秦簡(肆)》第221頁。

　　　　有獄論,有獄論(1723)親、所智(知)以獄事故,以財酒肉食遺及以錢金它物叚(假)貸治獄、治獄者親、所智(知)及有賣買焉而故少及多(1815)[其]賈(價),已受之而得,予者毋(無)辠。有獄者,有獄者親、所智(知)以財酒肉食遺治獄者,治獄者親、所智(知)㇄,弗受而告吏,以盜(1847)律論遺者,以臧(贓)賜告者,臧(贓)過四千錢者,購錢四千,勿予,臧(贓)入縣官。予人者,即能捕所予及它人或能捕之(1851)

涉案者、涉案者父母以及其親屬因獄事之故,贈予治獄者、治獄者父母及其親屬錢財酒肉食或借貸錢財物品給他們,買賣時故意抬高壓低價錢,對方接受了賄賂,被官府偵破檢舉後,行賄者均無罪。如果治獄者及其親屬不但沒有接受賄賂,而且將行賄者的行爲如實上告官府,行賄者據贓值按照盜罪論處。作爲獎賞,官府將贓物賜予舉報者,但如果贓物所值超過四千錢,贓物充公,將獎賞檢舉者四千錢。贓物已經送出,本人或他人若能捕獲受賄者……

1851之後本當有簡與之繫聯,但已無法找到。據文意當是規範行賄者無罪的又一種情況,即贓物已經送出,本人或他人若能捕獲受賄者,行賄者無罪,以贓物給予抓捕者。

通過以上論述,我們對秦代懲治、防範官吏受賄枉行爲法有了更爲深刻的認識,也更爲直觀地感受到秦法的嚴密細緻、合符情理又切於實用,寓靈活性與原則性於一體。

（周海鋒　湘潭大學文學與新聞學院　助教）

嶽麓秦簡《數》的抄寫年代考辨

翁明鵬

關於嶽麓秦簡《數》的抄寫年代，陳松長[1]、肖燦、朱漢民[2]、謝坤[3]等認爲是秦代文獻，整理者則認爲其"形成時間不遲於秦始皇三十五年（公元前 212 年）"[4]。日本人大西克也對"泰"字進行了較爲詳細的研究，推測"泰"字創造於秦國統一天下之時。他又根據《數》沒有用"泰半升"而用"大半升"的現象，認爲它的創作基本上是在統一之前，惜未舉例申說。[5] 今按，通過考察《數》中的字詞關係，我們贊同大西克也的意見。兹將理由分述如下，謹作爲大西克也觀點之注脚，亦就正於各位方家。

一、"大"和"泰"

里耶 8-461 號木方上有"大如故，更泰守"的規定，陳侃理指出："《里耶秦簡（壹）》

---

* 本文是國家社科基金重大項目"戰國文字詁林及數據庫建設"（17ZDA300）、國家社會科學基金項目"秦至西漢簡帛文獻中字形與音義關係研究"（13BYY104）和 2017 年出土文獻與中國古代文明研究協同創新中心博士創新資助項目"秦簡牘字詞關係研究"（CTWX2017BS029）的部分成果。
[1] 陳松長：《嶽麓書院所藏秦簡綜述》，《文物》2009 年第 3 期，第 85 頁。爲使行文簡潔，本文在引述先哲時賢的觀點時皆逕稱其名而不加"先生"、"女士"等稱呼，敬乞見諒。
[2] 肖燦、朱漢民：《嶽麓書院藏秦簡〈數〉的主要内容及歷史價值》，《中國史研究》2009 年第 3 期，第39 頁。
[3] 謝坤：《嶽麓書院藏秦簡〈數〉校理及數學專門用語研究》第 1 頁，西南大學碩士學位論文，2014 年。
[4] 朱漢民、陳松長主編：《嶽麓書院藏秦簡（貳）·前言》，上海辭書出版社 2011 年。
[5] ［日］大西克也：《從里耶秦簡和秦封泥探討"泰"字的造字意義》，《簡帛》第八輯，上海古籍出版社 2013 年，第 139—148 頁。

中原釋出'泰守'13處(最早的紀年是秦始皇二十八年,兩見),'大守'僅在同一塊木牘(8-67號)上出現兩次,且書寫時間應在木方所載規定下達之前(作者自注:此木牘有紀年'秦始皇二十六年十二月',其時,與本木方有關的詔書可能尚未下達至遷陵)。可見'大如故,更泰守'一句意在區分'大''泰'二字的用法,規定在記錄太守的{太}時改用'泰'字,不再寫作'大守'。"[1]但從現有的資料來看,出現"泰守"的最早的時間實際上是秦始皇廿七年(前220年)二月丙子朔庚寅(十五日),如:

> 廿七年二月丙子朔庚寅,Ⅰ……急事不可留,乃興繇(徭)。Ⅱ……言名、夬泰守府。Ⅵ　　　　　　　(《里耶秦簡博物館藏秦簡》16-5)
>
> 〖廿七〗年二月丙子朔庚寅,Ⅰ……急事不可留,乃興繇(徭)。Ⅱ……言名、夬泰守府。Ⅵ　　　　　　　(《里耶秦簡博物館藏秦簡》16-6)
>
> 廿七年二月丙子朔庚寅,Ⅰ……急事不可留,乃興繇(徭)。Ⅱ……言名、夬泰守府。Ⅵ　　　　　　　(《里耶秦簡(貳)》9-2283)

距離"大(太)守"出現的秦始皇二十六年(前221年)十二月癸丑朔辛巳(二十九日)已經過去了十四個月(秦始皇廿六年有閏九月,見《里耶(貳)》9-1857"廿六年後九月己酉朔甲戌")。但目前尚未見到始皇二十六年"泰守"的資料,因此我們只能推測以"泰守"完全取代"大(太)守"的時間大概在始皇廿六年端月以後,因爲該年十二月辛巳已經是月末了。

不過,里耶簡中有如下一條與"大"、"泰"相關的簡文需要特別注意:

> 廿[2]六年五月庚戌,痟(癘)舍守歐、佐秦出粱(粱),粟=(粟米)四斗一升泰半升以食痟(癘)者居貲士五朐忍宜新符,積十三日=(日,日)少半斗,積四斗少半升。令史肄監。　　　　　　　(《里耶(貳)》9-2303+9-2292)

本條之"泰"出現的時間是秦始皇廿六年(前221年)五月庚戌(三十日),乍一看似比"泰守"之"泰"出現的時間——秦始皇廿七年(前220年)二月丙子朔庚寅(十五日)要早得多,但實際上這兩個"泰"的讀法並不一樣:"泰半升"之"泰"讀爲"大",而"泰守"之"泰"讀爲"太"。"泰半"在統一前的睡虎地秦簡中均作"大半",如:

---

[1] 陳侃理:《里耶秦方與"書同文字"》,《文物》2014年第9期,第78、81頁。
[2] 廿,原釋文作"卅",周海鋒、楊先雲均據"痟(癘)舍守歐"和"佐秦"二人多活動於廿六年而改釋。參周海鋒:《〈里耶秦簡(貳)〉初讀(一)》,簡帛網,2018年5月15日。楊先雲:《秦簡所見"痟"及"痟舍"初探》,簡帛網,2018年5月16日。今按,此說可信。又,本枚簡的綴合亦參前揭楊文。

稻、麻敁用二斗大半斗,……黍、荅敁大半斗。　　　　　(《秦律》38)〔1〕

☐石六斗大半斗。　　　　　　　　　　　　　　　　　(《秦律》41)

粲毀(毇)〈毀(毇)粲〉米六斗大半斗。　　　　　　　　(《秦律》43)

迹廣一寸大半寸。　　　　　　　　　　　　　　　　　(《封診》76—77)

而統一後則多改作"泰半",如：

粟=(粟米)五石三斗泰半。　　　　　　　　　　　　　(《里耶(壹)》6—12)〔2〕

☐升泰半十一升列☐　　　　　　　　　　　　　　　　(《里耶(壹)》8—366)

☐【升】泰半升。　　　　　　　　　　　　　　　　　　(《里耶(壹)》8—491)

☐泰半升☐　　　　　　　　　　　　　　　　　　　　(《里耶(壹)》8—692背)

☐☐·泰半斗石廿☐　　　　　　　　　　　　　　　　(《里耶(壹)》8—715)

日三升泰半=(半半)升。　　　　　　　　　　　　　　(《里耶(壹)》8—925＋8—2195)

稻三石泰半斗。　　　　　　　　　　　　　　　　　　(《里耶(壹)》8—1550)

徑膽粟=(粟米)一石八斗泰半。　　　　　　　　　　　(《里耶(壹)》8—1574＋8—1787)

粟=(粟米)二斗泰半斗。　　　　　　　　　　　　　　(《里耶(壹)》8—2194)

徑膽粟=(粟米)四斗泰半斗。

　　　　　　　　　　　　　　　(《里耶(壹)》8—1014＋《里耶(貳)》9—934)〔3〕

牘廣一寸泰半寸。　　　　　　　　　　　　　　　　　(《嶽麓(伍)》116)

可見統一後秦王朝除了要把統一前的"大(太)守"改寫爲"泰守"外,"大半"也要更爲"泰半"。嶽麓簡《數》中只見"大半"而不見"泰半",如：

租一兩二朱(銖)大半朱(銖)。　　　　　　　　　　　(《嶽麓(貳)》21)

大枲田三步大半步。　　　　　　　　　　　　　　　　(《嶽麓(貳)》22)

細枲輿田十二步大半步。　　　　　　　　　　　　　　(《嶽麓(貳)》25)

從(縱)七步大半步五分步三。　　　　　　　　　　　　(《嶽麓(貳)》55)

米一升爲粟一升大半升。　　　　　　　　　　　　　　(《嶽麓(貳)》88)

麥一升爲米大半升。　　　　　　　　　　　　　　　　(《嶽麓(貳)》94)

米大半升爲麥一升。　　　　　　　　　　　　　　　　(《嶽麓(貳)》95)

---

〔1〕本文出現睡簡諸篇之全稱與簡稱對應如下：《秦律十八種》簡稱"《秦律》"；《秦律雜抄》簡稱"《雜抄》"；《法律答問》簡稱"《答問》"；《封診式》簡稱"《封診》"；《爲吏之道》簡稱"《爲吏》"。

〔2〕本文所引《里耶秦簡(壹)》的釋文若無特別説明均參考陳偉主編,何有祖、魯家亮、凡國棟撰著：《里耶秦簡牘校釋》第一卷,武漢大學出版社 2012 年。

〔3〕綴合和釋文參里耶秦簡牘校釋小組：《〈里耶秦簡(貳)〉校讀(三)》,簡帛網,2018 年 5 月 23 日。

> 粱(粱)一石十六斗大半斗。　　　　　　　　　　　　（《嶽麓（貳）》109）
>
> 以十斗乘粟十六斗大半斗爲貟(實)。　　　　　　　　（《嶽麓（貳）》116）
>
> 上造一斗十五分五，公士大半斗。　　　　　　　　　（《嶽麓（貳）》123）
>
> 爲積尺七千一百六十六尺大半尺。　　　　　　　　　（《嶽麓（貳）》192）

可見《數》明顯是統一前的抄本。大西克也認爲"泰半升"代替"大半升"爲的是紀念度量衡的統一。[1] 從上揭文例看，"大半"後的單位除"升"之外尚有"斗"、"寸"、"銖"、"步"、"尺"等，可證大西克也的意見應該是正確的。

此外，里耶簡的"泰"還出現在以下辭例中：

> 佐均史佐日有泰(大)抵已備歸。　　　　　　　　　（《里耶（壹）》8-197）
>
> 泰凡七千七百廿二里。　　　（《里耶秦簡博物館藏秦簡》17-14背）

"泰凡"，整理者未括注，然其讀爲"大"當無疑。《數》無"泰抵"，然有"大凡"，文云：

> 大凡三萬五千九百卌尺。　　　　　　　　　　　　　（《嶽麓（貳）》199）

《數》作"大凡"而統一後的里耶簡則作"泰凡"也可證《數》的抄寫年代在統一前。

但是，因爲明確寫有秦始皇二十六年的"泰"字材料比較少，該年的"泰守"也未見，我們不知道"泰守"代替"太守"、"泰半"代替"大半"和"泰凡"代替"大凡"三者是同時進行的還是時間有先後。不過從目前的資料看，"泰半"代替"大半"（秦始皇廿六年五月）要早於"泰守"代替"太守"（秦始皇廿七年二月）。

二、"卿"表示{鄉}

陳侃理釋出了里耶8-461號木方"卿如故，更鄉"的規定，並指出它的含義是統一前公卿之{卿}和鄉里之{鄉}均用"卿"字表示，而統一後公卿之{卿}仍使用"卿"字記錄，{鄉}則須改用"鄉"字記錄。[2] 田煒也認爲以"卿"記錄{鄉}和以"鄉"記錄{鄉}分別體現了戰國秦簡和秦代簡的用字習慣。[3] 最近，筆者又根據里耶簡的材料，發現

---

[1] [日]大西克也：《從里耶秦簡和秦封泥探討"泰"字的造字意義》，《簡帛》第八輯，第142—143頁。

[2] 參陳侃理：《里耶秦方與"書同文字"》，《文物》2014年第9期，第77—78頁。

[3] 參田煒：《談談馬王堆漢墓帛書〈天文氣象雜占〉的文本年代》，《古文字研究》第三十一輯，第468—469頁，中華書局2016年。

有明確時間的最早的"鄉"字出現在秦始皇二十六年(前 221 年)五月乙酉(初五日)的文書中,且"鄉"大規模取代"卿"來表示{鄉}則在該年五月庚子(二十日)以後。[1]《數》亦有{鄉},皆用"卿"字記録,凡 6 例,如:

> 凡三卿(鄉),其一卿(鄉)卒千人,一卿(鄉)七百人,一卿(鄉)五百人,今上歸千人,欲以人數衰之,問幾可(何)歸幾可(何)? （《嶽麓(貳)》134)

> 其述(術)曰:同三卿(鄉)卒,以爲濾(法),各以卿(鄉)卒乘千人貫=(實,實)如濾(法)一人。 （《嶽麓(貳)》136)

"卿",陳松長原釋"鄉"。[2] 許道勝、李薇改釋"卿",並如字讀,認爲指軍隊將領。[3] 肖燦在她的博士論文和《嶽麓(貳)》的釋文中認爲"卿"是"鄉"之訛字。[4] 後來,許道勝又引用乃師陳偉的意見,也認爲"卿"是"鄉"之訛字。[5] 今按,細審圖版,釋"卿"正確無疑。肖燦、《嶽麓書院藏秦簡(貳)》的整理者和許道勝把"卿"看成是"鄉"之訛字的觀點恐怕是在認定這批簡的抄寫年代爲秦代的基礎上產生的。然這似欠妥當,因爲整批嶽麓簡的抄寫年代並不像龍崗秦簡和周家臺秦簡那樣都整齊劃一地屬於秦代,如《嶽麓(叁)》的部分奏讞文書就是統一前的抄本,而《嶽麓(壹)》《嶽麓(肆、伍)》則多抄寫於秦代。另外,上文已指出用"卿"表{鄉}是統一前秦文獻的特徵,統一後的龍崗秦簡、周家臺秦簡、《嶽麓(壹)》《嶽麓(肆、伍)》等均已改用"鄉"表{鄉}。所以《數》中的"卿"並不是"鄉"的訛字,這種字詞關係恰恰説明《數》應抄寫於統一前。

三、"賞"表示{償}

陳侃理又釋出里耶 8-461 號木方"賞如故,更償責"的規定,並指出它的含義是統一前賞罰之{賞}和償還之{償}皆可用"賞"字表示,統一後賞罰之{賞}依然用"賞"字

---

[1] 參拙文《秦簡牘中"吏如故更事"與"卿如故更鄉"政策推行時間的再考察》,待刊。
[2] 參陳松長:《嶽麓書院所藏秦簡綜述》,《文物》2009 年第 3 期,第 85 頁。
[3] 參許道勝、李薇:《從用語"術"字的多樣表達看嶽麓書院秦簡〈數〉書的性質》,《史學集刊》2010 年第 4 期,第 24 頁注⑩。
[4] 參肖燦:《嶽麓書院藏秦簡〈數〉研究》第 69 頁,湖南大學博士學位論文,2010 年。又朱漢民、陳松長主編:《嶽麓書院藏秦簡(貳)》第 104 頁注[一],上海辭書出版社 2011 年。
[5] 參許道勝:《嶽麓秦簡〈爲吏治官及黔首〉與〈數〉校釋》第 189—190 頁,武漢大學博士學位論文,2013 年。

記錄,但償還之{償}則須改用"償"字記録。[1] 遍檢統一前的睡簡,{償}皆作"賞",如:

  令以其未敗直(值)賞(償)之。   (《秦律》16)
  令=(令令)、丞與賞(償)不備。   (《秦律》32)
  公有責(債)百姓未賞(償),亦移其縣=(縣,縣)賞(償)。 (《秦律》76)
  其弗能入及賞(償),以令日居之,日居八錢。   (《秦律》133)
  及者(諸)移贏以賞(償)不備。   (《效律》34)
  免,賞(償)四歲繇(徭)戍。   (《雜抄》3)
  不當論及賞(償)稼。   (《答問》158)
  食不可賞(償)。   (《爲吏》36)

而統一後的龍崗秦簡和《嶽麓(肆、伍)》則均改用"償",如:

  令□稼償主。   (《龍崗》244+162)
  馬、牛殺之及亡之,當償而諱□□□□□□□ (《龍崗》101)
  吏代負償。   (《里耶(壹)》8-644)
  華謁出五百以自償。   (《里耶(壹)》8-1532)
  訾贖責(債)没負償齎。   (《里耶(壹)》8-2274)
  其弗能入及償,以令日居之。   (《嶽麓(肆)》257)
  以所貸多少爲償。   (《嶽麓(肆)》310)
  □□傷樹木它嫁(稼)及食之,皆令償之。 (《嶽麓(伍)》037)

從上揭語言事實可知,陳侃理所言甚確。《數》中亦有{償},皆用"賞"表示,如:

  三人共以五錢市,今欲賞(償)之,問人之出幾可(何)錢?……曰:貧人錢三,今欲賞(償)米,斗二錢,賞(償)一斗,不足一錢,賞(償)二斗有(又)贏一錢。 (《嶽麓(貳)》202-203)

可見其應爲統一前的秦寫本。

四、結　語

綜上,《數》中記録大半之{大}用"大"而不用"泰"、鄉里之{鄉}用"卿"而不用

---
[1] 陳侃理:《里耶秦方與"書同文字"》,《文物》2014年第9期,第78頁。

"鄉"、償還之{償}用"賞"不用"償",均爲統一前的用字習慣,且全篇没有像《嶽麓(壹)》《嶽麓(肆、伍)》那樣出現"黔首"、"皇帝"、"縣官"、"奴婢"等統一後的用語。因此,我們讚同大西克也的意見,認爲《數》的抄寫年代大致是秦統一前。

附記:拙文的寫作得到陳斯鵬師的悉心指導,謹致謝忱!

看校樣追記:本文初稿完成於 2018 年 5 月 25 日,並於同年 6 月 10 日奉寄《出土文獻》編輯部。投稿後,田煒先生《論秦始皇"書同文字"政策的内涵及影響——兼論判斷出土秦文獻文本年代的重要標尺》一文於當年 9 月在臺灣發表(載《"中研院"歷史語言研究所集刊》第八十九本第三分,[臺北]藝文印書館 2018 年),亦認爲"嶽麓簡《數》應該是戰國時期的數學書,其抄寫年代也在戰國"(見該文第 423—424 頁),讀者可參看。

(翁明鵬　中山大學中文系;出土文獻與中國古代文明研究協同創新中心　博士研究生)

關於老官山醫簡灸法的一點意見

李家浩

四川省成都市金牛區天回鎮老官山三號漢墓出土的一批竹簡,内容是律令、醫書、醫馬書。[1] 其中醫書部分,經過整理,有《脈書·上經》《脈書·下經》《治六十病和齊湯法》《刺數》《逆順五色脈臧驗精神》五種。[2] 據柳長華等人撰寫的《四川成都天回漢墓醫簡的命名與學術源流考》(以下簡稱"《源流考》")一文介紹,《脈書·上經》第二部分、《刺數》和《逆順五色脈臧驗精神》談到灸法、石法。現將《源流考》涉及灸、石二法的文字轉抄於下:

(一)《脈書·上經》

簡二部分,内容爲"五死"、"五痹"、"五風"及"灸理"等,主要論述諸病診候與灸法、石法的應用。

(四)《刺數》

天回醫簡的内容中多次出現"數"之概念,除本處"刺數"外,還有"此人[常]刑之數"(簡099),"法此,灸之大[數]"(簡695),"此石且(疽)大數"(簡705)等。

(五)《逆順五色脈臧驗精神》

簡文見"•石且(疽),大(太)上石神,石神必已"(簡706)。本篇有較大

---

[1] 成都文物考古研究所、荆州文物保護中心:《成都市天回鎮老官山漢墓》,《考古》2014年第7期,第59—70頁。
[2] 中國中醫科學院中國醫史文獻研究所等:《四川成都天回漢墓醫簡整理簡報》,《文物》2017年第12期,第48—57頁。

篇幅論述石、友法之運用，推測其與倉公所傳《石神》一書，可能也有關聯。[1]

2018年11月4日至11日，我在重慶市北碚區西南大學漢語言文獻研究所講學期間，杜鋒博士跟我談到上述老官山醫簡石法、友法的問題。他說，據簡文文意，二法的"石"指砭，"友"指灸；並且問我灸爲什麽會稱爲"友"？我對中醫學是門外漢，一時回答不出。回到北京後的第二天，我給杜鋒博士打電話，要他把有關友法的簡文用手機發給我，供我考慮灸爲什麽會稱爲"友"時參考。從杜鋒博士發來的幾條簡文殘句看，可以得到兩點認識：一、"石"、"友"之後都可以帶賓語，當是動詞；二、"石"、"友"都是治療方法，確實像杜鋒博士所說，"石"指用砭石治療，"友"指用艾灸治療。根據這兩點認識，我於13日下午給杜鋒博士打電話說，簡文友法的"友"，就是傳世古醫書中所說的"發"。

爲什麽說簡文友法的"友"，就是傳世古醫書中所說的"發"？要回答這個問題，先得從丹波康賴《醫心方》卷二《灸例》一條講"凡灸法"的文字談起。原文說：

凡灸法，當先發於上，然後灸下；先發於陽，然後灸陰。[2]

在孫思邈《千金翼方》卷二十八《針灸下·禁忌法》中，也有一條講"凡灸法"的文字，與此相似：

凡灸法，先發於上，後發於下；先發於陽，後發於陰。[3]

這兩條"凡灸法"文字，是由兩個分句、四個小句組成的。粗略來說，《醫心方》在兩個分句第一小句裏，跟第二小句"灸"處在同樣語法位置上的字作"發"；《醫心方》兩個分句第二小句"灸"，《千金翼方》都作"發"。於此可見，"發"相當動詞"灸"，與簡文友法之"友"用法相同。

上古音"發"屬幫母月部，"友"屬並母月部，韻部相同，聲母都是唇音；中古音"發"、"友"都是末韻、合口、一等、入聲、山攝。二字古音相近，可以通用。《古字通假會典》收錄這方面通假的例子就有九條，[4]我從中選取兩條作爲代表。《易·困》九二爻辭"朱紱方來"、九五爻辭"困於赤紱"，馬王堆漢墓帛書二"紱"字皆作"發"；《詩·

---

[1] 柳長華等：《四川成都天回漢墓醫簡的命名與學術源流考》，《文物》2017年第12期，第59、62、63頁。
[2] [日]丹波康賴：《醫心方》，總第63頁上欄，人民衛生出版社1993年影印。
[3] 孫思邈：《千金翼方》，總第337頁上欄，人民衛生出版社1994年影印。
[4] 高亨纂著，董治安整理：《古字通假會典》第652頁【拔與發】、【峎與撥】、【紱與發】，第653頁【魃與撥】、【魃與發】、【魃與撥】、【蚍與發】、【坺與墢】、【波與發】，齊魯書社1989年。

豳風·七月》"一之日觱發"，《説文》夂部"犮"字説解引"發"作"犮"。"綍"、"犮"二字都从"犮"得聲。據此，頗疑老官山醫簡犮法之"犮"應該讀爲"發"，指灸治；"犮（發）法"即"灸法"。

皇甫謐《針灸甲乙經》卷三《足太陽及股並陽蹻六穴凡三十四穴》有一條文字"灸發"連言：

> 欲令灸發者，灸履鞴熨之，〔1〕三日即發。

這條文字是根據我手頭僅有的山東中醫學院編寫的《針灸甲乙經校釋》本子録入的。此條校勘説：

> 《太平聖惠方》明堂序與《資生經》引本經均作"灸瘡不發者，用故履底灸令熱，熨之，三日即發"。《外臺》卷三十九引《甲乙經》丙卷云："灸則不發者，灸故履底令熱好熨之，三日即發也，得發則病愈矣。"

又按語説：

> 古人對某些疾病用灸法治療時，主張使灸處發生灸瘡，若灸瘡已愈而病不愈時，當使灸瘡再發，本條就是使灸瘡再發的方法，即用舊鞋底，灸之使熱，在灸瘡處熨之，約三日左右瘡即發，發則病愈。〔2〕

據此，前面所説《醫心方》《千金翼方》灸法的"發"和漢簡犮法的"犮（發）"都用作"灸"，大概是由"灸處發生灸瘡"之義的"發"的引申。

附記：本文初稿寫於11月16日，曾得到劉樂賢先生的指正，使我避免了一處因疏忽造成的錯誤，謹此致謝。

2018 年 11 月 24 日

（李家浩　安徽大學漢字發展與應用研究中心；
出土文獻與中國古代文明研究協同創新中心　教授）

---

〔1〕《醫心方》卷二《灸例》引"鞴"作"鞭"，解釋説："鞭，步典反，履底也。"
〔2〕山東中醫學院：《針灸甲乙經校釋》上冊第383頁，人民衛生出版社2011年。按：據按語所説，校勘兩處引文的"灸"，似是"灸"字之誤。

說張家山漢簡《二年律令》
幾枚簡的拼綴與釋讀問題*

周　波

　　2001 年,《張家山漢墓竹簡〔二四七號墓〕》精裝本出版。此書原整理者對張家山漢簡《二年律令》已經做了很好的編聯、拼綴與釋讀工作。資料公布以後,學界在《二年律令》這一方面的研究又繼有推進。特別是 2015 年《嶽麓書院藏秦簡(肆)》公布以後,學界開始了新一輪的研究熱潮,研究者利用新出嶽麓秦簡律令校讀《二年律令》文字,已取得了不少成果,這對於我們更好地理解這批法律簡頗有助益。

　　不過,《二年律令》内容豐富、性質重要,但文辭簡短、理解不易。我們在研讀《二年律令》及有關論著時,發現《二年律令》有幾枚簡在竹簡拼綴或釋文方面存在問題,有進一步討論的必要,因此彙爲一文,請大家批評指正。

一

張家山漢簡《二年律令·告律》簡 127—131 原釋文云:

　　　告不審及有罪先自告,各減其罪一等,死罪黥爲城旦舂,城旦舂罪完爲城旦舂,完爲城旦舂罪☐$_{127}$☐鬼薪白粲及府(腐)罪耐爲隸臣妾,耐爲隸臣妾罪$_{128}$耐爲司寇,司寇、𨞱(遷)及黥顏(顏)頯罪贖耐,贖耐罪罰金四兩,贖死罪

---

* 本文寫作得到 2018 年度國家社科基金冷門"絶學"和國别史等研究專項"戰國至秦漢時代雜項類銘文的整理與研究"(2018VJX006)、2018 年國家社科基金後期資助項目"張家山漢簡《二年律令》文本整理與相關問題研究(18FZS029)"的支持,謹致謝忱。

贖城旦舂,贖城旦舂罪贖斬,贖斬罪贖黥,贖黥罪贖耐,耐罪₁₂₉☐金四兩罪罰金二兩,罰金二兩罪罰金一兩。令、丞、令史或偏(徧)先自₁₃₀得之,相除。₁₃₁

彭浩先生指出,《二年律令》中的《告律》只是涉及百姓的舉告,與斷獄無關,上述簡文應歸入《具律》。〔1〕從簡文內容及出土編號來看,其說很可能是對的。這幾枚簡在竹簡拼綴及釋文方面存在不少問題,故一併討論之。

簡127原釋文"死罪黥爲城旦舂,城旦舂罪完爲城旦舂",《二年律令與奏讞書》改釋爲"死罪黥爲城旦舂,黥爲城旦舂罪完爲城旦舂"。其注云"細審圖版,'黥爲'下隱約有重文號,疑原釋文'城旦舂'前脱'黥爲'二字",可從。

簡127下端殘缺,簡128上端殘缺,原整理者認爲文意相關,故將兩簡連讀。其中原整理本簡127是由三段殘簡拼綴而成的,但這一拼綴意見有失誤之處。簡127"死罪黥爲"之"爲"與下文"城"字爲兩簡拼合處,中間爲竹簡撕裂處,多約半字位置,這是有問題的,當調整去除。下文"完爲城旦"與其後"舂罪"亦屬兩簡拼綴,但原整理者將殘片"舂罪"反置,致使簡127簡尾與簡128簡首無法密合。《二年律令與奏讞書》雖將"舂罪"二字移正,但釋文仍承原整理者。

按簡127簡尾"罪"字存上半筆畫,簡128簡首缺釋之字則存"罪"字下半筆畫,兩者恰可拼綴成一完整的"罪"字。此外,從原圖版兩簡的長度來看,亦恰爲一簡之折。故簡127、簡128應上下拼綴爲一枚完簡。

原整理本簡128由兩段殘簡拼綴而成。兩段簡文連讀雖無問題,但原整理者的拼綴亦有誤。上段簡文末尾"贖"字缺下半字形,下段簡文首字"耐"字僅餘"寸"旁末筆,缺上部大半字形。原圖版將"贖"字上半字形與其下"耐"字存餘"寸"旁緊綴爲一字,這顯然是有問題的。

按從紅外綫圖版來看,簡128上段末尾尚餘"耐"字上部大半字形,而此部分筆畫原圖版缺失,當屬誤剪。從原圖版簡128兩段竹簡的情況來看,兩段殘簡當遙綴,中間空約一字位置。綜上所述,簡128原圖版、紅外綫圖版當重新拼綴作A、B(圖1)。

李均明先生曾據《二年律令》所見刑罰等序,將簡127末尾原釋文"完爲城旦舂罪☐"至簡128起首原釋文"☐鬼薪白粲及府(腐)罪耐爲隸臣妾"一段擬補爲"完爲城旦舂罪[耐爲鬼薪白粲,耐爲]鬼薪白粲及府(腐)罪耐爲隸臣妾"。〔2〕據新綴竹

---

〔1〕彭浩:《談二年律令中幾種律的分類與編連》,《出土文獻研究》第六輯,第63—64頁,上海古籍出版社2004年。

〔2〕李均明:《張家山漢簡所見刑罰等序及相關問題》,《簡牘法制論稿》第38頁,廣西師範大學出版社2011年。

簡,簡 127 末尾、簡 128 起首處簡文當連讀作"完爲城旦舂罪、鬼薪白粲及府(腐)罪耐爲隸臣妾"。"完爲城旦舂罪"減罪一等即爲"耐爲隸臣妾"罪,此正與簡文相合。而"完爲城旦舂罪"與"鬼薪白粲"是並列關係。韓樹峰先生在分析《二年律令》的相關律文後曾指出,鬼薪白粲與完爲城旦舂在個人權利的限制、免罪和贖罪條件、再犯罪的處罰、家屬連坐等方面皆相同。[1] 我們所綴合後的這一段文字與這一論斷也是相符合的。

上引《二年律令·告律》中關於"贖"的規定,可與《二年律令·具律》簡 119 相參看。簡 119 云:"贖死,金二斤八兩。贖城旦舂、鬼薪白粲,金一斤八兩。贖斬、府(腐),金一斤四兩。贖劓、黥,金一斤。贖耐,金十二兩。贖䰍(遷),金八兩。有罪當府(腐)者,移内官,内官府(腐)之。"張小鋒先生以上引《二年律令·具律》簡 119 爲參考,在簡 130 上端殘缺處補"罰金八兩罪罰"6 字,又認爲簡 129 末尾"耐罪"前漏一"贖"字,[2] 從而將相關簡文復原作"[贖]耐罪罰金八兩,罰金八兩罪罰金四兩,罰金四兩罪罰金二兩"。[3] 從簡 130 竹簡長度來看,上端殘損字數約爲 18 字,遠超過張文所補的 6 字,故其説不可信。

按原整理本簡 129 亦由兩段殘簡拼綴而成,此拼綴意見也是有問題的。下段殘簡"罪贖黥罪贖耐罪"7 字缺右部約三分之一的簡文,上文 7 字則缺左部約三分之二的簡文,兩部分正可以左右拼綴成完字。兩簡拼綴後,原圖版、紅外綫圖版分別作 C、D(圖 2,紅外綫本缺原整理本簡 129 下段,此用原圖版拼綴)。

據新綴圖版可知,簡 129 並非如原整理者所認爲的完簡,簡末應還缺約 7 字。張小鋒先生認爲"贖耐"之"贖"下漏一重文號,是有道理的。從此簡保存狀況來看,"贖"下或本有重文號,今已殘損。故此處釋文當作"贖黥罪贖耐,贖耐罪☐"。

原釋文、《二年律令與奏讞書》等簡 129 下均接簡 130。其中原整理者於簡 130—131"令、丞、令史或偏(徧)先自得之,相除"下注云:"自'令丞令史'至'相除'一段文字疑爲它簡粘連於此。"專修大學《二年律令》研究會則對簡 130 下接簡 131 的編聯提出質疑,同時又推測,假設二簡相聯的話,則可能意在"由於某種罪行,或告不審及有罪,令、丞、令史,或事先將共犯全部逮捕,從而除去罪責"。[4] 諸家均將簡 129 下接簡

---

[1] 韓樹峰:《秦漢刑徒散論》,《歷史研究》2005 年第 3 期。

[2] 張小鋒:《釋〈二年律令·告律〉第 126—131 簡及漢初的"遷"與"贖遷"》,《出土文獻研究》第六輯,第 146 頁。

[3] 張小鋒:《釋〈二年律令·告律〉第 126—131 簡及漢初的"遷"與"贖遷"》,《出土文獻研究》第六輯,第 146 頁。

[4] 參彭浩、陳偉、工藤元男主編:《二年律令與奏讞書——張家山二四七號漢墓出土法律文獻釋讀》第 145 頁,上海古籍出版社 2007 年。

130,大概是認爲據《二年律令·具律》簡119,簡129"贖耐罪"下文應有罰金多少兩的規定,而簡130起首正作"【罰】金四兩罪罰金二兩,罰金二兩罪罰金一兩",文意正相銜接。現在看來,這恐怕是有問題的。

從130原圖版、紅外綫圖版來看,"令、丞、令史或偏(徧)先自"與其上文字很明顯抄寫於一簡之上,原注他簡粘連之説不確。簡130—131"令、丞、令史或偏(徧)先自得之,相除"文意連貫、邏輯清晰,兩簡出土編號分別爲F32、F28,亦緊挨一處,故簡130、簡131兩簡編聯應無問題。有學者以爲"令、丞、令史或偏(徧)先自得之,相除"一段爲誤抄,恐亦不可信。從上文簡129的拼綴與釋讀來看,我們認爲簡127—129、簡130—131可能應分爲兩條律文。簡129下端殘去約7字,簡130上端殘去約18字,中間文意不明,若將簡129下接簡130,缺乏證據。從現有內容來看,兩部分律文亦有區別。簡127—129是"告不審及有罪先自告"減罪一等的相關規定,其對象爲"民",所涉刑罰爲死刑、徒刑、贖刑。簡130—131似是縣邑官吏失職導致罪犯逃脱受懲的相關規定,其對象爲"吏",所涉刑罰爲罰金。我們認爲在現有情況下,將簡127—129與簡130—131分置爲兩條比較妥當。

張建國先生曾將上引《二年律令·告律》與《二年律令·具律》簡119相比較,指出《二年律令·告律》不見"贖遷"這一等級。他推測有可能是簡文抄寫者出錯,漏抄了相關內容。[1] 張小鋒先生認爲簡文無"贖遷"這一等級是由於"漢初統治者的當務之急是安民","不願看到許多受'遷'刑懲罰的罪犯"。[2] 現在看來,簡129簡末"贖耐罪☐"或有涉及"贖遷"或類似説法之規定。

綜上所論,簡128—129相關釋文可修訂爲"司寇、罷(遷)及黥顔(顔)頯罪贖=耐=(贖耐,贖耐)罪罰金四兩,贖死罪贖=城=旦=舂=(贖城旦舂,贖城旦舂)罪贖=斬=(贖斬,贖斬)罪贖=黥=(贖黥,贖黥)罪贖=耐=(贖耐,贖耐)罪☐"。

二

張家山漢簡《二年律令·亡律》簡164原釋文云:

城旦舂亡,黥,復城旦舂。鬼薪白粲也,皆笞百。

---

[1] 張建國:《西漢初期的贖》,《政法論壇》2002年第5期。
[2] 張小鋒:《釋〈二年律令·告律〉第126—131簡及漢初的"遷"與"贖遷"》,《出土文獻研究》第六輯,第145頁。

此條《釋文修訂本》從原釋文，《二年律令與奏讞書》則據紅外綫圖版改"粲"爲"粲"。

按原整理本簡164由上下兩段拼合而成。《二年律令與奏讞書》紅外綫圖版中此簡斷爲四段，彼此均不相接，上下遙綴。紅外綫圖版拼綴意見與原整理本不同，但釋文又從原整理本，這顯然是有問題的。原釋文中"皆笞百"與前文單説"鬼薪白粲也"文意不相接，可知此處原釋文也有問題。

彭浩先生認爲，此簡的拼綴有誤，"粲也，皆笞百"六字並不屬於該簡。其云："查檢該簡圖版，'粲也，皆笞百'與上部並不密合，字體也有區別，很可能是誤接。故該簡原文應是'城旦舂亡，黥，復城旦舂。鬼薪白☐'。根據120、122—124號簡復原後的164號簡是'城旦舂亡，黥，復城旦舂。鬼薪白[粲亡，黥爲城旦舂]'。"〔1〕

吴雪飛先生指出，此枚簡實際上爲四片殘斷的簡拼合而成，其第一段的簡文"城旦"與第二段的簡文"舂亡，黥復爲"是可以直接拼合的，"復爲"後可補"城旦舂"三字，而第三段簡文"薪白粲"也與此律有關，可補作"城旦舂亡，黥，復爲【城旦舂，鬼】薪白粲"。又據新出嶽麓簡《亡律》簡47、簡50、簡97，指出："張家山簡《亡律》第146簡最後部分的殘簡'皆笞百'，極有可能是關於簡文上部城旦舂、鬼薪白粲逃亡後自出的量刑規定，故這段殘簡仍舊可以和上面的簡文綴合，唯獨不能直接將其與'鬼薪白粲也'拼合，中間缺失了'黥爲城旦舂'和'自出'的内容。"他將簡文擬補爲"城旦舂亡，黥，復爲【城旦舂，鬼】薪白【粲亡，黥爲城旦舂，其自出】也，皆笞百"。〔2〕

彭浩、吴雪飛先生指出此簡拼綴有誤，可從。不過，彭浩、吴雪飛先生僅據文例擬補簡文，其復原方案也有不同。下面就從釋字及辭例兩方面對此簡的拼綴及釋讀問題再作討論。

從原圖版來看，簡164是由上下兩段簡文拼綴而成的。在紅外綫圖版中，此簡則斷爲四段，其間文字又進一步有殘損。其中紅外綫圖版將首段簡文與第二段簡文遙綴，中間空約3字位置；將第二段簡文與第三段簡文中間空約2字位置，皆屬失誤。據原圖版，首段簡文"舂"字上部殘筆應與第二段簡文"舂"字下部大半筆畫緊綴；第三段簡文"舂"上存有"旦"字橫畫殘筆，其與第二段簡文中間應空約大半字位置。

---

〔1〕彭浩：《談〈二年律令〉中"鬼薪白粲"加罪的兩條律文》，《簡帛》第二輯，第436頁，上海古籍出版社2007年。

〔2〕吴雪飛：《嶽麓簡與〈二年律令〉對讀三則》，簡帛網，2016年12月5日。

細審原圖版，此簡上段"鬼薪白"數字與下段原釋爲"粲也"兩字連接處並不密合。原釋文及《二年律令與奏讞書》新釋文均以爲竹簡下段"也"上僅有"粲"一字，這從紅外綫圖版來看是有問題的。

我們認爲，據紅外綫圖版與原圖版，竹簡下段"也"字上還有3字。這3字因竹簡保存狀況等原因略有擠壓，遂不易辨識。其中首字紅外綫圖版作 ，此部分原圖版作 ，僅存右下捺筆。原圖版捺筆的左下尚保留有一塊殘片 ，此殘片紅外綫圖版已不存。其後兩字紅外綫圖版分別作 、 。最後一字與《二年律令·亡律》簡157"其自出殹"之"出"作 相合，顯然應釋爲"出"。其前一字右部保留的殘形也與簡157"自"作 相合。簡157"其自出殹"之"其"字作 ，其右下部分與上引首字捺筆正相合，其左部筆畫也與上引殘片相合，可知右下捺筆及左部殘片皆應爲"其"字殘餘筆畫。綜合上引字形及簡157"其自出殹"的辭例來看，這三字可確釋爲"其自出"。故下段簡文起首4字當釋爲"其自出也"。下段簡文改釋後與上段簡文文意不接，可知原整理者簡164的拼綴意見不確。

嶽麓秦簡《亡律》簡47—48云："城旦舂亡而得，黥，復爲城旦舂；不得，命之；自出殹，笞百。其懷子者大枸櫝及杖之，勿笞。"又簡50—52云："城旦舂司寇亡而得，黥爲城旦舂，不得，命之，其獄未鞫而自出殹，治（笞）五十，復爲司寇。佐弋之罪，命而得，以其罪罪之。自出殹，黥爲城旦舂。它罪，命而得，黥爲城旦舂，其有大辟罪罪之。自出殹，完爲城旦舂。"兩條秦《亡律》皆前述"亡而得"，後謂"自出殹"，可與上引《二年律令·亡律》簡164相參看。從嶽麓秦簡《亡律》律文來看，可知簡164下段"其自出也，皆笞百"原本與上段應爲一簡之折，但中間有數字缺文，無法連讀。

張家山漢簡《二年律令》中常見徒刑有"城旦舂"、"鬼薪白粲"、"隸臣妾"、"司寇"等。其中"黥爲城旦舂"爲徒刑城旦舂附加黥額臉的刑罰，"完爲城旦舂"爲徒刑城旦舂而不附加肉刑，爲城旦舂刑中最輕者。"城旦舂"罪減一等即爲"鬼薪白粲"。《二年律令·具律》簡82："上造、上造妻以上，及内公孫、外公孫、内公耳玄孫有罪，其當刑及當爲城旦舂，耐以爲鬼薪白粲。""城旦舂"罪減爲"鬼薪白粲"，是對高爵者及内外戚之優待。此條律文"鬼薪白粲"又與附加刑"耐"（剔去鬢鬚）結合使用。簡164"城旦舂亡，黥，復城旦舂"，徒刑城旦舂加罪一等爲"黥爲城旦舂"。據徒刑序等，徒刑"鬼薪白粲"加罪一等本應爲"完爲城旦舂"，但從《二年律令》來看，鬼薪白粲再次犯罪與完城旦舂在論罪和待遇上是相同的。[1] 如《二年律令·具律》簡120

---

[1] 韓樹峰：《秦漢刑徒散論》，《歷史研究》2005年第3期。

云:"鬼薪白粲有耐罪到完城旦舂罪,黥以爲城旦舂;其有贖罪以下,笞百。"依照此類犯罪的判罰通例,鬼薪白粲如有"耐罪到完城旦舂罪",要越過完城旦舂,加重一等,判處黥城旦舂。[1]因此,彭浩先生將此處復原作"鬼薪白【粲亡,黥爲城旦舂】",是很有道理的。

綜上所論,簡164兩段簡文間應缺7字,原圖版、紅外綫圖版當重新拼綴作E、F(圖3)。據新綴圖版,簡164釋文當改釋爲:"城旦舂亡,黥,復城旦舂。鬼薪白【粲亡,黥爲城旦舂。】其自出也,皆笞百。"

三

《二年律令·津關令》簡488—491原釋文云:

　　一、御史言,越塞闌關,論未有□,請闌出入塞之津關,黥爲城旦舂;越塞,斬左止(趾)爲城旦;吏卒主者弗得,贖耐;令₄₈₈丞、令史罰金四兩。智(知)其請(情)而出入之,及假予人符傳,令以闌出入者,與同罪。非其所□爲□而擅爲傳出入津關,以₄₈₉傳令闌令論,及所爲傳者。縣邑傳塞,及備塞都尉、關吏、官屬人、軍吏卒乘塞者□其□□□□日□□牧□□₄₉₀塞郵、門亭行書者得以符出入。•制曰:可。₄₉₁

上述4枚簡爲《津關令》第一組令文。這幾枚簡簡文有不少地方已磨滅,學者結合原圖版及紅外綫照片,對之多有討論。

《二年律令與奏讞書》據紅外綫照片將簡488原釋文"論未有□,請闌出入塞之津關,……"改釋爲"論未有令。•請闌出入塞之津關,……",《二年律令與奏讞書》《張家山漢簡〈二年律令〉釋文校訂》將簡489"非其所□爲□而擅爲傳出入津關"補釋爲"非其所當爲傳而擅爲傳出入津關",[2]王偉、謝桂華先生將簡490原釋文"官屬人"改釋爲"官屬",[3]這些意見皆正確可從。不過,有幾處簡文,我們認爲仍有進一步討論的必要。

---

[1]彭浩:《談〈二年律令〉中"鬼薪白粲"加罪的兩條律文》,《簡帛》第二輯,第435—436頁。
[2]武漢大學簡帛研究中心、荆州博物館、早稻田大學長江流域文化研究所聯合署名,何有祖執筆:《張家山漢簡〈二年律令〉釋文校訂》,《中國文字》新32期,第15頁。
[3]王偉:《張家山漢簡〈二年律令〉編聯初探——以竹簡出土位置爲綫索》,簡帛研究網,2003年12月21日;謝桂華:《張家山漢墓竹簡[二四七號墓]校讀舉例》,李學勤、謝桂華主編:《簡帛研究二〇〇二、二〇〇三》第173頁,廣西師範大學出版社2005年。

简489"非其"至简490"傳者"一段簡文,頗令人費解。張家山漢簡研讀班首先指出,簡489末尾"以"後尚有一缺字,並認爲簡489—490原釋文"以傳令闌令論,及所爲傳者。……"當斷讀爲"以□傳令、闌令論。及所爲傳者,……"。〔1〕《釋文修訂本》釋文改爲"以□傳令闌令論,及所爲傳者。……"。陳偉先生認爲前一句當釋爲"以傅令闌令論,及所爲傳者",改前一"傳"爲"傅",句讀仍從原釋文。其云:

> 看圖版和紅外綫影像,此簡末端已缺,但"以"字之下殘片尚有約一釐米長,並無墨迹。因而原釋文以"以"爲489號簡末之字,應該是恰當的。……"傳令"或者"□傳令"則完全難以説明。問題可能出在490號簡首字的釋讀上。這個字恐怕不能釋爲"傳",而當釋爲"傅"。……從文意著眼,此字恐當釋爲"傅",依附義。令闌令,應該是指上文"及假予人符傳,令以闌出入者,與同罪"一段文字。"令闌"即"令以闌出入"的省略説法,"令"爲動詞。

《二年律令與奏讞書》則認爲斷讀作"以□傳令、闌令論"可從,"論"後仍當保留逗號。楊建先生將相關簡文釋爲"以假傳令闌令論",句讀則從前書。其云:

> "以……論"爲法律術語,意爲"以某罪行判處"。釋讀本讀爲"以□傳令、闌令論",依文意仍應如修訂本所讀,"令闌"意爲使持有假借符傳的人闌出關。此處的"以□傳令闌令",其中缺字或可依文意補爲"假傳令闌令",所指應當與前文所説的"及假予人符傳,令以闌出入,與同罪"的内容相關。〔2〕

按簡490首字圖版作▨,紅外綫照片作▨,此與簡489"擅爲傳"之"傳"作▨、簡496"符傳"之"傳"作▨ 如出一轍,釋爲"傳"當無疑問。不過,原釋文"以傳令闌令論,及所爲傳者"實不辭。我們認爲,張家山漢簡研讀班指出"以"後缺一字的意見可信。從原圖版來看,"以"字據下編繩位置尚遠,與其前後簡488、簡490倒數第二字位置平行,其下應還有一字位置。從文意來看,也是如此。《二年律令·津關令》中關於"越塞闌關"的相關規定見於多處。其中簡496云:"請諸詐(詐)襲人符傳出入塞之津關,未出入而得,皆贖城旦舂;將吏智(知)其請(情),與同罪。"龍崗秦簡簡4云:"詐(詐)

---

〔1〕張家山漢簡研讀班:《張家山漢簡〈二年律令〉校讀記》,李學勤、謝桂華主編:《簡帛研究二〇〇二、二〇〇三》第193頁,廣西師範大學出版社2005年。
〔2〕楊建:《西漢初期津關制度研究》第184頁,上海古籍出版社2010年。

僞假人符傳及襲人符傳者,皆與闌入門同罪。"〔1〕相關辭例可供參考。"以"後缺字應爲一動詞,但將之擬補作"假",則恐不可信。關於假借符傳予他人,助其闌出入津關,在此令條上文已有規定,即"智(知)其請(情)而出入之,及假予人符傳,令以闌出入者,與同罪"。故此處應非"假"字。

簡 489"非其"至簡 490"傳者"別爲一段,應爲另一方面的規定。以上諸家均將"以□傳令闌令"與其下之"及所爲傳者"點斷,而文辭則不曉,顯然是有問題的。我們認爲這段文字是對不按規定製作或發放符傳,以助他人闌出入津關的相關責任官員的處罰規定,簡文當斷讀作"以□傳令闌令論及所爲傳者"。《二年律令·具律》簡 105—106:"其守丞及令、長若真丞存者所獨斷治論有不當者,令其令、長、丞不存及病者皆共坐之,如身斷治論及存者之罪。"其言"論及存者之罪",正可與"論及所爲傳者(之罪)"相參看,都是追究相關責任人失職之罪。綜上所論,簡 489—490"非其所當爲傳而擅爲傳出入津關,以□傳令闌令論及所爲傳者",指不應製作或發放符傳而擅自爲之,以使人出入津關,以發符傳而助人闌出入津關之令論處責任官員。

簡 490 原釋文"傳塞",陳偉先生改釋爲"傅塞",認爲即靠近、位於邊塞,與"緣邊"(19 號簡)、"近邊"(266 號簡)、"緣關塞"(494 號簡)略同。〔2〕《二年律令與奏讞書》亦云:"疑'傳'爲'傅'之譌(字不从父,與 358、362、363 號簡'傅'字略同)。傅通附,《後漢書·西南夷列傳》:'擊附塞夷鹿茤。'"楊建先生也贊同此説,謂:"縣邑傅塞,當指靠近邊塞的縣邑,有如《津關令》第(4)則的'緣關塞縣道'。"〔3〕

然此説恐不可信。"塞"前一字圖版作 ,與上所列"傳"字寫法一致,原釋作"傳"無誤。"縣邑傳塞",指内郡縣邑發傳出邊塞。《淮南子·道應》:"秦皇帝得天下,恐不能守,發邊戍,築長城,修關梁,設障塞,具傳車,置邊吏。"其云"修關梁,設障塞,具傳車,置邊吏"正可與簡文"縣邑傳塞,及備塞都尉、關吏、官屬、軍吏卒乘塞者"相參看。"軍吏卒乘塞者",可與里耶秦簡Ⅲ8-1452"乘城卒"相參看。《漢書·高帝紀》"堅守乘城"注:"乘,登也,謂上城而守也。""城"、"塞"皆爲防禦要塞。

簡 490 後半段缺文較多。鄔文玲先生指出,"塞郵"前兩字當是"繕治"。〔4〕陳偉

---

〔1〕 "襲"字釋讀參陳偉:《秦簡牘校讀及所見制度考察》第 253 頁,武漢大學出版社 2017 年。
〔2〕 陳偉:《張家山漢簡〈津關令〉"越塞闌關"諸令考釋》,卜憲群、楊振紅主編:《簡帛研究二〇〇六》第 151 頁,廣西師範大學出版社 2008 年。
〔3〕 楊建:《西漢初期津關制度研究》第 184 頁。
〔4〕 鄔文玲:《張家山漢簡〈二年律令〉釋文補遺》,卜憲群、楊振紅主編:《簡帛研究二〇〇四》第 172 頁,廣西師範大學出版社 2006 年。

先生將“軍吏卒乘塞者”後文字改爲“禁(?)其□婢、馬牛出田漁(?)□牧。繕治塞，郵、門亭行書者得以符出入”。〔1〕《二年律令與奏讞書》釋文作“禁(?)其□弩、馬、牛出，田、波(陂)、苑(?)、牧，繕治塞，郵、門亭行書者得以符出入”。《張家山漢簡〈二年律令〉釋文校訂》釋爲“禁(?)其私(?)婢、馬之出田、没茜(?)。牧繕治塞郵、門亭行書者得以符出入”。〔2〕何有祖先生改釋爲“若其私(?)婢、馬之出田、汲鹵〈鹵-鹵〉、牧，繕治塞，郵、門亭行書者，得以符出入”。〔3〕諸家將“禁(?)”改釋爲“若”，“没茜(?)”改釋爲“汲鹵〈鹵-鹵〉”，“□□塞郵”補釋爲“繕治塞，郵”，均可從。

“軍吏卒乘塞者”後四字，〔4〕有“禁(?)其□婢”、“禁(?)其□弩”、“禁(?)其私(?)婢”、“若其私(?)婢”等多種意見。其中《二年律令與奏讞書》釋文作“禁(?)其□弩”，注云：“‘其□弩’中未釋字左从‘扌’，右部不清，疑爲‘挾’字。弩屬兵器，與馬匹一樣，是禁止輸出的物品，參見《漢書・昭帝紀》顔師古注引孟康曰：‘舊馬高五尺六寸齒未平，弩十石以上，皆不得出關，今不禁也。’……”何有祖先生改釋爲“若其私(?)婢”，謂：“田作、汲鹵、牧等工作似都由婢來從事。《説文》：‘婢，女之卑者也。’《周禮・秋官・司厲》：‘其奴，男子入於罪隸，女子入於舂稾。’從簡文看，婢從事農田耕作、汲鹵、放牧等工作。”〔5〕

按此四字當改釋爲“若其挾弩”。“其”後一字原圖版作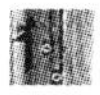，紅外綫照片作，左从“扌”旁，右部磨滅。其後一字原圖版作、紅外綫照片作。《二年律令・繇律》簡414“弩”作，《二年律令・秩律》簡445“郡發弩”之“弩”作。比較可知，上一字上部與“奴”旁相合，下部殘形與横寫之“弓”亦相合，此字顯然當釋爲“弩”。綜合字形及辭例，“弩”上一字釋爲“挾”當可信。“挾弩”見龍崗秦簡簡5：“亡人挾弓、弩、矢居禁中者，棄市。”又《漢書・王莽傳》：“禁民不得挾弩、鎧，徙西海。”

“若其挾弩、馬之出、田”，除上引《漢書・昭帝紀》顔師古注引孟康説外，《二年律令與奏讞書》簡493“□、制詔御史，其令諸關，禁毋出私金器、鐵”下今按指出，亦

〔1〕陳偉：《張家山漢簡〈津關令〉“越塞闌關”諸令考釋》，卜憲群、楊振紅主編：《簡帛研究二〇〇六》第148、151頁。

〔2〕武漢大學簡帛研究中心、荆州博物館、早稻田大學長江流域文化研究所編，何有祖執筆：《張家山漢簡〈二年律令〉釋文校訂》，《中國文字》新32期，第15頁。

〔3〕何有祖：《釋張家山漢簡〈津關令〉490—491號簡並論相關問題》，《出土文獻》第十二輯，第209—214頁，中西書局2018年。

〔4〕武漢大學簡帛研究中心、荆州博物館、早稻田大學長江流域文化研究所聯合署名，何有祖執筆：《張家山漢簡〈二年律令〉釋文校訂》，《中國文字》新32期，第15頁。

〔5〕何有祖：《釋張家山漢簡〈津關令〉490—491號簡並論相關問題》，《出土文獻》第十二輯，第214頁。

可參《漢書·汲黯傳》顏師古注引應劭曰:"律,胡市,吏民不得持兵器及鐵出關。雖於京師市買,其法一也。""弩"屬兵器,與馬匹一樣,皆是禁止輸出關外的物品。"若",何文指出爲連詞,或者義;"出、田",何文指出關塞、田作,均可從。《新書·俗激》:"所謂建武關函谷臨晉關者,大抵爲備山東諸侯也。天子之制在陛下,今大諸侯多其力,因建關而備之,若秦時之備六國也。……所爲禁游宦諸侯及無得出馬關者,豈不曰諸侯得衆則權益重,其國衆車騎則力益多,故明爲之法,無資諸侯。"《新序·善謀下》:"於是上從其計,因關馬及弩不得出,絶游説之路,重附益諸侯之法,急詿誤其君之罪,諸侯王遂以弱,而合從之事絶矣,主父偃之謀也。"其云"禁無得出馬關","關馬及弩不得出",亦可與簡文"若其挾弩,馬之出、田、牧,……,得以符出入"相參看。

綜上所述,《二年律令·津關令》簡 489—491 相關簡文當斷讀如下:"非其所當爲傳而擅爲傳出入津關,以□傳令闌令論及所爲傳者。縣邑傳塞,及備塞都尉、關吏、官屬、軍吏卒乘塞者,若其挾弩、馬之出、田、牧,繕治塞,郵、門亭行書者得以符出入。"

說張家山漢簡《二年律令》幾枚簡的拼綴與釋讀問題

附圖 1

簡 127、128 原圖版	簡 127、128 紅外綫圖版	A（簡 127＋128）	B（簡 127＋128）
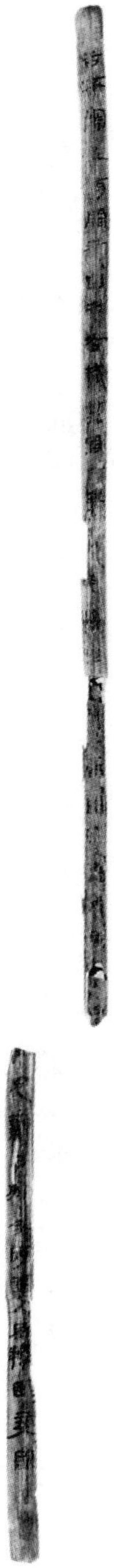	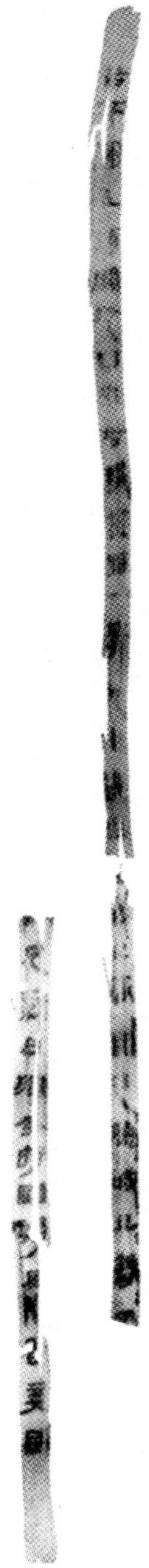		

附圖 2

簡 129 原圖版	簡 129 紅外綫圖版	C（簡 129）	D（簡 129）

說張家山漢簡《二年律令》幾枚簡的拼綴與釋讀問題

附圖 3

簡 164 原圖版 	簡 164 紅外綫圖版	E（簡 164）	F（簡 164）

（周波　復旦大學出土文獻與古文字研究中心；
出土文獻與中國古代文明研究協同創新中心　副教授）

長沙走馬樓西漢簡中的
"將田"小考*

陳松長　劉國慶

在長沙走馬樓西漢簡中,出現了一個比較陌生但又很值得關注的語詞,即本文所要討論的"將田"。經初步檢索,這個語詞在這批西漢簡中共出現了 5 次,爲方便討論,先僅將相關的部分簡文錄之如下:

0006:二年四月丙申,將田義陵佐僮、沅陽佐卯出貨安成里公乘伉充……

　　　　四年二月乙未朔戊戌將田沅陽佐卯劾。

0037:將田義陵佐僮移連蒿上粟,……

0049:將田佐僮效絣繒四匹一丈九尺二寸直錢千九百七十一,……

0081:三年三月乙丑四月丙申丙午將田義陵佐僮……〔1〕

通過比較可以發現,0049 號簡文中的"將田佐僮"應該是前面所列 0006 和 0037 兩枚簡上所記的"將田義陵佐僮"的省寫。我們知道,"義陵"是漢代所置的縣名,屬武陵郡,後屬長沙國管轄,其地望位於現今湖南省漵浦縣內。簡文中作爲縣名的"義陵"可以省略,那作爲身分的標識,這個"將田"可能比縣名更爲重要。"將田"後面直接加"佐"字,也說明"將田"應該是一個有佐官的官名。既然有佐官,那也就意味着"將田"並不是最底層的基層官吏。

簡文中"將田"的佐官還不止一個,且可以分屬於不同的縣,如 0006 號簡文中就記載,一個是"將田義陵佐",一個是"將田沅陽佐"。"沅陽"這個地名史書缺載,但

---

* 本文爲國家社會科學基金重大項目"長沙走馬樓西漢簡的整理與研究"(17GZD181)的前期研究成果。

〔1〕釋文正在整理之中,待刊。

1998 年在湖南黔陽縣黔城鎮 107 號戰國墓中曾出土過一枚鼻鈕的"沅陽"印章,〔1〕可見"沅陽"之名,早已有之。我們根據文意推斷,"沅陽"與"義陵"在簡文中既然所處的位置相同,那其所指應該與"義陵"一樣,也應該是武陵郡或長沙國所屬的一個縣名。而且,"義陵"和"沅陽"既然都有"將田"佐,那"將田"在當時應該是一個縣一級必備的很常見的官,其執掌的對象雖是田畝之事,但其級別也許並不低。

從字面上理解,"將田"就是掌管田事,"將"也就是率領掌管的意思。如《睡虎地秦簡·法律答問》中就有"將司"一詞:"將司人而亡,能自捕及親所智(知)爲捕,除毋(無)罪,已刑者處隱官。"〔2〕所謂"將司",也就是監管執掌之義,故所謂"將田"也應該就是掌管與田事有關的事務。在漢代,與此相類似的有"將作"這種官名,《漢書·百官公卿表》:"將作少府,秦官,掌治宮室,有兩丞、左右中候。景帝中六年更名將作大匠。屬官有石庫、東園主章、左右前後中校七令丞,又主章長丞。"顔師古注:"東園主章掌大材,以供東園大匠也。"對此,王偉曾考證曰:

> 始見於漢代文獻的將作少府與少府名稱上相似,屬官名稱、種類和職能大體相同,且張家山漢簡《二年律令·秩律》中有少府但並没有出現將作少府。種種迹象表明,將作少府機構是吕后二年之後至景帝中元六年之前,整合了秦時少府和中尉部分屬官和職能後來新組建的一個機構。因爲秦時少府屬官左右司空、太/泰匠和東園(大)匠,三者與漢代的將作少府(屬官有東園主章)都有掌管宫室和陵園的土木工程建築等基本雷同的職能;又"東園大匠"與"東園主章"有連帶關係(顔師古注"東園主章掌大材,以供東園大匠也"),所以我們認爲"將作少府"是從少府機構中抽調"左右司空"、"太/泰匠"和"東園大匠",又從中尉機構分置"左右中候",將以上四個部門的職能整合後新組建的一個機構,以專司"掌治宫室"之職。因其主體是由少府析置,故名"將作少府"。因"將作少府"遠遠没有少府那樣多的屬官和繁複的職能,故"景帝中六年更名將作大匠"也只是恢復舊名,使"掌治宫室"的職能與其"將作大匠"的名稱相符而已。〔3〕

這裏我們並不想去詳細討論"將作少府"的屬官或職掌,我們只是用以說明,秦代就有"將作"這種特殊的官名,其字面意義也就是主管製作。有意思的是,"將作少府"在西漢景帝中元六年更名爲"將作大匠",其執掌範圍相同,都是掌宗廟、陵寢、宫室及

---

〔1〕見拙著:《湖南古代璽印》第 27—28 頁,上海辭書出版社 2004 年。
〔2〕睡虎地秦墓竹簡整理小組:《睡虎地秦墓竹簡》第 123 頁,文物出版社 1990 年。
〔3〕陳松長等著:《秦代官制考論》第 75 頁,中西書局 2018 年。

其他的土木工程營建。而"將作大匠"作爲官名又可簡稱爲"將匠",據《通志·氏族四》記載"三國吳有中散大夫將匠彧",[1] 很顯然,"將匠"也就是監管各類工匠的官名。準此,所謂"將田"也應該就是監管田事的官名。

衆所周知,這種管理農事的官在秦代大都叫田官,具體的官名在《里耶秦簡》中就有"左公田、旬陽左公田"(8-63)、田官(8-145)、田官佐(8-580)、田官守(8-672、8-764、8-1102、8-1328、8-1566、8-1574、8-2246)、田守(8-2138)和田典(8-2145)等。[2] 其中的"田官"、"田守"、"田典"應該都是性質一樣但級别不同的管理田事的官,他們所管理的"田"都是官田或公田,嶽麓秦簡中有好幾條"縣官田令"[3],所謂的"縣官田"也就是官田或公田的另稱。

此外,在已刊布的一些秦代璽印和封泥中也多見一些與田官有關的資料,如秦璽印中有"成紀右田"、"泰上濅左田"、"小廐南田"和"右公田印"等,秦封泥有"西田□□"、"北田"和"南田"等,由此可見,秦代從中央到地方都有管理"縣官田"的機構,如秦封泥中的"郎中西田"就應是郎中令機構所屬的田官。此外,秦封泥中還有"大田丞印"、"旱田之印"、"右大田丞"[4] 等田官類職官和官署。儘管這些農官的種類很多,其級别和隸屬關係也並不是很清楚,但迄今爲止所見的秦至漢初的出土文獻資料中都没出現過"將田"這種官名。長沙走馬樓西漢簡的時代比較明確,它是漢武帝中期長沙國的行政文書,故大致可以判斷,簡文中的"將田"應該是西漢中期以後才出現的一種田官的專稱。

由上述可知,簡文中的"將田義陵佐"和"將田沅陽佐"中的"將田"應該是同一種田官,但它到底是什麽級别、什麽類型的田官呢?檢看長沙走馬樓西漢簡中的一些簡文,我們發現,"將田"還可以分開表述爲"將大農田",如:

0162:逎元年縣遣將大農田□
0049:逎二年中將大農田無陽

從這兩枚簡可知,所謂"將田",很可能是"將大農田"的省稱,亦即受命掌管大農所屬公田的意思。簡文中的"大農"應即"大司農"的簡稱,《史記·平準書》:"桑弘羊爲治粟都尉,領大農。"[5]《漢書·百官公卿表》:"治粟内史,秦官,掌穀貨,有兩丞,景

---

[1] 鄭樵撰,王樹民点校:《通志二十略·氏族略四》第154頁,中華書局1995年。
[2] 里耶秦簡牘校釋小組:《新見里耶秦簡牘資料選校(二)》9-1869、9-2350,簡帛網,2014年9月3日。
[3] 具體内容和圖版將刊布於《嶽麓書院藏秦簡(陸)》,待出版。
[4] 參見周曉陸:《秦封泥集》,三秦出版社2000年。
[5]《史記》卷三十第1441頁,中華書局1959年。

帝後元年，更名大農令，武帝太初元年，更名大司農。"[1]走馬樓西漢簡的時代在漢武帝太初元年之後，其簡文中仍多以"大農"指稱"大司農"，如：

1508：……六年大倉上校大農府，它如律令……

這裏所說的"大農府"即大司農府。我們知道，簡文中的"大倉"即"太倉"，也就是古代京城儲存穀物的太倉，《史記·平準書》："太倉之粟，陳陳相因。"[2]同時，"太倉"也是大司農的屬官，故簡文中的"大倉上校大農府"，也就是大司農的屬官太倉要將京城儲存穀物的校對結果上報大司農府。可見，簡文中的"大農府"肯定是"大司農府"的省稱。

據《漢書·百官公卿表》可知，大司農的"屬官有太倉、均輸、平準、都內、籍田五令丞，斡官、鐵市兩長丞。又郡國諸倉農監、都水六十五官長丞皆屬焉"。可見大司農手下不僅有掌管"籍田"的令丞，而且各郡國的"諸倉農監、都水六十五官長丞"都是他的屬下，其執掌範圍之大可見一斑。而所謂"籍田"也就是皇帝徵用民力所耕種的田，換句話說也就是所謂"縣官田"或"公田"。大司農要管好這些"籍田"，除了令丞和郡國農監之外，各郡縣當都有其代爲管理的官員，這裏所討論的"將田"可能也就是受大司農之命在各縣監管"籍田"的官吏。

當然，這"將田"應該並不是大司農的直接屬官，因爲大司農的屬官除了文獻中所記載的令丞、長丞之外，見於簡文的主要是"卒史"，如：

0054：五年二月己丑朔丁酉大農卒史熹劾。
0094：……大農卒史令卯助僮貧人擊連出都田所得☐

大家知道，"卒史"是郡一級最常見的屬官，走馬樓西漢簡中，"卒史"出現了30多次，多爲太守卒史或中尉卒史之類。這兩條簡文中的"大農卒史"一個叫"熹"，一個沒有名字，從簡文的內容判斷，這兩個卒史很可能就是同一個人，他作爲大司農的屬官，既能彈劾官員，也能調派官佐完成各類任務，由此可見其權力之大。

我們之所以說"將田"應該並不是大司農的屬官，而只是一種爲大司農監管各縣公田的官員而已，是因簡文中有明確說明：如簡0126"迺元年縣遣將大農田"，其意思也就是縣裏指派"將田"去掌管、監管大司農所管轄的"籍田"或公田。這也就多少說明，"將田"並不是大司農的直接屬官，他並不需要大司農親自指派，而應該是各縣根據大司農的要求臨時委派的官員，而這些官員在各縣還都配備有佐官聽其調遣。

---

[1]《漢書》卷十九上第731頁，中華書局1962年。
[2]《史記》卷三十第1420頁，中華書局1959年。

此外,我們在長沙走馬樓西漢簡文中還發現,"將田"除了拆作"將大農田"之外,還有"鐔成佐胡爲大農將賃人田無陽界中"(0004號簡)的記載。同樣是"將大農田",但更爲具體地爲大農去管理僱傭有勞力的人去耕作官田。這裏的"將賃人田"和"將大農田"的結構相同,都是把"將田"拆開組合的語詞,但"將田"作爲掌管田事的本來意義並没有因爲拆開而產生歧義。

由此我們大致可以推論,"將田"一詞原本應該就是一個掌管田事,或者說是掌管"縣官田"或"公田"的動賓結構的語詞。可能是其使用頻率太高,且與大司農的直接管轄有關,故各縣派遣去爲大司農管理公田的官吏都以此爲榮,因而這個詞漸漸演變爲一個有具體任務和佐吏的官名而保存在走馬樓西漢簡中。

(陳松長　湖南大學嶽麓書院;出土文獻
與中國古代文明研究協同創新中心　教授;
劉國慶　湖南大學嶽麓書院　博士研究生)

肩水金關漢簡所見
數術内容拾補[*]

王　强

　　上世紀七十年代在甘肅省肩水金關漢代遺址出土了一萬餘枚漢代簡牘。經過多年整理,這批簡牘現已全部公佈於衆,爲相關領域的研究提供了非常寶貴的新材料。[1]值得注意的是,這批簡牘記載了比較豐富的數術内容,其中有些内容可與此前公布的戰國秦漢數術材料互相印證,有些内容則屬首見,凡此都對古代數術研究具有重要價值和意義。伴隨着材料的陸續公布,這些内容也引起了一些學者的關注,並取得了不少研究成果。[2]我們在閱讀這批材料的過程中,發現其中尚有一些數術内

---

[*]　本文是國家社科基金重大項目"簡帛學大辭典(14ZDB027)"的階段性成果。
[1]　肩水金關漢簡一至五册由甘肅簡牘博物館、甘肅省文物考古研究所等單位共同編著,分别於2011、2013、2014、2015、2016年由中西書局出版發行。
[2]　程少軒:《肩水金關漢簡"元始六年(居攝元年)曆日"復原》,《出土文獻》第五輯,第274—284頁;程少軒:《〈肩水金關漢簡(叁)〉數術類簡牘初探》,《簡帛研究》2015秋冬卷,129—143頁;晏昌貴:《讀〈肩水金關漢簡(貳)〉札記二則》,《楚地簡帛思想研究》第六輯;程少軒:《肩水金關漢簡"元始六年(居攝元年)曆日"的最終復原》,復旦大學出土文獻與古文字研究中心網站,2016年8月27日;程少軒:《〈肩水金關漢簡(伍)〉方術類零簡輯校》,復旦大學出土文獻與古文字研究中心、耶魯-新加坡國立大學學院陳振傳基金漢學研究委員會編:《出土文獻與中國古典學》,中西書局2018年;許名瑲:《〈肩水金關漢簡(伍)〉月朔簡考年》,復旦大學出土文獻與古文字研究中心網站,2016年9月20日;王子今:《説肩水金關"清酒"簡文》,《出土文獻》第四輯;王子今:《河西漢簡所見"馬祿祝"禮俗與"馬醫"、"馬下卒"職任》,《秦漢研究》第八輯;王子今:《肩水金關漢簡所見"主君"祭品——乳棗飯清酒》,收入氏著:《秦漢名物叢考》第88—92頁,東方出版社2016年;王子今:《肩水金關簡"馬祿祝"祭品用"乳"考》,收入中共金塔縣委、金塔縣人民政府、酒泉市文物局、甘肅簡牘博物館、甘肅敦煌學學會編:《金塔居延遺址與絲綢之路歷史文化研究》第3—9頁,甘肅教育出版社2014年;劉嬌:《讀肩水金關漢簡"馬祿祝辭"小札》,《文匯報》2016年8月19日第W11版;方勇:《談一道金關漢簡所載的數學"衰分"題》,簡帛網,2016年2月2日;姚磊:《〈肩水金關漢簡(叁)〉綴合(七)》,簡帛網,2016年12月21日;王强:《肩水金關漢簡"推天乙所理法"復原》,《紀念中國古文字研究會成立四十周年國際學術研討會論文集》第184—188頁,長春2018年。此外還有一些綴合、校釋類文章也或多或少涉及數術内容的討論,在此不一一列舉,敬請見諒。

容此前未被注意或討論不夠充分，下面僅依探方及簡號的先後順序逐條寫出，敬請專家批評指正。

（一）戊寅丁卯蚤食時行有三憙
　　失時行☑［73EJT3∶70］

　　原釋文"戊"字，張俊民先生改釋爲"丙"。[1] 查圖版，釋"丙"可以。根據我們的意見，簡文應斷讀爲"丙寅、丁卯，蚤（早）食時行，有三憙（喜），失時行☑"。此簡所述内容有比較早的來源，在睡虎地秦簡日書、放馬灘秦簡日書、馬王堆帛書《出行占》、香港中文大學藏漢簡日書中都有類似内容。各篇雖體例不一、詳略有别，但所遵循的數術原理和占卜事項則基本一致。爲節省篇幅，這裏只引《出行占》的釋文，以便比較和理解：[2]

　　•戊寅申、己卯酉、丙辰戌、丁巳亥、庚子午、辛丑未，宫也，平旦行【二】喜。
　　　　　　　　　　　　　　　　　　　　　　　　　　　　［出028A］
　　•己巳亥、庚寅申、辛卯酉、戊辰戌、壬子午、癸丑未，角也，食時行七喜。
　　　　　　　　　　　　　　　　　　　　　　　　　　　　［出029A］
　　•丙寅申、丁卯酉、甲辰戌、乙巳亥、戊子午、己丑未，徵也，晏食行三喜。
　　　　　　　　　　　　　　　　　　　　　　　　　　　　［出030A］
　　•癸巳亥、丙子午、丁丑未、乙酉卯、甲寅申、壬辰戌，羽也，日中行五喜。
　　　　　　　　　　　　　　　　　　　　　　　　　　　　［出031A］
　　•辛巳亥、壬寅申、甲子午、乙丑未、癸卯酉、庚辰戌，啇〈商〉也，蓡（暮）
　　市行九喜。　　　　　　　　　　　　　　　　　　　　　［出032A］

如上所示，此類内容的基本方法是將白天時間自早到晚均分爲五個時段，並與六十甲子相配，每時段分配十二個干支。但干支的分配不是隨意安排的，而是依據納音五行的原理，即同時段所配干支的納音五行屬性相同。[3] 在此基礎上專門占測出行吉凶，占辭有二喜、三喜、五喜、七喜、九喜等，用以區分喜的程度。由於此占法使用起來

---

[1] 張俊民：《〈肩水金關漢簡（壹）〉釋文》，簡帛網，2011年9月23日。
[2] 釋文參裘錫圭主編：《長沙馬王堆漢墓簡帛集成（伍）》第156頁，中華書局2014年。
[3] 饒宗頤：《秦簡中的五行説與納音説》，載《古文字研究》第十四輯，第261—280頁。劉樂賢：《五行三合局與納音説——讀饒宗頤先生〈秦簡中的五行説與納音説〉》，載《江漢考古》1992年第1期。王强：《睡虎地秦簡日書乙種所見納音五行説》，《饒宗頤國學院院刊》第五輯，2018年。

便捷明了,故有自題"禹須臾"。須臾,即快捷、便利之義,前加"禹"則是借助大禹的名號以增加其神秘性和權威性,同時大禹在文獻中經常扮演行神的角色,這與各篇以占出行吉凶爲目的也很相符。[1]對於没有標題的篇目,有的學者結合占卜内容稱之爲"禹須臾占行"。[2]

從現有多個文本來看,干支、時稱、喜數的搭配是固定的,只是時稱有時略有不同,現將各篇列表如下:[3]

		睡虎地秦簡日書甲種·禹須臾(一)	睡虎地秦簡日書甲種·禹須臾(二)	放馬灘秦簡日書乙種·禹須臾占行	馬王堆帛書《出行占》	香港中文大學藏漢簡日書·禹須臾[4]
一喜	戊寅、戊申、己卯、己酉、丙辰、丙戌、丁巳、丁亥、庚子、庚午、辛丑、辛未	旦	旦	平旦	平旦	
三喜	丙寅、丙申、丁卯、丁酉、甲辰、甲戌、乙巳、乙亥、戊子、戊午、己丑、己未		莫食	莫食	晏食	
五喜	癸巳、癸亥、丙子、丙午、丁丑、丁未、乙酉、乙卯、甲寅、甲申、壬辰、壬戌	日中	日中	日中	日中	
七喜	己巳、己亥、庚寅、庚申、辛卯、辛酉、戊辰、戊戌、壬子、壬午、癸丑、癸未	餔時	市日	日失	食時	
九喜	辛巳、辛亥、壬寅、壬申、甲子、甲午、乙丑、乙未、癸卯、癸酉、庚辰、庚戌	夕	莫市	夕	暮	夕

---

[1]工藤元男、蒲慕州、吕亞虎等認爲禹在先秦時期被視爲行神,劉增貴等則持不同意見。參[日]工藤元男著,廣瀨熏雄、曹峰譯:《睡虎地秦簡所見秦代國家和社會》,上海古籍出版社2010年。蒲慕州:《睡虎地秦簡〈日書〉的世界》,《"中研院"歷史語言研究所集刊》第62本第四分,1993年。吕亞虎:《戰國秦漢簡帛文獻所見巫術研究》,科學出版社2010年。劉增貴:《秦簡〈日書〉中的出行禮俗與信仰》,《"中研院"歷史語言研究所集刊》第72本第三分,2001年。

[2]各篇只有睡虎地日書甲種的兩篇有自題"禹須臾",放馬灘乙種日書"禹須臾占行"、香港中文大學藏漢簡日書"禹須臾"皆爲整理者擬題。

[3]睡虎地日書乙種舊題"干支表"篇,據我們研究也當是"禹須臾占行"一類内容,但時稱異於已見各篇,恐抄有誤,因此未列入表中,詳參王强:《睡虎地秦簡日書乙種所見納音五行説》,《饒宗頤國學院院刊》第五輯,2018年。

[4]該篇殘失嚴重。

金關簡僅殘剩丙寅、丁卯兩個干支,對應占辭爲"三喜",與表中各篇均相同。惟上表所列各篇三喜固定對應時稱爲"莫食"或"晏食",而金關簡却是"蚤(早)食"。根據已有研究,五時段的選擇與秦漢時代的紀時制度有關,睡虎地和孔家坡日書有十二時稱的記載:

【雞鳴丑,平旦】寅、日出卯、食時辰、莫食巳、日中午、【日失】未、下市申、春日酉、牛羊入戌、黃昏亥、人定【子】。〔1〕

雞鳴、平旦、日出、蚤食、莫食、日中、日失、□市、暮市、□□、黃昏、人定。〔2〕

劉樂賢先生在討論睡虎地秦簡日書"禹須臾篇"時段名稱時認爲:"古人使用五時段進行占測時,對某些相鄰時段的區分並不十分嚴格。"〔3〕由上引睡虎地、孔家坡十二時稱知"蚤(早)食"與"莫食"相鄰。可見,金關簡寫作"蚤(早)食"與已有材料並不矛盾。

另外值得注意的是,此前發現的五時段占出行吉凶內容在占辭裏都只講到了吉,即各種不同程度的喜,至於凶事如何則未提及。而從殘存的金關簡文看,喜數之後還有內容,簡文"失時行"及其後殘失的內容顯然是講如果不在干支日的對應時段出行會有何種不吉之事發生。這是此類內容在後世的新發展。

(二)七月甲丙戊壬申乙丁巳辛卯丙戊寅凡十日毋北戊毋東南月八日九日十日十二日十四日廿七日廿八日有比日毋[73EJT3∶103]

整理者所釋"巳"字,馬智全先生改釋爲"己",並指出簡文所云"十日"當指"甲、丙、戊、壬申,乙、丁、己、辛卯,丙、戊寅,正當十日"。〔4〕其説甚確。後來何茂活先生又認爲簡文中"'比'當釋爲'此',圖版作比,其左爲'止'的草寫,非'匕'"。〔5〕我們認爲無論從字形還是文意來看,何先生的説法似乎都不可信。查圖版,"比"字與其

---

〔1〕于豪亮:《秦簡日書記時記月諸問題》,《雲夢秦簡研究》,中華書局1981年;又收入《于豪亮學術文存》,中華書局1985年。
〔2〕李天虹:《秦漢時分紀時制綜論》,《考古學報》2012年第3期。
〔3〕劉樂賢:《睡虎地秦簡〈日書〉釋讀札記》,《華學》第六輯,第117—119頁。
〔4〕馬智全:《〈肩水金關漢簡(壹)〉校讀記》,《考古與文物》2012年第6期。
〔5〕何茂活:《〈肩水金關漢簡(壹)〉釋文訂補》,復旦大學出土文獻與古文字研究中心網站,2014年11月29日。

下的"日"字圖版作 ▨，間距較小，應該釋爲"皆"字，不當析作二字。另外，"東南"之後的"月"字，圖版不太清晰，從辭例推測有可能是"凡"字。

綜上，這段簡文可斷讀爲：

> 七月，甲、丙、戊、壬申，乙、丁、己、辛卯，丙、戊寅，凡十日毋北；戊毋東南；凡(?)八日、九日、十日、十二日、十四日、廿七日、廿八日，有，皆毋……

問題是"有"字無論屬上讀還是屬下讀，都無法講通。從文意看，頗疑其後漏抄了"凶"或"咎"一類表不祥義的詞。這段內容中有些地方的數術原理可以解釋，如"戊毋東南"似當與"戊"在式圖或式盤上所處的位置有關，如安徽阜陽汝陰侯墓出土六壬式盤和濮瓜農舊藏四門方鏡上東南方位的天干都是"戊"，[1]如此一來，若在天干戊日東南行，就會跟本方位所對應之天干戊相同，相同在一定程度上意味着相衝，其忌可知。有的則不明所以，像"十日"爲何不能北行，所列序數日期爲何爲禁忌之日，都有待進一步研究。

（三）畜産自死家當有□［73EJT7：60］

"□"字圖版作 ▨，黃艷萍先生釋"晾"。[2] 網友"小疋"釋作"妖"。[3] 按釋"妖"可從，此字左旁从"女"無疑，右旁可對比漢簡中下列从夭之字：▨（張家山・引書81）、▨（馬王堆・病方51）、▨（北大漢簡・陰陽家言8）、▨（北大漢簡・妄稽3）、▨（北大漢簡・倉頡篇42）。

簡文亦當從"小疋"的意見讀作"畜産自死，家當有妖"。古人篤信鬼神，認爲人畜都不會無緣無故地死亡，一旦有暴斃的情形發生，往往歸咎於妖邪作祟。如《論衡・辨祟篇》云："世俗信禍祟，以爲人之疾病死亡，及更患被罪，戮辱歡笑，皆有所犯。"睡虎地秦簡日書《詰咎篇》云：

> 人之六畜毋（無）故而皆死，<u>欽（陰）鬼之氣入焉</u>。　　［睡甲57背A］

敦煌 P.3106《占怪書》云：

---

[1] 圖見李零：《中國方術考（修訂本）》第92、98頁，東方出版社2000年。
[2] 黃艷萍：《初讀〈肩水金關漢簡（壹）〉札記》，復旦大學出土文獻與古文字研究中心網站，2013年5月30日。
[3] 說見前注文後評論。

犬生子似羊,六畜死,惡鬼來入宅。

二者認爲牲畜的死亡是因"陰鬼"或"惡鬼"侵犯所致,這與金關簡所記是一致的。在此觀念的影響之下,後世産生了相應的祈禳解除之術,如元刻本《陰陽正理論》一書中就有"禳人家六畜損傷"專節。[1]

（四）星内財下必斷・六甲
内財☐［73EJT7∶63］

　　"内財"讀爲"納財",簡文可斷讀作"星内(納)財下必斷(鬭)。・六甲内(納)財☐"。納財是後世選擇通書習見的選擇事項,同時也是各種曆書習見的鋪注項目。清代《協紀辨方書》卷十一詳細列舉了納財的宜忌時日:

　　納財
　　宜:母倉、天願、月恩、四相、時德、民日、三合、滿日、收日、六合、五富、天倉。
　　忌:月破、大耗、平日、劫煞、災煞、月煞、月刑、月害、月厭、大時、天吏、小耗、四耗、四廢、四窮、九空。[2]

出土漢代日書類文獻中也有許多關於納財的占卜内容,如:

　　巳不可入錢財,人必破亡。不可殺鷄,祠主人。毋傷巫,受其央(殃)。
　　　　　　　　　　　　　　　　　　　　　　　　　　　［孔家坡394］
　　乙毋内財,不繫必亡。丙毋直(置)衣,☐……　　　　［武威・日忌2］

從殘存簡文來看,本簡也是記納財的吉凶宜忌之日。"星"疑爲星宿名"七星"之殘或省略。結合辭例,此處"七星"應爲秦漢時習見的星宿紀日,不當視作實際星宿。[3]簡文説七星日如果納財,會發生争鬭,顯然該日爲納財凶日。六甲即六十甲子中的甲子、甲寅、甲辰、甲午、甲申、甲戌六個干支日。其後占辭殘失,不知吉凶如何。睡虎地和孔家坡日書都有"金錢良日",與納財所言爲同一回事,内容如下:

---

[1] 劉樂賢:《睡虎地秦簡日書〈詰咎篇〉研究》,《考古學報》1993年第4期,第453頁。
[2]《四庫術數類叢書(九)・欽定協紀辨方書》第473頁,上海古籍出版社1995年。
[3] 關於星宿紀日的介紹,可參劉樂賢:《睡虎地秦簡〈日書〉二十八宿紀日法補證》,收入氏著:《簡帛數術文獻探論(增訂本)》第53—63頁,中國人民大學出版社2012年。

金錢良日：甲申、乙巳。申不可出貨,午不可入貨=(貨,貨)必後絕。

[睡甲93正B]

金錢良日：甲寅、乙卯□□□□,[孔家坡7B]不可出入財,乃[孔家坡8B]後絕。　　　　　　　　　　　　　　　　　　　　　[孔家坡9B]

兩篇甲申、甲寅爲金錢良日,因此金關簡"六甲納財"之後的占辭爲吉辭的可能性較大。

（五）色黑目黑齒黑色齊居大水中[73EJT10∶454]

簡文具體所指不詳,似講某種神怪,可斷讀爲："……色黑,目黑,齒黑色,齊（次）居大水中。"此物各器官均呈現黑色,居止於大水中。按照五行理論,水所配之顏色恰爲黑色,簡文如此整齊地指向黑色,恐非偶然。這種受五行説影響而成的神怪形象也許有很多,但比較有名且容易聯想到的是禺彊。《山海經》關於禺彊的記載有多處,其中《海外北經》云："北方禺彊,人面鳥身,珥兩青蛇,踐兩青蛇。"郭璞注："一本云：北方禺彊,黑身手足,乘兩龍。"袁珂先生對禺彊的來歷有精彩的考辨,認爲"一本"的説法有據,同時認爲"黑"乃"魚"之訛寫。不妨把他的觀點引述如下：

> 郭注引一本云："北方禺彊,黑身手足,乘兩龍。"疑"黑身"乃"魚身"之誤,"黑"與"魚"形近而致譌也。《北山經》帶山："芘湖之水多鱃魚。"郝懿行云："鱃與鯈同；《玉篇》作鰷。""黑"、"魚"之易混,亦其證矣。《海外東經》云："雨師妾在其北,爲人黑身人面。"未言手足。以身既人身,手足自具,無煩更舉。《海內北經》云："陵魚人面、手足、魚身,在海中。"此人形之魚,身仍爲魚,而有手有足,故特著手足,以彰其異。由是言之,"黑身手足"之禺彊,猶"手足魚身"之陵魚,均人魚之類,"黑身"蓋"魚身"之譌也。其爲海神之時,形貌當即"魚身手足"。[1]

其實從五行説的角度考慮,禺彊作爲北海之神,配屬黑色,身手足俱爲黑色亦屬合理。"一本"強調的是禺彊的膚色,而非結構特徵。故"黑"是否爲"魚"之訛字,應當存疑。這一點可參考吐魯番出土的唐寫本《五土解》對於五色帝的記載,以保存相對完整的

---

[1] 袁珂:《山海經校注（最終修訂版）》第223頁,北京聯合出版公司2013年。

赤帝部分爲例：

> 謹啓南方赤帝土公，駕赤車，乘赤龍，赤功曹，赤主簿，赤五伯，赤從徒，開赤門，出赤【户】……堂君在下，乘君車馬，從後下，愿君頓馬停車，來就南坐，主人再拜，酌酒行觴。[1]

文中顔色的一致性也是受五行説影響的結果，與簡文及《山海經》"一本"對禺彊"黑身手足"的描述可以類比。至於金關簡文所記是否爲禺彊，我們不敢斷言，存此待考。

（六）☒告利數見貴人［73EJT23∶80］

所謂"告"字，字形作 。漢簡文字中"告"和"吉"的字形十分接近，有時只能依靠内容來判斷。[2] 本簡之字，上面短橫水平起筆，上挑收筆，單就字形而言無法確釋爲"告"字。而從内容看，釋"吉"似更優。簡文可斷讀作："☒吉，利數見貴人。"睡虎地秦簡日書甲種"除篇"有簡文云："以見君上，數達，毋（無）咎。［睡甲 6 正 B］"王子今先生認爲"數"可解釋爲"速"，所謂"數達"應當理解爲見君上之事能够不受阻礙。[3] 其説可從。金關簡的"數"也當如此理解，簡文大意是某日吉，利於迅速見到貴人。類似内容多見於出土日書類文獻，如：

> 凡不吉日，［九店 41］利以見公王與貴人，利以取貨於人之所，毋以舍人貨於外。 ［九店 42］
> 甲午、庚午日，王（往）見貴人，☒。 ［放馬灘乙種 47B］
> 壬辰，不可見貴人；□午，可見長者。凡見小子，倍（背）時，吉。凡巳，不可□□☒ ［港簡 94］

在後世占書中也多可見到類似内容。"貴人"即顯貴之人，與《周易》爻辭常見的"大人"義近，在簡文中具體則指王公貴族或上級官員。日書中，還有一類專供下層官吏選擇謁見上級的具體時日的内容，通常有自題作"吏"，下面舉睡虎地秦簡日書甲種相關文字爲例：

---

[1] 録文參張鵬：《〈唐寫本《五土解》〉性質再探》，《首都師範大學學報（社會科學版）》2016 年第 1 期。
[2] "告"、"吉"的字形可參白海燕：《"居延新簡"文字編》第 59、72 頁，吉林大學博士學位論文，2014 年；李瑶：《居延舊簡文字編》第 71、83 頁，吉林大學博士學位論文，2014 年。
[3] 王子今：《睡虎地秦簡〈日書〉甲種"以見君上數達"解》，《陝西歷史博物館館刊》第七輯，第 190—192 頁。

吏

子，朝見，有告，聽。晏見，有告，不聽。晝見，有美言。日虒見，令復見之。夕見，有美言。　　　　　　　　　　　　　　　　　　　　　　［睡甲 157 正］

丑，朝見，有奴（怒）。晏見，有美言。晝見，禺（遇）奴（怒）。日虒見，有告，聽。夕見，有惡言。　　　　　　　　　　　　　　　　　　　　　　　［睡甲 158 正］

寅，朝見，有奴（怒）。晏見，説（悦）。晝見，不得，復。日虒見，不言，得。夕見，有告，聽。　　　　　　　　　　　　　　　　　　　　　　　　　［睡甲 159 正］

卯，朝見，喜；請命，許。晏見，説（悦）。晝見，有告，聽。日虒見，請命，許。夕見，有奴（怒）。　　　　　　　　　　　　　　　　　　　　　　　［睡甲 160 正］

辰，朝見，有告，聽。晏見，請命，許。晝見，請命，許。日虒見，有告，不聽。夕見，請命，許。　　　　　　　　　　　　　　　　　　　　　　　　［睡甲 161 正］

巳，朝見，不説（悦）。晏見，有告，聽。晝見，有告，不聽。日虒見，有告，禺（遇）奴（怒）。夕見，有後言。　　　　　　　　　　　　　　　　　　［睡甲 162 正］

午，朝見，不詥。晏見，百事不成。晝見，有告，聽。日虒見，造，許。夕見，説（悦）。　　　　　　　　　　　　　　　　　　　　　　　　　　　　［睡甲 163 正］

申，朝見，禺（遇）奴（怒）。晏見，得語。晝見，不説（悦）。日虒見，有後言。夕見，請命，許。　　　　　　　　　　　　　　　　　　　　　　　　［睡甲 164 正］

戌，朝見，有告，聽。晏見，造（告），許。晝見，得語。日虒見，請命，許。夕見，有惡言。　　　　　　　　　　　　　　　　　　　　　　　　　　　［睡甲 165 正］

亥，朝見，有後言。晏見，不詥。晝見，令復見之。日虒見，有惡言。夕見，令復見之。　　　　　　　　　　　　　　　　　　　　　　　　　　　　　［睡甲 166 正］

從占辭看，金關簡大概也是此類文本之殘。誠如上引王子今先生文所云，此類內容是"我們了解當時政治生活中嚴酷空氣以及從政人員們的奴性心理"的寶貴材料。

（七）入水官徵宮日數遷羽日安商角日可 徵日兇 • 冬以時到官視事未到
［73EJT23∶563＋643］

兩簡由伊強先生綴合。"水官"後所謂"徵"字，圖版作 ，伊強先生指出："就圖版看，'水官'後整理者釋爲'徵'的字，和後面'徵日'之'徵'明顯不同，字形不是很清楚,到底是什麽字尚需討論。"[1]他的懷疑是有道理的,徵字在漢簡中寫作 ▆,二者顯然有別。且從五音配五行來看,與水行及冬季相配的五音爲角或羽,[2]因此釋"徵"確不合理。我們認爲此字其實是"者"字,只是筆畫之外有一些污痕。漢簡"者"字習見,寫作 ▆,可資對比。所謂"時"字圖版作 ▆,與正常寫法的時字形有別,恐釋讀亦有問題,或是一個表時稱的詞,暫存疑待考。綜上簡文可讀作:"入水官者,宫日數遷,羽日安,商、角日可,徵日兇(凶)。·冬以時(?)到官視事,未到……"

五行水配冬季,因此簡文"入水官"應即冬季入官之意,後一句言冬季到官視事適可證明這一點。原來完整的簡文應當尚有"木官"、"火官"、"土官"、"金官"以應春、夏、季夏、秋等一年中其餘時段入官。這一內容以季節爲序占卜五音日入官的吉凶情況,目前尚屬首見。那麽五音日具體指什麽呢?一種可能,五音與日期的搭配可能同樣遵循納音五行的原理,前文已經談及。《唐開元占經》云:

> 納音
> 甲子、壬申、甲午、庚辰、壬寅、庚戌爲陽商。
> 乙壬、癸酉、辛亥、乙未、辛巳、癸卯爲陰商。
> 丙寅、戊子、甲辰、甲戌、丙申、戊午爲陽徵。
> 丁卯、己丑、乙巳、乙亥、丁酉、己未爲陰徵。
> 戊辰、庚寅、壬午、壬子、戊戌、庚辰爲陽角。
> 己巳、辛卯、癸未、癸丑、己亥、辛酉爲陰角。
> 庚午、丙戌、戊申、戊寅、庚子、丙辰爲陽宫。
> 辛未、丁亥、己酉、己卯、辛丑、丁巳爲陰宫。
> 甲申、壬辰、丙午、甲寅、丙子、壬戌爲陽羽。
> 乙酉、癸巳、丁未、丁丑、乙卯、癸亥爲陰羽。
> 凡言宫、商、角、徵、羽日,皆依此。

同時,《唐開元占經》同卷還記有一種稱作"地十二辰五音"的搭配,可作第二種解釋,錄文如下:

> 子主陽宫土,主帝王;丑爲陽徵火,主旱、主火災、主官寺、主口舌;寅爲陽徵火,主旱、主火、主烽燧;卯爲陽羽水,主雨霖、主水、主霧;辰爲陽商金,

---

[1] 兩簡的綴合參伊强:《〈肩水金關漢簡(貳)〉綴合一則》,簡帛網,2014年6月16日。
[2] 古書和出土文獻所載五音配五行有不同系統,參晏昌貴:《孔家坡漢簡〈日書·歲〉篇五行配音及相關問題》,收入氏著:《簡帛數術與歷史地理論集》第67—82頁,商務印書館2010年。

主大將軍、主吏士;巳爲陽角木,主疾病、主憂患;午爲陽宫土,主後妃;未爲陰徵火,主庶人、主土功、主蜚蟲、主詔誥、主書檄、主旱;申爲陰徵火,主郵驛、尉侯、主旱、火;酉爲陰羽水,主霜雪、主雷電、主沉陰、主雹;戌爲陰商金,主小將、主兵刃;亥爲陰角木,主死喪、哭泣。

　　李先生曰:"自午至巳,皆爲陰律所生,故爲陽;自午至亥,皆爲陽律所生,故爲陰。"

總結起來,即《太白陰經》《虎鈐經》等書所説的:"子午爲宫,丑未寅申爲徵,卯酉爲羽,辰戌爲商,巳亥爲角。"這是第二種五音日。金關簡所記爲第一種五音日的可能性較大,但目前證據尚不充分。

(八) 産子女吉男凶男吉女凶男吉女凶
男吉女凶男吉女凶女吉男凶男☐
女凶☒ [73EJT29∶52]

　　該簡以月份爲序占十二月生男生女的吉凶情況,完整內容當有十二組,現僅存前七月占辭。程少軒先生指出:"上舉各種據時間貞卜生子吉凶的數術(筆者按:指日書中以十二地支和六十甲子爲序占卜生子命運的内容),多是據日期占測,像73EJT29∶52這樣據月份占測的,尚屬首見。由於没有可與之相比勘的文獻,'産子'神煞簡暫時無法復原。"[1] 出土文獻中此種生子占確爲首見,但日本古醫書《醫心方》卷二十四所引《産經》中有類似内容,名曰"相子生月法",具體内容如下:

　　《産經》云:正月生,男妨兄弟,女兒吉。
　　二月生,男貴,女妨公母。(字曰可安都則無咎,女爲再名爲候,吉。)
　　三月生,男貴有官,女貧無子。
　　四月生,男臨民,女爲貴人婦。
　　五月生,男不壽,女貧三嫁。
　　六月生,男二千石,女富貴。
　　七月生,男宜仕官三娶,女小貴三嫁。
　　八月生,男不利官,女爲賤。

---

[1] 程少軒:《〈肩水金關漢簡(叁)〉數術類簡牘初探》,《簡帛研究》2015秋冬卷,第129—143頁。

九月生，男貴當爲師，女小貴三嫁。

十月生，男宜爲吏，女貴宜財。

十一月生，男有官秩，女爲貴。

十二月生，男宜行禄秩，女得子力。〔1〕

較之金關簡僅言吉凶，《產經》則細舉具體的吉凶內容，爲便於比較兩者的異同，我們將《產經》前七個月占文改用吉、凶表示，結果如下：〔2〕

正月	二月	三月	四月	五月	六月	七月
男凶女吉	男吉女凶	男吉女吉	男吉女凶	男凶女凶	男吉女吉	男吉女可

對比可見，僅前三個月兩者相符，其餘則不同。《醫心方》卷二十四還有其他多種形式的生子占文，見於日書的有用十二地支、六十甲子、時稱占生子等三種，兩相對照也多是形式相同而占辭有異。〔3〕從形制和格式推測，金關簡大概也是附於曆書上面的神煞簡，由於書寫空間有限，只好將各種占辭簡化作吉、凶二字，當時應該存在一份類似《產經》的具有詳細占文的十二月占生子法。

（九）☐廿一吉可以行作所求得［73EJT37：492］

簡文可斷讀作："☐廿一吉，可以行作，所求得。"該簡應該也屬於日書類文獻，從殘存簡文看是以序數日期占測行事吉凶。占辭"行作"，李家浩先生認爲是出門勞作之義。〔4〕原簡當是講一月中哪些日子吉利，可以出門勞作，所求之物也能得到。新近出版的《地灣漢簡》中有一支簡記載：

廿六、廿五、廿四、廿一、十八、十六、十五，得此時大吉。［86EDT43：1］〔5〕

這條材料也是說明一月中的行事吉日，其中恰有廿一日，不知二者確屬同一類內容，

---

〔1〕［日］丹波康賴撰，高文柱校注：《醫心方》第487頁，華夏出版社2013年。

〔2〕"小貴"應屬吉辭，"三嫁"表明婚姻不順，應爲凶辭，半吉半凶，姑且用較爲中性的"可"來表示。

〔3〕劉樂賢：《談〈產經〉的生子占文》，《簡帛數術文獻探論（增訂版）》，中國人民大學出版社2012年。

〔4〕李家浩：《睡虎地秦簡〈日書〉"楚除"的性質及其他》，《"中研院"歷史語言研究所集刊》第七十本第四分，第883—900頁，1999年。

〔5〕甘肅簡牘博物館、甘肅省文物考古研究所、出土文獻與中國古代文明研究協同創新中心中國人民大學分中心：《地灣漢簡》第42頁，中西書局2017年。

還是僅僅偶然相同。並且這些數字日期的排列規律和所遵循的數術原理暫時也不清楚，有待研究。

除以上九條外，這批材料中還有一些內容與數術有關，惟文意不甚顯豁。姑附於文末，並作簡單説明，供大家參考：

1. 南方斗舍［73EJT6：114］

原釋文作"南方 □舍"，其後括注稱"簡上有刑德七舍圖"。張俊民先生釋文作"南方 斗□舍"。〔1〕"南方"下畫有方框，右側開有小門，"斗"、"舍"位於方框内，僅據殘剩内容似無法確定與刑德七舍有關。

2. 右角大后宗熒或（惑）若月［73EJT22：9］

"熒惑"即火星，該簡可能與星占有關。

3. 吏入官視事日，取陽前辰、陰前日堪對，及歲後星，堪後三四五辰，五行相老曰取辰，若此……［73EJT26：167+201+296］

167和201號簡爲整理者拼綴，後姚磊先生又將296號簡與之綴合，並根據内容指出簡文性質可能爲日書。〔2〕原釋文缺釋簡文較多，姚文的補釋多可信從。上引文"三四五辰"前的"後"，"取辰"前的"曰"，以及末尾的"若此"，是我們據圖版所作的改釋。但由於簡文内容難懂、圖版模糊，我們的改釋及斷句也未必準確。不過，這段文字與日書類文獻區别較大，猜測與式占有關。

4. 所撠日爲病書［73EJT33：57］

首字圖版作 ，整理者釋"所"不確，似應改釋爲"而"。古代擇日又稱涓日、諏日，不知金關簡"撠日"是否與"諏日"有關。

5. ……豪，期二月；朝旰而豪，期二月。其吉凶皆至。［73EJT34：21］

簡文中的關鍵詞爲"豪"，所指不明。但簡文同時具備時間和占辭兩個要素，很可能與選擇數術有關。

6. 久守天門，人主絶祀，各爲其居國墅占。［73EJH1：17］

簡文性質似亦與占卜相關，其意待考。

附記：根據匿名審稿專家的意見，我們對小文進行了增改，謹此致謝！

（王强　吉林大學考古學院古籍研究所；
出土文獻與中國古代文明研究協同創新中心　講師）

---

〔1〕張俊民：《〈肩水金關漢簡（壹）〉釋文》，簡帛網，2011年9月23日。
〔2〕姚磊：《〈肩水金關漢簡（叁）〉綴合（七）》，簡帛網，2016年12月21日。

四川渠縣城壩遺址 J9 漢代户口簡考釋[*]

——兼論課役身分"老"的形成與演變

凌文超

一

四川省渠縣城壩遺址經過連續五年的系統調查、勘探和發掘,出土了大量戰國晚期至魏晉時期的文物。《中國文物報》對該遺址考古發掘的重大收獲進行了簡要介紹。[1] 其中,特別令人關注的是 15 枚漢代簡牘。這是四川地區繼青川戰國秦木牘、老官山漢墓醫簡之後第三次出土簡牘。與過去簡牘集中出現於邊塞遺址、墓葬和古井不同,這批簡牘出土地點廣泛,包括水井、灰坑和地層中。這一新發現爲今後簡牘的考古發掘工作提供了重要參考。

在整理者公布的數枚漢簡中,J9 出土的一枚户口殘簡引起了我的注意。今據圖版,試將釋文移録如下:

1. ☐　平鄉☐里户人公乘郡年六十九老
　　妻☐年六十二老　　　　　　　☐

---

[*] 本文寫作得到"中央高校基本科研業務費專項資金"(the Fundamental Research Funds for the Central Universities)資助。
[1] 四川省文物考古研究院:《宕渠之城　躍然簡上——四川渠縣城壩遺址考古發掘取得重大收獲》,《中國文物報》2018 年 10 月 9 日第 4 版。

據整理者介紹,這批漢簡的時間爲西漢中晚期至東漢中晚期,延續時間較長。從簡1的字迹特徵來看,簡文書寫雖然保持着"平畫寬結"的骨架,但缺乏典型漢隸的"蠶頭燕尾"和波挑之勢的特徵,用筆大致屬於"今瘦"的風格,其書體是殘留隸意的楷體。從漢隸"八分"解體到楷書的發展進程來看,這種書體可能相對較晚。[1] 該簡應爲東漢中晚期的户口簡。

不僅如此,簡1殘存的内容及格式與長沙東牌樓、尚德街東漢户口簡相比,三者存在共同之處:

2. 曹 其　建寧四年 益 成里户人公乘其〔年〕卅九筭卒篤夅　子 公 乘 石 ……☐(79)[2]
　　　　　……卅七筭卒篤夅

3. 區益　　子 公 乘 朱年卅☐ 筭 卒九十復(80)

4. [☐☐]　　[☐]☐☐里户人士伍☐年☐☐ 筭　卒,十四年産子復。

　　　　　☐ 妻 大女姜年十八,筭一,十四年 産　子 復。(第一欄)(069)[3]

"○○里户人○○(爵級)"之後只書名,不書姓。如同簡2—4,簡1頂端也應大書户人的姓名。簡首大書户人姓名,之後簡文承前省略姓氏,是迄今所見的東漢户口簡別具一格的書寫格式。這一特徵既不同於里耶秦代南陽里户版,也不同於走馬樓孫吳户口簡。由此看來,簡1的年代應與簡2—4相近,很可能也是東漢後期的户口簡;其性質應與簡2—4相同,[4]很可能是户籍。這種著録格式可能是東漢户籍的共同特徵。

簡1與簡2—4之間也存在不同之處:簡1記録了鄉名,是迄今所見首枚兼記鄉、里的户口簡,而簡2則具體記録了年份。從走馬樓吳簡户口簡來看,孫吳臨湘侯國鄉里户口簡之間也存在一些差異,例如:

---

[1] 參見劉紹剛:《隸書"八分"的解體和行楷書的發展——從五一廣場簡看東漢時期的書體演變》,長沙市文物考古研究所等編:《長沙五一廣場東漢簡牘選釋》第294—313頁,中西書局2015年。

[2] 長沙市文物考古研究所、中國文物研究所編:《長沙東牌樓東漢簡牘》圖版第42頁、釋文第107頁,文物出版社2006年;釋文修訂參見長沙東牌樓東漢簡牘研讀班:《〈長沙東牌樓東漢簡牘〉釋文校訂稿》,《簡帛研究二〇〇五》第162頁,廣西師範大學出版社2008年。

[3] 長沙市文物考古研究所:《長沙尚德街東漢簡牘》第113頁,嶽麓書社2016年。釋文修訂參見凌文超:《長沙尚德街東漢户口簡考釋》,《第七屆"中國古文書學"國際學術研討會——文書文本解讀與古代社會論文集》,河北石家莊,2018年9月15—16日。

[4] 凌文超:《長沙尚德街東漢户口簡考釋》。

5. 嘉禾五年常遷里户人公乘張羅年六十五　　　　　　　（柒·1153）[1]

6. 常遷里户人公乘張羅年六十五　　　　　　　　　　　（柒·5208）

7. 民男子□漢年七十三踵（腫）兩足　漢妻大女宜年六十三（貳·1755）

8. 民男子殷温年七十一　　温妻大女聽（?）年七十　　（貳·1964）

雖然簡5和簡6爲同里同一人（常遷里張羅）的户口簡，但是，簡5記録年份，簡6未記。簡7、8甚至不記里名。

簡2與簡5皆記録年份，似乎體現了東漢、孫吳户口簡書寫格式的延續性。而是否記録鄉里信息，各簡差異較大，且簡2—8皆不記鄉名。實際上，無論是東漢，還是孫吳户口簡，其内容、格式皆存在一些差異。不過，從整體上看，簡册應是全面記録了年份、鄉里、吏民身分、人名、年紀等基本信息。例如，簡7、8所在簡册，起始的兩枚標題簡爲：

9. 廣成鄉謹列嘉禾六年吏民人名年紀口食爲簿　　　　　（貳·1798）

10. 廣 成 里謹列 領 任吏民人名年紀口食爲簿　　　　（貳·1797）[2]

具體記録了年份（嘉禾六年）和鄉里名稱（廣成鄉、廣成里），户口簡則承前省略了這類信息，但這並不會影響簿書的使用，還可以減少書吏的勞動量。由此看來，單枚户口簡之間的内容、格式的差異，並不足以反映簡册性質的不同。

關於簡牘時代的户口簿籍，里耶秦簡南陽里户版和走馬樓吳簡中依據户籍製作的各類賦役徵派簿書提供了比較直接的證據。然而，介於秦與孫吳之間的漢代，遺存下來的可以確認爲户籍的實物很少，且大多殘斷，藴含的信息也比較有限。城壩遺址J9户口簡的刊布，爲我們討論漢代户籍的基本情況增加了新材料。尤其是簡1所記録的"老"，爲我們探討課役身分"老"的萌生提供了極寶貴的資料。

---

[1] 本文所引吴簡簡文在簡文末標出卷次、簡號。各卷出版信息如下：走馬樓簡牘整理組編著：《長沙走馬樓三國吳簡·竹簡〔壹〕〔貳〕〔叁〕〔柒〕》，文物出版社2003、2007、2008、2013年。

[2] 該簡册的整理與研究，請參見侯旭東：《長沙走馬樓吳簡〈竹簡〔貳〕〉"吏民人名年紀口食簿"復原的初步研究》，《中華文史論叢》2009年第1期，《長沙走馬樓吳簡"嘉禾六年（廣成鄉）弦里吏民人名年紀口食簿"集成研究：三世紀初江南鄉里管理一瞥》，邢義田、劉增貴主編：《第四届國際漢學會議論文集　古代庶民社會》，〔臺北〕"中研院"2013年，皆收入其著：《近觀中古史——侯旭東自選集》第81—142頁，中西書局2015年；鷲尾祐子：《長沙走馬樓吳簡連記式名籍簡の檢討—家族の記録について—》，立命館東洋史學會：《中國古代史論叢》第7集，第53—95頁，中譯稿《長沙走馬樓吳簡連式名籍簡的探討——關於家族的記録》，《吳簡研究》第3輯，第65—87頁；關尾史郎：《長沙吳簡吏民簿の研究（上）—「嘉禾六（二三七）年廣成鄉吏民簿」の復元と分析—》，新潟大學人文學部：《人文科學研究》第137輯，第27—98頁。

二

　　秦漢是否存在課役身分"老",由於史料不足徵,[1]學界歷來難以遽下定論。[2]一般認爲,年十五以上皆可稱"大",且涵蓋"老"。年五十六歲甚至六十歲以上的男女,仍多稱大男大女,不必稱老(吳簡中仍是如此,參簡7、8)。[3]

　　隨着秦漢律令、三國吳户籍類文書的刊布,學界圍繞秦漢魏晉的課役身分、户籍身分、丁中身分展開了大量的討論,[4]逐步推進了我們對各種身分的認識。[5] 不過,由於史料的局限,學界對丁中身分衍生歷程的理解,仍然存在一些問題和爭議。例如,"老"是如何成爲課役身分、寫入户籍,並演進爲丁中身分的,這其中就有不少疑問。城壩遺址户口簡簡1注記的"老",爲我們提供了直接的史料,彌補了研究的缺環。

　　學界關於身分"老"的認識歷來存在差異。張榮强一開始將"睆老"納入漢代的"半役"進行分析,將"免老"納入"老"即免役進行討論,並結合孫吳户口簡"老男"的記錄,指出兩漢乃至孫吳前期都是年六十一免老。[6]

　　走馬樓吳簡中大量出現的"老男"、"老女"釋文,引起了學界的關注和討論。高敏認爲,孫吳推行了"丁中老小"制度,其中,六十一歲以上爲"老"。[7] 于振波則將"老"

---

[1] 討論秦漢課役身分,比較直接的材料是户口簿籍以及與編户民賦役徵派相關的簿籍。秦漢文獻中,相關史料較少見。有關徒隸勞作以及役民廪食等間接材料,雖然也涉及身分,但是,與課役身分的性質不同,似不能一概而論。

[2] 韓樹峰對秦漢時期的課役身分、刑法身分"老"作了較爲系統的梳理與分析。參見其作:《論秦漢時期的"老"》,《簡帛》第十三輯,第165—184頁。

[3] 楊聯陞最早指出這一點,參見其作:《漢代丁中、廪給、米粟、大小石之制——勞榦〈居延漢簡考釋〉錢穀類跋》,原刊《國學季刊》7卷1號,1950年,收入其著:《中國語文札記》第2頁,中國人民大學出版社2006年。

[4] "課役身分",即爲徵派編户民賦税和徭役而劃分的不同身分,秦漢時期諸如"敖童"、"小未傅"、"新傅"、"筭"、"正/卒"、"睆老"、"免老"。户籍身分主要是"小"、"大"。"課役身分"、"户籍身分"後來日益化合,演進爲"丁中身分",如"小"、"丁"、"老"等。在同一歷史時期,任一丁中身分不僅代表着比較穩定的年齡分層,也藴含着特定的賦役義務。

[5] 系統性的研究論文有:張榮强:《〈二年律令〉與漢代課役身分》,《中國史研究》2005年第2期;高敏:《吳簡中所見"丁中老小"之制》,《新鄉師範高等專科學校學報》2006年第3期;凌文超:《秦漢魏晉"丁中制"之衍生》,《歷史研究》2010年第2期;張榮强:《"小"、"大"之間——戰國至西晉課役身分的演進》,《歷史研究》2017年第2期。

[6] 張榮强:《〈二年律令〉與漢代課役身分》,《中國史研究》2005年第2期,第35—41頁。

[7] 高敏:《吳簡中所見"丁中老小"之制》,《新鄉師範高等專科學校學報》2006年第3期,收入其著:《長沙走馬樓簡牘研究》第103—108頁,廣西師範大學出版社2008年。

的起始年齡定在六十歲。〔1〕我過去認爲,"睆老"、"免老"與秦漢爵制聯繫密切。隨着二十等爵制的廢弛,爵等對賦役徵派的影響日漸式微,"睆老"、"免老"才完全融入到賦役制度之中。它們在秦漢户籍中可能並無對應的身分稱謂。雖然吴簡户口簡中出現了"老女",但年六十以上的女性一般還是稱作"大女",户籍身分"老"此時尚處於形成階段。〔2〕韓樹峰則指出,秦漢法條中的"老"涵蓋了免老和睆老,單就免除全役的"老"而言,當時是不存在的。吴簡中的"大"與"老"存在年齡交叉現象,這類稱謂"老"只是民間或社會慣用的稱謂,而簿籍記録者無意中將其登入了簿籍。〔3〕

吴簡記録的"老男"、"老女",釋文大多存在問題。學界所利用的采集的孫吴户口簡中的 19 例"老男"、"老女"釋文,18 例均應改釋作"大男"、"大女",可以確認的只有 1 例"老女":

11. 吉陽里户人老女趙妾年八十一　　　　　　　　　（壹·10111）

如今,我再翻檢業已刊布的發掘《竹簡》〔肆〕〔伍〕〔陸〕〔柒〕〔捌〕中的户口簡,雖然新發現 1 枚釋作"老女"的簡例:

12. 設母老〈大〉女妾年六十三　　設男弟斗年十六　　　（柒·2412）

但是,核對圖版,簡 12 中的"老女"仍是"大女"的誤釋。至今能夠確認記作"老女"的户口簡仍舊只有簡 11。

由此看來,我們過去對於孫吴"老女"稱謂的判斷,至今仍然是合適的:雖然簡 11 明確記録了"老女"一詞,但這一特例並不能説明"老"已經成爲與"小"、"大"平等的户籍身分,此"老女"的記録應是偶爾爲之。該簡所屬的嘉禾四年小武陵鄉徵賦户籍簿中,其他高年男女都記作"大",而非"老"。〔4〕

孫吴時期,"老"依舊涵括在"大"的年齡層之中,並非是與"小"、"大"平等的身分。但是,"老〈女〉"畢竟已經寫入户口簡當中,即使還不是法定的身分稱謂,似乎也可以視作是開始萌生的户籍身分。同時,吴簡户口簿籍中,常見對"尪羸老頓貧窮/窮老"的集計,如:

---

〔1〕于振波:《略説走馬樓吴簡中的"老"》,《史學月刊》2007 年第 5 期,收入其著:《走馬樓吴簡續探》第 153—158 頁,文津出版社 2007 年。

〔2〕凌文超:《秦漢魏晉"丁中制"之衍生》,《歷史研究》2010 年第 2 期,第 29—30、38—41 頁。

〔3〕韓樹峰:《論秦漢時期的"老"》,《簡帛》第十三輯,第 165—177 頁;韓樹峰:《走馬樓吴簡"大"、"小"、"老"性質解析》,《文史》2011 年第 1 輯,收入其著:《漢魏法律與社會——以簡牘、文書爲中心的考察》第 221—243 頁,社會科學文獻出版社 2011 年。

〔4〕凌文超:《走馬樓吴簡"小"、"大"、"老"研究中的若干問題》,《中國國家博物館館刊》2013 年第 11 期,第 61—73 頁。凌文超:《走馬樓吴簡採集"户籍簿"的復原整理與研究——兼論"户籍簿"的類型與功能》,《吴簡研究》第 3 輯,中華書局 2011 年,收入《走馬樓吴簡採集簿書整理與研究》第 96—120 頁,廣西師範大學出版社 2015 年。

13. ·其五户尫羸老頓貧窮女户　　　　　　　　　　　　　　（貳·1705）
14. 其十二户尫羸窮老不任役　　　　　　　　　　　　　　（柒·5884）

簡14中的"窮老",當即簡13分記的"貧窮"、"老頓"。而"老頓",即隱核州軍吏父兄子弟簿中常見的"老鈍"（叁·236、1588、1772）,[1]即年老遲鈍之人。孫吳爲了儘可能地擴大役力來源,免除課役（不任役）的條件,僅僅年老還不够,還附加了行爲遲鈍等條件。然而,既然"老頓"業已作爲孫吳免除賦役者的身分之一,寫入了户籍,這就間接地爲"老"發展成爲户籍身分乃至丁中身分提供了條件。

上述研究多將課役身分"老"理解爲免老、老免。與此不同的是,趙寵亮通過系統分析先秦、秦漢的年齡分層與年齡稱謂,認爲秦漢時期的"老"分爲"睆老"、"免老"兩個階段。[2]最近,韓樹峰認爲,涵蓋免老和睆老的"老"是秦漢刑法規定中的特定稱謂。[3]張榮強則轉而認爲,秦漢的課役身分"老"包括"免老"和"睆老"兩個階段。[4]

三

從城壩遺址户口簡簡1注記的"老"來看,東漢時期,"老"已經成爲與"筭"、"卒"、"篤秂（癃）"並列的課役身分,並且已注入户籍。但是,秦和西漢初年,"老"是否爲課役身分,又是否包含了"免老"和"睆老"呢？這還有必要加以辨析。

以往將秦漢時期的"老"視爲課役身分,所依據的主要是睡虎地秦簡、嶽麓秦簡和張家山漢簡中的幾條材料,兹列舉如下：

15. ·百姓不當老,至老時不用請,敢爲酢（詐）僞者,貲二甲；典、老弗告,貲各一甲；伍人,户一盾,皆罨（遷）之。·傅律
　　　　　　　　　　　　　　（睡虎地秦簡《秦律雜抄》）[5]

16. ·繇（徭）律曰：……凡免老及敖童未傅者,縣勿敢使（使）。節載粟乃發敖童年十五歲以上,史子未傅先覺（學）覺（學）室,令與粟事,敖童當行粟而寡子獨與老父老母居,老如免老,若獨與庳（癃）病母居

---

[1] 隱核州軍吏父兄子弟簿的整理與研究,請參見凌文超：《走馬樓吳簡隱核州、軍吏父兄子弟簿整理與研究——兼論孫吳的吏民分籍及在籍人口》,《中國史研究》2017年第2期,第81—104頁。
[2] 趙寵亮：《先秦秦漢的年齡分層與年齡稱謂》,《湖南科技學院學報》2010年第2期,第10頁。
[3] 韓樹峰：《論秦漢時期的"老"》,《簡帛》第十三輯,第177、183頁。
[4] 張榮強：《"小"、"大"之間——戰國至西晉課役身分的演進》,《歷史研究》2017年第2期,第9、16頁。
[5] 睡虎地秦墓竹簡整理小組：《睡虎地秦墓竹簡》第87頁,文物出版社1990年。

者,皆勿行。　　　　　　　　　　　　(《嶽麓書院藏秦簡(肆)》)〔1〕

17. 免老、小未傅者、女子及諸有除者,縣道勿敢繇(徭)使。節(即)載粟,乃發公大夫以下子、未傅年十五以上者。

諸當行粟,獨與若〈老〉〔2〕父母居老如睆老,若其父母罷癃(癃)者,皆勿行。金痍、有□病,皆以爲罷癃(癃),可事如睆老。

(張家山漢簡《二年律令·繇律》)〔3〕

睡虎地秦簡《秦律雜抄·傅律》中"·百姓不當老,至老時不用請",整理者注:"老,即免老。"該注與學界通常的理解相一致。〔4〕那麽,簡16、17中的所謂"老如免老"、"老如睆老",是否可以説明"老"已成爲一種課役身分,且包含"免老"和"睆老"呢?

簡16"敖童當行粟而寡子獨與老父老母居,老如免老"的句讀,何有祖參照簡17作了精審校訂:

18. 敖童當行粟而寡子獨與老父老母居老如免老。

他將該句連讀,並認爲:"按'居老'之'居',當與秦簡常見的'居貲贖債'之'居'同義,指處於某種狀態。現有的不同程度的退休人員包括受杖、免老、睆老(《二年律令》355—357)等,'居老'之'老'可能是其中某一種。如,如同,比擬。"〔5〕

我們贊同"居老"應連讀爲一詞,"如"作"如同、比擬"解,但"居老"的詞義,或可另作解釋。在該律文中,"獨與老父老母居老"、"獨與老父母居老"爲主語,指子輩單獨與老年父母同居,贍養老年父母。"如",謂語,作如同解。〔6〕"免老"、"睆老",乃課役

---

〔1〕陳松長主編:《嶽麓書院藏秦簡(肆)》第119—120頁,上海辭書出版社2015年。
〔2〕何有祖改"若"爲"老",可從。何有祖:《利用嶽麓秦簡校釋〈二年律令〉一則》,簡帛網,2016年3月26日。
〔3〕張家山二四七號漢墓竹簡整理小組編著:《張家山漢墓竹簡〔二四七號墓〕(釋文修訂本)》第64頁,文物出版社2006年。
〔4〕按張家山漢簡的規定,"免老"按爵級有固定的年齡規定,《二年律令·傅律》云:"大夫以上年五十八,不更六十二,簪褭六十三,上造六十四,公士六十五,公卒以下六十六,皆爲免老。"(第57頁)當時按此規定執行即可。然而,睡虎地秦簡卻有"至老用請"的規定。或許,在秦始皇十六年(前231年)"初令男子書年"(《史記》卷六《秦始皇本紀》第232頁,中華書局1959年)之前,發役主要依據身長和身體狀況,並無明確而固定的年齡規定,需要通過"請老"(實際上是官方查看身體狀況或計算年齡)來確認免老。
〔5〕何有祖:《讀嶽麓秦簡肆札記(一)》,簡帛網,2016年3月24日。
〔6〕秦漢律令中,"如"字的這一用法頗爲常見。如:睡虎地秦簡《秦律十八種·司空律》:"隸臣妾、城旦舂之司寇、居貲贖責(債)毄(繫)城旦舂者,勿責衣食;其與城旦舂作者,衣食之如城旦舂。"(第52頁)《效律》:"其吏主者坐以貲,諿如官嗇夫。其它冗吏、令史掾計者,及都倉、庫、田、亭嗇夫坐其離官屬於鄉者,如令、丞。"(第75頁)張家山漢簡《二年律令·亡律》:"奴婢爲善而主欲免者,許之,奴命曰私屬,婢爲庶人,皆復使及筭,事之如奴婢。"(第30頁)睡虎地漢簡《户律》:"民欲先令相分田宅、奴婢、財物,鄉部嗇夫身聽其令,皆參辨券書之,輒上縣道廷。繇使、吏官屬欲先令,自言及過在所縣道官若秭官有印者,聽券書上其廷,移居縣道,居縣道皆封臧(藏)如户籍。"熊北生、陳偉、蔡丹:《湖北雲夢睡虎地77號西漢墓出土簡牘概述》,《文物》2018年第3期,第49頁。

身分。整句話的意思是：子輩單獨與老年父母同居養老者，其課役如同"免老"、"睆老"，[1]而不必行粟。張家山漢簡《二年律令·徭律》這條律文的後一句"金癃、有□（錮）病，皆以爲罷癃（癃）可事如睆老"，就是同類的表述方式，即金癃、有□病這類罷癃可事者的課役如同睆老。又如，張家山漢簡《二年律令·傅律》規定："民産子五人以上，男傅，女十二歲，以父爲免□者，其父大夫也，以爲免老。"[2]這也同樣是以"免老"來衡量課役的輕重與優免。

對於"獨與老父母居老"，漢代律令還有具體的規定。按張家山漢簡《二年律令·戶律》曰："老年七十以上，毋異其子；今毋它子，欲令歸戶入養，許之。"[3]"老父母"的年齡要達到七十歲以上才可以與子"居老"。簡16、17中，無論是"老父母"之"老"，還是"居老"之"老"，嚴格説來，都還不是課役身分，前者指"老年七十以上"，後者指"養老"。秦及漢初的律令中，與"小未傅"等課役身分同類的是"免老"、"睆老"，而不是"老"。這一時期，"老"多爲年齡、身體狀況的描述，如睡虎地秦簡《爲吏之道》"老弱獨傳"、"老弱癃（癃）病"（嶽麓秦簡《奔敬（警）律》亦規定："黔首老弱及癃（癃）病，不可令奔敬（警）者，牒書署其故，勿予符。"）等。[4]從這些情況來看，秦和西漢初，"老"還難以認定是課役身分。

秦和西漢初年"老"應當尚未成爲課役身分，其中一個很重要原因是，與年老相關

---

[1] 學界目前通行的看法是，將"免老"、"睆老"視爲"老父母"的標準、條件。例如，王笑認爲："嶽麓秦簡中'老父老母'的標準是'免老'，而張家山漢簡中'老父母'的標準則是'睆老'，而睆老的年齡比免老的年齡要小，秦律中規定獨子的父母的年齡達到免老才能不去行粟，而到了漢初，只要獨子的父母的年齡達到了睆老就可以不去行粟，這也再次印證了漢初的法律規定比秦時寬鬆很多。"王笑：《秦漢〈徭律〉研究》第38頁，湖南大學碩士學位論文，2016年。韓樹峰的意見是："'老如免老'之'老'即'老父老母'。""'老'既不等同於睆老，也不等同於免老，而是兩者的概括性稱呼。"韓樹峰：《論秦漢時期的"老"》，《簡帛》第十三輯，第176頁。張榮强的看法是："'如'可解釋爲'當也'。同樣是'寡子獨與父母居'免役的條件，嶽麓簡要求同居的父母必須到了'免老'的年齡，張家山漢簡則放寬到'睆老'的年齡就可以了。顯然漢初的規定要較秦寬鬆。"張榮强：《"小"、"大"之間——戰國至西晉課役身分的演進》，《歷史研究》2017年第2期，第16頁。

按照我們的理解，"獨與老父老母居老"、"獨與老父母居老"者，雖然不用行粟，但漢代事役負擔相比秦律的規定有所加重，秦代直接"免老"，而漢代爲"睆老"。從一些規定和史實來看，漢初徭役制度根據現實情況進行了調整。例如，嶽麓秦簡《徭律》規定："補繕邑院、除田道橋、穿汲〈波（陂）〉池、漸（塹）奴苑，皆縣黔首利殹（也），自不更以下及都官及諸除有爲殹（也），及八更，其睆老而皆不直（值）更者，皆爲之。"（第118頁）張家山漢簡《二年律令·徭律》則調整爲："補繕邑院、除道橋、穿波（陂）池、治溝渠，塹奴苑，自公大夫以下□"（第64頁），將爵位限從"不更"提高到"公大夫"，擴大了發役的群體。秦漢之際，尤其是楚漢相爭的過程中，實際發徭較以往有所加重。例如，漢二年（前205年），"蕭何亦發關中老弱未傅悉赴滎陽"（《史記》卷七《項羽本紀》第324頁）。漢初將"獨與老父母居老"視爲"睆老"，其事役相比秦代有所加重，與上述規定和史實一致。

[2] 張家山二四七號漢墓竹簡整理小組編著：《張家山漢墓竹簡〔二四七號墓〕（釋文修訂本）》第58頁。
[3] 張家山二四七號漢墓竹簡整理小組編著：《張家山漢墓竹簡〔二四七號墓〕（釋文修訂本）》第55頁。
[4] 睡虎地秦墓竹簡整理小組：《睡虎地秦墓竹簡》第170頁；陳松長主編：《嶽麓書院藏秦簡（肆）》第127頁。

的身分名目甚多,如睆老、免老、受杖、受鬻。而且因爲爵級的不同,睆老、免老、受杖、受鬻等的年齡存在差異。[1]"老"要成爲課役身分,最基本的要求是便於日常管理,且内涵不能過於駁雜。

四

從後來的丁中身分"老"來看,"老"因年老而不事,應是從"免老"發展而來的,與半役的"睆老"不同。從漢代簡牘文獻的記録來看,沅陵虎溪山漢簡仍按爵級統計了"免老"、"睆老"的人數,如:

19. 不更五十九人,其二人免老,一人睆老,十三人罷癃(癃)。

(M1T:43—100)[2]

可見漢文帝時期仍以"免老"、"睆老"爲課役身分,且根據爵位,其年齡各有不同。

荆州紀南松柏漢簡中有"新傅簿"、"復事筭簿"、"見卒簿"、"罷癃(癃)簿"、"免老簿"等,且"免老簿"、"新傅簿"、"罷癃(癃)簿"登記在同一枚木牘(35號)上,[3]未見"睆老簿"。如果當時存在"睆老簿",如簡19,"睆老簿"應與"免老簿"前後連記。然而,35號木牘"免老簿"前後分别爲"罷癃(癃)簿"、"新傅簿",並無"睆老簿"。按漢代律令"罷癃(癃)可事如睆老","罷癃(癃)可事(者)"與"睆老"的課役應當基本相同,或可以合併。我推測至遲到漢武帝時期,課役身分"睆老"與"罷癃(癃)可事(者)"便逐步合併。對此,有一些迹象可尋。居延漢簡有這樣一枚簡:

20. 明君年卌一睆老不□

(58.20)[4]

按漢初律令睆老的年齡規定,"年卌一"遠未達到睆老之年。這裏標注"睆老",實際上相當於"罷癃(癃)可事(者)"。"睆老"與"罷癃(癃)可事(者)"的合併,不僅不會妨礙課役,反而爲課役身分"老"的形成提供了條件。

西漢中期已降至東漢的傳世文獻中,基本上只見課役身分"免老"。例如,《漢舊

---

[1] 請參見張家山漢簡《二年律令·傅律》的具體規定。張家山二四七號漢墓竹簡整理小組編著:《張家山漢墓竹簡〔二四七號墓〕(釋文修訂本)》第57頁。

[2] 湖南省文物考古研究所、懷化市文物處、沅陵縣博物館:《沅陵虎溪山一號漢墓發掘簡報》,《文物》2003年第1期,第50、55頁。

[3] 荆州博物館:《湖北荆州紀南松柏漢墓發掘簡報》,《文物》2008年第4期,第29—32頁。

[4] 紅外綫圖版及釋文參見簡牘整理小組:《居延漢簡(壹)》第188頁,"中研院"歷史語言研究所2014年。

儀》載：

> 秦制二十爵。男子賜爵一級以上，有罪以減，年五十六免。無爵爲士伍，年六十乃免老。[1]

漢初按爵級制定了不同的免老年齡，在爵等分明的秦代也應如此。這裏却認爲秦代僅按有爵和無爵兩類劃定免老年齡，當是在《漢舊儀》的製作年代，已不再按爵等制定多個免老年齡，統一規定有爵者五十六歲、無爵者六十歲免老，《漢舊儀》當即以此來比附秦制。與此規定相仿，《鹽鐵論·未通》云：

> 御史曰：今陛下哀憐百姓，寬力役之政，二十三始傅，五十六而免，所以輔耆壯而息老艾也。丁者治其田里，老者修其唐園，儉力趣時，無饑寒之患。
>
> 文學曰：今五十已上至六十，與子孫服輓輸，並給徭役，非養老之意也。[2]

御史、文學分別以五十六歲、六十歲爲免老始齡，應當也是上述制度規定"有爵者五十六歲，無爵者六十歲免老"的反映。隨着民爵的輕濫，免老的始齡將進一步統一爲六十歲或六十一歲。

"睆老"與"罷癃（癃）可事（者）"的合併（相當於退出）、"免老"年齡的固定化，爲課役身分"老"的形成做好了準備。據居延漢簡記録：

21. ☐令賜一級，元康四年令，𠃍，女☐☐ (162.6)

22. ☐老　故小男，丁未、丁未、丙辰、戊寅、乙亥、癸巳、癸酉令賜各一級，丁巳令賜一級。 (162.7)

23. 豆☐☐☐　公乘鄴池陽里解清　老　故小男，丁未、丁未、丙辰、戊寅、乙亥、癸巳、癸酉令賜各一級，丁巳令賜一級 (162.10)

24. 豆卌七　公乘鄴宋里戴通　卒　故小男，丁未、丁未、丙辰、戊寅、乙亥、癸巳、癸酉令賜各一級，丁巳令賜一級。 (162.14)

25. 豆卌三　公乘鄴京里馬丙　大　故小男，丁未、丁未、丙辰☐☐ (162.15)[3]

在這批登記漢宣帝元康四年（前62年）賜爵的材料中，[4]注明了獲爵者的身分"大"、

---

[1] 孫星衍等輯，周天游點校：《漢官六種》第85頁，中華書局1990年。"老"，孫星衍改作"者"。
[2] 王利器校注：《鹽鐵論校注》卷三《未通》第192頁，中華書局1992年。
[3] 釋文及紅外綫圖版參見謝桂華、李均明、朱國炤：《居延漢簡釋文合校》，文物出版社1987年；簡牘整理小組：《居延漢簡（貳）》第156—158頁，"中研院"歷史語言研究所2015年。
[4] 關於這批史料的分析，可參見西嶋定生：《中國古代帝國的形成與結構——二十等爵制研究》第二章第二節《民爵賜予的方法》第194—225頁，中華書局2004年。

"卒"、"老"(還包括"小男")。在這裏,"老"雖然與"大"、"卒"並記,但是,"老"還不是與"大"同等的身分。漢代"老"以及"卒"一般涵括在"大"之内。漢代賜民爵,無論"小"、"大"、"卒"、"老"皆可獲得和保有爵位,因而這類材料對身分的記錄並不太嚴格,在記錄"卒"、"老"相對準確的身分的同時,也雜記内含多種身分的"大"。雖然我們還不能確認,簡22、23注記的"老"當時是否已經成爲課役身分,甚或是否已經寫入户籍,但是,此時"老"毫無疑義已經成爲了一種身分。身分"老"的形成也一定與"免老"年齡的固定化(以及"睆老"的消退)密切相關。

迄今我們能够完全確認"老"作爲課役身分出現的史料只有四川渠縣城壩遺址J9漢代户口簡簡1,這也是該簡最具學術價值的地方。結合簡2—4來看,東漢課役身分主要是"筭"、"卒"、"篤㾺(癃)"(可能還有與"篤癃"相對的"微癃",〔1〕内含"睆老")、"老"(即"免老"),這些身分基本上都還包含在"大"之内。

既然東漢後期"老"已成爲與"筭"、"卒"、"篤㾺(癃)"等性質相同的課役身分,爲何孫吴户口簡中未見普遍著録"老"? 這可能是因爲孫吴爲增加財政收入,對"免老"的要求進行了調整,只有"老鈍"(年老且行動遲緩)才能老免。

原來東漢免"老"之人,三國時期實際上仍在服役,這反映在西晉初創丁中制中,即"(老)次丁"〔2〕標注爲:

26. 口二百卌八年六十一以上六十五以還老男　　　　　　　　(2-33)

這類"計階"簿所記的内容應是當時制度規定的直接體現。〔3〕 由此看來,所謂"(老)

---

〔1〕郴州晉簡"計階"簿按"篤癃"、"微癃"分别統計人口,如:口一百卌篤癃男(1-36),口七百六微癃男(1-60)。湖南省文物考古研究所、郴州市文物處:《湖南郴州蘇仙橋遺址發掘簡報》,《湖南考古輯刊》第8集,第99—100頁。

〔2〕《晉書·食貨志》所載西晉"丁中制"規定:"十五已下至十三,六十一已上至六十五爲次丁。"(《晉書》卷二六《食貨志》第790頁,中華書局1974年。)所謂"次丁"分爲兩個年齡段,在漢代分屬於"小"與"(免)老"。本文以"(小)次丁"、"(老)次丁"以示區分。

〔3〕郴州晉簡所見西晉初年的丁中稱謂只有"老"、"小"、"丁",《晉書·食貨志》記載的"次丁"則記爲"年齡+老/小"的形式,我據此推測"唐官修《晉書》中記載的'次丁'稱謂在西晉初年可能並未形成和制度化",但十六國、東晉"官吏在實際政務中創設了相應的身分稱謂如'次丁''次男''半丁'等","'中(次丁)'身分稱謂寫入丁中制,當在南朝宋王弘上書後。"易言之,十六國、東晉雖然在日常行政中使用"次丁"、"半丁"一類身分稱謂,但丁中身分"次丁"、"中"的制度化當晚至南朝宋。參見凌文超:《漢晉賦役制度識小》,《簡帛》第六輯,第487—490頁。張榮强先生否定了這一看法。他指出:"凌文超從《晉書》編撰的背景考慮,懷疑整個兩晉時期都没有'次丁'的名目,'次丁'稱謂是在劉宋王弘上書後才定型的。這種推測没有什麼道理。"並且他進而認爲:"原吴地的官吏在不影響賦税徵納的前提下,基於傳統的認知習慣,將'次丁男'按實際情況分别寫作'六十一以上六十五以還老男'、'十三以上十五以還小男'也是可以理解的。"參見張榮强:《"小"、"大"之間——戰國至西晉課役身分的演進》,《歷史研究》2017年第2期,第5—6頁。

次丁",應當並非從原來的"睆老"、"罷癃"等半役者發展而來,而更像是西晉初年,在徭役減輕的情形下,官方從東漢後期業已"免老",但三國時期大多實際上仍然從役的老年群體中,劃出部分年齡較小者("六十一以上六十五以還")從事較輕的力役,以示優待的結果。"(老)次丁"實際上應當脫胎於"老"、"免老"。

五

總而言之,秦和西漢初年,"老"可能還不是課役身分,當時具體的課役身分是"免老"和"睆老"。西漢中期以後,"睆老"可能逐漸與"罷癃可事(者)"合併;"免老"始齡逐漸固定爲六十歲或六十一歲,並逐步發展成爲身分"老"。至遲到東漢後期,"老"演變爲與"筭"、"卒"、"篤㝅(癃)"等性質相同的課役身分。三國時期,爲了盡可能擴大賦役來源,"免老"在年老條件上附加了"老鈍"等條件,以致六十歲以上有行動能力的老者大都從役。西晉建立後,局勢緩和,事役需求減少,因此除了部分年齡較小(六十一至六十五歲)的老者服半役(這類"(老)次丁"後來被取消),六十六歲以上爲老免,丁中身分"老"正式形成。

由於相關史料稀見,關於"老"從課役身分到丁中身分的演變軌迹,本文的論證很多地方存在缺環,只能將歷史的分析與邏輯的分析結合起來加以探討。我們期待隨着史料的逐步增加,日後能將這一發展脉絡梳理得更加清晰、準確。

(凌文超　北京師範大學歷史學院;出土文獻與中國古代文明研究協同創新中心　副教授)

五一廣場簡牘所見名物考釋(一)*

羅小華

近日,《長沙五一廣場東漢簡牘(壹)》和《長沙五一廣場東漢簡牘(貳)》由中西書局出版。[1] 這批簡牘是學界研究東漢時期長沙地區的行政、職官、地理、文書、經濟等方面的重要資料。現在,我們想就其中的布帛衣物詞彙進行探討。

一、布 帛 類

  苶鮮支一匹,直錢六百。　　　　　　(四三八　2010CWJ1③:202-13)

鮮支,亦見於五一廣場東漢簡牘CWJ1③:325-1-125"鮮支七匹"。整理者認爲:"鮮支,一般認爲是白色的絹,不確。《漢書·地理志上》'厥篚玄纖縞',師古注:'縞,鮮支也,今之所謂素者也。'簡文將'白絹'、'鮮支'對舉,則兩者當有所區別。馬王堆三號漢墓遣策有'鮮支禪衣一',經上海紡織科學研究院對該墓出土的一些黃色絲綢和繡品化驗,證實其是用梔子的黃色素染製而成,見上海紡織科學研究院等:《長沙馬王堆一號漢墓出土紡織品的研究》,文物出版社1980年。這也表明存在黃色的鮮支。所以,顏師古所謂'素'者,應是指未經練染的本色織物。因一般未經練染的織

---

* 本文爲國家社會科學基金重大項目"五一廣場出土東漢簡牘的整理與研究"(15ZDB033)和"先秦兩漢訛字綜合整理與研究"(15ZDB095)階段性成果。
[1] 長沙市文物考古研究所、清華大學出土文獻研究與保護中心、中國文化遺産研究院、湖南大學嶽麓書院編:《長沙五一廣場東漢簡牘(壹)(貳)》,中西書局2018年。

物色白,故而有此誤解。"[1]

西漢簡牘中,也有關於"鮮支"的記載。馬王堆三號漢墓遣策簡 396:"鮮支襌衣一,教緣。"簡 397:"鮮支長襦一,素緣。"[2]尹灣六號漢墓木牘 12 正:"青鮮支中單一領。白鮮支單綺一。鮮支單襦二領。"[3]馬怡先生指出:"梔子……漢代用作黄色染料。……但是,作爲絲織品的鮮支却未必是黄色的。……此處木牘文字則見'白鮮支單綺',可知有白色的鮮支。而木牘所記'青鮮支中單',表明又有青色的鮮支。"[4]馬先生的意見是可取的。現在,又出現了"蒼鮮支"。《玉篇》艸部:"蒼,同蔥。俗。"[5]《爾雅·釋器》:"青謂之蔥。"郭璞注:"淺青。"[6]目前,鮮支的顔色已出現了白、青和蒼(亦可歸入青色系)。

鴻肥一丈、青二丈九尺,并直一千。　　（四六九　2010CWJ1③:222）

鴻肥,當爲某種織物名。肥,疑讀爲"萉"。《説文》艸部:"萉,枲實也。黂,萉或从麻、賁。"[7]《淮南子·説林訓》:"黂不類布而可以爲布。"[8]《列子·楊朱》:"昔者宋國有田夫,常衣緼黂,僅以過冬。"張湛注:"黂,亂麻。"[9]

青,應指某種青色的紡織品。地灣漢簡 86EDHT:11 記有"青一丈九尺"。[10]《文選·東京賦》"朱旗青屋",薛綜注:"青屋,青作蓋裏也。"[11]可見,"青"當爲某種紡織品名。

布九匹,匹直錢三百。　　（五三一　2010CWJ1③:261-9）

布匹價格在文獻中比較常見。居延新簡 EPT56·72A:"胡中文布計:尹聖卿二匹直六百;孫贛二匹直六百;張游卿二匹直六百;田子柳二匹直六百;□□□二匹直六百;□□二匹直六百;□□□一匹直三百;□□一匹直三百。凡□□十四匹。七月餘

---

[1] 長沙市文物考古研究所、清華大學出土文獻研究與保護中心、中國文化遺産研究院、湖南大學嶽麓書院編:《長沙五一廣場東漢簡牘選釋》第 162 頁,中西書局 2015 年。
[2] 湖南省博物館、湖南省文物考古研究所編著:《長沙馬王堆二、三號漢墓·第一卷·田野考古發掘報告》第 72—73 頁,文物出版社 2004 年。
[3] 連雲港市博物館、中國社會科學院簡帛研究中心、東海縣博物館、中國文物研究所:《尹灣漢墓簡牘》第 129 頁,中華書局 1997 年。
[4] 馬怡:《尹灣漢墓遣策札記》,《簡帛研究 2002—2003》第 265 頁,廣西師範大學出版社 2005 年。
[5] 顧野王:《大廣益會玉篇》第 64 頁,中華書局 1987 年。
[6] 阮元校刻:《十三經注疏》第 2601 頁,中華書局 1980 年。
[7] 許慎撰,徐鉉校定:《説文解字》第 15 頁,中華書局 1963 年。
[8] 劉文典撰,馮逸、喬華點校:《淮南鴻烈集解》第 565 頁,中華書局 1989 年。
[9] 楊伯峻:《列子集釋》第 237 頁,中華書局 1979 年。
[10] 甘肅簡牘博物館等編:《地灣漢簡》第 150 頁,中西書局 2017 年。
[11] 蕭統編,李善、呂延濟、劉良、張銑、呂向、李周翰注:《六臣注文選》第 72 頁,中華書局 2012 年。

十一匹。"〔1〕每匹布值三百錢,與牘文記載相同。

<blockquote>絹青六匹、縹八匹七尺、絹練十匹二尺、絹絳二匹、皁一匹、青夌☐

（六〇三　2010CWJ1③:261-88）</blockquote>

牘文中,絹青、絹練和絹絳同時出現。青、練和絳都應該指絹的顔色。青和絳不難理解。練,可能指白色。《淮南子·説林訓》:"墨子見練絲而泣之,爲其可以黄可以黑。"高誘注:"練,白也。"〔2〕《説文》糸部:"絹,繒如麥稍。"〔3〕從牘文記載來看,絹可以有不同的顔色。

《説文》糸部:"縹,帛青白色也。"〔4〕"皁",即"皂"。《廣韻·晧韻》:"皂,黑繒。"〔5〕青夌,即"青綾"。《説文》糸部:"綾,東齊謂布帛之細曰綾。"〔6〕

二　衣 物 類

<blockquote>五十縠單繻一,直百。　　　　　　　　（四六九　2010CWJ1③:222）</blockquote>

單繻,即"單襦"。《敦煌漢簡釋文》1144"單襦、複襦各二領"。〔7〕傳世文獻中或作"襌襦"。《方言》卷四:"汗襦,江淮南楚之間謂之襜。自關而西或謂之祇裯。自關而東謂之甲襦。陳魏宋楚之間謂之襜襦,或謂之襌襦。"郭璞注:"今或呼衫爲單襦。"〔8〕《釋名·釋衣服》:"襌襦,如襦而無絮也。"〔9〕"縠"當指"單繻"的質料。《説文》糸部:"縠,細縛也。"〔10〕"五十"是"縠"的修飾語。牘文"五十縠",可能相當於五十縷。《説文》禾部:"稯,布之八十縷爲稯。"〔11〕

---

〔1〕甘肅省文物考古研究所、甘肅省博物館、文化部古文獻研究室、中國社會科學院歷史研究所編:《居延新簡——甲渠候官與第四燧》第311頁,文物出版社1990年。
〔2〕劉文典撰,馮逸、喬華點校:《淮南鴻烈集解》第583頁。
〔3〕許慎撰,徐鉉校定:《説文解字》第273頁。
〔4〕許慎撰,徐鉉校定:《説文解字》第273頁。
〔5〕陳彭年等編:《宋本廣韻》第87頁,江蘇教育出版社2008年。
〔6〕許慎撰,徐鉉校定:《説文解字》第273頁。
〔7〕吳礽驤、李永良、馬建華:《敦煌漢簡釋文》第118頁,甘肅人民出版社1991年。
〔8〕周祖謨校箋:《方言校箋》第26頁,中華書局1993年。
〔9〕劉熙撰,畢沅疏證,王先謙補:《釋名疏證補》第174頁,中華書局2008年。
〔10〕許慎撰,徐鉉校定:《説文解字》第273頁。
〔11〕許慎撰,徐鉉校定:《説文解字》第146頁。

絳複直領一，直錢千。青縑皆以作絸。其青絸……

　　　　　　　　　　　　　　　　　　（四六九　2010CWJ1③：222）

　　直領，亦見於尹灣二號漢墓木牘1正："霜綺直領一領，帛綃合直領一領。右直領二領。"〔1〕馬怡先生指出："'直領'本是衣領的樣式。……也用作服裝的名稱。……墓主係女性，則'直領'爲漢時女服。……樣式與男服中的'方領'相似。……又作'直衿'。……也稱爲'禓'。……因直領即袒飾，故亦應類似長襦。……比一般的襦要長。……木牘所記'霜（縹）綺直領'，是以淡黃色的綺縫製的直領；'帛綃（縹）合（袷）直領'，是以淡青色的帛縫製的有夾裏的直領。"〔2〕絳，指顏色。複，見於《急就篇》："襜褕袷複褶袴褌。"顏師古注："衣裳施裏曰袷，褚之以綿曰複。"〔3〕2010CWJ1③：261-68記有"絳直領一，直千"。可見，"絳複直領"和"絳直領"的價格是一樣的。

　　青縑，指"青色的細絹"。〔4〕《漢官儀》卷上："尚書郎給青縑白綾被，以錦被。"〔5〕絸，見於《說文》糸部："織帶也。"〔6〕2010CWJ1③：261-102中有"布複絸一，直四百五十"，與其他衣物記在一起。據此，牘文之"絸"不能理解爲"織帶"，可能也是一種衣物，疑讀爲"褌"。《類篇》衣部："褌，或作裩。"〔7〕《急就篇》卷二："襜褕袷複褶袴褌。"顏師古注："合襠謂之褌，最親身者也。"〔8〕

　　韋菨二兩。　　　　　　　　　　　（四〇九　2010CWJ1③：201-18）
　　絲菨一梁，直五百。……絳直領一，直千。生緰布單一，直二百八十。
　　縹細致縑表一，直百。
　　　　　　　　　　　　　　（六四六＋五八七　2010CWJ1③：261-137＋261-68）
　　有頃欲起，不知菨所在。　　　　　（三〇四　2010CWJ1③：140）

　　韋菨、絲菨，當即"韋麤"、"絲麤"。馬王堆一號墓遣策簡262、三號墓遣策簡391均記有"接婺一兩"；一號漢墓遣策簡263記有"婺一兩"。〔9〕一號墓整理者認爲："接

---

〔1〕連雲港市博物館、中國社會科學院簡帛研究中心、東海縣博物館、中國文物研究所：《尹灣漢墓簡牘》第151頁。
〔2〕馬怡：《尹灣漢墓遣策札記》，《簡帛研究2002—2003》第260頁。
〔3〕史游：《急就篇》第143—144頁，嶽麓書社1989年。
〔4〕羅竹風主編：《漢語大詞典》第十一卷，第558頁，漢語大詞典出版社1993年。
〔5〕孫星衍等輯：《漢官六種》第143頁，中華書局1990年。
〔6〕許慎撰，徐鉉校定：《説文解字》第274頁。
〔7〕司馬光編：《類篇》第289頁，上海古籍出版社1988年。
〔8〕史游：《急就篇》第143—145頁。
〔9〕湖南省博物館、中國科學院考古研究所編：《長沙馬王堆一號漢墓（上冊）》第150頁，文物出版社1973年；湖南省博物館、湖南省文物考古研究所編著：《長沙馬王堆二、三號漢墓·第一卷·田野考古發掘報告》第72頁。

婄,與出土物對照,疑爲襪子(出 329 號竹笥中)。或釋接即緁字,讀如緁,……婄與姟同,讀如絞。《玉篇·女部》:'姟,古巧切,古文姣。'《方言》四:'絤繷絞也。關之東西或謂之絤,或謂之繷,絞通語也。'郭注:'謂履中絞也。'接婄,即緁了邊的鞋墊。"[1]朱德熙、裘錫圭二位先生指出:"此字從三個'鹿'字省體,就是'麤'字。……《方言》四'屝、屨、麤,履也',又云:'絲作之者謂之履,麻作之者謂之不借,粗者謂之麤,東北朝鮮洌水之間謂之鞾角,南楚江沔之間總謂之麤。'《釋名·釋衣服》:'履,拘也,所以拘足也……荆州人曰麤,絲(絲字據畢沅校增)、麻、韋、草皆同名也。'……遣策之'麤'疑指草履。"[2]"韋麤"、"絲麤",當指韋製之履和絲製之履,恰可印證畢沅校增"絲"字不誤。"梁",當讀爲"兩"。"不知蕤所在"中的"蕤",頗疑即"麤"字,讀爲"麤"。

生緒布,一種布名。第二字如果是"緒",疑讀爲"緤"。《宋書·百官志》:"尚書郎入直,官供青縑白綾被,或以綿緤爲之。"[3]單,讀爲"襌"。《禮記·玉藻》"襌爲絅",鄭玄注:"絅,有衣裳而無裏。"[4]《釋名·釋衣服》:"有裏曰複,無裏曰襌。"[5]

縹,指顔色。《急就篇》卷二:"縹綟綠紈皁紫硟。"顔師古注:"縹,青白色也。"[6]細致,即"細緻"。《釋名·釋采帛》"縑",畢沅注:"細緻,染縑爲五色,細且緻,不漏水也。"[7]《潛夫論·浮侈》"細緻綺縠……衣必細緻"。[8]繻,指織物。《玉篇》糸部:"繻,細密之羅也。"[9]《抱朴子外篇·疾謬》:"舉足不離綺繻紈袴之側。"[10]表,指上衣。《説文》衣部:"表,上衣也。"[11]

　　布被,直三千;新布單衣二,直千八百;五幅故被一,直六百;布複長繻一,直;布複緄一,直四百五十;布複帮,直二千四百;葛單衣一,直八百。
　　　　　　　　　　　　　　　　　　(六一七　2010CWJ1③:261-102)

布被,指布製的被子。《後漢書·祭遵傳》:"遵爲人廉約小心,克己奉公,賞賜輒

---

[1] 湖南省博物館、中國科學院考古研究所編:《長沙馬王堆一號漢墓(上册)》第 150 頁。
[2] 朱德熙、裘錫圭:《馬王堆一號漢墓遣策考釋補正》,《文史》第十輯,第 72 頁。
[3] 沈約:《宋書》第 1236 頁,中華書局 1974 年。
[4] 阮元校刻:《十三經注疏》第 1477 頁。
[5] 劉熙撰,畢沅疏證,王先謙補:《釋名疏證補》第 172 頁。
[6] 史游:《急就篇》第 119 頁。
[7] 劉熙撰,畢沅疏證,王先謙補:《釋名疏證補》第 149 頁。
[8] 王符著,汪繼培箋,彭鐸校正:《潛夫論箋校正》第 130、133 頁,中華書局 1985 年。
[9] 顧野王:《大廣益會玉篇》第 124 頁。
[10] 楊明照:《抱朴子外篇校箋》上册第 601 頁,中華書局 1991 年。
[11] 許慎撰,徐鉉校定:《説文解字》第 170 頁。

盡與士卒，家無私財，身衣韋絝，布被，夫人裳不加緣，帝以是重焉。"[1]

新布單衣，指新的布製的襌衣。

五幅，當指布帛的寬度。《漢書·食貨志下》："布帛廣二尺二寸爲幅，長四丈爲匹。"[2]《江西南昌西漢海昏侯劉賀墓出土簡牘》公布了部分簡牘內容"二幅細地宜子孫被"。[3] 鄧少平先生在簡帛論壇中指出："《後漢書·桓任傳》：'任後母酷惡，常憎任，爲作二幅箕踵被。'其中，二幅箕踵被可與簡文二幅細地宜子孫被相對讀。"[4]《藝文類聚》卷七十引《列女傳》："江夏孟宗，少遊學，與同學共處，母爲作十二幅被。其鄰婦怪問之，母曰：'小兒無異操，懼朋類之不顧，故大其被，以招貧生之卧，庶聞君子之言耳。'"[5]孟宗母以"故大其被"來解釋"十二幅被"。可見"幅"指大小而言。《梁書·裴之橫傳》："之高以其縱誕，乃爲狹被疏食以激厲之。之橫歎曰：'大丈夫富貴，必作百幅被。'……還除吳興太守，乃作百幅被，以成其初志。"[6]裴之橫以"百幅被"與"狹被"相對立，則"幅"當指被子的寬度。

"故"，指舊的。五幅故被，不知是指十一尺寬的舊被子，還是指用十一尺寬的布帛製作的舊被子。

長襦，即"長襦"，指較長的短衣。《史記·匈奴列傳》"服繡袷綺衣、繡袷長襦、錦袷袍各一"。[7] "布複長襦"，指布製褚綿之長襦。傳世文獻中還有"複襦"。《樂府詩集·相和歌辭十三·孤兒行》："冬無複襦，夏無單衣。"[8]

布複絝，指布製褚綿之"合襠"褲。

帬，指下裳。《睡虎地秦墓竹簡·封診式·賊死》："衣布禪帬、襦各一。"[9]"布複帬"，布製褚綿之下裳。

葛，指葛布。《漢書·江都易王劉非傳》"繇王閩侯亦遺建荃、葛、珠璣"，顏師古注："葛即今之葛布也。"[10]單衣，即"襌衣"。《漢書·蓋寬饒傳》"寬饒初拜爲司馬，未出殿門，斷其襌衣，令短離地"，王先謙補注引沈欽韓曰："《方言》：襌衣，江、淮、南楚之

---

[1] 范曄撰，李賢等注：《後漢書》第741頁，中華書局1965年。
[2] 班固撰，顏師古注：《漢書》第1149頁，中華書局1962年。
[3] 江西省文物考古研究院、北京大學出土文獻研究所、荆州文物保護中心：《江西南昌西漢海昏侯劉賀墓出土簡牘》，《文物》2018年第11期。
[4] 簡帛網/簡帛論壇/簡帛研讀/《說海昏遣策》第2樓，2018年12月5日。
[5] 歐陽詢撰，汪紹楹校：《藝文類聚》第1219頁，上海古籍出版社1982年。
[6] 姚思廉撰：《梁書》第417—418頁，中華書局1973年。
[7] 司馬遷撰，裴駰集解，司馬貞索隱，張守節正義：《史記》第2897頁，中華書局1959年。
[8] 郭茂倩編：《樂府詩集》第567頁，中華書局1979年。
[9] 睡虎地秦墓竹簡整理小組：《睡虎地秦墓竹簡》第157頁，文物出版社1990年。
[10] 班固撰，顏師古注：《漢書》第2417頁。

閒謂之襗。古謂之深衣。"[1]

　　以上是我們對《長沙五一廣場東漢簡牘》第一、二册中所見布帛衣物所作的一些探討。從簡牘内容來看,這些記載還是很貼近老百姓日常生活的,具有很强的時代性和地域性。不知這批簡牘是否還會出現記載物品和價格的材料,我們翹首以待。

（羅小華　長沙市文物考古研究所；
出土文獻與中國古代文明研究協同創新中心　副研究館員）

---

[1] 班固撰,王先謙補注,上海師範大學古籍整理研究所整理:《漢書補注》第4988—4989頁,上海古籍出版社2008年。

秦漢"禁錮"問題補論[*]

王博凱

關於秦漢"禁錮"制度的問題,學術界已取得不少成果。[1] 這對我們進一步認識該問題提供了很好的借鑒。但目前的研究也存在一些缺憾。首先,對秦漢"禁錮"制度的探討在時代和內容上偏重於東漢,對秦及西漢時期的"禁錮"多是簡要提及。其次,對"禁錮"的含義問題,目前學界多只針對其特指的一層含義"剥奪做官資格或禁止參與政治活動"來探討,而忽略了其一般意義在秦漢文獻中的使用及反映的一些制度現象。此外,有關其性質、適用對象等問題亦存爭議和不足。且以往的研究在史料上也未能充分利用新出的秦漢簡牘資料,而簡牘材料對"禁錮"的記載與傳世典籍多有不同,這顯然會影響對秦漢"禁錮"制度的全面認識,因而有再探討的必要。鑒於此,本文擬將秦漢簡牘材料與傳世文獻相結合,在前賢研究的基礎上,對秦漢"禁錮"制度有關的幾個問題再作討論,錯謬之處祈請方家斧正。

---

[*] 本文係國家社科基金青年項目"秦律令及其所見制度新研"(17CZS056)、出土文獻與中國古代文明研究協同創新中心博士創新資助項目"嶽麓秦簡與秦職官制度相關問題考論"(CTWX2017BS018)階段性成果。

[1] 沈家本、程樹德分別在《歷代刑法考》與《九朝律考》中專辟"禁錮"條,搜集傳世文獻資料探討了其含義、性質等問題。關於其性質,沈家本、程樹德認爲其是一種刑罰。陳松青則認爲:禁錮不是刑罰,而是一種行政處罰。(《漢代"禁錮"説略》,《歷史教學》2003年第12期,第27—29頁。)白超認爲:兩漢禁錮是剥奪爲官資格的處罰,其性質既不是刑罰,也不是行政處罰,而是一種強制性規定。(《兩漢禁錮考論》第8頁,厦門大學碩士學位論文,2014年。)廖伯源認爲:"漢代'禁錮'的'錮'當取'塞其仕進之路'意,禁錮初起非刑罰之名,何時成爲刑罰之名甚爲難説,但最遲不得晚於東漢光武帝時。"(《漢禁錮考》,《秦漢史論叢(增訂本)》第223頁,中華書局2008年。)有關禁錮的適用對象、刑期、影響等內容不少學者也作了探討,如吕紅梅:《略論秦漢時期的禁錮》,《求索》2006年第9期;黃河:《漢代禁錮研究》,吉林大學碩士學位論文,2005年;張德欣:《禁錮考析》,西南政法大學碩士學位論文,2010年;白超:《兩漢禁錮考論》,厦門大學碩士學位論文,2014年,等均對上述問題均作了比較系統的研究。此外,日本學者鐮田重雄:《秦漢政治制度の的研究》第四章《漢代の禁錮》,日本學術振興會1962年,及若江賢三:《古代中國における禁錮》,安藤正士:《中國史における正統と異端(二)》,1991年,也對兩漢禁錮問題作了比較全面的探討。

一、"禁錮"史料及語義辨析

"禁錮"是秦漢時期的法律術語,常見於傳世典籍和出土文獻。其中"禁"字應爲限制、禁止之義。《漢書·賈誼傳》:"夫禮者禁於將然之前,而法者禁於已然之後。"[1]該義項在出土法律文獻中也多見,嶽麓秦簡《金布律》"禁毋敢以牡馬",[2]張家山漢簡《津關令》"禁毋出黄金",[3]均爲此義。"錮"字,《説文·金部》:"錮,鑄塞也。"[4]可見其本義亦有封閉、限制的含義。因此,"禁錮"的一般義當爲禁止、限制活動自由。此外,"禁錮"還有一層引申義,即特指剥奪做官資格,限制參與政治活動。《左傳》成公二年:"晉人使爲邢大夫。子反請以重幣錮之。"杜預注:"禁錮毋令仕。"[5]《戰國策·韓策》載公仲時言其:"數不信於諸侯……四國錮之,而無所入矣。注鮑彪曰:不行其説。"[6]據古注及語境,這里的"錮"應是禁止參與政治活動的意思。《説文解字繫傳》將"錮"解釋爲:"鑄銅錢以塞隙也。後漢法有黨錮,塞其仕進之路也。"[7]

由此,"禁錮"在秦漢文獻中多具兩層含義:其一是一般義,即監管、限制人身自由。其二爲特指剥奪做官資格,禁止參與政治活動。下面通過梳理史料,將從這兩個層面入手對其語義理解中的一些問題作一辨析。

(一)表示"受禁",監管、限制人身自由義的"禁錮"

在秦漢早期文獻中,"禁錮"一詞多表"受禁",即限制人身自由的意思。這在出土及傳世資料中均有記載。

(1)嶽麓秦簡所見"禁錮"

嶽麓秦簡 0325 簡載:

・郡及關外黔首有欲入見親、市中縣【道】,【毋】禁錮者殹,許之。入之,十二月復,到其縣,毋後田。田時,縣毋☐ 0325/366

---

[1]班固:《漢書》第 2252 頁,中華書局 1962 年。
[2]陳松長主編:《嶽麓書院藏秦簡(肆)》第 110 頁,上海辭書出版社 2015 年。
[3]張家山二四七號漢墓竹簡整理小組:《張家山漢墓竹簡〔二四七號墓〕(釋文修訂本)》第 83 頁,文物出版社 2006 年。
[4]許慎撰,段玉裁注:《説文解字注》第 703 頁,上海古籍出版社 1981 年。
[5]楊伯峻:《春秋左傳注》第 805 頁,中華書局 1981 年。
[6]劉向集録,范祥雍箋證,范邦瑾協校:《戰國策箋證》第 1538 頁,上海古籍出版社 2006 年。
[7]徐鍇:《説文解字繫傳》第 452 頁,中華書局 1963 年。

简文大意爲，郡及關外的黔首想要進入中縣道探親或做生意，"毋禁錮"者方可允許。進入中縣道後至十二月必須回到原居縣中，不可耽誤農田耕作。簡文中的"禁錮"，整理者注："一種剥奪人身自由的刑罰執行方式。"〔1〕顯然，這裏的"禁錮"不是剥奪做官資格義，因"禁錮"的對象爲"郡及關外黔首"，若爲剥奪做官資格，則"毋禁錮者也，許之"一句就成爲没有被剥奪爲官資格的黔首方可進入，刻意強調黔首是否被剥奪做官資格在語境中似難講通。據語境，其當指對特定人員的人身自由的限制和剥奪。簡文被"禁錮"的對象爲"郡及關外黔首"，也就是平民。從文意看，這是一條關於百姓進出中縣道的令文。這條令文很重要，以往對秦代是否存在"禁錮"苦於文獻不足而不甚清楚，透過這條令文可窺探出秦代"禁錮"制度的一些訊息。從內容看，秦代普通百姓也會受"禁錮"限制，禁錮者和非禁錮者兩類人群所享有的權益不同。這説明秦代在百姓管理方面存在將因各種原因被"禁錮"的群體限制在本區域內活動的現象。衆所周知，秦代百姓出入其他郡縣須持有政府部門出具的憑證，而被"禁錮"者則可能無法獲得類似憑證，從而無法像正常百姓一樣出入津關，或至少可以肯定無法進入中縣道。

（2）張家山漢簡所見"禁錮"

張家山漢簡中也有不少"禁錮"的記載，《二年律令·賊律》：

> 賊殺傷父母，牧殺父母，毆（殿）詈父母，父母告子不孝，其妻子爲收者，皆錮，令毋得以爵償、免除及贖。三八

《奏讞書》"安陸丞忠刻（劾）獄史平"案：

> 八年十月己未，安陸丞忠刻（劾）獄史平舍匿毋名數大男子種一月，平曰：誠智（知）種毋【名】數，舍六三匿之，罪，它如刻（劾）。種言如平。問：平爵五夫=（大夫），居安陸和衆里，屬安陸相，它如辤（辭）。鞫：平智（知）種毋六四名數，舍匿之，審。當：平當耐爲隸臣，錮，毋得以爵、當賞免。·令曰：諸毋名數者，皆令六五自占書名數，令到縣道官，盈卅日，不自占書名數，皆耐爲隸臣妾，錮，勿令以爵、賞免，六六舍匿者與同罪，以此當平。

對《賊律》中的"錮"，整理者注："錮，禁錮。"〔2〕學界對此有較大分歧。〔3〕諸説

---

〔1〕陳松長主編：《嶽麓書院藏秦簡（肆）》第230頁。
〔2〕張家山二四七號漢墓竹簡整理小組：《張家山漢墓竹簡〔二四七號墓〕（釋文修訂本）》第14頁。
〔3〕張家山漢簡中的"錮"的語義，學界大體形成五種觀點：第一，日本中央大學池田研究室爲張家山漢簡《奏讞書》作注時認同杜預的解釋，認爲"錮"即"禁錮"，禁止爲官。第二，日本學習院大學漢簡研究會認爲："錮"表拘禁、關押。第三，曹旅寧認爲"錮"之本義即鑄塞，並舉漢陽陵出土實物鐵圈爲例（轉下頁）

中部分有關"錮"的語義尚需辨析,如"錮"或許不能作拘禁或關押講,首先,秦漢法律文書在表達拘禁、關押時多用"毄(繫)"這一法律術語,如嶽麓秦簡1712簡載:

> 審,具傅其律令,令各與其當比編而署律令下曰:以此當某某,及具署皋人毄(繫)不毄(繫)。雖同編者,必章□ 1712/114

這裏的"繫"就是關押、拘禁的意思。另《奏讞書》"淮陽守行縣掾新鄭獄""當之:信、蒼、丙、贅皆當棄市,毄(繫)。九六"〔1〕這條記載與"錮"所在文書的格式非常相似,兩者並用於同時期同類法律文書中,從法律術語使用的嚴謹性上看兩者或有差別,似不能簡單等同。其次,秦漢法律中拘禁、關押所行用對象均是罪人,若"錮"爲此義,在張家山漢簡中可以講通,然在嶽麓秦簡中,"禁錮"的對象是黔首,並非罪犯,故難以在秦漢法律中作一通解。

有學者言"錮"表固定身分,不可變更,此説法理據或也不甚充分,且"錮"後多與"勿令以爵、賞免"、"令毋得以爵償、免除及贖"等連用,後者已經表明了隸臣妾身分的固定性。既然不能贖免,只能是作官奴婢在官府中勞作,大可不必加一"錮"字再加以強調,使律文顯得重複累贅、表意不清。

我們認爲,張伯元提出的"錮"指"受禁",即限制自由的處罰是很有道理的。他還進一步指出"受禁"的具體內容是"令毋得以爵償、免、除及贖",〔2〕這一點得到《史記·平準書》的佐證:"議令民得買爵及贖禁錮、免減罪。"〔3〕據"贖禁錮"看,漢代"禁錮"是可以被贖免的。

"受禁"的具體內容包括"毋得以爵償、免、除及贖"應是沒有問題的,但或可再作補充。從張家山漢簡看,"禁錮"均與隸臣妾相連用,其對象均爲隸臣妾刑徒。〔4〕然而也並非所有的隸臣妾均會被"禁錮",簡文中同爲隸臣妾身分者也存在"錮"與不"錮"兩種情形,如《二年律令·賊律》:"毁封,以它完封印印之,耐爲隸臣妾。"〔5〕這裏

(接上頁)證,認爲指刑具。其又指出因"錮"後都有"毋令以爵、賞免"的限制,因此他更傾向於表"絶不寬貸"。朱紅林亦持類似觀點,吕利也認爲"錮"有加重處罰之義。第四,京都大學"簡牘資料解讀班"認爲:"所謂錮,即固定身分,不許從該狀態變更。"第五,張伯元認爲:不能用終身不得仕來理解漢簡中的"錮"字,這裏的"錮"指"受禁",是限制自由的處罰,是身分刑的一種。其又指出,"受禁"的具體內容指"令毋得以爵償、免、除及贖"。

〔1〕張家山二四七號漢墓竹簡整理小組:《張家山漢墓竹簡〔二四七號墓〕(釋文修訂本)》第99頁。
〔2〕張伯元:《出土法律文獻研究》第229頁,商務印書館2005年。
〔3〕司馬遷:《史記》第1422頁,中華書局1959年。
〔4〕《二年律令·賊律》中的"妻子爲收者"也指隸臣妾刑徒,如《二年律令·金布律》載"諸收人,皆入以爲隸臣妾四三五"。
〔5〕張家山二四七號漢墓竹簡整理小組:《張家山漢墓竹簡〔二四七號墓〕(釋文修訂本)》第10頁。

同爲"耐隸臣妾",判罰却並未見"錮"。那麼犯了什麼罪行會被禁錮呢？從簡文看主要有兩種：其一爲因重罪受牽連被收。如上文《賊律》中因毆打父母,其妻子被收者要處以"禁錮"的處罰。毆打父母在當時是十惡不赦的重罪,多處以"棄市"。《賊律》："子牧殺父母,毆詈泰父母、父母、叚(假)大母、主母、後母,及父母告子不孝,皆棄市。"[1]其二爲逾期不自占名數。上文《奏讞書》中大男子"種"不主動向官府自占名數,即不向官府申報户籍,則有罪。户籍是秦漢政府授田、徵發徭役、攤派賦税的主要依據,亦是管控人口流動的重要手段。因此,"不自占書名數"即存在逃亡的危險。從這一角度看,簡文中的"錮"亦可能是一種管理方式,是對特定人群的行爲實施監管、限制其活動自由、剥奪其相應權利的措施。我們知道隸臣妾在秦漢時期雖爲刑徒,但仍具有較多的人身自由,如可以傳遞文書,甚至可以在市場上自由經商等。但是對犯了重罪被收及具有逃亡風險的隸臣妾則采用"錮"的方式進行管理,對其進行監管並剥奪其自由權利、限制其活動自由,且不能得到贖免。因此,"受禁"的内容或更廣泛,嶽麓秦簡所見的"郡及關外黔首"亦或當如此。

(3) 其他傳世文獻所見"禁錮"

《漢書·刑法志》載漢文帝改革刑制時也提到"禁錮"："前令之刑城旦舂歲而非禁錮者,如完爲城旦舂歲數以免。"[2]這條史料中"禁錮"的含義學界尚存爭議,滋賀秀三認爲："漢代禁錮是剥奪做官資格。這裏的禁錮是與此同義,還是被禁錮者永遠服役,或另有所指,姑存疑。"[3]張建國認爲：這裏的"禁錮"可能指勞役刑意義上的終身監禁。[4]

從《刑法志》的記載看,漢初城旦舂也包含了"禁錮者"和"非禁錮者"兩類,《奏讞書》"醴陽令恢盜縣官米"案"當：恢當黥爲城旦,毋得以爵減、免、贖"[5]同"安陸丞忠刻(劾)獄史平"案比較,有類似的"毋得以爵減、免、贖"的規定,却並未見"錮"字,很可能這裏的"恢"就是《刑法志》所言"非禁錮"者一類。這裏的"禁錮"可能與秦簡所見對城旦舂的管理方式"將司"相類。"將司"即監管、限制城旦舂的活動自由。睡虎地秦簡《司空律》"城旦舂當將司者","丈城旦勿將司；其名將司者,將司之"。[6]可見,秦代城旦舂也存在"將司"與"毋將司"的區别,秦代對老年城旦或年老體弱者免於監管,

---

[1] 張家山二四七號漢墓竹簡整理小組：《張家山漢墓竹簡〔二四七號墓〕(釋文修訂本)》第13頁。
[2] 班固：《漢書》第1099頁。
[3] 轉引張伯元：《出土法律文獻研究》第229頁。
[4] 張建國：《漢文帝改革相關問題點試詮》,《帝制時代的中國法》,法律出版社1999年。
[5] 張家山二四七號漢墓竹簡整理小組：《張家山漢墓竹簡〔二四七號墓〕(釋文修訂本)》第98頁。
[6] 睡虎地秦墓竹簡整理小組：《睡虎地秦墓竹簡》第53頁,文物出版社1990年。

亦可能有因爵位等因素而"毋將司"者。《刑法志》所載"非禁錮"者大概就屬這種情況。

此外,還有幾則有關"禁錮"的記載:

> 《史記·孝景本紀》:四月乙巳,赦天下,賜爵一級。除禁錮。
> 《史記·平準書》:議令民得買爵及贖禁錮免減罪。
> 《漢書·武帝紀》:諸禁錮及有過者咸蒙厚賞,得免減罪。
> 《漢書·石奮傳》:往年觀明堂,赦殊死,無禁錮,咸自新,與更始。

《孝景本紀》原本亡佚,現存本爲後世增補,非司馬遷原文,暫且不論。《平準書》與《武帝紀》兩則文獻中的"禁錮"關係密切,從語境看,《武帝紀》中的"禁錮"或與當時"謫戍制"有關。李玉福認爲,西漢謫發制被謫發的對象主要有兩種:一是身分謫發,主要指爲國家法律所限制的"賤民",如商人、贅婿、惡少年及"閭左"等。二是有罪謫發,主要指"吏有過"者、"亡命"等。李玉福並指出,《武帝紀》中爲征伐匈奴所謫發的"諸禁錮"也是指上述兩批人員。[1] 這裏"禁錮"的對象爲平民和諸如商人、贅婿等賤民及有罪謫發者,顯然應當作限制、剥奪相應人身自由講。

(二) 表示禁止做官、剥奪爲官資格義的"禁錮"

對"禁錮"的這一含義,學術界所作探討較多,但仍題有剩義,今就研究中存在的一些問題略作討論。

(1) 對《漢書·貢禹傳》一則"禁錮"史料的疏説

學術界在論述兩漢"禁錮"表剥奪做官資格義時常引用《漢書·貢禹傳》的一條史料:

> 孝文皇帝時,貴廉絜,賤貪汙,賈人、贅婿及吏坐贓者皆禁錮不得爲吏。

此條材料中,出現了"禁錮"與"不得爲吏"連用的情況。此處"禁錮"本身即是剥奪做官資格義,與"不得爲吏"連用似顯重複。這一現象已有學者注意到,如廖伯源認爲"不得爲吏"是對"禁錮"的進一步補充解釋。[2] 此可備一説。我們認爲,或許還有另一種可能,即這裏的"禁錮"應作其一般意義來解釋。這一認識主要基於以下幾點:

首先,目前所見的西漢武帝以前的文獻中,表達有罪官吏被剥奪爲官資格時,多用"不得爲吏"、"不得仕宦"等語,無一使用"禁錮"的用例。如《史記·淮南衡山列

---

[1] 李玉福:《秦漢制度史論》第237頁,山東大學出版社2002年。
[2] 廖伯源:《漢禁錮考》,《秦漢史論叢(增訂本)》第207頁,中華書局2008年。

傳》:"而論國吏二百石以上及比者,宗室近幸臣不在法中者,不能相教,當皆免削爵爲士伍,毋得宦爲吏。其非吏,他贖死金二斤八兩。"〔1〕《漢書》作:"毋得官爲吏。"《史記·平準書》:"孝惠、高后時,爲天下初定,復弛商賈之律,然市井之子孫亦不得仕宦爲吏。"〔2〕《漢書·景帝紀》引景帝詔書言:"有市籍不得宦,無訾又不得宦,朕甚愍之。"〔3〕

其次,值得注意的是,"禁錮"與"不得爲吏"相連用的例子僅見於東漢文獻中,武帝之前的文獻無一用例,且"禁錮"多獨立使用,表達限制、剥奪人身自由義,這一點前文已作過梳理分析。在《貢禹傳》這則史料中,"賈人"、"贅婿"、"吏坐贓者"與《武帝紀》所言"諸禁錮"者所包含的"賈人"、"贅婿"及"吏有過者"有很大的相似性。既然《武帝紀》所見"禁錮"爲其一般意義,則此條或也當作此解。

再次,《貢禹傳》其實載有兩段奏文:

> 又欲令近臣自諸曹侍中以上,家亡得私販賣,與民爭利,犯者輒免官削爵,不得仕宦。

> 禹又言:孝文皇帝時,貴廉絜,賤貪污,賈人、贅婿及吏坐贓者皆禁錮不得爲吏。

可見,貢禹在奏文裏表述禁止爲官時,前句僅用"不得仕宦",後句則用"禁錮不得爲吏",在同一篇奏文中,表述存在差異。對此,我們恐不能説貢禹對兩者區分不清。貢禹如是説或許在一定程度上表明兩者含義不同,對賈人、贅婿及吏坐贓者可能同時處以"禁錮"和"不得爲吏"兩種不同的處罰。

當然,這裏只是提出一種可能性供學界參考,僅從語言表述來判斷難免存在證據不足之嫌。《漢書·云敞傳》載"初,章爲當世名儒,教授尤盛,弟子千餘人,莽以爲惡人黨,皆當禁錮,不得仕宦"〔4〕與《貢禹傳》此條可參照,前者表剥奪做官資格無疑。鑒於此,姑且把該條歸入此類。

(2)"廢"、"廢錮"、"禁錮"的語義演變

這三個語詞是秦漢文獻中表達剥奪做官資格時的常用語,通過梳理文獻發現,三者之間或有時間上的承繼關係。秦代在表示剥奪官吏做官資格時多用專門術語

---

〔1〕司馬遷:《史記》第 3094 頁。
〔2〕司馬遷:《史記》第 1418 頁。
〔3〕班固:《漢書》第 152 頁。
〔4〕班固:《漢書》第 2927 頁。

"廢"。睡虎地秦簡《秦律雜抄》:"任灋(廢)官者爲吏,貲二甲。"〔1〕嶽麓秦簡《置吏律》:"遣卒能令自占,自占不審及不自占而除及遣者,皆貲二甲,廢。"〔2〕前文已述及,漢初文獻中表達此意時多直言"不得爲吏"、"毋得宦爲吏"等。武帝以後,文獻中多見"廢錮"的記載,而較少用"禁錮":

  《漢書·朱雲傳》:上於是下咸、雲獄,減死爲城旦。咸、雲遂廢錮,終元帝世。
  《漢書·翟方進傳》:成帝末,丞相翟方進奏劾故光禄大夫陳咸等。奏可,咸即廢錮,復徙故郡。
  《漢書·息夫躬傳》:躬同族親屬素所厚者,皆免廢錮。
  《漢書·游俠傳》:成帝時,大司馬衛將軍王商之主簿得罪商。商恨,以它職事去主簿,終身廢錮。

  有關"廢錮"與"禁錮"的關係問題,學界多有爭議。廖伯源已指出,班固所著《漢書》多"廢錮"與"禁錮"混用,意義相同。但他又言或謂"廢錮"與"禁錮"有異。"廢錮"爲中廢之義,是謂前爲官,後有事免,不得爲吏。"禁錮"則指禁止爲吏,不計其前是否爲吏。〔3〕若江賢三也對兩者的關係進行過詳細論述,認爲"廢錮"乃終身"禁錮",是比"禁錮"更嚴厲的懲罰。〔4〕我們認爲廖氏所言可信。若從二者刑期長短的角度談懲罰之輕重恐難講清,因爲文獻中"禁錮"與"廢錮"均有與"終身"相連用者。更有甚者,"禁錮"還有增至二世和三世的情況,似乎比"廢錮"更嚴重,如《後漢書·陳寵傳》:"解臧吏三世禁錮。"〔5〕

  這一時期的"禁錮"多與"不得爲吏"、"廢錮"等混用,或可説明秦漢時期出現了完全以"禁錮"之名來表示剥奪官吏的做官資格。經學者統計,《後漢書》所載"剥奪官員做官資格"的案例幾乎全以"禁錮"來表達,這一用法逐漸普及且影響深遠,後世文獻所見"禁錮"一詞也多指此義。

  總之,通過對秦漢史料的梳理,"禁錮"一詞的語義應包含兩個方面:其一爲一般意義,即"受禁",指監管、限制人身自由;其二是特指剥奪做官資格,禁止參與政治活動。對秦漢"禁錮"制度的認識應從這兩個方面入手,而不可偏廢。

---

〔1〕睡虎地秦墓竹簡整理小組:《睡虎地秦墓竹簡》第79頁。
〔2〕陳松長主編:《嶽麓書院藏秦簡(肆)》第141頁。
〔3〕廖伯源:《漢禁錮考》,《秦漢史論叢(修訂本)》第208頁。
〔4〕轉引白超:《兩漢禁錮考論》第20頁。
〔5〕范曄:《後漢書》第1556頁,中華書局1965年。

二、"禁錮"性質補説

"禁錮"的性質也是學界爭議較大的問題,目前主要有三種觀點:(1)禁錮是刑罰説。[1] (2)禁錮是行政處罰説。[2] (3)禁錮是强制性措施説。[3] 其中在禁錮刑罰説中又有進一步的細分,廖伯源認爲:"禁錮初起,非刑罰之名……禁錮何時成爲刑罰之名,甚爲難説,然最遲不得晚於東漢光武帝時。"[4] 以上關於"禁錮"性質的諸種説法,學界多從廖氏的觀點。

我們認爲,以往對秦漢"禁錮"性質的認識都是在其表剥奪官員做官資格這一特定含義下所作的考察,没有將其一般意義納入考察範圍。因此,對其性質的全面認識應當建立在對其不同語義和時間階段的綜合考慮的基礎上。

就秦代"禁錮"而言,恐不能稱之爲刑罰。上文嶽麓秦簡的記載,整理者將其作爲一種刑罰執行方式來理解,並引《漢書·刑法志》"前令之刑城旦舂歲而非禁錮者,完爲城旦舂歲數以免"爲例證。[5] 雖然整理者未將"禁錮"的性質視爲一種刑罰,而是作爲刑罰的執行方式,但這樣注解恐仍不妥。既是刑罰執行方式,它的適用對象就必然爲已犯罪且經過審訊、定刑之人,而簡文語境中"禁錮"的對象爲"郡及關外黔首",從身分上看是平民,並非罪犯。因此,就適用對象來看,不宜將其解釋爲一種刑罰執行方式。另外,引用《刑法志》中"禁錮"的用例亦不妥,因其對象爲"刑城旦舂",與簡文中"郡及關外黔首"的身分不同。因此,"禁錮"在秦代似不能作爲刑罰的一種,將其理解爲一種限制人身自由的强制性管理措施似更妥當。

但在漢初,"禁錮"可能已經成爲一種刑名。下面分别從"禁錮"的適用主體、對象及刑期三個方面予以論述。

首先,"禁錮"具有確定的適用主體。在兩漢,"禁錮"的適用主體是最高統治者。最高統治者通過詔令及法律的形式,規定了被"禁錮"的對象及原因。不僅如此,"禁錮"的解除也必須由最高統治者決定。據白超研究,兩漢解除"禁錮"的方式僅有由最

---

[1] 參看沈家本:《歷代刑法考》第491—496頁,中華書局2006年;程樹德:《九朝律考》第53頁,中華書局2006年。
[2] 參看陳松青:《漢代"禁錮"説略》,《歷史教學》2003年第12期,第69頁。
[3] 參看白超:《兩漢禁錮考論》第8頁。
[4] 廖伯源:《漢禁錮考》,《秦漢史論叢(增訂本)》第223頁。
[5] 陳松長主編:《嶽麓書院藏秦簡(肆)》第230頁。

高統治者頒布"赦令"和"徵辟"兩種手段。[1] 可見,兩漢"禁錮"的實行和解除之權皆掌握在最高統治者手中,是其維持社會秩序的手段,這說明"禁錮"的主體是最高統治者。

其次,"禁錮"具有確定的適用對象。因其具有兩個層面的語義,"禁錮"的適用對象較寬泛,但主要均是針對有罪吏民。有學者從適用對象的角度提出異議,認爲漢初"禁錮"的對象中包含"賈人"、"贅婿"等非犯罪人員,故不能稱其爲刑罰。這一問題的核心是如何看待秦及漢初賈人、贅婿的法律身分。我們知道,秦及漢初賈人和贅婿一直都是官府抑制、打擊的對象,對賈人、贅婿的法律身分的理解可以參照秦漢時期的"謫"刑,"謫"在秦漢時期是流刑的一種。孫志敏認爲"謫戍"是司法判決的結果,在秦漢時期是一種刑罰。[2]《史記·秦始皇本紀》有徵發賈人、贅婿謫戍的記載:"三十三年,發諸嘗逋亡人、贅婿、賈人略取陸梁地,爲桂林、象郡、南海,以適遣戍。"[3] 栗勁認爲,就秦代"流"刑的情況看,"遷"和"謫"同是流刑,而"謫"罪中既有定罪的"逋亡"犯人,也有政治上受歧視但没有犯罪的贅婿和賈人。[4] 可見,贅婿和賈人雖然未犯罪,但在秦及漢初的法律中,作爲流刑的"謫"刑的適用對象仍然包括這兩類人。類比"謫"刑的情況,不能排除《漢書·貢禹傳》所載之賈人、贅婿也因身分原因而適用於"禁錮"刑罰的可能。

再次,"禁錮"具有比較明確的刑期。關於"禁錮"的刑期,學術界已有不少研究。"禁錮"的具體適用刑期主要有兩類:第一類是"禁錮終身",這在文獻中占了絕大多數,黃河、白超均認爲"禁錮"的一般刑期爲終身。[5] 但兩漢赦令較多,"禁錮"大多未有延續終身者。第二類爲禁錮二世或三世。至於文獻中有"禁錮"數年、十餘年等模糊年限的情況,白超認爲這並非是被判禁錮數年,而是禁錮解除之後計算的年數,因此,這些不可作爲其法定的刑期。[6]

總之,秦代的"禁錮"因其適用對象的原因,恐不能稱之爲刑罰。但在漢初,"禁錮"因具有明確的適用主體、確定的適用對象和刑期,及多以最高統治者頒布的詔令、赦令等形式運行,具有打擊特殊身分者和有罪官吏及維護社會秩序的作用,將其視爲刑罰應較合理。

---

[1] 白超:《兩漢禁錮考論》第32—34頁。
[2] 孫志敏:《秦漢刑徒兵制與謫戍制考辨》,《古代文明》2017年第4期,第80頁。
[3] 司馬遷:《史記》第253頁。
[4] 栗勁:《秦律通論》第286頁,山東人民出版社1985年。
[5] 參看黃河:《漢代禁錮研究》第25頁;白超:《兩漢禁錮考論》第31頁。
[6] 白超:《兩漢禁錮考論》第31頁。

三、禁錮制度與秦漢社會秩序淺析

秦漢"禁錮"具有兩個層面的含義,這兩個層面共同構成了禁錮制度的核心內容,秦漢政府通過禁錮制度的實施實現了對吏民的有效管理,維護了正常社會秩序。

(一)禁錮制度與秦漢社會的治安秩序

治安秩序是維持社會良好運行的前提和保障,禁錮制度作爲統治者維護社會秩序的手段,在穩定社會治安方面發揮了較大的作用。秦及漢初,禁錮制度與户籍及關津制度密切相關。張家山漢簡《奏讞書》"安陸丞忠劾獄史平"案中的大男子"種"因逾期不向官府占書名數而被"禁錮"。"書名數"即向官府申報户籍,户籍的主要功能不僅在於便於政府徵發徭役、攤派賦税,更是政府管控人口流動的重要手段。秦漢時期逃亡現象尤其嚴重,這從秦漢簡牘中屢見《亡律》篇章可窺一斑。"不自占書名數"即可能逃亡,而逃亡在當時是普遍的社會現象,危害極大,嚴重擾亂社會治安,故逃亡者一直是政府控制、打擊的對象。其主要危害在於亡民集聚危害社會秩序和國家政權安全。《漢書·高帝紀下》:"詔曰:……民前或相聚保山澤,不書名數。"師古曰:"名數,謂户籍也。"[1]可見,漢初逃亡人口往往集聚山間,形成社會勢力,危害社會。禁錮制度實施後,對特定人群進行監管、限制活動自由,無疑有利於治安秩序的穩定。嶽麓秦簡中限制被"禁錮"的"郡及關外黔首"進入中縣道,可能也是出於防範其逃亡、維護社會秩序穩定的目的。

此外,散布傳播"妖言"也是嚴重危害社會治安秩序的行爲,秦漢政府對散布"妖言"的行爲予以嚴懲。嶽麓秦簡1017簡:

【·】自今以來,有誨傳言以不反爲反者,輒以行妖律論之,其有不□者,徙洞庭,洞庭處多田所。 ·十三 1017/012

透過這條令文,我們可見秦時專門針對"妖言"制定了一系列法律,足見統治者對"妖言"行爲的防範。由於資料不完整,對於秦代具體如何處置"妖言"我們不得而知。漢代對妖言、誹謗行爲多施行禁錮的處罰。《後漢書·章帝紀》:"往者妖言大獄,所及廣遠,一人犯罪,禁至三屬,莫得垂纓仕宦王朝。"[2]《後漢書·欒巴傳》:

---

[1] 班固:《漢書》第54頁。
[2] 范曄:《後漢書》第147頁。

會帝崩，營起憲陵。陵左右或有小人墳冢，主者欲有所侵毀，巴連上書苦諫。時梁太后臨朝，詔詰巴曰："……事既非實，寢不報下，巴猶固遂其愚，復上誹謗……"巴坐下獄，抵罪，禁錮還家。

這裏欒巴即是因誹謗而被處以"禁錮"，可見"禁錮"制度對漢代言論犯罪也起到了規範的作用。

（二）禁錮制度與秦漢行政秩序

禁錮制度也是規範官員行政行爲的重要手段。首先，政府對官員貪贓的行爲予以嚴厲打擊，不僅剝奪其爲官資格，甚至還"禁錮"二世。《後漢書·劉愷傳》："安帝初，清河相叔孫光坐臧抵罪，遂增錮二世，釁及其子。是時居延都尉范邠復犯臧罪，詔下三公、廷尉議。司徒楊震、司空陳褒、廷尉張皓議依光比。"〔1〕可見禁錮制度是懲治官吏貪贓行爲的重要措施之一。

其次，越權擅爲也是嚴重擾亂行政秩序的行爲，此罪行也多被禁錮。《後漢書·韓棱傳》："太守葛興中風，病不能聽政，棱陰代興視事……事下案驗，吏以棱掩蔽興病，專典郡職，遂致禁錮。"〔2〕這即是韓棱因越權擅自掌管郡守職權而被禁錮的案例。

再次，擅離職守也會擾亂行政秩序。秦代對官員擅離職守的行爲也予以嚴懲，嶽麓秦簡載：

廿六年正月丙申以來，新地爲官未盈六歲節（即）有反盜，若有敬（警），其吏自佐史以上去縣（徭）使，私謁之 1018/030

它郡縣官，事已行，皆以彼（被）陳（陣）去敵律論之…… 1014/031

新地吏擅自離開崗位，要按照"彼（被）陳（陣）去敵律"來論罪。漢代對擅離崗位的官員會處以禁錮刑，《後漢書·左雄傳》"非父母喪不得去官。其不從法禁，不式王命，錮之終身，雖會赦令，不得齒列"〔3〕即是說這種情況。此外，對東漢官吏的結黨行爲，統治者也使用"禁錮"手段打擊黨人，維持政治秩序的穩定。這一點學者多有論述，此不贅舉。

（三）禁錮制度與秦漢文化秩序

"禁錮"刑具有弘揚傳統倫理文化的功能，幫助維持長幼尊卑的倫理秩序。《二年律令·賊律》中對"牧殺父母"、"歐（毆）詈父母"、"父母告子不孝"等違背倫常的行爲，其妻、子被收者法律皆予以嚴懲，犯者妻、子成爲收人並被處以"禁錮"刑，且不可用爵

---

〔1〕范曄：《後漢書》第1308頁。
〔2〕范曄：《後漢書》第1534頁。
〔3〕范曄：《後漢書》第2018頁。

位除免。此外,漢代對大逆不道、蔑視上官的行爲也施以"禁錮"刑。《漢書·息夫躬傳》:"躬母聖,坐祠灶祝詛上,大逆不道。聖棄市,妻充漢與家屬徙合浦。躬同族親屬素所厚者,皆免,廢錮。"[1]息夫躬的母親因爲謾罵皇帝,大逆不道,其同族親屬等被處以"禁錮"刑,不得再任官。《漢書·游俠傳》中商之主簿因不顧長幼尊卑的等級秩序,譏諷上官侯商而被"禁錮",終身不得爲官。對秦漢"禁錮"贅婿的行爲,白超認爲,秦漢對贅婿的"禁錮"是因爲贅婿入贅女方,地位低下,破壞了夫爲妻綱這一倫理準則,也顯示了"禁錮"對社會道德價值的昭示作用。[2]

綜上,禁錮制度是秦漢統治者維持社會秩序的手段之一。通過對特殊身分者及有罪吏民實施"禁錮"處罰,維護了社會的治安、行政及文化秩序,穩固了統治,對後世產生了深遠影響。

(王博凱　湖南大學嶽麓書院;出土文獻與中國古代文明研究協同創新中心　博士研究生)

---

[1] 班固:《漢書》第2187頁。
[2] 白超:《兩漢禁錮考論》第37頁。

秦漢簡所見牲畜資料補説三例

高一致

一

睡虎地秦簡《秦律雜抄》簡 27—28 記載了一條關於"駃騠"的律文：

· 課駃騠，卒歲六匹以下到一匹，貲一盾。[1]

這是一條獨立的秦律，不承接上下文，且頗爲簡要。《睡虎地秦墓竹簡》（1990 年版）注云"駃騠，《淮南子·齊俗》注：'北翟之良馬也。'《史記·李斯列傳》有'而駿良駃騠不實外廄'，證明秦朝廷當時已使用這種好馬"，並認爲"課駃騠"應指對馴教駃騠的考核。[2]

駃騠，如《淮南子·齊俗》注所言是北方奇畜。《史記·匈奴列傳》："其畜之所多則馬、牛、羊，其奇畜則橐駝、驢、騾、駃騠、騊駼、驒騱。"《司馬相如列傳》載《上林賦》云："其北則盛夏含凍裂地，涉冰揭河；獸則麒麟角，騊駼橐駝，蛩蛩驒騱，駃騠驢騾。"皆可參。《説文》："駃，駃騠，馬父贏子。"段玉裁注："謂馬父之騾也。言馬父者、以別於驢父之騾也。今人謂馬父驢母者爲馬騾。謂驢父馬母者爲驢騾。不言驢母者、疑奪。蓋當作'馬父驢母贏也'六字。"[3] 劉又辛先生指出："段説可信，現在北方仍有此

---

* 本文得到國家社會科學基金一般項目"出土文獻所見楚王族資料整理與研究"（18BZS027）資助。
[1] 武漢大學簡帛研究中心、湖北省博物館、湖北省文物考古研究所編：《秦簡牘合集（壹）·睡虎地 11 號秦墓竹簡》第 182 頁，武漢大學出版社 2014 年。
[2] 睡虎地秦墓竹簡整理小組：《睡虎地秦墓竹簡》釋文第 86 頁，文物出版社 1990 年。
[3] 許慎撰，段玉裁注：《説文解字注》第 469 頁，上海古籍出版社 1981 年。

稱。"〔1〕依據段注，駃騠係公馬與母驢雜交所生。王子今先生則認爲現在來看"駃騠"的解釋尚未形成定論，"駃騠"或爲馬父驢母之騾，也不能排除野馬等其他草原畜種的可能。〔2〕古書中對"駃騠"多有記載，但睡虎地簡《秦律雜抄》"課駃騠"作爲律文，楚地是其具體施行地之一，這裏"駃騠"似乎未必指野馬等其他草原畜種，而應如段注，指公馬與母驢所産仔。

關於"課駃騠"的含義，我們與原整理者有不同的理解。作爲一種優良力畜，駃騠有明顯的雜交優勢：耐粗飼養，適應性和抗病性強，挽力大而持久。〔3〕但是，從生物學特性來説，駃騠却是一種較難獲取的牲畜。一般而言，馬驢雜交，公馬與母驢産仔幾率遠低於母馬與公驢。《齊民要術》卷五十六："驢覆馬生贏，則準常。以馬覆驢，所生騾者，形容狀大，彌復勝馬。然必選七八歲草驢，骨目正大者：母長則受駒，父大則子壯。"〔4〕此處的"草"是牝牲的俗稱，"草驢"即母驢，"骨目"指骨盆。黄麓森先生曾就此論述道："嘗以訪之老於騎乘者，據云：'今無論驢父馬母生，與馬父驢母生，皆呼曰騾，但馬父驢母者絶少。蓋尋常草驢體幹小，不堪孕，必選體幹大者，已不可得；又生子頭全似驢，尾無綫，莖無毛，性喜跳踉，尤不易馭，故亦不重。'……以馬覆驢，必選草驢骨目正大者，今皆然也。"〔5〕或許由於駃騠作爲力畜具備優良的馱載能力以及數量上的稀缺性，故在古書中往往被視作"奇畜"。

如此來看，簡文"課駃騠，卒歲六匹以下到一匹，貲一盾"似非對馴教駃騠的考核。因爲就馴教方法而言，駃騠與馬匹應無太大差別，若獲取駃騠的數量可觀，官方不至於僅僅滿足於每年馴教六匹的數量。此處"卒歲六匹以下到一匹"，涉及數量不大，可能考課的正是一年配種而得的駃騠數。我國古代關於牲畜配種繁殖制度的較早記録是《吕氏春秋・季春紀》中"乃合纍牛騰馬游牝於牧"這一例，學者認爲，據其可知中國周秦時代已初步掌握了家畜的發情配種規律。〔6〕睡虎地簡《秦律雜抄》的抄寫時代較《吕氏春秋》成書略早，簡文"課駃騠"似乎從側面反映出這一時期也已經很好地掌握了駃騠這種優良牲畜的配種繁殖技術。若此，這條律文在中國牲畜養殖史上就有較重要的價值。

---

〔1〕劉又辛：《釋駃騠》，《文字訓詁論集》，中華書局1993年。
〔2〕王子今：《李斯〈諫逐客書〉"駃騠"考論——秦與北方交通史個案研究》，《人文雜志》2013年第2期。
〔3〕參看于文翰：《騾和駃騠的生物學特性及其生產、分布》，《家畜生態》1986年第7期。
〔4〕賈思勰撰，繆啓愉校釋：《齊民要術校釋》第406頁，中國農業出版社1998年。
〔5〕參看賈思勰撰，繆啓愉校釋：《齊民要術校釋》第409頁注十二。
〔6〕朱先煌：《周秦畜牧業》，收入張仲葛、朱先煌主編：《中國畜牧史料集》第47頁，科學出版社1986年。

二

銀雀山漢簡《相狗方》簡 2144—2145 釋文：

  ·相狗方：肩□間參（三）瓣者，及大禽；二者，及中禽。臀四寸，及大禽；三寸，及中禽。〔1〕

所謂"臀"字簡文作 ▨，楊安先生認爲，此字上部從户從殳，下部從"肉"，應隸定作"𦙡"，即"𦙡"，並據《說文·肉部》所云"𦙡，肥腸也"解釋道："肥腸"就是現在說的"腓腸肌"（即小腿肚子），簡文通過觀察"𦙡"的長短來判斷狗的彈跳和捕獵的能力。〔2〕

與 ▨ 寫法相近之字，見於張家山漢簡《脈書》簡 25 和簡 45，分別寫作 ▨、▨，整理者皆釋作"𦙡"。〔3〕《脈書》這兩處分別記述"陽明之脈"和"臂鉅陰之脈"所產生的具體病痛，原釋文如下：

  其所產病，顏（顔）痛，鼻肍（鼽），領〈頷〉㾜，乳痛，𦙡痛，心與肢痛，腹外種（腫），腸痛，厀（膝）外㾜（?），柎（跗）上踝〈踹〉，爲十二病。 （簡 25—26）

  其所產病：胸痛，𦙡痛，心痛，四末痛，叚（瘕），爲五病。 （簡 45）

整理者注："𦙡，《廣雅·釋親》：'腨也。'"〔4〕《說文·肉部》："腨，腓腸也。"周祖亮先生據此云："𦙡痛，小腿肚痛。"〔5〕可見，學者是將 ▨、▨ 二字理解爲小腿肚子。然而，此說不確。《脈書》簡 25—26 記載患病的身體部位次序依次爲顏、鼻、頷、乳、▨、心肢、腹、腸、膝、跗。除 ▨ 之外，其餘九處患病部位大致是由上至下依次記述的。〔6〕若將 ▨ 釋作"𦙡"，訓作腨（小腿肚），在此顯得尤爲突兀。簡 45 ▨ 字雖右部殘損，但

---

〔1〕銀雀山漢墓竹簡整理小組：《銀雀山漢墓竹簡（貳）》第 253 頁，文物出版社 2010 年。
〔2〕參看楊安：《〈銀雀山漢墓竹簡[貳]〉釋文校訂和相關問題的說明》，《簡帛》第八輯，上海古籍出版社 2013 年。
〔3〕張家山二四七號漢墓竹簡整理小組：《張家山漢墓竹簡[二四七號墓]》圖版第 77、77 頁，釋文第 239、242 頁，文物出版社 2001 年。
〔4〕張家山二四七號漢墓竹簡整理小組：《張家山漢墓竹簡[二四七號墓]》第 240 頁。
〔5〕周祖亮：《簡帛醫藥文獻校釋》第 352 頁，學苑出版社 2014 年。
〔6〕整理者注云："爲十二病，'二'字疑衍，簡文所列僅十病。"參看張家山二四七號漢墓竹簡整理小組：《張家山漢墓竹簡[二四七號墓]》第 240 頁。

左部筆畫較清晰，整理者將其與簡 25 ▨ 視作一字，當是。文中"▨痛"是位於"胸痛"與"心痛"之間。由此來看，▨、▨應該是位於乳、心肱以及胸附近的身體部位。

張家山《脈書》簡 25—26 以及簡 45 所載，可與馬王堆帛書中的内容相參對。其中簡 45"臂鉅陰之脈"產生的病痛，馬王堆《陰陽十一脈灸經》甲本、乙本有相近記載：

> 其所產病：胒（胸）庯（痛），臂（肩）庯（痛），〖心痛〗，四末痛，叚（瘕），爲五病。　　　　　　　　　　　　　　　　　　　　　（甲本 35/69 行）〔1〕

> 其所產病：胸庯（痛），癊（肩）庯（痛），心庯（痛），四始（肢），假（瘕），爲五病。　　　　　　　　　　　　　　　　　　　　　　　　（乙本 17 行）〔2〕

甲本中釋作"臂"、讀作"肩"之字寫作 ▨，〔3〕原圖版作 ▨，原整理者釋讀作"癊（脘）"。〔4〕施謝捷先生認爲 ▨ 字右下部分有殘損，但从"戈"清晰可辨，故據張家山《脈書》簡 45 釋讀此字作"臂（肩）"，而《靈樞·經脈》所載肺手太陰之脉"所產病"有"氣盛有餘則肩背痛"、"氣虚則肩背痛寒"，可與帛書互證。〔5〕乙本中釋作"癊"、讀作"肩"之字寫作 ▨／▨，〔6〕原整理者亦釋讀作"癊（脘）"。〔7〕施謝捷先生指出："楚文字中的'病閒'之'閒'寫作'䦘'、'刎'、'痳'等形，乙本的'癊'應該也是'病閒'之'閒'的專字，這裏讀爲'肩'。《孟子·滕文公上》齊景公之勇臣'成覸'，《説文》覞部作'成䀏'；《周禮·考工記·梓人》'數目顅脰'鄭玄注：'故書顅或作牼。鄭司農云：牼讀爲鬜頭無髮之鬜。'是從'閒'、'肩'聲之字可通假之例。"〔8〕乙本之字改釋，施先生論述甚明，可信從。甲本 ▨／▨ 字下部殘損，據文意當理解作"肩"，但從形體看，它並非如施先生所言從"戈"清晰可辨而釋作"臂"。這裏尚不能排除其與乙本"癊"爲同一字，讀作"肩"。對讀帛書可知，張家山《脈書》簡 25 ▨、簡 45 ▨ 所表示的身體部位即"肩"。

---

〔1〕裘錫圭主編：《長沙馬王堆漢墓簡帛集成（伍）》第 203 頁，中華書局 2014 年。按：施謝捷先生爲帛書《陰陽十一脈灸經》之整理者，後不贅述。
〔2〕裘錫圭主編：《長沙馬王堆漢墓簡帛集成（陸）》第 12 頁。
〔3〕裘錫圭主編：《長沙馬王堆漢墓簡帛集成（貳）》第 65 頁。
〔4〕馬王堆漢墓帛書整理小組：《馬王堆漢墓帛書（肆）》圖版第 8 頁、釋文第 12 頁，文物出版社 1985 年。
〔5〕裘錫圭主編：《長沙馬王堆漢墓簡帛集成（伍）》第 203 頁。
〔6〕裘錫圭主編：《長沙馬王堆漢墓簡帛集成（貳）》第 98 頁；馬王堆漢墓帛書整理小組：《馬王堆漢墓帛書（肆）》圖版第 45 頁。
〔7〕馬王堆漢墓帛書整理小組：《馬王堆漢墓帛書（肆）》釋文第 12 頁。
〔8〕裘錫圭主編：《長沙馬王堆漢墓簡帛集成（伍）》第 203 頁。

曾侯乙墓所出析君戟銘文中人名"黑敐(肩)"之"敐"寫作▢,〔1〕葛陵簡乙四61號"以其敐(肩)背疾"之"敐"寫作▢,〔2〕上博簡《君子爲禮》簡7"敐(肩)毋癹(廢)"之"敐"寫作▢。〔3〕這些字整理者皆釋作"脊",宋華強先生據文意改釋作"敐",讀作"肩",同時指出甲骨文中的"肩"字初文本來就象動物肩胛骨的形狀,到了戰國晚期的秦系文字,"肩"字原來象形的部分就已經與"户"字無別了。〔4〕宋先生説可信。不難看出,《脈書》簡25 ▢、簡45 ▢可與上述字視爲同一字。這二字左部爲從"户"從"月(肉)"的肩,右部從殳,古文字中殳旁和攴旁(或攵旁)常混用,故二者都應釋讀作"敐(肩)"。從上下文來看,《脈書》簡25、簡45所記"敐(肩)痛",與文意非常契合。另外,《脈書》中除這種"敐(肩)"字外,直接寫作"肩"的情況也很多,似乎説明"敐"、"肩"在使用上並無特別的不同。

再看銀雀山簡《相狗方》中的▢字,楊安先生視其爲上下結構,釋作"脣",即"腨"(小腿肚)。我們認爲,此字應視爲左右結構,釋作從肩從殳的"敐",讀作"肩"。《相狗方》中前後文内容亦可佐證。

簡2144"肩□間參(三)瓣者",缺釋字作▢,整理者疑字爲"䰇"。〔5〕楊安先生謂,"肩□間"三瓣,應是形容狗的胸寬大,《初學記》引西晉傅立《走狗賦》"修頸闊腋"中的"闊腋"和簡文意思相同。〔6〕缺釋字形體稍模糊,釋"䰇"似可從。䰇,可指獸類背部隆高處。《左傳》宣公十二年:"麇興於前,射麋麗䰇。"杜預注引服虔曰:"麗,著也。䰇,背之隆高當心。"孔穎達疏:"䰇之形,背高而前後下,此射麋麗䰇,謂著其高處。"簡文"肩䰇間"似是指狗的頸脖以下、脊背到肩部的三角區域,這一區域是犬類上肢與身體的結合處,肌肉發達。良犬站立時,此三角區域肌肉隆起、綫條分明,似有"參(三)瓣"的形象。傅立《走狗賦》:"修頸闊腋,廣前捎後。"腋,亦指禽獸翅膀或前腿内側與胸部相連的部分。《史記·司馬相如列傳》:"弓不虛發,中必決眥,洞胸達腋,絶乎心繫。"《走狗賦》中的"闊腋"是指良犬前腿内側與胸部相連部分健碩、寬闊,與簡文所謂的"肩䰇間參(三)瓣"實則相類。二者所描述的部位無異,僅僅是觀察視角不同。

---

〔1〕湖北省博物館編:《曾侯乙墓(上)》第283頁,文物出版社1989年。
〔2〕武漢大學簡帛研究中心、河南省文物考古所編著:《楚地出土戰國簡册合集·葛陵楚墓竹簡》圖版第9頁,文物出版社2013年。
〔3〕馬承源主編:《上海博物館藏戰國楚竹書(五)》第258頁,上海古籍出版社2005年。
〔4〕參看宋華強:《新蔡葛陵楚簡初探》第316頁,武漢大學出版社2010年。
〔5〕銀雀山漢墓竹簡整理小組:《銀雀山漢墓竹簡(貳)》第253頁。
〔6〕楊安:《〈銀雀山漢墓竹簡·佚書叢殘〉集釋》第374頁,吉林大學碩士學位論文,2013年。

根據以上理解，《相狗方》中這段相狗之法是先通過"肩龜間"的肌肉形態判斷狗的優劣，再按肩的尺寸相狗。這樣的次序，比直接從相"肩龜間"到相"臂（小腿肚）"，更有規律性。《相狗方》簡2144同時出現"殷"、"肩"兩種肩字寫法，這種情況和張家山《脈書》中"殷"、"肩"同見一樣，二字似乎並無特別差異。

三

敦煌漢簡中有兩枚簡記載相馬之法：

・伯樂相馬自有刑，齒十四五當下平。　　　　　　　　　　　　　　（843）

□下説。・腸小，所胃（謂）腸小者，腹下平。脾小，所胃（謂）脾小者，□耳寓□。耳欲卑，目欲高，閒本四寸，六百里。　　　　　　　　　　（2094）[1]

簡843是據馬齒相馬。此類相法，文獻有載。《吕氏春秋・觀表》云："古之善相馬者，寒風是相口齒。"[2]嶽麓秦簡《秦律令（壹）》："・金布律曰：……馬齒至四以上當服暈、狼（墾）田、就（僦）載者，令廄嗇夫丈齒令、丞前，久（灸）右肩……"邢義田、高震寰二位先生認爲，"丈齒"就是丈量馬齒的長度，以此來判斷馬的年齡。[3] 而《齊民要術》卷六謂馬"十三歲，下中央四齒平。十四歲，下中央六齒平"，[4]大體可與簡843相參對。因此，簡文"齒十四五當下平"中"齒"應指年齒，整句是説馬十四五歲時下齒面會磨平。

"伯樂相馬自有刑，齒十四五當下平"，這兩句十四字，每句七字且押韻，似乎是目前所見較早的相馬歌訣。唐李石《司牧安驥集》所載《相良馬寶金篇》《王良百一歌》《伯樂畫烙圖歌訣》等都是類似相馬、醫馬之口訣。[5] 如《相馬寶金篇》前幾句：

<u>三十二相眼爲先</u>，次觀頭面要方圓。
相馬不看先代本，一似愚人信口傳。
眼似垂鈴紫色鮮，滿箱凸出不驚然。

---

[1] 簡文二處"所"、"胃（謂）"從余欣先生説連讀，參看氏著：《出土文獻所見漢唐相馬術考》，《學術月刊》2014年第2期。
[2] 許維遹：《吕氏春秋集釋》第597頁，中華書局2009年。
[3] 參看邢義田、高震寰：《"當乘"與"丈齒"——讀嶽麓書院藏秦簡札記之三》，簡帛網，2016年4月8日。
[4] 參看賈思勰撰，繆啓愉校釋：《齊民要術校釋》第398頁；後代獸醫文獻也有類似記載，不贅引。
[5] 參看李石撰，鄒介正、馬孝劭校注：《司牧安驥集》第11、36、53頁，農業出版社1959年。

> 白縷貫晴行五百，班如撒豆勿同看。

此篇以"三十二相"總啓下文，後文依次陳述具體相法。簡文"伯樂相馬自有刑"則是以相馬名家伯樂開頭，也有提啓下文的意味。由於簡 843 僅現一枚，尚不能判斷這一相馬歌訣的具體簡數，若其確由多枚簡組成，則簡 843 所記內容可能是相馬歌訣的首句。

簡 843 僅僅描述馬匹十四五歲的牙齒狀態，這與《齊民要術》等文獻所載據馬齒相馬法有別。後者往往是從馬一歲之齒開始相起，逐次記錄各個年齡馬齒的换生、磨面形狀以及齒質的顏色變化等特徵，從而據此推測馬匹年齡。〔1〕相比而言，簡文"齒十四五當下平"並不能反映各個年齡的馬齒特徵，而從"伯樂相馬自有刑"這一總啓句來看，兩句之前恐無上文。可見，簡 843 是專門用來判斷馬匹是否超過壯齡的相馬歌訣。因爲按照馬的生理學特徵，5—15 歲爲壯齡，16 歲以上爲老齡，馬匹役用和繁殖能力以壯齡最強，此後會逐漸衰弱。〔2〕簡 843 所描述的牙齒狀態正是馬匹壯齡的典型特徵，這應該是古人有意濃縮、提煉，在現實中以此作爲判斷馬匹是否還具備繁殖、役用價值等的參考。

腸爲六腑之一，脾爲五臟之一。簡 2094 中相馬腸、脾的內容，可與《齊民要術》卷六所記載"相馬五臟法"相參：

> 相馬五臟法：肝欲得小；耳小則肝小，肝小則識人意。肺欲得大；鼻大則肺大，肺大則能奔。心欲得大；目大則心大，心大則猛利不驚，目滿則朝暮健。腎欲得小。<u>腸欲得厚且長，腸厚則腹下廣方而平。脾欲得小；嗛腹則脾小，脾小則易養</u>。〔3〕

這段通過五臟的大小形態來相馬的文字，後世《司牧安驥集》和《元亨療馬集》等獸醫文獻皆有收錄（見於二書《王良先師天地五臟論》）。〔4〕除個別字外，幾無差別。《王良先師天地五臟論》又謂："肝主眼，腎主耳，脾主唇，肺主鼻，心主舌，眼、耳、唇、鼻、舌是名外，腎、肝、肺、脾、心是名內，見其外則知其內，內外相應。"其中記載了五臟與五官的具體對應關係，又闡述了觀察馬匹五官來判斷五臟的相馬原理，即"見其外則知其內，內外相應"。從簡 2094 內容來看，這種"內外相應"的相馬理論在漢代就已

---

〔1〕參看賈思勰撰，繆啓愉校釋：《齊民要術校釋》第 398 頁。
〔2〕參看新疆伊犁畜牧獸醫學校主編：《養馬學》第 15 頁，農業出版社 1979 年。
〔3〕賈思勰撰，繆啓愉校釋：《齊民要術校釋》第 386—387 頁。
〔4〕參看李石撰，鄒介正、馬孝劼校注：《司牧安驥集》第 70 頁；喻本義、喻本亨著，中國農業科學院中獸醫研究所重編校正：《重編校正元亨療馬牛駝經全集》第 39 頁，農業出版社 1963 年。

經出現。

關於"相馬五臟法",繆啓愉先生指出:"本段就内臟和外形的相互聯繫和制約立論,但'腎欲得小',無下文,與肝、心、脾、肺四臟不相稱,五臟實缺其一,又插進六腑的'腸',疑有竄亂脱誤。"[1]其説當是。不僅如此,"相馬五臟法"中"脾欲得小;廉腹則脾小,脾小則易養"句恐亦非原文。此法以肝對應耳、肺對應鼻、心對應目,儘管與《王良先師天地五臟論》所記五臟與五官的對應關係不完全相同,但可看出它總體也應是五臟對應五官。而"脾欲得小;廉腹則脾小,脾小則易養"句則是將脾與廉腹對應,並非對應五官之一,頗爲可疑。

簡2094"腸小,所胃(謂)腸小者,腹下平",是通過馬腹下平的特徵判斷出馬腸小;"相馬五臟法"中竄入"腸欲得厚且長,腸厚則腹下廣方而平"句,認爲馬腸厚長是良馬特徵。這兩種記載,一謂"腹下平"則"腸小",一謂"腹下廣方而平"則腸"厚且長",顯然二者"見其外則知其内"得出的結論是矛盾的。此處存在兩種可能:一是兩種相法必有一誤,只是目前未能見到更多相馬腸的資料,因而難以判斷哪一種有誤;二是竄入句"腸欲得厚且長,腸厚則腹下廣方而平"也有所本。若是後者,則説明這類通過觀察馬匹外部特徵來判斷臟器性狀的相馬法,在《齊民要術》成書後至少還存在兩種不同的體系。

又,"相馬五臟法"所謂"脾欲得小;廉腹則脾小,脾小則易養",是通過馬"廉腹"的特徵來判斷脾小。簡2094"脾小,所胃(謂)脾小者,□耳寓□","耳"前一字簡文作, [2]形體稍模糊,學者或釋作"聽",[3]余欣先生謂"聽"指"脾氣小,順從聽話",認爲這裏是通過脾的大小判斷馬匹是否聽話、順從。[4]如此理解與簡2094"腸小,所胃(謂)腸小者,腹下平"句"見其外則知其内"的相馬原理不同。同時,"耳"前一字寫法與常見的"聽"字稍有別,故暫闕疑,不從余先生説。結合來看,"腸"、"脾"句作爲前後文,且句式相近,"所胃(謂)脾小者"後的內容應該也是能夠判斷馬匹脾小的某種外部特徵。

根據以上可知,通過馬匹外部特徵判斷内部臟器性狀、鑒別馬匹優劣,這種"内外相應"的相馬理論在漢代就已經出現。《齊民要術》所載"相馬五臟法"即屬於這

---

[1] 賈思勰撰,繆啓愉校釋:《齊民要術校釋》第388頁。
[2] 甘肅文物考古研究所編:《敦煌漢簡》圖版第165頁,中華書局1991年。
[3] 參看林梅村、李均明:《疏勒河域出土漢簡》第68頁,文物出版社1984年;中國簡牘集成編委會編:《中國簡牘集成》第三册,第287頁,敦煌文藝出版社2001年;余欣:《出土文獻所見漢唐相馬術考》,《學術月刊》2014年第2期。
[4] 參看余欣:《出土文獻所見漢唐相馬術考》,《學術月刊》2014年第2期。

類相法。我們懷疑簡2094中相馬腸、脾的文字與現存"相馬五臟法"中所竄入和改動的内容有一定關聯。"相馬五臟法"行文所反映的混亂和不規律的情况，或是由於"腎欲得小"句後内容殘佚，後世爲求全而以簡2094相腸、脾之類的内容補入所致。

（高一致　湖北省社會科學院楚文化研究所　助理研究員）

漢碑文字校讀八則

孫　濤　張再興

一、大(太)守鉅鹿鄐君，<u>部掾冶級</u>王弘、史荀茂、張宇、韓岑等典功作。《鄐君開褒斜道摩崖》[1]

對於"部掾冶級"，《校注》："屬官名，執掌不詳。"《漢碑集釋》："蓋是官名。"[2]楊鷲麒認爲部掾爲官名，冶級疑爲人名。[3]《校注》《漢碑集釋》皆認爲"部掾冶級"是固定結構，應爲官名，誤。楊鷲麒先生的釋讀可從。春秋衛國有"冶廑"，魯國有"冶區夫"，皆見於《春秋左氏傳》。秦印有人名"冶縮"，[4]漢印有人名"冶林"(《漢印文字徵》卷11·16)，[5]"冶"皆爲姓氏。且秦印又有人名"蘇級"、"王級"，[6]漢簡中也出現以"級"爲人名的記載，如假千人陳級等(《居新》E.P.T48·158A)、[7]第㮥隧長孫級(《居新》EPT59·531)、執胡隧長吳級(《居新》E.P.T65·358)。因此"冶級"確爲人名。漢碑、漢代傳世文獻又有"部掾"一詞，如《曹全碑》："故塞曹史吳産孔才五百／

---

[1] 毛遠明：《漢魏六朝碑刻校注》第1册，第43頁，綫裝書局2009年。以下簡稱"《校注》"。
[2] 高文：《漢碑集釋(修訂版)》第7頁，河南大學出版社1997年。
[3] 楊鷲麒：《中國西北地區歷代石刻彙編(漢代至唐代)整理與研究》第9—10頁，西南大學碩士學位論文，2016年。該文僅提及，未詳細考證，在此補釋。
[4] 許雄志：《秦印文字彙編》第225頁，河南美術出版社2001年。
[5] 羅福頤：《漢印文字徵》，文物出版社1978年。以下簡稱"《徵》"。
[6] 許雄志：《秦印文字彙編》第253頁。
[7] 張德芳：《居延新簡集釋》，甘肅文化出版社2016年。以下簡稱"《居新》"。本文涉及"居延新簡"釋文、圖版皆引自該書，不另出注。

□□部掾趙炅彣高/□□曹史高廉□吉千。"《漢書·朱博傳》:"部掾以下亦可用,漸盡其餘也。"《漢書·翟方傳》:"部掾夏恢等收縛立。"

《曹全碑》中的"部掾"與"曹史"相並列且後皆爲人名,正與此相似,"部掾"與"史"應同爲官職。因此"部掾冶級王弘"應爲"部掾冶級、王弘",兩人爲太守鄐君的兩屬官。身爲"部掾"的兩人與後面官職爲"史"的數人相並列,皆從屬於太守。

二、西河大(太)守鄐集掾,圜陽當里公乘田魴萬歲神室。永元四年閏月,廿六日甲午卒上郡白土,五月廿九日丙申埊(葬)縣北駒亭郭大道東,高顯冢營(塋)。《公乘田魴畫像石墓題記》[1]

"郭"字形作"󰀀",《校注》《漢碑全集》[2]皆釋爲"郭",吴鎮烽先生釋爲"郡"。[3] 從字形來看,該字明顯與"郭"字不似。該字左偏旁上部明顯有一點,因此釋爲"郡"也不妥。我們認爲該字應爲"部"。傳世文獻有"亭部"一詞,如《漢書·元帝紀》:"以渭城壽陵亭部原上爲初陵。"《漢書·成帝紀》:"以渭城延陵亭部爲初陵。"漢簡中常見"亭部",如萬世亭部(《居新》E.P.T20·13)、張掖縣南廣漢亭部(《居新》E.P.T53·105)、□次海亭部(《居新》E.P.T52·42B)、博望亭部(《居新》E.P.T68·48)等。漢碑中也出現過"亭部"一詞,如《隆命刻石》:"除相國西安起平□亭部。"《嵩山太室石闕銘》:"陽翟平陵亭部。"值得注意的是,肩水金關漢簡73EJT37:523A簡有"張掖郡觻得縣北屬都亭部"。[4] 根據上引釋文,死者"田魴"爲西河郡圜陽縣當里人,卒於上郡白土縣,應葬於"西河郡圜陽縣北駒亭部"大道東,而上引肩水金關簡文詞語搭配正與此相近。

關於"亭部"的具體含義,由於"亭部"涉及漢代行政區劃問題,因此有較多學者討論。《漢書·百官公卿表》:"大率十里一亭,亭有長。十亭一鄉,鄉有三老、有秩、嗇夫、游徼。"周振鶴先生認爲:"郡是國家的區劃,縣是郡的區劃,鄉是縣的區劃,而亭部

---

[1] 毛遠明:《漢魏六朝碑刻校注》第1册,第62頁。
[2] 徐玉立:《漢碑全集》第188頁,河南美術出版社2006年。以下簡稱"《漢全》",本文漢碑圖版,除另注,皆引自該書。
[3] 吴鎮烽:《秦晉兩省東漢畫像石題記集釋——兼論漢代圜陽、平周等縣的地理位置》,《考古與文物》2006年第1期。
[4] 甘肅簡牘博物館等編:《肩水金關漢簡(肆)》中册,第85頁,中西書局2015年。以下簡稱"《肩水》"。

則是鄉的區劃。大致來説,一個鄉劃成十個亭部,而亭部又可以省稱爲亭,這就是所謂'十亭一鄉'的意思。"〔1〕如此則"亭部"作爲縣鄉的下級行政區劃,與"圜陽縣"搭配意義正合。

三、哀賢明而不遂兮,嗟痛淑雅之夭年。去白日而下降兮,榮名絶而不信。精浮游而揰�兮,魂礥礇而東西。恐精靈而迷惑兮,歌歸來而自還。掾兮歸來無妄行,卒遭毒氣遇匈(凶)殃。《公乘田魴畫像石墓》〔2〕

分析"揰挃"一詞之前,先應理解"礥礇"的含義。《校注》注:"當是'鑣摇'的俗字,飄忽不定的樣子。"吳鎮烽先生認爲即"飄摇"。〔3〕實際上,"飄摇"、"鑣摇"是同一聯綿詞的不同書寫形式。兩字此處均从"云"作,當是涉上"魂"字而成的語境異體字,意爲"飄忽不定的樣子"。

"揰挃"字形作" ". 《校注》認爲"揰"字不識,隸定" "爲"挃",認爲"挃"字即"旌"俗字。在此基礎上,吕蒙先生認爲"揰"同"揚","揰挃"即"揚旌"。〔4〕吳鎮烽先生隸定爲"猩獐",認爲"猩"爲"狼"的異體字,"猩獐"借爲"踉蹌",即行走倚側不正的樣子,引申爲不順利。〔5〕漢代"犭"、"扌"作爲構件會出現混同的現象,因此將上兩字左構件隸定爲"扌"、"犭"皆可。但是" "右偏旁近似"童"字少兩橫畫,這與"旌"字的俗字相差較大,吳鎮烽先生釋爲"獐",可信。漢印中"章"字的構件"立"和"早"有共筆現象,而且"早"下豎畫可能寫得稍出頭甚至不出頭,如 (《徵》卷3·10)、  (趙章之印)。〔6〕但認爲"猩"爲"狼"的異體字却可能未必,因爲傳世文獻並未有"猩"字。而且我們考慮到,正如"鑣摇"爲涉上文而成的語境異體字,"猩"可能是

---

〔1〕周振鶴:《從漢代"部"的概念釋縣鄉亭里制度》,《歷史研究》1995年第5期。
〔2〕毛遠明:《漢魏六朝碑刻校注》第1册,第62頁。
〔3〕吳鎮烽:《秦晉兩省東漢畫像石題記集釋——兼論漢代圜陽、平周等縣的地理位置》,《考古與文物》2006年第1期。
〔4〕吕蒙:《漢魏六朝碑刻文字札記》,《重慶工商大學學報》2011年第2期。
〔5〕吳鎮烽:《秦晉兩省東漢畫像石題記集釋——兼論漢代圜陽、平周等縣的地理位置》,《考古與文物》2006年第1期。
〔6〕李鵬輝:《漢印文字資料整理與相關問題研究》第260頁,安徽大學博士學位論文,2017年。

受到"獐"影響的涉下文而成的語境異體字。按照漢字構形特點,"猩"字聲符爲"量",而由於"猩獐"爲聯綿詞(見後文),"猩"本爲何字實難以確定。吳鎮烽先生認爲"猩獐"借爲"跟蹌"。"跟蹌"一詞出現較晚,未見於漢代及之前的文獻中。我們認爲,"猩獐"應是"梁昌",傳世文獻又寫作"良倡"或"梁倡"。〔1〕

我們知道一個聯綿詞可能會用多個字形,它們的字音相同或相近。"量"、"梁"古音皆爲來母陽部,而且傳世文獻中有通假用例。〔2〕而"章"古音爲章母陽部,"昌"古音爲昌母陽部,兩字韻部相同,聲母爲旁紐關係,讀音極近。因此從古音角度,通假應無問題。

關於"梁昌"的含義,《九思·疾世》:"居嶁廓兮尠疇,遠梁昌兮幾迷。"王逸注:"梁昌,陷據失所也。迷惑欲還也。"〔3〕"陷據失所"即進退失據,不知該往哪裏去之意,故下言"幾迷"。此碑中意義當與此相同。碑文"精浮游而梁昌兮,魂飄搖而東西"應即描述人死後魂靈到處浮游飄蕩、不知該往哪裏去的情形。而"恐精靈而迷惑兮,歌歸來而自還"意義正與"梁昌"的"迷惑欲還"義相對應。因此從意義上來看,"梁昌"十分妥帖。其次,碑文出現了有明顯的"楚辭"韻文特點的嘆詞"兮"字,而且碑文的"掾兮歸來無妄行"之"掾兮歸來"明顯仿照《楚辭·招魂》的"魂兮歸來"。吳鎮烽先生已指出"歌歸來"是舉行招魂儀式,與宋玉《招魂》詩有關。〔4〕碑文與"楚辭"聯繫密切,因此我們認爲碑文的"猩獐"應該就是楚辭中的"梁昌"一詞。

四、建和三年正月廿日造此冢,埭行十丈□門三丈,川户一丈,人〈入〉川户右方穴八尺,有□枚,周代造此冢,後子孫率來。《周代造崖墓題記》〔5〕

"埭"字形作"𣎴",《漢全》隸定爲"竦",〔6〕《四川歷代碑刻》〔7〕《校注》隸定爲"埭",《校注》認爲:埭同莅,臨,至。《四川歷代碑刻》又有"端行"一詞:

---

〔1〕高文達:《新編聯綿詞典》第240—241頁,河南人民出版社2001年。
〔2〕高亨纂著,董治安整理:《古字通假會典》第302頁,齊魯書社出版社1989年。
〔3〕王逸:《楚辭章句》卷17·6,《文淵閣四庫全書》第1062本。
〔4〕吳鎮烽:《秦晉兩省東漢畫像石題記集釋——兼論漢代圜陽、平周等縣的地理位置》,《考古與文物》2006年第1期。
〔5〕毛遠明:《漢魏六朝碑刻校注》第1册,第170頁。
〔6〕徐玉立:《漢碑全集》第644頁。
〔7〕高文、高成剛:《四川歷代碑刻》第23頁,四川大學出版社1990年。

延熹二年三月十日，佐孟機爲子男乃造此冢，端（ ）行九丈，左右有四穴□人八尺，當□由川世中出。《樂山肖壩佐孟機崖墓題記》〔1〕

從語境和殘餘字形來看，"埭"和"端"應爲一字。這跟"埭"形體差異較大。"埭"字形體適合，但是"埭"字少見其使用，而且根據其意義也没法解釋文意。我們認爲該字應爲"端"。漢碑有"端"字爲 （《史晨前碑》）、 （《趙寬碑》），這雖與" "形體有差距，但漢代"端"字右偏旁"耑"會與"帚"混同，如下：

耑	（侯端私印）	（楊端）、（張端）〔2〕
帚	（歸德尉印）、（歸阜）、（歸義長印）、（董歸印）	（周歸）、（趙歸）、（李歸）

"帚"旁上部分中間橫畫會右出頭，如 （鞏歸之印）、 （晉烏丸歸義侯）。更值得注意的是，"帚"旁中間竪畫會出頭，如 （歸趙侯印）、 （掃逆將軍司馬）。〔3〕考慮到"耑"和"帚"混同的情況，"端"字出現字形" "十分合理。

關於"端行"的意義，先來介紹"崖墓"這一種特殊的墓葬形式。"所謂崖墓，就是在石墓壁面以九十度向內開鑿成墓室的一種特殊的墓葬。"〔4〕雖然崖墓題記數量衆多，但是大多内容簡單，僅僅關於造墓時間、墓主、建造者，涉及內部尺寸描述的很少見。

關於"川"字，周俊麒先生認爲"此外還有西川……'西'應是墓所處方向位置，'川'是漢代對墓的稱呼"，又"從樂山崖墓文字中漢代人把墓葬稱爲'冢、墓、神道、神墓、川、穿、川户、石閣、神舍'等九種不同名稱。……肖壩崖墓的'西川聖雷'的'川'字，'周代墓'的'川户'……彭山崖墓'張賓公妻穿'的'穿'字"。〔5〕"川"爲墓穴名稱没有問題，但需要進一步説明；認爲"川户"也爲墓穴稱呼似不妥。這裏的"川"應通"穿"，"川"古音爲"昌文"，"穿"爲"昌元"，兩字古音相近。朱駿聲《説文通訓定聲·屯

---

〔1〕高文、高成剛：《四川歷代碑刻》第 25 頁。
〔2〕李鵬輝：《漢印文字資料整理與相關問題研究》第 921 頁。
〔3〕表格及以上所見"歸"字來自《徵》卷 2·9，"端"字來自《徵》卷 10·14，"掃"字來自《徵》卷 12·10。
〔4〕羅二虎：《四川崖墓的初步研究》，《考古學報》1988 年第 2 期。
〔5〕周俊麒：《樂山東漢崖墓石刻文字考》，《樂山師範學院學報》2001 年第 3 期。

部》:"川,借爲穿"。"穿"在漢代已有墓穴義。《説苑·修文》:"死而後治凶服,衣衰,飾脩棺槨,作穿窆宅兆,然後喪文成。"《漢書·外戚傳》:"時有群燕數千,銜土投丁姬穿中。"顔師古注:"穿謂壙中也。"而"川(穿)户"應該指"室門"。"川(穿)户一丈"之前爲"□門三丈",之後爲"右方穴八尺",而崖墓較完整的結構一般爲墓道、墓門、前堂、正室(與墓道、墓門在同一中軸綫上)、側室(放棺木)、耳室(放隨葬物)等。[1] "□門三丈"釋文殘缺,難以確定具體意義,應與"墓門"有關。[2] 按照"兩漢尺度基本沿用秦制,每尺在 23 釐米左右",[3] 則"一丈"有兩米左右,應指室門寬度。如此則"右方穴八尺"、"左右有四穴□人八尺"應該指放棺木的側室大小。

按照上面所説,"墓道"、"墓門"、"正室"等排列,"端行九(十)丈"似應該指墓道。但這裏有兩個問題,一是漢代"九(十)丈"接近二十米左右,崖墓墓道幾乎不可能達到這個長度;二是詞語搭配,"川户一丈"、"右方穴八尺"、"四穴四人八尺"皆爲"物體＋數＋量",而"端行"明顯没有"墓道"義。若要了解"端行"所指,應理解"端行"詞義。

《説文》:"端,直也。"《廣雅·釋詁》:"端,正也。"端有直、正義。《禮記·玉藻》"端行,頤霤如矢",鄭玄注:"端,直也。"孔穎達疏:"端行,謂直身而行也。"這裏"端行"的意義與我們討論的不同,但是"端行"之"端"指直應没問題。"行"本義爲道路,《爾雅·釋宮》:"行,道也。"引申有路程、行程義。《詩經·小雅·六月》:"元戎十乘,以先啓行。"《老子》:"千里之行,始於足下。"《論衡·感虚》:"如謂舍爲度,三度亦三日行也。"因此"端行"之"行"應該是名詞,指的是距離或長度,而"端行"應該特指"直綫距離"。結合崖墓結構,我們認爲"端行"指的應該是崖墓的整體長度,即所謂進深。

由於上兩崖墓未有清理或考古報告,我們只能利用其他相近崖墓的清理情况對其進行介紹。如 2010 年清理的四川省三臺縣崖墓,該崖墓"形制多樣,有些是單室,如金鐘山 5 號墓,進深只有幾米,……;有些是多室墓,進深却很深,如墳臺嘴 1 號墓,全長 27.3 米。它由墓道、墓門、甬道、4 個墓室、5 個側室和 1 個耳室組成"。[4] 樂山麻浩魚村崖墓有一墓室、兩棺室,全長 20.12 米。[5] 樂山沱溝嘴崖墓有一主室,兩棺室、兩耳室,殘長 22.16 米。[6] 樂山大灣嘴崖墓群中,墓最深者爲 28 米(M10),最淺

---

[1] 羅二虎:《四川崖墓的初步研究》,《考古學報》1988 年第 2 期。
[2] 古代"門"、"户"有區别。"門"一般説來,比較高大,有的可以容車馬出入;而"户"只設置在居室的内部。詳見王鳳陽:《古辭辨》第 198 頁,吉林文史出版社 1993 年。
[3] 邱光明:《中國古代度量衡》第 74 頁,天津教育出版社 1991 年。
[4] [美] Suan N-Erickson 著,夏笑容等譯:《四川省三臺縣東漢崖墓》,《四川文物》2010 年第 2 期。
[5] 胡學元、楊翼:《樂山麻浩魚村崖墓清理簡報》,《四川文物》1995 年第 1 期。
[6] 樂山市崖墓博物館:《四川樂山市沱溝嘴東漢崖墓清理簡報》,《文物》1993 年第 1 期。

的 8.6 米（M15）。[1]

上面已經分析過，"右方穴八尺"、"左右有四穴□人八尺"應該指放棺木的側室。值得注意的是，"四穴"可以與"墳臺嘴 1 號墓"、"五側室"相對照。這裏的兩崖墓皆應該是帶側室的崖墓，而且可能帶有多個側室，則其皆爲"十丈"左右的大型墓是没有問題的。兩個題記先總體描述崖墓情況"端行十（九）丈"，然後由門外向内介紹，先介紹室門"川户一丈"，再介紹側室"右方穴八尺"、"四穴四人八尺"，這樣看來文意通順。

五、惟主吏𣪒性忠孝，少失父母，喪服如禮。《薌他君石祠堂畫像題記》[2]

"夙"字形作"𣪒"，《校釋》：𣪒，即"夙"字，夙昔。《漢全》隸定同上；[3]羅福頤[4]、陳直[5]、孫貫文[6]諸先生皆釋爲"夙"，"夙性"一詞意義合適，但該字並非"夙"。

"夙"字甲骨文作 (《甲骨文合集》20346)，金文作 (史牆盤)，从"夕"、"丮"會意。秦漢文字中寫作 (《睡虎地·日書甲種》39)、 (《睡虎地·日書甲種》77)[7]、 (夙敬屬令章)[8]、 (《景君碑》)、 (《夏承碑》)，字形發生了訛變。這些字形與此形差距甚遠，因此這個字顯非"夙"字。我們認爲該字應爲"執"字。

漢碑"執"字形一般作 (《夏承碑》)、 (《石門頌》)、 (《鮮于璜碑》)，"執"還有一類簡寫字形，如《蒼山元嘉元年畫像石墓題記》："玉女執（ ）尊、杯、桉（案）、枰（盤）。"而在漢簡中"執"有更多該類字形，如下表：

---

[1] 四川樂山市文管所：《四川樂山市中區大灣嘴崖墓清理簡報》，《考古》1991 年第 1 期。
[2] 毛遠明：《漢魏六朝碑刻校注》第 1 册，第 188 頁。
[3] 徐玉立：《漢碑全集》第 737 頁。
[4] 羅福頤：《薌他君石祠堂題字解釋》，《故宫博物院院刊》1960 年第 00 期。
[5] 陳直：《薌他君石祠堂題字通考》，《西北大學學報（社科版）》1979 年第 4 期。
[6] 孫貫文：《薌他君石祠堂考釋》，《考古學研究（六）》2006 年第 00 期。
[7] 以上四字形皆來自劉志基先生主編：《中國文字文物大系》卷 7，第 191—193 頁，大象出版社 2013 年。
[8] 李鵬輝：《漢印文字資料整理與相關問題研究》第 613 頁。

簡號	居新 E.P.T51·21A	居新 E.P.T51·273	居新 E.P.T65·31	肩水 73EJT23·289	肩水 73EJT23·408	肩水 73EJT23·426 [1]
執						

因此，從字形上看，釋"執"應可信。從文意來看，傳世文獻有"執性"一詞。《全後漢文·蔡邕·勸學篇》："瞻彼頑薄，執性不固。心游目蕩，意與手互。"(《御覽》四百九十)《後漢書·劉平傳》："臣竊見琅邪王望、楚國劉曠、東萊王扶，皆年七十，執性恬淡，所居之處，邑里化之。"《漢語大詞典》釋"執性"爲"秉性"，則"惟主吏執性忠孝"語意通順。

六、惟漢永平兮。延熹三年三月六日丙申上旬，時加親。天爲人父，地爲人母。蚤(早)失天年，下歸蒿里，遠若舍陌，諸君看老，孰忘蒿里。生日甚少，死日甚多，奐諸君長史，不復見何[年]。《浚縣畫像石題記》[2]

據《二十史朔閏表》[3]，延熹三年三月乙丑朔，則六日應爲庚午而非丙申。"三"原爲" "，可以看到"三"最上橫畫中部有一殘餘豎筆，所謂"三"實爲"十二"。延熹三年十二月辛卯朔，則六日正爲丙申。

"諸君看老"與"孰忘蒿里"兩句文意似不連貫。"看老"一詞，《漢語大詞典》未收錄，該詞見於唐詩中。王梵志《人生能幾時》："有酒但當飲，立即相看老。"岑參《涼州館中與諸判官夜集》："花門樓前見秋草，豈能貧賤相看老。"殷文圭《初秋留別越中幕客》："月中青桂漸看老，星畔白榆還報秋。"從上可知，"看老"可用於人和物，"老"應是衰老、衰敗義，而"看"強調視覺可感覺到的變化，用來形容速度很快。如此則"看老"指的是很快地衰老、衰敗。那麼"諸君看老"應指時光流逝，諸位很快就會變老。既然時光流逝，物是人非，那麼忘掉"蒿里"是很自然的事，而"孰忘蒿里"意指很難忘掉蒿

---

[1] 以上三簡皆來自甘肅簡牘保護研究中心等編：《肩水金關漢簡(貳)》，中西書局 2012 年。
[2] 毛遠明：《漢魏六朝碑刻校注》第 1 册，第 220 頁。
[3] 陳垣：《二十史朔閏表》第 37 頁，商務印書館 1956 年。

里,這樣看來前後矛盾。"忘"原爲"▨",我們認爲該字應爲"念"。漢碑有"念"字作"▨"或"▨"(《薌他君石祠堂石柱題記》),與此字形正同。"孰念蒿里"即誰還記得蒿里呢?與"諸君看老"語意正相合。

"叧"原爲"▨",應隸定爲"叧"。該形體還出現在《蒼山元嘉元年畫像石題記》中,原爲"▨",伊强先生釋爲"與",[1]可從。因此,"叧"應釋爲"叧(與)"。

"叧(與)諸君長史"文意仍不連貫。"史"的字形作"▨",該字應爲"夬"。漢碑《熹平石經〈易〉殘石》"夬"字作"▨"、"▨",與此形相同。"夬"字文獻多可通用作"訣",[2]此處也可以通"訣"。《玉篇·言部》:"訣,死別也。""長訣"即"長別",實爲"死別",漢碑《蒼山元嘉元年畫像石墓題記》有"長就幽冥則決絶,閉曠(壙)之不復發"。"決絶",即"訣絶"。傳世文獻中"長訣"一詞常用於死別,且之前常和"與"搭配,如《春秋左傳正義》成公十六年:"知其必死,與之長訣也。"《孔子家語·顔回》:"父死家貧,賣子以葬,與之長訣。"《吴越春秋·勾踐伐吴外傳》:"吾將復入,恐不再還,與子長訣,相求於玄冥之下。"《後漢書·黨錮傳》:"其母就與之訣。滂白母:'仲博孝敬,足以供奉。'"因此原爲"叧諸君長史"應爲"叧(與)諸君長夬(訣)"。

七、司空辟,遭公夫人憂,服<u>闋</u>,司空司隸並舉賢良方正。《甘陵相尚博殘碑》[3]

"闋"字形作"▨"。《校注》釋爲"闋",《漢全》釋爲"関",[4]皆誤,應爲"闋"。漢碑有"服闋"一詞,如《鮮于璜碑》:"喪父去官,服終禮闋(▨)。"《魏君丕之碑》:"遭泰夫人憂,服闋(▨)。"同時《漢全》有《劉曜殘碑》:"大官令喪母服闋(▨),復爲郎。"[5]這裏的"闋"也應爲"闋"。《漢語大詞典》釋"服闋"爲守喪期滿除服;闋,終了。漢蔡邕《貞節先生陳留范史雲銘》:"舉孝廉……未出京師,喪母行服。故事,服闋後還郎中君。"古代喪制,父母去世守喪三年,期滿除服即"服闋"。

---

[1] 伊强:《〈蒼山元嘉元年畫像石題記〉字詞考釋三則》,《出土文獻》第十一輯,中西書局2017年。
[2] 高亨纂著,董治安整理:《古字通假會典》第622頁,齊魯書社1989年。
[3] 毛遠明:《漢魏六朝碑刻校注》第2冊,第154頁。
[4] 徐玉立:《漢碑全集》第466頁。
[5] 徐玉立:《漢碑全集》第2170頁。

八、黄君法/行孝女/晨扶芍。
《黄晨、黄芍墓磚》[1]

"黄晨、黄芍墓磚"1992年出土於河南洛陽，上段文字分別重複出現在兩塊墓磚上。"孝"字形作"㧱"。《考古》[2]《書法叢刊》[3]《校注》以及陸錫興先生[4]皆將其釋爲"孝"，但他們對整句的解釋有分歧。前三文意見相同，都認爲"黄君法"爲孝女之父輩。"行"義爲"葬"，"孝女"當指有孝行的女子，即"黄君法"的女兒。"扶"，《説文》："並行也，从二夫，輦字从此，讀若伴侶之伴。""晨"字形作"晨晨"，爲"晨"字繁寫，[5]"晨"、"芍"皆爲孝女名。此墓因兩姊妹皆夭亡，故一座墓隨葬了兩塊内容相同、文辭簡略的刻銘磚。而陸錫興先生認爲："黄君法行"，"黄君"即"黄神"，"法"是指法令，"行"是實施、執行的意思，"法行"即執行法令。"孝女"與"扶芍"連讀，"孝女"爲漢代有孝行之女，特指居喪之女。"扶"爲"贊"字省文，"芍"讀爲"酌"。"孝女扶芍"即孝女設酒以祭。"晨晨"爲具有秘文性質的"北辰"兩字合書。前有黄神祛災，後有孝女祭酒，皆是對死者而言。兩種觀點差距很大，但是皆將"㧱"釋爲"孝"，且認爲"孝女"即有孝行之女。但是該字結構與常見的"孝"並不一致。

漢碑中"存"常常省略"才"聲的斜筆，如 存（《趙寬碑》）、存（《曹全碑》）、存（《張遷碑》）、存（《史晨前碑》）。"孝"會訛寫爲"存"的這一類省筆字形，如下：

國子男，字伯孝（孝）……孝（孝）有小弟，字閏得。

《許安國墓祠題記》

可以看出在同碑中"孝"字前一形體訛寫爲"存"，而後一形體爲常見字形。"㧱"上部件應該也是"耂"訛寫爲"才"的省筆字形。"㧱"字下部件近似"子"

---

[1] 毛遠明：《漢魏六朝碑刻校注》第2册，第150頁。
[2] 洛陽市文物工作隊：《河南洛陽市東漢孝女黄晨、黄芍合葬墓》，《考古》1997年第7期。
[3] 趙振華：《洛陽東漢孝女墓磚和津門瓦當》，《書法叢刊》2000年第3期。
[4] 陸錫興：《"黄君法行"朱字刻銘磚的探索》，《考古》2002年第4期。
[5] 關於"晨晨"合文的意見又見何山：《古代隸楷書碑刻合文考辨六題》，《出土文獻綜合研究集刊》第三輯，第259頁。

形,但是進行構件分析就會發現可以分析爲"幺"+"十"。漢碑中有"幼",[圖]
(《肥致碑》)、[圖](《西狹頌》);从"幼"之"窈",[圖](《肥致碑》);漢印中"幼"字,
[圖](王幼闌印)、[圖](杜幼子)(《徵》卷4·10);从"幼"之"窈",[圖](霍窈)(《徵》
卷7·19)。值得注意的是,漢簡中"幼"下構件"力"有時寫得近似"十",如[圖]
(肩水 73EJT10:231A)〔1〕、[圖](敦煌漢簡 1459A)〔2〕、[圖](居延漢簡 326·
3)〔3〕,這就與"[圖]"字下部字形相近。綜合來看,上述"幼"字無論單字還是作爲
合體字,構件皆爲上下結構,且"力"寫得近似"十",這與"[圖]"字下部件形體結構
和位置皆相合。因此我們認爲"[圖]"應爲"孝幼"合文,"[圖]"下部件爲"幼"字,這
一構件又與"子"相近,因此整字又可看爲"孝"字。除上述字形因素之外,合文成
字還有其他因素可以證明。

　　漢代提倡孝行,同時也有幼子行孝的記載。《後漢書·朱樂何列傳》:"穆字公叔,
年五歲,便有孝稱。"《後漢書·列女傳》有"孝女曹娥",其父溺死,於是"娥年十四,乃
沿江嚎哭,晝夜不絕聲,旬有七日,遂投江而死。至元嘉元年,縣長度尚改葬娥於江南
道傍,爲立碑焉"。值得注意的是,這裏記載她的孝行時,特別强調"年十四",這正是
"行孝之幼女"的最好證明。而且後人還爲之立碑,可見漢人對此十分重視。魏晋南
北朝文獻有"幼孝"一語,《魏書》:"故何曾幼孝,良史不改'繆醜'之名。"後世"幼而孝"
的文獻記載數量衆多,不贅述。

　　最後我們還要考慮到該碑文形制與行文的關係。該碑文爲正方形,共三行,每行
三字(見圖1)。前引關於"[圖]"字的考釋意見,無論是"晨晨"還是"北辰",都認爲是
合文。書寫者很可能是受該碑形制的影響而故意將意義相關的字合書,以達到美觀
或其他目的。我們認爲這也是導致"孝幼"合文的因素之一。

　　綜上所述,我們認爲"[圖]"應爲"孝幼"兩字的合文而非"孝"字,"幼"和"孝"皆修
飾"女","孝幼女"即有孝行的幼女。關於該行孝之幼女指的是"黃君法"夭折的兩女
還是特指居喪之女,還需要進一步探究。

---

〔1〕 甘肅簡牘保護研究中心等編:《肩水金關漢簡(壹)》中册,第 279 頁,中西書局 2011 年。
〔2〕 甘肅省文物考古研究所:《敦煌漢簡》圖版第 133 頁,中華書局 1991 年。
〔3〕 簡牘整理小組:《居延漢簡(肆)》第 21 頁,[臺北]"中研院"歷史語言研究所 2017 年。

圖 1　刻銘磚拓本(M226∶1)
洛陽市文物工作隊:《河南洛陽市東漢孝女黄晨、黄芍合葬墓》

附記:感謝匿名審稿專家和編輯部提出的寶貴修改建議。

（孫濤　華東師範大學中國文字研究與應用中心　碩士研究生；
　張再興　華東師範大學中國文字研究與應用中心　教授）

《東漢永壽三年畫像石題記》釋文補正

伊 強

1979年冬在山東嘉祥宋山發現兩座石室墓,次年春清理後命名爲 M2、M3,共清理出三十一塊畫像石,其中的第二十九石畫像爲正方形,畫像左方刻題記 10 行,右方 1 行,包括合文、重文,共計 490 字。[1] 此題記目前有不同的定名,或稱之爲《許安國祠堂畫像石題記》,[2]或稱之爲《許卒史安國祠堂碑》。[3] 本文依據的是趙超先生的定名。[4]

題記原文記述了死者安國的身世、墓祠營建的經過、畫像内容及費用,末尾則是對觀者的敬告之語。類似題材的漢代祠堂題記,篇幅較長的還有《薌他君祠堂題記》《蒼山元嘉元年畫像石題記》及《漢安元年文通祠堂題記》。[5] 這幾篇題記在内容結構、遣詞用語上有諸多相近乃至相同之處,在詞句考釋上可以互相參證,對此已有學者論及。[6] 需要説明的是,這些祠堂題記多寫刻草率,間雜俗字、訛字,文句多有不

---

* 本文寫作得到"中央高校基本科研業務費專項基金"資助及國家社科基金重大項目"雲夢睡虎地 77 號西漢墓出土簡牘整理與研究"(16ZDA115)的支持。
[1] 濟寧地區文物組、嘉祥縣文管所:《山東嘉祥宋山 1980 年出土的漢畫像石》,《文物》1982 年第 5 期。
[2] 西林昭一、陳松長:《新中國出土書蹟》第 174 頁,文物出版社 2009 年。
[3] 毛遠明校注:《漢魏六朝碑刻校注》第一册,第 205—209 頁,綫裝書局 2010 年。
[4] 趙超:《山東嘉祥出土東漢永壽三年畫像石題記補考》,《文物》1990 年第 9 期。
[5] 據信立祥統計,有紀年的祠堂共 17 座,見氏著:《漢代畫像石綜合研究》第 82—83 頁,文物出版社 2000 年。《薌他君祠堂題記》《蒼山元嘉元年畫像石題記》的著錄及考釋情況參見劉海宇:《山東漢代碑刻研究》第 313—315、324 頁,齊魯書社 2015 年。《漢安元年文通祠堂題記》,見鄒城市文物局:《山東鄒城嶧山北龍河宋金墓發掘簡報》,《文物》2017 年第 1 期。
[6] 見王恩田:《安國祠堂題記釋讀補正》,《考古與文物》1989 年第 1 期;胡新立:《鄒城新發現漢安元年文通祠堂題記及圖像釋讀》,《文物》2017 年第 1 期。

可索解處。今在已有的研究基礎上,從文字訓詁的角度對題記中的幾處詞句試作解釋,力求貫通其前後文意,儘量避免穿鑿與過度闡釋。

爲討論方便,先把題記的全文引在下面,釋文是在各家釋文的基礎上綜合而成。在原石每行末用阿拉伯數字標示行次。

永壽三年十二月戊寅朔廿六日癸巳,惟許卒史安國禮□方直,廉言敦蔦(篤),慈仁多恩,註所不可。稟壽卅四 **1** 遭□,泰山有劇賊,軍土(士)被病,佪氣來西上,正月上旬被病在牀,卜問醫藥,不爲知閒,閶忽離世,下歸黄渿,古卽所不免,壽命不 **2** 可諍,烏呼哀哉,蚤離父母三弟,其弟嬰、弟東、弟强,與父母並力奉遺,悲哀慘怛。竭孝行殊義蔦(篤),君子憙 **3** 之。内修家事親,順勑兄弟,和同相事,悲哀思慕,不離塚側,草廬自容,負土成墳,條養凌柏,朝莫祭祠,甘珍 **4** 噫味嗛設,隨時進納,省定若生時。以其餘財,造立此堂,募使名工高平王叔、王堅、江胡,戀石,連車菜石縣西南小山 **5** 陽山,琢厲摩治,規矩施張,寒帷及月,各有文章,調文刻畫,交龍委蛇,猛虎延視,玄蝯 **6** 登高,師熊嗥戲,衆禽群聚,萬狩雲布,臺閣參差,左大興輿駕,上有雲氣與仙人,下有孝【子】及賢仁,遵者獻祭,從者肅侍,煌煌渙渙,其色若備。作治連月,功扶無亟,賈錢二□ **7** 七千。父母三弟,莫不竭思,天命有終,不可復追。憔悴刑傷,去留有分,子無隨没壽,王無替死之臣,恩情未反,迫禫有制,財幣霧隱藏魂靈,悲痛 **8** 奈何。涕泣雙並,傳告後生,勉修孝義,無辱生生。唯諸觀者,深加哀憐,壽如金石,子孫萬年,牧馬牛羊,諸僮皆食。家子來入室中, **9** 但觀耳,無得琢畫,令人壽,無爲賊禍,亂及孫子,明語賢人四海士,唯省此書,無忽矣。·易以永壽三年十二月十六日大歲在癸酉成。**10**

一

第1行:惟許卒史安國禮□方直,廉言敦蔦(篤),慈仁多恩,註所不可。

這幾句是稱贊許卒史的話。其中"註所不可",劉道廣先生解釋説:"註,記録、記載的意思。不可,不能够。這句是承上幾句而來,意思是許安國的衆多優點,不能一一記述。"[1]此説從語法上講滯礙難通。今按,"註"當讀作"主","註所"即"主

---

[1] 劉道廣:《山東嘉祥宋山漢永壽三年石刻題記注釋》,《藝術百家》2009年第2期,第94頁。

所"。"主"在古書中有掌管、主持之義,《玉篇·丶部》:"主,典也。"而"所"常用在名詞、形容詞或動詞之後結合爲處所名詞,如《史記·周本紀》:"至紂死所。"又《田叔列傳》:"學黃老術於樂巨公所。"因此"主所"也是一處所詞,即所掌管的地方。再者,"所"字還有一種用法,即用在動詞前,使整個結構具有名詞性,就是常説的"所字結構"。但在秦漢的文獻裏,經常出現"動詞+所"的例子,意同"所+動詞",如《史記·平準書》:"郡不出鐵者,置小鐵官,便屬在所縣。"《漢書·儒林傳》:"郡國縣官有好文學,敬長上,肅政教,順鄉里,出入不悖,所聞,令相長丞上屬所二千石。二千石謹察可者,常與計偕,詣太常,得受業如弟子。"上引文中的"在所"、"屬所",義同常見的"所在"、"所屬"。〔1〕因此"註所"意同"所註",即古書中的"所主"。《漢書·王陵傳》:"苟各有主者,而君所主何事也?"《後漢書·百官志五》:"凡郡國皆掌治民,進賢勸功,決訟檢奸。常以春行所主縣,勸民農桑,振救乏絶。秋冬遣無害吏案訊諸囚,平其罪法,論課殿最。""所主"即"所掌管、負責"之義,其在題記中的用法,類似下列各例中的"所在":

  《淳于長夏承碑》:所在執憲,彈繩糾枉,忠絜清肅,進退以禮。〔2〕
  《後漢書》卷十八《吴漢列傳》:歷郡列掾、州從事,所在職辦。
  又卷二十四《馬援列傳》:順帝時,爲護羌校尉,遷度遼將軍,所在有威
  恩稱。
  又卷三十一《杜詩列傳》:再遷爲沛郡都尉,轉汝南都尉,所在稱治。
  又卷八十二《方術列傳》:(謝夷吾)舉孝廉,爲壽張令,稍遷荆州刺史,遷
  鉅鹿太守。所在愛育人物,有善績。

對比以上文句及題詞的前後文看,可知"註所不可"當也是肯定稱讚安國的話。"不可"當即"不苛":

  《史記·李將軍列傳》:寬緩不苛,士以此愛樂爲用。
  《漢書·循吏傳》:(朱邑)少時爲舒桐鄉嗇夫,廉平不苛,以愛利爲行,未
  嘗笞辱人,存問耆老孤寡,遇之有恩,所部吏民愛敬焉。

"註所不可(苛)",是稱贊許卒史在其職位上的不苛,正好上承前文"禮□方直,廉言敦蔦(篤),慈仁多恩"而來。

---

〔1〕詳見伊强:《秦簡虚詞及句式考察》第214—225頁,武漢大學出版社2017年。
〔2〕洪适:《隸釋 隸續》第94頁,中華書局1985年。

二

第2行：正月上旬，被病在牀，卜問醫藥，不爲知閒，奄忽離世，下歸黄泉。

"不爲知閒"之"閒"，原作"▨"，目前有"閒"、"聞"兩種釋讀。前一種釋讀，如李發林先生認爲"知"借爲"治"，"閒"爲間隔，指病情好轉，並解釋爲"言雖求神訪醫，病情不見好轉"。〔1〕後又説"'不爲知閒'言在不知不覺之間也"。〔2〕釋爲"聞"的，如趙超解釋前後文説："因病情過重，無法醫治，故而神靈無應，則曰'不爲知聞'，即没有回答。"〔3〕王恩田先生亦釋爲"聞"，並解釋説："知聞指知覺。爲，介詞，表被動。其用法與《論語·子罕》'不爲酒困'相同。意即病人不因占卜和醫藥而有知覺。猶言醫治無效。《薌他君祠堂題記》'卜問奏解，不爲有差'。《説文》'差，貳也'，意即病情不因'卜問奏解'而有兩樣，也是醫治無效的意思。"〔4〕此處王恩田先生引《東阿薌他君祠堂石柱題記》"卜問奏解，不爲有差"爲參照，指出"不爲知聞"意爲"醫治無效"，這樣解釋從前後文看是非常通順的，但把"爲"理解爲表被動則是錯誤的。今按，從原字形看，當釋爲"閒"，釋"聞"與原字形不合。其實，"差"、"知"、"閒"三詞皆有病愈之義，《方言》卷三："知，愈也。南楚病愈者謂之差，或謂之閒，或謂之知。知，通語也。"在古漢語裏，"爲"作介詞的介賓結構用在動詞之前時，其後的賓語常有省略的例子，即《馬氏文通》卷七所説的"其司詞皆蒙前文而不書者也"。〔5〕如：

《孟子·滕文公上》：以粟易械器者，不爲厲陶冶。

《漢書·匡衡傳》：臣竊見大赦之後，奸邪不爲衰止。

《三國志·魏書·三少帝紀》注引《魏氏春秋》曰：脩字孝先，素有業行，著名西州。姜維劫之，脩不爲屈。

以上三例，從句意上看，"不爲"皆可以理解爲"不能"，如上引《孟子》句，楊伯峻先生就

---

〔1〕李發林：《山東漢畫像石研究》第103頁，齊魯書社1982年。
〔2〕李發林：《關於"嘉祥宋山漢安國祠堂題記釋讀"的意見》，《考古與文物》1984年第6期。
〔3〕趙超：《山東嘉祥出土東漢永壽三年畫像石題記補考》，《文物》1990年第9期。
〔4〕王恩田：《安國祠堂題記釋讀補正》，《考古與文物》1989年第1期，第86頁。
〔5〕馬建忠：《馬氏文通》第273頁，商務印書館1983年。

語譯爲："農夫用穀米換取鍋甑和農具,不能說是損害了瓦匠鐵匠。"[1]因此,畫像石題記中的"不爲知間"之"爲",其用法如同上文討論的介詞"爲",但從句意看,這句話實可理解爲"不能病愈"。

三

第 8 行:子無隨没壽,王無扶死之臣。

李發林先生先是把"臣"釋爲"里",並解釋這兩句話說:"'子',這裏應指安國之子。'王'借爲忘。'扶'即復,'里'即理。'反'即返。均屬同音字借用。這三句意思是:安國的兒子不應該隨着短命,忘了你父親的恩情没有報答,哪有再死的道理。"[2]後又提出另一種解釋說:"'子'係男子的尊稱,此處指安國的父親。'王',按《爾雅·釋親》說'父之考爲王父',安國的父親已當爺爺,故'王'亦指安國的父親。這兩句話可以解釋爲:安國的父親呀,你不要像安國一樣没壽,你没有再死的道理。你的其餘三個兒子尚未報答你的恩情呢。"[3]豐州則釋讀爲:"子與隧没,壽王無扶(?)死之男(?)。"[4]其中的"扶"字,趙超先生解釋說:"扶,即復。""扶"原字形作 ![字形]。王恩田先生則疑爲替字之省,引《爾雅·釋言》"替,廢也",並翻譯前後兩句說:"兒子没有隨父而死的壽命,帝王也没有能夠替死的臣子。"[5]毛遠明先生釋爲"抾",並認爲是"伴"字異體,引《說文》卷十夫部:"抾,並行也。从二夫,輦字从此。讀若伴侣之伴。"[6]

今按,與這兩句基本一致的話還見於另兩通漢代畫像石題記:

《銅山伊莊畫像祠堂題記》:子無隨没之壽,王無符死之臣。[7]

《漢安元年文通祠堂題記》:其子無隨没之壽,王無附死之臣。[8]

胡新立先生在討論《漢安元年文通祠堂題記》時,對照引用了"子無隨没壽,王無扶死

---

[1] 楊伯峻:《孟子譯注》上册,第 127 頁,中華書局 1988 年。
[2] 李發林:《山東漢畫像石研究》第 106 頁。
[3] 李發林:《關於"嘉祥宋山漢安國祠堂題記釋讀"的意見》,《考古與文物》1984 年第 6 期,第 106 頁。
[4] 豐州:《考古雜記(二)》,《考古與文物》1983 年第 3 期,第 99 頁。
[5] 王恩田:《安國祠堂題記釋讀補正》,《考古與文物》1989 年第 1 期,第 89 頁。
[6] 毛遠明校注:《漢魏六朝碑刻校注》第一册,第 208 頁。
[7] 武利華:《徐州漢畫像石通論》第 348 頁,文化藝術出版社 2017 年。"死"此書誤釋爲"之"。
[8] 胡新立:《鄒城新發現漢安元年文通祠堂題記及圖像釋讀》,《文物》2017 年第 1 期。

之臣"兩句,並在"扶"後括注一"附"字,但無進一步的論述説明,並把這兩句語譯爲:"許卒史的兒子壽數未盡,不能跟着死去,就像國王没有賠死的臣子一樣。"〔1〕胡新立先生對"扶"字的解釋是有道理的。上古音扶是並母魚部字,附是並母侯部字,二者雙聲,且據學者研究,在西漢魚、侯二部已經合用。〔2〕因此將"扶",讀作"附",在讀音上是没有問題的。《荀子·禮論》:"刻死而附生謂之墨,刻生而附死謂之惑,殺生而送死謂之賊。"楊倞注:"附,增益也。""附死"一般理解爲"厚葬"之義。"没壽"亦見於古書,《戰國策·齊策六》:"使管仲終窮抑幽囚而不出,慙恥而不見,窮年没壽,不免爲辱人賤行矣。""子無隨没壽",大概是爲與下句"王無扶死之臣"形式上整齊一致,故而又可説"子無隨没之壽",如上引《銅山伊莊畫像祠堂題記》《漢安元年文通祠堂題記》。這兩句話的理解,還可參考如下一例:

《鮮于璜碑》:子無隨殁,聖人折中。〔3〕

雖然漢代厚葬之風甚盛,但"子無隨没之壽,王無赴死之臣",正符合儒家"無以死傷生"(《孝經·喪親》)的思想。

(伊强　中國石油大學(華東)文學院　講師)

〔1〕胡新立:《鄒城新發現漢安元年文通祠堂題記及圖像釋讀》,《文物》2017年第1期。
〔2〕見羅常培、周祖謨:《漢魏晉南北朝韻部演變研究》第一分册,第20—24頁,科學出版社1958年。
〔3〕高文:《漢碑集釋》第286頁,河南大學出版社1997年。

漢代官用私印小議

——以職官姓名印和"名印"私印爲中心

杜 曉

在漢代日常行政的文書運行中,官文書的封印是常見的重要環節。關於封印環節的官印使用,歷代學人已多有探索;而在私印使用方面,研究則主要集中在對西北漢簡"以私印行事"簡牘的討論。[1] 大庭脩先生曾利用西北漢簡中的檢署討論其中私印封泥記録印主的身分,指出印主乃是無官印的候長、士吏、候史、隧長,且多爲候長和士吏。[2] 汪桂海先生推測候、守塞尉以私印封文書是由於"新除任官員之後,刻鑄頒授官印不能及時",因而"只能以私印替代";而少吏們則是由於"候官雖有小官印,然因以私印行文書事亦可",因此"爲了方便省事,不白請用小官印,徑直取私印印封文書"。[3] 侯旭東先生對汪先生關於候、守塞尉用私印的解釋持不同意見,他注意到"甲渠候和肩水候使用私印行事的時間多有重合","或許是此一時期某種用印制度變動所致"。[4] 宋艷萍先生指出"大量以私印行事的事例,説明在當時,這種行爲是被允許的,具有一定合法性",並且注意到"以私印封印的書信,基本都是在西北各郡内傳送"。[5]

---

[1] 除下文提及的幾種研究外,對"以私印行事"簡牘有所討論的還有馬衡:《居延漢簡考釋兩種》,《考古通訊》1957年第1期;王廷洽:《居延漢簡印章資料研究》,《青海師範大學學報(哲學社會科學版)》1999年第3期。

[2] [日]大庭脩著,徐世虹譯:《漢簡研究》第192—197頁,廣西師範大學出版社2001年。

[3] 汪桂海:《漢印制度雜考》,《歷史研究》1997年第3期,修訂稿收入《秦漢簡牘探研》第59、61頁,文津出版社2009年。

[4] 侯旭東:《西漢張掖郡肩水候系年初編》,《簡牘學研究》第5輯,甘肅人民出版社2014年,第191—193頁。

[5] 宋艷萍:《漢簡所見"以私印行事"研究》,中共金塔縣委、金塔縣人民政府、酒泉市文物局、甘肅簡牘博物館、甘肅敦煌學學會編:《金塔居延遺址與絲綢之路歷史文化研究》第141—142頁,甘肅教育出版社2014年。

前輩學者對"以私印行事"簡牘的研究已經非常深入,但是如果就漢代官用私印的主題審視,仍有繼續研究的必要。一者西北漢簡反映的僅是當地的文書運作,雖能投射出整個漢朝國家文書運行的一些共性原則,但並不能完全作爲通行於整個國家的方式。宋艷萍先生曾審慎地指出:"以私印行事,在西北漢簡中大量出現,但在其他地方的漢代簡牘中,暫時没有發現這種現象。在漢代的傳世文獻中,也没有發現以私印行事的例子。這或許説明,以私印行事只通行於西北地方。"[1]二者西北漢簡中的文書主要運行於西北邊地的屯戍系統,反映的是軍屯系統中的特殊情形,並不能代表内郡一般行政系統的情况。有鑒於此,本文從西安盧家口村新出新莽封泥中的職官姓名封泥和長沙五一廣場東漢簡牘中的"名印"封泥記録兩批材料入手,結合其他相關的封泥印章和封泥記録,嘗試對漢王朝日常行政中官吏的私印使用情况作進一步的討論。

一、職官姓名印的使用

職官姓名印,指印文主體包含官職和姓名之印。此處的"職官"、"官職"以及"姓名"所指的對象範圍其實要廣於其本意。一般意義上的爵稱也歸入此處的"職官",而"姓名"則有時只有名,有時還包括了"字"。[2] 學界一般認爲此類印爲隨葬所用,[3]也有少數學者推測掾史所用的職官姓名印存在實際使用。[4] 2009年,西安北郊盧家口村漢未央宫前殿遺址附近出土了一批新莽封泥。[5] "封泥出土地在盧家口村與未央宫前殿遺址之間的耕地中,正東距未央宫前殿遺址約530米。"[6]這批新莽封泥中,存在爲數不少的職官姓名封泥。王獻唐先生最早注意到大量出土封泥的

---

[1] 宋艷萍:《漢簡所見"以私印行事"研究》第142頁。
[2] "職官"爲爵稱者如"五大夫弘"(羅福頤主編:《秦漢南北朝官印徵存》第441頁,文物出版社1987年)。"姓名"只有名的情况如"三老舍印"(第442頁);包括字的情况有"中私府長李封字君游"(第437頁)。
[3] 羅福頤:《古璽印概論》第30—31頁,文物出版社1981年;葉其峰:《漢魏南北朝官印殉葬制度與殉葬印》,《古代銘刻論叢》第190—195頁,文物出版社2012年;小鹿:《古代璽印》第89—90頁,中國書店1998年。
[4] 瞿中溶:《集古官印考》卷八,《續修四庫全書·1109·子部·譜録類》第368頁,上海古籍出版社1996年。
[5] 孫慰祖:《新出封泥所見王莽職官新證》,馬驥:《新出新莽封泥選》第1頁,西泠印社·中國印學博物館2016年。
[6] 馬驥:《西安近年封泥出土地調查》,《青泥遺珍——戰國秦漢封泥文字國際學術研討會論文集》第32頁,西泠印社出版社2010年。

臨淄劉家寨乃是官署舊址所在。[1] 孫慰祖先生進一步結合臨淄劉家寨封泥及西安北郊相家巷封泥的出土情況提出"封泥集中出土地點顯然是與官署所在地有關"。[2] 由於這批封泥數量較大,出土於未央宫前殿遺址附近,且多為西漢末到新莽時期官印封泥,時代集中,如吕健、杜益華先生所指出乃為原生堆積,[3] 因而其出土地點應亦與官署遺址有關。這批職官姓名印在官方的行政運作中應有實際使用。分析這批封泥印主的身分,有助於加深對此類印使用情況的認識。

1. 新出新莽職官姓名封泥

據《新出新莽封泥選》,目前所見印文完整者整理如表 1：

表 1　新出新莽職官姓名封泥統計

《封泥選》編號	長官	印主身分	姓名	結尾
481		謁者	匡崇	之印
613	大司空	士	黄成	
614	大司空	士	王俊	
615	大司馬	士	王尊	
616	大司馬	士	朱足	
618	大司馬	士	尹守	印
619	國將	士	石龔	印
620	國將	中士	丁順	
621	國將	中士	耿揚	印

資料來源：《新出新莽封泥選》[4]

據表 1,這些職官姓名封泥印主的身分可分為兩類。第一類為"士",占表 1 封泥的絕大多數。這一類封泥印文的基本結構為"長官＋印主身分＋姓名",個別結尾有"印"字。按始建國元年(公元 9 年)王莽依金匱封拜輔臣：

(1) 又按金匱,輔臣皆封拜。以太傅、左輔、驃騎將軍安陽侯王舜為太師,封安新公；大司徒就德侯平晏為太傅,就新公；少阿、羲和、京兆尹紅休侯

---

[1] 王獻唐：《臨淄封泥文字》,《海岳樓金石叢編》第 279 頁,青島出版社 2009 年。
[2] 孫慰祖：《封泥發現與研究》第 82 頁,上海書店出版社 2002 年。
[3] 吕健、杜益華：《土山漢墓出土封泥原生堆積地點及性質探析》《東南文化》2015 年第 2 期,第 70—72 頁。
[4] 馬驥：《新出新莽封泥選》第 30 頁。

劉歆爲國師,嘉新公;廣漢梓潼哀章爲國將,美新公:是爲四輔,位上公。太保、後承承陽侯甄邯爲大司馬,承新公;丕進侯王尋爲大司徒,章新公;步兵將軍成都侯王邑爲大司空,隆新公:是爲三公。〔1〕

則上述封泥中的"國將"爲新莽四輔之一,"大司馬"與"大司空"俱爲新莽三公。新莽改制,將秩級與"公卿大夫士"位合二爲一,並用内爵稱標識:

(2) 更名秩百石曰庶士,三百石曰下士,四百石曰中士,五百石曰命士,六百石曰元士,千石曰下大夫,比二千石曰中大夫,二千石曰上大夫,中二千石曰卿。車服黻冕,各有差品。〔2〕

據此史料,"士"有"庶士"、"下士"、"中士"、"命士"、"元士"。封泥中的"士",不知具體所指。傳世印有與之相類的"大司空士姚匡"(故宫博物院藏),葉其峰先生認爲此"士"乃"元士"省稱,但亦不能完全坐實。〔3〕"中士"即爲原西漢秩四百石者。〔4〕《漢書·王莽傳中》:"公卿入宫,吏有常數,太傅平晏從吏過例,被門僕射苛問不遜,戊曹士收繫僕射。"應劭注:"士,掾也。"〔5〕太傅之"士"爲掾史。又據史料(1),太傅與國將同爲四輔,因此"國將士"、"國將中士"可能即國將所屬掾史之類。除上述"大司空士姚匡"外,傳世印還見"司徒中士張尚"(陝西省博物館藏),兩枚傳世印印文均符合表1中封泥"長官+印主身分+姓名"的結構。可以推知,此類印應存在實用情形,而非如論者所言僅是殉葬之印。值得注意的是,表1所列封泥印文中,有注明印主身分爲"中士"者,有略言印主身分爲"士"者;有結尾加"印"者,亦有姓名即結尾者。結構不一,暗示製作時並無統一規制,這進一步表明其私印的性質。

表1中職官姓名封泥印主身分第二類爲謁者,僅1例,即"謁者匡崇之印"。謁者,《漢書·百官公卿表》:

(3) 郎中令,秦官,掌宫殿掖門户,有丞。武帝太初元年更名光禄勳。屬

---

〔1〕《漢書》卷九十九中《王莽傳中》第4100—4101頁,中華書局1962年。
〔2〕《漢書》卷九十九中《王莽傳中》第4103頁。
〔3〕葉先生以"士"爲"元士"省稱,所據者爲《漢書·王莽傳》所載"三公—九卿—二十七大夫—八十一元士"之制。(參見葉其峰:《漢魏南北朝官印殉葬制度與殉葬印》第192頁)然而在新出新莽封泥中,三公之下,除《漢書》所載的大夫、元士之外,還有中士的存在,可見元士並不是三公屬下唯一一種"秩—位"屬於"士"的屬吏。並且,從表1可以看出,職官姓名封泥印中印主身分除略言"士"者外,多爲"中士"。可見"士"未必是"元士"省稱,甚至爲"中士"省稱的可能性還要更大。
〔4〕在目前所見新莽"士"封泥中,"中"置於"士"前有表示方位與秩級的兩種情況。表示方位如"司馬中前士二"、"掌貨中元士";表秩級有"納言左中士"、"奮武中士印"。前者"中"一般置於其他方位詞或表秩級詞前,與"士"並不直接連接;而後者則緊鄰"士"之前。因而此處"國將中士"之"中"所表應是秩級。
〔5〕《漢書》卷九十九中《王莽傳中》第4135頁。

官有大夫、郎、謁者,皆秦官……謁者掌賓讚受事,員七十人,秩比六百石,有
僕射,秩比千石。[1]

謁者屬郎中令,秩比六百石。《百官公卿表》載其無印綬:

(4)秩比六百石以上,皆銅印黑綬,大夫、博士、御史、謁者、郎無。[2]

上文已揭,"謁者匡崇之印"所在的封泥群在官方的行政運作中應有實際使用。可以想見,由於謁者沒有專用之官印,出於實際政務需要,匡崇用這枚既能表明其官職,又能表明其姓名的私印封緘文書或物品。

上述兩類職官姓名封泥印主被派出執行任務,可能是這些印被使用的情況之一。傳世文獻中多見"三公"掾史和謁者被派出執行任務的記錄,[3]如:

(5)(五鳳四年)夏四月辛丑晦,日有蝕之。詔曰:"……復遣丞相、御史
掾二十四人循行天下,舉冤獄,察擅爲苛禁深刻不改者。"[4]

(6)軍爲謁者,使行郡國,建節東出關,關吏識之,曰……。[5]

材料(5)中,丞相、御史大夫的掾史被派出巡行天下;材料(6)中,終軍"使行郡國",被派出時的身分是謁者。直到新莽時期,這一情形依然延續:

(7)又十一公士分布勸農桑,班時令,案諸章,冠蓋相望,交錯道路,召會
吏民,逮捕證左,郡縣賦斂,遞相賕賂,白黑紛然,守闕告訴者多。[6]

(8)莽於是遣中散大夫、謁者各四十五人分行天下,博采鄉里所高有淑
女者上名。[7]

材料(7)中"十一公士分布勸農桑","冠蓋相望,交錯道路";材料(8)中謁者被派遣"分行天下","博采鄉里所高有淑女者",顯然都是從中央被派出。可以設想,當十一公士與謁者在地方上執行任務時,難免遇到需向中央傳遞文書、物品的情形。兩漢掾史無

---

[1]《漢書》卷十九上《百官公卿表上》第727頁。
[2]《漢書》卷十九上《百官公卿表上》第743頁。
[3]秦及西漢中期以前實際政制中並無三公制,史籍中的"三公"只是比附。此制度正式形成於西漢晚期。(參見卜憲群:《秦漢官僚制度》第111—116頁,社會科學文獻出版社2002年。)在此權以"三公"概稱後來整合爲三公的丞相、御史大夫與大司馬。
[4]《漢書》卷八《宣帝紀》第268頁。
[5]《漢書》卷六十四下《終軍傳》第2820頁。
[6]《漢書》卷九十九中《王莽傳中》第4140頁。
[7]《漢書》卷九十九下《王莽傳下》第4168—4169頁。

官印,新莽雖有"司空元士二印"、"司馬右元士二"等官印,[1]但擁有者恐怕只是諸公掾史的一部分。並且目前發現的此類屬吏官印,印主長官集中於三公九卿及其下諸官大夫,十一公中餘下的八者尚未見到,因此四輔、四將的屬吏是否也有這類官印尚不能坐實,而謁者則明確無印。在需用印而無官印的情形下,職官姓名私印便成爲封印文書、物品的選擇之一。

2. 其他材料中的職官姓名印

上述第一類職官姓名封泥印文,職官部分都包含了印主長官與印主身分,換言之,這些印主的身分集中於屬吏。其他職官姓名封泥印章材料中,印主的身分也往往有類似者。目前發現的此類封泥材料主要集中於新莽時期。朝鮮大同江南岸土城内的新莽封泥中有一枚"樂浪大尹五官掾高春印",格式爲"長官＋印主身分＋姓名"。此封泥未見原物與圖版,有的著作録文作"樂浪大尹五官掾高□□",[2]孫慰祖先生《漢樂浪郡官印封泥的分期及相關問題》中録作"樂浪大尹五官掾高春印",[3]暫從之。新莽始建國元年曾改郡太守爲大尹,此封泥印主爲樂浪大尹所屬之五官掾,亦是屬吏。《新出封泥彙編》所收傳平輿古城村所出的新莽封泥中有一枚"大尹功曹掾范荆印"。[4]據圖版,封泥僅殘"掾范荆印",整理者補"大尹功曹",或有他據。然從殘存的印文"掾(職官)＋范荆(姓名)＋'印'"已可判斷原印爲職官姓名印。印主的身分爲掾,亦是屬吏。

傳世職官姓名印自西漢至東漢都有分布。印主身分爲職官者(區別於印主身分爲爵者)總體上呈現出官職偏低,且多屬吏的情況。這與上述職官姓名封泥印主身分有相合之處。目前可見印主秩級最高者爲"平陽侯相韓鳳"。[5]前後漢俱曾封有平陽侯。高祖六年(前198年),以平陽封曹參,《高祖功臣侯者表》載:"以右丞相爲平陽侯,萬六百户。"[6]在"天下初定,故大城名都散亡,户口可得而數者十二三"的漢初,平陽依然能有萬户之衆,由此可知其必大縣,平陽侯相秩應爲千石至六百石。除此之

---

[1] 馬驥:《新出新莽封泥選》第27頁。
[2] 范恩實:《夫余興亡史》第115頁,社會科學文獻出版社2013年;劉子敏等著:《東北亞"金三角"沿革開發史及其研究 古代篇》第177頁,黑龍江朝鮮民族出版社2000年。
[3] 孫慰祖:《漢樂浪郡官印封泥的分期及相關問題》第171頁,《上海博物館集刊》第11期,上海古籍出版社2008年。
[4] 楊廣泰:《新出封泥彙編》第二册,第228頁,西泠印社出版社2010年。
[5] 羅福頤主編:《秦漢南北朝官印徵存》第440頁。
[6]《史記》卷十八《高祖功臣侯者年表》第881—882頁,中華書局1982年。

外,印主秩級較高者還有兩例"私府長":"中私府長李封字君游"和"河間私長朱宏",[1]"私長"即"私府長"之省。[2] 根據漢代稱"長"者秩五百石至三百石的通例,[3]兩例私府長秩級應在此區間。除此之外,印主身分爲職官者,多爲掾、史之類的屬吏,如"京兆尹史石揚"、"樂浪太守掾王光之印"。[4] 這樣的身分分布情形在其他種類的殉葬印中都是没有的,因而這應是受到了現實中職官姓名印使用情況的影響:不僅在這些印中可能存在實用印,即便是殉葬印,也應是受了實用印形態、用印人群等因素的影響。

此外,故宫博物院所藏的傳世職官姓名印中還有一枚"尚書散郎田邑"。[5] 此印的時代葉其峰先生斷爲東漢。[6]《漢官儀》記載尚書郎:

(9) 尚書郎,初從三署郎選詣尚書臺試。每一郎缺,則試五人,先試箋奏。初入臺,稱郎中,滿歲稱侍郎。[7]

(10) 尚書郎初上詣臺,稱守尚書郎。滿歲稱尚書郎中。三年稱侍郎。[8]

材料(9)(10)載尚書郎在不同時間階段的官職序列有别,然所載官職有"守尚書郎"、"尚書郎中"、"侍郎",俱不見"散郎"。散郎,《漢書》卷二《惠帝紀》顔師古注引蘇林語"外郎,散郎也",[9]似"散郎"爲外郎別稱。但《史記》卷六《秦始皇本紀》司馬貞《索隱》云"三郎謂中郎、外郎、散郎",[10]則散郎與外郎又爲兩官。不過無論如何,由"散郎"稱謂以及"尚書郎,初從三署郎選詣尚書臺試"的記載可知,田邑身分爲郎官。據材料(4),郎官與謁者一樣無印綬。參照"謁者匡崇之印"封泥的情況,此枚印可能反映無官印的郎官在現實中亦有使用職官姓名印的現象。

出土簡牘中曾發現過同時包含了印主職官和姓名的封泥記録。這些封泥記録可能與職官姓名印有關。其一是居延新簡中一條職官姓名封泥記録:

---

[1] 羅福頤主編:《秦漢南北朝官印徵存》第437、439頁。
[2] 參見羅福頤主編:《秦漢南北朝官印徵存》第439頁;陳直:《漢書新證》第110頁,中華書局2008年。
[3] 參見閻步克:《從爵本位到官本位——秦漢官僚品位結構研究》第383頁,生活·讀書·新知三聯書店2017年。
[4] 羅福頤主編:《秦漢南北朝官印徵存》第438、440頁。
[5] 羅福頤主編:《故宫博物院藏古璽印選》第58頁,文物出版社1982年。
[6] 參見葉其峰:《漢魏南北朝官印殉葬制度與殉葬印》第194頁。
[7] 應劭撰,孫星衍校集:《漢官儀》卷上,《漢官六種》第142頁,中華書局1990年。
[8] 應劭撰,孫星衍校集:《漢官儀》卷上,《漢官六種》第142頁。
[9]《漢書》卷二《惠帝紀》第86頁。
[10]《史記》卷六《秦始皇本紀》第268頁。

(11) 神爵二年五月乙巳朔乙巳甲渠候官尉史勝之謹移☐
　　 衣錢財物及毋責爰書一編敢言之　　　　　　（E.P.T56：283A）
　　 印曰尉史勝之印
　　 五月乙巳尉史勝之以來　　　　　　　　　　（E.P.T56：283B）[1]

據"五月乙巳尉史勝之以來"，"勝之"爲"尉史"之名。陳夢家先生指出，居延漢簡所見候官和塞尉的屬吏中俱有尉史。[2] 從簡文"甲渠候官尉史勝之"可以看出，此尉史應屬候官。該簡 B 面的封泥記錄爲"印曰尉史勝之印"。誠然，此類封泥記錄並不能簡單地直接視作原封泥印文的實錄，然在居延簡中，此類封泥記錄私印往往不加官職，官印亦不加姓名。[3] 並且此條記錄又有"印曰"字樣，因而"尉史勝之印"應是封泥原文，包含了"職官＋姓名"的内容。此簡書於神爵二年（前 60 年），可知在西漢時已有屬吏使用職官姓名印的零星現象，盧家口新莽封泥中屬吏使用職官姓名印現象乃是早有其源。其二是敦煌懸泉置郵書課中"官職＋姓＋'掾印'"的封泥記錄：

(12) 入東合檄四，其二從事田掾印，二敦煌長印。一詣牧君治所，一詣
　　 護羌使者莫（幕）府☐　　　　（Ⅱ0214①：74）　　（二二七）[4]
(13) 入東合檄一，護羌從事馬掾印，詣從事府掾☐☐☐……
　　　　　　　　　　　　　　　（Ⅱ0214②：535）　　（二五四）[5]

"從事"，本爲動詞，後爲刺史屬吏之名。[6] "護羌從事"，一般被認爲是護羌校尉的屬吏。[7] 材料(12)中的"從事田掾印"與材料(13)中的"護羌從事馬掾印"記錄中同時包含了印主的官職與姓。當然，正如材料(11)中的封泥記錄一樣，郵書課中的封泥記錄也不能直接視作原封泥印文的實錄。然在懸泉置的此類記錄中也存在私印記錄不

────────

[1] 甘肅省文物考古研究所等編：《居延新簡　甲渠候官與第四燧》第 326 頁，文物出版社 1990 年。
[2] 參見陳夢家：《漢簡所見居延邊塞與防禦組織》，《漢簡綴述》第 49、52 頁，中華書局 1980 年。
[3] 私印記錄不加官職的情況如"侯賢印"（E.P.T50：24，《居延新簡　甲渠候官與第四燧》第 153 頁）、"楊褒私印"（E.P.T51：333，《居延新簡　甲渠候官與第四燧》第 200 頁）；官印記錄亦不加姓名者則如"居延令印"（E.P.T51：37，《居延新簡　甲渠候官與第四燧》第 173 頁）、"居延丞印"（E.P.T51：169，《居延新簡　甲渠候官與第四燧》第 185 頁）。
[4] 胡平生、張德芳：《敦煌懸泉漢簡釋粹》第 158 頁，上海古籍出版社 2001 年。
[5] 胡平生、張德芳：《敦煌懸泉漢簡釋粹》第 172 頁。
[6] 參見嚴耕望：《中國地方行政制度史　甲部　秦漢地方行政制度》第 305—306 頁，"中研院"歷史語言研究所 1997 年。
[7] 參見嚴耕望：《中國地方行政制度史　甲部　秦漢地方行政制度》第 160 頁；白壽彝主編：《中國通史（修訂本）》第四卷《中古時代·秦漢時期》上册，第 841 頁，上海人民出版社 2004 年；張德芳：《懸泉漢簡羌族史料輯考》第 78 頁，田澍主編：《中國古代史論萃》，甘肅人民出版社 2004 年；謝紹鷁：《兩漢護羌校尉雜考》，《周秦漢唐文化研究》第五輯，第 159 頁，三秦出版社 2007 年。

加官職、官印記錄亦不加姓名的情況，[1]因而可以判斷材料(12)與材料(13)中的"從事田掾印"與"護羌從事馬掾印"的原印文應是同時具備了官職與姓這兩種信息，才會在封泥記錄中同時有所反映。按西北漢簡，尤其敦煌懸泉漢簡中數見"姓+'掾'"的稱呼，且這不僅是出現在封泥記錄中。這些稱呼的對象身分多爲屬吏，[2]以"從事"居多，可能是文書中帶有敬稱意味的習語。[3]因此材料(12)與材料(13)中的"×掾"疑非封泥原文，而是記錄封泥的吏員根據印主身分所改寫。同時具備官職與姓信息的原印文可能即從事與護羌從事的職官姓名印。即便退一步講，雖然僅依據此兩則封泥記錄並不能準確復原出原印文，且這兩簡的時代也難以判斷，但是作爲刺史與護羌校尉的屬吏，從事與護羌從事印的封泥記錄有兼具官職與姓的特別之處，與上揭職官姓名封泥印主身分往往爲屬吏的現象相呼應，也值得注意。

綜上，新出新莽封泥中職官姓名封泥印主的身分有二：一爲屬吏，一爲散官謁者，[4]其中以屬吏爲主。這與其他封泥、印章、簡牘材料中的情況相合，反映了沒有

---

[1] 私印記錄往往不加官職的情況如《敦煌懸泉漢簡釋粹》簡一一一："出東書四封……合檄一，鮑彭印，詣東道平水史杜卿。府記四，鮑彭印，一詣廣至，一詣淵泉，一詣冥安，一詣宜禾都尉……"府記，《釋粹》釋爲"太守府文件"。廣至、淵泉、冥安皆爲敦煌郡屬縣名(參見《漢書》卷二十八下《地理志下》第1614頁)，發往此三縣以及宜禾都尉的府記以及發往東道平水史的合檄皆由鮑彭封印，可見鮑彭應是敦煌太守府所屬官吏。而懸泉置記錄鮑彭私印封泥並未加其官職。官印記錄亦不加姓名者則如簡一一二"冥安丞印"、簡二二七"入東合檄四……二敦煌長印"。(簡文參見《釋粹》第92—94、158頁。)

[2] 除材料(12)與材料(13)中的"田掾"和"馬掾"，西北簡中有關"姓+'掾'"的記錄還見"從事宋掾"(《釋粹》簡一〇七，第89頁)、"督郵京掾"(簡七七，第70頁)、"從事趙掾"(E.P.T52：405，《居延新簡》第255頁)以及疑似身分爲"從事"的"☐事彭掾"(E.P.T51：292，第197頁)。官職以從事爲主。嚴耕望先生曾據《隸續》"郎中王政碑"指出由於從事"蓋其職本以郡國卒史曹掾從事者"，故漢人有稱從事爲"從事掾"之例(參見嚴耕望：《中國地方行政制度史　甲部　秦漢地方行政制度》第306頁)。此乃從事被稱"×掾"之故。

[3] 傳世文獻與五一廣場東漢簡中稱"姓+'掾'"往往帶有尊稱的色彩。如《後漢書》卷四十三《朱暉列傳》："就曰：'朱掾義士，勿復求。'"(《後漢書》卷四十三《朱暉列傳》第1458頁，中華書局1965年)朱暉爲驃騎將軍東平王劉蒼掾屬，陰就贊其爲義士，因尊"朱掾"。再如五一廣場東漢簡《發掘簡報》例九："昭陵待事掾逢延叩頭死罪白：即日得府決曹侯掾、西部案獄涂掾、田卒史書，當考問縑會、劉季興、周豪、許伯山等。謹白：見府掾、卒史書期日已盡，願得吏與并(A)力考問伯山等。唯明廷財。延愚慧惶恐叩頭死罪死罪。七月八日壬申白。(B)"(黃樸華：《湖南長沙五一廣場東漢簡牘發掘簡報》，《文物》2013年第6期)此木牘發自長沙郡屬縣昭陵的待事掾逢延。按"府決曹侯掾"、"西部案獄涂掾"中"府"乃指長沙郡府，"決曹侯掾"、"西部案獄涂掾"都是昭陵縣上一級行政機構長沙郡之掾。因而"侯掾"、"涂掾"多少帶有敬稱色彩。西北簡中諸處"姓+'掾'"，對象也多爲較高行政、監察機構如郡、刺史屬吏，因此這一習語應亦有敬稱意味。

[4] 漢代實際無"散官"稱謂。《後漢書》有"散吏"："廣少孤貧，親執家苦。長大，隨輩入郡爲散吏"(卷四十四《胡廣傳》第1505頁)，但具體所指亦不明晰。安作璋、熊鐵基先生以隋唐"散官"之稱概指"無印綬、不治事之官"，所涉者"中央如大夫、博士、御史、謁者、郎官之類"(參見安作璋、熊鐵基：《秦漢官制史稿》第866頁，齊魯書社2007年)。閻步克先生亦使用這一稱謂指代承擔"奉使處理""大量的隨機或臨時事務"任務的官員(參見閻步克：《從爵本位到官本位——秦漢官僚品位結構研究》第108頁)。爲表達方便，本文依此表述方式。

官印的屬吏與散官在現實中存在使用職官姓名印的情況，其中以屬吏較多。前輩學者早已指出，官吏有無印綬，與其是否爲治事之官、有無官屬有關。有則是，無則否。[1] 類似掾史這樣的屬吏，之下更無屬吏，必然不會被授予官印。然而在實際的日常行政中，他們也往往面臨需要用印的情形。汪桂海先生曾依據西北漢簡中的材料指出，掾史等百石以下少吏使用官署印，並指出少吏在兼攝長吏行文書事時，也有不少用私印的情形。[2] 職官姓名印可能便是另一種屬吏用印的方式。值得注意的是，目前所見屬吏所用的傳世職官姓名印，也呈現出新莽、東漢大大多於西漢的情況。其間自然有此類印東漢流行更甚西漢的影響，但也不能不考慮西漢後期起掾史在日常行政事務中開始扮演越來越重要角色的因素。當然，這種用印情形同時也説明之前被籠統地全部歸入殉葬用印的職官姓名印，其中至少印主爲屬吏的一部分存在實際的使用。

二、"名印"私印

按漢代處理文書的慣例，拆封文書時要把封泥印文照寫在該文書的封檢上或文書簡的背面，出土簡牘中常見的"×印"、"×章"即是由此而來的收件記録。[3]《長沙五一廣場東漢簡牘選釋》（以下簡稱"《選釋》"）披露的公文書中有一批同時含有職官、姓名和"名印"的私印封泥記録。具體情況如表2：

表2 《長沙五一廣場東漢簡牘選釋》"名印"封泥記録統計

考古編號	《選釋》編號	形制	封泥記録	姓名	官職
CWJ1①：92	六	木兩行	待事掾尹副名印	尹副	待事掾
CWJ1②：124	一九	木兩行	東部勸農賊捕掾黃遷名印	黃遷	東部勸農賊捕掾
CWJ1③：325－4－54	六八	木兩行	庚亭長樓綱名印	樓綱	亭長
CWJ1③：325－5－9	七〇	木兩行	領訟掾葛充名印	葛充	領訟掾

---

[1] 參見安作璋、熊鐵基：《秦漢官制史稿》第959頁。
[2] 參見汪桂海：《漢印制度雜考》第60—61頁。
[3] 參見汪桂海：《漢代官文書制度》第141頁，廣西教育出版社1999年。

續　表

考古編號	《選釋》編號	形制	封泥記録	姓名	官　職
CWJ1③：325-1-54	一〇七	木兩行	左部勸農賊捕掾毛浩名印	毛浩	左部勸農賊捕掾
CWJ1③：263-14	一四八	木兩行	廣亭長毛暉名印	毛暉	亭長

資料來源：《長沙五一廣場東漢簡牘選釋》[1]

　　由表2可知，《選釋》中"名印"封泥記録共6例，格式俱屬"官名＋姓名＋'名印'"，印主身分涉及掾與亭長。6例"名印"封泥記録均書於存有編繩痕跡的木兩行上。這些木兩行所書内容格式類似，A面開頭爲日期，下文緊接某官/吏"叩頭死罪敢言之"；B面右上方爲封泥記録，左上方爲收件日期、傳遞方式，中部爲開件記録"史　　白開"。《選釋》認爲這些木兩行俱應是某册書的第一枚，B面所書爲收文及啓封記録。[2] 這6例封泥記録中有5例都可推定印主爲臨湘縣屬掾、亭長，如《選釋》簡六：

(14)（A面）
　　永初三年八月戊午朔十六日癸酉，待事掾副叩頭死罪敢☐
　　廷移府書曰：男子袁立自言，廩亭長王固捕得 賊 殺 人 ☐

（B面）
　　待事掾尹副名印。　　　　　　　　　　史　　白開。☐
　　八月　日　郵人以來。　　　　　　　　　(CWJ1①：92)[3]

此件木兩行A面文字開頭的日期後有"待事掾副叩頭死罪敢☐"，B面收件封泥記録爲"待事掾尹副名印"，表明這件木兩行應是發自待事掾尹副的上行文書。這批簡牘出土於東漢長沙郡府廨所在地，多爲長沙郡府及門下諸曹、臨湘縣廷及門下諸曹的收發文書。[4] 文書中待事掾尹副未言明自己屬何郡或何縣，可見其應即收件方所屬之

---

[1] 長沙市文物考古研究所、清華大學出土文獻研究與保護中心、中國文化遺産研究院、湖南大學嶽麓書院：《長沙五一廣場東漢簡牘選釋》第126、137、171—173、195—196、223頁，中西書局2015年。
[2] 長沙市文物考古研究所、清華大學出土文獻研究與保護中心、中國文化遺産研究院、湖南大學嶽麓書院：《長沙五一廣場東漢簡牘選釋》第126、137、171—173、195—196、223頁。
[3] 長沙市文物考古研究所、清華大學出土文獻研究與保護中心、中國文化遺産研究院、湖南大學嶽麓書院：《長沙五一廣場東漢簡牘選釋》第126—127頁。
[4] 參見長沙市文物考古研究所：《湖南長沙五一廣場東漢簡牘發掘簡報》第17頁，《文物》2013年第6期。

掾。文書又言"廷移府書",而未明言是何縣縣廷,可見此處"廷"不用言明即有明確指向,即收件方。待事掾尹副應爲縣廷之掾而非郡府之掾。此件兩行上的封泥記錄"待事掾尹副名印"中,"待事掾"爲印主官職名,"尹副"爲印主姓名,屬於"官職名＋姓名＋'名印'"的形式。與此簡類似,簡一九、六八、一〇七、一四八上的掾、亭長俱能斷爲臨湘縣之掾、亭長。餘下一例爲簡七〇中的領訟掾,雖不能明確判斷爲郡屬吏還是縣屬吏,但根據類似木兩行多爲臨湘縣所屬掾史及所轄鄉、亭發出這一點推測,亦應是臨湘縣之掾。

除掾及亭長的"名印"封泥記錄外,《選釋》中亦有其他官印的封泥記錄:"長沙太守丞印"(簡二一)、"臨潙鄉小官印"(簡二八)、"安陸長印"(簡四二)、"南鄉小官印"(簡五〇)、"廣成鄉印"(簡一〇六)、"便長之印"(簡一一九)、"臨湘丞印"(簡一五三)、"長沙大守丞印"(簡一六三)。其中包括了通官印與小官印的封泥記錄。值得注意的是,與上述掾、亭長印封泥記錄不同,這些記錄中俱未出現姓名。可見封泥記錄上的姓名,應是封泥上原有,而非收件之吏在謄錄封泥記錄時所添加。可知這些公文書被封印之時,封泥上所印便爲私印。上述"名印"封泥記錄雖然同時包含了印主的官職與姓名,然而其原印似並非職官姓名印。《湖南古代璽印》中收錄了出土於長沙子彈庫2號東漢墓的"審倗名印"。[1]《鑒印山房新獲古璽印選》收錄了字體風格類東漢的"曲陽銷奮名印"。[2] 曲陽,據《續漢書·郡國志》,下邳國、交趾郡下俱有"曲陽"。鉅鹿郡的"下曲陽"和九江郡的"西曲陽"在《後漢書》中也都有被稱作"曲陽"的情形。[3] 雖然此印中的"曲陽"無論何指,俱不在長沙郡內,但對認識此類以"名印"結尾之印仍有一定的參考意義。《二十世紀出土璽印集成》中收錄了斷代爲三國吳的"田安名印"與"李伉名印",[4] 俱出土於湖南地區。[5] 此外,《印典》中還見"王雲名印"與"鄭茂名印"。[6] 以上以"名印"結尾的私印格式大多爲"姓名＋'名印'"格式,僅有一例爲"地名＋姓名＋'名印'"格式,且出土時間、地點也多與五一廣場東漢簡相

---

[1] 陳松長:《湖南古代璽印》第94頁,上海辭書出版社2004年。
[2] 許雄志:《鑒印山房新獲古璽印選》第241頁,河南美術出版社2017年。
[3] 以"下曲陽"爲"曲陽"之例有"馮衍傳""頃之,帝以衍爲曲陽令",李賢注"曲陽,縣名,屬常山郡,故城在今定州(彭)〔鼓〕城縣西也"(第977頁),可知此"曲陽"即是鉅鹿郡之"下曲陽"。以"西曲陽"爲"曲陽"者,見《孝順孝沖孝質帝紀》"九江賊徐鳳等攻殺曲陽、東城長"(第277頁)。一者徐鳳爲"九江賊",活動區域主要在九江郡;二者徐鳳"攻殺曲陽、東城長",可見此曲陽地近東城,應不是距東城較遠的下邳國曲陽侯國,因而此"曲陽"爲九江郡之"西曲陽"。
[4] 周曉陸先生在《古代璽印》中提及"湖南省曾出土一批兩漢時代的私印,例爲'××名印'",並舉"李伉名印"爲例,將其斷爲兩漢時代。參見小鹿:《古代璽印》第21頁。
[5] 周曉陸:《二十世紀出土璽印集成》第237頁,中華書局2010年。
[6] 康殷、任兆鳳:《印典》第219頁,河北美術出版社1989年。

近。這暗示了《選釋》中"官名+姓名+'名印'"封泥記錄中的官名可能並非封泥原文。目前發現的"名印"封泥記錄,印主基本爲臨湘縣屬掾、亭長。不排除這樣一種可能:發件吏員封緘文書時在封泥上直接加蓋了"名印"私印,而記錄封泥者或由於熟悉發件者,或是參照文書中發件者職務,徑於封泥記錄上添加其職務。因而此類封泥記錄,雖然亦呈現"職官+姓名"的形式,然而原印應不是職官姓名印。不過,與職官姓名印一樣,此類封泥記錄也體現了屬吏用印的多樣性,具體下表。

五一廣場東漢簡中目前所見"名印"的使用範圍似主要集中在臨湘縣範圍內,往往在屬吏向縣廷發文書時使用。除上述6例"名印"私印記錄外,《選釋》中還見另一例"長沙太守中部督郵書掾陳苗印"(以下簡稱"陳苗印")官用私印記錄。[1]此條封泥記錄的印主身分爲長沙郡屬中部督郵書掾,姓名爲陳苗。此條封泥記錄可能照寫了封泥原文,已發現的封泥印文有與此記錄格式類似者,即前文所述"樂浪大尹五官掾高春印"(以下簡稱"高春印"):

表3 "陳苗印"、"高春印"格式對照

屬郡/縣	長官	掾　名		姓　名	結尾
長沙	太守	中部督郵書	掾	陳苗	印
樂浪	大尹	五官		高春	印

資料來源:《長沙五一廣場東漢簡牘選釋》《漢樂浪郡官印封泥的分期及相關問題》

從表3可以看出,陳苗印與高春印俱爲"屬郡+長官+掾名+'掾'+姓名"的結構。因此陳苗印印章原文可能即是如此,封泥記錄照寫了封泥原文。不過此印與高春印出土時間、地點不一,這一點似也不能完全坐實。然而無論如何,陳苗印應不是"名印"類印。臨湘縣的屬吏往往使用"名印",或是臨湘縣官方有意而爲的制度。目前所見的"名印"印主主要爲縣廷的掾和亭長。上文提及,據前人研究,掾史無官印,需用印時使用官署印。而在一縣之內,若掾史上呈縣廷的文書仍以小官印封緘,則無法確定具體的封印責任人。另外,當掾史被派出執行任務時,也會無法取得置於官署的小官印。如表2中"東部勸農賊捕掾"、"左部勸農賊捕掾"便是外部之吏,辦公場所不在縣廷。[2]在這種

---

[1] 長沙市文物考古研究所、清華大學出土文獻研究與保護中心、中國文化遺產研究院、湖南大學嶽麓書院:《長沙五一廣場東漢簡牘選釋》第153頁。

[2] 徐暢老師曾據居延新簡中東漢邊郡的材料指出郡屬勸農掾、史"並不在太守、都尉府辦公,正是外部之吏"。表2中"東部勸農賊捕掾"、"左部勸農賊捕掾"雖是縣吏,但其應具有類似特徵。參見徐暢:《〈續漢書·百官志〉所記"制度掾"小考》,《史學史研究》2015年第4期。

情形下,用私印封印便成爲有效的替代方式。至於亭長用印,方式之一可能是亭印。封泥可見"傅亭",印章可見"脩故亭印"、"召亭之印"等,[1]似亭有官署印。然總體數量極少,且俱爲西漢印,可見亭有官署印並非長期、普遍之制度。居延漢簡中有封泥記録"一封章曰□□亭長印☑"(513·21),[2]原印或是亭長印,但亦僅此一見。表2中的亭長"名印"便展示了另一種亭長用印的方式。需要注意的是,這些"名印"雖然都是私印,但行政文書中幾乎清一色的"名印"封泥記録,似表明此種印在臨湘縣掾史、亭長中大規模使用,可能是官方統一的結果,其中或有在屬吏以私印封印官文書時,防止作僞的考慮在其中。

這些帶有"名印"封泥記録的木兩行,在作爲公文書傳遞時以私印封印,然其文書開頭却並沒有"以私印行事"之類的説明。汪桂海先生曾根據居延漢簡中"以私印行事"的材料認爲"官吏無論是行本職之事還是攝行别的職官,在封印文書時皆可以私印替代官印,唯須在行文中首先作出説明"。[3]而米田健志先生根據亭長、隧長、候長、士吏等所發文書中不見記有"以私印"的現象,推測他們在行本職之事發文時,雖未明言"以私印",但用的仍當是私印。[4]然由於未見封泥記録,並不能完全坐實。五一廣場東漢簡反映了長沙郡地區的情形。6例"名印"封泥記録所屬的文書,俱以私印封印,然其正面内容作爲文書的開頭,却無一有類似"以私印行事"之類的説明。不僅是文書開頭,文書中屬吏彙報内容的結尾也没有這樣的説明:

(15) 附祉議解左。曉遣劉。充、淩惶恐叩頭死罪死罪敢言之。
　　　李月。基非劉親母,又非基衣,□□也。
　　　　　　　　　　　　　　　　　　(CWJ1③:325-5-11)[5]

從簡文"充、淩惶恐叩頭死罪死罪敢言之"可以看出,此簡是屬吏彙報内容的結尾。據蘇俊林在京師讀簡班的報告,此簡中處理人員"充、淩"與簡七〇中"領訟掾充、史淩"相對應,"劉"與"女子王劉"相對應,"基非劉親母,又非基衣"與"劉夫盛父諸令盛贖母

---

[1] "傅亭"見羅振玉:《齊魯封泥集存》,《羅雪堂先生全集　七編(一)》第110頁,大通書局1976年;"脩故亭印"、"召亭之印"見羅福頤主編:《秦漢南北朝官印徵存》第70頁。
[2] 謝桂華、李均明、朱國炤:《居延漢簡釋文合校》第623頁,文物出版社1987年。
[3] 參見汪桂海:《秦漢簡牘探研》第62頁。
[4] [日]米田健志:《漢代印章考》,[日]冨谷至編:《邊境出土木簡の研究》第330、332頁,朋友書店2003年。
[5] 長沙市文物考古研究所、清華大學出土文獻研究與保護中心、中國文化遺產研究院、湖南大學嶽麓書院:《長沙五一廣場東漢簡牘選釋》第174頁。

基持劉所有衣"相關,因而此簡應屬於簡七〇所在册書。[1]此册書封泥記錄爲"領訟掾葛充名印"。文書以私印封印,而此簡作爲屬吏彙報内容的最後一枚簡,亦不見類似"以私印行事"的説明文字。結合上述"名印"私印在臨湘縣掾、亭長中大規模使用的現象,這可能反映了"名印"的使用在臨湘縣行政中已得到官方許可,因而在文書中並不需添加"以私印行事"之類説明。不過,由於在《選釋》目前公布的材料中尚未見到類似"以私印行事"一類内容,因此也不能排除在東漢臨湘縣的行政中,使用私印封印官文書時本便不用作出説明的可能。

三、餘　　論

綜上所述,在漢代官府的文書運行中存在以私印代替官印封印的情況。這些私印的印主集中於屬吏與散官等無官印者。或是出於具體到個人的責任制度,或是由於面臨不得不用印的情況,這些印主以私印封印官文書。在這些無官印者中,又以掾史身分爲多。究其原因,漢代掾史在中央以及各郡縣官府中占有相當的比重,又往往直接承擔較繁雜的行政任務,面臨用印的情況必更爲複雜與頻繁。因而無論在封泥印章還是封泥記録中,掾史以私印封印公文書都頗爲常見。有些私印的使用或存在官方的認可與統一,《選釋》中臨湘縣屬吏幾乎一致的"名印"封泥記録及其使用時並不用在文書中説明,都暗示了這種可能性的存在。

不過值得注意的是,雖然無官印的屬吏會以私印封印官文書,這却不是他們除官署印外所用的唯一類型印。在與上述新莽職官姓名封泥同一批的封泥中,亦有不帶姓名的屬吏印,如"司馬中前士二"、"司徒中前士二"。[2]近年新出封泥中有"太守功曹印"、"太守五官掾印"。[3]這兩種印文都是"長官+官職"的格式,顯然也都是屬吏

---

[1]簡七〇簡文内容:(A面)永初二年閏月乙未朔廿八日壬戌,領訟掾充、史淩叩頭死罪敢言之。女子王劉自言,永元十七年四月不處日,劉夫盛父諸令盛贖母基持劉所有衣,凡十一種,從……(B面)領訟掾葛充名印。閏月　日　郵人以來。　史　白開。(參見長沙市文物考古研究所、清華大學出土文獻研究與保護中心、中國文化遺産研究院、湖南大學嶽麓書院:《長沙五一廣場東漢簡牘選釋》第173頁。)

[2]馬驥:《新出新莽封泥選》第27頁。

[3]目前所見此二種掾印,整理者都斷爲新莽。然而一者新莽始建國元年已改郡太守爲大尹,五年(公元13年)又"置卒正、連率、大尹,職如太守";二者對照封泥形制與孫慰祖先生《封泥的斷代與辨僞》所舉新莽封泥類型,也多有出入。因而這些掾印可能並非盡爲新莽之物。參見王玉清、傅春喜:《新出汝南郡秦漢封泥集》第58—59頁,上海書店出版社2009年;楊廣泰:《新出封泥彙編》第二册,第226—228頁。

用印。東漢尚德街簡牘中也發現有不帶姓名的掾印封泥記録"☑守監臨湘市掾印"。[1] 種種屬吏用印情形的存在,似表明屬吏用印並無時間上長時段和空間上大範圍的一定之制,而是因時因地存在變化。這一點從《選釋》中的兩類封泥記録可以看出端倪,"名印"印主與"陳苗印"印主俱是一郡内之屬吏,然而或由於所屬機構有别,或出於收件對象不同,其印章封泥記録同出而格式相異,反映了即便在一郡之内,屬吏用印依然存在差異。

附記:本文的修改得到了匿名審稿專家和汪桂海、熊長云、莊小霞、孫聞博、王澤諸位先生的幫助。在此謹致謝忱!

(杜曉　中國人民大學國學院　博士研究生)

---

[1] 長沙市文物考古研究所:《長沙尚德街東漢簡牘》第 226 頁,嶽麓書社 2016 年。

新見漢印零釋(六則)[*]

李鵬輝

近年來考古發掘出土的漢代私印數量不少。這些漢印材料,無論是從文字學的角度來看,還是就其在姓氏人名學上的意義來説,都具有較高的研究價值。對於這些出土的漢印資料,刊布者已經做出了很好的研究,但其釋文仍有值得商榷的地方。現將其中可商者改釋、補釋,探討如下。

一

《考古》2013 年第 9 期刊布了《廣西貴港市孔屋嶺漢墓 2009 年發掘簡報》一文,文中介紹了 M2b 出土的一枚銅印章,簡報謂:"平面呈方形,瓦形鈕已殘。印文爲'朱同衆印'(圖 1,1)。寬 1.7、殘高 1.1 釐米。"[1]

細審印文原照片和翻轉後的圖片(圖 1,2),可以看到所謂"同"字的上部有明顯突出的一點,與漢印中"同"字寫法有異,可參見《增訂漢印文字徵》第七・二十四的"同"[2]字頭下的字形。

---

[*] 本文寫作得到 2018 年安徽省教育廳重點基地項目(SK2018A0043)、"新見漢代璽印選釋"(安徽大學新進博士科研啓動項目)、2016 年度國家社會科學基金重大項目"出土兩漢器物銘文整理與研究"(16ZDA201)資助。
[1] 廣西文物考古研究所、貴港市博物館:《廣西貴港市孔屋嶺漢墓 2009 年發掘簡報》,《考古》2013 年第 9 期,第 63 頁。
[2] 羅福頤著:《增訂漢印文字徵》第 343 頁,紫禁城出版社 2010 年。

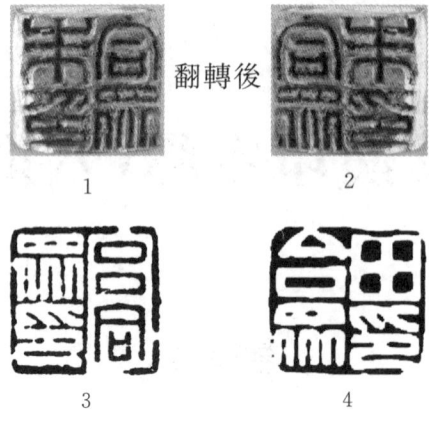

圖 1

按此字當是从"亼"从"口"的"合"字,見《增訂漢印文字徵》第五·十三的"合"[1]字。所以,此印文應爲"朱合衆印",是印文回讀的姓名私印。傳世漢印中習見"某合衆印",如《十鐘山房印舉》十八·姓二名印第五·十六的"吕合衆印—吕子功印"[2](圖1,3)和《吉金齋古銅印譜》收録的"田合衆印"[3](圖1,4)等。古人取名多有講究,正如《左傳》桓公六年所記:"名有五,有信,有義,有象,有假,有類;以名生爲信,以德命爲義,以類命爲象,取於物爲假,取於父爲類。"[4]漢代人取此"合衆"名,或與《周禮·春官·大宗伯》"以軍禮同邦國:大師之禮,用衆也;大均之禮,恤衆也;大田之禮,簡衆也;大役之禮,任衆也;大封之禮,合衆也"[5]之"合衆"有關。

二

圖 2

---

[1] 羅福頤著:《增訂漢印文字徵》第 220 頁。
[2] 陳介祺:《十鐘山房印舉》十八·姓二名印:五·十六,中國書店 1985 年。
[3] 何昆玉:《吉金齋古銅印譜》第 81 頁,上海書店出版社 1989 年。
[4] 李學勤主編,《十三經注疏》整理委員會整理:《春秋左傳正義》第 207—208 頁,北京大學出版社 2000 年。
[5] 孫詒讓撰:《周禮正義》第 1358—1359 頁,中華書局 1987 年。

山東省文物考古研究所編著的《海岱考古(八)》中的《濟南市魏家莊漢代墓葬發掘報告》(以下簡稱"《報告》")一文公佈了一枚漢印。《報告》謂:"濟南市魏家莊漢代墓葬出土的這枚西漢銅質印章,橋形鈕方形印體陰文篆書,長1.7釐米,通高1.6釐米,將其釋爲'但穫之印'。"[1]今按,第二字作形,左上從"犭"而非從"禾",應是"獲"字而非"穫"字。獲,《說文·犬部》:"獵所獲也。"拙作《漢印文字字形表》卷十上所收"獲"字作(蕕書14.5·皮獲宗印)、(簠齋252頁·石獲印)、(湘印70頁·丁獲印)、(舉15.18.32·衛獲—衛玉青)[2]其"犭"旁的位置不居,第三形與印文近同。但氏,《通志·氏族略》:"漢有西域都護但欽,濟陽太守但巴。"

二

圖 3

江蘇徐州後山西漢墓M1號上層墓出土了一枚西漢銅印。其形制爲方形臺,拱形鈕。印文爲陰文,臺邊長1.35釐米,高1.3釐米。[3]《江蘇徐州後山西漢墓發掘簡報》釋爲"明音私印",[4]細審圖片,應是"肥"字而非"明"字。"肥"字見《漢印文字字形表》卷四下,作如下形體:(徵存368·A肥城右尉)、(新出5285·B河平濕肥卒正)、(莽選58頁·B肥纍間田宰)、(新出5299·B井關肥纍屬長)、(蕕書27.5·肥終)、(匋0861·肥錯私印)、(鶴261頁·肥當時印)[5],與之同。據上可知在漢印中肥姓是多見的。《通志·氏族略·以鄉爲氏》:"肥氏,恐其先有封於肥鄉者。"又《戰國策》:"趙賢人肥義之後。"

---

[1] 濟南市考古研究所:《濟南市魏家莊漢代墓葬發掘報告》,《海岱考古(八)》第323頁,科學出版社2015年。
[2] 李鵬輝:《漢印文字資料整理與相關問題研究》,安徽大學博士學位論文,2017年。
[3] 徐州博物館:《江蘇徐州後山西漢墓發掘簡報》,《文物》2014年第9期,第37頁。
[4] 徐州博物館:《江蘇徐州後山西漢墓發掘簡報》,《文物》2014年第9期,第36頁。
[5] 李鵬輝:《漢印文字資料整理與相關問題研究》。

四

圖 4

　　河南滎陽苜蓿窪 M79 出土的幾枚銅印章中有如上一枚漢印,其編號爲 M79:34。《河南滎陽苜蓿窪墓地出土的幾枚漢印》一文描述其形制爲"方形瓦鈕印面邊長 1.3 釐米,厚 0.75 釐米,通高 1.35 釐米,瓦鈕高 0.6 釐米,鈕下部寬 0.85 釐米,釋之爲'楚定'"。〔1〕今按,漢印中"楚"所從"疋"旁,暫時還未見到作此形者。該字作▨形,與《虛無有齋摹輯漢印》0889 號所錄"郝樊于"印的"樊"(▨)字形近同,下似"文"之變形。所以,其應即是作爲姓氏的"樊"字。只是其下"廾"限於印面大小變爲"丌"形,且下部較短。"廾"寫作"丌"的情況在漢印文字中多見,如▨(薩府 11.3·樊農私印)、▨(舉 17.17·樊夷吾)、▨(虛 0582·樊稱)。〔2〕可見,漢印中"樊"字中間所從的"爻"(即网,似樊籬之形)形多見寫爲"文"的情況。在漢代隸書中亦有見,如:▨(居延新簡 E.P.T52:5)、▨(洛陽黃腸石 133)。"樊"字,《説文》小篆作▨形,和有些漢印篆體稍别,但與秦印▨樊(《秦文字集證》圖版 181·710 趙樊)字同形。漢印中的這幾個篆體可能是從漢隸中轉變過來的,是因隸改篆的一種情況。還有一種可能就是"爻"上部省掉一部分,中間相連,寫作▨形,如▨(顧 29 頁·樊相之印),後又進一步變成"文"的。漢隸中"攀"字所從的"爻"形也有稍加變化的,如▨(馬王堆帛書·縱橫家書 194),也很有特點。戰國文字中的"羿"字作▨(上博二·容 41)、▨(上博四·昭 7)、▨(包山 130 反)、▨(天星觀)、▨(清華三·赤鵠 5)形,"䒳"字作▨(清華一·楚居 5)、▨(清華一·楚居 8)、▨(清華一·楚居 10)形,程燕先生將其都釋爲"樊"字,〔3〕可信。就其形體來看,其"网"旁

---

〔1〕于宏偉、劉良超:《河南滎陽苜蓿窪墓地出土的幾枚漢印》,《考古與文物》2009 年第 4 期,第 110 頁。
〔2〕李鵬輝:《漢印文字資料整理與相關問題研究》第 274 頁。
〔3〕程燕:《説樊》,《中國文字學報》第五輯,第 146—149 頁,商務印書館 2014 年。

有訛寫爲"文"的可能,特別是"蔋"字所從的"网"。

五

圖 5[1]

山東省東平後屯漢代壁畫墓 M17 號墓葬出土了如上一枚西漢中期的銅印。其形制爲方形印,印臺寬 1.6 釐米,高 0.8 釐米,龜形鈕,昂頭屈腿,通高 1.6 釐米,在《東平後屯漢代壁畫墓》一書中,印文第二字缺釋。[2] 今按,第二字作 ▨ 、▨ 形,應是"勢"字。《説文·力部》:"勢,健也。从力敖聲。""勢"字聲符"敖"在秦漢印中作 ▨ ▨(施校十五·郭敖夫—臣敖)、▨(湘印 84 頁·李敖)、▨(虚 0973·黄敖私印)、▨(全集二 342.4·公陽敖印)、▨(舉 21.8.11·李敖之印)、▨(虚 0414·狄敖私印)、▨(虚 0599·笵敖私印)[3] 形,與印文所從形體相近。"敖",《説文·放部》:"从'出'从'放'。"古文字中的"敖"字从攴、从人、从"屮或華",義爲使人入於華艸,以表示出游之義。[4] 印文中"敖"所從"放"的聲符"方",下部"丿"畫與"冂"畫分割開來,且與"勢"字的"力"旁共用"冂"畫。"力"作 ▨ 形,與 ▨(漢美 026·郭力)形近似。所以印文應釋爲"張勢私印"。秦漢文字中"勢"多見,如《睡虎地秦墓竹簡·爲吏之道》簡 5 作 ▨ 形,在漢印中作 ▨(鑒璽 225·廉周勢印)、▨(虚 3469·鄭勢)、▨(虚 3096·張勢)、▨(吉大 48.275·尉勢)、▨(虚 2169·田勢夫—田公子)、▨(印範 37 頁·史勢)、▨ ▨(虚 3493·鄭勢—臣勢)、▨(漢典 277.6·程勢)、▨(虚 2078·田勢)、▨(故捐 412·程勢—臣勢)[5] 形。另外,印文中"私"字的"厶"旁,寫法也較有特點。

---

[1] 山東省文物考古研究所、東平縣文物管理所編著:《東平後屯漢代壁畫墓》第 90 頁,文物出版社 2010 年。
[2] 山東省文物考古研究所、東平縣文物管理所編著:《東平後屯漢代壁畫墓》第 88 頁。
[3] 李鵬輝:《漢印文字資料整理與相關問題研究》第 365—366 頁。
[4] 張亞初著:《商周古文字源流疏證》第 2252 頁,中華書局 2014 年。
[5] 李鵬輝:《漢印文字資料整理與相關問題研究》第 1191 頁。

六

圖 6

　　安徽六安城東雙龍機床廠 M271 出土了如上一枚西漢中期銅質印章。《安徽六安城東墓地：雙龍機床廠墓群發掘報告》(以下簡稱"《報告》")對此印有如下介紹："右邊陰文'宋雪'，左邊陽文'生印'，橋形鈕，通高 1.4 釐米，印面邊長 1.9 釐米，邊墻高 0.6 釐米。"〔1〕《報告》釋爲"宋雪生印"不確。今按，第二字非"雪"字，應是"更"字。漢印中"更"字作 、、、、、、、、形，與之同形或形體相近。"更生"作爲人名，在漢印和典籍中皆有見，如"田更生—田長兄"(《虛》2168)，又《漢書・外戚恩澤侯表第六》："子安民以户五百贖弟更生罪。"〔2〕再者，"更生"一詞蓋取典籍中的"日新"之意。《莊子・達生》："棄世則無累，無累則正平，正平則與彼更生，更生則幾矣。"郭象注："更生者，日新之謂也。"〔3〕

　　附記：第五則改釋爲"勢"是根據匿名審稿專家的意見修改而成，在此謹致謝忱！

引書簡稱：

　　《湖南古代璽印》——湘印

　　《十鐘山房印舉》——舉

---

〔1〕安徽省文物考古研究所、武漢大學歷史學院考古系、六安市文物局：《雙龍機床廠墓群發掘報告》第 542 頁，上海古籍出版社 2016 年。
〔2〕班固撰，顏師古注：《漢書》第 697、698 頁，中華書局 1962 年。
〔3〕郭慶藩：《莊子集釋》第 632 頁，中華書局 1961 年。

《金薤留珍》——薤

《虛無有齋摹輯漢印》——虛

《秦漢印典》——漢典

《鴨雄緑齋藏中國古璽印精選》——鴨

《漢印之美專題展》——漢美

《兩漢印帚》——帚

《樂只室古璽印存》——樂

《匋齋藏印》——匋

《中國篆刻全集(卷二)》——全集二

《顧氏集古印譜》——顧

《秦漢南北朝官印徵存》——徵存

《新出新莽封泥選》——莽選

《鶴廬印存》——鶴

《新出封泥彙編》——新出

《漢印文字校讀札記(十五則)》——施校十五

《鑒印山房藏古璽印菁華》——鑒璽

《陳簠齋手拓古印集》——簠齋

《秦漢印範》——印範

(李鵬輝　安徽大學文學院,漢字發展與應用研究中心；
　　出土文獻與中國古代文明研究協同創新中心　講師)

揚州新出畫像鏡補釋與
相關題材銅鏡研究*

于 淼　秦宗林

2012年，揚州邗江區西湖鎮蜀岡村宗巷一座東漢時期的磚室墓中出土了一面杜氏銅鏡，鏡面直徑24.5釐米，重1550克，有銘文81字。銅鏡正面光滑，有少量銹斑，中心略凸，背面有淺浮雕圖飾，現藏於揚州市文物考古研究所。秦宗林《揚州出土的東漢杜氏神仙人物鏡》公布了該銘文鏡的圖版和拓片（見圖1），並將釋文釋讀如下：

　　尚方作竟真大好，上大仙兮，神仙左東王公西王母，人四仙侍左右，後常
　　侍名玉女雲中作倡□之祥。尘中之人好且蘭。連倚洛澤上奉仙，九毛之狐，
　　三足烏，四起人，上神儋除君服此竟，女爲夫人男公侯，杜氏作。[1]

圖1　邗江西湖杜氏鏡拓片

＊ 本文是江蘇省社科基金"漢代隸書異體字研究"（16YYC004）階段性成果。
[1] 秦宗林：《揚州出土的東漢杜氏神仙人物鏡》，《文物鑒定與鑒賞》2016年第1期，第37頁。

一、鏡 銘 補 釋

　　該鏡四個乳釘將畫像分爲四個區域,其中東王公與西王母相對,羽人乘馬與歌舞百戲相對。東王公與西王母區別在於頭飾。《山海經》中記載西王母形象是"梯几而戴勝"。[1] 東王公的頭飾與畫面中其他仙人頭飾一致。

　　"人四仙"指的應該是東王公西王母面前分別跪坐的四人。東王公西王母身後各立一人,當爲玉女,西王母身後玉女手執"便面",而東王公身後侍者手中無。

　　"雲中"即"雲中君",《漢書·郊祀志》"晉巫祠五帝東君雲中君",顔師古注:"雲中君謂雲神。"[2]《説文》:"倡,樂人。""倡"後一字圖版爲 ▨ ,該字爲"跳",漢代"京兆弩機"中"兆"作 ▨ ,與該字右旁形近。"跳"後一字以及後一句原釋"之"的字圖版分別作 ▨ 、▨ ,兩字並非"之",而是"七",但標準的"七"是豎筆向右一短橫,而鏡銘多反書。所謂"祥"字作 ▨ ,該字實爲"柈"字略有訛變。"柈"當讀爲"槃"或盤。漢代蒼山畫像石題記中"槃/盤"亦用"▨(柈)"表示,可與此類比。《玉篇·木部》:"柈"同"槃"。《宋書·樂志》:"漢世唯有柈舞,而晉加之以栖,反覆之也。"[3]"柈",異文作"槃"。[4] 皆可證。

　　柈(槃/盤)舞是漢代流行的一種舞蹈,也叫"盤鼓舞",舞者往往舒展長袖,在盤、鼓上起舞。由於盤的數量多爲七個,又稱"七盤舞"。文獻或作"七槃",如《宋書·樂志》曾有引述:

　　　　張衡《舞賦》云:"歷七槃而縱躡。"王粲《七釋》云:"七槃陳於廣庭。"近世文士顔延之云:"遞閒關於槃扇。"鮑昭云:"七槃起長袖。"皆以七槃爲舞也。[5]

此銅鏡中舞者脚下飾有七盤一鼓,正與鏡銘"七柈(槃/盤)"相合。漢代畫像中多有"盤鼓舞",如《四川漢代畫像石藝術》圖 26 中,舞者脚下爲六盤兩鼓,旁邊還有人作"跳丸"和"叠床"雜耍配合。《中國銅鏡研究會成員藏鏡精粹:古鏡今照》圖 141 收録

---

[1] 袁珂:《山海經校注》第 306 頁,上海古籍出版社 1980 年。
[2] 班固:《漢書》第 1211 頁,中華書局 1962 年。
[3] 沈約:《宋書》光緒癸卯五洲同文書局石印本,卷十九二十葉。
[4] 沈約:《宋書》第 551 頁,中華書局 1974 年。
[5] 沈約:《宋書》第 551 頁,中華書局 1974 年。

了孔震所藏的一面畫像鏡,長袖舞者脚下爲九盤一鼓,《後漢鏡銘集釋》收録該鏡銘文爲:

> 石氏作竟世少有,東王公西王母,人有三仙侍左右,後常侍名玉女,雲中玉昌踴於鼓,白虎喜怒毋央咎,[1]男爲公侯女□□,千秋萬歲生長久。[2]

其中"踴於"二字釋讀有誤,根據圖版,此二字當爲"▨/踼/蹄"、"▨/㭉/样",全句讀爲"雲中玉昌(倡)蹄盤鼓"。[3] 蹄,通蹢。"跳"、"蹢"同義,《慧琳音義》有"跳蹢",注引顧野王云:"蹢,舉足也。""跳七盤"與"蹄盤鼓"動作一致,都是表現盤鼓舞者的動作。

所謂"尘"圖版作▨。該字當是"坐",漢代早期隸書"坐"字上部从"卯",如張家山漢簡作▨(二年律令14)。成熟隸書中或从"口",如熹平石經作▨,草書意味明顯的漢簡中"坐"上部或訛作兩墨點,如居延簡作▨(59.13)。"坐中七人"指的應該是"歌舞百戲"區域内的七個人:畫面左側端坐吹排簫者三人,[4]七盤舞者一人、"反弓"雜耍者一人,持鼗鼓而舞者一人,即畫像鏡中舞者右上方手持撥浪鼓者。[5]《周禮·春官·小師》:"掌鼓、鼗、祝、敔、塤、簫、管、弦、歌。"鄭玄注:"鼗如鼓而小,持其柄摇,旁耳還自擊。"[6]另外一人手持一梯形物體,且後面爲柱狀向後延伸,這個形象與《四川漢代畫像石藝術》圖23"觀伎"畫面中吹排簫者前方的舞者形象相似。該書對人物的説明是"右手握槌,擊鼓伴奏"。[7]畫面中人物突出其左手手掌,下面有一圓形物體,當是其拍拊的對象。此人應是搏拊擊節者。《釋名》:"搏拊,以韋盛糠,形如鼓,以手拍拊之也。"因此,銅鏡中該人也應該是擊節者。文獻記載七盤舞需有鼓、節作爲配合。陸士衡《日出東南隅行》詩曰:"丹脣含九秋,妍迹陵七盤,赴曲迅驚鴻,蹈節如集鸞。"(《文選》卷28)傅武仲《舞賦》注引王粲"七釋"説:"七盤陳於廣庭,疇人儼其齊俟,揄皓袖以振策,竦並足而軒峙,邪睨鼓下,亢音赴節,安翹足以徐擊,馺頓身而傾折。"(《文選》卷17)因此,畫像鏡人物右手所持

---

[1] 圖版作"莟"。
[2] [日]岡村秀典:《後漢鏡銘集釋》,《東方學報》第八六册,第232頁。
[3] 該句▨字,鵬宇已改釋作"蹄"。後一字未釋。見鵬宇:《兩漢鏡銘文字整理與考釋》第5頁,復旦大學博士學位論文,2013年。此處蒙程少軒先生惠示。
[4] 可參看《四川漢代畫像石藝術》圖23中"觀伎"場景中的兩位手持排簫吹奏者,形象與之相同。
[5] 可參看《四川漢代畫像石藝術》圖27"三人舞"中左側一人。
[6] 阮元:《十三經注疏》第797頁,中華書局1980年。
[7] 劉志遠:《四川漢代畫像石藝術》第8頁,中國古典藝術出版社1956年。

之物當爲控制節拍之用，與"觀伎"畫像石中該人右手所持之物功能相同。如此，則《四川漢代畫像石藝術》圖 27"三人舞"中右側一人脚下柎鼓，手中所持也並非劍，該人並非作"劍舞"，而是"擊節者"。

"蕑"通"閑"，"閑"古多訓爲習。"好且閑"用來形容表演者技藝高超熟練。"閑"或訓爲"嫺"，好、嫺同義，形容表演者美好、嫺静之姿。與曹植《美女篇》"美女妖且閑，採桑歧路間"用法同。[1]

所謂"奉"字圖版作 ，該字實爲"華"。這一句是描寫"羽人乘馬"場景的。此區域有六羽人乘六馬，羽人前有高山形，因此"華仙"當爲"華山"。"倚"通"騎"，"連騎"或作"連奇"，盛世收藏網曾發布一面銅鏡有銘文"出入連奇{騎}人所喜"，鵬宇將"連奇"讀作"連騎"。[2] "洛澤"即"絡繹"。

"九毛之狐"之"毛"字圖版作 ，該字雖與"毛"形近，但漢代有關西王母的畫像石、銅鏡中，"九尾狐"的形象十分常見，所以該字當爲"尾"之省。所謂"儋"字圖版從"亻"，即"儋"字，[3] "儋除"即蟾蜍。畫面中九尾狐、三足烏、蟾蜍均出現在帶坐乳釘之上，餘下一個帶坐乳釘上没有動物圖案，但旁邊是四位歌舞雜技表演者，"四起人"應指他們。

綜上所述，並結合目前所見尚方鏡語句多成韻這一情況，我們重新釋寫該鏡銘如下：

> 尚方作竟（鏡）真大好，上大仙（山）兮神仙左，東王公西王母，人四仙侍左右，後常侍名玉女，雲中作倡跳七枰（盤）。坐中七人好且蕑（閑），連倚（騎）洛（絡）澤（繹）上華仙（山），九尾之狐三足烏，四起人上神儋（蟾）除（蜍）。君服此竟（鏡），女爲夫人男公侯。杜氏作。

二、"杜氏"相關題材銅鏡

漢代還有一些與此題材相關的"杜氏"畫像鏡。如《漢雅堂藏鏡》圖 121 收録黄洪彬所藏東王公西王母銅鏡，該鏡傳出自紹興，直徑 19.2 釐米，重 814 克。由於體積較小，因此銘文和畫面布局上有所精簡。但無論是銘文語句，還是人物造型、構

---

[1] 此處蒙蔣文先生提示。
[2] 鵬宇：《兩漢鏡銘文字整理與考釋》第 144 頁，復旦大學博士學位論文，2013 年。
[3] 該字蒙張傳官先生指正。

圖都與揚州新出杜氏銅鏡高度相似。"歌舞唱跳"場景中,黄氏藏鏡中少了兩個吹排簫者和一"反弓"雜耍者,共四人,分别是:擊節者、持鼗鼓者(座下仍有一鼓)、端坐吹排簫者和七盤舞者。七盤舞者動作與揚州新出杜氏鏡人物成反方向,其餘三人形象與揚州新出杜氏鏡人物形象完全相同。"羽人乘馬向高山而行"場景中,黄氏所藏鏡爲四羽人乘四馬。東王公西王母部分,東王公西王母面前各跪四人,兩鏡相同。黄氏所藏鏡中玉女手中皆無所持。另外,揚州新出杜氏鏡四個帶坐乳釘上方有九尾狐、三足烏和蟾蜍,黄氏所藏鏡中無。

銘文部分,原釋文作:

上大仙兮神仙左,東王公西王母,人四仙兮侍左右。雲中鼓吹起七祥,連倚洛澤上華山。杜氏所作。

其中"七"字寫法與揚州新出銅鏡相同,也是豎筆向左。"祥"當改釋爲"样"。"七"前一字圖版作 ,該字當爲"兆",通"跳"。

此外,《中國銅鏡研究會成員藏鏡精粹:古鏡今照》圖148中還收録了周曉剛藏"杜師"銘玉女執鏡妝容畫像鏡,也應該出自杜氏工坊。該鏡由四枚乳釘隔爲四區域,"杜師"二字出現在其中一乳釘上方。其中一區域榜題有"玉女"二字,畫面爲女子一手執長絲帶銅鏡,一手整冠。其下方還有兩人,一人端坐,另一女子起舞,其形象與上文作"盤鼓舞"舞者形象相同。與此區域相對的是西王母,其後有一侍者手持"便面",前方一羽人作飛翔狀,一女子跪坐,有榜題"玉女"。其餘兩區域分别爲龍和虎。

東漢時期很流行東王公西王母題材的畫像鏡,杜氏、駱氏、石氏等工坊都生産類似題材的銅鏡。有的"東王公西王母車馬百戲畫像鏡"雖未鐫刻造鏡者信息,但因爲題材布局相似,有榜題,我們認爲它們也可能出自杜氏工坊,如"王女舞蹈西王母畫像鏡"和"東王公車馬"鏡。

《漢雅堂藏鏡》圖131收録黄洪彬所藏"王女舞蹈西王母畫像鏡",直徑21.2釐米,重1490克。東王公身後立一玉女,手持"便面",玉女身後有四人站立,題名"玉女四山人"。這裏"山"當讀爲"仙",與前文所述鏡銘"人四仙兮侍左右"內容一致。西王母身後同樣立一玉女,手持"便面",但身後無其他仙人侍者,分别是兩只對坐搗藥的玉兔、九尾狐和一作搗藥狀的羽人。西王母面前有兩個站立的和一個作飛行狀的人物。"羽人乘馬"場景中,有題名"天馬",共八匹。天馬面前,乳釘上方,似有一馴馬者。"百戲"場景中,舒長袖而舞者,題名"玉女"。玉女周圍有六人環繞:一人持鼗鼓,一人持劍而舞,一人雙手持鼓槌,面前有三鼓,他前方有一人端坐,旁邊一人作"跳丸"雜耍,上方一人作"反弓"倒立。

《中國銅鏡研究會成員藏鏡精粹：古鏡今照》圖 145 收録俞金林所藏"東王公車馬"鏡。在車馬場景中,除了八羽人乘八馬外,還有多出駟馬拉一車,並有題名爲"東王公車馬"。車馬前方爲東王公,頭飾三山冠,東王公面前有兩人朝拜。與之相對的西王母爲正面形象,頭戴勝,前方一侍者持"便面"。西王母身後除了兩只對坐搗藥的玉兔、九尾狐和一作搗藥狀的羽人,還有三人,各持竽、瑟等樂器。"百戲"場景中有"西王母女"和"玉女"題名。中間"玉女"舒長袖而舞,周圍有七人環繞,其中六人形象與"王女舞蹈西王母畫像鏡"中該區域形象相同,持鼙鼓者面前多了一個擊節者。

此二鏡在題材、布局、人物形象上都高度一致,東王公與西王母相對應,羽人乘馬和歌舞百戲場景相對應。雖然表現内涵一致,但在布局和形象創作上,與揚州新出"杜氏鏡"略有差別。

三、揚州地區"杜氏鏡"時代與杜氏工坊所在地

揚州地區發現西王母題材的"杜氏"銅鏡,並非首次。1975 年,儀徵龍河原凌東大隊高山生産隊出土"杜氏作"銘文銅鏡,[1]現藏於揚州博物館,直徑 15.1 釐米。這面銅鏡與流傳到日本的一面紹興銅鏡,無論是銘文還是畫面都高度一致,極有可能是同模作品。《紹興古鏡聚英》(1939) 著録其原出自紹興,後流傳到日本,直徑 14.7 釐米,僅差 0.4 釐米。二者皆爲圓形,圓鈕,主區由五枚帶柿蒂紋座的乳釘間隔爲五區,分別是西王母和玉女,旁邊題名"西王母"、"玉女";兩相對跪坐的羽人,各持杵搗藥;一羽人騎馬飛馳;一羽人騎白虎奔跑;兩相對跪坐的玉兔,各持杵搗藥。陳劍先生釋文作：

> 杜氏作珍奇鏡兮,世之未有兮,[2]涷(煉)五抵(砥)之英華。睪＝(睪睪—繹繹)而無極兮,上西王母與玉女。宜孫保子兮,得所欲。吏人服之曾(增)官秩,白衣服之金財足。與天無極兮。[3]

---

[1] 劉勤、周長源：《初探揚州出土的兩漢西王母銅鏡》,《藝術市場》2005 年第 8 期,第 86—87 頁。
[2] 陳劍先生釋文脱"兮"字,據鏡銘改。
[3] 陳劍：《幾種漢代鏡銘補説》,臺灣政治大學中國文學系主編：《第十屆漢代文學與思想暨創系六十周年國際學術研討會論文集》,[臺北] 政治大學中文系,2017 年 8 月,復旦大學出土文獻與古文字研究中心網站,2018 年 1 月 12 日。

西王母題材的銅鏡,由西漢到東漢,畫面内容逐漸豐富,鑄造工藝日漸繁複,西漢到新莽時期的西王母題材鏡多是綫條式的,陽文突起,而東漢時期的多以浮雕手法,展現方式更加鮮活。上述"杜氏作"西王母題材鏡雖然具備了典籍中記載的西王母"戴勝"等相關特徵,但畫面内容較簡潔,没有出現東王公,羽人只作單騎,它的時代應該早於揚州新出"杜氏"銅鏡。李淞主張此鏡是處在新莽規矩鏡和東漢中期盛行的畫像鏡之間的過渡階段。[1] 前文提到的與揚州"杜氏鏡"題材相似的"石氏"畫像鏡中,有"永元三年作"(公元 91 年)的榜題。這兩面銅鏡流行的時間應該相差不遠,因此揚州新出鏡也當爲東漢晚期作品。

　　關於杜氏工坊的所在地,劉勤、周長源判斷揚州出土的杜氏銅鏡産自漢代廣陵,[2] 但本文所涉及的八面銅鏡,僅兩面出自揚州,且其中一面與紹興銅鏡同模,其餘都出於或傳出於紹興。張宏林在《試論漢代的杜氏鑄鏡作坊》中認爲:"在没有文獻記載和發現的鑄鏡作坊或出土與之相關的'模範'的情況下,研究者通常只能根據這些銅鏡比較集中的出土或發現地來推斷其鑄製地。"他總結的 16 面杜氏鏡(不含出自揚州的兩面),其中有 12 面的出土和發現地與浙江有關,因此他主張將杜氏作坊定在"浙江紹興爲中心的一帶,即漢代的會稽山陰一帶"。[3]

四、結　　語

　　揚州新出的杜氏鏡,爲歷來發現的杜氏鏡中銘文最長者。其文字與畫面内容都十分豐富,其中的人神形象不僅與文獻相合,也與漢代畫像磚等實物相合,雖無作鑄的具體年份,但我們根據相關題材銅鏡判斷,它流行的時代當爲東漢中晚期。紹興還出土過類似"東王公西王母"配合車馬、歌舞的銅鏡,以往多認爲歌舞場景是祭祀西王母,但從以上相關題材的銅鏡上看,起舞者多爲玉女,或爲雲中君,馬爲天馬,車爲東王公所有,這些都非人間場景,只是在人物形象的塑造上,以當時的生活爲依據,表現的是仙境中景象。揚州新出杜氏鏡無疑爲我們研究漢代人的神仙觀念和歌舞雜技提供了更多素材。此類銘文鏡再次在揚州發現,雖不能證明其鑄造地點在揚州,但至少説明漢代揚州與浙江有着頻繁的貿易往來,對於西王母的崇

---

[1] 李淞:《論漢代藝術中的西王母圖像》第 224 頁,湖南教育出版社 2000 年。
[2] 劉勤、周長源:《初探揚州出土的兩漢西王母銅鏡》,《藝術市場》2005 年第 8 期,第 87 頁。
[3] 張宏林:《試論漢代的杜氏鑄鏡工坊》上、下,《收藏家》2016 年第 6 期,第 34—38 頁;第 7 期,第 55—60 頁。

拜，在廣陵地區也是十分盛行的。

附記：拙文蒙劉釗（樂游）、李春桃、程少軒、蔣文、張傳官等先生審閲指正，謹致謝忱。

（于淼　揚州大學文學院　講師；
秦宗林　揚州市文物考古研究所　館員）

《魏晉十六國河西鎮墓文、墓券整理研究》介評

魏軍剛

2017年12月,賈小軍、武鑫合著的《魏晉十六國河西鎮墓文、墓券整理研究》由中國社會科學出版社出版。全書27萬字,分上、下兩卷。上卷《魏晉十六國河西鎮墓文、墓券彙編》主要對截至2017年甘肅河西走廊(包括青海西寧、新疆吐魯番地區)發現的魏晉十六國時期的鎮墓文、墓券等墓葬文獻進行了系統而全面的整理。下卷《魏晉十六國河西鎮墓文、墓券研究》則在上卷的基礎上展開了對河西墓葬文獻的專題討論,包括了作者已發表的9篇和未刊載的1篇論文。

20世紀以來,在甘肅河西走廊古代烽燧遺址、敦煌莫高窟藏經洞和吐魯番晉唐墓葬中出土了大量的文獻資料,引起了國際漢學界的密切關注。除國際顯學敦煌學外,簡牘學、吐魯番學也長期以來備受國內外學者的關注,相關成果非常豐富。相比較而言,甘肅河西走廊各地發現的大批魏晉十六國墓葬考古材料,却没能像前者那樣引起國際性的轟動效應,國外對它的重視主要是在進入21世紀後,以日本學界的關尾史郎先生爲代表,形成了一批重要成果,在國内則分散反映在學者各自的研究成果中,但全面的綜合性研究尚不多見。這些墓葬考古資料,分爲墓葬壁畫、畫像磚及各種類型的墓葬文獻。其中,墓葬文獻資料不僅數量很多,而且類型豐富多樣,包括鎮墓文、衣物疏、墓券、墓表、名簿、銘旌、爱書等,爲研究古代河西的社會、政治、法律、經濟、文化、宗教、民俗、歷史等諸方面提供了重要資料。相比墓葬壁畫、畫像磚等圖像藝術方面,目前學界涉及的其他各類型的墓葬文獻研究成果雖然不少,但明顯不足,關注程度和研究深度都非常有限。正如作者在該書導論部分指出的那樣:"就研究的深度而言,仍然處於初級階段……一個明顯的問題是,相關研究並未開拓出更廣闊的學術空間,而是繼續在先賢開拓的研究領域內徘徊。"(第7頁)

隨着資料的陸續發現、整理和公布，及學界對有關專題和個案深入展開、研究成果不斷積累的情況下，爲進一步利用這些資料進行學術研究，展開全面而系統的搜集整理工作就顯得十分必要而迫切。此前，王素、李方[1]、吴浩軍[2]及日本的關尾史郎[3]等學者已搜集相關資料並著録出書或發表，但由於受各自研究目標的限定，且近年來一些資料還在陸續公布，因而未能完成全面的搜集和整理的任務。由於長期研究十六國五凉史，加上在河西學院工作的地域因素，作者很早就開始關注河西出土的魏晉十六國墓葬文獻資料，2009、2011年先後出版的《魏晉十六國河西史稿》[4]《魏晉十六國河西社會生活史》[5]或多或少地涉及了上述的墓葬考古資料。[6] 如果説前者只是作者對魏晉十六國河西墓葬文獻進行的嘗試性研究的話，那麽後者則將資料利用範圍擴大到壁畫和畫像磚領域，在研究層次上也更加深入。本書是作者長期關注和研究河西魏晉十六國墓葬文獻的階段性成果的總結，[7]也标志着作者研究十六國五凉史在史料拓展、方法運用上的積極創新。

一

　　本書上卷，作者在廣泛參考相關資料、研究成果的基礎上，對截至目前甘肅河西走廊出土的魏晉十六國時期的各類墓葬文書進行了釋讀、斷句，並附之以摹本或實物圖版，以便讀者對照核實。其中，有些資料經作者親身考察後首次公布，例如《年次未

[1] 王素、李方：《魏晉南北朝敦煌文獻編年》，[臺北]新文豐出版公司1997年。
[2] [日]關尾史郎編：《中國西北地域出土鎮墓文集成（稿）》，新高速印刷株式會社2005年3月。
[3] 吴浩軍：《河西衣物疏叢考——敦煌墓葬文獻研究系列之三》，載張德芳主編：《甘肅省第二届簡牘學國際學術研討會論文集》第301—329頁，上海古籍出版社2012年；《河西鎮墓文叢考（一）——敦煌墓葬文獻研究系列之五》，《敦煌學輯刊》2014年第1期；《河西鎮墓文叢考（二）——敦煌墓葬文獻研究系列之五》，《敦煌學輯刊》2014年第3期；《河西鎮墓文叢考（三）——敦煌墓葬文獻研究系列之五》，《敦煌學輯刊》2015年第1期；《河西鎮墓文叢考（四）——敦煌墓葬文獻研究系列之五》，《敦煌學輯刊》2015年第3期。
[4] 賈小軍：《魏晉十六國河西史稿》，天津古籍出版社2009年。
[5] 賈小軍：《魏晉十六國河西社會生活史》，甘肅人民出版社2011年。
[6] 《魏晉十六國河西史稿》第八章"考古所見魏晉十六國河西社會——以河西走廊出土文獻爲中心"依據考古發現的相關鎮墓文資料（主要是[日]關尾史郎編：《中國西北地域出土鎮墓文集成（稿）》）和敦煌文獻初步探討魏晉十六國河西社會史的諸多方面；《魏晉十六國河西社會生活史》除第一、四章外，其餘内容主要從河西各地發現墓葬尤其壁畫、畫像磚資料入手討論魏晉十六國河西社會生活狀况。
[7] 本書係作者主持2012年度教育部人文社會科學研究青年基金項目"魏晉十六國河西鎮墓文、墓券整理與研究"（12YJC770025）的最終結項成果。

詳某人墓券》(第106—107頁)、《年次未詳磚刻文》(第113—114頁)等。

其一,《鎮墓文彙編》收錄了截至2017年所見的魏晉十六國河西鎮墓文89例,其中出自敦煌新店臺、祁家灣、佛爺廟灣等墓群者,總計80例,占總數約90%,其他如嘉峪關、酒泉、高臺等地只是零星出土,表明了鎮墓文發現地集中分布在以敦煌爲主的河西走廊西部地區。另外,作者在本編還收錄了青海西寧上孫家寨漢晉墓編號M:18、M:19兩個斗瓶上的墨書文字。從當時河湟谷地與河西走廊的地緣和行政隸屬關係來看,此種安排並無不妥,但就墓葬年代問題來説,仍需謹慎對待。

其二,《墓券彙編》收錄了截至2017年所見的魏晉十六國河西墓券、衣物疏、名簿、銘旌、爰書等各類墓葬文獻39例。在材質形制上,包括木牘、木簡、棺板、絹紗、磚石、紙張等,其中,木牘形制的墓券、衣物疏數量最多。從地域上講,這些墓葬文書發現地集中在甘肅境內的武威、高臺、玉門等地區,雖然與鎮墓文出土地偶有重合,但主要向東分布在古代酒泉(前涼從酒泉郡分置建康郡、治今張掖高臺縣駱駝城遺址)、武威兩郡地境,即今甘肅河西走廊中東部地區。本編還收錄了新疆吐魯番發現的體例、格式與河西相近的墓券和衣物疏3件,應是考慮到彼時二者地緣和行政的隸屬關係。此外,甘肅河西出土的墓券、衣物疏以木牘形制爲主,而新疆吐魯番發現的同時代隨葬衣物疏,主要寫在紙張上,需要格外注意,惜作者在下卷專題討論中並未涉及。

雖然該書系統而全面地搜集整理了目前公布的魏晉十六國河西各類墓葬文獻,但不免尚有遺漏者,筆者據相關資料補充12例(不含吐魯番出土),依該書體例(僅列名稱,不錄釋文)羅列如下:

(一) 鎮墓文:《年次未詳某人鎮墓文(一、二)》(1987年敦煌新店臺墓地出土,編號87DXM204:19、87DXM204:20)[1]

(二) 衣物疏:1.《建興五年(317)十一月夏侯妙妙衣物疏》(現藏北京市古陶文明博物館)[2]

2.《建興廿五年(336)祈立智衣物疏》(2000年高臺縣駱駝城遺址出土,現藏高臺縣博物館)[3]

3.《咸康四年(338)十一月姬瑜妻衣物疏》(1985年武威旱坡頭19號墓出土,編號

---

[1] 吴浩軍:《河西鎮墓文叢考(四)——敦煌墓葬文獻研究系列之五》,《敦煌學輯刊》2015年第3期。
[2] [日]白須真淨撰,裴成國譯:《晉建興五年夏侯妙妙衣物疏初探——古陶文明博物館所藏新資料介紹》,載朱玉麒主編:《西域文史》第8輯,第95—104頁,科學出版社2013年。
[3] 吴浩軍:《河西衣物疏叢考——敦煌墓葬文獻研究系列之三》,載張德芳主編:《甘肅省第二届簡牘學國際學術研討會論文集》第308頁。

85WHM19∶5)[1]

4.《和平二年(359)二月陰漢妻郭富貴衣物疏》(美國伊利諾伊州的麥克林氏私藏)[2]

5.《升平廿三年(379)某人衣物疏》(1998年高臺縣駱駝城遺址出土,現藏高臺縣博物館)[3]

6.《年次未詳趙年衣物疏》(2009年玉門市清泉鄉金鷄梁51號墓出土,編號M51∶17)[4]

7.《年次未詳桓眇親衣物疏》(2002年玉門市花海鄉畢家灘3號墓出土,現藏於甘肅省文物考古研究所)[5]

8.《年次未詳夏侯勝榮衣物疏》(1998年高臺縣駱駝城遺址出土,現藏高臺縣博物館)[6]

(三)墓券:《建興八年(320)正月廿六日某人墓券》(1990年高臺縣許三灣古墓出土)[7]

(四)棺板題記:《升平六年(362)九月趙某棺板題記》(2009年玉門市清泉鄉金鷄梁5號墓出土)[8]

(五)磚銘:《升平九年(365)二月廿二日趙家馭磚銘》(2009年玉門市清泉鄉金鷄梁17號墓出土,編號M17∶4)[9]

二

本書下卷,作者在前人研究的基礎上對河西魏晉十六國墓葬文獻展開了專題性

---

[1] 張俊民:《武威旱坡頭十九號前涼墓出土木牘考》,《考古與文物》2005年第3期。
[2] 張立東:《美國麥克林氏藏前涼郭富貴衣物疏》,《西域研究》2017年第2期。
[3] 吴浩軍:《河西衣物疏叢考——敦煌墓葬文獻研究系列之三》,載張德芳主編:《甘肅省第二届簡牘學國際學術研討會論文集》第322頁。
[4] 甘肅省文物考古研究所:《甘肅玉門金鷄梁十六國墓葬發掘簡報》,《文物》2011年第2期。
[5] 張俊民:《甘肅玉門畢家灘出土的衣物疏初探》,《湖南省博物館館刊》第7輯,嶽麓書社2010年。
[6] 吴浩軍:《河西衣物疏叢考——敦煌墓葬文獻研究系列之三》,載張德芳主編:《甘肅省第二届簡牘學國際學術研討會論文集》第320頁。
[7] [日]町田隆吉:《甘肅省高臺縣出土魏晉十六國漢語文書編年》,載中共高臺縣委等編:《高臺魏晉墓與河西歷史文化研究》第161頁,甘肅教育出版社2012年。
[8] 甘肅省文物考古研究所:《甘肅玉門金鷄梁十六國墓葬發掘簡報》,《文物》2011年第2期。
[9] 甘肅省文物考古研究所:《甘肅玉門金鷄梁十六國墓葬發掘簡報》,《文物》2011年第2期。

討論,包括已發表和未刊載的《事死如事生:魏晉十六國河西鎮墓文解讀》[1]《魏晉十六國敦煌"薄命早終"鎮墓文研究》[2]《神璽二年八月□富昌鎮墓文(一)考釋》《臨澤出土〈田產爭訟爰書〉釋讀及相關問題淺探》[3]《魏晉十六國出土文獻紀年信息申論》[4]《民族融合背景下西北邊疆民眾的生存空間》[5]《文字、圖像與信仰:墓葬所見魏晉十六國河西社會》[6]《榜題與畫像:魏晉十六國河西墓葬壁畫中的社會史》[7]《西凉遷都與酒泉十六國壁畫墓的紀念碑性》[8]《五凉文化及其歷史貢獻》[9]等 10 篇論文。

前三篇,主要對敦煌發現的鎮墓文進行研究,既有整體性的分析,也有專題性的討論,甚至還包括對某件文書的個案研究。第一篇,在前人研究的基礎上分析魏晉十六國河西鎮墓文的内容與格式、主旨及所反映的社會歷史信息,包括當地民俗文化與民間信仰、鎮墓文紀年信息背後河西的政治變遷、河西大族及其婚姻關係、郡縣鄉里建制等問題。第二篇,選取了 14 份魏晉十六國敦煌鎮墓文展開了專題討論,此類鎮墓文以前較少引起學者關注,亦未有過深入研究,作者首先參考了諸家錄文進行文本校釋,然後集中分析了此類鎮墓文反映的社會生活信息,特別注意到"薄命早終、算盡壽窮"的解辭,指出其既與河西鎮墓文不同,又異於其他地域鎮墓文,表現出魏晉十六國時期敦煌地方性特點,有助於我們理解河西鎮墓文約 90% 出自敦煌而非其他地區的現象,最後結合同期河西出土的其他文獻,討論了當地民眾的年齡問題。第三篇,則是對某一保存相對完整的鎮墓文的具體個案的文本研究。此三篇論文除第二篇外,均在 2009 年出版的《魏晉十六國河西史稿》末章中已有涉及,但作者不是簡單因襲、搬抄内容,而在前次研究的基礎上有所豐富、提升、推進與延伸。

第四篇,針對甘肅臨澤縣出土的西晉簡牘,作者在楊國譽[10]研究的基礎上補釋了部分簡文,初步探討了楊氏未詳論述或涉及的西晉十六國河西民眾的法律意識、宗

---

[1] 原文刊於《石河子大學學報(哲社版)》2014 年第 4 期。
[2] 原文刊於《社會科學戰綫》2015 年第 3 期。
[3] 原文刊於《魯東大學學報(哲社版)》2012 年第 5 期。
[4] 原文刊於《敦煌研究》2016 年第 5 期。
[5] 原文刊於《河西學院學報》2015 年第 1 期。
[6] 原文刊於西北師範大學歷史文化學院、甘肅簡牘博物館等編:《簡牘學研究》第六輯,第 199—207 頁,甘肅人民出版社 2015 年。
[7] 原文刊於《敦煌學輯刊》2014 年第 2 期。
[8] 原文刊於《吐魯番學研究》2016 年第 2 期。
[9] 原文刊於《語文教學通訊·D 刊(學術刊)》2013 年第 6 期。
[10] 楊國譽:《"田產爭訟爰書"所展示的漢晉經濟研究新視角——甘肅臨澤縣新出西晉簡册釋讀與初探》,《中國經濟史研究》2012 年第 1 期。

族與基層社會控制、飲食結構、兄弟分異與小家庭生産、"塢"及相關問題。2010年,考古工作者在甘肅省臨澤縣黃家灣灘墓群編號M23的墓主棺蓋板上發現了一批保存較完好的木簡27枚,共計有900餘字。2012年,楊國譽首次披露了這批簡牘資料,並排序、標點、釋讀簡文,討論了簡册的書寫時間、性質及內容,判斷"這是一份西晉愍帝建興元年十二月間張掖郡臨澤縣地方政府對一起'兄弟爭田'民事案件的審理記錄",定名《田産爭訟爰書》。作者此文時間上與楊文同年稍後,既有參考前者之處,亦有討論其未涉及或未詳論的問題。2013、2018年,楊國譽與湯惠生合作,再次討論了簡牘反映的西晉"占田課田制"、漢晉法制史問題。[1] 2013年,周銀霞與李永平、趙莉合作,利用該簡研究了西晉十六國河西社會經濟和基層鄉里制度。[2] 2017年張榮强研究了該簡反映的家産繼承與户籍制度問題,駁斥了學界有關兩晉十六國户籍中不著錄田宅的說法。[3] 2017年,張朝陽利用該簡,以個案形式分析了漢晉時期民事司法變遷及其原因。[4] 綜上研究成果,涉及政治、經濟、社會、法律、制度等諸多領域,均是在楊、賈二文討論基礎上的深入推進。

第五篇,作者統計,河西走廊出土文獻75例的紀年資料,整體地分析了魏晉十六國時期河西政治的更迭問題,從各類墓葬文獻中年號的使用情況宏觀着眼,敏鋭地觀察到當時河西民眾對所屬王朝的政治認同意識的變化。於此問題,學界討論較少,故此文填補了研究空白,無論在資料利用、分析方法上,還是研究視角的選取上,均有可借鑒之處。但作者搜集河西出土魏晉十六國的文獻紀年資料尚有漏載而可茲補充者,對利用出土文獻紀年資料討論河西政治的演變問題,作者雖然提出很多精闢見解,但仍有可商榷或未及關注者,需要補充和完善。例如,對連續年號中夾雜出現的其他紀年年號及部分早已廢棄而再次偶然出現的非正常紀年信息的討論。

第六篇,以魏晉十六國時期河西走廊爲個案對象,研究民族融合背景下西北邊疆民眾的生存空間問題。既有對以往學界關注對象的宏觀描述,也有對史料細節的精彩解讀。資料運用上,將傳世文獻與河西墓葬資料的文字、壁畫及畫像磚等圖像資料

---

[1] 楊國譽、湯惠生:《從〈臨澤晉簡〉再看西晉"占田課田制"研究中的幾個問題》,《史學月刊》2013年第11期;《從新出西晉〈田産爭訟爰書〉簡册看漢晉法制史研究中的幾個問題》,《理論學刊》2018年第1期。
[2] 周銀霞、李永平:《"西晉建興元年臨澤縣廷決斷孫氏田塢案"簡册文書經濟問題考略》,《湖南省博物館館刊》第十輯,第315—325頁;趙莉、周銀霞:《"建興元年臨澤縣廷決斷孫氏田塢案"册反映的河西鄉里制》,《敦煌研究》2013年第4期。
[3] 張榮强:《甘肅臨澤晉簡中的家産繼承與户籍制度——兼論兩晉十六國户籍的著録內容》,《中國史研究》2017年第3期。
[4] 張朝陽:《漢晉民事司法變遷管測:基於甘肅臨澤〈田産爭訟爰書〉的探討》,《華東政法大學學報》2017年第1期。

充分結合,從河湖緑洲到緑洲城鎮,再到周邊村塢,涉及河西民衆生活空間的叙述安排體現出作者從大到小、從抽象到具體、從自然環境到人文地理的寫作層次,最後突出了魏晉以來河西走廊多元民族雜居交融的歷史是促使階級、民族界限原本清晰的居住空間與形態發生根本性變化的因素之一。魏晉十六國河西民族融合研究,成果非常豐富,陸慶夫《略論五凉的民族分布及其融合途徑》[1]、趙向群《魏晉五凉時期河西民族融合中的羌化趨勢》[2]、《論十六國時期河西主要民族的地位與作用》[3]即代表性論著,涉及河西民族的交融過程、規律、模式、影響的方方面面,但從民衆生活空間的分層性及其演變綫索來反向考察歷史上河西民族的融合問題,作者展開了一種新視角的有益嘗試。但是,從下卷篇章整體結構安排的邏輯合理性來看,將該篇文章編排在第六位顯然欠妥,應當放置在末尾與五凉文化主題研究相配合,作爲全書研究最後的落脚點,起到提煉、升華主旨的"畫龍點睛"效果。

第七至九篇,主要針對河西墓葬文字、圖像資料進行了綜合研究。第七篇,綜合利用河西出土的魏晉十六國鎮墓文、墓室壁畫、畫像磚及其榜題資料,以"文字+圖像"的方式,重新解讀了墓主生前的社會經濟地位及不同階層民衆信仰内容的差異,認爲鎮墓文一般出自經濟條件較差的貧民墓,突出"解謫"、"劾鬼"的宗教觀念;壁畫、畫像磚及其榜題則多出自經濟條件較好且有一定社會地位的官吏墓,旨在表現墓主死後升入仙界的身分追求。第八篇,作者就搜集魏晉十六國河西壁畫墓64例的榜題内容、特點及其所反映的當地民衆的社會信息等進行考察,重新認識了墓葬等級、墓主人身分、民衆居室什物、取暖炊厨用料及其反映的神靈世界等若干重要問題。此兩篇文章,内容上有交叉重合之處,但主旨與視角各有不同,相關内容在2011年出版的《魏晉十六國河西社會生活史》[4]的某些章節有過討論,但絕不是簡單的因襲,而是繼承與發展的關係,更多的是開拓性的研究,尤其在後續研究中,顯然繼承了前著中多元資料互證的方法,立論有據而令人信服。第九篇,最大亮點是引入了巫鴻先生"紀念碑性"的概念。[5]全文集中討論了以丁家閘五號墓、小土山墓爲代表的酒泉十六國壁畫墓的"紀念碑性"内容及其表現形式,對學界有關"小土山墓葬諸多地域傳統結合的特點表明在魏晉十六國的某一歷史階段,敦煌地區的墓葬傳統對酒泉地區的

---

[1] 陸慶夫:《略論五凉的民族分布及其融合途徑》,《西北民族學院學報(社科版)》1992年第1期。
[2] 趙向群:《魏晉五凉時期河西民族融合中的羌化趨勢》,《西北師大學報(社科版)》1996年第1期。
[3] 趙向群:《論十六國時期河西主要民族的地位與作用》,西北師範大學歷史系編:《西北史研究》第一輯(上),蘭州大學出版社1997年。
[4] 賈小軍:《魏晉十六國河西社會生活史》。
[5] [美]巫鴻著,李清泉、鄭岩等譯:《中國古代藝術與建築中的"紀念碑性"》,上海人民出版社2009年。

墓葬産生了强有力的影響"[1]的觀點進行了回應和原因的闡釋，指出"這種影響的動力主要來自前述西涼遷都酒泉這一重大事件"。（第218頁）視角可謂別開生面。此組文章，作者對墓葬圖像資料的關注篇幅顯然超過了文字本身，似有偏離本書主旨之嫌，但可視此爲該書墓葬文獻研究的擴展與延伸。作者試圖利用"文字＋圖像"進行論證，觀察更多細節内容和重釋前人遺留的問題，其在理論方法運用和研究視角選取上的成功經驗，值得我們借鑒。

最後一篇，爲該書最終落脚點和研究主旨所在，作者策劃下卷篇目順序，顯然是經過深思熟慮後作的精心安排。由於衆所周知的原因，十六國時期河西地區文教事業發展異常繁榮，形成舉世矚目的五涼文化，其先進成果經北魏吸收，間接地構成了隋唐制度文化的淵源之一，自陳寅恪先生[2]以來論述者甚多，兹不贅述。五涼王國的輝煌盛衰已隨歷史雲煙消散殆盡，留給後人最大的歷史遺産只有燦爛光輝的五涼文化，曾經在中華文明源遠流長的發展史上占據過重要地位，因此作者將該文章列在下卷末位應有此種深意在其中。此外，作者特别關注以往學界罕有涉及的五涼民間文化問題，主要由河西發現的各類墓葬資料凝聚、提煉而成，但該種提法是否合理、能否得到學界認可尚需時日來驗證；至於政治制度建設方面的成就，作者總結概括出五涼職官制度"三個階段、兩種模式"的概念，其博士論文已有詳細論述，[3]由此豐富了五涼文化的基本内涵。

三

在《導論》部分，作者已就河西出土魏晉十六國墓葬文獻整理研究的重要性，從學術價值和現實意義兩方面進行了充分的闡釋。縱觀全書，作者在相關問題的考證上多有推進之功，甚至填補了部分空白，在研究方法、理論和分析視角上的成功經驗亦值得借鑒。更重要的是，該書還指明了未來相關研究的領域、方向和發展趨勢。重要價值表現如下：

第一，是目前學界有關河西魏晉十六國墓葬文獻整理研究的相對完備之作。該書分作上、下兩卷内容，上卷主要做資料整理工作，下卷則是專題討論。作者采用了多元資料互證法，試圖揭示魏晉十六國時期河西民衆的社會生活狀況及喪葬習俗等

---

[1] 郭永利：《河西魏晉十六國壁畫墓》，民族出版社2012年。
[2] 陳寅恪：《隋唐制度淵源略論稿》，商務印書館2011年。
[3] 賈小軍：《五涼職官制度研究》，西北師範大學博士學位論文，2015年。

諸多細節內容。尤其是涉及了魏晉十六國敦煌"薄命早終"鎮墓文的專題討論、出土文獻中的紀年信息及其反映的河西社會歷史變遷的分析,從民族融合視角討論了河西民衆生存空間以及綜合利用墓葬文字與圖像資料探求了其背後隱藏的社會歷史信息等問題,眼光敏鋭、視角獨到,加之用功頗深、考證精當,在前人成果的基礎上對許多問題的研究均有所推進,甚至填補了空白。

第二,注重利用多學科交叉方法研究魏晉十六國河西社會生活史相關問題。該書作者較多運用歷史學方法,雖然對其他學科諸如考古學、民俗學、社會學等的理論方法的借鑒使用未達到嫻熟地步,但却始終嘗試多學科理論交互使用,且貫穿於全書或綜合、或專題、或個案的多種形式的研究中。尤其將巫鴻先生"紀念碑性"的概念成功引入至以丁家閘五號墓、小土山墓爲代表的酒泉十六國壁畫墓的討論,令人耳目一新。雖然,本書以鎮墓文、墓券等墓葬文獻作爲研究基礎性資料,但將史料利用範圍拓展到傳世文獻及其他諸如壁畫、畫像磚等考古圖像資料,尤其是將三者充分結合形成研究的新視角,反映出作者對此前《魏晉十六國河西社會生活史》提倡的"三重證據法"的繼承與實踐。

第三,指明了今後魏晉十六國河西史研究的重要領域、方向和發展趨勢。魏晉十六國河西史研究領域的突出成果,主要體現在三本以"五涼史"命名的專著的出現[1]和大量相關論著的刊發面世,但傳統研究主要依賴傳世文獻宏觀叙述,對考古資料利用相對欠缺,而且學界的關注集中在 20 世紀八九十年代,進入新世紀後,研究熱度持續下降,一個主要限制因素即資料的匱乏。因此,充分利用墓葬考古資料將突破當前魏晉十六國河西史研究的"瓶頸",不但補充了更加多元化的資料,而且有助於更加細化以往的研究,甚至是開闢新的研究領域。該書的出版標志着這一"瓶頸"突破的成功,但還只是開始。作者指出:"本課題的研究是今後魏晉十六國時期河西歷史研究的重要領域之一,具有重要的學術價值。"(第 2 頁)

當然,該書也存在不足之處。

首先,謀篇布局之誤。全書上卷是資料的搜集整理,下卷是在此基礎上展開的專題討論。但就下卷而言,由於多篇獨立的論文編排綴合在一起,雖然貫穿着作者利用出土墓葬考古資料研究魏晉十六國河西地方社會生活史的主旨思路,但各部分安排上仍有不合理之處。相比鎮墓文,該書對其他墓葬文獻的研究並不充分,或者説所占篇幅不大;收録多篇非墓葬文獻論文成果,雖作者匠心之安排,但多少偏離主題,造成

---

[1] 齊陳駿、陸慶夫、郭鋒:《五涼史略》,甘肅人民出版社 1988 年;洪濤:《五涼史略》,中國社會科學出版社 1992 年;趙向群:《五涼史略》,甘肅人民出版社 1996 年。

謀篇布局上的失誤,尤其是内容結構上的失衡。

其次,資料之局限性。河西魏晉十六國墓葬資料的學術價值不言而喻,爲開闢研究新領域提供了確實可靠的證據支持,但從河西政治發展的宏觀角度來講,上述資料並不足以使學者研究問題產生根本性的突破。與傳世文獻相比,除却出土文獻的共性缺陷不談,其主要反映了當時河西民衆社會生活史的相關内容,記載河西政治演進的内容並不多(出現在相關文獻中的紀年信息只是間接性地反映當時河西政治變遷),尤其是五凉王國統治階層、王侯將相級别的墓葬考古資料,截至目前尚未見有實質性的發現(酒泉小土山墓葬僅是疑似西凉王李暠建世陵),無關乎魏晉十六國河西史重大問題的基本判斷。

最後,拾遺補闕與商榷。前文第一部分,筆者依據相關資料補充了作者尚有遺漏、未收入該書的資料。現就其中某些具體問題提出商榷:(1)部分文獻斷代與公元紀年對應之誤。《建元十六年(358)十二月朱少仲衣物疏》,吴浩軍指出此"建元十六年"屬於前秦政權,對應公元紀年是 380 年,更爲恰當;[1] 又《升平二十二年(385)三月趙宜衣物疏》,"升平廿二年"對應公元紀年應是 378 年。(2)文本釋讀與命名之誤。《建興三十七年(349)某人鎮墓文》,作者命作"某人鎮墓文"而失其名諱,當是文本校讀、標點之誤所致;"疾去!疾去!如注……"比照本書所附該鎮墓文摹本圖版,首字"侯"誤録爲"疾",應作"侯去疾,去如注……"吴浩軍即命作"前凉建興十八年(330)侯去疾鎮墓文"。[2] (3)書中個别處没有及時吸收學界研究成果。《升平七年(363)三月某人雜物疏》,作者只依據在高臺博物館所拍的木牘實物圖版釋文斷句,而没有注出學者著録情况,筆者查對吴浩軍《河西衣物疏叢考——敦煌墓葬文獻研究系列之三》[3] 發現正是《前凉升平七年(363)三月盈思衣物疏》,且吴文釋讀校勘更爲精確;又《前凉周女敬衣物疏》《前凉周南衣物疏》吴文均有著録,作者亦未參考注引其成果。

四

總之,在近年來的河西魏晉十六國墓葬文獻整理研究領域,賈小軍、武鑫合著的

---

[1] 吴浩軍:《河西衣物疏叢考——敦煌墓葬文獻研究系列之三》,載張德芳主編:《甘肅省第二屆簡牘學國際學術研討會論文集》第 322 頁。

[2] 吴浩軍:《河西鎮墓文叢考(三)——敦煌墓葬文獻研究系列之五》,《敦煌學輯刊》2015 年第 1 期。

[3] 吴浩軍:《河西衣物疏叢考——敦煌墓葬文獻研究系列之三》,載張德芳主編:《甘肅省第二屆簡牘學國際學術研討會論文集》第 311 頁。

《魏晉十六國河西鎮墓文、墓券整理研究》無疑是一部篇幅鴻大、資料翔實、論證嚴密、觀點新穎的高質量之作。該書與前兩本著作共同構成作者研究魏晉十六國河西史的完整體系,或借助傳世文獻、或偏向墓葬圖像資料、或側重墓葬文書,利用不同性質的資料決定了其討論内容必然有所差異,但基本上清晰地反映了作者治學路徑轉化的軌迹,表現出作者與學界積極對話和對未來研究趨勢的敏鋭感觸及準確預判。該書中,作者繼承並發展了前著中多元資料互證的"三重證據法",立論有據而令人信服,當是研究魏晉十六國河西政治、社會史必須參考之佳作。縱觀全書,問題雖有,但瑕不掩瑜,我們也真誠地期待並祝願作者後續有更高質量的論著面世,以饗讀者。

(魏軍剛　西北師範大學歷史文化學院　博士研究生)